CHANGING
FORTUNES

CHANGING
FORTUNES

영원불멸할 것인가, 먼지처럼 사라질 것인가

달러의 부활

폴 볼커, 교텐 토요오 지음

안근모 옮김

Paul
Volcker
and
Toyoo
Gyohten

어바웃어북

CONTENTS

Chapter 03

붕괴

Chapter 04

표류

Chapter 05

달러의 위기

Chapter 06

인플레이션과 싸우다

Chapter 07

중남미 부채위기

Chapter 08

슈퍼 달러를 끌어내려라! _ 플라자합의

Chapter 09

또 한 번의 실험, 또 한 번의 실패 _ 루브르합의, 그리고 블랙먼데이

Chapter 10

새로운 국제질서 혹은 새로운 민족주의

그것은 마치

한편의 대하소설
같았다!

지금 세상은 나와 교텐 토요오가 사회생활을 처음 시작했던 1950년대와 완전히 다르다. 전례 없는 규모의 공황과 전쟁을 거친 1950년대에는 새로운 자신감과 안정, 약속이 찾아왔다. 세계경제에서는 브레튼우즈 시스템이 그러한 느낌을 상징했다.

그러나 현재에 대해서는 우리 둘 중 누구도 만족하지 못한다. 대단히 새로운 경제 및 통화 콘퍼런스가 열려 세계가 공감하는 시스템의 골격을 만들 것이란 희망이 지금은 보이지 않는다. 제2차 세계대전이 끝난 뒤에는 실제로 그런 일이 있었다. 전쟁에서 승리한 동맹국들이 넘치는 에너지와 영감으로, 끔찍한 과거에 대한 반성 속에서, 수년에 걸쳐 새로운 국제시스템의 프레임워크를 짰다. 그것이 한 세대의 경

프롤로그 | **008**

제적 진보와 협력의 기반을 만들어 주었다. 반세기에 걸쳐 그 시스템은 정치적 민주주의와 인간의 자유, 시장경제를 증진하려는 미국의 노력으로 성장해 나갔다. 그 비전을 실현해낸 지금에 와서 미국은 역설적이게도 자신의 리더십 부담을 계속 짊어질 능력이 있는지 스스로를 의심하고 있다.

일본의 엄청난 진격이 오늘날 새로운 환경의 전형을 보여주고 있다. 전쟁에서 패한 가난한 적국이던 일본은 경제강국으로 변모했다. 자국 내에서 사용할 수 있는 것보다 훨씬 많은 저축을 창출해 내고 있다. 일본 경제는 자국의 상품과 자본을 받아들일 해외시장에 크게 의존하고 있다. 자신이 번영해 온 국제자유시스템을 유지하고 관리하는 데 있어서 일본이 어떠한 책무를 져야 할 것인지는 아직 불분명하다. 유럽은 힘을 되찾은 듯하다. 역내에서의 단결과 동구권에 대한 개방이라는 목적의식도 가졌다. 하지만 그러한 지역적 도전에 맞서는데 지속적으로 관심을 기울이느라 국제적 이슈에 대응하는 데에는 쉽게 소홀해질 수 있다.

외국의 오랜 친구 하나는 내게 이런 말을 한 적이 있다. 내가 평생에 한 일이 마치 미국의 하강을 우아하고 질서정연하게 안내하려고 애쓴 한편의 대하소설 같았다고. 역설적인 칭찬으로 한 말인 듯하다. 우리의 노력이 그다지 성공적이지 않았다는 의미도 내포하고 있는 말이다. 내가 참여했던 전후 통화제도 역사의 에피소드들을 돌이켜 보는 동안 그의 말이 마음에 걸렸다. 국제통화 및 달러화 관리에 있어서 미국은 갈수록 수세적인 입장이 되어 온 게 사실이다.

우리는 전후 브레튼우즈 시스템의 고정환율과 자유무역을 수립했다. 그러나 그 시스템이 제대로 작동하기도 전에 통화에 관한 합의는 압박을 받게 되었다. 시스템을 지키고 강화하기 위해 우리는 1960년대에 뛰어난 재주로 임기응변했다. 그리고 보다 근본적인 개혁을 위한 시도에 나섰다. 그러나 부족함을 충분히 메우지 못했다. 일정부분은 베트남전쟁 인플레이션으로 인해 압박을 받았다. 결국 브레튼우즈 시스템은 1973년에 와해되었다. 리처드 닉슨 대통령과 존 코넬리 재무장관은 달러화의 평가절하를 정치적 승리로 변모시키려고 애를 썼다. 그들의 노력은 상당한 업적이 되었다. 그러나 장기적 관점에서 보면, 그것은 다른 무엇인가가 거울에 비친 모습이었다. 어떠한 통화라도 특히 반복해서 하락한다면, 뭔가 잘 못 되었다는 전형적인 신호인 것이다.

1970년대 초 다수의 경제학자들과 조지 슐츠(코넬리 다음으로 재무장관직을 맡았다) 같은 몇몇 정부 당국자들은 세계를 자유변동환율제로 이끌고 싶어 했다. 그게 바람직하다고 그들은 믿었기 때문이다. 대부분은 단순히 더 나은 게 없다는 이유만으로 자유변동환율제를 당시의 처방전으로 받아들였다. 처방전이 아닌 표준이라는 관점에서 볼 때 자유변동환율제는 완전히 만족스러웠다고 보기 어려웠다. 많은 변동성이 있었다. 1978년 지미 카터 행정부 때에는 결국 달러화를 방어하는 것이 국내정책의 중요한 요소가 되어 버렸다. 이 모든 것들이 인플레이션과의 전쟁으로 귀결되었고, 나는 연준으로 차출되어 임무를 수행하게 되었다.

알다시피 그 전쟁 과정에서 우리는 '고금리'라는 비용을 치러야만 했다. 왜 인플레이션이 날뛰지 않도록 사전에 노력해야 하는지를 가르쳐 준 훌륭한 교훈이었다. 인플레이션과의 전쟁은 중남미 부채위기를 복잡하게 만들어 버렸다. 1982년 멕시코를 강타했고 이어서 달러의 가치를 국제적으로 끌어 올리는 역할을 했다. 부채위기와 환율 변동성의 문제는 국제통화 당국들 간의 협력에 있어서 주목할 만한 에피소드들을 만들어 냈다. 그러나 중남미 부채관리와 플라자합의 및 루브르합의는, 비록 당시 상황에서 필요했고 건설적이었으며 극적이었기는 했지만, 본질적으로는 방어적인 것이었다.

이 책의 상당부분은 환율에 관한 내용이다. 그리고 점점 복잡해진다. 경제학자들은 때때로 환율이 오로지 기술적인 문제라는 시각을 드러낸다. 환율의 변화는 인플레이션과 생산성, 이자율 같은 진정으로 중요한 것들의 차이를 고려하고 난 뒤에 나타나는 일종의 잔차(殘差, residual), 보완적 조정이라고 간주한다. 이런 문제에 대해 내가 구식인지도 모르겠다. 그러나 나는 강한 통화가치가 일반적으로 좋은 것이고, 활력과 힘과 경쟁력의 전형적인 신호라는 생각을 한 번도 의심해 본 적이 없다. 물론 그런 생각이 과도해지는 경우도 있다. 로널드 레이건 대통령 시절 일부 참모들이 그런 식으로 강한 달러를 과시했다. 때로는 허풍스럽고 거슬릴 정도로 그랬다. 결국 그 모든 일들은 일시적인 것으로 드러났다. 하지만 그들의 직감만큼은 옳았다.

통화가치가 하락한다는 것은, 대개 수입을 하는데 더 많은 돈이 들고 수출해서 버는 외화는 줄어듦을 의미한다. 다시 말해서 나라가 가난해진다는 뜻이다. 부유해지는 게 아니다. 좋다고 뛰어들 만한 일이 아닌 것이다. 역사를 한 번 보라. 1950년대에 달러는 굉장히 강하게 시작했다. 하지만 이후로는 일부 두드러진 예외를 제외하고는 내리 반대 방향으로 갔다. 이제 달러는 1950년대 엔화에 대해 가졌던 가치의 3분의1밖에 안 된다. 마르크에 대해서는 40% 수준이다. 이것만으로도 세계에서 미국의 역할이 얼마나 바뀌었는지를 알 수 있다.

우울해지라고 꺼내는 얘기가 아니다. 도전의식을 갖자는 것이다. 제2차 세계대전 이후 미국의 지위는 완전히 비정상적이고 지속 불가능한 것이었다. 미국은 전쟁통에서도 전혀 다치지 않았다. 우리 산업의 힘은 오히려 더 강해졌다. 반면 우리의 잠재적 경쟁자들은 상당히 파괴되었으며 재건하는데 우리의 도움을 필요로 했다. 그 이후 나타난 미국의 하강(옳은 표현인지 모르겠으나)은 절대적인 기준에서는 아니었다. 단지 다른 나라들에 비해 상대적으로 그러했던 것이다. 다른 나라들이 매우 암울한 출발점에서부터 미국을 따라잡는 것은 자연스럽기도 하고 바람직한 일이기도 했다. 우리 무역 파트너들의 전후 경제성장세는 사실 미국 정부가 정책적 의도를 갖고 조장한 결과이다.

게다가 우리는 여전히 세계에서 가장 높은 수준의 삶의 질을 누리고 있으며, 비할 데 없는 지도력을 행사하고 있다. 걸프전의 교훈은 단순했다. 우리와 우리 우방의 핵심적 이익이 위협 받을 때 미국은 일관성과 비전을 가지고 대응할 능력이 있다는 것이다. 우리는 동맹을 결집하고 협력을 유지할 능력이 있다. 다른 어떠한 나라도 우리처럼 할 수는 없다. 보다 긴 시야로 내다보면, 민주주의를 건설하고 인류의 정신을 수호하며 강력한 시장경제를 수립할 수 있는 드라마틱한 새 기회들을 동유럽, 구소련 및 세계 도처에서 발견할 수 있다. 이는 큰 틀에서 미국의 확신이 갖는 힘, 미국 정책이 그동안 이뤄온 성과를 반영한다고 하겠다.

과연 미국과 그 파트너들이 이러한 기회들 위에 성과를 계속 쌓아올릴 수 있을지, 어떤 식으로 그렇게 할 수 있을지가 아직 이슈로 남아 있다. 미국 정부가 걸프전 비용을 분담하자고 동맹들에 요구할 수밖에 없었던 점은 한 세대 사이에 미국의 태도와 경제적 지위가 바뀌었음을 상징하고 있다. 나에게는 더욱 불길하게도, 미국의 지도력이 쇠퇴하고 있다는 또 다른 신호가 존재한다. 달러가 그토록 하락하고 해외의 무역장벽이 그토록 낮춰졌는데도 우리는 우리의 경쟁력에 대해 걱정을 하는 지경에 이르고 말았다. 우리는 여전히 세계에서 가장 개방된 경제대국이긴 하지만, 갈수록 우리는 내부에서 보호주의적 세력과 맞부딪치고 있다. 우리가 국제금융기구들과 관계를 맺는데 있어서는 갈수록 눈앞의 정치적 경제적 이익에만 사로잡혀가고 있다. 이런 기구들 안팎에서 우리는 기존의 재정적 기여를 줄이면서도 가장 강력하고 지배적인 영향력을 유지하려고 애를 쓴다. 이러한 목표는 장기적으로는 양립할 수 없음이 분명하다. 한편으로는 그 반대로, 다른 나라들, 특히 일본의 경제적 지위가 훨씬 더 강해졌다. 그러나 이들 중 어떠한 나라도 미국처럼 독보적으로 강하지는 못하며, 광범위한 지지를 이끌어 낼 수 있을 만큼 새 국제질서에 대한 강력한 비전을 갖고 있지도 않다.

이 모든 것들은 결국 이 책이 다루게 되는 질문으로 연결된다. 미국의 '상대적인' 하강이란 것이 어디까지 자연스러운 것일까? 어느 정도가 바람직한 것이며, 미국이 자초한 부분은 어느 정도인가? 우리는, 일본의 도움을 받아, 브레튼우즈 시스템과 그 환율 안정성을 고수하기 위해 보다 더 노력해야만 했던가? 지난 20년간의 저성장과 불안정이 부분적이나마 브레튼우즈 시스템의 붕괴 탓이라고 할 수 있을까? 제2차 세계대전 직후의 미국 같은 지배적이고 계몽된 리더가 부재한 상황에서 세계는 앞으로 어디로 향하게 될 것인가?

1990년에 미국과 여타 앵글로색슨 국가에서 시작된 경기침체가 앞으로 길어지고 확산될 것이라는 우려가 있다. 내년 또는 그 이후의 경제가 강력하게 반등할 것이란 전망은 흐릿하다. 객관적 경제지표들을 보면 침체가 딱히 심각한 수준은 아님을 알 수 있지만, 미국이나 일부 다른 지역 대중들 사이에는 장기적 경제 전망에 대한 깊은 우려의 분위기가 형성되어 있다. 아마도 내가 경험했던 그 어느 때보다 더 그러한 듯하다.

한편, 여기 미국에서는 현재 대통령 선거전이 한창이다. 그 모든 것들은 이례적인 기회와 유혹을 제공한다. 한 국가와 사회로서 우리는 현재 어디에 위치해 있는지, 우리는 어디에 있고자 하는 지에 관한 집중적인 토론의 기회가 그 하나이다. 또 한 편으로는, 선거 이후에 대한 고려는 없이 당장 지금만 생각하고 행동하려는, 오직 빠른 해법만 추구하고자 하는 유혹에도 빠지기 쉽다. 이 책은 선거용 자료가 아니고 정치적 플랫폼도 아니다. 다만, 번영하고 조화를 이루는 세계질서를 우리가 끊임없이 추구해 나가는 과정에서 미국과 일본 및 여타 국가들이 직면한 경제적 선택에 관해 이 책이 약간이나마 도움이 되었으면 하는 바람이다.

힘의 미래는

———

어디로 향하는가?

내가 역할을 했던 미국과 일본 간 협상의 역사를 되돌아보면 우리의 흥
망성쇠를 떠올리게 하는 감정을 피할 수가 없다. 45년 전에는 어떠한
미국인과 일본인도 오늘날 세계에서 두 나라가 서 있는 위치를 예상하
지 못했을 것이다. 1950년대 초 해리 트루먼 미국 대통령과 요시다 시
게루 일본 총리는 동맹을 맺었다. 한 나라는 헤게모니를 가진 슈퍼파워
였고, 한 나라는 이제 막 전쟁의 폐허를 딛고 일어서 경제성장을 위해
분투하던 신출내기 민주주의 국가였다. 그럼에도 불구하고 두 나라가
단지 동맹을 유지하였을 뿐 아니라 오늘날 세계에서 가장 중요한 양자
관계 중 하나로 발전시켜왔으니 참으로 놀라운 일이라 하겠다.

　두 나라 동맹이 갈수록 감정이 상하고 악화하는 현실을 논하고자 한
다면, 양측 모두 먼저 동맹의 본질적인 특성에 관해 고찰해 보는 것이

중요할 것이다. 내 생각에, 미일 동맹은 떼 놓을 수 없는 두 기둥 위에 건설된 것이다. 하나는 일본이 국제문제에 있어서 미국이 행사하는 리더십을 수용한 것이고, 나머지 하나는 미국이 일본의 세계 및 미국 시장 자유진입을 용인한 점이다. 그리고 이 동맹은 훌륭하게 작동했다. 일본은 충실하고 순종적인 추종자로서 미국의 글로벌 전략을 지지했다. 미국은 그런 일본을 믿을 수 있었다. 미국의 힘이 전 세계에 미친 덕분에 일본은 자유롭게 수출을 확대하는 한편, 안정적으로 석유와 식품 및 원자재를 확보했다.

전후 초기에 미국은 세계의 관리자라는 국가적 기풍을 확고히 수립했다. 이는 세계 최강국이라는 자신감과 더불어 공산제국에 대항하는 자유세계의 수호자라는 책임감에서 비롯되었다. 일본은 미국이라는 스승을 가장 열심히 따르는 문하생이었다. 전쟁 이후 미국의 도움에 대한 감사의 마음에서만 아니라 미국이 누리는 부유함과 효율성, 자유를 갖고자 하는 진정한 열망에서 노력을 기울였다. 일본은 미국을 모델로 삼고 그 리더십을 따랐던 모든 나라들 중에서 가장 치열했다.

미일 동맹은 역사적인 성공을 이뤘다. 너무나도 성공적이다 보니, 상황이 근본적으로 바뀌었음에도 양국은 그걸 당연하게 여겼다. 미국은 자유세계의 수호자 역할을 자부심을 갖고 용감하게 수행하는 한편으로 자신의 경제적 진액을 군사비용과 사회보장, 소비지출로 계속해서 흘려내 보냈다. 일본은 일본대로 국민들의 독창성과 근면성을 바탕으로 신속하게 글로벌 경제강국으로 부상했다. 미국과 맺은 동맹 덕분에 경제적 안보를 최대한 누릴 수 있었다. 동시에, 독일과 프랑스가 주도하는 유럽공동체는 일본과 미국에 대한 경쟁력을 높여야 한다는 심각한 필요성을 깨닫게 되었다. 경제통합을 향한 유럽공동체의 진전은 인상적이었다. 이제는 주요 경제파워의 지위를 단단히 굳혔다.

이 같은 변화를 배경으로 미국과 일본의 동맹관계는 근본적으로 바뀌게 되었다. 이제는 더 이상 슈퍼파워 헤게모니와 극동의 취약한 경제 사이의 동맹이 아니다. 세계 3대 경제에 속하는 두 나라 사이의 동맹이 되었다. 두 나라의 경제를 합하면 전 세계의 40%를 차지한다.

최근 수년간 이 동맹을 괴롭혀 온 문제들의 근원은 동맹 그 자체의 본질에 대한 두 나라의 인식 차이에서 찾을 수 있다. 두 나라는 모두 동맹의 대단한 가치에 대해 잘 알고 있다. 그러나 일본은 갈수록 정치적 종속관계에 머무는 것을 주저하는 가운데 경제적으로도 자유재량권을 갖기를 원한다. 반면 미국은 세계의 관리자 역할을 유지하고 싶은 한편으로 일본이 경제적으로 계속 도전하는 것을 용납하고 싶지 않다. 달리 말하면, 미국과 일본 두 나라 모두 자신에게 이익을 주는 동맹의 한 기둥을 유지하고자 한다. 하지만 나머지 한 기둥은 방해가 된다는 이유로 없애고 싶어 한다. 이러한 흔한 이기심으로 인해 두 나라는 동맹의 두 기둥을 분리할 수 없다는 사실을 망각하고 말았다.

현재 세계질서는 지난 1950년대와는 근본적으로 달라졌다. 미국이 여전히 세계에서 가장 강한 경제대국이고 세계의 경찰 역할을 수행하고자 노력하지만, 이제는 더 이상 홀로 리더의 역할을 하는 헤게모니

국가가 아니다. 미국과 유럽공동체, 일본은 세계경제를 관리하는 역할을 공유한다. 이러한 3극체제(tripolar setup)는 앞으로 최소한 20년간은 계속될 듯하다. 그 이후에는 보다 다극화한 힘의 구조를 상상할 수 있을 것이다. 러시아와 중국이 아마 더 큰 역할을 하게 될 것이다. 그러나 21세기의 초기에는 국제관계와 세계 그 자체가 몇몇 주요 국가들 사이의 대립과 협력, 경쟁이 유동적으로 뒤섞이는 환경에 의해 지배될 가능성이 높다. 하지만 그러한 상황에서도 미국과 일본의 동맹은 양국에게 가장 중요한 상호관계로 남아 있을 것이라고 나는 확고하게 믿는다. 두 나라는 고도로 상호의존적이며, 두 나라를 연결하는 아시아 태평양 지역에 엄청난 잠재력이 존재하기 때문이다.

새로운 글로벌 환경에 적응해 나가는 가운데 두 나라 동맹을 더욱 굳건히 다지기 위해 미국과 일본이 시급하게 이뤄야 할 일이 있다. 미국은 일본과의 관계가 상호의존적이라는 사실을 전적으로 인식해야만 할 것이다. 미국은 또한 자신의 경제적 과잉을 시정하는 부담을 자신도 나눠 가져야 한다는 사실을 받아들여야 한다. 일본은 미국이 그랬던 것처럼 시장을 반드시 개방해야 한다. 또한 일본은 자신의 생존이 바깥 세계와 양립할 수 있는 국내정책을 고안하는데 달려 있음을 인식해야만 한다. 일본은 이제 세계경제의 완전한 일원이 되었으며, 더 이상 지난 수백 년의 고립된 섬나라가 아니다.

새로운
세계질서

- 제2차 세계대전 이후의 스타일 -

CHAPTER 01

케인즈는 미국의 생산성과 번영이 만성적인 국제수
지 흑자를 야기해 다른 나라들의 준비금을 다 빨아
들일까봐 걱정하고 있었다. 즉 그는 '달러화 부족' 문
제를 우려했다. 그래서 케인즈는 새 통화시스템에서
는 만성적인 흑자국을 통제할 규율이 필요하다고 판
단했다. 흑자국들이 지출을 더 늘리고, 수입을 자유
화하고, 해외에 투자하고, 차관을 제공함으로써 다른
나라들의 준비금이 고갈되지 않도록 하는 어떤 장치
가 시스템에 있어야 한다는 것이다.

written by
VOLCKER

깨끗한
—
백지

제2차 세계대전 종전 무렵에 이뤄진 경제 계획과 국제기구 창설 작업은 그 범위나 비전 측면에서 전례가 없는 것이었다. 전쟁 역시도 그 규모 면에서 전례가 없었다. 그 와중에, 그리고 어려운 평화로의 이행기 동안에 국제통화기금(IMF)과 세계부흥은행(IBRD)의 성격에 관한 합의가 도출되었다. 바로 브레튼우즈(Bretton Woods) 기구의 탄생이다. 관세와 무역에 관한 일반협정(GATT) 또한 이때 합의가 이루어졌다. 새 국제질서에 관한 지적(知的)이고 제도적인 기초가 수립된 것이다. 이러한 질서는 안정적인 환율, 누구도 특혜를 받지 않는 차별 없는 무역관계, 파괴된 경제의 신속한 재건, 빈곤국가의 경제개발 등을 약속하는 것으로 특징지어 진다. 근본적으로 그 모든 것들은 시장 중심 자유경제시스템이라는 이상에 기반하고 있다. 공산주의 국가인 소련과 중국이 배제된 이유다.

그러한 비전은 미국이라고 하는 한 대국(大國)의 정책에 의해 그 지속성을 얻었다. 미국은 리더십을 행사할 의지와 역량을 갖고 있었다. 미국은 전쟁에도 불구하고 산업을 고스란히 유지하고 있었다. 경제는 높은 수준에서 제대로 작동되었다. 군사력과 기술력에서도 도전할 상대가 없었다. 제1차 세계대전이 끝났을 때와는 달리 모든 전쟁부채는 즉각 면제되었다. 이 책이 쓰여진 1992년 화폐가치로 250억 달러에 해당하는 규모의 1946년 '앵글로-아메리칸 대출'은 미국의 핵심 전쟁동맹이 경제안정을 되찾는데 도움을 주었다. 몇 년 뒤에는 '마셜 플랜(the Marshall Plan)'이라는 프로그램이 가동되어 유럽 회복을 위한 효과적 협력을 진작하고 그 계획 이행에 소요되는 자원을 제공하였다. 지원된 자원의 규모는 한 때 미국 국민총생산의 2%에 달했다.

국제 경제협력을 위해 그런 식으로 지적 에너지가 폭발하고 기구를 설립하고 자금과 자원이 이전된 사례는 전무후무했다. 이는 일련의 예외적인 환경들에 의해 촉진되었다.

한 세대 전, 그러니까 제1차 세계대전 이후에 있었던 감당할 수 없는 전쟁 배상 및 부채 상환 요구는 결국 정치적 적대감과 경제적 불안을 야기해 심각한 문제를 일으켰다는 확신이 당시에 형성되어 있었다. 또 1930년대의 대공황은 자본주의 그 자체의 존폐를 위협하는 사건이었다. 보호무역주의 물결과 경제적 불안정, 국제교역의 급격한 수축으로 귀결되었다. 그리고 나서 제2차 세계대전의 파괴가 발생했다. 이로 인해 이제 정부는 완전히 새로운 아이디어에 개방적인 자세를 취할 수 있게 되었다. 깨끗한 백지 위에다 새로운 계획을 수립할 수 있게 된 것이다. 1945년 당시전 세계 총생산의 약 40%를 차지하고 있던 한 정부는 충분히 강하고 미래지향적 혜안을 갖고 있었기에 이러한 새로운 아이디어들을 앞장서서 몰아붙일 수 있었다. 그게 바로 미국이었다.

사실상 단 둘의 참여자만 존재했기에 협상 과정은 굉장히 단순했다. 전쟁에서 승리한 두 나라, 바로 미국과 영국이었다. 둘 사이에 이견이 있을 때에는 누가 우선권을 갖고 있는지도 분명했다. 그럼에도 불구하고 유럽에서 전후 회복이 확고한 기반을 다지는 데에는 10년 이상이 걸렸다. 그 때가 되어서야 비로소 새로운 무역과 금융결제 협약이 의도한 대로 작동했다. 하지만 진보와 협력, 그리고 고조되는 자신감은 금세 맛볼 수가 있었다. 이는 패전국 독일(역자주: 당시의 서독을 모두 독일로 통일해서 표기함)과 일본으로 신속하게 번져 나갔다.

그렇게

—

시작되었다!

이 모든 일들은 이 책의 저자인 나와 교텐이 국제금융 이슈에 참여하기 이전에 이루어졌다. 브레튼우즈 시스템이란 것은 우리가 학교에서 배워서 알게 된 것이다(일정 부분은 우드로월슨스쿨(the Woodrow Wilson School)에서 배웠다!). 우리가 미국 및 일본 재무부에서 처음으로 일을 시작했을 때 부여받은 임무는 그 브레튼우즈 시스템을 관리하는 작업의 한 부분이었다. 당시 우리는 그 시스템을 운영하는 것이야 말로 세계 경제질서가 적절하게 기능하면서 자연스럽게 잘 작동하도록 하는 길이라고 여겼다. 국제통화 업무에 관한 나의 커리어는 1962년 초 미국 워싱턴의 재무부에서 일하면서부터 시작되었다. 다만 워싱턴 국가기록물보관소에 쓰여 있듯이, 과거는 서막일 뿐이다. 우선은 사라진 1950년대의 세계로 돌아가 보자.

내가 처음으로 일하게 된 곳은 뉴욕 연방준비은행이다. 나는 그 곳에서 주니어 이코노미스트 업무를 맡았고, 그 뒤에는 국채 트레이더 역할을 했다. 거기서 나는 경제와 통화 정책에 대해 많은 것을 배울 수 있었다. 특히 무엇보다 중요하다고 할 수 있는 관료시스템과 금융시장에 대해서 익히게 되었다. 당시 지역 연방준비은행은 굉장히 관료적인 기관이었다. 내가 작성한 일부 문건조차도 내가 열람하는 게 금지되어 있었다. 그런 권한을 가진 제한된 그룹에 나는 포함되어 있지 않았기 때문이다. 뉴욕 연준 총재의 지시로 작성한 내 메모는 선임자에게 넘겨지고, 선임자는 거기에 약간의 의견을 첨부해 다음 선임자에게 올라간다. 그렇게 부총재를 거쳐 최고위까지 전달되는 사슬이 형성되어 있었다. 그래서 만일 총재가 그 메모에 대해 코멘트를 한다면, 그건 종전의 절차를 되짚어 나에게 내려오게 된다. 당시 뉴욕 연준의 총재는 앨런 스프로울 ^{Allan Sproul} 이었다. 아마도 그 시대에 가장 영향력 있는 중앙은행가였을 것이다. 그 곳의 관료주의가 아주 융통성 없긴 했지만 그럴 만하다 싶기도 했다. 모든 큰 조직이 그런 방식으로 굴러간다고 나는 여기게 되었다.

큰 인기를 끌었던 이론

그 뒤 나는 체이스맨해튼은행(Chase Manhattan Bank)으로 옮겼다. 훨씬 적은 수의 이코노미스트들과 함께 일하게 되었는데, '금융(financial)'이라고 이름 붙여진 모든 사안에 대해 내가 전문가가 되었다는 기분이 들었다. 아주 생생하게 기억나는 일이 하나 있다. 떠올리기에 당혹스러운 일이기도 하다. 연준에서 일했던 것과는 전혀 다른 경험이었다. 1958년 초 어느 날 나는 조지 챔피언^{George Champion} 사장 방에 불려갔다. 몇 가지 일상적인 질문을 하고 나서는 "잠깐만 앉으라"고 했다. 챔피언 사장은 "우리 미국의 무역 포지션이 좀 걱정된다. 우리의 경쟁력이 떨어지고 있다. 달러화가치에 영향을 줄 정도다. 어떻게 생각하느냐?"고 물었다. 국제무역과 금융은 당시 나의 분야가 아니었다. 그래서 나는 당시 이코노미스트로서는 뻔하다 할 만한 대답을 했다. "걱정할 게 아무것도 없다. 우리가 수입을 늘리기 위해 달러를 더 쓸수록 다른 나라들은 그 달러를 더욱 더 갖고 싶어 할 것이고 그 돈으로 미국 상품을 더 많이 수입해 갈 것이다. 미국에게는 국제수지 균형이라는 문제가 존재하지 않는다"고 나는 말했다.

당시에만 해도 '달러화 부족(dollar shortage)' 이론이 지적으로 큰 인기를 끌고 있었다. 1950년대 초 내가 하버드대학원에 다닐 때 그곳의 저명한 교수님께서 그 이론의 근간을 수립하셨던 기억이 난다. 이런 얘기다. 자원과 에너지가 풍부한 미국은 세계대전 당시에 파괴를 겪지 않았다. 그당시 미국은 영원토록 최신 기술과 생산효율성을 선도하는 나라로 자리매김해 나갈 터였다. 그래서 미국의 생산성은 다른 나라들보다 빠른 속도로 성장할 수 있었다. 자연히 무역에서도 흑자를 낼 수밖에 없었다. 그래서 일부에서는 미국이 당연히 전 세계 어디에서나 원하는 모든 것들을 소비할 수 있다고 주장했다. 그렇게 하는 게 우리(미국)의 이익에 맞다는 것이다. 대공황 시대의 경험을 돌이켜 보건대, 사람들은 미국이 경제번영으로 얻은 저축 모두를 국내에서만 투자하지는 못할 것이라고 생각했다. 대규모의 대외 공적원조를 효과적으로 제공하고 궁극적으로는 민간 해외투자에 나섬으로써 외국이 미국의 수출품을 사들이고 이를 통해 우리는 일자리를 창출할 수 있을 거라고 여겼던 것이다. 그렇게 하지 않으면 우리는 우리가 만들 수 있는 것들을 팔지 못하게 될 터였다. 왜냐하면 해외에서는 '달러가 부족'하기 때문이다. 그렇게 당시 경제학자들은 '달러화 부족'을 언급했다.

거의 근래에 들어서야 연구 논문들이 그러한 제목으로 분류되기 시작했다. 리스트를 보면 1940년대에 10개의 논문이 있었고, 1950년대에는 33개로 늘었다. 『달러의 문제(The Dollar Problem)』라는 유명한 서적이 발간된 것은 1957년의 일이다.

사실 나는 그런 이론 전반에 대해 회의적이었다. 돌이켜보면, 당시 조지 챔피언 사장에게 나의 회의론을 개진하는 게 더 나았겠다는 생각이 든다. 챔피언 사장의 질문이 있은 지 몇 달 뒤 미국의 국제수지가 적자로 바뀌었다. 달러에 대한 신뢰가 반드시 난공불락은 아닐 수 있다는 인식이 희미하게 고개를 들었다. 나에게는 큰 교훈이 되었다. 교수님이 하시는 말씀을 다 알아듣지 못한다 하더라도, 그 교수님이 틀렸을 가능성을 무시하지는 말라는 깨달음을 얻었다. 그리고 금융시장에 실제로 참여하는 사람들은 지나간 데이터에 몰두하는 경제학자들보다 추세의 변화를 훨씬 신속하게 감지하는 경우가 있다는 걸 알게 되었다. 1960년대가 되자 '달러화 부족'을 다룬 논문 사례가 하나로 줄어들었다. 그 마저도 과거의 '달러화 부족' 이론이 왜 틀린 이론인지를 다룬 논문이었다.

이웃을 가난하게 만드는

미국의 국내 경제정책이 해외에 미치는 파급효과에 대해 당시 정책 당국자들과 경제학자들은 충분히 관심을 기울이지 않았다는 비판을 받아왔는데, 그것은 명백한 사실이다. 수출과 수입, 해외투자는 부차적인 이슈로 치부되어 버렸다. 경제운영에 관해 가르치는 일반 경제학 과정에서는 오로지 국내에 관한 것만 다루었다. 경제정책에 관한 생각은 주로 대공황 당시의 기억이 지배했고, 어떻게 하면 국내에서 완전고용을 유지할 수 있을 지에만 몰두했다. 미국에서 정책이란 곧 국내정책을 의미했다. 정부 지출과 조세 즉, 재정정책 말이다. 당시 국제통화정책에 관한 커리큘럼은 금융 불안정성에 관한 것이 유일했다. 단지 국내에서의 금융패닉 및 은행 파산 뿐 아니라 국제적인 금융 불안정 역시 보호무역주의와 1,2차 세계 대전 사이의 대공황에 큰 영향을 주었던 것으로 인식되었다. 모든 국가의 정부가 저 혼자만 살겠다는 일념으로 엄청난 환율 변동과 높은 관세를 야기하면서까지 제 갈 길을 갔다는 것이다.

대공황 최악의 국면이었던 1929년부터 1932년 사이 국제교역은 60% 감소했다. 이 엄청난 수축을 사람들은 '국제통화시스템의 붕괴'라는 아이디어와 아주 명쾌하게 연결했다. 그 시스템은 애초에 금본위제와 고정환율제 위에 수립되었던 것으로, 많은 사람들은 한동안 이를 마치 뉴턴^{Isaac Nweton}의 물리학 법칙처럼 아주 질서정연한 통화세계로 여겼다.

그에 반해 1930년대에 횡행했던 변동환율제는 통화 무질서 및 제 기능을 상실한 교역제도를 야기한 원인이었다고 보았다. 규칙이 없었기에 최악의 경우에는 환율을 조작해 불공정한 경쟁우위를 얻고자 하는 유혹에 빠졌다. 이웃을 가난하게 만들어 버린다는 이른바 '근린궁핍화(近隣窮乏化, beggar-thy-neighbor)'가 바로 그것이다. 자국의 통화가치를 최대한 절하함으로써 자국 수출품이 세계시장에서 더 싸게 팔리고 외국제품의 국내 수입가격은 비싸지도록 하는 것이다. 모든 게 뜻한 대로 잘 돌아갈 경우 자국 내 생산이 증가하고 더 많은 일자리를 창출한다. 1930년대의 관점에서 볼 때에는, 대공황의 참화에서 벗어나는 결과를 얻을 수 있다. 실제 일부 국가들은 한동안 제법 성공적이었다. 하지만 그 결과 다른 국가들에게 해악을 끼치고 말았다. 해외시장에서 밀려나 생산을 잃게 된 이들은 보복에 나섰고, 그 결과 모든 나라들이 손해를 보게 되었다. 제2차 세계대전 이후 세계질서를 설계한 사람들이 가졌던 큰 두려움 가운데 하나가 바로 이른바 경쟁우위를 위한 평가절하가 반복해서 계속 시도될 가능성이었다. 이웃 나라의 희생을 대가로 자국의 수출 성장을 지원하려 들 수 있다는 것이다.

일부 수정주의 학자들 중에는 제2차 세계대전 이전의 경쟁적 평가절하가 과연 당시에 여겨졌던 것만큼 그렇게 중요한 일인가를 의심하는 사람들이 있었다. 경제학자들이란 다른 학자들과 마찬가지로 각 시대의 역사를 재분석해 보기를 좋아한다. 그러니 경쟁적 평가절하의 역사도 고쳐 써 볼 때가 되었던 듯하다. 그러나 나로서는 별 다른 의심이 없었다. 1930년대 두 번의 대규모 평가절하, 그러니까 1931년 영국과 1933년 미국의 조치는 교역 대상국들에게 엄청난 압박을 주었다. 의도했든 의도하지 않았든, 이후 계속된 불안정의 불씨가 되었다.

한동안 유행했던 '근린궁핍화'란 용어가 최근 10~20년 사이에는 정책 토론에서 거의 사용된 걸 보지 못했다. 환경이 변했기 때문인데, 통화가치를 평가절하하면 수입물가가 상승해 인플레이션을 불러온다는 두려움이 과거에 비해 커진 게 그 배경 중 하나다. 그러나 대공황 당시에는 그런 두려움이 없었다. 오히려 당시의 주된 우려 사항은 물가의 하락, 디플레이션이었다. 실제로 1933년 미국의 평가절하는 상품가격 전반, 특히 농산물가격을 끌어올리기 위한 조치였다. 1920년대에 시작된 농촌지역의 불황을 끝내려는 시도였다. 그래서 미국 정부는 계속해서 더 높은 가격에 금을 사들이는 정책을 취했다. 온스당 20.67달러이던 금값이 35달러가 된 뒤에 가서야 금 매입을 중단했다. 그 정책이 결국에는 어떤 성과를 냈는지, 루즈벨트^{Franklin Roosevelt} 대통령이 왜 35달러에서 그 정책을 끝냈는지는 오늘날 분명하지 않다. 하지만 재량적이든 아니든, 금 1온스 당 35달러는 전후 시스템에서 하나의 기준점으로 수용되었다. 그 가격은 거의 40년 동안 유지되었다. 그리고 그 대부분의 기간 동안 금이 35달러의 가치를 갖게 된 이유는 단 한가지였다. 미국 정부는 팔기를 원하는 모든 사람으로부터 그 가격에 금을 사들일 용의가 있었고 실제로 그렇게 했다. 하지만 1960년대 들어 금 매수와 매도의 균형이 흔들리고, 미국이 장기간에 걸쳐 금을 상실한 뒤로 그 전후 통화시스템은 흐트러지기 시작했다.

케인즈의 해법

새로운 국제통화시스템을 만들기 위한 막바지 협상은 1944년 여름에 시작되었다. 제2차 세계대전이 끝나기도 전의 일이다. 미국 뉴햄프셔주 브레튼우즈의 화이트 마운틴즈(White Mountains) 리조트에 있는 19세기에 지어진 한 호텔에서 회의가 열렸다. (지금 그 호텔에 가면 회의를 기념하는 명판이 눈에 띄게 설치되어 있는 걸 볼 수 있다. 그 지역 이름을 따 만들어진 통화시스템을 오래 유지하기 위해 큰돈을 들여서 만든 것이다.)

전쟁의 와중에 그런 토의를 하는 것은 나름 큰 이점이 있었다. 국제금융시장이 사실상 문을 닫은 상태였기 때문이다. 당시에는 어떠한 시스템도 전혀 운영되고 있는 게 없었고, 전쟁의 엄청난 부담으로 인해 지역이기주의를 내세울 형편이 못 되었다. 국제통화시스템을 완전히 재구성하고 세부사항에 대해 합의를 해 완성하는 것이 그래서 가능했던 것이다.

목표에 관해서는 거의 이견이 없었다. 시스템 설계자들은 대공황 당시를 특징짓고 대공황의 원인이 되었던 통화 불안정을 피하고자 했다. 그러한 목표 하에 그들은 국제적으로 감시 및 안내를 받는 고정환율제를 원했다. 국제무역에 대한 정부의 컨트롤도 끝내기를 희망했다. 예외적인 경우에만 환율 변경을 지지하고자 했다. 그들은 어떤 나라의 국제수지 계정이 '근본적인 불균형(fundamental disequilibrium)'을 보이는 경우에만 예외를 인정하기로 했다. 이런 목표들을 달성하기 위해 운영인력을 갖춘 국제기구를 창설했다. 국제통화기금(IMF)과 전후 재건자금 제공을 위한 국제부흥개발은행(IBRD) 즉 '세계은행(World Bank)'이다.

물론 이러한 이상들을 어떻게 실현할 것인지를 두고 많은 토론이 있었다. 일부 논란들은 이후 반복해서 등장하기도 했다. 당대 최고의 경제학자였던 존 메이너드 케인즈John Maynard keynes에 의해 만들어진 영국 측 방안은 아주 거창했고 경제성장 지향적이었다. 각국이 준비자산으로 여전히 금을 보유하고 있었지만, 케인즈는 금에서 벗어나 새로운 국체 합성화폐를 창설하는 아이디어를 제시했다. 이름하여 '방코르(bancor)'였다. 영어로 은행, 불어로 금, 두 단어를 합성한 이름이다. 케인즈는 국가 준비금 공급이 대규모여야 하고, 잠재적으로는 확대할 수도 있기를 원했다. 그렇게 해야 필요한 경우 무역적자로 인한 준비금의 고갈을 걱정하지 않고도 완전고용정책을 조장하고 수행할 수 있다고 보았다. 그 몇 년 전 케인즈는 금을 두고 '야만적인 유물'이라고 비난한 바 있다. 국제수지 적자를 메꿀 준비금으로 오로지 수량이 한정되어 있는 금에만 의존하는 국제통화시스템에 전 세계, 특히 영국이 제약을 받아서는 안 된다고 생각했다.

미국인으로서 당시를 돌이켜 보면 한 가지 흥미로운 사실이 있다. 케인즈는 미국의 생산성과 번영이 만성적인 국제수지 흑자를 야기해 다른 나라들의 준비금을 다 빨아들일까봐 걱정하고 있었다는 점이다. 즉 그는 '달러화 부족' 문제를 우려했다. 그래서 케인즈는 새 통화시스템에서는 만성적인 흑자국을 통제할 규율이 필요하다고 판단했다. 흑자국들이 지출을 더 늘리고, 수입을 자유화하고, 해외에 투자하고, 차관을 제공함으로써 다른 나라들의 준비금이 고갈되지 않도록 하는 어떤 장치가 시스템에 있어야 한다는 것이다. 금본위제 하에서는, 또는 그런 식의 어떤 고정환율제도에서는, 국제수지 적자에 빠진 국가는 자동적으로 어느 정도 제약을 받게 되는 규율이 있었다. 경쟁력을 상실하거나, 금리가 낮거나, 인플레이션을 유발하는 경제정책을 수행하는 나라는 상대적으로 금리가 높거나, 보다 안정적인 경제정책을 운영하거나, 성장률이 낮은 나라들에게 준비금을 잃게 되어 있었다. 그리고 준비금을 일정 수준 이상 상실하게 된 나라는 대응을 해야만 했다. 일반적으로 금리를 인상해 성장률을 떨어뜨리는 것이다. 미국 바깥 세계, 특히 영국의 관점에서 케인즈는 그게 걱정스러웠다. 새로운 시스템이 경제를 너무 제약하는 쪽으로만 기울 가능성이 있다고 본 것이다.

케인즈에게는 두 가지 해법이 있었다. 첫 번째는 준비금을 많이 가질 수 있도록 하는 것이다. 두 번째는 대규모 국제수지 흑자를 장기간 지속해 준비금을 과도하게 쌓는 나라를 자동적으로 징벌하는 시스템이다. 과도한 흑자국은 '희소 화폐'를 보유한 것으로 간주해 그들의 수출품 구입을 제한하는 징벌을 가할 수 있도록 IMF는 결국 허용하기로 했다. 잠재적으로 강력한 규제가 될 수 있는 장치였다. 그러나 시스템 초창기 시절 미국 정부는 그런 조항이 효력을 발생하는 것에 대해 강력히 저항했다. 그 조항은 결국 사문화되고 말았다. 아이러니하게도, 1944년 당시 케인즈의 우려는 30년 뒤 미국의 걱정거리가 되고 말았다. 독일과 일본이 엄청난 흑자를 쌓아 올리는데도 그 문제가 한 번도 만족스럽게 해결되지 않았다.

해리 덱스터 화이트Harry Dexter White라는 이름의 미국 재무부 관료는 많은 면에서 케인즈의 계획과 유사한 구상을 갖고 있었다. 국제기구의 감시 하에 운영되는 고정환율제가 대표적이다. 그러나 미국 측 방안은 훨씬 덜 경기부양적이었다. 화이트는 적자국들이 흑자국(당시에는 당연히 미국이었다)을 희생시켜 대규모의 자금을 너무 쉽게 자동적으로 조달하게 될까 봐 걱정했다. 한 세대가 지난 뒤 미국은 적자에 빠졌는데, 화이트의 우려는 결국 유럽의 것이 되었다. 케인즈는 새로 설립되는 IMF를 통해 총 350억 달러에 해당하는 국제준비금을 창설하자고 주장했다. 그러나 화이트는 단 50억 달러만을 제안했다. 주로 기존에 갖고 있던 준비금들을 한 곳에 모아 조성하자는 주장이었다. 결국 도출된 타협안 88억 달러는 미국의 주장에 훨씬 가까웠다. 당시 미국과 영국 간의 세력 기울기를 보여준 사례다.

사실 브레튼우즈 시스템을 시작하기 위해 미국은 화이트나 재무부가 구상했던 것보다 훨씬 많은 돈으로 마중물을 부어야만 했다. 첫 주요 조치로 1946년 미국과 캐나다는 영국에게 장기 저금리 차관 37억5000만 달러를 제공했다. 영국이 준비금을 보충해 파운드가 다시 국제통화로 쓰일 수 있도록 한 것이다. 이 자금은 당시로서는 엄청난 규모였다. 하지만 영국 파운드화에 대한 신뢰는 굉장히 낮았고, 그래서 그 돈은 오래 가지 못했다. 전후 재건을 위해 서유럽 전반에 넘쳐흐르도록 한 마셜 플랜이 훨씬 더 성공적이었다. 2~3년간 미국 국민총생산의 2%를 제공하기로 약속했던 마셜 플랜은 1990년대 화폐 기준으로 연간 1000억 달러에 달하는 자금이었다. 하지만 조건이 있었다. 유럽이 자신들의 기초산업과 교통 인프라를 재건하도록, 그래서 그들 사이의 교역과 경제협력을 촉진하는 쪽으로 자금이 효과적으로 사용될 수 있도록, 그들이 공동으로 개발한 계획을 수행하는 데에만 지원되었다. 그 프로그램은 대단한 기술과 효율성으로 수행되었다. 전시 경험을 통해 생겨난 협력체제 하에서 공산주의에 맞선 방벽을 쌓는다는 공동의 목표 하에 진행되었다. 그렇다고는 해도, 유럽과 일본의 경제가 차례로 회복되어 갔지만, 수입 및 해외대출에 대한 그들의 통제는 오로지 점진적으로만 제거되어 갔다. 수년 동안 미국은 미국산 수출품에 대한 차별을 견뎌내야만 했다. 그리고 온갖 현실적인 이유들로 인해서 국제자금 차입자들은 미국에 와야만 했다.

　예산이든 그 밖의 것이든 미국에 미친 직접적인 비용에도 불구하고 국제질서 차원에서나 미국의 관점에서나 이해관계의 균형에 대해 큰 의문이 제기되지는 않았다. 대공황과 전쟁의 기억이 여전히 너무나도 뚜렷하게 남아 있었기에, 그리고 미국의 강건함과 번영의 증거가 너무나도 명확했기에, 그 비용에 대한 우려는 생기지 않았다. 오히려 그 반대로, 엘리트들(당시에는 오명이 아니었다) 사이에서는 리더십의 역할이 필요하다는 인식이 강력하게 존재하고 있었다. 미국의 노동계와 산업계는 자신의 경쟁력을 확신하고 있었고, 그래서 개방적인 시장과 해외경제의 성장은 그들에게 이로운 일이었다.

게임의
─ ─
법칙

국제적으로 장려되는 경제행위에 관한 규칙들은 비교적 짧은 문서 몇 가지로 과감하게 수립되었다. 통화정책의 협력과 시장지향적인 무역시스템 그리고 빠른 경제개발을 위한 공동작업을 주창하였다. 이 중 그 어떠한 것도 당시에는 당연한 것이라고 보기 어려운 일들이었다. 공산당이 접수한 중국과 소비에트연방 및 그 위성국가들이 이 과정에서 배제된 것은 우연이 아니었다. 중국의 경우 자국 경제를 개혁하기 시작한 뒤에 가서야 멤버가 될 수 있었다. 동유럽 국가들은 소련의 영향력이 약화된 뒤 회원국 신청이 허용되었다. 현재는 옛 소련 국가들의 세계은행 및 IMF 가입신청이 우선시되고 있다.

브레튼우즈 시스템의 작동방식은 좀 복잡한 측면이 있었다. 각 회원국들은 각자 통화의 '균형 가치(par value)'를 설정해야 한다. 그 균형 가치는 금(金) 또는 금과 태환 가능한(바꿀 수 있는) 통화를 단위로 표시하도록 했다. 실제로는 미국을 제외한 거의 모든 통화들이 달러 표시로 자국 통화의 균형 가치를 정했다. IMF 헌장에 특별히 명기된 게 없었음에도 불구하고 달러는 브렌튼우즈 시스템에서 대단히 중요한 역할을 하게 되었다.

각 회원국들은 자국 통화를 보유하고 있는 외국 통화당국이 요구할 때 언제나 금 또는 태환 가능한 통화(달러)로 교환해줄 준비가 되어 있어야 했다. 교환의 비율은 대외적으로 공표한 균형 가치에 1% 이내의 작은 마진만을 붙이거나 빼도록 했다. 그래서 각국의 통화는 시장에서 아주 좁은 변동범위를 갖는 고정환율을 유지하게 되었다. 초기 국면이 지난 뒤에도 IMF 이사회의 승인 하에서만 이 환율을 절상하거나 절하할 수 있도록 했다.

무엇이 불균형인가?

전 세계에서 지배적인 경제 및 금융 파워를 가진 미국은 외국 정부 및 중앙은행의 요구에 따라 자국 통화를 금으로 교환해줄 의사를 가진, 금 태환성을 보유한 유일한 국가였다. 새로운 시스템이 시작되던 무렵에 그렇게 할 수 있었던 유일한 나라이기도 했다. 1945년 말 기준 전 세계가 보유한 공적준비금 9억6500만 온스 중에서 미국이 5억7400만 온스를 차지하고 있었다. 온스당 35달러로 총 201억 달러에 달했다. 그런 환경에서 대부분의 다른 나라들은 자신들의 제한된 준비금 가운데 상당부분을 달러로 보유하려고 했다. 아무런 소득을 낳지 못하는 금과 달리 달러로는 이자를 벌 수 있었기 때문이다. 이 점이 브레튼우즈 시스템에 유연성을 더해 주었다.

전통적인 금본위제는 과도한 경직성 같은 단점들이 있었는데, 이를 보완하기 위한 장치들도 마련되었다. 가장 중요하게는, IMF가 80억 달러의 기금을 바탕으로 회원국들에게 신용을 제공할 수 있게 되었다. 일명 '인출권'이다. 각국의 인출규모는 경제규모와 무역 비중을 반영한 특정한 공식에 따라 정해졌다. 인출규모가 커질수록 인출이 점점 더 까다로워지도록 고안되었다. 시스템의 규율을 세우기 위한 중요한 요소였다. 상당한 규모의 자금을 빌리고자 하는 국가에게는 IMF 사무국이 이른바 '조건(conditionality)'을 부과했다. 정교한 감시 및 점검 절차였다. 무역적자와 재정적자를 줄이고, 인플레이션을 낮추고, 기타 목표를 달성하는 데에 맞추어 구제금융을 단계적으로 나눠 지급하도록 했다. 환율의 변경은 그 자체로 규칙 위반은 아니었다. 다만 최후의 수단으로만 단행하도록 했다. 다른 노력으로는 도저히 무역수지와 대외지급을 개선할 수 없는 경우에나, 그런 노력들이 오히려 부작용을 일으킬 우려가 있는 때에만 허용하였다. IMF 창설을 주도한 사람들은 각국이 성장을 유지할 수단을 갖고 싶어한다는 걸 잘 알고 있었다. 자신들의 정책이 환율과 부합하지 않는다고 판단된다면, 만성적인 실업을 피하기 위해 언제든 평가절하에 나서려고 할 것이라고 보았다. 회원국들은 또한 무역이나 관광, 대외원조, 여타 경상계정 지출을 통제하지 못하도록 강력히 규제받았다. 다만 어려운 시기에 직면했을 때 자본이동을 통제하는 것은 나쁘지 않은 걸로 여겨졌다. 지난 1920년대와 1930년대에 겪었던 환율 불안정 배경에는 거대한 투기적 자본흐름이 중요한 역할을 했다고 보았기 때문이다.

　　IMF 운영에 관한 아주 민감한 문제들은 나중에 실제 판단과 경험이 이뤄짐에 따라서 고개를 들게 되었다. 애초에 설립자들은 IMF가 준비금을 창출하고 회원국들이 그걸 조달하는데 있어서 엄격한 금본위제에 비해 가능한 많은 유연성을 부여하고자 했다. 환율 변경에 있어서도 마찬가지였다. 그러나 애초부터 각 회원국이나 관계자들 마다 생각이 달랐다. 구제금융 국가의 불균형을 끝내기 위해 경제정책과 경제실적을 얼마나 '조정(adjustment)'해야 하는지, 그러한 불균형 해소 과정에서 구제금융을 얼마나 지원해 주어야 하는지 근본적인 의문이 있었다. 이는 마치 피렌체 은행가들이 유럽의 왕자들에게 돈을 빌려줄 때 제기됐던 것과 같은 오래된 문제였다. 최근에 와서는 동유럽에 새로 등장한 국가들과 옛 소련 국가들에 대한 금융지원을 둘러싸고 똑같은 토론이 이뤄졌다. 앞으로 기술하겠지만, 이는 1960~1970년대의 개혁 노력에서부터, 1980년대의 부채 위기에 이르기까지 반복해서 고개를 드는 이슈였다.

환율에 어느 정도의 유연성을 부여할 것인지에 관한 이견은 특히나 합의를 도출하기 어려워 난감했다. IMF를 창설한 사람들은 어떤 경우에 평가절하가 허용되는지에 관해 확고부동한 규칙을 제정할 수가 없었다. 단지 '근본적인 불균형'에 빠진 경우에 정당화되는 것으로만 규정하였다. 유럽의 중앙은행에서 오랜 경력을 쌓은 뒤 1960년대 초 IMF 총재를 지낸 페르 제이콥센Per Jacobssen은 비유하기를, "예쁜 소녀란 직접 만나 봐서 그렇게 느껴지는 사람을 의미한다"는 식으로 규정하는 것 이상으로는 그 불균형이란 것을 정의할 수 없었다고 말했다. (그가 이 말을 한 것은 페미니스트 혁명 이전의 일이다.)

달러의 양면성

사람마다 이상형이란 게 다르듯이, 한 사람의 의견이 비록 존중은 받되 그것만으로써 문제를 해결할 수는 없었다. 다만 실제로 주요국의 평가절하라고 하는 것은 IMF 창립 이후 첫 4반세기(25년 간)에는 그리 자주 발생하지 않았다. 제2차 세계대전 직후 유럽의 여러 국가들이 환율을 대거 조정한 뒤로는, 주요국들 중에서는 1967년 영국, 1957~1958년 프랑스, 그리고 역시 1969년의 프랑스 정도의 사례가 있었을 뿐이다. 규정에는 없는 조치였지만, 캐나다의 경우 두 차례에 걸쳐 변동환율제를 도입하기도 했다. 예외적으로 독일의 경우는 1961년과 1969년에 마르크화를 평가절상했다. 1달러에 대한 엔화의 환율은 1949년 미국의 권고로 360엔에 결정되었다. 적절히 대외 경쟁우위를 누릴 수 있도록 설정한 환율이었는데, 브레튼우즈 협정이 붕괴될 때까지 계속 유지되었다. 국제적 합의문구가 무엇이라고 기술하든 간에, 특정국가 홀로 환율을 조정한다는 것은 금융시장에 심리적 불안정을 야기했다. 해당 정부에게는 정치적인 패배로 여겨지는 일이었다. 국제통화시스템의 핵심인 미국의 달러 환율이 새로운 IMF 하에서 그러한 조정을 겪는다는 것은 상상도 할 수 없는 일이었다. 창설 후 10여 년 동안에는 IMF의 공식적인 규정이란 것이 성장과 안정에 그다지 중요하지 않았다. 금융자원이나 개방된 시장, 미국이 제공하는 안보지원 약속 같은 것들이 훨씬 더 긴요했다. 이러한 현실에서 미국 달러화가 광범위하게 사용되는 것은 자연스러운 일이었다. 전후질서 설계자들과 시장은 당연한 일로 받아들였다. 국제합의가 억지로 도출된 산물이라고 생각하지는 않았다.

달러의 그러한 역할이 특권인 동시에 부담이라는 것을 분명히 깨닫게 된 것은 나중의 일이었다. 브레튼우즈 협정이 기술한 '시스템의 장기적인 운영'과는 병립할 수 없는 문제였다. 특히 달러를 준비통화로 사용한다는 것은, 미국은 다른 나라들과 달리, 자신의 보유 금(金) 유출 없이도, 외국통화를 빌리지 않고도, 다른 나라들이 달러를 더 축적하려는 의지를 갖는 한, 국제수지 적자를 낼 수 있다는 것을 의미했다. 실제로 1950~1960년대에 외국들이 달러 보유를 늘림에 따라 미국은 환율 조정 위험 없이 비교적 낮은 이자율로 돈을 빌려 적자를 메울 수 있었다. 이렇게 불어나간 달러 준비금은 동시에 다른 국가들의 준비금 및 유동성의 원천이 되었다.

사람들이 달러를 보유하고자 하는 한, 이 모든 것들은 합리적으로 보였다. 달러가 금만큼 좋을 뿐 아니라 심지어는 금보다 더 좋다고 인식되는 동안에는 실제로 그러했다. 그러나 달러의 그런 지위에는 어두운 면도 있었다. 만일 달러와 금 사이의 그 기본적인 등식이 의심을 받게 된다면, 나아가 물가와 경제의 안정 및 시장 개방성을 유지하려는 미국의 의지가 의문시된다면, 이 시스템의 안정성은 뿌리째 흔들리게 될 것이다.

실제로 1960년대에 그런 일이 발생하고 말았다. 앞서 1950년대에는 미국의 금 보유가 계속 늘었는데, 미국 경제는 다른 모든 나라들을 여전히 선도했고, 미국의 물가는 비교적 안정적이었다. 전후 경제체제 안에서, 그리고 상호 방위의 보호 하에서, 유럽과 일본은 폐허를 딛고 놀라운 회복세를 경험했다. _Volcker

새로운 세계질서 | **042**

그 기간 동안 국제통화 이슈에 참여하는 일본의 자세는 아주 강력한 특징들로 점철되었다. 그 중 하나는 확고한 수동성이다. 일본은 본무대에서 중요한 역할을 하는데 매우 소극적이었다. 다른 나라들과 얽히지 않은 채 오로지 자국의 일에만 전념하고 싶어 했다. 또한 미국과의 양자관계에 지나칠 정도로 집착했다.

written by
GYOHTEN

기억의
―
소환

폴 볼커와 나는 이 책을 쓰기 20년 전부터 알고 지냈다. 그 때 볼커는 이미 국제협상 테이블에서 저명한 주요 인사로 활동하고 있었다. 당시 나는 보스의 가방을 들고 다니는 초급 관료였다. 국제협상 무대의 뒷자리에 앉아 보스의 활동을 다소 불안한 눈으로 주시하는 입장이었다. 그래서 신체의 크기는 물론이고(역자 주: 'Tall Paul'이라는 별명으로 불린 볼커는 키가 201센티미터에 달하는 장신이다.) 볼커와 나 사이에는 큰 차이가 있었는데, 자랑스럽게도 그와 나는 서로 어느 정도 강한 우정과 신뢰를 쌓아 왔다고 말할 수 있다.

1944년 브레튼우즈에서 국제통화시스템이 형성되었을 때 일본은 여전히 '지는 전쟁'에서 싸우고 있었다. 모든 주요 도시들이 폭격으로 인해 완전히 파괴되었다. 1945년 종전 때까지 10년 동안 일본은 국부의 4분의 1을 잃었다. 전후 일본의 국민총생산은 그 이전 10년간의 60%밖에 되지 않았다. 산업생산은 1930년대 중반의 30% 수준에 불과했다.

내가 일본 대장성에 들어간 것은 1955년이었다. 전쟁이 끝난 지 10년이 되던 해이다. 지금도 기억나는 게, 나의 첫 월급은 당시 환율로 20달러였다. 당시 일본의 1인당 국민소득은 약 200달러였다. 미국의 10분의1가량이었다. 1956년, 나는 미국 국무부로부터 풀브라이트 장학금을 받아 프린스턴대에서 학위과정을 밟게 되었다. 배를 타고 태평양을 건너가는데 3주가 걸렸다. 내가 처음으로 미국 땅에 발을 디딘 곳은 시애틀이었다.

내가 일본을 떠날 무렵, 막 미국에서 돌아온 친구가 있었다. 그는 나에게 최소한의 비용으로 어떻게 하면 끼니를 잘 때울 수 있을지 노하우를 전수해 주었다. 햄과 상추가 든 샌드위치를 초콜릿과 함께 먹으면 손쉽게 생존할 수 있다는 것이었다. 그의 조언을 잘 간직한 채로 나는 첫 점심을 사 먹기 위해 식당으로 갔다. 카운터 앞의 높은 의자에 가까스로 올라 앉아 주문을 했다. 최선을 다 해 '엘(L)' 발음을 구사하며 '햄-상추(ham and lettuce) 샌드위치'를 시켰다. (일본어에는 '엘(L)' 발음이 없다.) 여종업원은 흑인이었는데, 나를 힐끗 보는 둥 마는 둥 하며 지극히 사무적으로 물었다. "검은 거, 흰 거, 어떤 걸로요?(Dark or white?)"

그 순간 나는 내 주문이 잘 못 이해되었다고 생각했다. 여종업원이 전혀 뜻밖의 질문을 했기 때문이다. 그래서 나는 다시 말했다. "Ham and lettuce sandwich." 천천히 명료하게 발음하기 위해 최대한의 노력을 기울였다. 그러자 이번에는 나를 분명히 쳐다보면서 그녀가 말했다. "Dark. Or. White." 그 순간 문득 생각이 떠올랐다. 일본을 떠나기 전 나는 교육을 받으면서 미국의 인종분리에 관해 설명을 들었다. 백인이 예약해 놓은 좌석에는 흑인이 앉을 수 없다고 했다. 그러고보니 여종업원이 나의 인종에 관해 얘기한 게 분명했다. 공포에 빠져들었다. 양심의 시험대에 오른 기분이었다. 황급히 정신을 가다듬고 나서 나는 정직해지기로 마음을 먹었다. 약간의 자부심으로 나는 대답했다. "Yellow." 그러자 그 여종업원은 완전히 화가 나버렸다. 한손에는 흰 빵을, 다른 손에는 호밀빵을 들고는 고함을 질렀다. "Dark or white?"

어떠한 수준에서나 서로 다른 문화의 사람들이 소통하는데 따르는 어려움은 국제적인 생활을 하는데 있어서 피할 수 없는 일이며, 무시되어서는 안 될 것이다. 프린스턴대에서 유학생활을 마친 뒤 나는 고국으로 돌아와 1990년까지 대장성에서 일했다. 그 곳에서 나는 국제통화관계의 전개과정을 일본의 시각으로 바라볼 수 있는 특권을 누렸다. 국제통화관계에 꾸준히 위상을 높여 가는 일본의 일원으로서 나는 참여했다. 내가 대장성에서 일하던 35년 동안 일본의 경제발전은 참으로 눈이 부셨다. 돌이켜보면, 마치 장대높이뛰기 선수의 동작을 슬로우 모션으로 보는 것과 같은 느낌이 든다. 가로대는 너무 높아 넘기 어려워 보였고, 사람들은 불가능한 일이라 생각했다. 선수가 점프를 시작할 때 장대는 너무나도 위험스럽게 휘었고, 사람들은 저마다 부러질 거라고 생각했다. 그러나 슬로우 모션의 한 장면 한 장면이 지나면서 사람들은 그 선수가 끝내 점프해 가로대를 넘어서는 것을 목격하게 된다. 일본 역사의 빛나는 면모라고 하겠다.

하지만 동시에 인정하건대 그 기간 동안 국제통화 이슈에 참여하는 일본의 자세는 아주 강력한 특징들로 점철되었다. 그 중 하나는 확고한 수동성이다. 일본은 본무대에서 중요한 역할을 하는데 아주 소극적이었다. 다른 나라들과 얽히지 않은 채 오로지 자국의 일에만 전념하고 싶어 했다. 또한 미국과의 양자관계에 매우 지나칠 정도로 집착했다. 이러한 두 가지 특성은 확실히 전쟁, 패배의 경험, 전후의 참화에 의해 큰 영향을 받은 것이라 생각된다.

일본의 대외자산이 증가해 감에 따라, 또 일본 금융기관들이 세계시장에서 거대하게 확장해 감에 따라, 세계는 일본에게 오랫동안 고수해온 수동적 지위를 벗어 던지라고 압박했다. 결국 1980년대에 들어 우리는 주요 플레이어로서 국제금융 이슈에 대해 의식적인 노력을 기울이기 시작했다. 동시에 우리는 책임을 다 하는 플레이어가 되기 위해 굉장히 애썼다.

Gyohten

1944년

7월 22일_____ 전후 통화시스템을 결정하기 위해 미국 뉴햄프셔 주 브레튼우즈에서 열린 동맹국 회의에서 국제통화기금(IMF)과 국제부흥개발은행(IBRD, 세계은행)에 관한 합의문을 채택했다.

1945년

5월 8일_____ 유럽 내 전쟁이 끝났다.

9월 1일_____ 미국의 연합군 물자지원 프로그램(Lend-Lease)이 종료됐다.

9월 2일_____ 일본이 공식적으로 항복했다.

12월 27일____ IMF협정이 발효됐다. IMF와 세계은행이 미국 워싱턴에서 출범했다. IMF는 전환기를 제외하고는 차별적인 화폐 운영 및 환전 제한을 불법화했다. IMF는 고정환율을 요구했다. 미국은 해외 정부가 요구할 경우 금 1온스 당 35달러를 태환해주는 전쟁 이전의 정책을 지속할 것임을 밝혔다. 그러나 IMF협정에 그러한 의무가 명문화되지는 않았다.

1946년

7월 15일_____ 앵글로-아메리칸 대출 합의가 승인되었다. 파운드를 다른 통화로 태환하는 것을 조건으로 미국이 영국에 37억5000만 달러를 대출하는 프로그램이다.

1947년

3월 12일_____ 트루먼 미국 대통령이 그리스와 터키에 대한 4억 달러의 특별지원을 의회에 요청했다. 다른 국가들에게도 이미 3억5000만 달러를 지원했다. 이에 따라 미국이 공산주의에 대항하는 서방 진영의 주도권을 잡게 되었다. 영국은 앞서 미국에게 자신들이 과거와 같은 전통적인 영향력을 끌고 갈 형편이 되지 않는다고 밝혔다.

6월 5일_____ 조지 마셜 미 국무장관이 하버드 학위수여식 연설에서 유럽 회복 프로그램(마셜 플랜)을 제안했다.

7월 15일_____ 영국이 파운드화 태환성을 복구했다. 그리고 나서 한 달 안에 미국으로부터 대출받은 자금의 대부분인 32억5000만 달러가 영국을 이탈했다. 8월 20일에 태환성이 다시 유예됐다.

1948년

6월 28일_____ 트루먼 대통령이 유럽 회복 프로그램(ERP) 개시자금 40억 달러와, 대외 원조자금 20억 달러를 배정하는 법안에 서명했다. 대외 원조자금은 주로 연합국이 점령하고 있던 유럽 지역의 관리 및 구호를 위한 용도였다. 그리스와 터키를 위한 군사원조 프로그램으로 2억5000만 달러, 중국에 대해서는 4억 달러가 지원되었다.

1949년

9월 18~19일＿유럽 국가 통화들이 달러에 대해 평가절하되었다. 파운드가 30.5%, 벨기에 프랑이 12.3% 낮춰졌다. 유럽 바깥 다수 국가들의 통화도 절하되었다.

1950년

9월 19일＿＿＿＿유럽결제동맹(EPU) 설립을 위한 합의에 관련국들이 서명했다. 7월 1일부터 소급 적용되었다. ERP를 지원받는 국가들끼리 귀한 달러화를 사용하지 않고 다국적 청산시스템을 통해 자국 통화로 정산하는 것이 가능하게 되었다.

1952년

8월 13일＿＿＿＿일본이 IMF에 가입했다.

1956년

10월 17일＿＿＿IMF가 프랑스에 대한 대기성 여신 2억6300만 달러를 연장했다.
10월 29일＿＿＿이스라엘이 이집트를 침공했다. 이틀 뒤, 가말 압델 나세르 이집트 대통령이 국유화했던 수에즈 운하를 프랑스와 영국이 야합해 침공, 점령했다. 미국의 아이젠하워 대통령이 제2차 세계대전 당시 동료였던 앤서니 이든 영국 총리에게 전화를 걸었다. 철수하지 않으면 영국은 미국으로부터 재정적 지원을 받지 못할 것이라고 경고했다. 해럴드 맥밀런 영국 재무장관은 이든 총리에게 정부를 계속 꾸려갈 재원이 없다고 경고했다.
11월 7일＿＿＿＿영국과 프랑스가 수에즈 운하 철수를 발표했다.
12월 22일＿＿＿영국이 IMF로부터 5억6100만 달러를 차입하고 대기성 여신 7억3900만 달러를 연장했다.

1957년

3월 25일＿＿＿＿프랑스, 독일, 벨기에, 네덜란드, 룩셈부르크, 이탈리아가 유럽경제공동체를 출범하는 로마조약에 합의했다. 상품과 서비스의 공동시장과 노동의 자유로운 이동을 10년여에 걸쳐 점진적으로 허용하기로 했다. 영국은 이탈리아 메시나에서 열린 설립 총회에 참석하기를 거부하고는 옆으로 비켜섰다.

1958년

12월 27일＿＿＿유럽 10개국(벨기에, 영국, 덴마크, 프랑스, 독일, 이탈리아, 룩셈부르크, 네덜란드, 노르웨이, 스웨덴)이 유럽결제동맹을 해산하고 비거주자에 대한 통화 태환성을 복구했다. 여타 유럽 5개국(오스트리아, 핀란드, 그리스, 아일랜드, 포르투갈)이 곧 뒤를 따랐다.

1959년

9월 9일＿＿＿＿＿IMF의 첫 재원 확대 조치가 발효되었다. 쿼터가 50% 늘어 재원이 140억 달러가 되었다.

'브레튼우즈'란
덤불숲 속에서

- 1960년대의 10년 -

CHAPTER 02

1965년 2월 4일, 드골 대통령이 기자회견을 이용해 대놓고 공격을 시작했다. '달러시스템'이 미국에게 '터무니없는 특권(exorbitant privilege)'을 부여하고 있다는 게 그의 기본적인 주장이었다. 달러시스템은 미국으로 하여금 전 세계로부터 거의 공짜로 돈을 빌릴 수 있게 해준다는 것이다. 다른 나라들과는 달리 미국은 국제수지 적자를 내더라도 금을 잃는 대신 달러를 무한정 발행함으로써 메울 수 있기 때문이다.

written by
VOLCKER

흥미로운

—

궁금증

브레튼우즈 협정 이후 25년 동안의 세계경제 성과는 예외적인 것이었다. 미국의 연간 경제성장 속도는 평균 3%였다. 역사적으로 볼 때 특이한 움직임이었다. 짧고 약한 침체에 의해 멈추곤 했을 뿐이었다. 1960년대가 끝날 때까지 미국 경제는 사상 최장기간에 해당하는 거의 9년 동안의 팽창기를 구가했다. 일부 성급한 경제학자들은 인류가 경기 사이클을 극복해냈다고 선언하려 들 태세였다. 훨씬 낮은 수준에서 시작한 유럽의 경제는 성장세가 더욱 강했다. 전후의 팽창은 유럽의 경제대국으로 부상한 독일연방공화국이 주도했다. 그러나 독일의 기적은 일본에 비할 바가 되지 못했다. 1960년대 말까지 10년 넘게 일본 경제는 연 복리로 12% 이상씩 성장했다. 현대 산업계에서 일본은 명백한 강자로 부상했다. 일본 경제는 엄청난 모멘텀과 강한 경쟁력을 갖고 있었다. 그럼에도 당시 일본인들의 사고는 전쟁 직후에나 불가피하게 겪는 국제수지 불균형 혹은 금융 불안 우려에 여전히 사로잡혀 있었다. 그러는 동안 다수의 개발도상국들도 강력한 국제시장과 외국인 자본에 일정부분 힘입어 경제적 도약기를 맞이하기 시작했다. 몇몇 국가는 일본식 경제성장률에 근접했다.

이 모든 일들은 선진 산업 국가들의 비교적 안정적인 물가환경 속에서 이루어졌다. 패전 이후 자국 통화가치의 붕괴를 경험했던 일본과 독일은 인플레이션의 위험에 민감했기 때문에 물가안정을 유지하기 위해 최선을 다했다. 1960년대에 이들의 물가는 대체로 아주 조금만 올랐을 뿐이었다. 특히 제조업 제품의 가격이 그러했다. 미국의 경우 10년간 연평균 물가상승률이 2.3%였다. 초창기에는 유럽 국가들보다 더 안정적이었다. 하지만 1960년대 말미에 접어들면서 베트남전쟁과 관련된 재정 및 물가 압박이 쌓이기 시작했다. 외국의 달러 보유자들은 물론이고 미국 내에서도 조바심이 커지기 시작했다.

세계경제에서 미국이 차지하는 비중은 1950년에 35%를 차지했다. 하지만 1960년대 말에는 전 세계 산출의 27%로 낮아졌다. 변화의 상당 부분은 전쟁의 폐허에서 일어선 다른 나라들의 추격에 의해 자연스럽게 이뤄졌다. 힘을 키우고 자신감을 회복한 유럽 국가들은 국제 통화 및 경제 시스템에 관한 토의 및 결정 과정에서 점점 더 확신에 찬 주장을 단호하게 펼쳐 나갔다. 의도한 것은 아니었지만, 1957년 로마조약에 의해 수립된 유럽경제공동체(EEC)는 그 자체로 미국 및 여타 유럽 바깥 국가들의 수출품을 차별하게 되었다. 다만 그러한 차별적 무역에 대한 미국 정부의 전통적인 반감은 무마되었다. EEC가 지향한 공동시장에 대해 미국 정부는 정치적으로 강력히 지지하고 있었고, 두 차례의 GATT(관세 및 무역에 관한 일반협정) 협상에서 여러 국가들이 관세를 크게 인하했기 때문이다.

브레튼우즈 시스템이 그 정신과 실체에 있어서 꽃을 활짝 피운 것도 바로 이 시기였다. 각국 통화들의 태환성(역자 주: 외국 화폐로 자유롭게 교환할 수 있는 것을 의미)이 회복되었고, 유럽의 환율 통제도 완화되었다. 산업 국가들 사이의 환율 변경은 제2차 세계대전 이전의 기준에서 볼 때 비교적 작고 제한적이었다. 그러한 양호한 환경 속에서 무역의 확대가 경제성장의 핵심 동력으로 부상했다. 당시 세계무역은 실질기준으로 연평균 6%씩 증가했다.

하지만 어두운 이면도 있었다. 그 점에 대해 우리는 특히 우려하고 있었다. 새로운 통화시스템이 완전히 가동되기도 전에 죽음의 암시가 그늘을 드리우고 있었다. 처음에는 작고 산발적이고 관리 가능했으나, 1960년대가 끝나가면서 점점 더 위협적으로 변모해 갔다. 그 시스템을 유지하고 강화하겠다는 일념으로 관계자들과 국가들 사이에 새로운 협의와 협력의 장이 펼쳐졌다. 그럼에도 불구하고 의구심은 커져만 갔다. 1970년대 초 결국 제방이 무너지고 말았다. 결정적인 순간에 다른 정책을 보다 강력하게 펼쳤더라면 브레튼우즈 시스템은 좀 더 오랫동안 지속되어 살아남을 수 있었을까? 그보다 더욱 흥미로운 궁금증이 있다. 1970년대 초 이후 전 세계에 걸쳐 전개되었던 경제적 어려움 – 저성장, 심화하는 불균형 및 높은 인플레이션 – 이 과연 브레튼우즈 시스템의 붕괴와 관련된 현상이었을까?

미국 재무부에서의

관점

특정 연도를 꼽는다면, 1958년에 브레튼우즈는 하나의 상징에서 실체로 변모해 나갔다. 그 때 비로소 시스템은 설계대로 작동하기 시작했다. 주요 통화들의 거래가 상당부분 자유화되었다. 유럽 국가들도 전쟁에서 충분히 회복하여 산업 경쟁력을 갖추었다. 되찾은 자신감을 반영해 유럽 국가들은 자국 통화의 태환성을 선언했다. 우선 외국인들은 무역거래로 얻은 유럽 화폐에 한해 자유롭게 환전할 수 있었다.

1961년에는 유럽의 국민들이 자유롭게 해외 상품을 구입하기 위해 외화를 바꿀 수 있게 되었다. 외환당국의 특별한 허가를 받지 않고도 대부분 자유롭게 거래할 수 있게 된 것이다. 다만 여행과 자본거래에 대한 통제는 일부 국가들에서 제법 오랫동안 유지되었다.

당시, 그 이후 상당기간 동안 그러했지만, 브레튼우즈는 일종의 대단한 토템(역자 주: totem, 신성시되는 상징)이었다. 브레튼우즈는 환율의 안정과 자유로운 지불을 대표했다. 추상적으로는 국제협력의 상징이었다. 그럼에도 브레튼우즈 시스템이 기계적으로 작동하기도 전에 그 지속성에 대한 우려가 고개를 든 것은 아이러니였다. 그 시스템이 만개할 무렵 첫 번째 스트레스 신호가 켜진 것은 우연이 아니었다. 1958년 미국은 국제수지 전반에 걸쳐 상당한 적자를 경험했다. (무역만으로는 아니고, 국경간 투자, 원조, 국방비, 여타 자본흐름을 포괄해서다.) 이는 해외 중앙은행들이 자신들의 준비금으로 달러를 상당액 축적하였다는 것을 의미했다.

불안한 조짐

1957년 가을부터 1958년 초까지 미국은 다소 짧지만 제법 심한 경기침체를 겪었다. 단기금리가 약 2.5% 수준으로 떨어졌다. 달러를 대량 보유하고 있던 해외 중앙은행들은 달러 준비금의 이자율이 낮아지자 차라리 금을 사는 게 더 낫겠다는 생각을 갖게 되었다. 이는 브레튼우즈 시스템 하에서 완전히 허용된 일이었다. 1958년 초 미국은 금 보유가 230억 달러에 달했다. 전 세계 공적 금 보유의 거의 60%를 차지하며 절정을 이루었다. 그러나 그 해 시간이 지나가면서 미국은 22억5000만 달러의 금을 잃게 되었다. 약 10%에 해당하는 규모로 시장의 주목을 받기에 충분했다.

그때까지만 해도 미국 경제에는 문제될 게 전혀 없었다. 유럽 경제가 힘차게 성장한다는 것은 분명히 환영할 일이었다. 그들이 자국 통화 태환을 재개할 수 있을 만큼 준비금을 충분히 쌓았다는 것은 좋은 일이었다. 미국의 경우는 가능한 요구를 충족시키기에 필요한 것 이상으로 금을 많이 보유하고 있었다. 경기침체는 금세 끝났고 금리는 다시 올라갔다. 달러를 금으로 바꾸려는 욕구도 줄어들었다.

그럼에도 불구하고 이후 2년 동안 미국은 비록 소량이긴 하지만 금을 계속해서 잃었다. 1960년 10월 말에는 심리적인 충격이 찾아왔다. 대통령 선거 직전이었다. 존 F. 케네디 John F. Kennedy 후보는 젊었고, 금융에 관한 역량은 알려지지 않은 인물이었다. 그리고 그는 민주당 후보였다. 이 조합이 의구심을 불러일으키는데 명백히 일조했다. 과연 그는 달러의 가치를 보호하는데 있어서 '책임 있는'-당시에 거론되던 표현 그대로이다-자세를 보일 것인가? 그러한 의구심을 배경으로 미국에서는 금이 더 빠져나갔다.

그 시절 금 가격이 시장에서 왜 그토록 높이 뛰어올랐는지, 오늘날까지도 나로서는 그 이유를 완전히 이해할 수 없는 일이 벌어졌다. 당시 미국 국민들은 금을 완전히 자유롭게 사고 팔 수가 없었다. 하지만 다른 많은 나라에서는 가능한 일이었다. 애초에 시장에는 보석가공이나 치과용 또는 중앙은행들이 구매하는 것과 같은 축장용[1] 수요를 충족하고 남을 만큼의 금이 공급되고 있었다. 온스당 35달러의 가격은 잘 유지되었다. 하지만 1960년 10월 30일에는 그렇지 않았다. 그날의 기억은 지금도 생생하다. 당시 나는 체이스맨해튼 사무실에 앉아 있었는데, 누군가가 들어오더니 흥분하며 말했다. "금값이 40달러랍니다." 그래서 내가 말했다. "그럴 리가요. 35달러 40센트란 얘기이겠지요." 하지만 그런 가격도 전례가 없었다. 그래서 우리는 뉴스티커[2]를 체크해보았다. 그 사람의 말은 사실이었다. 그게 무슨 의미인지 제대로 이해가 가지는 않았지만, 뭔가 불확실성을 불러일으키면서 불안감을 야기했다. 즉각 케네디 후보의 보좌진들에게 그 소식이 전달되었다.

내가 나중에 뉴욕 연방준비은행에서 근무하게 되었을 때 나의 오랜 멘

---

[1] 축장용(蓄藏用, hoarding) : 금 등의 귀중품을 비축해 두는 용도(편자 주).
[2] 뉴스티커(news ticker) : 금융시장에 영향을 미치는 긴급한 뉴스와 정보를 보여주는 장치(편자 주).

토가 되었던 로버트 루사Robert Roosa는 국제통화정책 분야에 있어서 최고의 권위자로 폭넓게 인정받는 인물이었다. 아주 당연한 일이다. 그는 학문과 은행업을 연결해 서로 접목한 몇 안 되는 사람이었다. 학자와 사업가 모두를 존중해야 한다는 지론을 갖고 있었다. 그런 루사에게 케네디 후보 진영이 자문을 요청했다. 뛰는 금값에 어떻게 대응해야 할 것인지를 물었다. 의심의 여지없이 케네디 캠프는 루사의 조언을 받아들였다. 바로 다음날 케네디 캠프가 성명을 발표했다. "대통령이 되더라도 나는 달러화를 평가절하하지 않을 것입니다." 바로 며칠 뒤 케네디는 미국 대통령에 당선되었다. 그리고 젊은 새 대통령은 금 가격을 유지하고 지키는 투명한 정책을 수행하겠다는 자신의 성명을 재차 확인했다. 금 가격은 신속히 떨어져 35달러로 되돌아갔다. 하지만 사람들의 심리에는 의심과 우려의 씨앗이 심어졌다.

새 행정부가 출범하기 전부터 정부의 정책이 그 영향을 받기 시작했다. 아이젠하워Dwight Eisenhower 대통령 행정부의 마지막 재무장관이었던 로버트 앤더슨Robert Anderson과 국무부 차관 더글러스 딜런Douglas Dillon이 독일로 파견되었다. 미국에서 달러가 유출되는 것을 줄이기 위해 현지에 주둔 중인 미군의 비용을 일정부분 분담해 줄 것을 요청하는 임무였다. 하지만 그들은 독일로부터 거절당했다. 뜬금없는 요청이었던 것도 거절당한 이유 중 하나였을 것이다. 하지만 당시의 일은 사소한 외교적 패배 그 이상의 의미를 내포하고 있었다. 해외 안보방어 약속(혹은 다른 약속들 가운데 무엇이었든)을 실행하는데 있어서 미국이 처음으로 외국에게 비용지원을 요청해야만 하는 상황이 되었던 것이다. 그러한 패턴은 이후로 익숙한 일이 되었다. 걸프전 때에는 극적으로 더욱 그러했는데, 당시에는 국제수지

보다 재정적자에 대한 우려가 더 컸다.

앤더슨과 더글러스의 파견은 처음으로 그러한 정치적 임무를 띤 것이었고, 그래서 주목을 받았다. 달러의 난공불락 시대를 뒤로 하고 금에 대한 고정환율 약속이 불현듯 미국 내 정책을 제약하는 국면으로 접어들게 되었다.

JFK의 경제 브레인들

1년 뒤 나는 케네디 행정부의 일원으로 일하게 되었다. 재무부에서 통화정책을 담당하던 밥 루사(로버트 루사의 별칭) 밑으로 들어갔다. 물론 나의 편견이긴 하겠지만, 당시 우리 팀은 탁월한 경제학 재능을 가진 재무부 안에서도 특히나 뛰어난 조직이었다. 딜런은 그의 아버지가 설립한 '딜런, 리드 투자은행(Dillon, Read investment banking)' 출신으로 금융과 외교 부문에서 흠잡을 데 없는 신임을 쌓아 온 인물이었다. 공화당원이었고 보수주의자였는데, 반드시 그런 진영의 사람만은 아니었고, 프랑스 주재 대사를 지냈으며, 여러 대통령들 및 총리들과 완벽히 친밀한 관계를 맺고 있었다. 케네디 대통령은 확실히 금융 분야의 청렴성을 설득할 만한 상징적 인물이 필요했고, 안정적인 초당적 인선을 단행했다. 나는 딜런이 매우 탁월한 역량을 보유한 인재임을 알게 되었다. 그는 민감한 대형 이슈들에 대해 뛰어난 감각을 가졌으며, 디테일에 관해서는 완벽한 능력을 보유한 인물이었다.

당시에는 오전 7시 30분에 아침식사를 겸한 실무회의를 갖는 것은 드문 일이었다. 오전 9시에 출근해도 충분했고, 심지어 그보다 좀 늦게 나가도 괜찮던 시절이었다. 딜런의 검고 커다란 리무진이 때때로 나의 낡은 포드를 추월해 '락 크릭 파크웨이(Rock Creek Parkway)'를 내달리던 기억이 지금도 생생하다. 아마 그는 뒷좌석에서 신문을 읽고 있었을 것이다. 내가 사무실에 도착했을 때에는 이미 그가 나에게 대여섯 가지의 체크리스트를 지시해 놓은 상태였다. 나는 하루 일과의 대부분을 그 해답을 찾는데 보낸 뒤 오후 6시 무렵쯤 그의 책상 위에 보고서를 올렸다. 그러면 그는 약 2분가량 그 보고서 전반을 훑어본 뒤 추가해서 몇 가지 정보를 요구했다. 딜런은 의회보고에서도 현란하게 경제통계들을 인용했다. 그는 자신의 그러한 역량을 새로운 아이디어를 찾는데에도 활용하려고 애썼다.

밥 루사는 당시 정부에서 독특한 직위인 통화정책 담당 차관으로서 재무부의 3인자였다. 서열상 선임 차관이었던 헨리 '조' 파울러Henry 'Joe' Fowler는 현명하고 경험이 풍부한 공무원으로서, 그의 조언은 정무적인 것이든 무엇이든 간에 매우 중시되었다. 하지만 국내외 통화 및 금융 관련 정책에 있어서는 딜런 재무장관과 행정부가 루사에게 의존했다. 루사는 듀이 데인Dewey Daane의 보좌를 받았는데, 그 역시 연방준비제도에서 잔뼈가 굵은 인물이었다. 듀이가 한 지역 연방준비은행의 총재로 임명되면서 빈자리를 내가 넘겨받게 되었다. 듀이는 연준의 국제 분야 전문가였기에 그 뒤로도 나는 그와 긴밀하게 함께 일했다. 그리고 우리는 평생의 친구가 되었다. 듀이는 유럽이든 어디든 국제회의 참석을 위해 전 세계를 여행하는 인생을 즐긴 인물로, 이 점에 관해서 나는 그에게 한참 못 미치는 사람이다.

통화정책 담당 차관이라는 자리는 몇 년 전에 만들어진 보직이었다.

내가 이해하기로는, 은행 분야에서 탁월한 평판을 쌓은 루사를 앉히기 위해 만든 자리였다. 닉슨 행정부 때에는 내가 그 직책을 맡았다. 그래서 나는 그 일을 좀 아는 편이었고, 갈수록 그 일을 좋아하게 되었다. 그 직책은 이후로 바뀌게 되었는데, 내 생각에는, 그로 인해 아주 민감한 정책에 상당한 차질을 빚는 결과를 낳았다.

통화정책 담당 차관은, 재무장관을 제외하면, 미국 정부에서 유일하게 국내외 정책 모두에 대한 직접적인 운영 책임을 가진 관료였다. 대부분의 정부부처는 이러한 책무를 분리해 놓았다. 하지만 통화정책 차관이라는 자리가 존재하는 동안에는 모든 예산, 세제, 채권발행 그리고 통화정책에 관한, 특히 국내 경제정책에 관해 중요한 코멘트들은 반드시 재무부로부터 달러 및 해외경제에 미치는 영향을 검토 받아야만 했다. 또한 모든 대외 금융정책은 국내에 미치는 영향과 연계하여 고려되었다.

금융시장이 세계화되어 감에 따라 정부 내 기관 간 연결고리의 중요성은 더욱 커졌다. 하지만 1985년 재무장관이 된 제임스 베이커James Baker는 나의 반대에도 불구하고 통화정책 차관 자리를 폐지했다. 아마도 그의 수석 차관인 리처드 다먼Richard Darman이 국제업무를 장악하고 싶었던 모양이었다. 똑같은 업무를 하는 다른 차관을 둘 수는 없는 일이었다. 하지만 이는 이례적인 상황이었다. 국내금융 차관과 국제 담당 차관을 제도적으로 분리함으로써 무언가 차질이 생겼다고 나는 생각했다.

딜런 장관과 루사 차관 콤비 시절에는 미국 정부 내부에서는 물론이고 국내 전체로도 국제금융에 경험이 있고 정통한 사람이 많지 않았다. 경제학자들과 관료들은 해외원조와 경제개발 문제에 더 관심이 있었다. 무역정책도 항상 큰 이슈였다. 하지만 20여 년 동안 대외금융은 딱히 우려할 일이 아니었다. 그 때까지만 해도 달러는 강했고, 미국 국제수지는 잘 관리되고 있었다. 대외금융의 제약은 일반적인 국가들이나 걱정할 일이었다. 자유세계 독보적 지도국에게는 해당하지 않는 문제였다. 세계 모든 사람들이 미국의 통화를 보유하고 싶어했기 때문이다. 정책 당국자들은 국제수지 수치를 면밀히 점검할 필요가 없었다. 그러다 보니 관련된 분석 자료가 많지 않았다. 해외의 금융 분야 관료들을 잘 아는 사람들도 별로 없었다.

밥 루사는 예외였다. 뉴욕 연방준비은행에 있을 때 그는 해외 중앙은행 접촉을 관리하는 미국 정부의 업무를 맡았다. 자연히 해외 중앙은행들 및 각국 재무부와의 교량 역할을 하게 되었다. 루사는 국내 통화정책에 관해 상당히 많은 글을 쓴 지식인이었다. 동시에 그는 고도로 창의적인 사고력으로써 통화시스템을 보호하고 강화할 수 있는 기발한 기술적 접근법들을 쏟아낸 실천가이기도 했다.

국무부의 경제 담당 차관 조지 볼George Ball은 자연히 루사의 카운터파트가 됐다. 그는 루사와 수시로 지적인 경쟁을 펼치는 상대역이기도 했다. 달러를 위해 대외정책 사업계획을 제약받을 필요성이 있을 때마다 자연히 볼 차관보는 짜증을 냈다. 경제정책을 수립하는 또 하나의 주체인 백악관 경제자문위원회(CEA: Council of Economic Advisers)에는 활동적인 월터 헬러Walter Heller가 의장으로 있었다. 헬러는 강력한 팀으로부터 지원을 받았는데 그 중에는 나중에 노벨 경제학상을 받게 되는 제임스 토빈James Tobin이 포함되어 있었다. 그들은 케인즈주의 경제학 이론을 미국 정부정책에 적용해 당시로서는 두드러진 성공을 이뤄냈다.

재능으로 충만한 그룹들 사이에 경제정책에 대한 영향력을 놓고 대단한 경쟁이 펼쳐졌다. 특정한 이슈에 따라 희비가 엇갈렸다. 케네디 대통령의 핵심 정책 의제인 감세와 개혁에 관해서 더욱 그러했다. 하지만 대외 경제정책, 특히 재무부가 주도하는 국제금융업무에 관해서는 별다른 의문이 제기되지 않았다. 그리고 당시 재무부는 급진적인 실험을 할 생각이 없었다. 브레튼우즈 시스템을 위해, 온스당 35달러의 금 가격과 고정환율제의 신성함을 위해, 재무부는 확고부동했다.

이 모든 것들이 케네디 대통령의 원초적 본능에 의해 강력한 힘을 받았다. 그리고 이는 대통령의 부친에 의해 더욱 강화되었고, 심지어는 부친에 의해 주도되기까지 했다. 그래서 보좌진들은 때때로 부친의 원칙 하에서 대통령을 구속하기도 했다. 보좌진들에 따르면, 케네디 대통령은 금소동 이후 취임하는 과정에서 부친으로부터 꾸준히 경고를 받았다. 국제수지를 방어하고 달러의 안정성을 유지하는 것이 성공의 요체이므로 정부 최우선 과제 가운데 하나로 삼아야 한다고 말이다. 이는 내게도 훌륭한 충고가 되었다. 어떤 경우든 정부 내에서 달러의 안정성을 이슈로 토론을 하는 때에는 대통령이 재무부의 편이 되어 줄 것임을 믿을 수 있게 되었다.

환율이 변동하고 금융시장이 요란스러운 오늘날에는 상상하기 어렵겠지만, 달러의 안정성이나 고정된 금가격에 대한 감성적이고 이성적인 약속은 매우 굳건했다. 확실히 당시 재무부 안에서는 달러화 평가절하 또는 금가격 변경의 필요성이 있다는 식의 아이디어는 토론의 주제로서 존중될 수 없었다. 재무부 바깥의 부서에서도 마찬가지였다. 그러한 시각은 단순히 기술적인 경제학의 문제 그 이상이었다. 달러를 방어하는 일은 부담이기보다는 영예로운 휘장이었다. 특권이자 국제 리더십의 자부심, 국가에 대한 책임감이었다.

너무나 급진적이었던 제안

케네디 행정부는 대통령이 취임한 지 몇 주 지나지 않아 첫 번째 국제수지 관련 대책을 내놓았다. 국제수지 대책은 이후 일상화된 정책 업무가 되어 연이어 발표되었다. 요즘에는 구식으로 들릴 수 있겠지만, 당시 일련의 대책에는 특정한 원칙이 광범위하게 적용되었다. 미국의 대외수지를 균형 있게 유지하고 달러의 환율과 '불변의' 금가격을 잘 관리해야 한다는 것이다. 심지어 정부는 달러가 위협을 받을 때 개인 및 기업의 자본 유출을 통제할 수 있도록 하는 준비까지 갖추게 되었다. 이는 물론 IMF가 허용하는 일이었다.

그때나 지금이나 보다 중요한 문제는 통화 및 재정 정책에 관한 것이었다. 당시 미국은 1958년과 1960년 두 차례에 걸친 경기침체에서 막 빠져나온 상태였다. 그리고 대통령의 핵심 선거공약은 "미국을 다시 움직이게 하겠다(get the country moving again)"는 것이었다. 경기침체 덕분에 물가는 거의 안정된 상태였다. 경기부양정책을 요구하는 목소리가 자연스럽게 나왔다. 하지만 통화정책은 이미 완화되어 있었다. 달러화 안정에 대한 미국의 약속에 심각한 의문을 야기하지 않는 범위에서 미국이 펼칠 수 있는 정책에는 한계가 있었다. 국제금융시장에서는 기본적으로 단기 금리에 민감했다. 이에 반해 장기금리는 국내적으로 훨씬 중요한 것으로 여겨졌다. 주로 루사의 제안으로 연준과 재무부가 수익률곡선을 뒤틀기(twist) 위한 공조 노력에 착수했다. 신규 자금조달을 단기시장에서 집중하고 장기국채를 되사들였다. 국채 수익률의 관계를 교환하는 이 정책의 유효성을 둘러싸고 이후 열띤 토론이 전개되었다. 대부분의 이코노미스트들은 효과가 아주 제한적일 뿐이라고 보았다. 나 또한 그 결론에 동의한다. 그러나 당시의 그러한 적극적인 노력 덕분에 훨씬 더 강한 통화부양 요구를 피할 수가 있었다. 경제가 다시 모멘텀을 회복해 가는 과정에서 연준의 긴축정책이 야기할 수 있는 우려도 덜 수 있었다.

재정정책, 특히 감세정책은 어떤 상황에서나 가장 효과적인 경기부양 수단으로 여겨졌다. 케네디 행정부 첫 해에, 내가 재무부에 들어가기 전, 투자실적에 따라 세금을 줄여주고 신규 설비에 대해서는 신속하게 감가상각을 허용하는 투자진작 정책이 고안되었다. 하지만 재무부로서는 우려할 만한 일도 있었다. 월터 헬러와 일부 인사들이 소득세 인하폭을 확대해 조기 시행할 것을 강력히 주장했다. 1962년 들어 경제가 다시 가라앉을 위험이 보이자 그들의 요구는 훨씬 더 강해졌다. 당시 나는 재무부에서 경제 전망을 담당하고 있었다. 재무부 내부에서나 백악관 경제자문위원회, 백악관 예산국 등에서 나는 경제가 침체에 빠질 것 같지는 않다는 입장을 취하고 있었다. 딜런 장관도 조기 부양책 요구에 저항했다. 세금감면은 상당한 수준의 세제개혁과 병행하는 것이 정치적으로나 경제적으로 현명한 처사라고 그는 생각했으며, 그렇게 하기 위해서는 시간이 걸릴 수밖에 없었다.

또한 재무부는 통화정책보다는 재정정책으로 경제를 부양하는 것을 선호했다. 재정정책 중에서도 지출을 늘리는 것보다는 세금을 감면하는 것이 더 좋은 수단이라고 보았다. 오늘날에도 비슷한 논란이 있다. 낮은 금리는 달러의 대외가치를 위태롭게 한다. 반면, 낮은 세금은 투자와 경제효율성을 촉진하는 데 도움이 된다. 1962년 가을, 나는 조 파울러와 함께 많은 시간을 할애해 의회에서 공개적으로 감세 요구를 방어할 수 있는 자료들을 만들었다. 당시 나의 열정과 주장은, 비록 케인즈주의 용어로 쓰이긴 했지만, 거의 20년이 지나 등장한 레이건 행정부의 주장과 일치했다. 심지어 나는 일부 보고서에서, 당시와 같은 특정한 상황에서는 감세로 줄어든 세금수입의 대부분이 투자 및 경제의 성장 확대에 힘입어 회수될 가능성이 있다는 제안까지 했다. 그러나 그 주장이 채택되지는 못했다. 의회와 대중들이 신뢰성 있게 받아들이기에는 너무 급진적이라고 노련하고 현명한 인사들이 판단했기 때문이다.

하지만 감세가 스스로의 힘을 발휘해 세금수입으로 되돌아올 수 있는 특수한 환경은 분명히 존재한다. 특히 경제가 침체에 빠져 있는 상황에서는 최소한 상당한 부분이 세금수입으로 회수될 수 있다. 그러나 그 주장이 일반적인 상황에서도 기대할 수 있는 감세의 효과처럼 비칠 위험이 있음을 나는 나중에 깨닫게 되었다. 감세를 지나치게 몰아붙인 결과 미국의 재정적자가 확대되어 오늘날에는 다루기 힘들 지경이 되어버렸다.

1963년 가을 대통령에게 보고된 재무부의 계획안은 정부 내 팽창정책 진영을 만족시킬 만큼 큰 규모의 세금감면과 재정수입 전망을 담고 있었다. 하지만 정부의 강력한 입장에도 불구하고 이 프로그램은 거의 1년 뒤까지도 발효되지 않다가 대통령이 암살된 뒤에 가서야 시행되었다. 당시의 부양책은 아주 성공적이어서, 지금 생각해도 효과적인 재정정책의 교본이라 할만했다. 재정수지는 곧 균형을 되찾았다. 하지만 당시에만 해도 의회와 대중들의 정서는 정부의 연간 재정수지가 의도적으로 잠시 균형의 독트린에서 벗어나는 것에 대해 쉽사리 동의하지 않았다. 물론 오늘날에는 그 균형의 원칙이란 것이 아예 사라져 버리긴 했지만.

두 번째 바람

1960년대 초, 국제기구를 설립하는 두 번째 바람이 불었다. 모두 브레튼 우즈 시스템을 방어하고 강화하기 위한 노력들이었다. 1962년 초, 미국 재무부의 주도로 전 세계 주요 10개국이 60억 달러의 크레디트 라인을 제공해 IMF를 보증하기로 합의했다. 합의에 참여한 국가 중 누구라도 자력으로 자국 통화가치를 지켜 내기 어려운 상황이 발생하는 경우 이 크레디트 라인을 가동한다는 구상이었다. 이 메커니즘에는 '일반차입협정 (GAB: General Agreement to Borrow)'이라는 이름이 붙여졌다.

미국의 입장에서 볼 때 이 새로운 협정은 두 가지 이점이 있었다. 미국이 IMF 자금을 인출해 쓸 의사가 분명히 있었던 것은 아니었으나, 어쨌든 이 협정에 의해서 미국은 보유 금을 대거 내다파는 일 없이도 달러에 대한 투기적 공격(speculative attack)을 방어하는 데 쓸 자금을 동원할 수 있게 되었다. 다른 나라들이 급작스러운 유동성 부족에 빠져 평가절하에 내몰리는 경우 수출시장에서 미국의 경쟁지위가 약화될 수밖에 없는데, 이 협정 덕분에 미국으로서는 원하지 않는 상황을 피할 수 있었다.

60억 달러는 당시로서는 큰돈이었다. 하지만 일반차입협정은 미국과 9개국이 돈을 함께 내기로 했다는 사실 말고도 매우 중요한 사건이었다. 일본이 처음으로 브레튼우즈 시스템에 대한 책임을 공유하는 일원으로 초대받은 것이다. 미국과 일본 외에도 캐나다, 영국, 독일, 프랑스, 이탈리아, 벨기에, 네덜란드, 스웨덴 등이 회원국으로 구성되었다. 각국의 분담

금 비율은 흥미롭게도 당시 국제금융에서의 영향력을 반영한 것이었다. 미국이 20억 달러를 부담해 당연히 가장 비중이 컸다. 독일은 제2차 세계대전 패전국이었으나 금세 강력한 국제수지를 가진 유럽 대륙 최대 경제국으로 부상했다. 그래서 일반차입협정에도 두 번째로 많은 10억 달러의 크레디트 라인을 제공했다. 전통적으로 금융강국인 영국 역시 10억 달러를 내는데 동의했다. 신입회원국인 일본은 2억5000만 달러를 약속했다. 요즘의 기준에서 본다면 그다지 높은 지분은 아니었다.

일반차입협정(GAB)은 주요 10개국(G10)이라 불리는 모임의 기원이 되었다. 나중에는 스위스도 참여하였는데, 명칭은 관행대로 계속 G10으로 통했다. 그리고 이 그룹은 이후 20년 동안 공적 국제금융의 풍경을 반영해 G5, G7, G24, C20 등으로 다양하게 변모했다. G10은 국제통화시스템의 구조를 수립하는 일과 IMF를 운영하는 일, 그리고 그 밖의 모든 특별한 기능과 권한을 맡았다. 이들 국가들이 특정한 조건 하에서 IMF에 돈을 대기로 공식적으로 합의했고, 그 결정은 이들 국가들 스스로가 내린다는 사실이 이들의 기능과 권한을 정당화했다. 불가피하게 다른 나라들의 눈에 이 그룹은 부자나라들의 모임으로 비쳐졌다. 그러나 수년 동안 이 그룹은 시스템의 개혁을 포함한 국제통화문제를 진지하고 비밀리에 협의하는 활발한 포럼으로서 효과적으로 봉사했다.

따분한 이름의 모임

1961년, 파리의 유럽경제협력기구(OEEC: Organization for European Economic Cooperation)가 경제협력개발기구(OECD: Organization for Economic Cooperation and Development)로 바뀌었다. OEEC는 원래 마셜 플랜 원조금 분배를 조율하기 위해 유럽 국가들끼리 만든 기구였다. OECD로 변모한 뒤에는 미국과 캐나다로 회원국이 확대되었고, 1964년에는 일본이 가입했다. OECD는 산업 국가들의 일반적인 경제정책 문제나 개발원조, 규제 및 실행 등에 관한 연구와 토론을 장려하기 위해 상당한 규모의 경제 전문가들로 구성되었다. OECD의 경제정책위원회는 크든 작든 모든 회원국들의 선임 관료들끼리 광범위한 경제정책 토론을 펼칠 수 있도록 포럼을 제공했다. 첫 의장은 월터 헬러가 맡았는데, 미국이 의장직을 수행하는 전통이 오늘날까지 이어지고 있다. 다만 위원회는 광범위한 임무를 부여받았음에도 불구하고 뚜렷한 운영책임은 없었고 자주 열리지도 않았다.

그보다 당시 훨씬 더 중요하고 활발했던 그룹이 따로 있었으니 바로 '워킹 파티 쓰리(Working Party Three)'라는 따분한 이름의 모임이었다. 약자로 WP3이라고 불렸는데, 우연치 않게 G10 회원국들로 참여가 제한되었다. 재무부 관료나 중앙은행 간부 외에는 잘 받아주지 않았다. 미국 백악관 경제자문위원회 정도가 정기적으로 한 명의 대표를 회원으로 보낼수 있었다. 각국 정부의 경제정책을 맡고 있는 고위 관료들이 각국 경제와 금융시장의 움직임을 솔직하게 되짚어 보고, 국제시장에 미치는 함의를 점검하며, 자국의 정책들을 설명하고, 심지어는 곧 도입할 정책 계획들에 관해 미리 언질을 주기까지 하는 친밀한 환경을 만들어 보자는 게 WP3의 설립 취지였다. 장거리 출장 부담에도 불구하고 WP3는 자주 모임을 가졌는데, 어떤 해에는 6~8주 만에 한 번씩 회의가 열리기도 했다. 밥루사는 미국을 대표해 이 회의에 정기적으로 참석했다. 그는 평소에 국제회의가 중요하다고 강조했고, 그 결과를 국내 정책에도 반영할 필요가 있다는 입장이었다. 루사의 참석을 반영해 다른 나라들도 비슷한 지위의 남녀 공무원들을 파견했다.

　오늘날에는 그러한 환경을 다시 조성하기가 어렵다. 당시 참석자들은 자신들이 국제통화시스템의 안정을 수호하는 매우 중요하고 특별하며 심지어는 신비롭기까지 한 책무를 수행하고 있다고 스스로 생각했다. 마치 고위 성직자들처럼, 또는 나라를 잃은 왕자들처럼, 그들은 매우 낯선 기술, 어느 정도의 비밀과 고도의 상호 신뢰를 필요로 하는 기술로써 뭉쳤다. 일부 인사들은, 적어도 추가 멤버로서, 개인 자격으로 브레튼우즈 컨퍼런스에 참석하기도 했다. 그들은 스스로를 브레튼우즈 시스템의 비전을 온전하게 보존하는, 설립자들의 후계자라고 여겼다. 그들은 대공황과 전쟁의 참화를 생생하게 기억하고 있으며, 자신들의 책무가 막중하다고 생각했다.

　루사와 같은 업무를 네덜란드 재무부에서 담당하던 에밀 반 레네프 Emile van Lennep는 WP3의 초대 의장을 맡아 왕성하게 활동했다. 그는 네덜란드 사람들이 국제기구에서 전통적으로 보여주었던 재능과 헌신의 표상 같은 인물이었는데, 나중에는 OECD의 수장이 되었다. 독일의 오트마 에밍거 Otmar Emminger도 나중에 WP3 의장을 맡았는데, 훗날 독일 중앙은행인 분데스방크의 총재가 되었다. 스위스의 프리츠 로이트빌러 Fritz Leutwiler도 나중에 스위스 중앙은행(SNB)의 총재로 임명됐다. 이탈리아 중앙은행의 리날도 오솔라 Rinaldo Ossola는 놀랍도록 따뜻한 성품을 가진 사람으로서 대단히 뛰어난 중재능력을 발휘했다. 프랑스의 앙드레 드 라트르 André de Lattre는 미국에 너무 협조적이란 이유로 드골 Charles de Gaulle 장군의 노여움을 사기도 했는데, 핵심그룹을 돈독히 하는데 일조했다. 일본 측 대표는 약간 지

나서 초대되었다. 카시와기 유스케Kashiwagi Yusuke는 다른 국제기구의 일본 대표들에 비해서 덜 수동적이었다. 어려서 뉴욕 브루클린에 살아 영어가 유창했고 국제금융 경험도 풍부했다. 그는 일본 대장성에서 첫 국제 담당 차관이 되었고, 나중에는 도쿄은행의 행장과 회장직을 지냈다. 도쿄은행은 수년에 걸쳐 국제금융 분야에서 선도은행 역할을 한 곳이다.

재무부에 들어간 뒤 한 동안 나도 WP3에 실무자로서 수시로 참석했다. 정기 멤버들 사이에는 확실한 사명감과 동지애가 있었다. 멤버들은 정치인들이 아니었다. 단지 정부에서 오랜 경험을 축적한 사람들이었다. 그들 모두는 범상치 않은 의지와 목표를 공유하며 상호 신뢰를 축적했다. 이는 나중에 신속한 의사결정을 내릴 수 있는 원동력이 되었다. 때때로 그들은 상대방의 정책에 대해 비공식적으로 코멘트를 하는 것 이상으로 발전해 공식 서한을 주고받기도 했다. 꼭 필요하지만 정치적으로는 잘 수용되기 어려운 긴축정책을 수행할 때 이를 지지하는 서한이 전달되었다. 서한의 내용은 수취 국가의 관료들과 면밀한 협의를 거쳐 작성되었다. 서한은 자기 정부의 수장에게 국제사회의 우려나 지지 메시지를 전달하는 데 유용하게 사용되었다.

이러한 커뮤니케이션들은 예외적인 것이었다. 내가 알고 있는 범위에서는, 미국은 그러한 서한을 받은 적이 없다. 미국의 정책에 대한 국제사회의 우려가 전무했기에 그랬던 건 아니었다. 적어도 한 차례의 사례가 있었다. 베트남전쟁 자금을 조달하기 위한 세금 인상안을 놓고 토론이 있었는데, 당시 파울러 장관은 외국의 관료들에게 그들의 우려를 미 의회 지도자들에게 직접 전달해 줄 것을 독려했다.

당시 경제정책을 자제할 수밖에 없었던 이유 중 하나는 각각 환율에 미치는 위협 또는 실제로 존재하는 압력 때문이었다. 미국을 제외한 국가에서는 대규모 국제수지 적자가 발생한 경우 보유 금과 외환을 잃어야 했다. 이는 대부분의 국가에서 월간 단위로, 짧게는 주간 단위로 정기 통계를 통해 보고되었다. 이러한 준비금 상실은 해당 국가의 통화에 대한 신뢰를 훼손하거나 투기적 공격을 조장하는 위험을 항상 야기했다. 만일 준비금 상실을 피하기 위해 IMF로부터 많은 돈을 차입해 통화를 안정시킨다면, 즉각적으로 '조건'이란 것이 따라붙게 된다. 달리 말하면, 차입국은 IMF가 보기에 적절한 정책들을 받아들여 이행하는 조건으로만 대출을 받을 수 있었다. 주로 국내적으로는 통화긴축, 세금인상, 지출축소 또는 이 세 가지 모두를 다 하는 긴축정책이었다.

오늘날에 와서는 많이 바뀌었다. 환율이 자유롭게 변동하고, 방어해야 할 특정한 기준환율이 존재하지 않는다. 통화가치의 하락과 준비금의 상실은 극단적인 상황에서나 위기감을 불러일으킬 뿐이다. 요즘과 같은 변동환율제도 하에서는 주로 주요 5개국(이제는 7개국으로 확장되었다) 사이에서만 상호 협의하는 노력이 있을 뿐이다. 미국, 영국, 프랑스, 독일, 일본, 캐나다, 이탈리아의 재무장관 및 중앙은행 총재 회의에서는 서로 서한을 주고받는 대신 코뮈니케[3]를 발표하고 있다. 국제전화를 이용한 소통은 1960년대와는 비교할 수 없을 정도로 쉬워져 비공식 소통을 훨씬 자주 할 수 있게 되었다.

대체로 내가 보기에 요즘의 재무장관들은 국제적인 문제들에 대한 정보를 더 잘 취득하고 있는 듯하다. 열면 토론을 위한 충분한 준비를 갖춘

---

[3] 코뮈니케(communiqué) : 정부 간의 회담이나 회의의 결과를 요약하여 알리기 위한 목적으로 발표하는 공식성명(편자 주).

채 회의에 참석할 수 있을 것이다. 그러나 요즘의 회의에서 이뤄지는 토론의 기반은 과거와 다르다. 특정 국가의 이해관계보다 우선시되는, 합의된 규칙들의 시스템을 수호하고 개선하는 것을 목적으로 하지 않는다. 그 결과, 요즘 회의에서의 토의는 수시로 긴급성이 결여된 즉흥적인 성격이 강해 보인다.

루사의 창의적인 아이디어

국제적 조직과 기구가 발전했다고 해서 대응해야 할 일이 사라진 것은 물론 아니었다. 케네디 정부 초기에 많은 기술적 혁신이 이뤄졌다. 그 중 하나가 외환시장에 대한 미국 정부의 개입이었다. 수년간 유지되던 금기를 깬 것이었다. 시장개입 재원을 확보하기 위한 수단 중 하나로 '스와프 네트워크'가 창설되었다. 주요국 중앙은행들과 재무부들 사이에 단기 크레디트 라인을 미리 설정하는 기술적 조치였다. 필요한 경우 일시적으로 상대국들의 통화를 빌릴 수 있도록 한 장치였다. 일명 '루사본드(Roosa Bond)'라는 것도 발명되었다. 이 채권을 발행해 미국은 외국 통화당국으로부터 외화를 빌릴 수 있게 되었다. 어떤 나라가 자신들에게 불필요한 달러를 들고 와 태환을 요구하는 경우 미국은 금 대신 그 외화를 지급할 수 있다.

　대통령 선거 직전에 발생했던 금 소동의 두려움을 기억하고 있었기에 비공식적이던 '금 기금(gold pool)'도 강화되고 공식화되었다. 미국, 벨기에, 영국, 프랑스, 독일, 이탈리아, 네덜란드, 스위스로 구성된 그룹은 온스당 35달러의 공식가격 부근에서 금을 사고파는 개입을 수행했다. 이러한

금 매매는 사전에 합의된 공식에 따라 나누어져 이뤄졌다. 이 '풀(pool)'
은 금값이 불안정하게 상승하는 것을 막기 위해 고안되었기 때문에 안정
적인 수년 동안의 시기에는 새로 채굴된 금을 시장에서 순매수하는 역할
을 담당했다.

밥 루사는 공공금융 부문에서 이뤄진 이 모든 혁신들에 대해 군사 독
트린에서 빌려온 정밀한 용어로 표현하는 것을 좋아했다. 달러와 통화
시스템에 대한 '내외곽 방어벽'이라는 것이다. 그 의미는 명확했다. 달러
는 방어를 필요로 하게 되었다는 것, 그리고 의심의 여지가 없던 달러화
안정에 대한 신념이 잠식되어 왔다는 뜻이다. 오늘날의 관점에서 볼 때
1960년대 초 미국의 국제수지 적자는 연간 20억~30억 달러로 극히 미미
한 수준에 불과하다. 게다가 당시 정부가 항상 강조했듯이, 그 적자는 전
적으로 자본의 유출에 기인한 것이었다. 미국의 무역은 여전히 흑자를 내
고 있었다. 미국의 국제 경쟁력은 기본적으로 건강하게 유지되고 있었음
을 의미한다. 그러나 자본의 유출로 인해 해외 중앙은행들에는 많은 달러
가 쌓이게 되었고, 비록 더딘 속도이긴 했지만 이를 상환하기 위한 미국
의 금 매각이 증가할 수밖에 없었다. 1964년에 이르자 해외 공적기관이
보유한 달러화가 미국의 금 보유 규모를 넘어서게 되었다. 미국의 정책과
경제성과에 대한 신뢰가 존재하는 한 그게 반드시 달러에 위협이 되는 것
은 아니었지만, 그 신뢰를 유지하는 게 중요해졌다는 상징적인 증거가 되
기에는 충분했다.

옛날식 금본위제 하에서라면, 자본이 다시 유입될 때까지 금리를 인상
하고 통화를 수축하는 게 정통 대응책이었을 것이다. 하지만 그건 "미국
을 다시 움직이게 하겠다"고 공약한 케네디 정부로서는 쉽게 고려할 수

없는 정책이었다. 단기금리는 1% 정도 점진적으로 오르도록 허용되었고, 모든 팽창정책은 세금감면으로부터 나왔다. 그럼에도 불구하고 재무부는 도움이 더 필요했다. 그 과정에서 결국 다른 허용된 금기를 동원할 의사까지 갖게 되었다.

전후 시스템을 구축하는데 있어서 미국은 자유무역과 자유로운 자본이동을 확고하게 주창하였다. 외환시장에서 달러의 사용을 통제하는 그어떤 아이디어에 대해서도 절대 반대하는 입장이었다. 그러나 처음에는 소규모로, 1963년에는 극적으로 확대하여 다양한 제약이 도입되었다. 미국의 수출과 연계하는 대외원조가 갈수록 늘어났다. 외국의 무기 구매는 미국의 방위산업체로부터 외화가 아닌 달러로 결제하도록 했다. 자본유출을 보다 큰 틀에서 억제하는 조치가 도입되었다. 창의적인 루사가 유출자본에 세금을 물리는 아이디어를 낸 것이다.

유출자본에 대한 과세의 논리는 이런 식이었다. 미국의 파트너 국가들은 달러에 대해 불만족스러워 가만히 있지 않으려 했다. 미국이 과연 국제수지 문제를 해결할 의지가 있는 지 불확실하다고 생각했다. 하지만 미국의 무역수지는 상당한 흑자였다. 미국이 달러화를 평가절하할 것이란 의문이 제기될 하등의 이유가 없었다. 못할 일은 아니었지만, 만일 미국이 달러를 평가절하한다면 시스템 전반에 타격을 줄 것이었다. 문제가 된 것은 자본계정이었다. 만기가 긴 달러 자금의 유출이 만성화하고 있다는 점이 특히나 문제였다. 이 흐름을 막는 전통적인 방법은 통화를 긴축하는 것이었다. 하지만 미국은 두 차례의 경기침체를 겪고 난 뒤의 회복세에 있는 와중이라 너무 공격적으로 돈줄을 조이고 싶지 않았다. 물가도 안정적인 상황이었다. 게다가 그토록 대규모로 자본이 유출되는 이유는 따로 있었다. 미국과 달리 유럽의 자본시장에는 정부의 통제가 있었고, 수요가 많아 혼잡했다. 유럽인들을 비롯해 세계의 모두가 돈을 빌리러 뉴욕에 와야만 했다. 하지만 이는 미국 바깥 국가들이 유연한 금융시장을 갖지 못해서 생긴 인위적인 상황이었다. 그렇다고 해서 미국이 외환 통제에 나서고 싶지는 않았다. 앞으로도 그럴 생각이 없었다. 하지만 미국으로서는 금융을 급격하게 긴축하지 않으면서도 금리인상과 유사한 효과를 낼 수 있는 무언가를 고안해 내야만 했다. 그 수단이 바로 유출자본에 대한 과세였다. 원금에 1%에 해당하는 추가 이자를 물리는 식으로 뉴욕에서 발행하는 외국인 신규 채권과 대출에 대해 세금을 부과하는 것이다.

당시의 이 조치는 나에게 '정부'에 관한 흥미로운 경험을 안겨주었다. 유출자본 과세제도는 실제로 그걸 실행하지 않고도 시장시스템을 시험해볼 수 있는 창의적이고 지적이며 매력적인 아이디어였다. 나는 데이비드 틸링하스트 David Tillinghast 와 함께 바로 그 '이자율평형세[4]' 업무를 맡게 되었다. 틸링하스트는 재무부의 역량 있는 국제조세 전문가였다. 개념상의 비전으로 제시된 정책을 실제 제도로 입법화하는 게 우리의 임무였다. 아름다운 개념과 현실적인 적용 사이에는 커다란 간극이 있다는 사실을 나는 금세 깨닫게 되었다. 첫 시작부터 예외가 등장했다. 단기 자본유출은 종류가 너무 많고 복잡하며, 수출금융과 같은 너무 많은 용도로 쓰이는 것이라 세금을 부과하기가 현실적으로 어렵다며 대상에서 배제됐다. 유사한 예외 논리가 해외에 대한 직접투자 자금, 특히 미국 기업의 해외사업체에도 적용되었다. 개발도상국에 대한 제한적인 규모의 대출에 대

---

[4] 이자율평형세(Interest Equalization Tax) : 국내이자율과 외국이자율과의 격차 때문에 일어나는 자본의 유출 또는 유입을 규제하기 위해 이자차액에 대해 과세하는 것(편자 주).

해서까지 세금을 물리는 것 역시 불공정한 처사로 여겨졌다. 그러나 우리는 결국 모든 사람들이 동일하게 취급되어야 한다고 결정했다. 마치 금융시장에서처럼 이자율이 올라가면 모두가 그걸 지불하도록 하자는 것이었다.

그래서 애초에 이자율평형세는 그런 식으로 발표되었다. 그리고나서 불과 여덟 시간 만에 캐나다의 온갖 곳에서 항의가 빗발쳤다. 미국의 금융시장에 의존하고 있는 자신들에게는 과세해서는 안 된다고 주장했다. 만일 그렇게 한다면 캐나다달러(아마도 캐나다 경제도 함께)가 영원히 가라앉을 것이라고 그들은 우려했다. 그러면 미국에게도 손해가 될 것이라고 주장했다. 캐나다는 언제나 미국 자본시장과 결합되어 왔으니 당연히 예외로 인정해야 한다고 했다. 그래서 결국 캐나다는 면제되었다. 이번에는 일본이 항의를 했다. 자신들의 경제는 여전히 취약하다고 주장했다. 일본에게도 나중에 제한적으로 예외가 적용되었다. 법안이 의회에 도착하자 의원들이 추가적인 예외를 요구하는 지역구민들의 민원을 들고 일제히 달려들었다. 결국 법안에는 빈틈이 늘어만 갔다. 모든 빈틈에는 그에 합당한 의미규정과 제한들이 첨부되어야 했다. 항상 그렇듯이 그런 것들은 대개 임의재량적이었다. 단순한 통계적 분류법 이상의 문제가 결부되어 있는 경우에는 해외 포트폴리오 투자와 직접투자를 구분하는 것도 쉬운 일이 아니었다. 면제를 받은 차입자라 하더라도 통제를 받아야 할 때가 있었다. 면세로 조달한 미국 자본을 과세 대상 주체에게 빌려준다면 큰돈을 벌 수가 있었는데, 이를 막는 장치가 필요했다. 그래서 국세청이 동원되었다. 그들은 탈세를 차단하는 복잡한 규정을 만드는데 일가견이 있었다. 탁월하게 단순했던 그 지적인 개념이 결국 수백 개의 규제 범벅이 되고 말았다.

초임 재무부 차관보인 나에게 그 경험은 소중한 교훈이 되었다. 통제란 것이 얼마나 어렵고 복잡하며 임의적일 수 있는 지를 깨닫게 해 주었다. 하지만 그건 시작에 불과했다. 일시적으로 시행하는 것처럼 여겨졌던 그 조세가 10년 넘게 유지되었다. 세율이 인상되고 대상은 확대됐다. 1965년 3월에는 미국 정부가 은행들에게 '자율적으로' 해외 대출을 억제할 것을 요청했다. 한동안 그 규제는 전혀 자율적이지 않았다. 결국 1960년대 후반에 가서는 미국 기업들의 해외 투자까지 규제되었다. 기업인들은 물론이고 경제학자들 사이에서도 논란이 커졌다. 리처드 닉슨 Richard Nixon의 1968년 대통령 선거 캠페인 핵심 이슈로 부상하게 되었다.

빈 액자 선물

모든 노력을 기울여 자본유출을 통제하는 것은 과연 좋은 결과를 가져왔을까? 통계적으로는 미국의 자본유출이 감소했다. 우리는 또한 한 가지만은 확실히 알고 있다. 통제는 새로운 발전을 촉진했다. 미국의 금융시장이 외국인들에게 부분적으로 차단되자, 해외에서의 달러 예금 및 달러 증권시장이 활성화됐다. 유럽에서 활동하던 미국계 은행 및 투자회사들이 거기에 가세해 달러를 끌어 들여 대출을 해 주었다. 지극히 합법적으로 통제를 우회할 수 있게 해 준 곳, 바로 유로달러 시장이다. 유로달러 시장은 영국 런던에서 번창했고, 금리는 미국보다 약간 높았다. 그러다 보니 미국의 예금 또는 투자금 중 일부는 그 곳으로 유인되어 나갔다. 게다가 많은 대출기관들과 차입자들은 유로달러 시장의 상대적으로 자유로운 환경을 즐길 수 있었다. 한번 빠져나간 자본은 월스트리트에 좀체 다시 돌아올 생각이 없었다. 미국의 국제수지 균형 또는 국가 간 금융시장 경쟁이란 관점에서 당시의 규제가 어떤 성과를 냈는지는 불분명하다. 어떤 누구도 그 질문에 만족할 만한 답을 내놓지 못했다.

미국은 보다 강력하게 동맹 및 교역 파트너 들에게 이른바 국제수지 '상쇄(offset)'를 요구했다. 1960년 딜런-앤더슨 특사단이 독일의 수도 본에 파견된 이후로 계속된 일이다. 이는 먼저 군사부문에서 시작했다. 미국의 동맹들이 군수품을 조달할 때 미국산을 더 많이 구매하도록 했다. 비용 측면에서 보더라도 그게 합리적인 경우가 많았다. 이어 미국 정부는 해외 주둔지에 대한 재정 분담을 요구했다. 결국 정부의 노력은 통계를 윈도우 드레싱[5]하는 데까지 이르게 되었다. 미 재무부는 해외 통화당국들에 요청해 준비금을 미국에 1년 이상 예치하도록 했다. 그렇게 하면 당시의 관례상 그 자본은 '장기' 자본유입으로 통계에 잡히게 된다. 자연히 3개월 또는 6개월, 9개월 예금과 달리 그 돈은 국제수지 회계에서 '플러스'로 계산된다. 비록 현실은 바뀐 게 없지만, 이를 통해 적자를 야기하는 유출자본을 '상쇄'할 수 있게 되는 것이다.

이와 관련한 협상의 초기 국면 때 일본 후쿠다 다케오Fukuda Takeo 대장상이 카시와기 유스케를 대동해 워싱턴을 방문했는데 지금도 기억이 뚜렷하다. 나는 일본 대장상 일행과의 점심약속을 위해 막 나가려는 파울러 장관의 방에 있었는데, 바로 그 때 일본 측이 선물을 가져올 예정이란 보

---

[5] 윈도우 드레싱(window dressing) : 기관투자가들이 결산기에 투자수익률을 올리기 위해 주식을 집중적으로 사고파는 행위를 일컫는 말. 조작은 아니지만 통계가 좋아보이도록 하기 위해 인위적으로 어떠한 변화를 야기하는 것(편자 주).

고가 들어왔다. 재무부는 그렇게 세밀한 외교적 의전에 준비가 되어 있지 않은 상태였다. 즉각 국무부와 상의를 했다. 파울러 장관의 사인이 있는 그림을 넣을 수 있는 예쁜 은(銀) 액자를 제공하겠다고 국무부가 약속했다. 오찬에서 대화의 상당부분은 일본의 주일미군 방위비 분담 문제에 할애되었다. 여러 가지 의미에서 일본이 그걸 얼마나 '상쇄'할 수 있는지에 관한 대화가 오갔다. 큰 진전은 없었으나 점심식사는 충분히 유쾌했다. 커피가 서빙될 무렵 후쿠다 장관이 비서관에게 일러 아름답게 포장된 선물을 가져오도록 했다. 약간의 유려한 스피치와 함께 파울러 장관에게 전달되었고, 선물은 절차에 따라 개봉되었다. 그런데 불행하게도 미국 측에서 준비한 선물에는 문제가 있었다. 누군가가 액자에 그림을 넣는 것을 깜빡한 것이다. 열어본 선물에는 빈 액자뿐이었다. 일본 대표단이 당황해 잠시 말없이 앉아 있었다. 그 때 카시와기가 침묵을 깼다. "상쇄(offset)와 마찬가지로, 거기엔 아무 것도 없다."

인플레이션의 시발점

미국의 국제수지 문제와 브레튼우즈 시스템의 본질은 사진이나 금융적인 상쇄를 교환하는 차원 이상의 큰 우려를 낳았다. 케네디 대통령은 첫 번째 조치로 정부의 모든 해외 지출을 재검토할 것을 지시했다. 얼마 뒤 '황금 예산(Gold Budget)'이란 것이 수립되었다. 정부 부처들이 국제수지에 영향을 주는 모든 공적 지출을 정밀 검토할 수 있도록 한 것이다. 이를 통해 해외 원조지원은 미국산 구매와 연계하도록 했다. 원조 제공 전반이 과거보다 덜 관대해졌다. 결국 미국 정부는 독일과 일본으로 하여금 해외 주둔 미군비용을 분담하도록 하는데 성공했다. 관광객에 대한 면세 한도를 줄이는 등의 사소하고 짜증나는 감축 조치들이 좀 더 이어졌다. 이 모든 것들이 조바심을 야기했다. 상대적으로 덜 중요한 금융적인 고려로 인해 미국의 안보 또는 외교적 이해관계가 위험에 처하게 되었다고 보는 이들에게는 특히 그러했다.

확실히 정부로서는 더 이상 전개할 수는 없는 한계선이 있었다. 하루는 재무부에서 열린 국제수지위원회 분위기가 아주 나빴던 적이 있었는데, 그날 기억이 뚜렷하다. 딜런 재무장관이 자신은 회의에 좀 늦을 것 같으니 그냥 회의를 진행하도록 내게 지시를 했다. 참석한 각 부처 간부들에게도 그리 알렸다. 비교적 직급이 낮은 재무부 간부가 회의를 주재하게 되었으니 분위기가 좋게 흘러가기 어려웠다. 당시 백악관 국가안보보좌관이었던 맥조지 번디McGeorge Bundy가 쓴소리를 했다. 해외 국방예산 감축을 논의하려고 모인 회의라면 중단할 수도 있다고 말했다. 그건 국가안보차원에서 손 댈 수 없는 사안이란 것이었다. 그러나 윌리엄 맥체스니 마틴William McChesny Martin 연방준비제도 의장이 회의 주제를 다잡으려고 나섰다. 자신의 오랜 경험을 통해 얻은 결론은, 결국 독일에 얼마나 많은 군대를 보내느냐는 것보다 미국의 안보에 더 중요한 것이 바로 달러의 안정이라고 말했다. 당시 나의 느낌도 마틴 의장과 똑같았다. 하지만 그처럼 일도양단의 명쾌한 결론이 날 만한 이슈가 아니었다. 해외 부대 한 둘의 주둔 비용이 국제수지에 미치는 영향은 그렇게 크지는 않았다. 미국의 국제적 방어 공약과 미국 경제의 건강성 사이에 근본적인 모순이 있다는 주장은 내 경험상 근거가 없는 얘기였다. 문제는 우리의 능력이 아니라 단지 우리의 지불의사일 뿐이었다.

그 이슈는 베트남전쟁 비용을 조달하는 과정에서 전에 없이 첨예하게 부상했다. 1965년 하반기가 되자 갈등이 고조되었다. 그러나 백악관은 정확한 지출액을 대중들에게 공표하는 것을 허용하지 않았다. 당시 내가 아는 한, 그 수치는 대통령 경제참모들에게도 공개되지 않았다. 지출 확대에 반대하는 진영의 목소리가 커질 것을 우려했던 듯하다.

당시 마틴 연준 의장은 금융계 많은 이들에게 그러했듯이 나에게도 영웅이 되었다. 그는 워싱턴 일이 돌아가는데 관해서도 오랜 경험을 가진 인물이었다. 건전한 직관을 가졌고 영향력 있는 친구들이 많았다. 마틴 의장은 국방비 지출이 본격적인 증가세를 타기 시작해 결국 통화정책에 제약을 가할 때가 되었다고 판단했다. 그 해 초가을 마틴 의장은 0.5%포인트의 재할인율 인상안을 제기했다. 존슨Lyndon Johnson 대통령과 파울러 재무장관은 강력하게 반대했다. 하지만 마틴 의장은 자신의 입장을 고수했다. 백악관에서 극적인 회의가 열렸다. 마틴 의장이 긴축을 보류하는 걸로 설득되었다. 적어도 대통령이 담낭 제거수술을 받을 때까지는!

나를 포함한 소규모 관계자 회의가 소집되었다. 그 이슈를 '객관적으로' 검토해 보기 위해서였다. 나는 재할인율 인상에 공감하고 있었고, 내부적으로도 그렇게 주장한 상태였다. 0.25%포인트씩 나눠 반보씩 인상하자고 했다. 하지만 난감한 상황이었다. 보스가 금리인상에 대해 강력한 반대 입장을 세워 놓은 상태에서 부하직원이 그에 반하는 태도를 취하는 것은 쉽지 않다. 연준의 조사국장인 대니얼 브릴Daniel Brill은 자신의 보스인 마틴 의장의 강경한 입장 때문에 불안해하고 있었다. 백악관 경제자문위원회(CEA) 소속의 아서 오쿤Arthur Okun(당대 최고의 경제학자 가운데 한 사람으로 나중에 CEA 의장이 되었다)과 백악관 예산국의 찰스 즈윅Charles Zwick은

새해 예산 결정이 내려질 때까지 기다릴 것을 주장했다.

숱한 토론 끝에 우리는 베트남 전비 지출이 급증하고 있는 것 같지는 않다는 결론의 보고서를 상관들에게 올렸다. 통화정책 긴축 결정은 수 주 내에 이뤄질 예산 결정 때까지 연기될 수 있다고 우리는 결론 내렸다. 마틴 의장이 생각했던 것처럼 베트남전쟁 비용이 빠르게 는다면 세금이 인상되어야 할 것이라고 우리 모두는 확고하게 판단했다. 나로서는 보고 서에 주석을 첨부하는 것으로 만족해야 했다. 만일 베트남전쟁 비용이 예상했던 것보다 정말 더 빠르게 증가한다면 재할인율은 즉각 인상되어 야 한다고 썼다. 하지만 나중에 돌이켜 생각해도 아주 좋았던 경험은 아 니었다.

연방준비제도는 1965년 12월 5일에 재할인율을 인상하기로 결정했다. 내가 재무부를 떠난 그 날이었다. 대통령이 그렇게 폭발하는 걸 직접 본 것은 그 때가 처음이었다. 자신의 텍사스 목장으로 오라고 마틴 의장을 불렀다. 마틴 의장은 예의 그 침착함으로써 대처했다. 당시 금리인상 결 정에 일절 반대가 없었다는 사실을 그는 강조했다! 존슨 대통령은 계속 해서 경제 참모들의 조언을 거절했다. 너무 팽창하는 경제를 억제하기 위 해 세금인상안을 내자는 1966년 초의 제안을 받아들이지 않았다. 내 기억 에 파울러 재무장관은 세금인상을 요구한 우리들을 상대로 대통령을 단 호하게 방어했다. 그런 제안을 내봐야 의회에서 퇴짜를 맞을 게 뻔하다고 말했다. 그러면 대통령의 정국 주도권과 특권이 크게 손상될 수 있다고 말했다. 하지만 설사 그럴 수 있었다고 하더라도, 당시 우리는 베트남전 쟁 지출로 인해 부양된 경제를 적절하게 제어하지 못했다. 당시(그리고 그 이후에도)의 무능력은 결국 우리를 수년 동안 괴롭힌 인플레이션의 시발

점이 되었다. 나를 비롯해 많은 사람들이 그렇게 본다. 대통령은 전비 조달을 위한 세금인상안의 형식을 통해 자신의 베트남정책이 의회로부터 시험에 드는 위험을 단지 피하고 싶었던 듯하다고 나는 생각했다. 이 과정에서 나는 경제정책에 관한 교훈을 얻었다. 긴축해야 할 때를 맞았으나 당시 우리는 시험에서 탈락한 것이었다. 그건 능력이 아니라 의지에 관한 문제였다.

나는 체이스맨해튼은행의 민간인 생활로 돌아왔다. 재무부의 오랜 동료들에게 청승맞은 글을 썼다. 그게 정당화되었을 때 우리가 부양적인 재정정책을 취했던 것처럼, 이제는 그 필요성이 매우 명백하므로 우리는 재정긴축을 통해 균형을 잡아야 한다고 주장했다. 그렇게 하지 못한다면 당시 정부가 '새로운 경제학'이라고 설파해 온 케인즈주의 원칙의 신뢰를 훼손할 것이라고 말했다. 실제로 그런 일이 그대로 발생하고 말았다.

브레튼우즈에 대한

—

공격

국제사회에서 브레튼우즈의 기본 가정에 도전하는 지적인 공격이 전개되고 있었다. 학계에는 언제나 변동환율제를 선호하는 주장들이 존재했으나, 그들은 주류 정책 연구 진영에서 한참 동떨어진 아웃사이더였다. 하지만 달러에 대한 신뢰를 유지하고 국제수지 적자를 억제하려는 노력들이 계속해서 다른 정책 과업에 악영향을 미침에 따라 자연히 새로운 접근법을 고려하려는 욕구가 커져갔다.

트리핀의 딜레마

브레튼우즈 시스템에 대해 처음으로 근본적인 도전이 등장했다. 급진적 개혁 진영이 아니라 고정환율제에 대한 확고한 신봉자가 제기한 것이었다. 로버트 트리핀Robert Triffin은 벨기에 태생의 경제학자로 전후 유럽의 지불시스템을 개발한 실용적 경험을 쌓은 인물이었다. 나중에는 예일대에서 영향력 높은 국제경제학 교수로 자리를 잡았다. 1960년대에 그는 『금과 달러의 위기(Gold and the Dollar Crisis)』라는 제목의 책을 썼다. 달러에 의존하는 브레튼우즈 시스템은 태생적으로 치명적일 수 있는 결함을 갖고 있다는 게 그 책의 요지였다. 국제무역 규모가 날로 증가해 감에 따라 고정환율제에서 이용 가능한 준비금도 증가할 필요가 있다. 다시 말해, 늘어난 국제 무역과 투자에 쓰일 국제통화가 더 확대 공급되어야 한다는 것이다. 하지만 고정된 환율 하에서 미래의 금 생산량은 그 수요를 충족시키기에 부족하다. 따라서 브레튼우즈 시스템에서 성장 지원에 필요한 국제 유동성의 원천은 달러가 될 수밖에 없다. 이 달러를 미국 바깥 경제에 공급할 유일한 통로는 미국 국제수지의 '적자(deficit)'밖에 없다는 게 트리핀의 주장이었다.

브레튼우즈 시스템 설립자들은 무심코 미국의 적자에 의존할 수밖에 없는 국제통화제도를 창설했는데, 정작 바로 그 적자에 대해 1960년대 모든 사람들은 안정을 해치는 일이라고 비난하였던 것이다. 만일 미국의 적자가 계속된다면 달러, 나아가 시스템 전반에 대한 신뢰가 훼손돼 불안정이 야기될 것이다. 그러나 만일 미국의 적자가 사라진다면 나머지 세계는 경제성장을 지원하고 준비금을 확충하는데 필요한 달러를 빼앗길 것이다. 미국 이외의 국가들에게 이 문제는 나중에 첨예해졌다. 달러를 준비금으로 더 많이 보유할 것인지, 아니면 미국에 달러를 주고 금을 돌려받을 것인지. 후자를 선택한다면, 머지않아 미국은 금 태환을 중단할 것이다. 달러를 더 많이 보유하기로 한다면 그들의 금 보유고가 금에 대한 잠재적 요구에 크게 못 미치게 되어 가차없이 신뢰를 상실할 위험이 있었다. 어느 쪽이든 그 자체로 재앙이 될 씨앗을 잉태하고 있었던 것이다.

이러한 분석은 나중에 '트리핀의 딜레마'로 알려지게 되었다. 그 확고한 논리를 반박할 여지가 없었다. 하지만 정책 당국자들에게 미치는 그 함의는 장기적인 것이었다. 미국 국제수지 적자를 관리하기 위한 케네디 정부의 노력은 성공적이었다. 미국은 여전히 대규모의 금 보유고를 유지하고 있었다. 과연 대규모의 국제준비금이 당장 더 필요할 것인지에 대해 미국과 유럽 모두에서 의문이 있었다. 물가는 아주 안정되었고, 밥 루사의 내외곽 방어벽이 있었기에 달러에 대한 신뢰 기반은 유지되었다. 시간은 아직 많았다. '트리핀의 딜레마'라고 하는 뿔에 받혀 타격을 받는 일은 피할 수 있을 것처럼 보였다.

n번째 통화

트리핀의 딜레마 못지않게, 혹은 그 이상으로 미국 정책 당국자들의 우려를 불러일으킨 이슈가 또 있었다. 이코노미스트들의 표현으로는 'n번째 통화의 문제(nth currency problem)'이다. 이 용어는 마치 수학적 논리학의 난제처럼 들리는데 실제로도 그러했다. 요점은 이렇다. 모든 나라들이 자국의 환율을 독립적으로 설정할 수 있는 것은 아니다. 적어도 한 나라는 수동적이어야 한다. 세 나라가 있다고 가정해보자. A국과 B국은 C국 통화에 대해 자국 환율을 결정한다. 이렇게 하면 자동적으로 A와 B간의 재정 환율도 결정된다. 만일 C국이 그 결과에 불만이 있어 그 환율을 변경하려고 한다면, A와 B가 반발할 것이다. 외환시장이 불안정해지고 예측이 불가능하게 된다.

브레튼우즈 시스템이 작동하려면 한 나라는 환율 결정에 있어서 수동적이어야 했다. 그 나라가 바로 미국이었다. 달러는 'n번째 통화'였다. 달러는 금가격에 묶여 있었다. 그리고 달러는 파운드, 마르크, 프랑, 엔 및 다른 모든 통화들에 대해 환율을 갖고 있었다. 이 환율은 미국이 정한 것이 아니었다. 다른 나라들이 결정한 것이었다.

미국 경제가 충분히 강력할 때에는 그게 별로 심각하지 않은 문제였다. 포트 녹스(역자 주: Fort Knox, 켄터키주에 있는 미국의 금 보관소)에 찾아오는 모든 나라들에게 금을 내 줄 수가 있었다. 그러나 잠재적으로 문제가 될 상황이 발생할 수도 있다. 다른 나라들이 자국 통화가치를 실제 가치보다 낮게 유지해 자국 수출기업들에게 경쟁우위를 부여하고, 그렇게 함으로써 무역에서 지속적인 흑자를 기록해 달러 보유고가 계속 증가하는 상황 말이다. '경쟁적 평가절하'라고 하는 오래된 걱정거리이다.

그 문제가 구체적으로 얼마나 심각한 것인지는 규정하기 어려웠다. 그러나 1960년대가 흘러가면서 이 문제는 미국 당국자들에게 보다 현실적인 것으로 여겨지게 되었다. 큰 나라들의 평가절하는 빈번하지 않았다. 하지만 한 번 발생하게 되면 과도하게 이뤄졌다. 또다시 평가절하에 나서지 않아도 될 것이라고 시장에 확신을 주려면 충분히 안전하게 갈 필요가 있었다. 그리고 평가절상보다는 평가절하가 더 빈번하게 있었다. 게다가 1970년대가 시작될 무렵 일본이 부상했다. 일본의 산업은 고도로 효율적으로 변모했고 수출 지향적이었다. 일본 엔화의 환율은 제2차 세계대전 직후 몸을 못 가눌 정도로 어렵던 시절에 미국의 권유로 설정된 그대로였다. 이제는 아주 대단히 저평가된 수준으로 여겨졌다.

이 모든 것들이 또 하나의 딜레마를 낳았다. 브레튼우즈 시스템은 두 가지에 대한 시장의 신뢰가 확고한 때 잘 작동될 수 있었다. 대규모의 환율조정이 빈번하게 일어나지는 않는다는 믿음이 있어야 하고, 미국 달러화의 가치는 전혀 변경되지 않는다는 신념이 존재해야 한다. 사실 IMF 협정문은 어떤 나라가 근본적인 불균형에 처한 경우 환율을 변경할 수 있다고 규정하고 있다. 그러나 환율을 변경하는 것은 어려운 일이고 잠재적으로 불안정을 야기할 수 있다는 사실을 사람들은 금세 깨닫게 되었다. 평가절하를 해야만 한다는 사실이 분명해지고, 그 필요성이 충분히 커질 때까지 기다리는 것은 강력한 투기적 공격을 유발해 경제를 더욱 왜곡시킬 위험이 있었다. 그렇다고 해서 명백한 필요성이 확인되기도 전에 수시로 환율을 변경하게 된다면 더 잦은 투기공격을 불러일으켜 고정환율을 유지하는 것 자체가 어려워질 수 있었다.

영국에 제기된 거대한 의문

1964년, 선거에서 승리한 영국 노동당 정부가 들어설 당시의 산통이 좋은 교훈을 주었다. 국제수지 적자 경제를 넘겨받은 사회주의 정부가 파운드화를 평가절하할 것이란 금융시장의 우려가 고개를 들었다. 파운드화에 대한 매도공세가 시작되었다. 해럴드 윌슨Harold Wilson 영국 총리는 미국 케네디 대통령이 그랬던 것처럼 평가절하를 하지 않을 것이라고 즉각 결정했다. 브레튼우즈 시스템에 대한 이타적인 애정에서 비롯한 결정이었다고는 보지 않는다. 대내적으로 윌슨 총리는 노동당이 기존의 규율을 준수하는 정책을 펼친다는 것을 보여주고 싶었던 것이다. 미국 정부의 의견도 강력하게 작용했다. 만일 영국 파운드화가 무너진다면 그 심리적 불안으로 인해 달러가 투기적 공격의 가장 앞자리에 내밀릴 수 있다고 당시 미국은 우려하고 있었다.

윌슨 총리의 신속한 결정은 길고 지난한 파운드 방어 노력으로 이어졌다. 노동당 내부에서까지 반대여론이 고개를 들었다. 통화가치와 시스템의 안정성을 중시하느라 영국 경제의 성장은 뒷전으로 밀려났다는 비판이었다. 파운드의 상징성이 정책의 본질을 넘어선 수준으로 중시되고 있다는 여론이었다.

결국 윌슨 정부는 길고 음울했던 전투를 포기하고 말았다. 1967년 11월의 일이다. 미국으로서는 매우 불편한 사례였다. 최종 결정을 내릴 당시 영국은 IMF의 규정을 문자 그대로 준수했다. IMF에 계획을 통보하고는 공식 승인을 기다렸다. 절차가 하루만 늦어져도 수억의 외환을 투기세력들에게 넘겨줘야 할 상황이었다. 의회 질문에 둘러댈 수밖에 없었던 당시 재무장관의 신뢰 역시 바닥에 떨어지게 되었다.

그동안의 모든 노력들이 의문을 야기했다. 사실 영국은 교과서대로 따랐다. 수년에 걸쳐서 긴축적인 통화 및 재정정책을 운영하며 파운드 가치를 방어했다. 환율문제만 없었다면 전혀 사용하고 싶지 않았을 정책 기조였다. 수많은 자본통제까지 가했다. 그러나 결국에는, 당시로서는 세계에서 두 번째로 중요한 통화가 평가절하되고 말았다. 영국 파운드화를 여전히 준비통화로 보유하고 있던 과거 식민지 국가들에게 엄청난 손실이 가해졌다. 미국 정부가 우려했던 대로 금을 사려는 매수세가 산사태처럼 몰려들었다. 미국 존슨 대통령이 즉각 '금에 대한 달러 가치는 변경되지 않을 것'이라고 선언했지만 종전과 같은 위력을 발휘하지는 못했다. 아주 실용적인 정치 용어로 당시에는 다음과 같은 거대한 의문이 제기되었다. 도대체 영국이 그토록 오래 버텨서 얻은 것이 무엇이란 말인가?

드골의 반격

보다 폭넓은 국제정치 영역에서 브레튼우즈와 이를 통한 미국의 패권에 대해 이미 강력한 의문이 제기된 상태였다. 바로 프랑스의 드골 대통령이다. 프랑스는 오랫동안 자국의 자주성이 침해되고 있다는 느낌을 노골적으로 드러내 왔다. 유럽에 대한 미국의 경제적 지배라고 여겨지는 것에 대해서도 강력한 반감을 표했다. 프랑스가 보기에 유럽 공동시장에 대한 미국 기업들의 대규모 투자는 '미국의 도전(défi américain)'의 전형적인 사례였다. 이들 기업의 유럽 투자는 부당하게 낮은 미국의 금리에 의해 조장된다고 보았다. 1980년대 후반 미국에서 일본 기업들의 투자가 그러했던 것처럼, 미국 기업들의 유럽 투자는 공포와 분노를 확산시켰다. 혜택을 직접 누리는 기업과 지역들이 미국의 투자를 환영한다고 해서 분위기가 달라지지는 않았다.

1965년 2월 4일, 드골 대통령이 기자회견을 이용해 대놓고 공격을 시작했다. '달러시스템'이 미국에게 '터무니없는 특권(exorbitant privilege)'을 부여하고 있다는 게 그의 기본적인 주장이었다. 달러시스템은 미국으로 하여금 전 세계로부터 거의 공짜로 돈을 빌릴 수 있게 해준다는 것이다. 다른 나라들과는 달리 미국은 국제수지 적자를 내더라도 금을 잃는 대신 달러를 무한정 발행함으로써 메울 수 있기 때문이다. 이 문제를 푸는 해법은 금본위제로 돌아가는 것이다. 그의 주장은 매력적이었다. 때가 왔다고 드골 대통령은 말했다. "의심의 여지가 없는, 특히 어떤 특정 국가가 지배하는 것이 아닌 기반 위에다 국제시스템을 새로 수립해야 한다"고 그는 주장했다. "어떤 기반인가? 사실 금 말고는 다른 기준을 상상하기 어렵다. 맞다. 금이다. 금의 본질은 변하지 않는다. 금괴, 골드바 또는 금화로 균등하게 형태를 띨 수 있다. 국적이 없으며, 영원하고 보편적인, 가장 뛰어난 대안화폐로 여겨져 왔다"고 드골 대통령은 설명했다.

드골 대통령은 단지 화려한 웅변에만 그치지 않았다. 프랑스 정부가 미국에게 대규모의 금을 매입하겠다는 메시지를 보냈다. 한꺼번에 하겠다는 뜻은 아니었다. 그렇게 했다가는 통화전쟁을 선포하는 것이나 마찬가지였을 것이다. 수년의 기간에 걸쳐서 상호합의 하에 분산 매입하겠다고 했다. 금 본위제로 돌아가자고 한 그의 주장은 즉각 시대착오적이란 반박을 받았다. 단지 미국만 그랬던 것은 아니다. 그러나 드골 대통령에게는 의심의 여지없이 다른 구상이 있었다. 달러와 금 사이의 불안정한 연결을 부각시킴으로써 그는 프랑스와 유럽 전반에 해를 끼치는 미국의 과도한 정책에 제동을 걸 수 있을 거라고 보았다.

드골의 기자회견은 베트남전쟁이 심각하게 고조되기 이전의 일이었다. 이후 베트남전쟁이 가열되자 유럽 내부에서 드골의 핵심적 주장에 대한 공감이 커져갔다. 드골 대통령이 특별히 우려했던 것은 유럽 산업을 마구 사들이는 미국 기업들의 투자 물결이었을 것이다. 그의 특별한 우려사항이 무엇이었든지 간에 - 아마도 내 생각에 그는 미국이 누리는 것으로 보이는 금융적 자유와 독립성에 본질적으로 반감을 가진 듯했다 - 1960년대 말에 이르러 드골 대통령의 문제제기는 상당히 감성적이고 정치적인 이슈로 부상하게 되었다. 미국이 국제 규율에서 벗어나려 한다는 것이다.

정치보다 더 중요한 것은 그 경제적 파급이다. 미국이 달러유출을 통해 인플레이션을 수출하고 있다는 믿음이 1960년대 말을 향하면서 더욱 뚜렷해졌다. 독일에서 특히 그러했다. 그들은 항상 물가안정과 통화주권에 아주 민감했다. 실제로 미국의 인플레이션은 높아지기 시작했다. 나중에 1970년대에 나타났던 것에 비해서는 현저하게 낮은 수준이었지만, 많은 유럽인들은 미국의 정책이 지나치게 팽창적이어서 국제수지 적자를 키우고 있다고 느꼈다.

독일은 미국과 정치적으로 함께 하고 있으면서 국제수지에서 흑자를 내는 핵심국이었기에 그 위치가 중추적이었다. 프랑스와 달리 독일은 미국에 협력한다는 차원에서 미국으로부터 금을 직접 매입하는 선택지를 오랫동안 행사하지 않아왔다. 1967년, 마틴 연준 의장에 보낸 서한에서 칼 블레싱^{Karl Blessing} 당시 분데스방크(역자 주: 독일 중앙은행) 총재는 분명하고 공식적으로 약속했다. 독일이 보유한 달러 준비금을 금 매입에 쓰지는 않겠다고 밝혔다. 미국의 거대한 해외 방위비, 특히 독일에서의 비용을 언급하면서 말이다. 하지만 지속적으로 늘어나는 독일의 달러 보유고 때문에 독일은 계속해서 불만을 갖게 되었다. 분데스방크의 간부들은 달러화의 유입으로 인해 급기야 독일 내부의 통화공급 통제력이 훼손될 지경에 이르렀고, 미국에서 수출된 인플레이션이 독일을 위협하고 있다고 느끼게 되었다. 당시 그러한 우려로 인해 독일은 시스템의 개혁에 가장 잘 준비된 국가가 될 수 있었다. 그들은 특히 보다 유연한 환율제도 쪽으로 잘 대비하게 되었다.

파울러의 승리

초기의 근본적인 개혁 노력은 환율보다는 트리핀의 딜레마에 직접적으로 초점이 맞춰졌다. 1965년 4월 더글라스 딜런의 후임으로 미국 재무장관직을 맡게 된 헨리 파울러는 전임자만큼 금융과 통화에 정통한 사람은 아니었다. 하지만 그는 정치적이고 타협적인 분위기를 만드는 데 있어서는 정말 뛰어난 감각을 보유한 인물이었다. 그는 미국이 현상유지를 하는 데 있어서 갈수록 수세에 몰리고 있다는 것을 깨달았다. 뭔가 새로운 돌파구를 찾지 않는다면 미국과 동맹들 간의 관계 및 브레튼우즈 시스템 자체가 위기를 맞을 수 있다고 자각했다. 당시 나는 기존 재무부의 통화 관련 정책과 운영방식에 관해 핵심적인 연결고리를 갖고 있는 사람이었다. 그래서 파울러 장관은 나와 당시 상황을 점검하는데 먼저 시간을 투자했다. 이어서 파울러 장관은 행정부 내부의 다른 인사들과 대화했다. 주로 재무부의 과도한 조심성 때문에 짜증이 나 있던 사람들이다. 이윽고 그는 케이프 코드에 있는 자신의 여름 별장으로 짧은 휴가를 떠났다. 청사에 복귀하자마자 그는 나를 집무실로 불렀다. '해변에서' 자신이 구상한 것을 갖고 논의를 좀 하자는 것이다.

그렇게 조심스럽게 잘 다듬어진 그의 구상이 다른 곳도 아닌 버지니아주 변호사협회를 대상으로 한 연설에서 공개되었다. 파울러 장관은 아주 트리핀 냄새가 풀풀 나는 용어로써 시스템을 묘사하는, 난해한 통화정책 관련 논의를 자신의 동료 변호사들에게 제시하고 싶었던 모양이다. 1965년 7월 10일의 일이다. 그리고 나서 절정의 순간이 다가왔다. 대통령은 그에게 권한을 주었다. 만일 다른 나라들이 동의하고 적절하게 잘 준비된다면 국제통화회의를 개최하라는 것이다.

나의 전문화된 작은 세계에게 그것은 폭탄이 떨어진 것이나 마찬가지였다. 국제통화회의라는 것은 그 때까지 재무부의 의제가 아니었다. 파울러 장관은 이미 알고 있는 것이었지만, 나는 다시 한 번 설명해야만 했다.

어떤 형식으로든 우리의 파트너들과 회의를 갖는다는 것은 그야말로 벌레 한 그릇을 쏟아 내놓고 협상하는 것이나 마찬가지라고 비유했다. 금융시장은 혼란에 빠질 것이고 그에 따른 투기공격은 달러를 위험에 빠뜨릴 것이었다. 다른 무엇보다도, 비현실적인 기대심리가 형성될 수 있었다. 그래서 우리는 G10 전문가들의 후원 하에 이미 비밀리에 아주 조용히 논의해 왔던 작업을 다시 꺼내어 검토했다. 보고를 받은 그는 초안을 대충 손보았다. 그러더니 자신이 추구했던 국제회의 소집을 대통령으로부터 신속히 재가받았다.

프랑스 및 기타 국가들은 아주 의심스러워했다. 그러나 파울러 장관은 자신이 바라는 것은 신중하게 비상계획을 수립하려는 차원임을 강조했다. 그러한 맥락에서 G10은 지난한 협상에 돌입했다. 달러와 달리 집단적인 관리대상이 되며 달러와 금 모두의 대안이 될 수 있는 새로운 국제 준비자산을 창설하는 논의가 시작되었다. 일부 유럽인들은, 특히 프랑스가 그랬는데, 금이 아닌 어떠한 대안에 대해서도 의심스러운 태도를 견지했다. 미국이 여전히 고통 없이 자국의 국제수지 적자를 메울 수 있는 대체수단을 찾으려 하는 것은 아닌지 궁금해 했다.

협상은 고도로 테크니컬했고 논란이 많았다. 거의 3년이나 걸렸다. 최종 합의는 파울러 장관의 개인적인 승리로 귀결됐다. 개인적으로 지속적인 외교 노력을 펼치는 한편으로 학자들의 광범위한 지원을 이끌어냈다. 그 결과 파울러 장관은 1967년 9월 브라질 리우데자네이루에서 열린 IMF 연차총회에서 특별인출권(SDR: Special Drawing Right) 창설에 대한 합의를 얻어내는데 성공했다. 창의적으로 고안된 새로운 도구에 큰 희망이 걸리게 되었다. 즉각 '종이로 된 금(金)'이란 이름이 붙었지만 금도 종이도 아니었다. IMF에서 누군가가 재치 있게 말했듯이 SDR은 주조되는 것도 인쇄되는 것도 아니었다. SDR은 단지 IMF의 컴퓨터 신호 안에서나 존재하는 것이었다. 그리고 이 컴퓨터를 작동하는 데에는 많은 제약이 있었다.

사실 SDR이 진정 국제화폐인지에 대해서는 합의가 이뤄지지 않았다. 보유국이 원하는 대로 사용할 수 있는지, 아니면 다양한 약정이 수반되어야 하는 일종의 크레디트 라인에 더 가까운지, 이슈는 미결 상태로 남았다. 그러한 모호함이 그 번거로운 명칭에 반영되었다. 금융시장은 SDR을 금이나 달러보다는 못한 인조합성의 창조물로 보았다. 그럼에도 불구하고 그 창설에 합의했다는 사실은 신뢰회복에 도움이 되었다. 핵심국들이 금융에 관해 함께 대응해 시스템을 강화할 수 있음을 보여준 사례였던 것이다.

어떤 면에서 보더라도 1960년대의 경제성과는 대단히 고무적이었다. 미국의 경우 생산성이 연율 3%에 가까운 속도로 향상되었다. 9년 동안 거침없는 경제팽창이 지속되었다. 역대 최장 기록이었다. 유럽의 경제회복도 완성되었다. 독일과 대부분의 유럽 국가의 경제성장세는 대단했다. 자신감에 찬 미국 기업들을 필두로 국제투자가 되살아났다. 무역은 견조하게 확대되었다. 경제관리 능력에 대한 경제학자들의 자신감도 커졌다. 그러나 1960년대 말이 되자 실상이 드러나고 말았다. SDR이든 아니든, 모든 번영을 이끌었던 바로 그 통화시스템이 위기에 빠져들고 말았다.

문제의 1968년

1968년의 독특한 금(金) 위기는 종말을 예고한 사건이었다. 영국의 평가절하는 커다란 불확실성을 야기해 금에 대한 강력한 수요를 촉발했다. 대규모의 공적 금 보유가 '금 기금'을 거쳐 민간 축장용으로 빠져나갔다. 프랑스가 금 기금에서 공식적으로 탈퇴했다. 1968년 3월, 긴장이 고조되던 와중에 마틴 연준 의장은 남은 금 기금 참여국들을 연준 본부로 소집해 회의를 열었다. 민간시장에 대한 공적 금 보유 매각 중단 말고는 달리 방도가 없다는 결론을 내렸다. 온스당 35달러의 금가격은 국가 간 공식 결제에 그대로 적용될 터였지만, 민간시장에서는 당국의 매매를 통한 시장 조성 없이 제 갈 길을 가도록 허용하기로 했다. 시장이 보기에 이 결정은 중앙은행들 스스로가 더 이상 금가격을 안정시킬 자신이 없음을 고백한 일이었다. 미국은 혼자서 금 시장가격을 지지할 의사가 없음을 분명히 밝혔다. 이러한 분위기를 배경으로 금에 대한 시장 수요가 치솟았고, 금값은 한 때 온스당 약 40달러로 급등하기도 했다.

그 긴급결정은 일종의 영구적인 개편으로 공표되었으나 결코 우아한 것이 아니었다. 통화시스템의 기둥으로 여겨져 왔던 금이 서로 다른 두 종류의 가격에 거래된다는 사실이 불가피하게 긴장을 유발하고 말았다. 통화시스템 전반의 금 보유는 사실상 동결되었다. 중앙은행들 사이에서도 시장보다 낮은 값에 서로 금을 매매하기 어려운 분위기가 되었다. 달러를 보유하는데 대한 불만이 고조되던 상황에서 금을 구할 수 있게 됨에 따라 통화시스템은 와해되는 듯해 보였다.

문제의 1968년이 당혹스럽고 낯선 분위기 속에서 막을 내리고 있었다. 투기적 거래로 인해 유럽 금융시장이 위기에 빠짐에 따라 11월 독일 수도 본에서 주요 10개국(G10) 긴급회의가 열렸다. 금융시장은 독일 마르크화 절상과 프랑스 프랑화의 절하를 기대하고 있었다. 그렇게 해야만 기저의 경제상황과 부합한다고 보았다. 그러나 독일 정부 내에서 의견이 엇갈렸다. 재무부와 경제부 장관이 상이한 시각으로 제각각 언론에 브리핑했다. 프랑스는 소극적이었으나, 엄청난 악다구니를 쏟아낸 끝에는 결국 환율 변경이 일어날 것이란 데 대해 이해를 하게 되었다. 그러나 회의는 중단되었다. 프랑스의 드골 대통령은 프랑화의 평가절하 아이디어조차도 거부했다. '터무니없음의 극치'라고 그는 주장했다. 결국 독일도 행동에 나서기를 거부했다. 모든 사람들이 어리석어 보였다.

프리드먼의 가설

그러한 배경에서 경제학자들 사이에 새로운 아이디어들이 회자되었다. 당시 완전한 자유변동환율제 도입에 대해 수용 의사가 있었던 사람들은 비교적 적었다. 대신 글라이딩 패리티(gliding parities), 크롤링 페그(crawling pegs), 와이더 마진(wider margins) 같은 기발한 구상들이 부상했다. 좀 더 유연한 환율이 도움이 될 것이란 기대 하에 고안된 제도들이다. (역자 주: 새로 고안된 환율제도들은 모두 급격한 평가절상 또는 평가절하 대신 점진적이되 빈번하게 환율을 변경하는 것을 골자로 한다.)

　　자유시장 경제학자인 밀턴 프리드먼Milton Friedman의 아이디어가 보다 심각하게 검토되기 시작했다. 프리드먼은 자유변동환율제를 옹호한 학자로 탁월한 토론능력을 보유한 인물이었다. 프리드먼은 리처드 닉슨 같은 공화당 대통령 후보에 때때로 정책을 조언했다. 그는 저술에서 환율이 자연스럽게 변동하는 목가적인 풍경을 묘사했다. 정부의 개입으로부터 자유로운 환율은 국제수지 불균형을 자동적으로 교정할 것이라고 설명했다. 오르고 내리는 환율이 무역 및 여타 국제 자본흐름의 불균형을 제거할 것이므로 컨트롤할 필요가 없어질 것이라고 했다. 환율의 변동은 각국의 물가상승률 차이를 반영할 것이므로 국내정책은 그냥 그대로 알아서 하면 된다고 했다. 프리드먼 진영의 학자들은 그 모든 일들이 부드럽고 고통 없이 일어날 것 같은 인상을 주었다.

마찰을 통제하는 데에는 매력적인 대안처럼 보였다. 정책 당국자들은 환율 안정을 위해 국내정책을 조화시키는데 지쳐 있었다. 국제수지가 국내 경제정책 목표 달성에 제약을 가하는 현실에 대해 반감이 커져 있었다. 그런 그들에게 자유변동환율제는 훌륭한 탈출구로 여겨졌다. 프리드먼 주장의 핵심은 특히 자유변동환율제가 커다란 변동 없이도 마법을 발휘한다는 데 있었다. 그래서 결국에는 대규모의 돌연한 변경을 할 수밖에 없는 고정환율제에 비해 오히려 더 안정적인 조정이 이뤄질 것이라고 했다. 1930년대의 경험은 그러하지 않았다. 그러나 그 당시는 무질서한 공황의 시대였다. 프리드먼의 가설은 전후의 보다 양호한 환경 속에서 시험해 볼 필요가 있었다.

이 논의는 대통령 선거가 있던 해에 전개되었다. 8년 전 케네디가 그랬듯이, 선거전에 나선 리처드 닉슨도 그 이슈에 대한 자신의 생각을 밝히지 않을 수 없었다. 애초에 닉슨은 기존 시스템의 족쇄를 벗어 던지는 그 어떠한 유혹, 급진적인 변화가 필요하다는 그 어떠한 주장에 대해서도 저항했다. 그러나 기업사회의 압박에 못 이겨 닉슨은 자본유출을 통제하는 그 모든 피곤한 규제들을 철폐하겠다고 공약했다. 학계의 논의와 정부 차원의 결정, 금융시장의 움직임, 정책 제약에 대한 불만 등 이 모든 것들이 메시지를 발산했다. 브레튼우즈 시스템은 깊은 문제에 빠져 있었다. 갈수록 많은 사람들이 그 시스템을 살려낼 필요를 느끼지 못하게 되었다. *Volcker*

애초에 미국의 점령정책은 일본을 징벌하고 경제를 억제하는데 골자를 두고 있었다. 하지만 냉전이 전개되어 감에 따라 미국의 정책은 바뀌었다. 일본의 경제적 지속가능성을 진작하고 일본의 산업 회복을 장려하게 되었다. 일본이 자유세계의 다양한 자원을 공급하는 주체로 일어서도록 지원하는 것이었다.

written by
GYOHTEN

성장의
—
—
추억

일본에게 있어서 1950년대와 1960년대는 빠른 회복과 경제개발의 시기였다. 해외와의 금융관계를 재개한 때이기도 했다. 전쟁의 상처로부터 신속하게 회복할 수 있었던 것은 무엇보다도 정부의 매우 적극적인 산업정책 덕분이었다. 정부는 세제 혜택을 부여하고 희소한 자원을 우선순위에 따라 배분하는 등 다양한 행정수단을 활용해 전략 산업을 육성했다. 예를 들어 정부는 석탄 채굴권을 적극적으로 장려했다. 석탄은 철강 및 비료 산업을 개발하는데 매우 긴요한 자원으로 여겨졌기 때문이다. 이를 통해 철강 및 비료 산업을 육성하면 다른 제조업과 농업 생산을 촉진할 수 있을 것이라고 보았다. 전반적으로 이러한 산업정책은 매우 효과적이었고 성공적이었다. 그래서 1960년대 초가 되자 민간부문은 더 이상 정부의 장려정책을 필요로 하지 않을 정도로 강력해졌다. 심지어는 산업전략을 통한 정부의 통제를 싫어하기에 이르렀다.

1963년에 그 문제가 절정에 도달했다. 당시 정부는 '특수산업 발전에 관한 법률' 제정을 추진했다. 국제경쟁력 증진을 위해 민간 기업의 합병과 합리화를 정부가 촉진할 수 있도록 영향력을 강화할 생각이었다. 그러나 이 법안은 민간 산업계의 반대로 무산되었다. 전후 일본 산업정책의 분수령이 된 사건이었다. 더 이상 민간을 지배할 수 없게 되었다는 중요한 메시지를 정부에 전달한 것이다.

'주식회사 일본'이라는 신화들이 많이 회자되는데, 그리 정확하지는 않다. 예를 들어 일본의 산업들이 정부의 통제를 받는다는 인식은 더 이상 사실이 아니다. 미국에 비해서는 일본의 정부와 기업 간 관계가 훨씬 밀접하고 덜 대립적이다. 대부분의 기간 동안 일본 정부는 낡은 산업을 제거해 나가는 한편으로 전략적으로 새로운 산업의 개발을 장려하는데 힘을 기울였다. 하지만 민간이 따르도록 정부가 명령할 수 있는 힘을 가진 것은 아니다. 일본 기업인들이 정부에 공손하기는 하지만, 정부가 경제의 지휘자는 아니었다. 정부는 계속해서 고도로 자본주의적인 민간부문에 의해 지배되었다. 갈등하는 민간 기업 이해관계 사이에 들어가 때때로 중재자역할을 하기도 하지만, 정부의 임무는 기본적으로 기업활동의 실제 환경이나 시장 심리를 파악해 정책들을 제공하는데 있다고 할 것이다.

일본 경제가 신속히 회복하게 된 또 하나의 배경은 성공적인 인플레이션 통제였다. 1949년 이전 일본에는 여러 개의 환율이 존재했다. 주요한 원자재들에 각각의 환율이 적용되었다. 이 모든 환율에 적용된 엔화 가치는 공식 환율에 비해 약세였다. 그러던 중 1949년에 과감한 안정화 프로그램이 시행되었다. 아주 효과적이었다. 미 군정 경제자문관 조지프 닷지Joseph Dodge의 조언에 따라 일본 정부는 아주 엄격한 재정 균형을 스스로 추진했다. 일본은행 대출을 강력히 억제했고 임금 인상도 제한했다. 달러에 대해서는 360엔의 단일 환율을 설정했다. 1948년에 50%에 달했던 소비자물가 인플레이션이 이 정책들의 결과로 다음해에는 마이너스 10%로 떨어졌다.

미국의 금융지원이 굉장히 컸다는 점도 빼놓을 수 없겠다. 일본이 마셜 플랜 대상국은 아니었지만, 그럼에도 불구하고 미국은 다양한 형태의 금융지원을 제공해 주었다. 1946년부터, 미국과의 평화협정 체결을 통해 일본이 독립을 회복한 1952년까지 그 규모는 21억 달러에 달했다. 게다가 전혀 예상하지도 못했던 한국전쟁이 1950년에 발발했다. 미국으로부터의 지원이 차츰 줄어들던 시기였는데, 미국 정부의 전쟁물자 조달이 일본 경제에 굉장히 큰 규모의 자원을 투입해 주었다. 1950년부터 1955년까지 모두 35억 달러에 달했다.

이 모든 것들의 기저에는 일본에 대한 미국 정부의 근본적인 정책 변화가 자리하고 있었다. 애초에 미국의 점령정책은 일본을 징벌하고 경제를 억제하는데 골자를 두고 있었다. 하지만 냉전이 전개되어 감에 따라 미국의 정책은 바뀌었다. 일본의 경제적 지속가능성을 진작하고 일본의 산업 회복을 장려하게 되었다. 일본이 자유세계의 다양한 자원을 공급하는 주체로 일어서도록 지원하는 것이었다.

일본의 회복은 매우 신속하게 진행되어 1950년대 중반에 완성되었다. 경제규모가 전쟁 이전 수준으로 올라섰다. 성장세는 1960년대 말까지 계속되었다. 약 20년간 일본 국민총생산의 성장 속도는 아주 놀라웠다. 연간 10%에 달할 정도였다. 대규모 국내투자 및 철강, 석유화학, 자동차, 인조섬유, 플라스틱, 전자 산업에서의 기술발전이 그러한 고속성장을 이끌었다. 농업의 상대적 비중이 꾸준히 낮아지긴 했지만, 노동력의 40%는 여전히 토지에 고용되어 있었다. 그래서 농업부문의 소득 향상은 국내경제의 성장에 아주 큰 도움이 되는 요소였다. 제조업이 국내에서도 성장

시장을 확보할 수 있었기 때문이다.

이를 기반으로 일본의 수출은 근본적인 변화를 맞이했다. 일본 수출의 주종이 섬유에서 다양한 종류의 기계류로 바뀌었다. 1950년에만 해도 섬유가 일본 수출에서 차지하는 비중은 거의 50%에 달했고, 기계류는 10%에 불과했다. 그러나 20년 뒤의 수출 비중은 완전히 뒤집어졌다. 섬유는 12%로 낮아졌고 기계류는 46%로 올라섰다. 일본은 국제시장에서 엄청난 수출 경쟁력을 가진 기계 공급 주체였다. 저렴한 노동비용과 유리한 환율, 질적 개선 등에 힘입었다. 덕분에 일본에 대한 해외 수요가 아주 빠른 속도로 증가했다. 그래서 브레튼우즈 시스템이 기울어가던 1960년대 말에 이르러 일본은 세계의 주요 산업 및 무역에 큰 영향력을 행사하는 지위에 올라서게 되었다.

미소와 침묵, 그리고

이따금씩 졸음

일본의 글로벌 금융시장 재진입 과정은 당연히 무역과 함께 시작했다. 동맹 점령당국이 일본 민간의 국제무역 재개를 허용한 것은 제2차 세계대전이 끝난 지 2년이 지난 1947년이었다. 비록 무역이 그때부터 시작되었다 해도 일본의 무역정책은 수출 장려와 수입 억제로 얼룩져 있었다. 일본은 여전히 매우 높은 실업률에 시달리고 있었다. 대부분의 제조업은 매우 취약했고 발전의 유아단계에 머물러 있었다. 그 때만해도 일본은 만성적인 무역수지 적자를 겪고 있었다. 이러한 모든 이유들로 인해 무역정책은 나중에 우리가 추구하게 된 것과 같은 개방성을 가질 수 없었다. 그래서 수입 억제는 그 시절 무역정책의 중요한 요소 중 하나가 되었다. 이러한 정책들을 정당화하는 환경이 1950년대 말이 되자 사라졌다.

빚쟁이 시절

폴 볼커가 설명하였듯이, 아주 우려되었던 달러화 부족 문제가 1960년대에 가서는 달러 잉여로 바뀌었다. 미국의 국제수지가 적자로 돌아서면서다. 그래서 이는 국제통화 이슈로 부상했다. 일본은 미국과의 양자 무역에서 1959년에 처음으로 흑자를 기록했다. 그래서 내 생각에는 그 시점부터 일본에 대한 미국의 정책이 바뀌기 시작했다. 미국이 달러화 방어 프로그램을 들고 나온 첫 해인 1960년경 일본에 대한 미국의 요구 중 하나는 수입 자유화였다. 일본의 입장에서 우리는 국제 무역시스템에 보다 자유롭게 참여하는 것이 일본의 추가 성장을 위한 전제조건일 것이라고 진정 생각했다. 즉, 해외의 압력은 일본 국내에서의 무역자유화 추진을 돕는 역할을 했다.

그래서 1960년 일본 정부가 처음으로 무역 및 환율 자유화 프로그램을 시작했다는 점은 매우 중요하다. 3년 동안 일본 수입액의 80%를 자유화함으로써 더 이상 양적인 제약이 없도록 한다는 구상이었다. 사실 우리의 성과는 생각했던 것보다 더 좋았다. 이 프로그램을 선포한 지 3년이 채 되지 않은 1963년 8월까지 93%에 달하는 수입이 쿼터 폐지를 통해 자유화되었다. 그럼에도 불구하고 우리의 대외균형은 1965년이 되자 구조적인 흑자로 전환했다. 그래서 이 점이 국제적인 이슈로 부상하게 되었다. 브레튼우즈 시스템이 갈수록 불안정해지기 시작하던 때와 맞물렸다.

1960년대 중반까지는 일본의 무역수지가 수시로 적자를 내곤 했다. 자연히 국제금융시장으로의 재진입이 필요해졌다. 1968년까지는 외환보유액이 20억 달러를 넘지 못했다. 그 무렵 일본은 연간 150억 달러의 상품을 수입했다. 외환보유액이 단지 2개월 반 정도의 수입물량을 커버할 수 있는 정도에 불과했다. 예상하지 못한 충격에 매우 취약한 상태였다. 일본의 국내경제는 굉장히 역동적이었다. 투자가 활기를 띠고, 생산은 증가했다. 하지만 국내경제가 붐을 이룰 때마다 수입은 불가피하게 증가했다.

일본의 산업은 거의 전적으로 에너지 및 철광석, 면화, 모직, 대두 같은 핵심 원자재를 수입에 의존하고 있었기 때문이다. 그래서 경기 활황은 늘 대외수지 적자와 외환보유액 감소로 이어졌다. 자연히 긴축적인 통화정책 등과 같은 전통적인 조정수단들을 동원할 수밖에 없었다.

큰 틀에서 보았을 때 그러한 조정수단들은 굉장히 효과적이었다. 하지만 경제가 순항하기 위해서는 당연히 해외로부터의 현금흐름 유입이 수반되어야 했다. 그래서 일본은 IMF로부터의 차입에 의존하게 되었다. 일본은 1952년에 IMF에 가입했다. 그 당시 IMF는 그리 활발한 자금공급자가 아니었다. 내가 기억하기로는, 영국에 13억 달러의 대기성 차관을 제공했던 1956년이 IMF의 첫 대규모 지원 사례였다. 수에즈 위기 발발 직후 영국에서 단기자본이 대거 빠져나가던 때였다. 일본은 1957년에 처음으로 IMF 자금을 인출했다. 6억 달러에 달하는 심각한 적자를 기록함에 따라 기금으로부터 1억2500만 달러를 차입했다. 오늘날의 기준에서 보자면 아주 작은 액수처럼 보인다. 그리고 1961년에도 일본은 또 한 번의 대규모 대외적자를 기록했다. 이번에는 IMF 대기성 차관 3억5000만 달러를 조성했다. 이와 별도로 일본 정부는 세 곳의 미국 은행에게서 1년 만기로 2억 달러를 빌렸다. 1961년 당시의 무역적자는 거의 10억 달러로 외환보유액의 절반에 육박하는 규모였기에 위기로 여겨졌다. 따라서 해외에서의 금융 조달은 일본의 생존에 절대적으로 긴요한 요소로 간주되었다.

그해 나는 IMF의 수습직원으로서 워싱턴에 근무하고 있었는데, IMF 연차총회에 참석한 일본 대표를 지원하는 임무를 맡아 오스트리아 빈으로 차출되었다. 당시 일본 대장상 미즈타 미키오Mizuta Mikio가 미국 은행 세 곳을 통해 2억 달러의 신용한도를 얻기 위해 그 곳에 와 있었다. 나는 그를 지원하라는 지시를 받았다. 호텔의 스위트룸으로 갔더니 뱅크오브아메리카(Bank of America), 체이스맨해튼, 퍼스트내셔널시티뱅크뉴욕(First National City Bank of New York) 등 세 은행의 행장들이 대장상을 기다리고 있었다. 미즈타 대장상은 아주 긴장해 있었다. 전후 일본 정부의 첫 해외은행 차입을 잘 마무리 짓는 게 얼마나 중요한 일인지를 잘 알고 있었기 때문이다. 그런데 그는 골초였다. 긴장을 할 때에는 더욱 심했다. 그래서 미팅을 위해 숙소를 나설 때 나는 그의 모든 주머니에 담배를 한 갑씩 장착해 주었다. 그 세 명의 은행장들과 대화하는 동안 담배를 찾느라 허둥대는 일이 없도록 하기 위해서였다.

우리는 그 2억 달러를 일본 민간 은행들을 통해 차입하는 방식으로 요청했다. 그들은 동의했다. 대신 자신들의 은행에 단기예금을 담보로 예치할 것을 요구했다. 그들에게는 아주 좋은 비즈니스 조건이었다. 하지만 우리는 그렇게 할 수 없었다. 우리 준비금의 유동성을 유지해 필요한 때 언제든 빼 쓸 수 있어야 했다. 그래서 결국 일본은행이 1년 만기로 차입하는 쪽으로 결론을 내렸다. 중앙은행이 해외부채를 지게 된 첫 번째 사례가 되었다. 중앙은행의 재무적 신뢰가 훼손될 수도 있는 것이었기에 결코 좋은 일이 아니었다. 협상을 마무리 짓고 자신의 호텔방으로 돌아온 미즈타 대장상은 안도감에 위스키 한 잔을 단숨에 마시고는 정장을 입은 채로 금세 곯아떨어졌다. 우리는 그의 옷을 벗겨 침대로 데려가 뉘였다.

훌륭한 차입자

단기자본과는 별개로 일본은 개발자본을 매우 절실히 필요로 하고 있었다. 사회간접자본 건설이나 신규 산업 개발에 지원되는 만기가 긴 생산적 자본 말이다. 우리의 첫 선택은 뉴욕의 자본시장이었다. 그 곳에서 1959년부터 1963년까지 일본 정부는 약 1억7600만 달러의 채권을 발행했다. 정부가 직접 발행한 것도 있었고 일본개발은행(역자 주: 오늘날 일본 정책투자은행) 같은 정부보증 기관의 채권도 있었다. 하지만 그 무렵 미국이 이자율평형세를 도입했다. 폴 볼커가 설명했듯이 아주 급하게 설계된 것이었다. 일본은 확실히 사전에 미리 통보를 받지 못했다. 이에 대해 로버트 루사는 전적으로 주일 미국 대사관의 관료적 실수 탓이라고 해명했다. 하지만 이유가 무엇이든 간에 큰 충격이었다. 일본 주식시장이 무너졌다. 하루만에 주가가 약 5%나 떨어졌다. 이건 정말 우리를 죽일 것이라고 느꼈다. 그때만 해도 일본의 장기 개발자본은 주로 뉴욕에서 조달하고 있었기 때문이다.

캐나다 등 일부 개발도상국들처럼 일본 정부도 급히 특별 사절단을 워싱턴과 뉴욕에 파견해 예외적용을 협상했다. 다나카 가쿠에이^{Tanaka Kakuei} 대장상이 사절단 인솔 요청을 거절함에 따라 미야자와 키이치^{Miyazawa Kiichi} 경제기획청 국장이 임명되었지만, 급성 맹장염으로 낙마하고 말았다. 결국 잘해야 본전일 그 임무는 우리의 과묵한 외무상 오히라 마사요시^{Ohira Masayoshi}에게 돌아갔다. 하지만 청원은 먹히지 않았다. 미국 재무부는 아주 완고하고 터프했다. 어떠한 동정심도 드러내지 않았다. 그래서 우리는 빈손으로 돌아와야만 했다. 청원과 로비를 펼친 지 18개월이나 지난 1965년에 가서야 연간 1억 달러의 예외적용을 인정받았다. 그때까지 일본의 국제수지 상황은 상당히 개선되었다. 경제는 훨씬 강해졌고 해외에서 그렇게 많은 장기 차입을 할 필요가 없어졌다. 1억 달러의 한도 중에서 6300만 달러만이 실제로 사용되었을 뿐이었다.

일본이 완전한 면제를 그토록 강하게 원하지 않았던 데에는 이유가 있었다. 미국으로부터 처음 거절당한 뒤 1963~1964년 기간 동안 일본은 유럽의 자본시장에 의지하는 것 말고는 대안이 없었다. 그곳은 뉴욕에 비해 훨씬 더 비효율적이어서 조달비용이 훨씬 더 비쌌다. 일본 정부와 기관들은 런던과 프랑크푸르트, 취리히에서 1억1800만 달러를 조달했다. 일본에게 있어서 이자율평형세는 분명히 충격이었다. 그래서 우리는 자본조달 원천을 유럽으로 돌렸고 일본 산업계는 각자 준비금을 보유해 둘 필요성을 깨닫게 되었다. 돌이켜보건대 이는 뉴욕 자본시장에게 커다란 상처를 주었다. 방향을 유럽으로 돌린 게 일본만이 아니었기 때문이다. 이는 유로달러 시장이 급격하게 팽창한 핵심 요인이 되었다. 또한 1960년대 말 브레튼우즈 시스템이 불안정해지게 된 원인 중 하나로 작용했다.

우리는 이자율평형세의 교훈을 상당히 오랫동안 기억하게 되었다. 적어도 나는 그랬다. 1984년 일본에서 대규모 자본이 유출되면서 엔화 가치가 하락했다. 일본 국채보다 더 높은 수익률을 제공하는 미국 장기 국채에 투자하려고 일본 보험회사들이 돈을 빼내 간 탓이 컸다. 그렇게 나간 자금은 미국 레이건 행정부의 재정적자를 메워주었다. 일본의 무역수지는 흑자였다. 불공정한 무역 경쟁우위를 제공한다는 이유로 엔화 약세에 대한 국제적 비난이 일어났다. 자연히 정치권에서 굉장히 걱정하게 되었다. 그래서 나온 아이디어가 자본통제였다. 대장성에 강력한 압박이 가해졌다. 하지만 나는 저항했다. 당시 나의 입장은 옳았다고 생각한다. 도쿄가 이제 막 국제적 자본시장이 되어 가는 과정에 있으니 1960년대에 뉴욕이 겪었던 과오를 되풀이해서는 안 된다고 정치인들을 설득했다. 시장이 신뢰를 잃는 것은 아주 쉬우나 그걸 되찾는 데에는 매우 긴 시간이 걸린다고 주장했다.

민간시장과는 별도로 1956년부터 1962년 사이에 미국 수출입은행이 일본에 4억500만 달러의 자금을 빌려주었다. 미국산 농산물과 항공기 및 여러 많은 물품들을 수입하는 용도였다. 하지만 일본의 주된 장기자본 조달원은 세계은행이었다. 당시 일본은 굉장히 많은 자본을 빌려 썼다. 1955년부터 1966년까지 10년 이상에 걸쳐 총 8억6300만 달러를 세계은행에서 차입했다. 이자율은 4.5~5.5%였다. 이 자본은 제철소, 발전소, 고속도로, 철도 등을 개선하는데 사용되었다. 전후 일본 사회간접자본의 대부분은 세계은행의 지원으로 건설되었다. 일본의 전후 회복과 급속한 개발에 있어서 세계은행의 역할은 실로 이루 헤아릴 수가 없을 정도로 컸다. 그 자금을 상환한 것은 1990년 2월이나 되어서였다. 당시 세계은행 총재였던 바버 코너블^{Barber Conable}이 축하 차 방문해 농담반 진담반으로 말했다. "이렇게 훌륭한 차입자를 잃게 되었으니, 이 돈을 돌려받는 게 참으로 내키지 않는다."

이처럼 해외차입은 일본 경제의 회복과 성장을 돕는데 아주 중요한 역할을 했다. 운이 좋게도 우리는 그 돈을 효율적으로 사용할 수 있었다. 우리의 경쟁력과 생산성을 높이고, 훗날 우리 스스로의 자본을 축적하는 기반을 닦을 수 있었다.

IMF의 금고

국제 통화협상에서 금은 매번 핵심이 되었다. 일본은 특이하게도 보유하고 있는 금이 거의 없었다. 1957년 말 현재 준비금 가운데 금은 2300만 달러에 불과했다. 제2차 세계대전 당시 군부가 모두 가져다 쓰는 바람에 남아 있는 금이 거의 없었다. 그래서 금에 관한한 일본은 아무런 준비도 없이 시작한 나라였다. 정치인들 사이에서, 심지어 일부 관료들 중에도 금 보유를 늘려야 한다는 비교적 강력한 주장들이 있었다. 외환보유액 중에서 금을 어느 정도 갖고 있지 않으면 다른 국가들이 일본에게 어떠한 관심도 기울이지 않을 것이므로 국제 논의에 참여할 수 없을 것이란 주장이었다. 그래서 일본은 금 보유를 확대하는 노력을 기울였다. 하지만 금 보유 확대는 실현되지 않았다. 기본적으로 우리에게 금을 살 수 있는 돈이 거의 없었기 때문이다. 외환보유액으로 고작 20억 달러를 갖고 있는 상황에서는 이 돈을 유동성 높은 자산으로 유지할 필요가 있었다. 그래야만 무역이나 국제거래에서 지급할 수 있기 때문이다. 당시에만 해도 그런 거래는 거의 대부분 달러로만 이루어졌다.

따라서 준비금을 온스당 35달러에 금으로 바꿔야 한다는 주장에 대해 1950년대에는 강력한 반론이 형성되었다. 게다가 금은 이자도 없으며, 나중에 가격이 올라 커다란 자본이득을 얻을 수 있다고 기대하는 사람도 내 생각에는 전혀 없었다. 또한 미국 정부는 일본이 금을 매입하는 것을 우호적으로 바라보지 않았다. 미 재무부는 의회의 비난을 우려하기도 했다. 달러가 남아서 금을 사는 나라에게 왜 수출입은행이나 세계은행이 돈을 빌려주느냐고 추궁할 것이었기 때문이다. 그래서 일본 정부에 금을 사지 말라는 미국의 암묵적인 압력이 가해졌다. 물론 대장성은 국내에서 만들어진 금을 조금씩 조금씩 사들이기는 했다. 국제 민간시장에서도 조금 매입했다. 다른 회원국들이 매각을 희망할 때에는 IMF를 통해서도 금을 사들였다. 소련으로부터 직접 매입한 것도 있었다. 하지만 어떤 경우에도 국제기준에서 볼 때 가시적인 규모는 되지 않았다. 1970년이 되어서도 일본은 외환보유액 중에서 5억3200만 달러의 금을 보유하는 데 그쳤다.

일본의 금 보유고는 실제로 국제통화 논의에서의 지위에 영향을 미쳤다. 금을 매우 적게 보유하고 있는 일본으로서는 국제통화시스템에서 금의 역할을 늘리자는 어떠한 제안에 대해서도 반대할 수밖에 없었다. 이러한 입장은 1970년대는 물론 1980년대까지 유지되었다.

브레튼우즈 시대가 끝날 무렵 특별인출권(SDR)의 창출은 또 하나의 중요한 이벤트였다. 일본은 아주 초기부터 협의에 참여하긴 했으나, 고백하건대 다른 많은 나라들과 마찬가지로 일본 국내에서 누구도 그 논의가 도대체 무엇을 의미하는 것인지를 제대로 이해하지 못했다. 그건 너무 기술적인 논의였다. 어쨌든 SDR이란 것은 추상적인 것이었고, 회원국들 사이에서 거래될 수가 없는 항목이었다. SDR 창출에 대해 정치권에서는 대체로 우호적으로 보았다. 일본의 준비금이 많아지고 대외 취약성이 줄어들 것이라고 단순히 생각한 것이다. 그러나 관료들 사이에서는 우려가 있었다. SDR 창출이 너무 용이하고 또 너무 재량적이라면 세계경제에 인플레이션 압력을 가할 것이라고 보았던 것이다. 기술적인 시각에서 보건대 일본 정부는 SDR 창출에 다소 제약이 가해지는 쪽을 선호했던 듯하다. 회원국들의 보증을 연계한다든가, 항상 조건이 부과되는 통상적인 기금 인출과 유사한 방식 말이다. 실제로 결과는 일본 당국자들이 원했던 것만큼 엄격하지 않았지만 그렇다고 해서 너무 느슨한 것도 아니었다. 대체로 SDR은 세계경제 전체에 좋은 수단이 될 것으로 받아들여졌다.

그리고 사실, 1971년 SDR 창설 직후 일본 정치인들 한 그룹이 워싱턴을 방문했다. 그 곳에서 이들은 IMF 총재를 예방했다. 공손한 대화가 좀 오간 뒤에 그 그룹의 대표가 총재에게 물었다. "혹시 IMF가 SDR을 보관하고 있는 금고를 좀 구경할 수 있겠습니까?" 하지만 그를 향해 웃을 수는 없는 일이었다. 당시 다른 나라에서도 그와 비슷한 생각을 가진 사람들이 많았을 것이라고 나는 확신한다.

세 가지 조롱거리

엄청난 성장과 번영 속에서 1960년대 일본은 세계 엘리트 이너서클의 일원이 되기 위한 진지한 노력을 시작했다. 첫 번째 행보는 1960년에 이뤄졌다. 일본이 OECD의 발전지원위원회(DAC: Development Assistance Committee)에 가입했다. OECD 회원국이 되기 이전의 일이다. 당시 일본 국내에서는 DAC 가입을 아주 강력히 반대하는 목소리들이 있었다. 금 매입을 둘러싼 논란 때와 마찬가지로 일부 선진국들 역시 의문을 제기했다. 여전히 성장단계에서 차입에 의존하고 있는 나라가 지원 주체로서 활동하는 모임에 참여할 수 있느냐는 것이다. 하지만 내가 보기에 그것은 일본에게 아주 좋은 행보였다. 1962년 이케다 하야토Ikeda Hayato 총리가 취임 후 첫 유럽 순방길에 올랐다. 그 곳에서 유럽 각국들에게 일본의 OECD 가입 의사를 알리고자 했다. 이케다 총리는 이를 매우 중요한 과제로 여겼다. 그는 다수의 유럽 국가 수도를 방문했다. 프랑스에서 드골 대통령을 만나서는 일본 경제의 발전상과 일본 산업계의 성취를 열정적으로 소개했다. 이케다 총리가 엘리제궁을 떠난 뒤 드골 대통령은 그가 총리이기보다는 마치 트랜지스터 라디오 외판원처럼 굴더라고 하면서 측근에게

퉁명스럽게 무시했다고 들었다.

그럼에도 불구하고 이케다 총리는 유럽 국가들에게 일본 경제의 성과에 관해 아주 강력한 인상을 심어주었다고 나는 생각한다. 그리고 그해 일본은 일반차입협정(GAB: General Agreement to Borrow) 창립 멤버가 되기 위한 출자를 약속했다. GAB는 IMF 자금 지원을 보완하는 기구였다. 이를 통해 일본은 국제통화제도 논의의 장인 주요 10개국(G10)의 일원이 될 수 있었다. 1964년 일본은 IMF 조항 8조를 받아들여 경상거래에 대한 제한을 해제하고 엔화를 외화로 태환할 수 있도록 허용했다. 또한 일본은 OECD의 완전한 회원국이 되었다. 그래서 이너서클 포럼인 워킹 파티 쓰리(WP3: Working Party Three)의 회원으로 초대되었다. 나는 1988~1990년 중 WP3의 의장직을 맡았다. 일본은 또한 스위스 바젤에 소재한 국제결제은행(BIS: Bank of International Settlements) 멤버로 초대되었다. BIS는 중앙은행들의 중앙은행으로 또 하나의 국제금융 논의의 장 가운데 하나다.

그렇게 1960년대 중반까지 일본은 선진국들의 모임에 완전히 가입할 수 있게 되었다. 그러한 진전은 일본인들에게 엄청난 만족감을 주었다. 그러나 약간의 불안감도 함께 했음을 언급하지 않을 수 없다. OECD 회의장에 가면 크고 우아한 회의실에 24개국의 대표들이 테이블 주위에 둘러앉는다. 모든 멤버들이 검은 직모 머리로 구성된 대표단은 그 회의장에서 일본이 유일했다. 일본은 또한 유일하게 코카서스가 아닌 인종이었다. 그런 상황은 오늘날에도 계속되고 있다. 내가 바젤 BIS 회의에 참석했던 1967년은 문화혁명이 중국을 휩쓸던 때였다. 홍위병들의 광기로 인해 일본을 비롯한 이웃나라들이 큰 걱정을 하고 있었다. 하지만 BIS 회의에 참석한 유럽의 모든 중앙은행 간부들은 칵테일을 마시고 오찬을 하고 만찬을 즐기며 금과 달러와 파운드화에 대해 영어와 불어와 독일어를 번갈아 써가며 끊임없이 떠들어 댔다. 바로 그 순간 중국에서 일어나고 있는 정변에 대해 전혀 관심이 없었다. 베트남전쟁이 결정적인 국면을 맞이하고 있었지만 그 은행가들은 자신들의 영역 바깥에서 벌어지는 일들에 대해 거의 관심이 없었다. 이 사람들에게 세상은 오로지 다르다넬스 해협(편집자 주: Dardanelles, 마르마라해와 에게해를 이으며 동양과 서양을 가르는 터키의 해협)의 서쪽에만 존재하는 모양이라는 생각이 들었다.

일본이 엘리트 그룹의 정규멤버가 되긴 했지만, 적극적인 활동을 펼치는 회원이 된 것은 전혀 아니었다. 미국과 유럽 및 여타 국가들도 일본에 대해 주요 역할을 맡아줄 것을 기대하지 않았다. 당시만 해도 주요 5개국이란 것은 없었다. 일본은 금 기금에 초대되지도 않았다. 독일 마르크의 평가절상과 영국 파운드의 평가절하 및 그와 유사한 시급한 통화 이슈들이 WP3 등지에서 논의되었지만 일본은 이러한 자리에 끼어들 위치가 아니었다. 그럼에도 일본은 그에 대해 불평할 수 없었다. 주요 무대에 오른다는 생각 자체는 좋은 아이디어였지만, 일본은 주요 플레이어로 활동할 만한 준비가 되지 않은 상태였다. 패전의 경험과 여전히 남아 있는 그 기억, 점령기 중 미국 정책에 완전히 종속되었던 사실 등으로 인해 일본은 국제문제에 대해 적극적이고 가시적으로 참가할 용기가 전혀 없었다. 그런 점에서 일본의 국제관계는 상당부분 미국과의 양자간 관계로만 단순히 구성되었다. 그 시절 국제회의에 참석하는 일본의 대표는 '세 가지 S'란 말로 조롱거리가 되었다. 미소(smiling)와 침묵(silent) 그리고 이따금씩의 졸음(sleeping)을 뜻하는 말이다.

그러한 저자세가 반드시 나쁜 것은 아니다. 국내적으로 일본은 경제를 키우기 위한 진정한 노력을 기울이고 있었다. 그 결과 탁월한 성과를 이루어 냈다. 우리가 브레튼우즈 시스템에 대해 불평하거나 도전할 아무런 이유가 없었다. 달러당 360엔이라는 환율은 1949년 도입 당시에만 해도 엔화를 고평가한 것으로 여겨졌다. 일본의 주요 수출품이라고 해봐야 국제적으로 가격경쟁력이 없었기 때문이다. 실제로 그 환율을 도입한 직후에는 수출이 잠시나마 감소했다. 하지만 일본의 수출산업은 그 환율에 신속하게 적응했다. 360엔이란 환율은 순식간에 편안하게 느껴지게 되었다. 동시에 일본은 브레튼우즈 레짐(regime) 전반을 즐길 수 있게 되었다. 국제수지 적자국이 짊어져야 할 경제조정의 부담을 얼마든지 감수할 용의가 있었다. 비록 반복해서 적자에 빠져들기는 했지만, 일본은 그때마다 IMF가 단기 신용공여의 반대급부로 요구한 조건들을 철저히 이행해 냈다. 그 시절 IMF 대표단이 권고한 사항들은 마치 천상의 명령인 것처럼 받아들였다. 1945~1952년 중 연합군 점령기의 경험으로 인해 일본은 해외의 권위를 극도로 존중하게 되었다. 게다가 일본은 세계은행과 IMF의 권고를 매우 잘 따랐다. 그들에게서 돈을 빌려야 할 형편이었기 때문이다. 이들 두 기관의 대표는 일본에서 국빈으로 대우했다. IMF 무역 및 외환규제 부서의 어빙 프리드먼Irving Friedman 국장은 이케다 총리와 쉽게 만나 바람직한 경제정책을 훈수할 수 있었다.

운이 좋게도 일본에게는 미국과 달리 베트남전쟁이 없었고 군비경쟁이나 철강 노동자의 파업도 없었다. 영국이나 프랑스와 달리 일본에게는 식민지 문제나 국내 소요도 없었다. 그래서 일본은 미국이나 유럽 국가들과 함께 국제통화 문제를 논의하는 자리에 임할 때마다 자기네 문제는 제대로 풀지 않은 채 국제통화 불안정을 갖고 호들갑을 떤다는 아주 나이브하지만 '틀림이 없는' 의문을 갖게 되었다. 일부 일본인들의 입장에서 볼 때 그러한 느낌은 정말로 나이브하지만 '틀림이 없는' 것이었다. 그러나 이처럼 현실에 안주하는 무관심 속에서 나는 일본이 국제현실을 인식하는데 실패할까 봐 걱정이 되었다. 브레튼우즈 시스템은 갈수록 불안정해졌고, 특히 중요하게는, 일본 자신이 그 명백히 이기적인 무관심으로 인해 브레튼우즈 시스템을 위협하는 존재로 여겨지고 있었던 것이다. 일본이 스스로 그린 자화상과 국제경제에서 차지하기 시작한 역할 사이에 간극이 벌어지고 있었다. 브레튼우즈 시스템이 붕괴되기 시작한 1970년 들어 일본은 그 현실을 직면하게 되었다. *Gyohten*

1960년

10월_____1차 금 위기가 발생했다. 런던거래소에서 금 가격이 35달러 부근의 좁은 변동범위를 넘어 급등했다. 10월 20일에는 40달러를 터치한 뒤 후퇴했다. 이는 달러에 대한 투기적 파문을 촉발했다. 가격 안정을 위해 주요국 정부들이 대규모의 금을 매도했다.

10월 31일____미국의 대통령 후보 존 F. 케네디가 "만약 내가 당선되더라도 나는 현 환율에서 달러를 평가절하하지 않을 것"이라고 발표했다.

11월_____8개국(벨기에, 영국, 프랑스, 이탈리아, 네덜란드, 스위스, 독일, 미국)이 런던시장에서 금을 매도하기 시작했다. 1년 뒤 이들은 금 가격 안정을 위한 '금 기금'을 조성했다.

11월 16일____아이젠하워 대통령이 미국의 해외 지출 10억 달러 축소를 통해 국제수지 적자를 개선하도록 하는 명령을 발동했다. 해외 군사지출을 줄이고 미국의 대외원조는 국내산 구입과 연계하도록 했다.

1961년

2월 6일_____케네디 행정부는 국제수지 관련 메시지를 통해 국제기구의 국제 준비금 지원 여력을 확충하는 것에 대해 관심을 표명했다. 다만, 환율과 외국인 투자 및 해외 군사지원에 관한 주요한 정책 변경 가능성은 시사하지 않았다.

3월 6~7일___독일과 네덜란드가 자국 통화를 각각 5% 절상했다.

2월 15일____서유럽 9개국이 IMF 조약 8장 의무를 수용해 모든 주요 통화들에 대한 태환성을 허용했다.

3월_____마셜 플랜을 조율하는 그룹을 대체한 경제협력개발기구(OECD)가 파리에서 공식 출범했다.

1962년

1월 5일_____10개국이 참여한 '일반차입협정(GAB)'을 통해 IMF의 재원이 확충되었다. 미국이 IMF로부터 차입을 해야 할 수도 있다는 우려가 일부 작용했다. 여기에 참여한 10개국은 통화 개혁 논의를 위한 주요국 포럼(협의체) 'G-10(the Group of Ten)'이 되었다. 출연액은 미국 20억 달러, 독일 10억 달러, 영국 10억 달러, 프랑스 5억5000만 달러, 이탈리아 5억5000만 달러, 일본 2억5000만 달러, 캐나다 2억 달러, 네덜란드 2억 달러, 벨기에 1억5000만 달러, 스웨덴 1억 달러 등이다. GAB는 10월 24일부터 발효되었다.

2월 13일____미국 연방준비제도가 스와프 네트워크를 창설해 외환시장 운영을 위한 절차를 도입했다. 외환 압박을 받는 다른 중앙은행에 단기 크레디트 라인을 거의 즉각 제공하는 합의다.

7월 15일_____미국에서의 자본 유출에 제약을 가하는 행정조치가 발표됐다.

7월 16일_____연준이 재할인 금리를 3%에서 3.5%로 4대3의 표차로 가까스로 인상했다. 달러 유출을 억제하기 위한 조치였다.

7월 18일_____케네디 행정부가 이자율평형세를 제안했다. 미국 자본시장에서 만기 3년 이상 증권을 통해 자본을 차입하는 외국인에게 사실상 1%포인트의 금리를 더 물리는 조치다. 이 제도는 은행 대출에도 적용해 1965년까지로 시행기간이 연장되었다. 이후 1967년에는 가산 금리가 1.5%로 확대되었다. 1974년 1월29일에 최종 폐지되었다.

10월부터 다음해 1월 29일까지_____주요 10개국 재무장관 및 중앙은행 총재들이 국제통화시스템 및 미래 유동성 수요에 대한 연구를 수행했다. 미국 재무부의 통화 담당 차관 로버트 루사가 그룹의 의장으로 임명되었다.

6월 30일_____프린스턴대학교 프리츠 매클럽을 대표로 구성된 32명 경제학자들의 이른바 '벨라지오 그룹'이 보고서를 완성했다. "국제 통화합의: 선택의 문제"라는 제목의 보고서는 보다 유연한 환율 및 준비금 창출 관련 개혁을 주창했다. 또한 준비금을 금으로 바꾸려는 급작스럽고 대규모의 요구로 인해 시스템이 불안정해질 수 있다고 경고했다.

10월 16일_____새로 선출된 영국 노동당 정부에 대한 의구심이 금융계에 광범위하게 퍼졌다. 파운드화에서 탈출하려는 런(run)이 시작됐다. 10월 17일, 노동당 정부는 파운드를 절하하지 않기로 결정했다. 10월 26일, 영국 정부는 제조업 수입품에 대해 15%의 관세를 부과했다. 10월 20일, 영국은 GAB로부터 10억 달러를 차입했다. GAB 창설 이후 첫 기금 사용 사례였다. 11월 23일, 영란은행이 정책금리를 5%에서 7%로 인상했다. 11월 25일, 영국은 주요국들과 국제결제은행(BIS)에게서 30억 달러의 신용을 제공받았다. 투기가 잦아들었다.

1월 4일_____매달 3500만 달러씩을 금으로 태환해 갔던 프랑스가 앞으로는 국제수지 흑자로 발생하는 모든 신규 달러 자금을 프랑스 중앙은행을 통해 금으로 태환할 것이라고 발표했다.

2월 4일_____프랑스의 드골 대통령은 "터무니없는 특권"이라고 미국을 비난했다. 현행 통화체제가 미국으로 하여금 자신의 대외 계정을 자국 통화로 정산할 수 있도록 허용하고 있다는 것이다. 그러면서 드골 대통령은 금본위제로의 복귀를 옹호하는 듯한 인상을 주었다.

2월 10일_____미국 존슨 행정부가 달러의 유출을 제한하는 추가 조치를 발표했다. 은행 대출과 기업의 해외투자에 대한 규제를 강화했다. 미 정부는 또한 미국 은행과 기업들에게 외국인에 대한 대출을 "자발적으로" 자제해 달라고 요청했다.

7월 10일_____헨리 파울러 미 재무장관이 버지니아 주 핫 스프링에서 행한 연설에서 국제 유동성 확대 합의를 개혁할 국제통화 콘퍼런스를 제안했다. 주요국들이 이 아이디어를 거부했으나, 그럼에도 불구하고 협상은 주요 10개국 포럼에서 진행되었다.

12월 6일_____연방준비제도 이사회가 존슨 대통령의 반대를 무릅쓰고 할인율을 4%에서 4.5%로 인상하는 등 통화정책을 긴축했다. 당초에 발표되지 않았던 베트남전 관련 지출 증가로 경제가 강해진데 따른 조치였다.

1966년

7월 20일_____영국 정부가 선박 승무원들의 파업으로 인해 기존 회복 프로그램이 망가졌다고 선언하며 과감한 재정긴축 프로그램을 발표했다.

9월 13일_____미국 연준과 여타 중앙은행들이 영란은행에 대한 크레디트 라인을 확대했다.

1967년

1월 10일_____존슨 대통령이 베트남전 비용을 마련하기 위해 뒤늦게 소득세에 일시적으로 6%의 부가세를 부과하는 방안을 제안했다.

3월_____연준 의장에 보낸 서한에서 칼 블레싱 분데스방크 총재는 독일이 미국으로부터 금을 매입하지 않을 것임을 공식적으로 밝혔다. 이 서한은 5월 2일에 공개되었다.

8월 3일_____존슨 대통령이 소득세에 대한 부가세율 제안을 10%로 높였다. 베트남전 지출로 불붙은 인플레이션 우려에 결국 동의한 것이다.

11월 14일____영국 정부가 1억700만파운드(약 3억 달러)에 달하는 사상 최대 규모의 10월 무역적자를 발표했다.

11월 18일____영국 파운드가 달러에 대해 14.3% 평가절하됐다. 미국의 존슨 대통령은 온스당 35달러인 금 가격은 변함이 없을 것이라고 발표했다. 런던에 금을 제공해 왔던 7개국 중앙은행들의 '금 기금'이 해산될 것이란 소문이 돌았다. 민간의 금 매수세가 폭발적으로 증가했다. 프랑스가 이후 금 기금에서 탈퇴했다.

11월 26일____남아있는 금 기금 참여 중앙은행들이 프랑크푸르트에서 회의를 개최해, 기금의 금 매각과 현행 환율에 대한 지지를 계속하기로 합의했다.

1968년

1월 1일_____존슨 행정부가 중요한 국제수지 프로그램을 새롭게 발표했다. 기업들이 선진국에 대한 직접투자를 위해 미국에서 조달한 자금을 사용하는데 대해 법적인 통제를 가하기로 했다.

3월 15일_____셔먼 메이젤 연준 이사가 유럽을 압박해 달러를 평가절하해야 한다고 개인적으로 주장했다. 만일 유럽이 거부한다면 미국은 금 매각과 환율지지 노력을 중단해야 한다고 그는 밝혔다. 메이젤 이사는 자신의 반대 속에 연준이 달러를 방어하기 위해 스와프 라인을 28억 달러 늘리고 외화를 85억 달러 차입하기로 결정하자 이러한 내용의 메모를 작성했다.

3월 16~17일 ____ 금 기금에 남은 7개국(미국, 이탈리아, 독일, 영국, 네덜란드, 벨기에, 스위스)이 민간시장에 대한 금 매각을 중단하기로 합의했다. 금시장이 이중화되었다. 자유 거래되는 금가격이 정부간 가격보다 높아질 수 있게 되었다. 미국 정부는 다른 정부로부터 35달러의 가격에 금을 매각할 것임을 재확인했다. 하지만 대부분의 정부들은 태환을 자제했다. 달러의 금 태환성이 자신들의 태환 요구로 인해 끝나버릴 수 있다고 우려했던 것이다.

6월 18일 ____ 5월 학생운동 여파로 프랑스의 국제수지가 악화됐다. 프랑스는 4억 달러의 금을 미국과 유럽 3개국에 매각했다.

6월 28일 ____ 미국이 소득세에 부가하는 10%의 세금을 물리기 시작했다. 개인들을 대상으로 4월 1일부터 소급 적용했다.

____ 미국의 헨리 파울러 등 재무장관들이 본에 모여 프랑스-독일 환율 조정을 위한 다자간 협상을 시도했다. 널리 공개된 격론 끝에 협상은 실패로 끝났다. 프랑스의 드골은 "최악의 부조리"라고 비난하며 평가절하를 거부했다. 미국의 존슨 대통령은 드골을 지지했다. 독일도 평가절상을 거부했다.

12월 17일 ____ 데이비드 M. 케네디 미국 재무장관 내정자는 닉슨 대통령 취임 전 성명을 통해 차기 정부가 평가절하를 하지 않을 것임을 약속하기를 거부했다. 그는 "모든 선택지를 열어 놓기를" 원한다고 밝혔다. 이로 인해 유럽 금시장이 요동을 쳤다.

1969년

1월 16일 ____ 물러나는 미국 민주당 정부의 경제 보고서에 미국의 변동 환율 도입 가능성에 대한 최초의 공식 논의 사실이 담겼다.

4월 29일 ____ 독일 재무장관 프란츠 조지프 스트라우스가 다자간 환율 재조정의 일환으로 마르크화를 절상할 용의가 있음을 공개적으로 밝혔다. 그리고 나서 이틀 사이에 분데스방크는 환율을 유지하기 위해 40억 달러를 사들여야 했다.

5월 9일 ____ 독일 내각이 평가절상안을 '영구적으로' 기각했다.

5월 12일 ____ 독일이 자본유입에 대한 신규 통제를 도입했다. 정부 수입과 지출을 줄이고, 수출세와 수입 장려금에 해당하는 '국경세(border fees)'를 부과했다. 외화 예금에 대해서는 일시적으로 100%의 지급준비율을 적용했다.

7월 28일 ____ IMF 협정 첫 개정안이 발효되었다. 특별인출권(SDR)이 출범했다.

8월 8일 ____ 투기적 공격이 없는 상황에서 프랑스가 프랑화를 사전 경고도 없이 11.1% 평가절하했다.

9월 29일 ____ 독일이 마르크 환율을 자유 변동하도록 허용했다.

10월 24일 ____ 독일 선거 이후 마르크는 9.3% 절상됐다. 투기적인 자본유입이 되돌려졌다. 독일의 준비금은 50억 달러 이상 감소했다. 이 과정에서 독일은 미국에 5억 달러의 금을 매각했다.

붕괴

CHAPTER 03

나중에 코낼리 장관은 노골적으로 핵심을 지적했다. "달러는 우리의 통화이겠지만, 그 문제를 안고 있는 것은 당신들입니다(The dollar may be our currency but it's your problem)"라고 말했다. 일을 그런 식으로 몰아가는데 대해 나는 좀 움찔했다. 그때나 지금이나 달러의 안정성을 유지할 책임은 우리에게 있었다. 하지만 당시 우리의 무역 상대국들은 확실히 우리가 필요하다고 생각하는 조치들을 수용할 준비가 되어 있지 않았다.

written by
VOLCKER

긴 드라마의
시작

베트남전쟁의 분열적 경험은 1970년대 미국인들의 삶에 상당한 그림자를 드리웠다. 경제성과도 예외는 아니었다. 1960년대 말을 향하며 인플레이션 압력이 지속적으로 커져갔다. 이로 인해 금리가 당시의 일상적인 수준에 비해 훨씬 높아졌다. 역대 최고의 기록을 세우던 경제성장세는 비교적 얕고 짧은 침체로 이어졌다. 하지만 리세션(recession)에도 불구하고 인플레이션은 꺾이지 않았다. 소비자물가상승률이 4% 부근에서 계속 유지되자 우려감이 커졌다. 실업률 상승과 과잉설비 환경에서도 20년 만에 거의 최고 수준의 인플레이션이 나타났다. 이로 인해 유럽은 더욱 더 미국이 인플레이션을 수출할 것이란 걱정을 하게 되었다. 미국 산업의 기저 경쟁력에 대한 의구심도 커졌다.

1970년대가 시작될 때까지 일본의 생산은 대대적으로 증가했고 수출도 날로 급증했다. 일본은 이제 막 달러를 축적하기 시작한 나라였는데, 외환보유액을 쌓아 올리는 동안에는 달러 보유에 대해 상당히 만족했다. 그러나 일본의 경쟁력이 이처럼 명백하게 강해지는 상황이 되자 미국 기업인들 사회에서는 고정환율제가 꼭 바람직하고 그걸 계속 유지 가능한 것인지에 대한 의문이 제기되었다. 게다가 적어도 미국과 독일의 학계에서는 고정환율제의 도그마에 도전하려는 시도들이 늘어나고 있었다.

그러한 배경에서 달러와 브레튼우즈 시스템을 방어하려는 승산 없는 싸움이 1971년까지 펼쳐졌다. 그 해 여름 결국 댐이 무너졌다. 1971년 8월 15일, 미국은 더 이상 달러 준비금을 금으로 그냥 태환해주지는 않을 것이라고 선언했다. 달러와 금의 태환성은 시스템이 완전하게 개혁된 맥락에서만 복원될 것이라고 발표했다. 미국 기업들이 국제교역에서 보다 경쟁력을 가질 수 있도록 환율을 재조정할 것임을 시사한 것이다. 이 결정이 닉슨 행정부 '신경제 계획(New Economic Program)'의 골자를 이뤘다. 여기에 임금 및 물가 동결, 재정지출 축소 및 감세 패키지, 보다 경쟁력 있는 환율을 협상해 내기 위해 논란 속에 도입된 추가 관세 등이 포함되었다. 브레튼우즈 시스템이 와해되고 있다는 인식이 그에 앞서 이미 수개월 간 확산되었음에도 불구하고 신경제 계획의 본질과 범위는 놀라운 것으로 받아들여졌다. 해외에서는 충격적으로 여겨졌다. 특히 일본이 그랬다. 동시에 미국 내에서는 뚜렷한 안도감이 형성됐다. 첫 충격 반응으로 주식과 국채 시장은 급등했다.

환율 재조정을 둘러싼 협상은 논란 속에서 길어졌다. 일부 인사들은 국제협력이 무너질 불길한 징조를 느끼기도 했다. 그해 12월 새로운 환율에 대한 합의가 결국 이뤄졌다. 워싱턴 몰(the Mall)에 있는 유서 깊은 스미소니언 재단 캐슬(Smithsonian Institution Castle)에서 도출되었다. 브레튼우즈 시스템의 근본적인 개혁에 관해서는 거의 진전이 없었지만, 보호무역주의 위협과 극단적 통화 불안 위험은 분명히 퇴조했다. 실제로 미국 경제는 새로운 프로그램 하에서 강력한 팽창으로 반응했다. 통제의 보호 속에서 물가도 두드러지게 안정되었다. 가장 큰 충격을 받았던 일본은 성장 모멘텀이 거의 훼손되지 않았다. 이 모든 것들이 리처드 닉슨 대통령 재선 캠페인의 배경이 되었다. 그러나 결국 그것은 보다 긴 드라마의 한 장면에 불과했다. 완전히 다른 통화시스템이 기다리고 있었다.

돌이킬 수 없는

길

-닉슨 행정부의 재무부에서-

브레튼우즈 시스템은 나의 삶의 방식이 되어버렸다. 그 끝을 돌이켜 볼 때마다 나는 지금도 항상 의아한 생각이 든다. 혹시 그 시스템이 구원될 수 있었던 순간은 과연 없었던 것일까? 돌이킬 수 없는 붕괴의 길로 접어들었던 것이 과연 언제였는지는 나로서도 정확하게 알 수가 없다. 다만 한 가지 분명한 것은, 내가 재무부 통화정책 담당 차관으로 부임한 1969년 1월에는 이미 브레튼우즈 시스템의 소생 여부가 불투명해진 상태였다는 사실이다. 정부 안이든 바깥이든 미국 내에서 영향력이 있는 인사들은 갈수록 경제적 및 정치적 선택에 있어서 제약을 느끼고 있었다. 해외에서는 베트남전쟁을 치르고 있었다. 그 전쟁에 대한 대중적 지지 여론은 전혀 형성되지 않았다. 이는 전쟁 비용을 부적절하게 조달할 수밖에 없었던 이유 중 하나가 되었다. 하지만 그 이유가 무엇이었든 간에 이는 이미 압력을 받고 있는 달러에 더욱 부담을 주었다.

선의의 무시

대통령들은 – 확실하게는 존슨과 닉슨 – 달러의 약화로 인해 자신들의 정책 선택지가 제한되고 있다는 얘기를 듣고 싶지 않았다. 미군을 독일과 일본에 유지하는 이슈를 생각해 보자. 이와 관련해 '얼마만큼의 금 손실을 감수할 만한 가치가 있는 해외 주둔 병력의 규모는 과연 얼마만큼 인가'라고 따진다면 문제를 너무 통틀어 단순화하는 접근일 것이다. 하지만 재무 쪽에서 일하는 우리의 경우는 확실히 그런 생각을 하고 있었다. 미국이 전 세계에서 행하는 폭넓은 역할을 유지하기 위해서는 미국 통화의 강건함과 안정성이 긴요하다고 보았던 것이다. 따라서 의사결정의 균형을 잡는데 있어서 그러한 고려를 해야만 한다고 우리는 생각했다. 이에 반해 안보문제에 책임이 있는 사람들, 대체로 대통령에서 출발하는데, 이쪽 사람들의 경우는 달러의 문제를 우리가 무시해야 할, 추정컨대 고통 없이 처리해버려야 할 사안으로만 여겼다.

  이런 유형의 빅 이슈들이 어떤 거대하고 지속가능한 지적, 정치적 컨센서스를 통해 해결되는 일은 매우 드물다. 그 이슈들은 매달마다, 해마다, 의사결정 과정에서 계속해서 우리를 괴롭혔다. 적어도 새로 집권한 행정부에게는 그러했다. 마땅한 해법이 없었기에 국제통화시스템에 대한 불안감이 형성되었다. 국가 안보 파트는 항상 그렇듯이 그들대로 정책의 제를 갖고 있었다. 과거와 달라진 것은, 정부에 들어온 일부 저명한 경제학자들이 브레튼우즈 시스템의 기본 요소에 대해서 도전할 준비가 되어 있었다는 점이었다. 그들은 특히 '선의의 무시(benign neglect)'라는 개념을 받아들일 용의가 있었다. 이를테면, 달러와 국제수지의 문제를 다소간 무시해버리자는 쪽이었다.

'선의의 무시'라는 말은 일찍이 수년 전 정부 내부의 지성으로 역할했던 대니얼 패트릭 모이니헌^{Daniel Patrick Moynihan}이 곧잘 사용한 바 있다. 하지만 그 맥락은 완전히 정반대였다. 1960년대의 대대적인 인권 신장과 사회적 격변을 뒤로 하고 일정기간 동안 안정과 정착의 시기를 갖자고 호소하며 제시한 개념이었다. 그러나 '선의의 무시'는 흑인사회 및 인권단체에서 전투적 용어로 변모해 버렸다. 그리고 미국의 국제 경제정책에 관해서 해외 언론들이 그 개념을 사용함으로 인해 교역 대상국들과의 껄끄러운 관계가 형성되곤 했다.

사실 미국의 통화정책에 '선의의 무시'라는 개념을 갖다 붙이는 것은 잘못된 것이었다. 그 개념은 기존 정책에 비판적이던 일부 학자들이 제안한 것이었다. 그 중 한 명은 20년 전 하버드에서 나에게 국제경제학을 처음으로 가르쳤던 저명한 고트프리드 하벌러^{Gottfried Haberler} 교수였다. 이들은 전 정부에서 갈수록 의존하였던 자본통제와 국제수지 윈도우 드레싱에 비판을 집중하고 있었다. 그리고 무엇보다도 그들은 미국의 국내정책이 지나치게 달러 방어에 기울 위험성에 대해 주목하였다. 하지만 나의 입장을 말하자면, 자본통제와 금융적인 수법 같은 것들은 이미 효능을 다해버린 상태였다. 만일 재무부의 우리가 그 문제에 대한 우려를 드러내는 새로운 방식을 고안해 내는데 있어서 전임자들만큼 창의적이지 않았더라면 달러 이슈는 결코 무시될 수 없었을 것이라는 게 나의 생각이다. 그 반대로, 정작 중요한 질문은, 과연 달러를 강화하고 시스템을 지키는데 있어서 보다 근본적인 방법은 무엇이 있었느냐 하는 점이다.

그 시절을 생각할 때마다 의문은 반복해서 떠오르게 된다. 당시 세계는 전에 경험하지 못했던 팽창을 구가하고 있었다. 당시에는 왜 그 번영이 국제통화시스템 덕분이었다는 인식을 갖지 못했던 것일까? 미국은 국내정책을 수립하는데 있어서 통화시스템의 규율에 보다 더 관심을 기울였어야 하지 않았나? 국제통화시스템은 차치하더라도, 미국은 오로지 미국의 이익을 위해서라도 인플레이션이라든가 외환시장에서 보내는 달러에 관한 신호에 좀 더 주의를 기울였어야 하지 않았던가?

결국 무너질 수밖에 없는

달러를 국제통화시스템의 태양(sun)으로 유지하겠다는 우리 스스로의 약속 때문에 우리 통화정책이 영향을 받았던 적도 분명히 있었다. 하지만 그 영향을 우리가 충분히 받았던 것일까? 무엇보다도 특히 우리가 베트남전쟁 비용 조달을 결정하는데 있어서 국제통화시스템에 대한 우려를 보다 강력하게 반영했어야 하지 않았을까? 그때는 마침 인플레이션이 미국에서 실제로 모멘텀을 얻고 있던 시기였다. 유럽으로 번질 위험도 있었다. 만일 우리가 베트남전쟁 비용을 적절한 방법으로 조달할 의지가 없었다면 애초부터 전쟁을 시작하지 말았어야 했다. 팍스 로마나(Pax Romana)처럼 과거 세계 번영과 성장의 시기를 책임졌던 사람들은 나름의 적절한 경구를 갖고 있었다. "res ipse loquitur- 어떤 사건에는 그 자체에 명백한 이유가 있다."

물론 세상에서 가장 훌륭한 의지를 갖고 있었다 하더라도 브레튼우즈 시스템의 기본 설계에 결함이 있어서 조만간 붕괴되는 것이 불가피했을 수도 있다. 예를 들면, 전후 시스템은 그 이전의 금본위제처럼 시스템 방어와 운영을 주도할 의지와 능력이 있는 하나의 강대국에게 집중적으로 의존했다.

달러가 시스템의 중심 역할을 함에 따라 미국은 실제로 일부 혜택을 누릴 수가 있었다. 미국은 재원을 조달하는데 유연성을 발휘할 수 있었고, 정책을 수행하는 데에도 운신의 폭이 넓었다. 하지만 시스템이 작동하도록 하기 위해 들어가는 비용 또한 실로 존재했다. 그 중 하나가 건전한 통화를 유지해야 하는 각별한 책임이었다. 그래야만 다른 통화들이 그 통화에 의존할 수 있었다. 책임감 있는 리더십을 제공하고 규율을 유지하려는 준비가 되어 있는 지배적인 강대국 없이 과연 고정환율시스템이 작동할 수 있을까? 정치학 전문용어로 그러한 지배적 국가를 가리켜 '패권국(hegemon)'이라고 부른다. 그리고 그 역할을 미국이 20여 년 동안 합리적으로 잘 수행했다.

1960년대 말에 있었던 일이야 말로 폴 케네디^{Paul Michael Kennedy}가 말했던 '제국 과잉확장(imperial overstretch)'의 사례로 해석될 수 있다고 나는 생각한다. 그리고 베트남은 우리가 덤벼들었던 바로 그 지점이었다고 볼 수 있다. 그렇다면 미국은 과연 다소 무의식적으로 그 시스템을 책임지는 권좌에서 스스로 내려오기로 결정했던 것일까? 그토록 한 나라에 집중적으로 의존하는 시스템이 그 심오한 경제 지각의 변동 시기를 그냥 통과할 수 있었을까? 브레튼우즈 시스템 하에서 미국과 그 파트너 국가들 간의 상대적 위치가 이동하는 바로 그 시기 말이다. 미국이 수행했어야 했던 일에 대해 내가 한탄하였을 때 재무부의 내 오랜 동료인 샘 크로스^{Sam Cross}는 이렇게 말했다. "어떤 시스템이 한 나라에 의존하고, 그 나라는 항상 올바른 정책을 수행하기만 한다? 그런 나라는 존재할 수가 없다. 그 시스템은 결국에는 무너지게 되어 있다는 말이야." 그러한 코멘트에는 지혜가 담겨 있다. 충분한 시간이 경과하게 되면 어떤 패권국도 폭압적으로 변모하거나 비대해진다는 사실을 나는 이해할 수 있게 되었다. 하지만 재무부 차관보직을 맡게 되었을 때에만 해도 나는 한 세대가 채 지나기도 전에 그 시스템이 무너진다는 사실을 수동적으로 받아들일 준비가 되어 있지 않았다. 그리고 오늘 날에도 믿기지 않는 일이다.

볼커그룹의 등장

그 리더십의 부담에서 벗어난다는 것은 결코 쉽지 않은 일이었다. 나로 서는 그 어려움을 특히나 더 잘 관찰할 수 있는 위치에 있었다. 당시 차기 닉슨 행정부의 재무차관으로 지명되어 있던 찰스 워커Charles Walker와 나는 잘 아는 사이였다. 찰스는 자신이 텍사스 카우보이 출신임을 잘 활용하는 인물이었으나, 항상 공공정책, 정치, 은행업에 관해서도 그 순서대로 깊은 관심을 갖고 있었다. 나는 연준 이코노미스트로 일할 때부터 그와 알고 지냈으며 이후 뉴욕 은행업협회 회장으로 일할 때에도 그와 교류했다. 그 는 내 이름을 닉슨 행정부 초대 재무장관인 데이비드 케네디David Kennedy에 게 천거했다.

데이비드 케네디는 매사추세츠의 케네디 가문과는 아무런 연고가 없 는 인물이다. 60대 중반의 그는 특유의 절제된 품행으로 은행가들 사이에 서 폭넓게 존경받는 사람이었고, 콘티넨털일리노이은행(Continental Illinois Bank)을 이끌어 정상의 자리에 올려놓았다. (아이러니하게도, 그가 퇴임한 지 한 참 지나서 콘티넨털은행은 1980년대의 과잉으로 인해 쓰러진 첫 번째 대형 은 행이 되었다. 당시 나는 연준 의장으로서 연방 구제금융팀을 소집하는 운명을 맞게 되었다.) 위엄을 갖춘 백발의 케네디는 정직함과 개방성의 완벽한 본보기였다. 그 영광스러운 커리어의 마지막을 맞이했을 때도 그는 일절 지배하려는 욕망을 드러내지 않았고 권한을 위임하는데 익숙했다. 자세히 캐물어 보지는 않았지만, 그는 많은 정치적 반대를 무릅쓰고 나를 통화정책 담당 차관으로 임명했다는 사실을 나중에 알게 되었다. 어쨌든 나는 열렬하진 않았어도 민주당원이었다. 야당에 경도된 관료들을 너무 많이 넘겨받았다고 의심하는 새 정부의 고위직에 민주당원이라고는 나와 패트릭 모이니헌 단 둘 뿐이었다.

대통령 취임식 날 나는 재무부 새 사무실에 앉아 있었다. 창밖으로 기념 행렬이 잘 내다 보였다. 백악관에서 메모가 내려왔다. '국가안보 검토 – 제2차'라는 제목이었다. 제1차 메모는 본 적이 없었는데, 어쨌든 제2차 메모는 나쁘지 않았다. 당시 나는 '국가안보 검토 메모'라는 것이 어떤 것인지 잘 몰랐다. 다만 헨리 키신저Henry Kissinger가 대통령을 대신해 서명한 것을 보면 확실히 심각하게 다뤄야 할 것이란 점은 분명해 보였다.

그 메모는 새 정부의 국제통화업무 수행에 관한 행정적 및 기타 조율 사항들을 기술하고 있었다. 해당 업무에 관한 정부부처 간 위원회는 내가 맡게 된 통화 담당 차관이 주재하도록 지정되어 있었다. 이전 정부에서도 그런 위원회가 있었기에 새삼스럽게 놀라운 일은 아니었으나, 내 역할이 명시적으로 지정되었다는 사실은 좋은 일이었다. 메모에 따르면 나는 그 업무에 관해 백악관 국가안보위원회의 헨리 키신저에게 보고하도록 되어 있었다. 재무부에서 일하는 나로서는 이례적인 절차였다. 그래서 즉각 케네디 재무장관에게 가서 물었다. "장관님을 보고 선상에서 제외하고 있으니 신속히 대응하시는 게 좋겠습니다"라고 말했다. 당시 케네디 장관이 닉슨 대통령과 그리 긴밀한 사이는 아니었다. 그래서 그 이슈를 어떻게 다뤄야 할 지 주저하는 듯한 인상을 받았다. 그 부분에 관해서 케네디 장관은 그냥 무시하고 넘어간 듯했다. 나도 그랬다. 당시 헨리 키신저에게는 다른 걱정거리가 있었다.

키신저에게는 프레드 버그스텐Fred Bergsten이라는 역량 있고 듬직한 참모가 있었다. 그는 내가 주재하는 부처 간 위원회 위원이었는데, 키신저가 중요한 정보를 제대로 숙지할 수 있도록 잘 보좌했다. 나는 그쪽으로부터 내 업무와 관련한 일언반구도 들은 적이 없는데, 우리 쪽의 복잡한 국제통화업무 보고서가 항상 키신저의 미결재 서류함 맨 밑바닥에 깔려 있는 것 아닌가 의심스러울 정도였다. 어쨌든 나는 매사 남보다 한 발짝 앞서는 키신저의 관료적 능력을 흥미롭게 배울 수 있었다. 그는 늘 몇 주 앞서서 지위를 확보했고, 적절한 스태프들을 배치했다. 대통령에 보고할 수 있는 접근권을 가졌고, 한 발 앞선 자신의 위치를 잘 활용할 수 있는 본능이 있었다.

내가 재무부에서 그 직책을 맡은 것은 또 다른 의미에서 역시 행운이었다. 능력있고 존경스러운 선임자들 덕분에 나는 잘 짜여진 조직 기반을 물려받을 수 있었다. 내 업무는 워싱턴과 전 세계에 이미 잘 인지되어 있었다. 과거 어느 때보다 강력하게 우리 직원들은 자신의 통화정책 업무에 대한 책임감을 갖고 있었다. 그 중 한 두 명은 닉슨 선거캠프에서 국제통화업무 관련 태스크포스에서 일한 사람이었다. 태스크포스 멤버들은 대체로 학계에서 수혈했는데, 보다 유연한 환율제도에 관한 다양한 아이디어들에 대해 공감대를 갖고 있었다. 그 태스크포스의 보고서는 일절 공식적으로 채택되지 않았고 비밀로 유지되었다. 아마도 외환시장을 교란할 만한 급진적인 아이디어들이 포함되어 있었기 때문일 것이다. 그 멤버들은 가끔 나에게 그 보고서가 사실은 새 정부의 신조라는 점을 은밀히 말하곤 했다.

나에게는 그 자료가 주어지지 않았다. 대통령이 그걸 읽었고 그에 영향을 받았을 것이라고 생각할 만한 근거도 없었다. 다만 정부 내부에 유연한 환율정책을 선호하는 기류들이 존재한다는 사실을 이를 통해 알 수 있었다. 그리고 그 기류는 주로 하버드대 헨드릭 호우트해커 Hendrick Houthakker 교수의 의견을 표방한 것이었다. 당시 호우트해커 교수는 백악관 대통령 경제자문위원회에 임명되어 있었다. 헨드릭은 한결같이 겸손하고 예의 바른 사람이었다. 하지만 나에게 그는 종잡을 수 없는 미사일이나 마찬가지였다. 전 세계의 카운터파트를 방문할 때 특히 그러했다. 학계에서는 딱히 유별날 것 없는 대화와 질문들이라 하더라도 유명한 '정부 고위 관계자'의 입에서 나오는 것이라면 분명히 혼란을 불러일으킬 만했다.

대통령 자문역으로 임명된 아서 번즈 Arthur Burns 의 역할도 불분명했다. 대통령 경제자문위원회 의장이었던 아서는 경기순환을 판단하는 전미경제연구소(NBER) 의장으로서 오랫동안 뛰어난 활동을 한 바 있다. 닉슨이 부통령이던 때부터 그의 친구이자 자문역할을 해왔다. 대통령 선거 전 그는 유럽을 방문했다. 그가 국제통화업무에 관여하고 있는지가 알려져 있지 않은 상황에서 약간의 의심이 고개를 들었다. 그가 금가격 인상 가능성을 타진하고 있다는 것이다. 이후 그 의심은 좀 더 설득력을 얻게 되었다. 12월 기자 브리핑에서 케네디 재무장관 지명자가 금가격을 포함한 '모든 선택지'를 갖기를 원한다고 말 한 것이다. 참모들의 조언을 받지도 않은 답변이었다. 재무장관의 그러한 발언이 금융시장에 미치는 영향을 깨달은 그는 이후 한 발 물러섰다. 어쨌든 당시 나는 닉슨 대통령이 취임 당시에 통화시스템에 관해 강력한 의견이 있었다는 느낌을 받지는 않았다. 오히려 그 반대로, 통화시스템에 관해 어떻게 접근할 것인지는 내가 재무부에 들어가 '볼커그룹(Volcker Group)'이라 불렸던 정부부처 간 위원회를 통해 수립해야 한다는 사실이 더 분명했다.

불확실성이라는 딜레마

실업률이 낮았고 인플레이션은 오르고 있었다. 운이 좋게도 1969년 당시 미국의 통화정책 기조는 상당히 긴축적이었다. 미국 경제는 1960년대 긴 팽창기의 막바지에 있었다. 요즘 시절에는 대단하게 들리지 않겠지만 그 해 12월 당시 미국 단기 국채수익률은 7.25%까지 올라갔다. 장기 국채수익률은 8%에 달했다. 당시로서는 그 누구도 들어본 일이 없는 높은 이자율이었다. 긴축적인 통화 환경으로 인해 해외자본이 미국으로 밀려 들어왔다. 해외 중앙은행들은 달러를 팔 수 밖에 없었다. 미국 정부의 의도와 달러에 대한 불확실성으로 인해 금이 유출되기는커녕 미국으로 빨려 들어왔다. 미국이 인플레이션을 수출한다고 불평했던 유럽의 국가들은 이제 미국의 긴축정책이 자신들의 경제활동을 위축시키고 있다고 불만을 표출했다. 이 모든 일들이 일시적이기는 했지만, 우리는 우리의 포지션을 차분하게 검토할 수 있는 소중한 여유를 가질 수 있었다.

그 당시에만 해도 미국의 무역수지와 경상수지는 흑자를 유지하고 있었다. 하지만 미국의 국제수지 문제가 만성화할 수 있으며 언젠가는 달러 환율을 일정부분 조정해야 할 수도 있다는 주장을 무시할 수는 없었다.

동시에 나는 결과가 여전히 매우 불확실한(uncertain) 그 중요한 일에 손을 대고 싶은 생각이 전혀 없었다. 게다가 어떤 식의 변경이든 전체 시스템을 훼손하지 않은 채로 급격한 변화에 제대로 대처할 수 없음은 분명했다. 헨드릭 호우트해커가 유럽공동체 관료와 나눈 대화를 정리한 보고서를 보면, 우리 환율정책이 안고 있는 문제를 잘 이해할 수 있다. 만일 미국 달러가 평가절하된다면 유럽은 어떻게 하겠느냐는 질문에, 이 관료는 모든 유럽 통화들이 같은 날 동시에 똑같은 비율로 평가절하될 것이라고 말했다.

국제통화업무에 관한 부처간 협의회에서 당시 상황을 논의한 엄청난 분량의 보고서를 만들었다. 나는 그것을 요약해서 대통령에게 선택지들을 제시했다. 금가격 인상 방안도 그 선택지들에 포함했다. 단순히 그 아이디어에 공감만 할 게 아니라 완결성 있게 검토해 보자는 차원이었다. 우리는 결론을 내렸다. 예를 들어 약 10%가량의 작은 변경이라 할지라도 뚜렷한 건설적 성과도 기대하지 못한 채 불안정만 야기할 것이라고 보았다. 다른 나라들도 우리와 똑같이 평가절하에 나설 것이며 이에 금융시장은 추가적인 변경이 있을 것이라 기대할 것이기 때문이다. 이 경우 해외 중앙은행들이 달러를 보유하려는 의지는 훼손될 수 있다.

더 강력한 방안을 선택할 수도 있을 것이다. 예를 들어 금의 달러 가격을 두 배로 대폭 올리는 식이다. 그러나 전 세계 준비금에 미치는 영향은 굉장히 불확실할 듯했다. 금 대신 달러를 보유했다가 엄청나게 큰 손실을 입은 쪽이라면 아마도 갖고 있는 모든 달러를 금으로 바꿔 버릴 것이다. 그 뒤로는 달러를 다시는 보유하지 않겠다고 작심할 것이다. 드골주의자들은 실제로 그런 일이 반드시 발생할 것이라고 보고 있었다. 미국의 입장에서 그런 일이 장기적으로 이득이 될 것이라고 생각하기 어려웠다.

그 반대로 생각할 수도 있다. 달러가 아닌 금을 보유했던 쪽에서는 앞으로 수년간 금값 상승에 투기하는 게 의미 없다는 확신을 가질 수 있다. 금값이 한 번에 워낙 많이 올랐기 때문이다. 그들이 금을 팔고 이익을 실현하면서 달러 보유가 늘어날 수 있다. 그 결과 전 세계 유동성은 크게 증가할 것이다. 한 가지는 분명했다. 환율과 국제 준비금에 미치는 궁극적인 결과는 지극히 불확실하다는 점이다. 그 누구도 그 아이디어를 밀어붙이지는 않았다.

'유연한 고정'이라는 모순형용

물론 그것은 경제학 이외의 요소들이 결부된 사안이었다. 형평성과 특권이라는 문제가 있었다. 만일 금값이 두 배로 인상된다면 누가 이득을 볼까? 분명 양대 금 생산국, 남아프리카공화국과 소련일 것이다. 프랑스처럼 금을 계속 사들였던 나라도 이득을 볼 것이다. 프랑스는 그동안 협상에서 미국의 반대편에 섰던 나라다. 그렇다면 누가 손해를 볼까? 그동안 우리에게서 금을 전혀 사들이지 않고 달러에 의존해 온 일본일 것이다. 달러를 보유하라는 우리의 권유를 받아들인 대부분의 개발도상국들도 손실을 입게 된다.

당시 그 논문은 변동환율제라든지, 브레튼우즈 시스템에 유연성을 부여하는 방안들에 대해 논하고 있었다. 내가 바랐던 범위 안에서 선호되었던 선택지는 '혁신적인 접근법'이라는 아주 매력적이고 유혹적인 이름이 붙여진 방안이었다. 기본적으로 그 선택지는 정책 일관성을 주장하는 것이었다. 비록 어떠한 측면도 G10 논의에서 그다지 환영받지는 못하겠지만 말이다.

먼저, 특별인출권(SDR: Special Drawing Right)에 대한 합의가 원칙적으로 이루어졌음을 감안해 우리는 SDR을 일부 창출할 것을 제안했다. 그 제도를 실제로 작동하기 위해서다. 그렇게 하려면 IMF 회원국들의 강력한 동의가 필요했다. 당시 우리는 전 세계가 준비금 확대에 대한 분명한 동기를 갖고 있다고 믿었다. 미국의 적자가 아닌 다른 방법으로써 창출되어야 했다. 이중의 금시장 창출에 따라 중앙은행으로의 신규 금 유입이 없을 것이란 전망도 SDR 창출을 통한 준비금 확대 필요성을 높였다. 이 아이디어는 심리적인 면이 있었다. 우리가 시스템을 강화하는데 협력할 수 있음을 보여준다는 것이다. 둘째로, 미국은 환율시스템에 보다 큰 유연성을 부여하는 일부 새로운 테크닉을 도입할 가능성을 소리 없이 검토할 참이었다.

당시 그 아이디어는 변동환율제 도입 또는 금-달러 환율 폐기와는 한참 거리가 있었다. 그럼에도 불구하고 두 번째 파트에 대한 나의 열정은 명백하게 배제되었다. 내가 취임한 이후 파리에서 있었던 WP3 회의에서 나는 당시 유럽 쪽 동료들 사이의 분위기를 생생하게 전달받을 수 있었다. WP3의 핵심 멤버들(당시 일본은 포함되지 않았다)은 OECD 대사들 중 한 사람의 교외 공관으로 함께 가 따로 저녁식사를 하는 게 당시 관례였다. 잘 모르는 길을 거쳐 어둠 속에서 당도한 곳은 마치 은신처처럼 느껴졌다. 이동 중 나와 대화한 파트너는 미국 새 정부의 시각에 대해 상당한 호기심을 드러냈다. 안달하는 모습을 통해 나는 그들이 얼마나 깊이 우려하고 있는지를 알 수 있었다. 한 유럽 쪽 참석자는 내 면전에서 손가락을 흔들며 "만일 이 모든 유연한 환율제 논의가 시스템을 망가뜨리게 된다면, 피를 흘리는 것은 당신 미국인들의 머리일 것"이라고 말했다.

그런 말은 극단적이었다. 그러나 투기를 조장하는 일 없이 공개적으로 환율 유연성을 논의하는 것은 사실 어려울 것이다. 시장은 달러화 가치에 부정적으로 움직일 것이다. 환율의 유연화라는 것이 달러의 절하 및 일부 교역 대상국 통화의 절상을 의미하기 때문이다. 불안정한 투기거래의 위험성을 감안해, '크롤링 페그[1]'나 '글라이딩 패리티[2]' 등 학계가 고안한 방책들 대부분은 환율의 점진적 변경을 요구했다. 예를 들면 일주일이나 한 달에 1% 미만을 변경하는 식이다. 그러나 내 머릿속에는 큰 의구심이 있었다. 그렇게 작은 장기간의 변경이 과연 우리의 불균형을 시정할 수 있겠냐는 것이다. 아무리 작더라도 일단 환율 변경이 쉬워진다는 원칙에 합의가 이뤄진다면, 시장의 투기적 압력으로 인해 큰 폭의 환율 변경을 막는 일은 극도로 어려울 것이며, 결국 대규모 환율 변경을 촉진할 것이라 생각되었다. 실제로 이후 1970년대 후반 유럽 국가들끼리 고정환율을 유지하려 노력했을 때 바로 그런 의문과 어려움들이 대두되었다. '유연한 고정환율제'라는 것은 모순어법이라는 사실이 경험을 통해 입증되었던 것이다. 그 자체로 충돌하는 이 말은 결국 찢어져 흩어지거나 더욱 강력한 고정불변이 되어야 할 경향이 있었다.

---

[1] 크롤링 페그(crawling peg) : 점진적인 환율 평가 변경 방식. 예를 들어 환율의 평가절하 또는 평가절상이 필요할 경우 한 번에 10%나 20%와 같이 변경하는 것이 아니라 매월 0.3%씩 1년에 3.6% 절하하거나 절상하여 점진적으로 변경하는 방식(편자 주).

[2] 글라이딩 패리티(gliding parity) : 한 국가의 통화가치를 다른 국가의 통화가치에 연계하되, 연동된 환율을 수시로 소폭으로 조정할 수 있도록 한 환율제도(편자 주).

우아한 평가절하?

단호한 평가절상?

가능한 개혁방안을 놓고 이런 토론이 진행되는 와중에 실물경제는 약간의 통화 교란을 겪었다. 당국에서나 시장에서나 어떠한 사전 경고도 없었던 상황에서 새로 들어선 프랑스 정부가 8월(역자 주: 1969년) 휴가철 한창인 시기에 프랑화 평가절하를 단행했다. 미국의 통화환경이 긴축적이었기에 당시 결정이 달러에 즉각적인 위협이 되지는 않았다. 그럼에도 불구하고 프랑화 절하는 내내 불확실성을 가중시킬 일이었다. 프랑스 정부의 내 파트너인 르네 라레Rene Larre가 내게 곧 발표될 사항을 알리기 위해 전화를 걸어왔다. 그는 내가 불편하게 생각할 것임을 알고 있었으면서도 비꼬는 듯한 투로 말했다. 프랑스의 평가절하가 미국에 너무 큰 문제를 일으키지는 않기를 희망한다고 그는 말했다. 사실 그보다 몇 개월 전 나는 닉슨 대통령에 올리는 보고서에서 프랑스의 평가절하 가능성이 있다고 썼다. 단지 그 단행시기가 좀 놀라웠을 뿐이었다. 인상적이었던 것은 그 정밀성이었다. 프랑스의 새 퐁피두 정부 재무장관으로 돌아온 발레리 지스카르 데스탱Valery Giscard d'Estaing은 시장에 힌트도 주지 않고 소문도 없이 뒷말조차 나오지 않게 평가절하를 단행했다. 그 모든 것들이 우아한, 고통 없는 평가절하였던 것이다!

그것이 아무리 깔끔하게 처리되었다 해도, 그 사례는 시스템 내부가 기울어져 있다는 또 하나의 증거가 되었다. 달러가 고평가된 채 'n번째 통화'로 남겨져 생기는 문제인 것이다. 프랑스의 평가절하는 영국 파운드에 대한 투기적 압박을 가중시켰다. 예측할 만했던 일이었다. 미국 달러의 단기적 강세에도 불구하고 영국의 추가 평가절하는 전반적인 위기를 촉발할 것이 거의 분명해 보였다. 이때 영국의 로이 젠킨스^{Roy Jenkins} 재무장관이 경탄할 만한 기술과 결단력을 발휘했다. 그는 무역적자가 매달 연속되는 와중에도 시장의 압력을 이겨냈다. 유럽 방문 당시 비 오는 9월의 토요일에 그가 나를 자신의 시골 초가 별장으로 초대했을 때 마침내 나는 우리가 위험한 국면에서 빠져나왔음을 알 수 있었다. 식사 전 셰리주를 마시면서 그는 내게 최신 월간 무역수지를 귀띔해 주었다. 놀랄 정도로 큰 규모라고 그는 심각하게 말했다. 그리고는 약간 미소를 지으며 "그런데 그게 말이죠, 플러스(흑자)라지 뭐예요."

영국의 평가절하 대신 10월 말에는 반갑게도 독일의 평가절상이 있었다. 선거 불확실성 속에서 마르크화로 투기적 자금유입이 이뤄졌다. IMF 연차총회를 앞두고 곧잘 나타나는 외환시장의 민감한 분위기도 한몫 했다. 결국 독일은 변동환율제를 앞당겨 도입했다. 최종 결정은 새 정부가 내리도록 했다. 집권 사회민주당-자유민주당 연정은 마르크 가치를 9.39% 절상했다.

1년 전 독일 본에서의 낭패를 통해 불가능한 것으로 판명되었던 일이 불과 3개월 사이에 프랑스와 독일 각국의 독립적인 결정에 의해 이뤄지고 말았다. 국가의 명예(honneur) 때문에 협의된 평가절하조차도 타협할 수 없었던 드골 장군은 이미 1969년 4월에 현업을 떠나 시골집으로 은퇴한 상태였다. 독일에서는 자신감에 찬 칼 실러^{Karl Schiller}의 사회민주당 정부가 새로 들어섰다. 종전 대연정 당시 파트너였던 보수 자유민주당과 논란을 빚었던 평가절상을 실러 정부는 결국 마무리 지었다.

그 사이 특별인출권(SDR) 협상은 엄청난 성공을 거뒀다. 1970년 1월부터 3년에 걸쳐서 95억 달러에 해당하는 SDR을 발행하기로 합의했다. 내가 희망했던 금액 범위 중 최대치에 조금 못 미치는 규모였으나 훌륭했다. 각국이 준비금을 질서정연하게 증대하는 방법을 동원할 수 있다는 사실을 확신시키기에 충분히 큰 금액이었다.

그럼에도 불구하고 달러에 대한 우려가 다시 중심부로 떠오르게 되었다. 1970년 초부터 미국 경제가 침체기에 빠져들자 새 의장 아서 번즈가 이끄는 연준의 통화정책이 완화되었다. 번즈 의장은 1969년 가을에 취임했다. 단기자본이 맹렬히 빠져나갔다. 미국의 무역흑자는 증가했다. 하지만 그것은 경기침체에 따른 일시적 현상으로 치부되었다. 전체 국제수지는 적자로 반전됐다. 그해 연간으로는 100억 달러에 육박했다. 종전의 적자에 비해 몇 배나 불어났다.

더욱 불길하게도, 그것은 단순히 변덕스러운 자본흐름과는 다른 현상이었다. 일본이 새로운 산업세력으로서 세계시장 안으로 범람해 들어오고 있다는 뚜렷한 증거들이 나타나고 있었다. 당시로서는 드문 행사였던 미일 주요 기업 경영인회의에 내가 참석해 연설하기로 했는데 그때 그 변화의 속도를 느낄 수 있었다. 미 국무부가 배포한 일반적인 브리핑 자료를 뒤적이다 보니 내가 무슨 주제로 연설하는 게 적절할지가 분명해졌다. 미국 정부의 공식 브로셔에는 일본이 수시로 대외 지불에 어려움을 겪는 취약한 나라로 기술되어 있었다. 자료가 불과 2~3년 전에 쓰여진 듯했지만 더 이상은 사실에 부합하지 않는 정보였다. 미국 기업인들도 그 자료는 자신들이 시장에서 목격한 사실과 다르다는 것을 알았다. 다만 일본에서 온 사람들도 그런 불만을 잘 이해하고 있었는지는 확신할 수 없었다.

세련된 린든 존슨

그 무렵 나는 출근 전 이른 시간에 걸려오는 전화 때문에 스트레스를 받았다. 재무부의 역량 있는 공무원 페이지 넬슨Page Nelson은 아침 일찍 사무실에 출근해 외환시장을 체크하고 달러의 최신 움직임에 대한 보고서를 접수하는 일을 맡았다. 만약 우리 집 전화벨이 울린다면 그건 페이지라고 짐작하면 틀림이 없었다. 주로 해외 중앙은행의 요청에 어떻게 응할 것인지 지침을 묻는 전화였다. 금을 매입하겠다고 하거나, 금이 아니더라도 달러화 하락을 막기 위해 루사본드 또는 외환 스와프를 인출하겠다는 요청이다. 만일 아무런 전화도 없는 날은 뉴스가 좋다는 뜻이다. 내가 사무실에 출근할 때까지 기다려도 된다는 의미다. 하지만 해외에서 미국 달러가 쌓여 올라가는 속도가 빨라짐에 따라 집으로 전화 오는 빈도도 잦아졌다.

1970년이 저물어가는 가운데 정부 분위기는 다른 이유 때문에 가라앉게 되었다. 경기침체가 깊거나 긴 것은 아니었지만 회복세도 그다지 강력하지 않았다. 무엇보다도, 소비자물가가 계속해서 올라 경기팽창기 때에나 볼 법한 상승률에 근접했다. '스태그플레이션(stagflation)'이라는 볼품 없는 이름이 어울릴 만한 환경이었다. 그 뒤의 기준에서는 아무 것도 아닌 수준이었지만, 당시만 해도 약 4%의 인플레이션은 가격통제 논의를 촉발할 만큼 높게 여겨졌다.

연말이 되자 일부에서 임금 및 물가 동결이라는 충격요법을 거론하기 시작했다. 보다 안정적인 물가 경로로 되돌리기 위해서 자극이 필요하다는 것이다. 재무부 내부의 일부 인사들도 장관에게 그런 정책을 촉구했다. 아서 번즈는 자신의 연준 조직을 통해 강력한 소득정책 및 통제를 요구했다.

　이런 모든 불행한 일 속에서 나와 우리 통화정책 업무 부서에 중요한 일이 벌어졌다. 경제 부진의 상징적 희생양으로 데이비드 케네디 장관이 사임했다. 후임으로 텍사스 출신의 존 코낼리John Connally가 재무장관에 지명됐다. 재무부 내에 코낼리를 아는 사람은 아무도 없었다. 찰스 워커가 텍사스 인맥들을 통해 보고하기를, 코낼리는 '세련된 린든 존슨'이 분명하다고 했다. 존슨 대통령의 후예로서 코낼리는 케네디 정부 때 해군장관을 역임했다. 이후 텍사스 주지사를 지내던 중 케네디 대통령이 댈러스에서 피살되던 당시 같은 차량에 함께 타고 있다가 총격을 받아 큰 부상을 입었다. 그는 정부 일을 어떻게 하는 게 좋을 지를 잘 아는 사람이었다. 정부조직 개편을 위한 위원회에서 이룬 성과로 닉슨 대통령에게 아주 깊은 인상을 남겼다. 그는 민주당원이었으나 거부감을 일으키는 기성 진보는 아니었다. 닉슨 대통령은 그의 생명력 넘치고 힘찬 성격에 매료됐고, 나중에는 우리 재무부의 많은 직원들도 그렇게 되었다.

　그에게는 한 가지 갖춰지지 않은 게 있었다. 그는 국제적으로는 물론이고 국내에서도 금융에 관한 거물이 아니었다. 우리들 중 그 누구도 그에게서 무엇을 기대할 지 가늠할 수가 없었다. 게다가 그는 여러 방면에서 나를 놀라게 했다. 나는 새로 부임한 그가 기존의 측근들 중심으로 주변을 구성할 것이라고 추측했다. 그리고 그는 어느 모로 보나 완전히 정치인이었다. 그런데 그는 그렇게 하지 않았다. 우리 모두에게 그대로 남아 있으라고 했다. 난해한 통화시스템에 관해 소통하는 데 어려움을 겪을 거라고 우려했으나 이 역시 그러하지 않았다.

　나는 지금도 당시에 느꼈던 안도감을 기억한다. 내가 그에게 처음으로 제대로 된 보고를 할 때였다. 미국의 국제수지가 처한 상황, 크롤링 페그, 환율 변동 허용 폭 확대, SDR의 복잡성, 그리고 여타 불가사의한 디테일에 대한 나의 장황한 설명을 그는 금세 극복해 냈다. 나는 우리 미국이 조만간 상당한 수준의 환율 변경을 추구해야 하며, 이러한 조정은 커다란 저항에 직면할 것이며, 따라서 거대한 정치적 경제적 파장이 있을 것으로 우려된다고 그에게 고백하듯이 보고했다. 그러한 점들에 대해 그는 내게 구체적인 방침을 묻지는 않았다. 그는 사람들과 정부가 무엇을 걱정하는지에 관해 직관적인 이해를 갖고 있었다. 우리가 곧 까다로운 협상에 빠져들 것이란 점도 그는 알고 있었다.

독일의 결정

1970년 말 전반적으로 적자가 늘고 금 유출도 확대되었다. 나는 재무부에서 전례가 거의 확실히 없었던 일을 요청했다. 오늘날 변동환율제의 맥락에서는 완전히 자연스러운 것이었지만, 당시만 해도 그건 잠재적인 폭탄이었다. 재무부의 국제파트는 조직 규모가 컸다. 나의 요청 사실이 알려지는 것을 막기 어려운 구조였다. 그래서 나는 일부러 그 파트를 피해 재무부 내부의 고참 이코노미스트 가운데 한 명인 존 오튼John Auten에게 부탁을 했다. 달러가 펀더멘털 측면에서 고평가되어 있는지, 실제 그렇다면 얼마나 고평가되었는지를 한두 달 정도 시간을 갖고 가능한 모든 증거와 자료를 활용해 검토해 달라고 했다. 존은 교수 출신의 내성적인 인물이었다. 당시 자신의 업무 거의 모두를 혼자 처리하고 있었다. 그는 내가 몇 년 전에 재무부로 데려왔다. 국제경제학에 관해 잘 훈련되어 있었고, 사고가 굉장히 깔끔했으며, 그 프로젝트의 보안을 잘 지킬 수 있는 사람이었다. 얼마 뒤 두꺼운 보고서가 올라왔다. 자신이 사용한 분석 방식 모두가 달러의 평가절하 필요성을 시사했다고 보고했다. 균형을 회복하기 위한 평가절하율은 10~15%로 제안되었다. 얼마나 많은 나라들이 미국을 따라서 평가절하에 나설 것인가에 따라 절하율은 달라질 터였다.

그런 판단에 힘을 얻은 나는 코넬리 장관에 올릴 분석 보고서를 준비하기 시작했다. 경상수지가 더욱 악화되었다는 증거도 보탰다. 우리가 현재 처해 있는 위치가 어디이며, 선택지는 무엇인지에 관한 나의 생각을 정리했다. 당시에만 해도 나는 결정을 서둘러야 한다는 생각은 없었다. 다만 컨틴전시 플랜(Contingency plan 긴급사태 대책)은 갖고 있어야 한다는 생각이었다. 우리의 금 보유고가 100억 달러를 향해 줄어들고 있었다. 1960년대 초에 비해 절반도 안 되는 수준이었다. 금 보유액을 얼마까지 줄여도 무방한지에 관해 심리적인 또는 여타 한계가 있었다. 미국의 무역수지 및 유동성 포지션이 돌이킬 수 없는 지점까지 지나친 것은 아니었으나 추세는 확실히 좋지 않았다. 시스템을 전반적으로 개혁하지 않은 상태에서 어떠한 환경에서나 상황을 다루기에 충분할 정도로 대규모의 평가절하를 협상할 수 있을까? 나의 전망은 비관적이었다. 또한 나는 금 태환창구를 폐쇄하지 않고는 협상을 전개할 수 없다고 주장했다. 그래서 나는 결론을 내렸다. 때가 온다면 우리가 기선을 잡아야 하며 대규모 환율 조정과 필요한 시스템 개혁의 사전조치로서 우리의 금 매각을 중단해야 한다고 보고했다. 그리고 인플레이션을 억제하기 위해 물가 동결과 보완적 재정 및 통화정책을 병행해야 한다고 주장했다.

이러한 주장들 중 그 어떠한 것도 코넬리 장관에게는 그리 놀라운 일이 아니었다. 다만, 나의 긴급보고서는 다른 핵심 관료들에게 이 이슈를 제기할 수 있는 도구가 되어 주었다. 보고서는 초안 형태였고, 나는 대외 유출을 방지하기 위해 복사본 모두를 꼼꼼히 회수했다. 거의 비슷한 시기에 백악관의 에너지 넘치는 참모인 피터 피터슨^{Peter Peterson}이 대외 경제정책 업무를 맡게 되었다. 비록 그는 우리의 전유물인 국제통화정책 업무 바깥에 있었지만, 미국의 무역 및 경쟁력 지위가 약화하고 있다는 사실을 담은 보고서를 작성했다. 이 보고서는 행정부 내부에서 광범위하게 회람되어 해당 사안을 설명하고 이슈화하는데 도움을 주었다.

큰 위기는 피할 수 있을 것이란 희망을 나는 잃지 않았다. 그러나 1971년으로 넘어가는 그 겨울에는 내 희망이 흔들리게 되었다. 달러의 유출이 계속되는 가운데, 일부 유럽 국가들이 각국의 통화가치를 묶어 달러에 대해 자유롭게 변동하도록 하는 아이디어를 고안해 의견을 조사 중이란 사실을 알게 되었다. 프랑스가 반대하고 여타 국가들도 열의를 보이지 않아 그 아이디어는 결국 성사될 수 없었다. 어떠한 경우이든 그 아이디어는 상당한 계획과 대단한 솜씨가 있어야만 가능한 일이었다. 봄이 되자 사람들이 달러를 내다팔아 독일 마르크를 사들였다. 독일은 자신들의 외환보유고에 원하지 않는 대규모의 달러를 축적하게 되었다. 독일은 공동 대응에 기대지 않고 그해 5월 초 단독으로 마르크화 환율의 자유변동을 허용했다.

엄청난 시장 압력 아래 취해진 그 조치는 두 가지를 반영한 것이기도 했다. 첫째는, 그 조치가 강력한 자유시장 철학을 가진 칼 실러의 작품이었다는 점이다. 당시 그는 독일의 파워풀한 재무부와 경제부 장관을 겸임하고 있었다. 둘째는, 통화정책의 독립성을 지키기 위해 부심하던 독일 중앙은행 분데스방크가 자유변동환율제 도입에 영향력을 행사했다는 점이다. 달러화 유입에 대한 에밍거 총재 등 분데스방크 인사들의 우려가 더욱 강해진 것이다. 독일 본원통화가 급격하게 증가해 물가안정을 목표로 하는 통화정책을 유지할 수 없을 것이라고 그들은 걱정했다. 고정환율제로 인한 수요로 발생하는 국제 자본이동을 자유롭게 허용하면서도 국내 통화정책은 원하는 대로 자율 운영한다는 전통적 타협을 더 이상 유지할 수 없음을 독일이 사실상 천명한 셈이었다. 당시로서는 그렇게 대단한 해석이 내려지지는 않았으나, 그 시사점은 분명했다. 세계에서 두 번째로 큰 경제가 시스템에서 나가기로 결정한 것이다.

독일의 결정은 미국 정부 안팎 모두에서 환영받았다. 그들이 보기에 독일 정부의 결정은 보다 유연한 환율제도를 향한 중요한 진보였다. 그리고 이는 달러화 가치를 효과적으로 재조정하는 길을 열어 주었다. 다만 나는 그다지 반갑지 않았다. 시스템을 파괴하지 않은 채 행해지는 그런 식의 단편적 조치만으로는 우리에게 필요한 환율 조정이 이뤄지기 어려울 것이라고 생각했다. 오히려 그로 인해 투기적 거래 유인이 더 커지게 됨에 따라 우리가 기선을 잡을 기회를 잃을 위험이 생겼을 뿐이었다.

평가절하의

함의

1971년 5월에 신임 코널리 장관은 독일 뮌헨에서 열린 IMF 연차총회에서 국제 금융계의 중요 인사들에게 자신을 소개할 기회를 가졌다. 전 세계 주요 상업은행과 중앙은행의 간부들이 집결하는 행사였다. 미국 재무장관으로서는 이례적으로 그는 모든 회의에 참석했으며, 오찬과 만찬 행사에도 부지런히 다녔다. 이를 통해 그는 청중들의 성향과 생각을 조용히 파악해 폐막연설을 준비할 수 있었다. 그의 연설 대부분은 미국의 기존 입장을 재천명하는 내용이었다. 다만 보다 강력한 어조로 요구하는 톤의 연설이었다. 무언가 조치가 취해져야 한다. 미국은 더 이상 홀로 이 금융 및 무역 시스템을 '보증'할 수 없다. 우리는 계속해서 개방적인 시스템을 원하지만 다른 나라들이 그 부담을 좀 더 나눠 가져야 한다. 우리와 함께 시장을 개방하고 원조를 제공하자. 방위비용도 분담하자고 그는 요구했다.

연설문안 결론부에 나는 보다 유연한 환율 필요성에 관한 모호한 문장 하나를 넣었다. 그런데 나중에 연설문을 보았더니 끝부분이 달라져 있었다. 코널리 장관 특유의 톤이 들어가 있었다. "어떠한 문제든 해결할 수 있다는 희망이 있습니다. 모든 나라들에게 일정부분 변함없이 지켜야 할 위치가 있다는데 대해 모두들 이해하고 있기 때문입니다. 이러한 신뢰를 바탕으로 나는 교만함이나 반항하는 태도 없이 아주 분명하게 밝히고자 합니다. 우리는 평가절하를 하지 않을 것입니다. 금가격을 변경하지 않을 것입니다. 우리는 인플레이션을 통제해낼 것입니다." 나는 코낼리 장관에게 정말 그렇게 강력한 어조로 말하고 싶은 게 분명하냐고 물었다. 어쨌든 우리는 결국 머지않아 달러를 평가절하하게 될 수 있다는 게 내 생각이었다. 그러자 코낼리 장관은 내 평생 잊지 못할 말로써 연설문안 협의를 마무리했다. "그건 바로 오늘 변함없이 지켜야 할 위치다. 올 여름에는 그것이 무엇이 될지 나도 모르겠다."

그렇게 그는 연설을 했다. 좌중의 청중들에게 강력하게 전달했다. 사실 그 당시 코낼리 장관에게는 열이 좀 있었다. 감기 기운이었다. 그래서인지 그는 의도했던 것 이상으로 더 힘을 주어서 연설했던 것 같다. 어쨌든 그가 깊은 인상을 남긴 것은 분명했다. 국제금융계에 새로 등장한 이 인물이 무언가 일을 벌일 듯하다는.

눈앞에 닥친 시장 패닉

1971년 6월이 되자 코낼리 장관은 행동에 나서야 할 시기가 다가오고 있다고 확신하는 듯했다. 경기가 장기간 나쁠 때마다 반복해서 등장하는 경제정책 관련 논란이 재무부 내부와 미국 전체에서 다시 고개를 들었다. 당시 정치권의 가장 핵심적인 걱정거리는 빈약한 경제회복세와 꺾일 기미가 없는 인플레이션이었다. 코낼리 장관은 물가동결을 포함해 적극적인 정책대응을 분명히 선호했다. 하지만 그는 뜻을 관철해내지 못했다. 6월 말 코낼리 장관은 행정부의 경제 대변인으로서 당시 유명세를 탔던 '네 가지 노(no)'를 천명해야만 했다. 물가통제가 없을 것이고, 임금 및 물가 점검위원회도 없을 것이며, 감세도 없을 것이다. 아울러 정부지출 확대도 없을 것이란 선언이었다.

그 당시 나는 두 명의 신뢰할 만한 동료들, 존 페티^{John Petty} 차관보 및 월리엄 데일^{William Dale} IMF 이사와 함께 금 지급 유예에 관한 일부 운영계획 기안을 작성하기 시작했다. 금세 우리는 두툼한 보고용 책자를 만들어냈다. 문서로 구체화한 계획서였다. 우리의 금 매각 정책을 철회하는 메커니즘, 달러화 환율을 얼마나 변경해야 하는지에 관한 분석, 무역 확대를 위해 대상국들에게 어떠한 개방을 요구해야 할 것인지 및 나중에 어떤 식으로 공적 태환성을 일정 수준 회복시킬 수 있을 것인지, 그리고 통화 개혁을 위한 잠정적인 계획 등이 담겼다. 그것은 미지의 세계 속으로 뛰어드는 것임을 우리 모두 알고 있었다. 그러나 그에 관한 계획을 문서화하는 것에 대해 우리는 일종의 편안함을 느꼈다. 봄철의 무역 지표들이 때맞춰 확인되었는데 경고음을 울릴 정도로 악화되어 있었다. 무역수지가 처음으로 적자로 급반전한 것으로 나타났다. 모든 비상계획이 곧 작동되어야 할 것처럼 보였다.

코낼리 장관은 당연히 이 모든 걸 알고 있었다. 곧바로 그는 대통령에게 행동에 나설 것을 촉구했다. 나에게는 기존 계획안 중에서 한 가지 중요한 측면을 보완해줄 것을 요구했다. 또한 수입할증세라고 알려진 특별세금 또는 관세를 수입품들에 부과할 수 있는지 집에서 연구해 올 것을 지시했다. 일부 국가들이 환율을 방어하기 위해 그런 행동에 나선 사례가 있긴 했지만, 미국이 그런 방향으로 간다는 것에 대해 나는 화가 났다. 그것은 환율 재설정을 추구하는 노력과 모순되며 이기적이고 보호주의적인 행위로 해석될 것이라고 나는 장관에게 따졌다. 나의 설득이 받아들여져 코넬리 장관의 요구가 철회되기를 바랐다. 하지만 코넬리 장관은 보고서를 독촉했다. 결국 나는 지체할 수가 없겠다고 판단했다. 법률 및 무역 전문가들의 도움을 구하기로 했다.

대통령의 지시로 코넬리 장관은 폴 맥크래큰Paul McCracken 경제자문위원회 위원장과 조지 슐츠George Shultz 당시 예산관리국 국장에게 브리핑을 했다. 8월 초가 되었다. 행동이 필요하다는 점에 대해 대통령이 공감했다는 얘기를 들었다. 다만 대통령은 의회가 휴회 중임을 이유로 당장 제안을 하기 곤란하다는 입장이라고 했다.

코넬리 장관은 휴가를 위해 텍사스 목장으로 떠나려던 참이었다. 하지만 마음 편히 귀향할 만한 기회는 사라지고 말았다. 달러에 대한 투기적 매도공세가 다시 시작되었다. 의회 소위에서 달러화 변동환율제를 요구하는 보고서를 내는 바람에 투기적 공세가 다시 힘을 얻었다. 나는 서면으로 대응했다. 의회 소위원회와 헨리 루스Henry Reuss 위원장은 의회의 상당한 의견을 대표하지 않는다고 밝혔다. 그건 전적으로 맞는 말이었다. 그러나 그것은 핵심에 대한 강력한 부인이 아니었다. 내게 한 가지 사실은 분명했다. 시장 패닉 상황이 눈앞에 도달했다는 점이다. 좋든 말든 되는대로 내버려두는 태도는 금 보유고만 축낼 뿐이었다. 달러를 금으로 태환해 주는 것을 중단하는데 있어서 이니셔티브를 쥐려면, 그리고 그게 그동안 연구했던 건설적 개혁 패키지의 첫 번째 행보라면 9월이 될 때까지 결정을 기다릴 수가 없는 상황이었다. 코넬리 장관에게 전화를 걸어 말했다. 그는 즉각 대통령에게 전화를 하고 워싱턴에 복귀하기로 결심했다.

1971년 캠프 데이비드 회의

장관의 복귀에 즈음해 캠프 데이비드에서 주말 회의가 소집됐다는 통보
를 받았다. 경제정책 핵심 관료들이 참석 대상이었다. 흥미롭게도, 참석자
명단에는 국무부 사람이 전혀 없었다. 대통령의 결정이라고 했다. 국무
부의 경제 담당 차관보 내트 새뮤얼스^{Nat Samuels}와는 그동안 협력이 잘 되
었는데, 그는 휴가 중이었고 대략으로만 설명을 들을 수 있었다. 헨리 키
신저 국무장관 역시 부재중이었다. 나중에 알게 되었는데, 분명한 이유가
있었다. 키신저 장관은 당시 베트남 이슈와 관련해 협상 중이었다.

　캠프 데이비드 회의를 마치고 나면 월요일 이전에 금 매각 창구가 폐
쇄될 가능성이 매우 높다고 나는 판단했다. 그래서 나는 찰스 쿰브스<sup>Charles
Coombs</sup>에게 전화를 걸었다. 그는 뉴욕 연방준비은행에서 오랫동안 국제업
무 책임자로 일해 온 사람이다. 그는 특히 사회생활의 대부분에 걸쳐서
브레튼우즈 시스템의 중차대한 일원으로 활약했다. 영국 파운드화 방어
를 지휘했고, 중앙은행들 모임의 스와프 계약을 조율했으며, 해외 당국자
들과 긴밀하고도 신뢰 깊은 관계를 형성해 왔다. 그는 브레튼우즈 시스템
이 침식되는 것에 대해 상심했으며, 정부와 내가 이를 방어하는데 열성
이 없어 보인다는 사실이 못마땅했다. 나는 그에게 마지막으로 자신의 의
견을 말할 수 있는 기회를 주어야겠다는 의무감이 들었다. 그래서 전화를
걸었다. "이번 주말에 결정이 내려질 것 같습니다. 이리로 내려오세요. 코
널리 장관이나 대통령을 잠시 만날 수 있도록 해 놓겠습니다. 당신의 주

장을 말하세요. 왜냐하면, 이번이 그렇게 할 수 있는 마지막 기회입니다."

금요일 아침에 그가 재무부에 도착했다. 외부에서 온 전화를 받고 나가더니 완전히 의기소침한 채로 돌아왔다. 영국이 30억 달러의 준비금을 금으로 바꿔 달라고 요구했다는 소식을 뉴욕 연방준비은행의 외환 데스크로부터 전달받은 것이다. 영국은 우리와 함께 이 시스템을 세웠고, 자국 통화 방어를 위해 그토록 치열하게 싸웠던 나라다. 그런 영국마저 달러를 금으로 바꿀 생각이라면 이제 게임은 완전히 끝난 것이 분명했다. 그런데 당시 쿰브스에게 전달되었던 메시지는 좀 잘못된 것이었다. 나중에 알게 된 사실인데, 영국의 요구는 전액 금으로 바꿔 달라는 것은 아니었다. 일부는 금으로 인출하되, 나머지는 자신들이 보유한 달러의 가치를 보증해달라는 것이었다.

당시 영국의 요구가 미국의 금 탈피 결정을 재촉했다는 얘기가 나중에 회자되었다. 그러나 그건 사실이 아니었다. 금 요구는 다른 작은 국가들로부터도 누적되어 가고 있었다. 내가 판단하건대, 결정을 향한 모멘텀은 당시 중단할 수 없는 지경에 이르렀다. 다만 막바지에 이르러 금과 보증을 요구하는 주문들은 결정을 내리는 데 도움이 된 측면은 있었다. 미국이 경솔하게 그런 결정을 내렸을 것이라고 주장할 만한 사람은 아무도 없었다.

우리는 금요일 오후 일찌감치 캠프 데이비드에 도착했다. 대통령은 즉각 코널리 장관에게 우리가 그 결정을 내려야 하는 이유와 추진 방안을 설명하라고 지시했다. 코널리 장관은 금융시장의 상황을 정리해서 보고했다. 그리고는 우리가 오랫동안 연구해 왔던 수단들의 패키지를 분명하고 단호하게 제시했다. 대통령은 많은 말을 하지는 않았다. 그러나 회의를 진행하는 방식을 보면 명확하게 알 수가 있었다. 대통령은 코널리의 제안을 지지할 준비가 되어 있었다. 누구도 의심할 여지가 없었다. 회의 참석자들은 모두 각자의 의견을 개진할 기회를 얻었다. 치열한 토론이 전개된 유일한 사항은 수입관세 부과 프로그램이었다. 내 기억에, 당시 토론의 큰 틀은 이코노미스트들과 정치인들 사이의 논쟁이었다. 접점을 찾기가 어려웠다. 토론을 거치면서 대통령은 대외 협상 전술과 국내 대중들에 대한 설득 요령 등 두 가지가 긴요하다는 확신을 갖게 되었다.

아서 번즈 연준 의장은 당시 프로그램의 본질적인 점에 대해 강력한 반대 입장을 피력했다. 그는 달러 환율을 '협력해서' 조정하는 협상에 주력해야 한다고 주장했다. 금에 대한 달러가치의 절하도 포함해서다. 그런 노력들이 작동하지 않는 것으로 확인한 뒤에나 우리의 후퇴 및 금 태환 정지가 정당화될 수 있다고 그는 말했다. 그가 무엇을 걱정하고 있는지 나는 충분히 공감하고 있었다. 당시 회의 참석자들 중 그와 나만큼 브레튼우즈 시스템에서 헌신해 일해 왔던 사람은 없었다. 그래서 그와 나는 기관 차원에서나 개인적으로나 협력의 틀을 유지하는 것이 매우 중요하다는 사실을 잘 알고 있었다. 하지만 직접적인 질문을 받았을 때 나는 대통령에게 내 생각을 밝힐 수밖에 없었다. 금 창구를 개방해 놓은 상태에서 새로운 환율을 협상하는 것만이 신뢰할 만한 선택지는 아니라고 말했다.

나는 불가능한 일이라고 생각했다. 코널리 장관은 더욱 그랬다. 지난 7년 동안 우리가 해 온 말과는 반대로, 일본과 유럽의 정부들에게 달러가치를 대대적으로 조정하고 싶다는 말을 할 수 있을까? 월요일 금융시장이 열리기 전에, 이번 주말에 아예 결정을 하자고 과연 요구할 수 있겠냐는 것이다. 그들은 분명히 거부할 것이었다. 설사 우리가 금에 대해서만 평가절하를 한다고 해도 말이다. 오히려 그들은 더 이상 참을 수 없는 지경에 이를 것이다. 그들이 금 인출을 자제한 채로 계속해서 달러를 보유하고 시장에서 달러를 사들일 것이라고 어떻게 기대할 수 있겠는가? 정보 유출과 금융시장의 투기적 공격을 어떻게 피할 수가 있을까? 이 경우 금 창구를 즉각 폐쇄하는 것 말고 우리에게 다른 어떤 대책이 있겠는가? 그러한 과정에서 우리는 이니셔티브를 상실해 오로지 명백한 패배만 떠안을 뿐이었다.

어쨌거나 패배

번즈 의장은 닉슨 대통령의 참모들 중에서 사적으로는 가장 고참에 해당하는 인물이었다. 그래서 그는 대통령에게 나중에 보다 개인적으로 자신의 의견을 개진할 기회를 가질 수 있었다. 그 경로를 통해 설득력 있는 무엇인가가 새롭게 제시되었는지는 잘 모르겠다. 하지만 당시 내가 보기에 결론은 이미 내려진 것이나 마찬가지였다.

캠프 데이비드 회의에서 내려진 결정 중에서 두 가지 항목에 대해서는 나도 실망했다. 첫째, 장기적으로 적절한 통화시스템 개혁 방향에 대해 당시 참석자들로부터 실질적인 지지를 이끌어 내지 못했다. 둘째, 우리가 공식 금 가격을 변경할 의사가 없다는 사실을 대통령은 대중들에게 확약할 생각이 없었다. 근본적 개혁 이슈를 다룰 기회는 나중에도 많이 있을 것이라고 나는 스스로를 위안했다. 당시에는 금에 관한 문제가 훨씬 중요했다. 즉각적으로 제기될 것이었기 때문에 우리는 강력한 입장을 견지할 필요가 있었다.

　캠프 데이비드 회의는, 내 생각에는, 사소한 이슈들을 다루느라 시간이 오래 걸렸다. 닉슨 대통령은 선거 운동 기간 중 섬유산업계에게 수입품으로부터 보다 많은 보호막을 제공하겠다고 약속했다. 특히 그는 자신의 공약을 이행하기 위한 합의를 이루는데 있어서 일본 정부가 비협조적인 태도로 일관하는 것에 짜증나고 화가 나 있었다. 그래서 그 극적인 '신경제 프로그램(the New Economic Program)'은 그에게 미국의 일방적인 조치를 정당화해 주는 적절한 평계가 되어 주었다. 문제는 그 행동을 뒷받침할 수 있는 법적인 근거를 찾기 어렵다는데 있었다. 법률가들이 겨우 찾아낸 길이라고는 '적국과의 교역법'이란 이름의 오래된 법률에 의존하는 것뿐이었다. 하지만 그 법률에 근거한 위협은 잘 먹혔다. 대통령은 공약을 이행할 수 있는 합의를 이끌어 냈다. 그에게는 공약이 금 이슈보다 명백히 더 중요한 사안이었다.

　회의는 소규모 그룹들로 나뉘어 계속 전개되었다. 한 쪽에서는 물가통제를 논의했다. 다른 쪽에서는 관세와 무역을, 또 한 쪽에서는 통화정책을 다뤘다. 나는 운이 좋게도 마이클 브래드필드Michael Bradfield의 도움을 얻을 수 있었다. 당시 그는 재무부의 젊은 변호사였으며, 나중에는 연준의 법률자문이 되었다. 나는 그에게 물가통제 및 관세 두 가지에 관한 잠정적인 법률작업을 해 달라고 요청했다. 관세의 경우 당시 회의에서 가장 논란이 컸던 이슈였고 법적으로도 다루기 어려운 영역이었다. 그의 도움 덕분에 신경제 프로그램의 내용과 법적 근거를 설명하는 장문의 보도자료를 일요일 아침까지 만들어 낼 수 있었다.

　코넬리 장관의 지시로 나는 대통령이 프로그램 전반을 발표하는 연설문을 캠프 데이비드에 급히 작성해 갔다. 당시 나는 기본적으로 평가절하를 발표하는 연설이라고 생각했다. 금융시장을 진정시키고 해외 중앙은행들을 안심시키는 내용을 담았다. 당연히 의무적으로 우리의 잘못을 인정하는 내용을 포함했다. 향후에는 국내 규율을 견지하고 인플레이션을 억제하며 통화시스템을 개혁, 개선하기 위해 협력해 노력할 것이라는 약속을 덧붙였다. 하지만 몇 가지 기술적인 점들 말고는, 연설의 그 어떤 부분도 살아남지 못했다.

확실히 대통령은 그 연설문을 스스로 주력해 작성할 생각이었다. 그는 연설문 담당 수석 비서관인 윌리엄 사파이어William Safire를 대동하고는 따로 조용한 시간을 가졌다. 일요일에 내가 본 연설문은 완전히 달라져 있었다. 오호라, 내 일생을 두고 지키려 애썼던 통화시스템을 위협하는 일이라 생각했던 금 지급 중지가 대담하고 새로운 정책제안으로 변모해 있었다. 급작스럽고 당혹스러운 국내정책 변경이라 비난받았을 법한 조치들이 국제적인 위기 탓으로 그럴듯하게 돌려졌다. 45일 전에만 해도 정부는 물가통제는 없을 것이라고 공언했다. 하지만 지금 물가점검위원회의 조치에 따라 긴급한 동결이 이뤄지게 되었다. 세금감면은 없을 것이라는 공언도 있었다. 하지만 이제는 일부 감면이 예정되었다. 금 지급을 유예할 것이란 선언은 연설문의 거의 끝부분에 배치되었다. 이는 투기세력들을 붙잡아 두는 역할을 했다. 관세와 더불어 정부가 상황을 주도할 수 있도록 하는 장치가 되었다.

8월 15일 일요일 밤, 대통령 연설이 행해졌다. 그 때 나는 정치의 대가가 무엇을 해낼 수 있는 지를 잘 배울 수 있었다. 당시 나는 금 지급 정지가 미국인들에게 치욕적인 일로 받아들여질 까봐 걱정하고 있었다. 미국이 외국인들로부터 녹초가 되어버리고, 미국인들이 사랑하고 보물처럼 여겼던 달러가 내팽개쳐지고, 우리는 결국 나라 안으로 쪼그라들고, 관세 장벽을 치고, 대외원조를 줄이고, 군대를 불러들여야 하는 상황에 몰린 것 아니냐는 것이다. 그러나 닉슨 대통령의 연설은 그 모든 것들을 한데 모아 승리와 새로운 출발 그 이상으로 변모시켰다. 다음날인 월요일 코널리 장관의 위풍당당한 기자회견이 이어졌다. 그리고 그 모든 것들이 제대로 작동했다. 성장세가 강해지고 인플레이션이 억제돼 1972년 강력한 선거운동을 뒷받침했다.

20년이 지난 지금, 당시의 그 모든 것들은 어쨌거나 일종의 패배였다. 시스템을 무너뜨렸던 인플레이션 압력은 오랫동안 사라지지 않았다. 통제가 거두어 짐에 따라 인플레이션은 오히려 더 악화되어 나라경제를 10년 이상 괴롭혔다. 통화시스템은 그 누구라도 만족시킬 만큼 되돌려지지 않았다. 국방과 원조 및 무역 부담에 대해 우리는 여전히 어느 정도는 불평하고 있다.

하지만 스토리는 아직 끝나지 않았다. 1971년 당시 우리가 제시한 것은 길고 험난한 협상의 과정이었다. 캠프 데이비드에서 예상했던 것보다 훨씬 오래 걸렸다. 내 순진한 생각으로는, 우리가 즉각 환율 조정을 마무리한 뒤 한두 달 안에, 그러니까 9월 말 IMF 총회 때까지는 시스템 개혁 논의를 시작할 수 있을 거라고 보았다. 그러나 실상은 달랐다. 나는 곧 고위급 협상이란 게 어떤 것인지를 깨닫게 되었다. 코널리 장관은 애초부터 오래 걸릴 걸로 보았다. 다른 나라들이 충분히 큰 규모의 환율 변경을 받아들일 만한 분위기를 조성하는데 수개월이 소요될 것으로 그는 예상했다. 금 창구를 폐쇄한 이후에도 핵심국들은 자신들의 통화를 달러에 절상해 자유변동하도록 허용하는데 대해 강력하게 저항했다. 국제교역에서 자신들의 상품이 더 비싸지기 때문이었다. 특히 일본은 며칠 동안 외환시장에서 달러를 대규모 매입함으로써 엔화의 절상을 차단했다. 일본 정부의 내 동료 중 한 사람은 당시 자신들이 미국의 의도를 오해했다고 나중에 설명했다. 이에 관해서는 교텐 토요오가 이 장에서 다시 한 번 확인할 것이다. 당시 일본 정부는 우리가 단순히 금 매각을 피하려는 줄로만 알았다. 당시 일본은 계속해서 달러를 매입하고 보유하는 것에 대해 만족하고 있었다. 그들이 원치 않았던 것은 단지 환율의 변경이었다. 하지만 사실 환율의 변경은 우리가 요체라고 보고 결정했던 바로 그것이었다. 우리가 진정 원하지 않았고, 그러나 그렇게 할 수밖에 없는 상황으로 몰렸던 것은 바로 금에 대한 달러의 환율, 금의 공식가격 변경이었다. 그것은 감히 손댈 수 없는 것임을 역대 미 행정부가 매번 반복해서 약속해왔던 것이었다.

결국 변동환율제

8월 16일 월요일, 나는 런던에 도착했다. 그 곳의 내 카운터파트들에게 우리의 계획을 설명하러 갔다. 금가격을 변경할 의사가 없다는 사실도 밝혔다. 그곳 회의에서 만난 사람들 대부분은 오랜 친구들이었다. 그들은 그렇게 화가 난 것 같지는 않았다. 다만 미국이 시스템을 구할 수 있는 해법을 준비하지 않은 채 여기에 왔다는 사실에 대해 특히 고통스러워했다. 그런데 그것은 우리가 어느 정도 의도한 것이었다. 당시 우리가 생각하기에 우리의 파트너 국가들이 수용할 수 있을 만한 해법은 존재하지 않았다.

나중에 코널리 장관은 노골적으로 핵심을 지적했다. "달러는 우리의 통화이겠지만, 그 문제를 안고 있는 것은 당신들입니다(The dollar may be our currency but it's your problem)"라고 말했다. 일을 그런 식으로 몰아가는데 대해 나는 좀 움찔했다. 그때나 지금이나 달러의 안정성을 유지할 책임은 우리에게 있었다. 하지만 당시 우리의 무역 상대국들은 확실히 우리가 필요하다고 생각하는 조치들을 수용할 준비가 되어 있지 않았다. 그들이 그토록 불만스럽게 생각하던 달러화의 유출을 중단하기 위해서는 환율의 대대적인 조정이 있어야만 했다. 그들은 자신들의 무역을 자유화하는 한편으로 우리의 해외 방어비용을 보다 더 많이 분담해야만 했다.

9월 초에 결국 협상이 시작되었다. 파리 주요 10개국(G10) 차관회의에서 나는 미국의 국제수지가 얼마나 조정될 필요가 있는지 우리의 생각을 전달했다. 1년 정도의 기간 동안 마이너스에서 플러스로 130억 달러의 수지 개선이 있어야 할 것이라고 밝혔다. 이 규모를 도출하는데 있어서 우리는 미국의 무역수지가 급격히 악화될 것이란 가정을 사용했다. 별다른 조치를 하지 않을 경우 경상수지는 곧 40억 달러의 적자를 기록할 것이라고 추정했다. 여기에다 약 60억 달러에 도달하게 된 자본유출 규모도 더해야 했다. 대신 우리는 대외지급에 관한 모든 통제와 제약을 폐기할 의향이 있으며 일정기간 동안에는 약간의 흑자를 유지할 것임을 파트너들에게 알렸다.

그때에만 해도 우리는 환율 얘기는 하지 않았다. 하지만 우리의 상대국들은 간담이 서늘해졌다. 우리의 경상수지가 그렇게 대규모로 개선되도록 하기 위해서는 자신들이 생각했던 것보다 훨씬 더 큰 폭의 환율 조정이 필요할 것이라고 곧바로 깨달았다. 사실 우리의 상대국들 중 누구도 자신들의 무역지위가 그토록 심하게 악화되는 것을 원하지 않았다. 하지만 그것은 우리의 무역지위 개선을 위해서는 반드시 필요한 요소였다. 당시 유럽의 다수 국가들은 IMF 대표를 찾아가 도움을 요청했다. 내가 자신들의 우려를 들으려 하지 않는다면서 우리의 액수 산정 방식이 잘못되었음을 지적해 달라고 부탁했다. 이에 IMF 대표는 130억 달러의 개선이 필요한 지에 대해서는 잘 모르겠다고 답했다. 다만 IMF의 계산에 따르면, 그 액수는 좀 큰 편일 수 있다고 말했다.

얼마 뒤 열린 주요 10개국(G10) 장관회의에서는 논란이 더욱 심화되었다. 언론 플레이가 난무했다. 예상했던 대로 분노의 대상은 주로 관세였다. 미국은 보호무역주의라는 비난에 직면할 수밖에 없었다. 통화부문에서는 금에 대한 달러화 평가절하 요구가 지속적으로 제기되었다. 다른 어떤 조치 이전에 그게 먼저 필요하다는 것이었다. 몇 주 뒤 열린 IMF 총회에서는 분위기가 좀 더 건설적이었다. 총회 연설에서 코널리 장관은 보다 분명하게 협상 쪽으로 방향을 제시하는 듯했다. 그는 특히 다들 싫어하는 수입관세를 철회할 가능성을 제시했다. 달러화 가치의 새로운 수준을 찾을 때까지 전환기적 방편으로 자유변동환율을 동의해 준다면 그렇게 하겠다고 그는 제안했다.

우리는 그 제안이 수용될 것이라고 기대하지 않았다. 자유변동환율제에 대한 반감이 많았기 때문이다. 그러나 잠시나마 우리 내부에서는 그보다 더 급진적인 접근법을 두고 치열한 논쟁이 벌어지기도 했다. 코널리 장관 연설문 초안이 마련된 뒤 조지 슐츠는 연설문의 강조점 전반을 수정하자고 장관에게 매우 강력하게 요청했다. 일시적인 변동환율제 제안을 바꾸어 미국의 일방적인 선언으로 하자는 것이었다. 자유변동환율제야 말로 그 자체로 새로운 국제통화시스템의 근간이 되어야 한다는 미국의 요구로 해석될 필요가 있다는 주장이었다. 연설 전날 저녁 슐츠는 급히 연설문을 고쳐 썼다. 그리고 내가 대표로 슐츠와 논의를 했다. 총회가 열리는 쉐라톤-파크호텔 방에 앉아 다음날 아침까지 대화를 가졌다. 내 생각에 슐츠의 폭탄선언은 전적으로 협상 불가능한 것이었다. 오히려 분위기만 더욱 악화시킬 것이어서 어떠한 경우에도 바람직하지 않아 보였다. 그날 아침 코낼리 장관은 슐츠의 연설문과 애초에 마련하였던 연설문 둘 중 하나를 선택해야만 했다. 장관은 원래의 문안을 갖고 연설했다. 그러나 조지 슐츠는 굴하지 않고 언제든지 그 이슈를 다시 들고 나올 사람이었다. 결국 나중에 그가 재무장관이 되어서 그때를 맞았다. 그의 전술과 접근법은 굉장히 달랐다. 그러나 어쨌든 우리는 결국 변동환율제를 도입하게 되었다.

태풍 코낼리

IMF 총회 뒤에는 환율 협상이 더디게 진행되었다. 코낼리 장관은 시간이 분명히 자신의 편이라고 확신했다. 진정한 대외 균형을 복원할 수 있도록 환율 조정을 극대화하는 한편 유럽과 일본의 무역자유화 진전 요구도 강화할 수 있겠다고 그는 생각했다.

그러던 중 WP3 회의가 소집되었다. 미국이 요구한 130억 달러의 국제수지 개선을 논의하기 위한 자리였다. 구체적으로 어느 나라가 그에 상응하는 부담을 질 것인지가 논의의 핵심이었다. 논의를 할수록 일은 풀기 어려워져 갔다. 국제수지가 매우 강력한 독일은 이런 이슈에 관해 항상 자신들의 입장이 준비되어 있었다. 그들은 20억 달러 또는 그보다 약간 더 부담하겠다고 밝혔다. 영국은 자신들의 만성적 적자를 주장하며 큰 규모로는 절대로 분담할 수 없다는 입장이었다. 프랑스 역시 자신들이 평가절하를 한 사례를 들며 거부감을 드러냈다. 네덜란드와 벨기에는 자신들이 너무 작은 나라여서 큰 변화에 기여할 형편이 아니라고 주장했다. 그들은 그동안 금 매입(달러 매도)에 가장 적극적이던 나라였는데, 그 때에도 같은 맥락으로 자신들의 입장을 정당화했다. 자신들은 작은 나라여서 그 정도로 금을 사들이는 것은 국제통화시스템에 별 영향이 없다는 것이었다. 일본은 늘 그렇듯이 가능한 한 침묵하려고 했다. 달러에 대한 통화가치를 인상하는데 있어서 자신들에게 가장 많은 요구가 있을 것임을 깨닫고 있었던 것이다.

회의에서 나온 숫자들을 사무국 직원이 모두 받아 적어 대략의 대차대조표를 작성했다. 좌변에는 130억 달러를 적고, 우변에는 각국들의 반응을 적어 넣었다. 내가 기억하기에 우변에 기록된 것은 30억 달러 정도밖에 되지 않았다. 미국의 제안은 물론이고 IMF나 OECD가 추산한 조정 필요금액에도 한참 못 미치는 규모였다. 당시의 협상이란 것이 어느 정도 위치에 있는지를 잘 보여준 사례였다.

이미 외환시장에서는 가격이 움직이기 시작했다. 우리가 필요로 하는 조정이 촉진될 만한 방향을 향해 환율이 이동하고 있었다. 대부분의 나라들이 대규모의 환율 변경을 거부했지만, 개별 환율들 사이에서는 갈수록 커다란 왜곡이 발생하고 있었다. 프랑스가 특히 환전 통제와 외환시장 개입을 통해 프랑화의 절상 움직임에 강력히 맞섰다. 독일의 마르크화 가치는 훨씬 더 자유롭게 상승했다. 유럽 내부와 일본에 대한 독일의 경쟁력을 위협할 정도였다. 이미 일본은 독일의 핵심적 산업 경쟁자로 부상하고 있던 때였다. 미국의 관세에 대한 분노도 대단했다. 그래서 덴마크의 경우는 자신들의 보복 의지를 보여주는 차원에서 역시 관세를 부과했다.

미국 내부에서도 우려의 목소리가 고조되었다. 코낼리 장관의 강경 전술이 너무 공격적이지 않느냐는 것이었다. 개방무역시스템을 위협하고 미래의 통화 개혁 가능성을 무산시킬 수 있다는 우려가 컸다. 번즈 연준 의장의 생각이 그러했고, 자신의 의견을 숨기지 않았다. 가을이 지나자 정부 내 동료들이 나를 찾아왔다. 우리의 협상 계획을 분명하게 알려 달라고 반복해서 요청했던 이들이다. 하지만 나는 그들을 만족시켜줄 만한 위치가 아니었다. 코낼리 장관은 자신의 카드를 깊숙이 견지하고 있었다. 그리고는 아주 민감한 시기에 그는 인도네시아로 긴 방문길을 나섰다. 돌아오는 길에는 하필이면 일본을 경유했다. 터프한 손님으로 자신의 이미지가 이미 각인되어 있는 곳이었다. 코낼리 장관의 방문에 일본 내부에서는 우려감이 고조되었다. 그러나 코낼리 장관은 통화 문제를 깊이 다루지 않는데 대해 만족스러워했다. 출국 기자회견은 늘 그랬듯이 극적이었다. 그 곳에서 코낼리 장관은 자신이 앞서 요구했던 것들이 '태풍 코낼리'였음을 사람들에게 상기시켰다. 그러면서 그는 "이번에는 내가 이곳에 부드러운 봄바람으로 왔다는 사실을 여러분들에게 분명히 밝히고 싶다"고 말했다.

"달러화의 평가절하가 다가오고 있다"

G10 재무장관회의 의장으로서 코넬리 장관은 결국 11월 말 로마에서 정례회의를 갖자고 소집했다. 일련의 일들이 전개되는 과정에서 다양한 의문들이 제기되었다. 코넬리 장관의 태도 변화에 대통령의 압박이 얼마나 영향을 미쳤을 지가 특히 관심사였다. 일설에 의하면, 닉슨 대통령은 키신저와 번즈 및 여타 인사들의 우려 목소리를 듣고 코넬리를 몰아붙인 것으로 되어 있다. 그의 전술이 우방국들과의 관계를 악화시킬 수 있다는 것이었다. 하지만 코넬리는 나중에 나에게 근거 없는 얘기들이었다고 말했다. 이제는 변화된 행동을 보여줄 때가 되었다고 자신이 스스로 판단한 결과였다는 것이다. 하지만 그러한 계산에는 대통령의 스케줄도 부분적으로 영향을 미쳤음이 분명하다. 닉슨 대통령이 북대서양조약기구(NATO, 나토) 주요 회원국들과 다른 주제로 일련의 회의를 예정해 두고 있었던 것이다. 그리고 그 국가들은 분명히 그 기회에 경제 현안을 다루기를 원했을 것이다. 닉슨 대통령은 다른 무엇보다 안보 이슈를 특히 더 중시했는데, 그 점은 우리의 협상에 있어서 어드밴티지가 될 수는 없었다.

로마 회의가 개최되기 전날까지도 나는 코넬리 장관이 자신의 '금 환율 조정 절대 불가' 입장을 바꿀 지 확신하지 못했다. 미국 정부 내 다른 모든 관계자들과 마찬가지로 나 역시 그 사안을 굉장히 민감하게 받아들였다. 미국의 위신이 상하는 문제는 차치하더라도, 금융시장의 교란 없이 금의 공식 가격을 인상한다는 것은 매우 어려운 일이었다. 우리의 국제수지 적자를 시정할 만큼 충분히 환율을 조정할 가능성도 낮아 보였다. 그렇다면 달러화 가치가 추가 조정될 것이란 기대가 부상할 수밖에 없으며, 금 가격의 추가 조정 기대감도 마찬가지로 떠오르게 될 것이었다. 결국 어떤 식으로나 미국의 금 태환 복구는 더욱 어려워질 것이고, 금시장의 투기행위를 막거나 새로운 통화시스템을 설계하는 것도 불가능해질 것이었다.

캠프 데이비드 회의에서나 대통령의 연설에서 명백하게 단언한 적이 없었음에도 불구하고 코널리 장관은 대중 연설을 할 때마다 금가격 변경에 대한 반대 입장을 강력하게 개진해왔다. 재무부 내부에서는 에드윈 코헨^{Edwin Cohen} 차관보(그는 조세제도를 전공한 영민한 변호사였다)에게 우리의 협상 지위를 객관적으로 따져 볼 것을 지시하기도 했다. 우리가 만일 서로를 엄청나게 존중하는 우애로운 관계의 동료들이 아니었다면, 사태가 굉장히 난감한 쪽으로 흘러갈 수밖에 없었던 게 당시의 상황이었다. 그러나 결국 일관성과 참신한 사고 덕분에 적대감이나 황당하게 새로운 방향으로 전환하는 일은 발생하지 않았다.

하지만 로마 회의가 다가옴에 따라 나는 소극적이나마 내 스스로 타협을 했다. 달러화 가치 절하를 추진하려면 금가격 변경을 수용하는 약간의 제스처는 필요하지 않겠냐는 것이었다. 코널리 장관에게 타협의 때가 무르익었다고 보는지 물었을 때 그는 내게 말했다. 적절한 때가 되었다고 판단해 금가격 변경을 제안할 수 있는 권한은 자신에게 있다고 했다. 그러는 사이 나는 우리의 협상 입장을 해외 카운터파트들에게 다시 설명했다. 금가격에 대해서는 언급하지 않았다.

G10 차관급 대표들에 전달한 설명자료에서 나는 금가격을 논하는 대신 처음으로 주요 산업국 통화들에 대한 달러화 가치의 변경을 원한다는 사실을 밝혔다. 각국별 무역가중치를 적용해 달러를 평균 11% 절하하는 방안을 제시했다. 그 정도의 환율 조정으로도 우리가 원하는 130억 달러

의 국제수지 개선을 달성하기에는 부족하다고 우리는 주장했다. 다만 그 정도의 환율 조정을 하면 우리가 부과했던 관세를 철폐하기에는 충분하다고 설명했다. 유럽과 일본이 우리가 요구한 무역자유화 및 안보비용 분담에 대해 전향적인 자세를 보이고 있는 점을 감안해 계산한 것이라는 점도 덧붙였다.

또한 마지막으로, 그 정도의 환율 조정으로는 부족하기 때문에 금 창구는 재개방하지 않을 것임을 이해해야 한다고 강조했다. 내가 이 설명자료를 회의 뒤에 공표할 것이라고 밝히자 G10 대표들은 특히나 놀라워했다. 그들은 즉각 반발했다. 내가 국제통화 협력체제를 뒤흔들고 있다고 비난했다. 그들의 거센 반응에 나는 결국 코널리 장관에게 전화를 걸어 설명자료 공개를 일단 유보하자고 제안했다. 하지만 예상했던 일이 발생했다. 내가 회의장에서 잠시 벗어난 지 얼마 지나지 않은 시점에 그 자료의 핵심적 내용이 이미 유출되었던 것이다. 미국 쪽이 아닌 다른 국가에 의해서였다.

잠정적인 보고가 끝난 뒤 G10 회의는 대표자들만의 대화국면으로 돌입했다. 배석자 없이 회의가 이뤄졌다. 내가 그 동안 겪었던 국제회의 중에서 가장 흥미진진한 일들이 펼쳐졌다. 코널리 장관이 알파벳 순서에 의해 의장을 맡았는데, 이는 중립적인 스탠스가 그에게 요구되었음을 의미했다. 그래서 결국 미국을 대표하는 멤버를 내가 맡게 되었다. 나는 코널리 의장 바로 곁에 앉았다. 회의가 시작되자 각국 재무장관들이 미국의 '헌신(그들은 그렇게 표현했다)'을 먼저 요구했다. 온스당 35달러인 금가격을 인상하는 식의 달러화 평가절하 없이는 논의할 게 없다고 선언했다.

익숙한 합창이었다. 결국 코널리가 신호를 보냈고 내가 주제를 제기했다. "좋습니다. 우리가 금가격에 대해 논의할 의사가 있다고 한번 가정을 해 봅시다. 만일 우리가 금가격을 10~15% 인상한다면 여러분들은 어떻게 반응하겠습니까?" 코널리 장관은 분명히 15%는 과하다고 생각했다. 그래서 그는 답했다. "좋아요. 이슈가 일단 제기됐습니다. 10% 인상안을 가정해 봅시다. 여러분들은 어떻게 하겠습니까?"

대답이 없었다. 토론도 없었다. 주제를 바꾸려는 시도조차 없었다. 휴회를 하자는 요구 역시 없었다. 거의 한 시간동안 침묵만이 흘렀다. 일부 대표들은 담배를 피웠고 일부는 동료들과 귓속말을 나눴다. 일부는 단지 안절부절하기만 했다. 어느 누구도 논의 진행을 앞장서고자 하지 않았다.

결국 칼 실러가 입을 열었다. 독일은 늘 대외수지가 강력하고 인플레이션을 걱정하는 나라였다. 그래서 환율정책에 관해서는 오랫동안 우리에게 가장 유연한 파트너가 되어 주었다. 독일은 10%의 달러화 평가절하를 받아들일 수 있다고 실러는 답했다. "거기에다가 몇 퍼센트 정도는 더 할 수 있다"고 말했다. 그러자 즉각 질문이 제기됐다. "몇 퍼센트란 게 얼마를 의미합니까?" 그는 대답했다. "독일어에서 '몇'이란 것은 1이 아닙니다. 그것은 2를 의미합니다."

우리 모두는 외국어 레슨을 받았다. 그리고 독일이 12%의 달러화 평가절하를 수용할 것임을 알게 되었다. 그렇다고 해서 그것만으로 우리가 원하는 결과 전반을 이끌어 낼 정도로 충분한 것은 아니었다. 하지만 확실히 진정한 협상이 막 시작된 셈이었다. 독일로 인해 유럽의 다른 파트너들도 입장을 밝힐 수밖에 없었다. 영국과 이탈리아는 큰 폭의 환율 조정에는 참여할 형편이 안 된다고 저항했다. 프랑스는 침묵을 지켰다.

그리고는 휴회가 선언됐다. 입장이 비슷한 국가들끼리 미팅이 있었

고, 대표들은 각국 수도로 전화를 걸었다. 모두들 프랑스 퐁피두^{Georges-Jean-}
^{Raymond-Pompidou} 대통령에 대한 보고가 가장 중요하다고 보았다. 그렇게 몇
시간이 흘렀다. 그 다음날에도 환율에 관한 합의가 이뤄지기 어려워 보이
자 코넬리 의장은 무역 이슈가 미결로 남아 있다는 사실을 대표들에게 상
기시켰다. 그러면서 각국 통상 장관들을 회의에 참석시킬 것을 요청했다.
하지만 유럽 대표들은 받아들이지 않았다. 통상문제는 유럽공동체의 소
관으로 개별국가가 다룰 일이 아니라고 주장했다. 유럽공동체의 통상위
원장인 레몽 바르^{Raymond Barre}가 회의장 바깥에 앉아 있었다. 그는 이후 지
스카르 데스탱 대통령 때 총리에 오른 인물이다. 바르 위원장이 와 있다
는 사실을 안 코넬리 의장은 그를 불러들이자고 주장했다. 하지만 바르는
거부했다. 유럽공동체의 장관위원회로부터 권한을 위임받은 바 없다는
것이었다. 공통체 소속 재무장관들이 마침 모두 그 곳에 참석해 있었다.
그래서 코넬리는 유럽 장관회의가 열릴 수 있도록 G10 회의를 휴회했다.
물론 그들은 그런 식의 이례적인 즉각 조치를 받아들이려고 하지 않았다.
대신 그들은 무역이슈가 의제로 남아 있다는 사실과 수일 내에 무역 대표
자회의가 열려야 한다는 사실을 이해하게 되었다.

　머뭇거림 속에서 휴회가 잇따르긴 했지만 다들 비슷한 느낌을 갖고 있
었다. 수개월 동안의 교착상태 끝에 결국 합의에 가까워지고 있다는 것
을. 존 코넬리는 최선을 다했다. 언론들이 그의 '카우보이' 같은 공격성을
맹비난했지만, 이는 주로 그와 대적했던 협상 상대방에 의해 부풀려진 것
이었다. 협상했던 일부 국가의 장관들은 오히려 코넬리에 대해 은근히 감
탄하고 있었다. 그들 역시 마찬가지로 지극히 정치적 근성을 갖고 있는
인물들이었다. 로마 일곱 개 언덕 중 한 꼭대기에 위치한 르네상스 팔라

초(Renaissance Palazzo)에서 공식 만찬이 열렸다. 바로 이날 코널리는 각
국 장관들에게 결정적인 임팩트를 주었다. 명백히 즉흥적으로, 아무런 사
전 원고도 없이, 코널리는 저녁식사를 하고 있는 바로 그 자리에 과거에
도 모였을 고대 로마의 지도자들을 회상했다. 과거 그들의 문명화 임무,
법 전통, 학습, 공동화폐 등을 거론했다. 코널리는 장관들 앞에서 최소한
2000년을 거슬러 올라가며 서구 문명에 관한 다소 뻔한 회고를 시도했다.

　그것은 길고 지루한 회의에서 드디어 신뢰가 형성되었음을 상징하는
것이었다. 코뮈니케(공동선언문)에 어떤 내용을 담을 지 아직 결정도 하지
못한 상태였지만, 장관들은 코널리 혼자서 기자회견을 하는데 동의했다.
코널리가 특정국가의 입장에 편견을 가지지 않은 채 공정하게 공동의 움
직임을 전달할 수 있을 것이라고 믿은 결과였다. 그런 임무를 수행하는
것은 쉽지 않은 일이었다. 하지만 코널리는 대단한 스타일로 잘 해냈다.
이탈리아 성채의 화려한 방 안은 기자들과 마이크로 북적댔다. 코널리는
먼저 거대한 테이블 위에 올라서 사람들의 이목을 끌었다. 금에 관한 논
의는 가상적 차원이었던 것으로 언론에 보도되었다. 다만 소수의 금융매
체 기자들은 향후 협상이 어디로 향할 것인지에 관해 궁금증을 갖게 되었
다. (그 기자들 중 한 명은 "달러화의 평가절하가 다가오고 있다"는 제목으로 기
사를 썼는데, 그는 우연하게도 지금 이 책의 편집자가 되었다.)

조소거리가 된
'세계 역사상 가장 위대한 통화 합의'

다음 주요 10개국 회의는 크리스마스 직전 주에 워싱턴에서 갖기로 했다.

하지만 결정적 협상은 미국이 아닌 아조레스(Azores)에서 퐁피두 대통령과 닉슨 대통령 사이에서 이뤄졌다. 수년 동안 프랑스는 통화정책 및 여타 대부분의 국제 협상에서 미국의 주된 반대세력 역할을 해왔다. (심지어 우리가 실제로 원하는 것과 정반대의 입장을 제시한 뒤 프랑스의 반대에 '우아하게' 굴복하는 방안을 내가 꿈꿔본 적이 있을 정도였다.) 퐁피두 대통령은 드골 장군만큼의 명망을 누리지는 못한 인물이었다. 다만, 그는 로스차일드의 뱅커로 일했던 사람으로서 통화정책에 관해 대단한 관심을 갖고 있었다. 만일 미국의 관점에 대한 양보가 이뤄지려면, 그 합의안에는 프랑스의 흔적이 담겨 있어야 했다. 그리고 우리의 입장에서 볼 때, 프랑스와 합의를 도출해 내면 보다 광범위한 타결도 가능해질 상황이었다.

닉슨 대통령은 통화정책 이슈에 관해서는 그다지 깊은 관심이 없었다. 나중에 듣기로, 두 정상의 대화는 퐁피두 대통령 주도로 진행됐다. 시작부터 드골주의적 주장과 달러화 체제의 폐해가 언급되었다고 한다. 닉슨 대통령은 자신의 주된 우려사항인 상호 방위 및 안보 문제를 다룰 기회가 올 때까지 인내심 있게 퐁피두의 말을 경청했다. 코낼리와 지스카르 데스탱 그리고 나는 다른 방에서 거의 모든 이슈들을 포괄하는 합의안의 골격을 짰다.

핵심 사안, 그러니까 달러화의 평가절하 폭에 관해서는 다음날 정상회담으로 넘겨졌다. 해당 사안에 대한 비교적 강력한 프랑스의 입장을 감안할 때 우리가 불리한 상황임을 나는 알고 있었다. 금에 관한 우리의 양보가 상징적인 중요성이 있었고, 프랑스는 조정의 필요성을 강조해 왔으니, 퐁피두는 10%가 합리적인 수치라는 점에 대해 동의해야 할 것으로 여겨졌다. 그런데 논쟁은 오래 걸리지 않았다. 퐁피두 대통령은 금값을 온스당 35달러에서 38달러로 올리는데 결국 합의했다. 8.5%의 인상률이었다. 38달러는 소수점이 없으므로 통화시스템에 중요한 숫자로서 적합하다고 퐁피두 대통령은 판단했다. 프랑화로 표시할 경우에는 소수점이 생긴다고 내가 설명했으나 그는 개의치 않았다. 프랑스 역시도 달러의 중심적 중요성에 대해 인정한다는 사실을 보여준 징후였다. 닉슨 대통령은 그것으로 완전히 마무리 짓기를 원했다. 그래서 나는 아조레스 군 기지에 근무하는 한 육군병장의 부인을 부르기 위해 나갔다. 그 부인에게 합의문의 타이핑 임무가 미리 맡겨져 있었다.

프랑스와의 합의를 이끌어 냄에 따라 우리는 G10 최종 협상을 준비하는데 주력했다. 장소는 워싱턴의 스미소니언협회(the Smithsonian Institution) 건물이었다. 그 건물은 빅토리아 시대에 지어진 자그마하고 화려한 벽돌 빌딩이었다. (지금도 그렇다.) 워싱턴 내셔널 몰 오른쪽에 위치해 지금은 항공우주박물관 및 허시혼 미술관(the Hirshhorn Museum)을 찾는 사람들로 북적인다. 아마도 스미소니언은 역사적 인공물들, 문화와 보존에 대한 헌신, 과학 탐구에 대한 관심 등의 이유로 통화시스템을 재건하는데 적합한 장소라고 여겨졌던 듯하다. 어쨌든 그 오래된 벽돌성은 작은 방들도 많고 해서 비공식 회의장으로 쓰기에 좋았다.

그 중 한 방에서 우리는 남아 있는 문제들을 놓고 철저한 토론을 했다. 유럽과 미국 모두 가능한 한 최대한으로 엔화를 절상하자는 공동의 이해관계를 가졌다. 일본의 무역 경쟁력이 유별나게 강해진 탓만은 아니었다. 협상의 기술적 측면에서 엔화 가치의 절상은 다른 나라들의 절상 의사에 영향을 미치는 요소가 될 터였다. 엔화 절상 폭이 클수록 다른 나라들, 특히 독일도 자국 통화의 대폭 조정을 받아들일 것이었다.

우리의 이런 노력에도 불구하고 미즈타 미키오 일본 대장상은 17% 또는 그 이상의 평가절상을 거부했다. (그 자세한 이야기는 교텐 토요오가 실감나게 기술한다. 안타깝게도 나는 일본이 추가적으로 3% 더 절상할 용의가 있었음을 20년이나 지나서야 알게 되었다.) 독일의 경우는 결국 실러 장관이 로마에서 양보했던 것 이상으로 절상하는데 동의했다. 달러에 대해 13.57% 높이기로 했다. 여타 유럽 국가들은 절상률의 1% 안팎 정도를 놓고 다퉜다. 이들 중 일부의 우려를 달래기 위해 우리는 '가중평균 환율 변동 계산법'을 개발했다. 브레튼우즈 체제 이후로 단지 달러에 대한 환율만 생각하는 습관이 생겨났는데, 그렇게만 볼 게 아니라 전반적인 조정 정도를 측정해 보자는 취지였다. 이를 통해 우리는 엔화와 마르크화가 절상되는 효과도 계산에 넣어 보여줄 수 있게 되었다. 일부 작은 국가들의 경우는 자신들의 통화를 기존 금 환율대로 유지하는 것만으로도 약간이나마 절하 효과를 누릴 수 있음을 알게 되었다. 하지만 끝내 이탈리아와 스웨덴은 자신들의 통화를 금에 대해 1% 절하하겠다고 주장했다.

물론 금 환율은 이미 아조레스에서 미국과 프랑스 사이에 합의된 사안이었다. 그래서 양국이 약간의 쇼를 연출한 끝에 결국 전원의 동의가 막 이뤄질 수 있던 차였다. 바로 그 폭에 의해서 협상 가능한 환율 조정 폭이 전반적으로 결정되는 것이었다. 캐나다는 얼마 전 사실상의 변동환율제를 도입한 상태였는데, 이를 포기하는데 대해 완고하게 반대했다. 이는 결국 미국이 단일 국가로는 최대의 무역 파트너를 상대로 평가절하를 얻어낼 수 없는 상황임을 의미했다.

가중평균 실효환율을 계산하는데 있어서 가중치를 얼마로 할 것인지도 자의적인 요소였다. 회의 마지막 날에 가서야 우리는 계산을 해낼 수 있었다. 모든 OECD 국가들의 통화에 대해 달러의 가중평균 가치가 8%에 약간 못 미치는 수준으로 절하되는 것으로 했다. 이는 오튼의 계산 모델이 9개월 전에 제안했던 절하 폭 대비 절반을 약간 웃도는 수준이었다. 가중치가 매우 높은 캐나다를 제외하면 실효 절하율은 12%였다. 우리는 발표 때 이 점을 특히 강조했다. 그러나 어떤 식으로 보더라도 우리가 대외지급에서 견조한 균형을 회복하는데 필요하다고 보았던 평가절하에는 한참 못 미치는 결과였다. 무역협상에서 일본과 유럽의 시장을 개방하는데 성공했다고는 하지만 말이다. 유럽 공동시장과 일본의 의사 방해는 효과적이었다. 환율 재조정안이 타결되고 관세가 해제됨에 따라 우리에게 협상 레버리지는 거의 남지 않게 되었다. 그 뒤 몇 주 동안 전개된 시장 개방 협상은 국제수지의 큰 맥락보다는 주로 일부 감귤류 과일에 집중되었다. 감귤류 개방은 당시 미국의 로비가 요란했기에 정치적으로 중요했다.

스미소니언에서 도입한 개혁 사안 가운데 하나는 오늘날에도 유럽 내부 통화 합의에 살아남아 있다. 새로운 기준환율(대부분의 국가에서 '중앙환율(central rate)'이란 용어로 불렸다.) 주변에서의 환율 변동 범위를 아래위 2.25%로 정한 것이다. 이는 브레튼우즈 변동 범위의 두 배를 넘는 폭이다. 우리가 3%를 요구한데 대해 프랑스가 양보한 결과였다.

캠프 데이비드에서 그랬던 것처럼, 환율을 놓고 줄다리기를 하는 동안 장기 개혁에 관한 문제에는 에너지를 거의 쏟지 못했다. 이에 관한 논란이 나중에 불거지게 될 터였다. 그와 동시에, 미국이 앞으로 자신의 금이나 차입한 외화를 매각해가면서까지 새 환율을 지켜낼 생각은 없다는 사실을 각국은 (설혹 흔쾌하게는 아니더라도) 양해하게 되었다. 잠정적으로 합의된 것은 달러본위제였다. 금이 없는 브레튼우즈 시스템인 것이다.

협상이 막바지에 이르렀을 때 닉슨 대통령이 백악관에서 찾아와 결과물을 치하했다. 재무장관들, 중앙은행 총재들, 그리고 그 수행원들이 그 오래된 항공우주박물관에 집결했다. 천장에 걸린 라이트형제와 찰스 린드버그의 비행기 아래에서 언론을 맞았다. 닉슨 대통령은 이번 회의에서 '세계 역사상 가장 위대한 통화 합의'에 도달했다고 선포했다.

당시 그 연설은 이후 경멸하는 비웃음 대상으로 자주 회자되었다. 하지만 지금까지 내가 아는 한, 그토록 많은 나라들이 특정한 환율에 대해 한꺼번에 합의한 것은 사실상 전례가 없는 일이었다. 당시 한 가지 결여되었던 것을 꼽자면, 그 모든 것들이 작동할 수 있도록 하는 각오가 부족했다. 내 동료 한 사람이 회상한 바에 따르면, 당시 나는 대통령의 연설이 행해지는 동안 그에게 고개를 돌려 "석 달만이라도 유지되었으면 좋겠다"고 말했다고 한다. 사실 그 보다는 좀 더 오래 지속되긴 했다. 영국이 파운드의 변동을 허용한 것은 새 고정환율에 합의한 지 6개월이 지난 때였다. 이탈리아도 스미소니언 고정환율을 풀 것 같다는 보고를 받은 닉슨 대통령은 백악관 참모에게 "리라화에 관해서는 X도 주지 않겠다(I don't give a X about lira)"고 속마음을 털어 놓았다.

브레튼우즈의 끝이 다가오고 있었다. *Volcker*

당시 일본은 공산화된 중국이 경제 및 군사력에서 핵심 파워로 부상하는데 대해 우려하고 있었다. 중국이 국제 정치, 경제 분야에 너무 빠른 속도로 진입하지 못하도록 당시 일본은 미국과 동맹을 유지하고 있었다. 그러나 7월 15일, 경제선언을 공표하기 한 달 전 닉슨 대통령은 중국을 방문하겠다고 발표함으로써 일본에게 1차 충격을 주었다.

written by
GYOHTEN

경제적 경쟁자의

비애

1971년의 사건들은 일본에게 매우 강렬하고 교훈적인 메시지를 전달해주었다. 일본 경제가 세계와 밀접하게 얽혀 있으며 기존에 우리가 추구했던 절연된 정책들은 더 이상 가능하지 않다는 사실을 그 사건들은 깨닫게 해주었다. 국제통화시스템이 갈수록 불안정해지고 있다는 것을 우리 역시 당연히 알고 있었다. 하지만 우리가 보기에 근본 원인은 1960년대 미국의 기본 균형이 다루기 힘들 정도로 악화된데 있었다. 무역수지 흑자가 줄어들고 장기자본 유출이 확대된 결과였다. 이러한 악화로 인해 미국의 단기외채가 급증했다. 달리 말하자면, 대규모의 달러를 외국인들이 보유하게 되었다.

1964년이 되자 미국의 공식 단기외채는 처음으로 미국의 금 보유액을 넘어섰다. 일어날 가능성은 낮지만, 만일 그 모든 달러 보유자들이 동시에 겁에 질려 금으로 바꾸려고 권리 행사에 나선다면 브레튼우즈 시스템이 이론적으로 의존하고 있던 미국의 금 준비금은 소진되고 말 것이었다. 상황은 계속 급속도로 악화되었다. 1971년 금 준비금은 110억 달러까지 줄었다. 공식 단기 해외차입은 약 250억 달러에 달해 준비금의 두 배를 넘었다. 즉, 해외 정부들과 중앙은행들이 보유한 달러는 오로지 44%만 금에 의해 보장받고 있을 뿐이었다. 그래서 달러의 신뢰는 빠르게 악화되었다.

불안정의 원인은 그것만이 아니었다. 서로 다른 경기 사이클을 반영해 주요국들 사이에서 금리와 인플레이션 차이가 발생했다. 이는 매우 크고 변동이 심한 자본흐름을 야기했다. 유로마켓(역자 주: 미국 역외의 달러화 시장)에서 그 양상이 특히 심했다. 그러던 와중에 국제금융시장에서는 강력한 인식이 형성되었다. 새로 출범하는 닉슨 행정부가 미국의 정책 우선순위를 대외 조정에서 국내 완전고용 및 기업이익 증대로 이동할 것이란 관측이었다. 이러한 정책 변경은 '선의의 무시'라고 불렸는데, 내 생각에는 그것이 국제적 안정에 결정타를 가했다.

지금에 와서 돌이켜 보면, 일본의 국제수지 기본 구조는 1960년대 중반부터 굉장히 건실해졌음을 알 수 있다. 물론 여전히 변동이 심한 편이었고 1967년에는 다소 심각한 수준의 경상수지 적자를 내기도 했지만 말이다. 그래서 당시에는 일본 스스로가 여전히 취약한 상태라고 여겼다. 1970년과 1971년에 대규모의 대외 흑자를 내기 시작했을 때 일본은 그것이 당시의 내수경기 둔화에 따른 결과라고 생각했다. 기업이익이 악화되고 주식가격은 떨어지고 있었다. 생산활동도 굉장히 침체된 상태였다. 미국이 내수팽창으로 정책을 전환하자 우리 수출에 대한 수요가 강력하게 증가했다. 미국 항만 노조의 파업과 같은 특이요인으로 인해 미국의 수출이 막힌 가운데, 일본 섬유산업은 자발적 수출제한 조치를 우려해 출하를 미리 급격하게 늘렸다.

기저에 흐르는 상황이 그토록 왜곡되어 있었기 때문에 일본은 엔화 절상이 적절한 대응정책은 아니라고 생각했다. 일본 내수경기 둔화를 더욱 심화하는 결과를 낳을 뿐이라고 판단했다. 대신 일본은 재정과 통화정책을 팽창적으로 운영해 내수를 부양하는 한편 수입시장을 추가 개방하는 것을 선호했다. 하지만 솔직히 그게 일본 측의 진정한 생각을 반영한 것은 아니라고 본다. 일정부분은 엔화를 절상하라는 외부의 압력에 대항한 협상전술의 일환이기도 했다. 그럼에도 불구하고 일본 내부에서는 대다수가 자국의 국제수지 구조에 대한 신뢰가 부족했다. 엔화를 절상했다가 경제를 망칠 것이라고 우려했다. 그와는 다른 생각을 가진 경제학자들이나 기업인들은 소수에 불과했고 그들의 목소리는 작았다. 그래서 미국과 유럽이 일본의 흑자와 저평가된 통화가치를 비난했을 때 우리는 상황이 얼마나 심각해졌는지 깨닫지 못했다. 그래서 우리는 국내 수요를 부양하는 조치들을 취함으로써 일본에 대한 비난을 모면할 수 있을 것이라고 믿었다.

닉슨 쇼크

닉슨 대통령의 신경제 정책 발표는 일본 시간으로 8월 16일 오전 10시에 행해졌다. 도쿄 주재 미국 대사관의 재무관은 나와 일본은행에 미리 경고를 해 주었는데 별 보잘 것 없었다. 당시 나는 대장성 국제 담당 호소미 다카하시 Hosomi Takahashi 차관의 특별보좌관이었다. 그가 내게 전화를 걸어와 말했다. "도쿄시간으로 오전 10시에 닉슨 대통령이 중대 발표를 할 것이다." 내가 "뭐라구요?"라고 묻자 그는 "나도 모르겠어. 당신이 들어 보는 게 좋겠다"라고 말했다. 당시만 해도 CNN이 없었다. 그래서 나는 그 방송을 어디에서 들어야할 지를 물었다. 그는 '미국의 소리 방송[3]'에서 중계할 것이라고 했다. 그 방송은 단파로만 들을 수가 있었다. 그래서 나는 비서에게 빨리 단파 라디오를 구해보라고 지시했다. 다행히 비서가 그걸 구해왔다. 연설을 직접 들었다. 그의 말이 맞았다. 정말로 중대 발표였다. 그 때 미국 재무차관 폴 볼커로부터 아주 친절한 전화가 걸려왔다. 그의 카운터파트인 대장상 선임 보좌관 카시와기 유스케가 전화를 받았다. 볼커는 앞으로 일어날 일들을 미리 경고해 주었다. 선의의 표시였다. 긴급한 상황에서 개인적 우호관계와 신뢰가 얼마나 중요한지를 보여준 사례였다.

우리는 이를 '닉슨 쇼크'라고 불렀다. 일본 전체가 깜짝 놀라 충격에 휩싸였다. 아주 컸다. 시장에서는 달러화 매물이 쇄도했다. 대장성이 황급하게 대책회의를 열었다. 내부적으로 극명한 이견이 노출되었다. 일부는 당장 시장을 정지시키고 달러 매입을 중단해야 한다고 주장했다. 다른 한쪽은 시장을 계속 열어 두기를 원했다. 전자는 미국과 유럽 시장이 닫혀 있음을 지적하면서 왜 일본만 열어 둔 채로 달러를 사들여야 하냐고 항변했다. 달러가 평가절하될 경우 일본 정부가 큰 손실을 입을 것이라고 주장했다. 실제로 그렇게 될 것이 분명했다. 그에 대한 반박도 만만치 않았다. 만일 시장을 정지시켰다가 재개장할 경우에는 엔화 가치를 재평가하거나 변동환율제로 변경하는 수밖에 없을 것이라고 주장했다. 일본으로서는 전혀 원하지 않는 방향이었다. 게다가 그들은 은행을 보호해야 한다는 강력한 반론을 펼쳤다. 은행들의 장부에는 대규모의 달러화 자산이 있

---

[3] 미국의 소리 방송(Voice of America) : 미국 정부가 해외 홍보 활동의 하나로 운영하는 국제방송(편자 주).

는데, 이는 대장성과 일본은행의 강력한 권고에 의한 것이었다는 지적이다. 만일 시장이 정지될 경우 은행들은 달러화 자산을 매도할 수 없게 되어 대규모 손실을 입게 된다고 그들은 우려했다. 시장을 계속 열어 두자고 주장한 쪽은 일본의 환율통제시스템이 완벽하기 때문에 달러화 매물이 그리 많지는 않을 것이라고 확신했다.

결국 시장을 열어 두자는 주장이 우세했다. 그래서 우리는 계속해서 360엔의 환율로 달러를 사들였다. 일본 쪽에서는 확실히 미국 재무부와 미 행정부 전체의 진정한 의도가 무엇인지에 관해 심각한 판단 착오가 있었다. 일본 정부는 너무 '나이브(naive, 역자 주: 순진하면서도 무지하고 안이했다는 뉘앙스를 지녀 원어 그대로 살림)' 했다. 달러화 평가절하가 없을 것이라는 존슨 대통령과 닉슨 대통령의 반복된 약속을 지나치게 믿었던 것이다. 불과 몇 달 전 코널리 장관 역시도 그러한 공언을 되풀이했다. 그래서 일본은 미국의 진정한 목표가 평가절하이기보다는, 달러에 대한 금의 속박에서 벗어나 최대한 빨리 달러 가치를 안정화하는 것이라고 판단했다. 우리가 달러당 360엔 환율을 방어하는 것은 미국의 이익에 부합하는 것이며, 이는 미국에 협조하는 행동으로 받아들여 질 것이라고 우리는 생각했다. 그래서 일본은행은 즉각 360엔에 달러를 매입하는 개입에 나섰다. 2주가 지나자 매입 규모가 40억 달러에 달했다. 전월 말 80억 달러에 못 미치던 보유액이 50%나 늘어난 셈이었다. 8월 28일, 우리는 결국 포기하고 말았다. 시장을 다시 열 때 우리는 엔화가 자유변동하도록 허용했다.

40억 달러는 큰돈이었다. 360엔의 환율을 적용할 경우 1조5000억 엔에 달했다. 당시 일본의 협의통화(M1, 유통현금 및 요구불예금) 규모가 24조 엔 수준이었다. 중앙은행의 달러 매수개입 규모의 비중을 상상하는 것은 어렵지 않을 것이다. 당연히 그 뒤로 대장성과 일본은행은 일련의 심각한 토론 과정에서 처절하게 비난을 받았다. 대규모의 달러 매입으로 인해 일본 경제에 엔화가 대거 공급되었으며, 이로 인해 1973년과 1974년에 인플레이션이 발생할 길을 초래했다고 비평가들은 지적했다.

나는 외환개입이 직접적으로 인플레이션을 야기했다고는 생각하지 않는다. 1971년 하반기부터 1972년 1분기 사이에 통화량이 전년비 4분의1 가량이나 증가한 것은 사실이었다. 그러나 1년 뒤인 1973년 2분기까지도 인플레이션은 실제로 나타나지 않았다. 대장성과 일본은행의 입장에서는 회계상 대규모의 손실을 입었다. 360엔에 사들인 40억 달러가 불과 4개월 후에는 308엔으로 평가절하되었기 때문이다. 정부가 납세자들의 돈으로 은행을 구제해 주었다는 비난을 받았다. 나는 이 비판이 이론상으로는 별 근거가 없다고 생각했다. 특정 시점에 외환계정을 조정할 의무가 중앙은행에게는 없기 때문이다. 그 계정은 그대로 유지되는 것이고 엔화 기준으로는 이익도 손해도 나는 것이 아니었다. 중앙은행은 단지 나중에 필요한 경우 대외지급을 위해 외화준비금을 보유하는 것일 뿐이었다. 실제로 2년 뒤에 제1차 오일쇼크가 발생했을 때 그 새로 축적한 40억 달러의 준비금은 매우 유용했다. 훨씬 더 비싸진 원유를 수입하기 위해 일본은 대규모의 달러를 지불해야 했기 때문이다. 그 40억 달러는 닉슨 쇼크 직후에도 여전히 개방해 놓았던 일본 외환시장에서 획득한 것이었다.

나중에 안 사실이지만, 일본의 은행들과 무역회사들은 8월 15일 직후에 해외에서 달러를 차입해 도쿄시장에서 내다팔았다. 일본 당국은 그들의 해외 조달능력을 극도로 무시하고 있었던 것이다. 당시 일본의 환율통제가 완벽과는 거리가 한참 멀었다는 한 가지 가치 있는 교훈을 얻게 되었다. 민간은행과 그들의 외환거래를 타이트하게 컨트롤하고 있다고 믿었던 관료들과 중앙은행 간부들에게는 충격적인 일이었다.

불길한 숫자를 피해

닉슨 쇼크 뒤 경제는 혼란에 빠졌다. 주가지수가 아주 급속도로 하락했다. 7월 말 202였던 것이 10월에는 176밖에 되지 않았다. 10% 이상 떨어졌다. 하지만 수출은 감소하지 않았다. 비록 상황은 여전히 불확실했지만, 대장성은 360엔 환율을 방어하는 것이 더 이상은 불가능하다는 사실을 깨달았다. 하지만 동시에, 대규모 엔화 절상에 대한 굉장히 강력한 저항이 있었다. 경제에 재앙을 불러올 것이라는 큰 공포 때문이었다. 기업인들과 정치인들의 비난을 피하기 위해 대장성은 엔화 가치가 점진적으로 변동해 올라가도록 노력했다. 그래서 우리는 계속해서 외환시장에 개입했고, 8월 28일부터는 엔화가 서서히 상승했다. 10월 1일 환율은 333엔이 되었다. 11월에는 329엔이었고, 스미소니언 합의 전인 12월 18일에는 320엔을 기록했다. 옛 금 환율 대비 12.3% 절상된 셈이었다.

미국이 환율 재조정에서 진정 무엇을 목표로 하고 있었는지 우리는 확신할 수 없었다. 대장성은 자체 연구를 진행한 바 있었고, 당시 우리는 어떤 식이든지 다자간 환율 재조정에 참여해야 한다는 것을 알고 있었다. 11월 15일, 대장성은 간부회의에서 달러를 금에 6% 절하하는 방안을 수용하기로 했다. 독일이 금에 3%, 일본은 6% 절상함으로써, 달러에 대한 엔화의 가치가 12% 높아지는 구도였다. 우리 계산에 따르면, 이 조치로 미국의 경상수지는 65억 달러 개선될 전망이었다. 우리가 12%의 평가절상을 제안한 데에는 이유가 있었다. 이미 시장에서 엔화가 약 10% 상승한 상태였고, 10%의 미국 수입관세는 엔화의 2.2% 추가 절상과 동일한 효과를 낸다고 계산했던 것이다.

하지만 우리는 미국 및 유럽과 협상을 해야 한다는 걸 알고 있었다. 그리고 미국의 요구는 그야말로 터무니가 없었다. 그래서 우리는 프랑스와, 이어서는 독일과 동맹을 맺으려고 노력했다. 그러나 둘 다 실패로 돌아갔다. 일본은 특수한 상황에 처해 있었다. 강력한 미국의 압박 하에서 그 누구도 일본과 동맹을 맺으려 하지 않는다는 인상을 우리는 갖게 되었다. 실망스러운 발견이었다. 이후 우리는 미국이 유럽과 동맹을 맺어 일본에 집단적으로 맞서려고 한다는 사실을 알게 되었다. 하지만 상황을 조사해 우리가 왜 그토록 고립되었는지를 알아내기보다는, 우리는 아주 방어적인 입장을 채택했다. 그 결과 스미소니언 합의는 일본이 협상 태도를 발전시켜 나가는데 있어서 불운한 분수령이 되고 말았다. 일본의 관료들은 고립되었다는 아주 강력한 느낌에 사로잡히게 되었다.

스미소니언 합의는 미일 관계의 폭넓은 맥락 하에서 다뤄져야 했다. 경제 이슈는 늘 양국 관계에서 가장 두드러진 분야였지만 그것을 넘어서야 했다. 1960년대 중반에만 해도 두 나라는 큰 형과 어린 동생으로 표현할 만한 동맹관계를 맺고 있었다. 그러나 1971년에 발생한 일련의 일들은 이 안정적 관계에 상당한 긴장을 가했다. 당시 일본은 공산화된 중국이 경제 및 군사력에서 핵심 파워로 부상하는데 대해 우려하고 있었다. 중국이 국제 정치, 경제 분야에 너무 빠른 속도로 진입하지 못하도록 당시 일본은 미국과 동맹을 유지하고 있었다. 그러나 7월 15일, 경제선언을 공표하기 한 달 전 닉슨 대통령은 중국을 방문하겠다고 발표함으로써 일본에게 1차 충격을 주었다. 그해 10월, 국제연합(UN)에서 타이완을 쫓아내지 못하도록 하는 결의안을 미국과 일본이 함께 지원하는 동안, 헨리 키신저는 비밀리에 중국을 방문했다. 10월 15일, 일본은 아주 어려운 협상을 마무리 지었다. 자발적으로 대미 섬유수출을 제한하기로 했다. 우리가 졌다는 느낌을 절감하게 한 합의였다.

그때가 바로 미국이 일본을 경제적 경쟁자로 인식해 강하게 다뤄야 하겠다고 결심한 시기였다. 내가 보기에 당시 닉슨 행정부는 베트남전쟁 이후 아시아 정책에 있어서 공산 중국을 일본에 대한 견제세력으로 활용할 생각이었다. 그 사안에 관해 헨리 키신저와 존 코널리 사이에는 교감이 있었던 듯했다. 우리 밑에 깔려 있던 양탄자를 미국이 빼앗아 가버린다는 느낌을 받았다. 미국은 일본에 대해 일종의 중국카드를 활용하고 있었다. 11월 초 환율 협상을 위해 일본을 방문한 코널리는 키신저의 중국 방문 타이밍이 좋지 않았다고 우리에게 사과했다. 하지만 그는 동시에 또 한 가지 사실을 강조했다. 유럽공동체가 스스로 매우 배타적이고 자의적인 집단으로 강화해 나가고 있으며, 소련과 공산 중국은 굉장히 중요한 세력으로 성장하고 있으므로, 만일 미국과 훨씬 더 밀접하게 협력하지 않는다면 일본은 스스로 굉장히 난처한 처지에 놓이게 될 것이라고 코널리는 말했다.

그러면서 코널리는 엔화 24%, 독일 마르크 18% 절상을 요구했다. 미국 달러에 대해서는 손대지 않겠다고 했다. 3주 뒤, 주요 10개국이 로마에 모였다. 미국이 엔화 및 마르크화에 대한 절상 요구율을 각각 20% 및 15%로 낮춰서 제시했다. 대신 처음으로 달러화의 10% 평가절하 안을 내놓았다. 스미소니언 협상 첫날이던 12월 17일, 미국의 절상 요구율이 좀 더 낮춰졌다. 엔화 19.2%, 마르크화 14%를 주장했다. 달러는 8.25% 절하하겠다고 했다.

최종적으로 미국은 일본과 엔화 16.9% 절상에 합의했다. 왜 그렇게 이상한 숫자가 나왔을까? 스미소니언에서 코낼리는 우리 미즈타 미키오 대장상과 가진 최종 양자협상에서 엔화 18% 절상을 고집했다. 코낼리와 마찬가지로 미즈타 장관도 관료가 아닌 타고난 정치인이었다. 그는 학생시절 사회주의자였으며, 그러한 이유로 전쟁 전 일본 군사정부 경찰에 여러 차례 체포된 경험이 있었다. 그러다가 그는 보수주의 정치인이 되었다. 일본이 전후 금융개발을 해 나가는 과정에서 맞은 아주 민감한 시점에 그는 세 차례에 걸쳐서 대장상을 역임했다. 그 중 한 임기에서 그는 스미소니언 협상을 치러냈다.

코낼리와 미즈타의 최종 담판은 총회 중 잠시 동안의 휴식시간에 이뤄졌다. 나는 국제 담당 차관의 특별 보좌관이었고 미즈타 장관의 통역을 맡았다. 우리는 스미소니언의 견본품들을 보관하는 아주 작은 방에 있었다. 선반 위에는 흥미로운 것들을 절여 보존해 놓은 다양한 종류의 병들이 늘어서 있었다. 배경은 무시하고 코낼리는 일본에게 18%의 절상을 요구했다. 미즈타는 불가능하다고 답했다. 그는 절대적으로 17% 아래에서 타협을 해야만 했다. 코낼리는 왜 그러냐고 물었다.

미즈타는 답했다. "일본에게 17%는 아주아주 불길한 숫자입니다. 1930년 일본이 금본위제로 돌아갔을 때 엔화는 절상되었습니다. 그 절상률이 바로 17%였습니다. 경제는 곧장 공황에 빠졌습니다. 금본위제 복귀 결정을 내렸던 대장상은 피살당했습니다."

코낼리는 케네디 대통령 피살 당시 댈러스에서 그를 수행했던 인물이었다. 미즈타의 이야기에 대해 코낼리가 자신의 경험을 떠올리며 어떤 인상을 받았는지는 잘 모르겠다. 심지어 그런 생각을 떠올렸는지조차 알 수는 없는 일이다. 어쨌든 그는 즉각 대답했다. "좋습니다. 그럼 얼마나 절상할 수 있겠습니까?"

"308엔입니다." 미즈타는 대답했다. 그렇게 해서 나온 절상률이 16.88%였다.

"그렇게 합의를 합시다." 코낼리가 답했다. 협상이 마무리되었다.

용기의 상실

코낼리는 일본과의 협상에서 매우 강경했다. 하지만 유럽을 상대로 협상을 할 때에는 미국에게 일본이 중요하다는 걸 그는 깨닫고 있었다. 그래서 코낼리는 일본이 굴욕감을 느낄 정도로까지는 몰아붙이지 않았다. 그는 정말로 탁월한 협상가였다. 합의를 이끌어 내는 대단한 역량의 소유자였다. 그리고 그는 자신의 일을 엄청나게 즐겼다.

하지만 미즈타 장관의 명민함 역시 언급하지 않을 수 없다. 스미소니언 협상이 끝난 뒤에 그는 한 가지 사실을 털어놓았다. 협상을 위해 도쿄에서 워싱턴으로 출발하기 전에 그는 이미 사토 에이사쿠Sato Eisaku 총리로부터 최대 20%까지 평가절상을 할 수 있도록 승인을 얻어 놓았다는 것이다. 나는 이 말이 사실인지는 증명할 수가 없다. 두 사람 모두 작고했기 때문이다. 하지만 미즈타 대장상에게는 코낼리와의 합의 이후에도 걱정이 남아 있었다. 독일의 칼 실러가 그 합의를 무산시키려 할 것이었기 때문이다. 실러 장관은 엔화가 독일 마르크화보다 최소한 4% 이상 더 절상되어야 한다고 주장했다. 하지만 미즈타와 코낼리가 합의한 차이는 3.3%였다. 미즈타는 실러가 그 합의에 반대할 것을 우려했다. 그래서 미즈타는 12월 18일 오후 최종 담판에서 실러 장관이 자신의 마지막 제안을 내놓을 때까지 기다렸다가 16.9%의 절상률 수용 사실을 공식 발표했다. 코낼리는 "장관님, 대단히 감사합니다"라고 말했다. 일련의 협상 전 과정에서 코낼리로부터 그런 말을 들은 것은 처음이자 마지막이었다. 휴회가 되었다. 미즈타가 서둘러 방에서 나갔다. 그리고는 스미소니언 내부의 일본 대표단 방에 은신했다. 막판에 합의가 무산되는 일이 없도록 하기 위해 성명서 작성을 위한 회의에도 나오지 않았다.

코낼리와 미즈타는 아주 훌륭한 인간관계를 맺었다. 개인적으로 선물도 교환했다. 미즈타는 코낼리에게 아름답게 깎아 칠한 일본의 전통 귀신탈을 선사했다. 그는 선물을 건네면서 "이것은 여성을 보호하는 귀신입니다. 당신의 댁에 놔두면 부인과 따님들이 항상 안전할 것입니다"라고 말했다. 코낼리는 "오, 그렇습니까? 저는 그게 미국을 집어 삼키려고 온 경제동물인 줄 알았습니다"라고 말했다. 코낼리는 주문 제작한 텍사스 카우보이 부츠를 미즈타 장관에게 선물했다. 그 부츠를 만들기 위해 코낼리는 미즈타의 발 크기를 재야만 했다. 그는 미즈타에게 구두를 벗고 종이 위에 설 것을 요청한 뒤 직접 연필로 발 모양을 그렸다. 미즈타는 약간 쑥스러운 듯이 말했다. "일본에서는 발이 큰 사람이 머리는 작다는 말이 있습니다." 그러자 코낼리는 "아니에요, 당신은 그런 걱정을 할 필요가 없어요. 그 반대로 우리나라에서는 발이 큰 남자가 여성들로부터 사랑받는다는 말이 있습니다"라고 말했다.

하지만 협상이 어떤 결과를 낳을 지 알 수 없었던 일본 정부 관료사회에서는 스미소니언 합의가 심각한 패배로 여겨졌다. 그들은 일본 정부가 대규모의 엔화 평가절상을 막아낼 수 있을 거라고 믿었고, 실제로 나타난 결과는 너무 크다고 생각했다. 자국에 모욕을 주는 것으로써 쾌감을 느끼는 가학 성향의 일본 언론들은 영리하게 협상하지 못했다면서 관료들을 비난했고, 일본이 끔찍한 외교적 패배를 당했다고 단언했다. 하지만 사실 기업계는 합의를 환영했다. 엔화 절상을 원했기 때문이 아니었다. 그들은 장기화하고 있는 외환시장의 불안을 훨씬 더 심각하게 우려하고 있었다. 물론 절상 폭이 작았더라면 더 좋았을 것이다. 그러나 16.9%란 것이 과도한 것으로 여겨지지는 않았다. 심지어 일찌감치 대기업들은 1971년 10월 초에 내부적으로 달러당 310엔 환율을 자신들의 계산 및 계획에 사용하고 있다는 얘기를 들었다. 우리가 합의해 낸 308엔과 거의 비슷한 환율이다. 그들은 공식적인 합의가 도출되기 이전부터 절상된 엔화에 매우 신속하게 미리 적응하려는 노력을 기울이고 있었던 것이다. 그러니 협상 결과에 그다지 화가 날 일이 없었다. 대중들에게는 엔화가치의 상승이 일상생활에 별다른 문제가 되지 않았다. 1971년 마지막 분기에 바닥을 친 경제는 빠르게 반등했다. 1972년 1월 13일에는 주식시장이 사상 최고치를 경신했다.

그러나 국내의 회복세에도 불구하고 무역흑자는 줄어들지 않았다. 이는 머지않아 추가적인 엔화 절상을 촉발했다. 그 무렵 우리는 환율 재조정 이후 달러본위제 위에 새로운 고정환율시스템을 재건하는 것이 가능할 것이라고 생각했다. 금은 1968년에 이중 가격제가 도입된 뒤로 이미 국제통화시스템의 초석 기능을 상실한 상태였다. 1971년의 그 대단한 사건들에도 불구하고 스미소니언 합의 이후에 발생한 일들은 단지 외환시장 개입을 위한 환율 수준이 바뀐 것에 불과한 듯했다. 캐나다를 제외한 모든 나라들은 새로 협상해 낸 환율에 기반해 고정환율제로 돌아가기를 원했다. 그러나 달러화에 기반한 고정환율제로 복귀한다는 것은 비현실적인 희망이었다. 달러가 신뢰를 회복하지 못했기 때문이다. 게다가 스미소니언 협상은 근본적인 문제를 다루지 못했다. 협상장에 앉은 사람들 모두 일종의 흥정에만 몰두할 뿐 통화시스템 그 자체에 미치는 시사점에 대해서는 대체로 인식하지 못했기 때문이다. 만일 스미소니언 논의가 통화시스템의 심각한 이론적, 지적 측면을 상정했더라면 결과가 달라졌을 수도 있었다. 그러나 불행히도 그런 일은 일어나지 않았다. 이 모든 것들로 인해 자유변동환율제로의 이행은 거의 불가피하게 되었다.

결국 1971년의 위기는 일본에게 많은 교훈을 주었다. 무엇보다도 먼저, 일본이 자신의 경제력과 시장의 힘을 심각하게 저평가하고 있었으며, 심지어는 무시하고 있었다는 사실을 당시 위기가 드러내 주었다. 또한 당시의 사건들은 우리가 매우 엄혹한 국제적, 특히 미국으로부터의 압력을 받고 있다는 인상을 일본인들에게 심어 주었다. 불행히도 이러한 인상은 일본의 방어적 태도를 더욱 심화하는 결과를 낳아 그 뒤로도 수년 동안 잔재로 남았다. 당시 브레튼우즈 시스템은 경제조정과 환율 재설정을 위해 필요한 메커니즘을 명백히 결여하고 있었다. 그런 시기에 일본은 보다 긍정적으로 미래를 지향하는 국제적 임무를 수행해야만 했다. 하지만 당시 그 간절한 필요성에도 불구하고 일본은 일련의 사건 과정에서 용기를 내지 못했다. 국제통화 상황은 그래서 더 심각한 곳을 향하게 되었다.

Gyohten

1970년

8월 15일_____닉슨 대통령이 국방물자법 연장에 서명했다. 그 결과 자신의 반대에도 불구하고 닉슨 대통령은 뜻하지 않게 임금과 물가 및 집세에 대한 통제 권한을 갖게 됐다.

9월 13일_____IMF가 '국제수지 조정에 대한 환율의 역할'이라는 제목의 보고서를 냈다. '균형 가치' 시스템이 여전히 가장 좋은 체제라고 확인하면서 유연성을 도입할 수 있는 수단들을 연구하겠다고 약속했다.

1971년

2월 11일_____존 B. 코낼리 전 텍사스 주지사(민주당)가 닉슨 행정부의 재무장관으로 취임했다(지명 은 1970년 12월 14일에 이뤄졌다).

4월 26일_____독일 경제장관 실러가 함부르크에서 열린 유럽공동체 재무장관 회의에서 유럽 통화 들을 자유변동환율제로 함께 변경할 것을 제안했다.

5월 5일_____분데스방크가 1시간 만에 10억 달러에 달하는 외환시장 개입에 나선 뒤 공식 외환시 장 운영을 중단했다.

5월 8~9일_____유럽공동체 재무장관들이 브뤼셀에 모여 독일 실러 장관의 변동환율제 참여 제안을 다시금 거부했다.

5월 9일_____오스트리아가 통화가치를 5% 절상했다. 스위스는 7.1% 절상했다.

5월 10일_____독일이 네덜란드와 함께 자국 통화가 자유 변동하도록 허용했다.

5월 28일_____뮌헨에서 열린 국제 은행가 회의에서 코낼리 미 재무장관은 미국의 해외 군사비 지출 이 미국의 기저 국제수지 적자보다 많다는 점을 강조하며 "미국 경제는 더 이상 자유 세계를 지배하지 않는다. 우정이든, 필요성이나 능력이든 그 어떠한 것도 공동 책무에 대한 미국의 그토록 과중한 부담을 정당화하지 않는다. 우리는 평가절하를 하지 않을 것이다. 금가격을 변경하지 않을 것이다"라고 천명했다.

6월 4일_____일본이 국제수지 흑자를 줄이기 위한 8개 항목의 프로그램을 발표했다. 수입 자유화 를 확대하고, 후진국에 대한 우대관세를 늘리고, 관세 인하에 가속도를 내며, 나라 안 팎으로의 자본 투자를 증진하고, 비관세 장벽을 낮추고, 대외 원조를 늘리며, 수출 인 센티브를 재검토하고, "질서 있는 마케팅"을 도입하겠다고 했다. 이후 자동차에 대한 자발적 쿼터제가 도입되고 통화 및 재정정책이 유연해졌다.

6월 26일_____닉슨 대통령이 자신의 '4가지 노(no)'를 기자회견을 통해 밝히라고 코낼리 장관에게 지시했다. 감세는 없을 것이며, 연방 지출을 늘리지 않을 것이고, 임금 및 물가를 통제 하지 않을 것이며, 임금 및 물가 검토위원회를 개최하지 않겠다고 밝혔다.

7월 말 ~8월 초	닉슨과 코널리 및 여타 행정부 고위 인사 회의가 개최됐다. 금 태환 중단 가능성을 계획하기 위한 것이었다. 닉슨 대통령은 9월 의회까지 기다리기로 했다.
8월 6일	미국의 준비금이 10억 달러 이상 추가 감소했다고 미 재무부가 발표했다. 헨리 루스 의원이 이끄는 미 의회 국제 환율 및 지급 소위는 보고서에서 달러화를 절하하거나 금 매각을 중단해야 한다는 '불가피한 결론'에 도달했다고 밝혔다.
8월 9~13일	37억 달러가 외환시장을 통해 해외 중앙은행들로 들어갔다. 폴 볼커는 질서 정연한 발표를 위한 이니셔티브를 유지하기 위해 시간표를 먼저 수립해야 한다고 주장했다. 해외 4곳 중앙은행들이 추가 취득한 달러의 일부에 대한 평가절하 보상을 제공하기 위해 연준이 스와프 네트워크에서 대규모를 인출했다. 달러를 금으로 교환하는 런(run)에 대한 공포가 고조되었다. 목요일인 8월 12일, 영란은행은 자신들이 보유한 약 30억 달러의 가치를 보장해 줄 것을 요구했다. 영란은행에 대한 7억5000만 달러를 포함해 연준은 22억 달러의 스와프 라인을 인출했다.
8월 13~15일	닉슨 대통령이 캠프 데이비드에서 고위 경제 관료들 및 백악관 참모들과 비밀회의를 개최했다. 코널리 장관이 프로그램의 개요를 제시했다. 아서 번즈 연준 의장이 변동환율제 도입 및 금 창구 운영정지에 대해 반대했다. 번즈 의장은 볼커를 파견해 다른 나라들과 환율 재조정을 협상할 것을 제안했다. 국제통화시스템에 대한 장기적인 개혁 방안은 논의되지 않았다.
8월 15일	이른바 '신경제 정책'에서 닉슨 대통령은 앞서 의회가 자신에게 부여한 임금 및 물가 동결 권한을 사용했다. 그는 의회에게 대외 원조를 포함한 지출 삭감을 요청하고, 행정 권한을 통해 수입품에 대한 10% 관세를 부과했다. 당시 프로그램의 핵심은 금으로의 달러 태환성을 중단하는 것이었다. 코널리 장관은 자신의 집무실로 피에르-폴 슈바이처 IMF 총재를 초청해 텔레비전에 생중계되는 닉슨 대통령의 연설을 시청하도록 했다. 8월 15일 발표 이전에 IMF와 사전 협의는 없었다.
8월 16일	프랑스를 제외한 유럽 정부들이 일주일 동안 자신들의 외환시장을 폐쇄했다. 사실상 변동환율을 허용한 것이다. 일본은 외환시장 거래를 중단하지 않았다. 일본은행은 8월 28일까지 계속해서 달러당 360엔의 환율로 달러를 매입하다가 결국 엔화가 절상된 채로 자유 변동하도록 허용했다. 일본의 기업과 은행들이 달러화 절하 이전에 자신들이 보유한 대규모의 달러를 일본은행에 넘겼다. 일본은행은 45억 달러를 받아들였다. 1971년 이전 일본의 전체 준비금에 해당하는 규모였다.
8월 19일	프랑스가 이중으로 외환시장 운영을 재개했다. 자본 거래를 위한 자유변동환율과 무역거래를 위한 고정환율로 구분했다. 여타 모든 유럽 통화들은 이중시장 없이 자유롭게 변동했다. 중앙은행들은 이 변동환율을 통제하기 위해 제각각 개입했다. 유럽의 통화들은 다양한 강도로 절상되었다.
9월 3~4일	폴 볼커가 파리에서 열린 주요 10개국 차관회의에서 미국은 1972년 중 경상수지 130억 달러 개선을 추구한다고 밝혔다.
9월 15일	주요 10개국 재무장관들이 런던에 모였으나 갈등을 해결하지 못했다. 번즈 연준 의

장은 BIS 총재를 겸하고 있는 옐러 제일스트라 네덜란드 중앙은행 총재에게 비밀리에 중재에 나서 줄 것을 요청했다. 그러나 코넬리는 제일스트라와 협력하는 것을 거부했다.

11월 30일 ~12월 1일____코넬리 주재로 로마에서 열린 주요 10개국 회의에서 볼커는 무역과 관련한 양보, 군사비 분담 논의의 진전, OECD 국가들 통화에 대한 달러의 평균 11% 절하가 잠정 결정될 경우 미국은 관세를 철회할 것이라고 밝혔다. 미국은 달러를 금에 대해 10% 절하할 것임을 시사했는데, 이는 협상의 돌파구를 마련하는데 도움이 되었다.

12월 13~14일____미국 닉슨 대통령과 퐁피두 프랑스 대통령이 아조레스에서 정상회담을 갖고 협상을 타결했다. 프랑스는 달러에 대한 프랑화의 8.6% 절상을 수용했다. 미국은 금-달러 환율을 35달러에서 38달러로 인상하기로 했다. 퐁피두는 미국에 달러 태환성 복귀를 재촉하지 않기로 암묵적으로 동의했다.

12월 17~18일____미국 워싱턴 스미소니언 재단에서 열린 회의에서 일본이 엔화를 달러에 대해 16.9% 절상하는데 동의했다. 독일은 13.6%, 프랑스는 8.6%, 이탈리아는 7.48%, 네덜란드는 11.57%, 스웨덴은 7.49% 절상하기로 했다. 환율 변동을 허용하는 브레튼우즈 범위는 2%에서 4.5%로 확대됐다. 캐나다는 예고한 대로 자국 통화를 고정하지 않고 변동을 허용했다. 미국은 수입관세와 투자세액공제를 철회했다. 당초에 제안했던 11% 대신에 미국은 모든 OECD 통화들에 대해 평균 8%의 절하를 얻어냈다. 태환성은 복구되지 않았다. 대다수의 평론가들은 이제 미국이 38달러 이하에서는 금을 매각하지 않을 것이라고 보았다.

1972년

3월 7일____유럽경제공동체(EEC) 회원국들이 상호 통화간 환율 변동 허용 폭을 2.25%로 줄여 '스네이크' 제도로 전환하기로 했다.

3월 15일____코넬리가 미국 외교협회 연설에서 주요 20개국 위원회 창설을 주창했다. 그는 자신은 "깔끔하게 손질된 국제금융 운동장의 깡패"가 아니라고 말했다.

5월 16일____조지 슐츠가 코넬리에 이어 미 재무장관이 되었다.

6월 23일____불과 6일 만에 25억 달러의 준비금을 잃은 영국이 EEC 스테이크를 탈퇴, 변동환율제를 도입했다.

6월 26일____외환시장을 중단시켜 놓은 상태에서 EEC 재무장관들은 스네이크 제도를 유지하기로 결정했다. 다만, 이탈리아에 대해서는 개입을 허용했다. 덴마크는 스네이크에서 탈퇴했다.

6월 28일 ~7월 14일____유럽의 중앙은행들과 일본은행이 스미소니언 환율을 방어하기 위해 60억 달러를 매입했다.

6월 29일____독일 정부가 칼 실러 경제장관의 반대에도 불구하고 독일채권을 외국인들에 매각하는 것을 금지했다. 마르크화에 미치는 절상압력을 줄이기 위한 조치였다.

7월 2일_____ 실러 장관이 사임했다. 이후 헬무트 슈미트가 취임했다.

7월 19일_____ 1971년 8월 15일 이후 처음으로 연준이 외환시장에 개입했다.

9월 26일_____ 슐츠 미 재무장관이 IMF 연차총회에서 '볼커 플랜'이라고 알려진 국제통화개혁안의
기본 골격을 제시했다. 20개국 위원회에서 토의할 기초를 마련하기 위한 것이었다.
'균형 가치' 시스템을 보다 유연하게 하려는 시도였으며, 대칭적인 환율 조정시스템을
주창했다.

11월 27일_____ 워싱턴 회의에서 20개국 위원회는 새로운 통화시스템에 대한 숙의를 시작했다.

표류

CHAPTER 04

나는 아이치 장관에게 말했다. 우리는 달러를 금에 대해 10% 평가절하할 준비가 되어 있으며 즉각 유럽으로 건너가 그들에게는 금 환율을 동결할 것을 요구할 계획이라고 알렸다. 다만 일본은 엔화를 금에 대해 절상해야 한다고 말했다. 그게 아마 미국만이 아니라 유럽의 요구조건이기도 할 것이라고 말했다. 우리가 판단하기에 엔화 절상 폭 10%는 적절하며, 만일 우리가 합의하지 못한다면 내가 유럽에 갈 이유는 없다고 말했다. 나는 바로 미국으로 돌아갈 것이며, 그 뒤에 무슨 일이 일어날 지는 두고 보면 알 것이라고 했다.

written by
VOLCKER

불길한
—
힘

스미소니언 합의 뒤 2년은 제2차 세계대전 이후 경제적으로 가장 혼란스
러운 시기였다.

그것이 통화시스템에 궁극적으로 어떤 결과를 낳았든 간에 1971년
8월 15일 프로그램은 부양적인 통화정책과 결합했다. 닉슨 대통령의 선
거를 위한 가장 강력한 종류의 플랫폼을 만들려는 것이었다. 뚜렷이 낮아
진 인플레이션 하에서 생산이 급증하는 경제가 필요했다. 국제적으로는
안도감이 형성되고 있었다. 통화 및 무역 분쟁이 수습되었고 환율은 안정
을 되찾았다.

그러나 수면 아래에서는 불길한 힘들이 커져가고 있었다. 미국의 무역
수지와 경상수지가 계속해서 악화되어갔다. 단기자본도 썰물처럼 빠져나
갔다. 금 창구 폐쇄 직전보다 훨씬 더 빠른 속도로 해외 중앙은행들의 달
러 보유고가 불어났다. 미국의 내수팽창이 불을 지피고 국제 유동성이 부
채질함으로써 해외 선진국들이 동시에 눈부신 호황을 맞았다.

길게 유지될 수 없는 호황이었다. 인플레이션 압력이 쌓여갔다. 특히 물
가통제 하에 있던 미국에서 두드러졌다. 의무적인 물가통제는 1973년에

대체로 종료되었는데 공교롭게도 국제곡물 부족 문제와 시기가 겹쳤다. 1971년 중반에 물가통제로 이어졌던 때보다 훨씬 심각한 인플레이션이 발생했다.

물가 압력이 가열됨에 따라 스미소니언에서 정한 유럽의 기준환율에 다시금 압력이 가해졌다. 1973년 2월 미국은 보다 큰 폭의 새로운 환율 재조정을 협상하기로 결정했다. 협상의 본질적인 부분을 주말 동안에 성사시켰다. 1971년의 경험과는 완전히 대조적이었다. 그러나 시장은 그 예술적인 협상의 기교에 존경심을 보여주지 않았다. 환율에 대한 압력이 재개됐다. 주요국들은 포괄적인 개혁 노력을 계속 추구하되, 환율의 자유변동을 허용하기로 합의할 수밖에 없었다. 마지막으로 기댈 수 있는 선택지였다. 뜻했던 바를 전혀 얻을 수 없었다.

통화시스템 개혁 협상은 실제로 거의 2년간 연장되었다. 그들은 기준환율과 태환성을 구조적으로 연결한 시스템을 복구하려고 노력했다. 다만 새로운 중요 요소로 유연성을 가미할 생각이었다. 작업에 참여한 우리 모두들에게 그것은 중요한 학습 과정이었다. 그러나 실천적인 측면에서 그 작업은 1973년 말에 폐기되었다, 그 무렵 높은 인플레이션이 찾아왔다. 그 강도는 주요국들마다 달랐다. 환율 변동성이 더욱 커지는 원인이 되었다. 제1차 오일쇼크도 진행형이었다. 전통적 가르침에 따르면, 그런 충격과 불균형 하에서는 고정환율시스템이 성공할 수가 없다. 미국과 세계 경제는 제2차 세계대전 이후 가장 심각한 침체로 향하고 있었다. 좋든 싫든 한동안 브레튼우즈 시스템이란 맥락으로 세계경제를 특징지었던 '고정된 구조와 안정'이라는 느낌은 그 과정에서 사라져 가고 있었다.

우리에게 흥미로운 질문들이 남겨졌다. 브레튼우즈 식의 통화질서와 구조가 단순히 미국의 지배적 지위로 요약되었던 이례적인 환경을 반영한 일시적 산물에 불과했던 것일까? 아니면 그 반대로, 단지 규칙과 체계적 규율에 대한 강력한 의식의 부족으로 인해 실패한 것이었을까? 국제사회에서 정치적 파워가 폭넓게 분산되는 가운데 경제는 밀접히 통합되어가고 있었다. 그렇다면 과연 브레튼우즈 모델에 구현된 새로운 시스템을 건설하려는 노력이란 것은 비현실적인 꿈에 불과한 것일까? 아니면 그 반대로, 국제통화시스템에 보다 강력한 구조와 규율 의식이 부재했던 탓에 1971년 시스템 붕괴 이후의 세계경제가 형편없는 실적을 내고 만게 아닐까?

압박의

순간들

스미소니언 합의와, 그 합의에 이르기까지 전개되었던 상처투성이의 사건들은 가장 중요한 교훈 하나를 잠재의식에 남겨 주었다. 세계는 부서지지 않았다는 것이다. 몇 달 동안 환율은 자유롭게 변동했다. 최종적으로 합의된 환율의 변동 폭은 대부분의 국가들이 예상했던 것보다 컸다. 연장된 협상 기간 동안 무역 제한을 협박하는 움직임이 있었고 각국들 사이에 적대의식이 상당히 고조되기도 했다. 주식과 채권 시장은 잘 돌아갔다. 무역은 계속해서 팽창했고 그 다음해에도 기업들은 대체로 번창했다. 불가피한 왜곡과 불확실성이 있었지만 세계경제나 무역시스템이 통화 불안정성에 그다지 민감한 것 같아 보이지는 않았다. 브레튼우즈 시스템을 지키기 위해 애를 썼던 우리가 두려워했던 바와는 달랐다.

동전의 다른 한 면에는 고정환율제 '스미소니언 시스템'에 대한 신념이 부족했던 점이 있었다. 미국에게 있어서 그 체제는 달러를 다른 어떠한 준비자산으로도 태환해주지 않는다는, 미국의 거부로 상징되어 있었다. 보다 중요하게는, 각국 정부들은 대체로 새로운 '중앙환율(central rates, 새 기준환율을 대개 그렇게 불렀다)'을 방어하는데 있어서 금리를 인상하거나 인하하는 등의 방식으로 크게 노력하지는 않았다.

위기 없는 통화시스템은 가능한가?

1971년 금 태환을 정지했을 때 미국은 일시적으로 물가를 동결했고, 임금 및 물가통제 시스템을 도입했다. 미국의 물가는 사실 일정기간 안정화되었다. 그러나 우리가 개방적인 경제 및 정치 시스템을 원하면서 그러한 통제를 장기간 끌고 가는 것은 불가능한 일이었다. 그것이 통상 평가절하 이후에 수반되는 통화 및 재정 긴축정책의 효과적인 대안이 될 수는 결코 없었다. 오히려 미국의 통화정책은 1972년 초에 완화되었다. 경제는 여전히 완전고용에 한참 미달하는 상태라는 인식을 반영한 것이다. 미국이 새로운 환율을 방어하려 노력한다는 신호와는 거리가 멀었다.

리처드 닉슨 대통령은 아서 번즈를 연방준비제도 의장으로 임명했다. 1970년 초 임기를 마친 전임 윌리엄 맥체스니 마틴 의장의 뒤를 이었다. 번즈 의장은 임금 및 물가통제 같은 수단을 주도적으로 옹호하는 입장이었으며, 그 과정에서 백악관을 곤혹스럽게 했다. 정작 물가통제가 도입되자 번즈 의장은 상업은행들의 프라임 레이트(prime rate, 역자 주: 은행들이 우대고객들에 적용하는 대출금리. 이 금리를 기준으로 다양한 차입자들에게 이자율이 차등 적용된다.)를 감독하는 불편한 책임을 떠안았다. 프라임 레이트는 임금이 동결된 상황에서 정치적으로 휘발성이 있는 이슈였다. 나중에 안 일이지만, 번즈(연준 이사진 대부분이 그랬을 것이다)는 자신의 다양한 책무들을 조화시키는데 있어서 국제적 고려가 국내 이자율에 영향을 미치고 있다는 사실에 극도로 민감했다. 그래서 번즈는 고정환율제를 열렬히 옹호하면서도 구체적인 정책을 통해 그것을 뒷받침하지는 못하는 맹점을 드러냈다.

확실히 백악관은 스미소니언 고정환율을 지키려는 의지가 더 이상은 없어 보였다. 닉슨 대통령은 전임 대통령들 대부분과 마찬가지로 국제관계 업무에 매몰되어 있었다. 정치적 리더십과 자유세계 상호 안보에 관한 그의 관점은 굉장히 달랐다. 일련의 대통령들을 겪으면서 재무부는 대통령의 해외 순방 및 다른 정상들과의 회담을 우려 섞인 시각으로 바라보게 되었다. 어떤 대통령에게나 미국의 경제적 우위는 정치적 양보를 얻어낼 수 있는 협상 수단이 되었다. 우리가 보기에 해외 정상들은 정확히 정반대의 우선순위를 가졌다. 그들은 무역이나 원조 또는 (특히 프랑스 퐁피두의 사례처럼) 통화정책에 관한 양보를 우선적으로 요구했다.

닉슨 역시 다른 대부분의 대통령들처럼 자신의 정책 재량이 통화적 제약에 의해 제한된다는 사실에 분개했다. 내가 닉슨 대통령으로부터 통화시스템 개혁에 관해 들은 단 한 가지 말은, 그리고 그가 한 번 이상 반복해서 언급한 것은, 자신은 '더 이상의 위기'를 원하지 않는다는 것이었다. 그 말이 나에게는 특히나 불편했다. 어떠한 국내정책 하에서도 위기가 발생하지 않는다고 보장할 수 있는 통화시스템이란 것은 나로서는 설계할 수 없었기 때문이다. 변동환율제를 옹호하는 사람들은 해답이 있다고 주장했다. 개별 국가는 국제수지 균형과 외환보유액 상실 또는 환율방어를 위한 금리인상 등을 걱정하지 않고도 원하는 대로 국내정책을 수행할 수 있다는 것이다. 왜냐하면, 변동환율이 대외적인 요동을 부드럽고 효과적으로 조정할 것이라고 그들은 주장했다.

닉슨의 악명 높은 발언

해외에서는 변동환율제에 대한 학계의 수용도가 그리 높지 않았다. 그러나 미국만이 고정환율제 규율을 무시한 유일한 국가는 아니었다. 1971년 5월, 당시 세계에서 두 번째로 큰 무역국이던 독일이 이미 명백하게 고정환율제 탈퇴 의지를 천명했다. 국내 인플레이션 억제 정책과 심각하게 충돌할 경우 더 이상 고정환율제를 고수할 수 없다는 뜻을 밝힌 것이다.

1972년 여름 직전, 투기적 공격이 영국 파운드에 가해졌다. 영국의 무역수지가 적자로 반전되었는데, 투기 세력들은 앤서니 바버Anthony Barber 재무장관의 발언을 통해 확신을 갖게 되었다. 바버 장관은 최근의 통화 움직임을 통해 한 가지 교훈을 얻었다는 취지로 말했다. 무역수지 추세가 적자이고 환율이 압박을 받고 있다면 환율을 조정하는데 주저해서는 안 된다는 얘기였다. 그 발언은 정책 태도 전반의 변화를 압축한 것이었다. 1960년대 중반에 영국 노동당 정부는 3년 동안이나 투기적 압력에 대항하다가 결국 평가절하를 단행했다. 1969년에 재차 압력이 가해졌을 때에는 평가절하를 완전히 모면했다. 그리고 이제 영국 보수당 정부는 압박을 받은 지 일주일 만에 파운드 환율의 자유변동을 허용했다. 1972년 6월 23일이었다.

당시 기억이 아직도 생생하다. 그 며칠 전에 의회는 내게 파운드에 대한 견해를 물었다. 당시 내가 이해하고 있는 영국 정부의 입장에 근거해 나는 파운드화를 절하할 이유가 없어 보인다고 답변했다. 워싱턴 주재 영국 재무관은 영국 정부의 결정을 내게 전달하면서 굉장히 미안해했다. 아서 번즈 의장은 파운드의 변동환율제 도입으로 인해 이탈리아 리라화에 대한 투기적 공격이 우려된다고 백악관에 보고했다. 나의 권고에도 불구하고 백악관 보좌관은 번즈의 우려를 닉슨 대통령에게 바로 보고했다. 워터게이트 테이프에 녹음되어 있던 리라화에 대한 그 악명 높은 닉슨 대통령의 발언은 바로 그때 나온 것이다. 당시 닉슨은 힘든 시기였고 그런 때에 표출된 그 분노에 대해 나는 항상 공감해왔다. 브레튼우즈 규율이 사라지고 통화시스템에 대한 의지가 결여된 상태에서 사실 당시 유럽의 급작스러운 환율 변동을 다룰 수 있는 방법은 없었다. 닉슨 대통령의 분노를 나중에 테이프를 통해 들음으로써 내가 뒤늦게 얻은 교훈이었다.

커다란 빈틈

영국의 변동환율제 도입은 스미소니언 환율에 대한 첫 번째 파기였다. 그 결과 유럽 대륙 통화들을 한데 묶은 뒤 달러에 대해 변동을 허용하자는 논의가 더욱 활발해졌다. 하지만 결국 외환시장은 안정을 되찾았다. 일정 부분은 물가안정이 뚜렷해진 덕을 보았다. 미국 기업들의 팽창이 가속도를 냈고, 연간으로는 성장률이 6%를 넘은 점도 환율 안정에 기여했다. 일본과 유럽의 경제활동 역시 굉장히 뜨거웠다.

한 가지 개선되지 않은 점은 미국의 경상수지 적자였다. 일반적인 시차와 당시의 호황 영향을 감안하더라도 추가적인 환율 조정은 불가피하다는 당초의 내 판단이 옳아 보였다. 내가 평가절하 빌미를 찾거나 유발했다고 한다면 과장이겠지만, 앞서 6월 영국의 앤서니 바버처럼 행동에 나설 심리적 준비가 필요해졌다. 게다가 다른 명분들도 있었다.

1973년 초에 그 시기가 도래했다. 닉슨 대통령의 연임이 막 시작되던 때 물가 및 임금 통제를 일거에 해제하는 다소 급작스럽고 무모한 결정이 내려진 것이다. 정치적으로는 그 타이밍을 이해할 만했다. 통제에 대해 부정적인 철학을 가진 정부였고, 기업과 노동자 들의 불만도 있었다. 실용주의자 존 코널리의 후임으로 재무장관이 된 조지 슐츠가 개인적으로 특히 통제를 못마땅하게 여겼다. 게다가 통제를 완화하는 절차가 이미 시작된 상태였고, 통제가 길어질수록 왜곡이 심화될 것이었으며, 그럴수록 그 왜곡을 공정하고 효과적으로 다스리기가 어려워질 터였다. 내가 걱정한 것은 실용적인 측면이었다. 인플레이션 압력이 뚜렷하게 누적되고 있었다. 예기치 못했던 전면적인 통제 해제는 국내외에 '무관심'이라는 신호를 보낼 가능성이 있었다. 보다 긴축적인 통화정책을 쓴다면 우려를 덜 수 있었을 것이나, 그런 조치는 더디게 이뤄졌다.

그리고 나서 얼마 뒤, 완전히 무관한 이유로 인해, 이탈리아 정치 불확실성을 계기로 투기적 거래가 솟구쳤다. 불안해진 이탈리아 사람들이 리라화를 내팽개치고 스위스 프랑을 사들였다. 며칠 뒤 스위스는 변동환율제를 도입해 대응했다. 그러자 달러에 대한 투기적 매도공세가 새롭게 발생했다. 나는 슐츠 장관에게 짤막한 보고서를 올렸다. 추가적인 환율 조정에 나섬으로써 주도권을 잡자는 내용이었다. 그렇게 함으로써 이번에는 충분한 절하 폭을 분명하게 확보하자고 건의했다. 이미 우리는 금 환율을 변경한 전례가 있으므로 추가 조치를 피하려고 애써봐야 소용없을 것이라고 보았다. 나는 보다 전통적인 접근법을 주장했다. 일본이 금에 대해 10% 절상하는 조건으로 우리는 금에 대해 10% 절하하는 안을 제안했다. 그렇게 하면 엔화를 달러에 대해 20% 절상하는 것과 같은 결과를 낳게 된다. 다른 주요국들은 금 환율을 유지해 달러에 10% 절상하도록 하는 아이디어였다.

나는 간결하면서도 효과적이기를 원했다. 그 정도의 환율 조정이라면 미국의 국제수지 문제는 근본적으로 해결되고 외환시장에 단단한 신뢰를 제공할 것이라는 게 다각도의 분석 결과였다. 스미소니언 환율 재조정에 따른 상당 폭의 엔화 절상에도 불구하고 일본의 무역흑자는 뚜렷하게 증가해 대규모의 추가 절상을 정당화했다. 내가 느끼기에는 유럽 국가들도 자신들의 금 환율 유지 동의 조건으로 일본의 대폭 추가 평가절상을 요구할 태세였다. 독일 분데스방크의 오트마 에밍거로부터 비밀 서한을 받은 뒤로는 나의 생각이 더 굳어졌다. 에밍거 역시 본질적으로 동일한 조치를 제안했다.

나의 접근법이 금세 정부 내에서 지지를 얻었다. 두 가지 조건이 있었다. 그 중 하나는 내 생각에 특히나 중요한 것이었다. 1년여의 기간 사이에 두 차례나 달러를 평가절하하는 것은 금시장의 투기적 거래를 조장하고 시장 신뢰를 되찾는데 문제를 일으킬 위험이 있었다. 시장 금가격이 인상되어도 공식 금가격이나 시장 환율에는 직접적인 영향을 주지 않겠지만, 대규모의 투기적 금 매수세가 발생할 경우 달러의 안정성에 대한 의구심이 일어날 게 뻔했다. 정부는 나에게 그다지 대단한 열의 없이 협상안을 승인해 주었는데, 금에 대한 투기적 수요가 발생할 경우 다른 나라 정부들도 우리의 금 매도 개입에 동참할 의지가 있어야 한다는 조건을 붙였다.

두 번째 조건은, 우리가 모든 잔여 자본통제 장치들을 철폐하는데 대해 다른 나라들이 동의해야 한다는 것이었다. 이자율평형세, 직접투자 제한 등이 대상이었다. 전임 민주당 정부로부터 넘겨받은 자본유출 억제 장치들의 일부라도 유지하는 것에 대해 슐츠 장관과 여타 인사들은 오랫동안 불편해했다. 그 다음 레이건 행정부 때 그토록 중시되었던 시장 이념은 차치하더라도, 실용적인 측면에서도 문제가 있었다. 자본통제의 유효성이 갈수록 제한되어갔고, 국가 간 비즈니스에도 점차 중요한 애로사항으로 작용했다. 그래서 닉슨 대통령은 일찌감치 1968년 대통령 선거전 때부터 자본통제 완화 및 철폐를 공약으로 내건 바 있다. 나는 그렇게 급하게 움직이는 데에는 소극적이었다. 새로운 환율에 대한 신뢰를 훼손할 수 있었기 때문이다. 하지만 나의 우려는 정부 내에서 광범위한 지지를 얻지는 못했다.

하지만 두 가지 조건들에도 불구하고 우리의 전략에는 여전히 커다란 빈틈이 존재했다. 달러를 평가절하하면서도 국내 통화정책에 관한 어떠한 조치 또는 발표도 이뤄지지 않았다. 그때까지 높은 성장세가 1년 동안 지속되고 물가압력이 쌓여왔기에 내 생각에는 국내적 관점만으로도 무언가 분명한 조치가 취해져야만 했다. 그러나 연준은 그럴 생각이 없었다. 그리고 나를 제외한 누구도 그걸 독촉하려 하지 않았다.

비장의 수

해외에 달러 보유고가 대규모로 쌓여 있었지만 내부 토의 과정에서 그 누구도 다른 준비자산으로의 부분적인 태환 재개를 주장하는 이가 없었다. 그 무렵 우리는 공식적으로 새 통화시스템에 관한 협상에 이미 돌입한 상태였다. 그래서 우리는 일부 형태의 태환을 재개하는 조건을 설정하는 논의를 시작했다. 태환 재개 약속을 지키는데 필요하다고 생각되는 안전장치와 이해도 없이 즉흥적으로 우리가 조심스럽게 개발해 온 입장을 망칠 수는 없는 일이었다. 심하게 말하자면, 태환은 협상에 있어서 우리가 가진 '비장의 수'였다. 그래서 우리의 협상 상대들은 조속한 결정을 압박하기를 삼갔다.

결국 나는 샘 크로스와 함께 전 세계를 순방했다. 크로스는 유능한 재무부 관료로서 그 얼마 뒤 IMF 이사로 부임했으며, 나중에는 뉴욕 연준으로 옮겨 1980년대 외환 운영 업무를 담당했다. 당시 우리는 공중 급유용으로 설계된 창문 없는 관용 제트기를 마음대로 사용할 수 있는 권한을 받았다. 2월 7일 월요일 오후, 의회 보고를 마친 직후 나는 도쿄로 출발했다. 외환시장 환경에 대한 우리의 대응과 관련해 압박을 받지는 않았으면 좋겠다는 생각을 갖고서 일본으로 향했다. 내가 가고 있다는 사실이 그 사이 닉슨 대통령 명의의 메시지를 통해 일본 정부에 통보되었다. 그 메시지에서 대통령은 내가 도착하는 바로 그날 저녁에 대장상 또는 총리와 회의할 수 있도록 해달라고 일본 정부에게 긴급히 요청했다. 도쿄 시간으로 목요일이었다. 우리 대사관에 도착하자마자 나는 곧바로 당시 대장상이었던 아이치 키이치Aichi Kiichi의 사저로 안내받았다. 두 시간이 걸려 그 곳에 당도했다. 스미소니언 협상을 앞두고 다섯 달 동안 전개되었던 흥정과 그 때 느껴졌던 중압감과는 완전히 딴판의 분위기였다.

내가 가져간 메시지는 단순했다. 외환시장에 가해지고 있는 압력을 감안해 무언가 조치가 내려져야 한다는 것이었다. 우리에게는 다른 어떠한 대안보다 나은, 모든 당사자들을 만족시킬 수 있는 건설적인 접근법이 있었다. 나는 아이치 장관에게 말했다. 우리는 달러를 금에 대해 10% 평가절하할 준비가 되어 있으며 즉각 유럽으로 건너가 그들에게는 금 환율을 동결할 것을 요구할 계획이라고 알렸다. 다만 일본은 엔화를 금에 대해 절상해야 한다고 말했다. 그게 아마 미국만이 아니라 유럽의 요구조건이기도 할 것이라고 말했다. 우리가 판단하기에 엔화 절상 폭 10%는 적절하며, 만일 우리가 합의하지 못한다면 내가 유럽에 갈 이유는 없다고 말했다. 나는 바로 미국으로 돌아갈 것이며, 그 뒤에 무슨 일이 일어날 지는 두고 보면 알 것이라고 했다.

외환시장의 투기적 압력이 결국에는 모든 통화들의 전반적인 변동환율 도입을 야기할 것이란 암묵적인 위험이 존재한 게 사실이었다. 결국 어쩔 수 없이 변동환율제로 넘어가면 상당한 무질서와 상호적대주의를 불러올 위험이 있었다. 일본에게는 대응 방안을 고려할 만한 시간적 여유가 주어지지 않았다. 두 시간의 대화가 끝날 무렵 아이치 대장상은 우리가 제시한 조건에 근접하게 되었다. 다만 그는 고정환율로의 평가절상에 따른 책임을 지고 싶어 하지는 않았다. 그는 엔화가 시장에서 자유변동하도록 허용하고자 했다. 대신 달러에 대해 20%까지 절상되도록 놔두는 데에는 그다지 내키지 않아 했다. 그 정도의 레벨 안에서는 엔화가 정부 저항 없이 도달할 수 있다는 입장으로 나는 그의 말을 해석했다. 결국 우리는 명시적인 결정까지 몰고 가지 않고도 상호간 양해에 도달한 듯해 보였다. 정부가 그냥 내버려둘 경우 시장이 엔화의 가치를 우리가 추구했던 수준까지 또는 최소한 그에 근접하는 레벨까지 끌어 올릴 것이라고 나는 확신했기 때문이다.

나는 아이치 대장상에게서 굉장히 깊은 인상을 받았다. 그는 우리와 접촉할 때마다 항상 개방적이고 직설적이었다. 정치인으로서 너무 친미적이라는 비난을 받을 법도 했는데 그걸 감수했다. 아이치 대장상은 내가 도쿄에 도착하기 몇 시간 전 총리 및 기타 인사들과 협의할 시간이 있었을 것이다. 그들은 내가 무슨 생각을 갖고 있는지 어느 정도는 예상하고 있었을 것이다. 다만 결정권은 나로부터 구체적인 제안을 듣게 될 아이치 대장상에게 주어진 듯한 인상을 받았다.

미완의 성과

도쿄에서는 충분히 의견을 들은 듯했다. 이제는 유럽에게 우리의 계획을 설명할 차례였다. 우리와 가장 의견이 비슷할 것이란 생각에 먼저 독일에 서 헬무트 슈미트Helmut Schmidt 재무장관 등을 만나고 싶었다. 슈미트 장관 은 재무부를 맡은 지가 오래되지 않았다. 다만 그가 국방장관으로 재직할 때 미국 정부에 솔직하고 실용적인 태도를 보인 인물이란 사실을 익히 잘 알고 있었다. 그래서 슈미트 장관이 모험을 하기보다는 협력하는 쪽에 훨 씬 더 기울 것이라고 우리는 생각했다. 일방적이고 비협조적인 행동을 했 다가는 미국과 유럽 사이에 통화정책의 간극이 발생할 위험이 있기 때문 이다. 그리고 슈미트 장관은 분데스방크의 오트마 에밍거와 상의할 것이 란 걸 알고 있었다. 에밍거는 우리가 제안하려는 접근법을 지지하는 인물 이었다. 실질적으로 독일은 일본의 대규모 평가절상을 통해 엄청난 경쟁 우위를 얻을 수 있는 구도였다.

가장 잘 짜인 계획이라 해도 엉망이 될 수가 있다. 그 시절에는 워싱턴 에서 도쿄로 갈 때 항공기가 앵커리지에서 재급유를 받아야 했다. 그리고 유럽으로 갈 때에도 앵커리지를 경유해 북극을 넘어야 했다. 나는 도쿄 인근 미군 비행장에 대기 중인 항공기로 돌아오자마자 바로 출발하기를 원했다. 독일 정부에게 금요일 저녁 회의를 요청해 두었기 때문이다. 그러나 실망스럽게도 조종사는 여덟 시간 동안은 떠날 수 없다고 했다. 앵커리지를 출발해 비행한 조종사는 일정시간 이상 휴식을 취하도록 한 군사규정 때문이었다. 그런 비상상황에 대비해 동행했을 거라고 여겼던 예비 조종사를 찾았더니 앵커리지에 남겨져 있다고 했다.

나는 워싱턴으로 전화를 걸어 내 나름대로의 대안을 설명했다. 비행시간 규제에 예외를 적용하기 위해서는 잠자고 있는 국방장관을 깨워야 한다는 설명을 들었다. 결국 몇 시간이 걸려야 했다. 비로소 내가 퀼른-본 공항에 도착했을 때에는 금요일 저녁 8시가 되어 있었다. 나를 마중 나온 현지 미국 공관의 재무관은 헬무트 슈미트 장관이 막 독일 정부 항공기에 탑승하는 것을 봤다고 알려 주었다. 내가 도착할 무렵 헬무트 장관은 발레리 지스카르 데스탱 장관과 사전 협의를 위해 프랑스로 떠난 것이다. 나로서는 걱정스러운 움직임이었다. 독일에 먼저 우리의 계획을 제안한 뒤 프랑스를 함께 설득하자는 게 나의 희망이었기 때문이다. 스미소니언 협상 전략과는 순서를 정반대로 바꾼 셈이었다.

그 다음날 아침 본에서 슈미트 장관에게 우리 계획을 설명할 수 있었다. 예상했던 대로 에밍거가 자리를 함께 했다. 내 기억으로는, 슈미트 장관의 대답은 좀 조심스러웠다. 우리 계획을 분명히 거부한 것은 아니었으나, 유럽 동료 국가들과 좀 더 협의하기를 원했다. 나는 일단 영국 런던으로 넘어갔다. 그날 저녁 영국 측의 지지를 확보했다. 그 다음 내 계획은 지스카르 데스탱이었다. 그는 아조레스에서의 협상 이후로 우리의 오랜 동료였다. 당초 우리는 그를 설득하는 게 가장 힘들 것이라고 보았다. 우리가 제안한 달러 평가절하 폭 때문이었다. 대신 우리는 고정환율제를 원하는 그의 입장에 부합하는 해법을 제안할 계획이었다. 달러 평가절하에 따른 어떠한 비난도 감수할 용의가 있었다. 일요일 아침 회동에서 나의 설명을 들은 뒤 지스카르는 내게 제안을 했다. 그날 저녁 파리에 있는 자신의 아파트에서 헬무트 슈미트와 앤서니 바버 장관과 회의를 열어 그 문제에 대한 해결을 모색해 보자고 했다. (그러는 동안 이탈리아 정부가 나의 순방 사실을 알아채고는 긴급하게 설명을 요구했다. 나는 로마로 날아갔다. 지스카르로서는 좀 불편하게 여겼겠지만, 이탈리아의 지오반니 말라고디Giovanni Malagodi 재무장관을 데리고 파리로 돌아왔다. 그가 나를 지지해 줄 것이라 믿고.) 유럽 국가들 모두가 우리 제안을 수용했다. 자신들이 고려했던 어떠한 대안보다 희망적이라고 그들은 판단했다. 개념적으로는, 유럽 통화들을 한데 묶은 뒤 달러에 변동을 허용하는 것이 하나의 선택지가 될 수 있었다. 하지만 그것은 사실상 유럽이 미국으로부터 통화적으로 분리되어 독립적으로 움직이겠다는 선언을 하는 것이나 마찬가지였다. 그들 스스로도 자신들이 그만큼의 정치적 결속력이 있는지, 그것을 성공적으로 관리할 만한 기술적 역량이 있는지를 의심하는 듯했다.

그날 논의는 밤늦게까지 이어졌다. '투기 억제를 위해 필요한 경우 금을 시장에 매각한다'는 우리의 요구조건을 논의하는데 대부분의 시간이 할애되었다. 공동개입 과정에서 제한적으로만 참여하는 것임에도 불구하고 프랑스는 금을 매각하는데 극도로 소극적인 자세를 보였다. 프랑스는 역사적으로 금을 매집하는 사람들이 많은 나라인데, 우리가 정치적으로 민감한 부분을 건드린 게 분명했다. 우리가 제안한 또 다른 조건인 미국의 자본통제 해제는 다른 국가들은 물론 내가 생각하기에도 환율의 성공적 재조정을 심리적으로 위협하는 요소였다. 그러나 실망스럽게도 프랑스의 금 매각 반대 입장은 자본통제 해제에 대한 우려보다 훨씬 강했다.

이론적이고 실천적인 측면에서 각자의 주장이 오갔다. 결국 다른 국가들의 강력한 지지를 얻지 못한 탓에 금에 관한 합의는 이뤄지지 않았다.

환율 재조정의 본질에 관해서는 합의가 분명하게 이뤄졌다. 일본과 적절한 양해만 이뤄지면 될 일이었다. 그 시점에 일본 정부는 대장성 국제 담당 차관 호소미 다카시 Hosomi Takashi를 유럽에 파견한 상태였다. 협상이 어떻게 진행되는지 점검하기 위해서였다. 나는 다음날 본에서 그를 만났다. 우리는 워싱턴과 도쿄에서 각각 최종 결정이 내려지길 기다리고 있던 참이었다.

일본의 평가절상 범위에 대해 약간의 이견이 남아 있었는데, 그날 협의 과정에서 나는 호소미 차관과 이를 기술하는 문장 형식에 대해 합의를 보았다. 사실상 일본은 달러당 264엔까지 엔화가 자유롭게 변동하도록 허용하기로 했다. 17%의 평가절상에 해당한다. 이에 대해 미국과 유럽의 입장에서 나는 일본이 시장압력이 강한 경우에는 257엔까지도 허용하겠다는 뜻으로 이해한다는 점을 분명히 했다. 그러면 절상률이 20%가 된다. 그러는 사이 워싱턴의 조지 슐츠 장관과는 금에 관해 더 이상 밀어붙일 수 없겠다는 결론을 내렸다. 내 주장에 따라 슐츠 장관은 우리의 자본통제 해제에 관한 발표도 시행시기를 미루는 식으로 완화하기로 했다. 실제로 그 부분이 완전히 이행된 것은 1974년 초였다.

그러한 양해 하에 협상은 마무리되었다. 시간이 얼마 걸리지 않았다. 목요일 밤 일본에서부터 월요일 밤 유럽에 이르는 사이에 완료해냈다. 다섯 달 동안 논란을 빚었던 스미소니언 협상보다 더 큰 폭의 실효환율 조정을 이끌어 냈다. 모든 당사자들이 환율 조정에 대한 민감성에 있어서 엄청난 변화를 보였던 것이다. 건설적인 협력이 필요하다는 강력한 인식도 형성되었다.

국제금융 분야 논평가들 사이에서는 과장된 칭송도 있었다. 유럽과 일본 및 미국 간의 정치적 관계에 대해 우려하던 진영에서 특히 그랬는데, 사실상 모든 신문 사설들이 협상 결과를 찬양했다. 그러나 정작 훨씬 더 중요한 시장의 반응은 모호했다.

미국에 도착하자 언론의 질문 공세가 금 태환 재개 시기에 집중됐다. 새 환율에 대한 미국의 약속에 진정성이 있음을 보여주기 위해서라도 어느 정도는 필요하지 않느냐는 것이었다. 그 질문에는 뿌리 깊은 회의론이 깔려 있었다. 개혁 논의와 그에 대한 우리의 협상 입장을 존중한다는 차원에서 그 질문은 나의 주말 순방 기간 동안에는 제기되지 않고 있었다. 그러나 투기적 세력들의 돈이 궁지에 몰리게 된 상황에서는 개혁안과 그 협상 합의에 대한 지식인들의 칭송 따위는 중요하지 않았다. 그들 중의 일부는 최소한 우리에게 "말만 할 게 아니라 돈을 걸어라"고 요구하고 있었다. 달러에 너무 많이 베팅했다가 낭패를 볼까 두려웠던 것이다.

아쉬운 소회

대규모의 환율 조정은 예상했던 대로 며칠간 달러에 상당한 자본 유입을 이끌어냈다. 하지만 우리가 만족하기에는 좀 부족했다. 오히려 불길하게, 금값이 온스당 90달러로 금세 뛰어올랐다. 내가 우려했던 일이었다. 새로운 공식가격 42.22달러보다 두 배 이상 높아졌다. 달러를 떠받치고 있던 심리적 버팀목에 타격이 가해졌다. 1~2주 사이에 달러가 다시 유럽의 중앙은행들에게 쏟아져 들어갔다. 공식 외환시장을 폐쇄하는 것 말고는 그들에게 달리 방법이 없었다. 3월 2일의 일이었다.

그건 각별한 의미가 있었다. 시장 참여자들은 어떤 가격으로든 자신들끼리는 계속 거래할 수 있었다. 그러나 정부 당국은 자신들의 환율을 안정시키려는 개입을 더 이상 하지 않았다. 그래서 현실적으로 환율은 자유롭게 변동하게 되었다. 다만 당국의 방향 설정과 지지 노력이 사라졌기에 거래환경이 굉장히 혼란스러워지고 거래규모가 제한되며 제3국 통화들 사이의 관계가 왜곡될 위험이 생겼다.

유럽 주요국의 재무장관들이 즉각 머리를 맞댄 뒤 3월 9일 파리에서 긴급회의를 열기로 하고 우리와 일본을 초청했다. 지난 1971년과 멤버들이 대체로 비슷했으나 당시의 그런 논쟁적이고 위협적인 분위기와는 톤이 달랐다. 공동의 문제라는 인식이 분명히 형성되어 있었고 누군가를 비난하는 행위는 없었다. 어쨌든 미국의 두 번째 평가절하를 개시하는데 있어서 규칙을 따르는 모습을 보여주었던 것이다. 게다가 유럽과 일본은 조지 슐츠라는, 잘 알려지지 않은 굉장히 다른 성격의 인물을 상대하고 있었다. 슐츠 장관의 삼가는 품성과 부드러운 말투는 표면적으로 존 코낼리와 놀라울 정도로 극명하게 대비되었다.

당시 유럽은 슐츠 장관이 구체적으로 어떤 견해를 가졌는지를 잘 모르는 상태였다. 그들은 자신들의 통화를 함께 변동하도록 하는 수밖에 없게 되었음을 우리에게 밝힐 생각이었다. 이 경우 자연스럽게 의문이 떠오르게 된다. 미국이 과연 시장에서 달러를 흡수할 용의가 있는지, 그리고 동시에 규제받지 않은 채 운영되고 있던 유로달러 시장을 좀 더 나은 통제하에 둘 생각이 있는지 말이다. 이 문제는 헬무트 슈미트가 늘 각별하게 우려하던 것들이었다. 슐츠 장관은 점심시간이 다가올 무렵까지 잠자코 앉아만 있었다. 결국 미국의 입장을 밝혀야만 했다. 답변은 짤막했다. 상호 합의하에 변동환율을 도입하는 것은 자신도 호의적으로 고려할 준비가 되어 있다고 말했다. 유로달러 일부를 흡수하기 위한 기술적 수단들에 대해 논의할 용의가 있다고 밝혔다. 그러나 태환성에 관해서는 희망을 심어 주지 않았다.

점심시간 동안 미국 대사관에서 슐츠 장관과 나는 아서 번즈 연준 의장과 흥미로운 토론을 했다. 슐츠 장관이 회의에서 짤막하게만 답변한 탓에 유럽인들에게 자신의 선호를 드러내지는 않았지만, 사실 그는 오래 전부터 변동환율제에 호의적인 입장을 갖고 있었다. 반면 번즈 의장은 변동환율제에 대해 매우 두려움을 드러내 왔다. 그리고 번즈는 슐츠가 대단히 존경하는 인물이었다. 20년 전 백악관 경제자문위원회에서 이코노미스트로서 번즈를 보좌하면서 시작된 인연이었다. 그런 슐츠에게 번즈는 마지막으로 물길을 돌리려고 시도했다. 하지만 내가 보기에 이미 늦은 상황이었다. 그래서 나는 좀 과장해서 말했다. "아서, 당신이 만약 고정환율시스템을 원한다면, 당장 미국으로 돌아가서 통화를 긴축하세요." 깊은 한숨을 내쉬더니 번즈는 말했다. "그렇게라도 하는 게 좋겠네."

그러나 그는 시험에 들지 않았다. 회의가 재개되자 공동 변동환율제 도입을 위한 보다 기술적인 준비작업으로 들어갔다. 차관들은 유로달러 시장 변동성 억제를 위한 협력 방안을 논의하기 위해 브뤼셀에 모였다. 일주일 뒤 장관들이 다시 모였다. 자신들의 통화가 자유변동하도록 무기한 허용하기로 공식 합의했다. 어떤 식으로든 고정환율제가 다시 시행된다는 가정 하에서 개혁논의는 계속되었다. 그래서 전반적인 변동환율제는 일시적으로만 시행되는 것이라고 여겨졌다.

슐츠 장관이 미국 대사관에서 기자회견을 열었다. 당시의 상황에 대해서는 단 한 순간만을 기억하고 있다. 번즈 의장이 슐츠 장관과 함께 연단에 서 있었다. 한 기자가 (내 생각에는) 적절해 보이는 질문을 했다. "장관께서는 이 모든 것들이 미국의 통화정책에 어떤 의미가 있다고 생각하십니까?" 중앙은행 독립성의 특권을 항상 내세우는 번즈가 나서 슐츠로부터 마이크를 넘겨받고는 가장 권위주의적인 톤으로 선언했다. "미국의 통화정책은 파리에서 결정되는 게 아닙니다. 워싱턴에서 이뤄지는 것입니다."

번즈는 단순히 국내적인 통화정책을 수행하는 때조차도 국제적인 파급을 고려해야 한다는 사실에 대해 매우 민감했다. 다른 많은 사람들도 그러했다. 그러나 그런 생각은 잘못된 것이었다. 그때나 지금이나 우리는 경제 역사에 있어서 그러한 시기에 살고 있는 것이다. 특히 1973년 초에 미국에서는 물가상승 속도가 빨라지고 있었다. 불과 몇 주 뒤 재할인율이 인상되고 통화정책이 긴축되었다. 하지만 달러 환율을 안정시키기에도, 막 시작된 인플레이션을 막아 내기에도, 그 모든 조치들은 너무 늦었다. 반복된 국제유가 인상으로 인해 인플레이션은 더욱 부풀어 올랐다. 급기야 인플레이션은 미국인들 중 누구도 경험하지 못한 수준까지 도달했다. 나중에 내가 번즈의 자리를 맡게 되었을 때 그 인플레이션은 나의 최대 도전과제가 되었다. 만일 당시 미국의 통화정책이 항상 '미국에 의해서만' 이뤄지는 게 아니었더라면, 당시 미국이 1970년대 초 달러에 가해졌던 국제적 압력을 받아들여 강력한 긴축 통화정책을 수행했더라면, (당시에는 국내 경제적 관점에서도 그게 필요했다) 오늘날 미국의 경제가 보다 더 강해지지 않았을까 하는 생각을 수시로 떠올리곤 한다.

개혁의

흔적

이 모든 실천적 결정과 병행해 보다 지적이고 미래 지향적인 절차가 전개되었다. 주로 세계 각국 재무차관과 중앙은행가들로 구성된 우리 그룹은 구조화된 통화시스템을 재건하는 방안을 강구하고 있었다. 우리는 브레튼우즈 모델을 개선하기를 원했다. 하지만 우리는 또한 현실을 무시할 수가 없었다. 금융시장이 불협화음을 내고 있었고, 한 두 나라가 개혁의 결과를 지배할 수 없는 환경 속에서 우리는 개혁작업을 실시간으로 진행해 나가야만 했다.

우리의 뇌리를 사로잡고 있는 이슈

1971년 금태환 정지 이후, 심지어는 그 이전에도 특별인출권(SDR) 창출 합의를 훨씬 넘어서는 통화개혁이 필요하다는 목소리들이 있었다. 스미소니언 합의를 전후로 통화정책에 관한 모든 정부 연설 및 국제회의 성명서에는 시스템 개혁을 진전시켜야 한다는 문구가 반드시 들어갔다. 하지만 한동안 미국은 그 사안을 공격적으로 추구하는데 별로 흥미가 없었다.

　몇 가지 이유가 있었다. 캠프 데이비드와 아조레스에서의 논의가 나중에 공개되었듯이, 그 사안은 대통령의 개인적인 관심과 상상력을 사로잡은 주제가 아니었다. 게다가 미국 정부 내에서도 경제이론의 최신 사조를 대표하는 닉슨 행정부 인사들과 브레튼우즈 베테랑들 사이에 이견이 있었다. 행정부 내 인사들은 보다 과격한 접근법에 동조했다. 특히 변동환율제 도입에 강조점을 두었다. 어떤 면에서는 공화당 내부에서도 광범위한 지적, 이념적 차이가 병존했다. 한쪽에는 동부지역 기성세력의 국제주의자들과 자유시장 개념 발전에 헌신하려는 진영이 있었다. 그리고 다른 한쪽에는 외국 경제와 얽히는 것에 대해 보다 큰 의구심을 가진 진영이 존재했다.

하지만 그러한 이견들을 너무 강조해서는 안 될 것이다. 주로 국제통화 업무에 관계된 관료들은 대체로 문제들에 실용적으로 접근해 나갔다. 존 코넬리의 경우가 특히 그러했다. 1972년 초 코넬리 장관의 주된 우려는 국제 공동의 개혁작업이 너무 이르다는데 있었다. 이유는 단순했다. 적절한 합의를 도출하는 게 불가능한 상황이었기 때문이다. 나도 결국 완전히 동의하게 되었다. 유럽의 사고는 너무나도 전통적인 채널에 갇혀 있었다. 그들은 고정환율시스템, 환율 변동성을 강력히 제한하는 제도의 이점을 굉장히 크게 느끼고 있었다. 그들은 달러를 합의된 국제자산(아마도 SDR과 금의 적절한 조합일 것이다)과 완전히 태환하는 것에 대해서도 강력히 지지했다. 그들의 관점에서 볼 때 준비통화인 달러를 제약 없이 사용하도록 허용한 것이야 말로 브레튼우즈 시스템의 주된 결함이었다. 국제수지 적자를 시정하는 강력한 조치를 취하도록 하는 압박이 미국에게는 가해지지 않게 되는 것이다. 그래서 통화개혁에 관한 그들의 주된 생각은 시스템을 좀 더 긴축적으로 바꾸자는 쪽에 모아졌다. 미국에게 보다 강력한 시정 규율을 적용함으로써 전통적 금본위제에 보다 가깝게 시스템을 만들자는 것이었다.

우리의 뇌리를 사로잡고 있는 이슈는 달랐다. 우리 역시 시스템의 비대칭성에 대해 우려했다. 다른 소규모 국가들이 비교적 손쉽게 자신들의 환율을 조정해 무역흑자를 추구하고 유지할 수 있었던 것이다. 그 결과 미국은 마지막으로 남은 'n번째 국가'가 되어 만성적인 무역 열위를 겪었다. 과거 케인즈가 그랬듯이 우리는 시스템의 규율이 주로 채무국에만 적용되었다고 느꼈다. 그래서 향후 새로운 시스템은 트리핀의 딜레마를 다룰 필요가 있다고 인식했다. 하지만 우리는 달러의 준비통화 지위를 배제할 의사가 없었다. 태환성을 완전 복구할 용의도 없었다. 그보다 먼저 기저에 깔린 비대칭성이 해결되어야 한다고 보았다. 그리고 만일 그것들이 현실적으로 불가능하다면, 준비금과 환율에 있어서 적절한 유연성 요소가 필요하다고 우리는 생각했다. 이 모든 것들이 기술적으로 복잡하며 일정부분은 정치적으로 굉장히 미묘한 문제였다. 그때에도, 심지어는 그 뒤에도, 우리는 유럽이 진정으로 우리의 우려를 이해했는지 확신이 들지 않는다. 우리가 얼마나 그걸 심각하게 느꼈는지를 말이다.

코낼리와의 이별

결국 우리는 G10을 중심으로 한 개혁 토론을 꺼리게 되었다. G10은 유럽 공동시장과 스위스가 지배하고 있었다. 그들 모두가 완전 태환성을 보유한 긴축적인 시스템의 철학을 공유하고 있었다. 일본의 입장은 더욱 알 수 없었다. 달러에 대해서는 유럽보다 덜 공격적인 게 분명했다. 그러나 강력한 자유주의와 유연성의 옹호자라고 믿고 의존하기에는 무리가 따랐다. 영국과 캐나다 그리고 스웨덴이 일정부분 우리에 좀 더 동조하는 듯했지만, G10 전체적으로는 유럽의 지극히 보수적인 관점들이 너무나도 심하게 지배하고 있었다.

보다 폭넓게는, 국제통화시스템을 근본적으로 개혁하는 정통성을 부여하기에 G10은 너무 잘사는 나라들만의 모임이었다. 보다 대표성이 있는 그룹이라고 할 수 있는 IMF의 '20인 이사회' 역시 다른 이유들로 인해 부적절해 보였다. 경험이 많고 역량 있는 인사들이긴 하지만, 자국 정부의 정책입안 절차에서 그들은 너무 멀리 배제되어 있는 듯했다. 또한 그들은 브레튼우즈 프레임워크에 너무나도 헌신해 있었기에 협상이 성공할 확률이 낮아 보였다. 우리 생각에 최적의 주체는 비교적 소수의 재무장관들 그룹(개도국 진영의 몇 명을 포함)이었다. 차관들은 결정을 준비할 실무그룹으로 운영하는 것이다. G10과 IMF 이사회는 확실히 불만스러워했다. 하지만 그들의 논리는 그럴듯했다.

결국 대표성을 갖고 합의를 도출할 만한 유일하게 실용적인 방법이 도출되었다. IMF 이사회 20개국의 장관급으로 참여 직위를 정하는 것이었다. 결국 20인 위원회(혹은 C20이라고 불리게 되었다)는 다소 거추장스러운 40인의 차관급 실무 그룹으로 귀결되었다. C20 각 회원국별로 두 명의 대표자를 두게 되었다. 한 명은 재무부 관료, 또 한 명은 중앙은행 인사였다. 이들 대표는 또 보좌진들을 대동했다. 그래서 C20 차관급 회의가 개최될 때마다 방 안에는 대략 150명이 입장했다. 장관회의 때에는 훨씬 더 많은 사람들이 회의실을 채웠다.

이런 역사를 언급해 두는 것은 나름의 가치가 있다. C20은 아직도 IMF에 임시 위원회로 남아 있는 데다, 통화개혁 노력 과정에서 뚜렷한 정통성을 남긴 유일한 부분이기 때문이다. 비록 C20이 공식적인 지위를 부여받지 못한 임시 위원회이기는 하지만('개발위원회'도 그러하다), 매년 최소 두 차례 회의를 열어 재무장관들이 선진국 이너서클 바깥의 통화 이슈와 경제상황을 정기적으로 논의할 수 있는 유일한 포럼이다. IMF와 세계은행에 영향을 미치는 중요한 결정은 반드시 이 그룹을 거쳐야만 한다.

우연일 수도 있겠지만, 1972년 5월 몬트리올에서 열린 IMF의 상업은행 콘퍼런스에서 통화개혁에 관한 상이한 견해들이 다소 극적으로 노출되었다. 개혁 계획을 토의하는 패널로 참여한 번즈 의장은 자신의 생각을 일부러 개략적으로만 제시했다. 그러나 토론장 분위기는 시급성을 강조하는 쪽으로 기울어 있었다. 만일 누군가 자신의 연설이 청중들에게 인상을 남기고 싶다면, 똑 떨어지는 수로 몇 가지 포인트를 제시하는 게 좋다. 연설 말미에 그렇게 하면 더욱 효과적일 것이다. 번즈 의장은 10가지를 제시했다. 10가지에 번즈 의장은 고정환율제 및 달러 태환성 복귀를 집어넣었다. 행사 이전에 번즈 의장은 내가 연설문에 대해 코멘트를 할 수 있도록 정중하게 허용하였는데, 나는 그 대목이 그렇게 파격적으로 읽힐 줄은 몰랐다. 하지만 언론들은 즉각 미국의 입장이 분명하게 바뀌어 유럽 쪽에 가까워진 것으로 그의 발언을 해석했다. 우연하게도 나는 번즈 의장 연설 직후에 기자회견을 하기로 되어 있었는데, 이른바 '번즈 계획'에 대해 공격적인 질문들이 제기되었다. 이에 대해 나는 번즈 의장이 미국 정부를 대표해 발언한 것이 아니라고 해명했다. 그것은 분명한 사실이었다. 또한 어쨌든 간에 미국 정부는 그런 계획을 제시할 계획이 없다고 밝혔다.

사실 코널리 장관이 없는 상황에서 당시 내가 콘퍼런스에서 하기로 했던 역할은 유용한 협상이 개시되기 이전에 먼저 확보되어야 할 전제조건을 제시하는 일이었다. 하지만 그 다음날 신문들의 1면 제목은 내가 번즈 의장을 조목조목 부인하는 모습으로 묘사하고 있었다. 코널리 장관은 닉슨 대통령

보좌진들로부터 번즈 의장과 '한바탕' 한 것을 축하한다는 전화까지 받았다. 나중에 안 일인데, 선거가 있는 그 해에 완화적인 통화정책 기조를 유지하도록 압박하기 위해 일부 백악관 참모진들이 번즈 의장에게 일종의 앙갚음을 했던 것이었다. 나로서는 가담할 생각이 없었던 일이다.

그런 일이 있고 나서 얼마 지나지 않아 놀랍게도 재무장관 교체가 있었다. 사람마다 다른 성격이 정책 수립에 있어서 얼마나 큰 차이를 낳게 되는지를 깨닫게 해 준 계기가 되었다. 존 코낼리는 사전에 어떠한 낌새도 없이 재무장관 직을 전격 사임했다. 그는 단지 나와 다른 몇 사람을 집무실로 불러 떠난다고 밝혔을 뿐이다. 그리고 나서 하루 이틀 뒤 그는 가고 말았다. 나는 큰 상실감을 느꼈다. 그가 사석에서 즐겨 밝혔던 대외정책, 특히 베트남전쟁에 관한 의견은 나에게 경종을 울렸다. 전통적으로 금융 관련 관료들이 선호하는 것과 달리 그는 확실히 지속성이나 예측가능성을 대단히 높여놓지는 않았다. 코낼리는 어떤 면에서는 모시기 힘든 상사였고, 때로는 비밀스러웠다. 텍사스주 크기만한 자존심의 소유자이기도 했다. 그는 분명하게 충성을 요구했고, 대신 부하들을 강력하게 지지해 주었다. 자신의 정치적 활동에는 어떤 경우에도 나를 개입시키지 않았다. 그는 워싱턴 권력이 어떻게 움직이는지에 관해 나에게 엄청나게 많은 것을 가르쳐 주었다.

시카고대 출신 통화주의자와의 조우

조지 슐츠가 즉각 재무장관으로 지명되었다. 그는 당시 백악관 예산국장이었다. 그에 앞서서는 닉슨 행정부 노동부 장관을 역임했다. 슐츠의 과묵하고 담담한 성격은 나중에 그가 레이건 행정부에서 국무장관을 지내면서 굉장히 널리 알려지게 되었다. 그는 옳고 그름에 관한 가치판단이 확고한 사람이었는데, 이게 사람들에게는 진실된 이미지로 표출되었다. 나중에 발생한 워터게이트 정국 당시 백악관은 개인 세금신고에 관한 비밀정보를 요구했는데, 우리들 누구도 모르게 슐츠는 이를 잘 차단해 냈다. 어떤 주제에 대한 그의 이념적 견해에 관해서는 잘 알려지지 않았다. 슐츠는 프린스턴대를 나왔고 매사추세츠 공과대학(MIT)에서 경제학 박사 학위를 받았다. 하지만 그의 진정한 이념적 고향은 시카고대학이 되었고, 그곳에서 그는 경영대학원 원장직을 맡았다. 시카고대학에서 수년간 교수로 재직한 밀턴 프리드먼은 그 학교의 지적인 전통에 상당한 영향력을 미쳤다. 통화주의라든가, 통화주의의 국제적 귀결이라 할 변동환율제 등 많은 영역에 있어서 슐츠 장관은 프리드먼의 영향을 받았다. 이념이란 측면에서 누가 스승이고 누가 제자인가에 대해서는 이견이 없었다.

나는 일찌감치 슐츠를 경험했다. 행정부 내부 정책 토론 과정에서 그는 통화주의적 관점을 강력하게 드러내는데 주저함이 없었다. 하지만 나는 금세 슐츠의 다른 면을 볼 수 있었다. 그 면모는 나중에 그가 레이건 대통령의 국무장관으로 일하면서 다른 수많은 사람들에게도 분명하게 드러났다. 개인적으로 슐츠는 노동협상가로서의 전문 경험을 굉장히 많이 쌓은 인물이었다. 그가 어떤 문제를 완전히 책임지고 해결에 나설 때에는 그러한 경력이 맨 앞에 드러나곤 했다. 그는 이념가이기 보다는 공감대를 형성하는 조정자 역할을 했다. 누누이 그는 거의 초인적인 인내심을 갖고 모두가 지지할 수 있는 결정에 동의하도록 사람들을 이끌었다. 때때로 그는 자신이 선호하는 바를 내세우지 않고 억눌렀다.

장관 취임 얼마 뒤 슐츠는 우리의 통화개혁 계획에 관해 물었다. 계획이 존재하지 않는다는 사실을 나로서는 밝힐 수밖에 없었다. 적어도 내부적으로 토의되고 수용된 보고서 형태의 우리의 입장이란 것은 없다고 답했다. 사실은, 전임 존 코넬리 장관이 그러한 토론을 그다지 독려하지 않았다. 아직은 시기상조라고 여겼기 때문이다. 정책 태도가 상충하는 상황이었기에 정부 내부의 합의된 입장을 도출하는 것도 어려웠다. 혹시 합의안이 가능할 지를 타진해 보기 위해 나는 내 직속의 잭 베네트Jack Bennett를 중심으로 하는 정부기관 내 소규모 그룹을 결성하자고 요청했다. 하지만 큰 진전이 있을 거라고 기대는 하지 않았다. 일이 풀려 나가기 위해서는 보다 윗선에서 합심한 압력이 가해져야만 했다. 그런데 조지 슐츠가 그것을 해냈다.

1972년 9월 IMF 연차총회는 공개적인 제안을 내놓기에 딱 좋은 장소였다. 그래서 우리에게는 시간이 많지 않았다. 몇 주 안에 나는 개혁된 통화 시스템에 관한 나의 생각을 아주 포괄적으로 정리했다. 슐츠 장관은 만족스러워했고, 그것을 국무부(캠프 데이비드 회의에는 배제되었다)를 포함한 정부 모든 관계기관 간 토론의 기본바탕으로 쓰도록 했다. 슐츠는 잇따라 열린 각료회의에서 불가피하게 고도로 기술적인 부분을 논의하면서도 동료 장관들이 관심을 갖도록 잘 이끌어 냈다.

그 계획은 1972년 여름에 만들어졌다. 스미소니언 합의가 와해되기 한참 전이었다. 새로운 합의 역시 달러의 공공 태환성을 바탕으로 한 고정환율시스템에 무게 중심을 두어야 한다는 구상을 담았다. 현행 달러보유고의 많은 부분을 IMF의 새 계정(일명 '대체계정')으로 전환하는 방안도 검토하기로 했다. 다만 달러 및 여타 준비통화를 일부 사용할 수 있도록 하는 것은 시스템의 유연성을 확보하기 위해 계속해서 필요한 부분이라는 입장이었다. 우리는 또한 기준환율을 중심으로 환율이 보다 큰 폭으로 변동할 수 있도록 허용하기를 원했다. 더욱 중요하게는, 어떠한 상황에서는 어떤 나라라도 변동환율제를 도입할 수 있어야 한다고 우리는 판단했다. 표면적으로는 브레튼우즈 규칙에 반하는 것이라 해도 말이다.

'비대칭'이란 난제

우리에게는 난제가 있었다. 브레튼우즈 시스템을 괴롭혀 온 비대칭성을 어떻게 해결할 것이냐는 점이다. 그 비대칭성으로 인해 미국의 국제수지는 계속해서 압박을 받아왔다. 보다 일반적으로는, 국제수지 조정압력이 적자국에게만 집중되었을 뿐 흑자국은 오히려 압력을 받지 않았다. 내 생각에 그 덤불속에서 빠져나오는 길은 개념상으로는 단순했다. 하지만 운영상으로는 어려운 시스템이었다. 일반적인 아이디어는 이랬다. 각국마다 정상이라고 여겨지는 기준에 비해 어떤 나라가 준비금에서 과도하게 이득 또는 손실을 보았다면, 조정을 개시하는 게 당연한 일이었다. 아마도 그것은 환율을 변경하는 것일 수 있고, 가능한 경우에는 다른 정책들을 조정하는 방식일 수도 있었다.

그런데 브레튼우즈 시스템에서는 준비금이 상실될 경우 적자국에게만 조정을 강요했다. 일본이나 독일 같은 흑자국들에게는 유사한 압력이 가해지지 않았다. 개혁계획의 핵심은, 조정 의사가 없거나 조정이 불가능한 흑자국에 대해서는 그들이 보유한 준비금을 금이나 SDR로 태환하지 못하도록 하는 것이었다. 그렇게 함으로써 시스템, 특히 준비금 중심지에 가해지는 압박을 덜어내자는 생각이었다. 게다가 어떤 정부가 변동환율제를 도입하도록 허용한 것은, 흑자국이든 적자국이든, 브레튼우즈 제도에서는 법적으로 불가능했던 탈출 밸브를 제공했다.

곧 이어서 설명하겠지만, 나는 지표를 통해서 문제를 해결하는 방법을 제안한 것을 자랑스럽게 생각한다. 물론 하늘 아래 새로운 것이 없듯이 다른 분야도 그렇게 하고는 있지만 말이다. 나는 브레튼우즈 협정 체결을 앞두고 전개되었던 논의들을 다시 살펴보는 식으로 제안서를 만들었던 것은 아니다. 그런데 보다 학구적인 동료 로버트 솔로몬 Robert Solomon은 나의 제안이 브레튼우즈 협상 이전 케인즈의 초기 개혁안과 유사하다는 사실을 지적해 주었다. 솔로몬은 당시 연준에서 국제부를 이끌고 있었는데, 나중에 전후 국제통화제도 발전에 관해 가장 포괄적이고 권위 있는 연구 결과를 저술한 인물이다. 사실인즉슨 우리는 대체로 비슷한 관점에서 해결안을 작성하고 있었던 것이다. 과거 영국은 준비통화 발행국이었고 국제수지가 적자였다. 따라서 케인즈는 모든 조정 압력이 영국 파운드화에만 집중되는 것을 원하지 않았다. 반면 당시 미국은 만성적인 국제수지 흑자국이었다. 그래서 케인즈의 아이디어에 반대했다. 마치 30년이 지난 지금 유럽이 미국의 개혁계획에 저항하는 것처럼 말이다.

슐츠 장관의 세심한 노력으로 마련된 개혁계획은 미국 정부 전반에 걸쳐서 지지를 받았다. 그럼에도 불구하고 슐츠 장관이 그 내용을 담은 IMF 연설문을 밀턴 프리드먼에게 점검해 달라고 요청했을 때 나는 좀 걱정이 되었다. 하지만 약간의 화려한 수사를 적절히 더한 것만으로 검열을 통과할 수 있었다.

심지어 큰 소리로 생각하는 것 조차

IMF 가을 연차총회가 시작되자 미국은 굉장히 수세적인 입장에 놓였다.

갈등을 피하려는 지도자로 묘사되었을 뿐 아니라, 총회 직전에는 미국이 피에르-폴 슈바이처Pierre-Paul Schweitzer 총재의 재임을 차단할 것이란 정보가 새나가 버렸다. 사실 그 결정은 슈바이처 총재가 1~2년 안에 명예롭게 퇴진하는 선택지를 거부함에 따라 이뤄진 것이었다. 또한 그에 대해 오랫동안 쌓인 불만이 극에 달한데서 비롯된 것이기도 한데, 미국 혼자만 그를 불만스러워했던 것은 아니었다. 결정에 대한 책임을 지기를 원하지는 않았지만 다른 나라들 역시 그 문제를 갖고 논의를 했던 게 사실이다. 그 모든 문제에도 불구하고 어쨌든 슈바이처는 명망가였고 평판이 높은 사람이었다. 무엇보다도 그는 프랑스 레지스탕스의 영웅이었다. 존 코널리의 공격적 태도로 인해 일찌감치 민감해진 분위기에서, 언론들은 미국을 국제사회에서 힘자랑이나 하는 나라로 손쉽게 재단해 버렸다. 총회 시작 때 슈바이처 총재가 연사로 소개되자 순교자를 지지하는 박수가 그 커다란 강당을 경쟁적으로 가득 메웠다. 미국에 대해 쌓였던 분한 마음을 손쉽게 표출할 수 있는 기회였다.

이어서 슐츠 장관이 연설을 하자 분위기가 극적으로 바뀌었다. 그곳은 미국이었고, 미국은 결국 새로운 통화시스템의 비전을 통합해 포괄적으로 제시하는 나라였다. 마음에 들든 말든, 적어도 건설적인 개혁안이 테이블 위에 올려져 협상을 할 수 있게 되었다.

협상에 참여한 그 어느 나라도 새 시스템에 관해 그처럼 포괄적인 비전을 제안한 적이 없었다. 내 생각에 그것은 당시의 엄연한 현실을 보여주는 일종의 증상이었다. 결국 그런 일이 달러에게 일어났다. 그리고 미국의 협상 태도에 대한 그 모든 비판에도 불구하고, 그 어떠한 나라도 새로운 통화 및 무역 시스템에 관한 관점을 제시할 능력이 있어 보이지는 않았다.

그 새로운 관점은 모든 참가국들의 요구를 고려할 수 있어야 했다. 아마도 나의 생각은 이기적이고 나이브한 것이었는지 모른다. 그러나 당시 나는 중요한 사안에 대해서는 자국의 이익과 전 세계의 이익을 동시에 고려해야만 하는 것이 미국 특유의 입장이라고 믿고 있었다. 그것은 이타주의와는 무관했다. 어떤 크고 강한 나라가 움직일 때에는 그에 따르는 피드백 효과를 고려해야만 한다. 그 시스템에 존재하는 다른 국가들의 반응을 미리 예상해야만 한다. 왜냐하면 대국 자신의 행동이 다른 국가들에게 영향을 미칠 것임을 알기 때문이다. 소국들이나 주변국들에게는 그것이 자연스럽게 여겨지지 않을 것이다. 어쨌든 간에 소국들은 흑자를 낼 수도 적자를 낼 수도 있다. 평가절하를 하든 평가절상을 하든, 금을 사든 달러를 보유하든, 시장을 개방하든 폐쇄하든, 통화를 풀든 조이든, 보복이나 시스템 전반에 미치는 영향을 별로 우려하지 않고서 자신의 결정을 할 수 있다. 하지만 대국의 경우는 다르다. 어떤 이벤트가 전개되는 양상이나 시스템 그 자체의 본질에 대해 훨씬 더 큰 영향을 미친다. 대국은 전 세계에 충격파를 일으키지 않고 행동할 수가 없다. 심지어 큰 소리로 생각하는 것조차도 대국들에게는 사치다.

그 계획안을 통해 우리가 어떤 안도감을 얻을 수 있든, 우리의 비전이 얼마나 광범위하고 우리의 제안이 얼마나 기발했든, 합의가 쉽게 도출될 것이라고 기대할 만한 근거는 없었다. 일부에서 보기에는, 전반적인 구도가 유럽 대부분 국가들이 원했던 타이트한 시스템과는 너무 거리가 멀다고 여겨졌다. 미국이 내부 재정규율을 어길 수 있도록 너무 많은 탈출구를 제공하고 있으며, 나머지 세계는 계속해서 불안정한 달러에 의존하도록 만든다는 의혹이 우리의 계획에 대해 꾸준히 제기되었다. 일부에서는 그 계획안을 두고 아예 냉소적으로 결론을 내리기도 했다. 어떤 합의도 하지 않으려는 미국의 속내를 가리는 복잡한 연막에 불과하다는 것이다. 미국에 공감하는 사람들조차도 걱정을 했다. 그 계획안대로라면 수시로 환율 조정이 촉발되어 고정환율시스템이 추구했던 안정성을 훼손하지 않겠느냐는 것이다.

 대응하기가 매우 어려운 비판이었다. 문자 그대로 사실은 아니었다. 내가 제안했던 '지표를 통해 문제를 해결하는 시스템'이란 것이 결국 해당 국가로 하여금 환율을 조정하거나 다른 어떠한 조치가 자동적으로 발동되도록 하여 국제수지를 개선하도록 한다는 주장은 사실이 아니었다. 예를 들어 만약 어떤 나라가 적자를 낸다면, 브레튼우즈 시스템처럼, 해당 정부는 통화정책이나 재정정책을 긴축하는 선택을 할 수가 있다. 당분간 차입을 할 수도 있고, 심지어는 일시적으로 자본을 통제할 수도 있다. 물론 자본통제는 의무적이거나 우리가 선호하는 선택지는 아니지만 말이다. 또한 흑자를 낼 때에는 자본통제를 해제할 수 있다. 시장을 개방하거나, 통화를 완화하거나, 대외원조를 늘릴 수도 있다. 물론 어떤 나라가 대외적으로 상당한 불균형에 처했다고 스스로 판단한다면, 환율 조정은 가장 효과적이고 타당한 해법으로 얼마든지 여겨질 수 있다는 점도 사실이다. 그러나 이는 정치적인 문제를 내포한다. 환율을 조정한다는 것은 국가주권의 근본적인 부분으로 여겨진다. 어떠한 환경에서는 정부가 더 큰 목적을 달성하기 위해 그러한 측면의 주권을 양도할 수도 있다. 유럽공동체 회원국들이 21세기가 도래하기 전에 그렇게 하기로 합의한 것처럼 말이다. 하지만 어떠한 기계적인 지표에 의해 환율 조정 결정을 압박받는 것처럼 비쳐진다면, 그것은 받아들이기 힘들다. 실제로 정부가 그렇게 하는 것은 어렵다는 게 이미 확인되었다. 차라리 인격이 없는 시장의 힘에 결정을 맡기는 게 더 편한 일이다. 자유변동환율제에 대한 합의 배경에도 그러한 판단이 깔려 있었던 것이다.

마지막에 기댈 수밖에 없는 제도

새로운 시스템의 구조에 대해서는 컨센서스가 이뤄지지 않았다. 그러던 1973년 여름 어느 시점, 역량있고 에너지 넘치는 C20 사무국이 교착상태를 타파하려는 시도에 나섰다. 영란은행 집행이사를 지낸 제레미 모스 Jeremy Morse가 주도하는 가운데, 로버트 솔로몬과 일본의 스즈키 히데오Suzuki Hideo가 그를 유능하게 도왔다. 그들은 핵심 선진국간의 보다 엄격한 자산 결제시스템을 우리가 제안한 아이디어와 결합해 합의의 틀을 제시했다. 희망의 서광이 비치기도 했다. 대칭성 회복이 필요하다는 미국의 우려에 타당성이 있다고 프랑스가 인정한 것이다. 프랑스는 우리의 '지표 접근법'을 다소 수정된 형태로 받아들이는 자세를 취해 힘을 보탰다.

사실 프랑스는 당연하게도 유럽의 '강경한' 입장을 대표하는 반대파의 핵심으로 여겨져 왔다. 하지만 프랑스의 지스카르 데스탱은 다른 어떤 나라의 장관들보다도 통화시스템에 대해 대단히 관심이 컸다. 그는 시스템이 안고 있는 문제에 대해 개인적으로도 관심을 보였다. 내 생각에 그는 진심으로 해법을 협상하기를 원했다. 그럼에도 불구하고 마음을 완전히 일치시키는 것은 어려웠다. 프랑스 재무부의 클로드 피에르 브로솔레트Claude Pierre Brossolette 선임 차관은 그 어려움을 이렇게 적절히 묘사한 바 있다. "통화시스템 문제에 접근하는데 있어서 훌륭한 프랑스인의 사고를 가진 지스카르는 일종의 '격식을 갖춘 정원(formal garden)'이다. 완벽하게 대칭적이고 모든 것들이 제자리에 차려져 있다. 앵글로색슨 통화제도 설계는 마치 비격식과 즉흥성의 영국 정원처럼 이질적인 전통에서 출발한다."

1973년 9월, 나는 파리에서 열린 핵심국 차관회의에 참석했다. 일부 수정해야 할 요소들이 있긴 했지만 사무국의 초안을 협상 토대로 삼는데 동의할 준비가 되어 있었다. (사무국 초안에는 프랑스식 정원 요소가 많이 포함되어 있었다.) 하지만 유럽은 합의할 생각이 없다는 사실이 금세 명백히 드러났다. 사전 조율 단계에서부터 유럽은 사무국의 구도를 건건이 거부했다. 일본이나 심지어 캐나다조차도 강력한 지지를 할 가능성이 낮았던 터였기에(두 나라 모두 비교적 수동적인 참가국들이었다) 전반적으로 희망이 없어 보였다. 그래서 나는 실제로 그렇게 말했다.

그럼에도 불구하고 얼마 뒤 나이로비 IMF 총회에서 지스카르는 스스로 총대를 매고 협상 1년 연기를 제안했다. 나로서는 놀라운 일이었다. 잠정적인 조치로 변동환율제를 도입하기로 이미 결정이 내려진 시점이었다. 프랑스가 변동환율제를 이성적으로 지지하는 단계에는 이르지 못한 상태였던 게 분명했으나, 지스카르가 왜 그 시점에서 협상 연기를 원했는지는 전혀 알 수가 없었다. 1974년 1월 로마 C20 회의에서 협상을 철회하는 공식 결정이 내려졌다. 그 무렵 석유위기가 확산되었고 인플레이션 압력까지 이어졌기 때문에 적당한 명분을 얻을 수 있었다. 고도로 구조화된 시스템을 실제로 도입할 현실적인 가능성이 대부분의 참석자들이 보기에 갈수록 낮아지고 있었다. 나로서는 실망스러운 일이었다. 그 모든 요동 속에서 새로운 브레튼우즈 시스템을 창출하려던 우리의 노력은 실패로 돌아갔다. 그러나 미국 정부의 생각은 달랐다. 변동환율제를 도입하기로 합의함에 따라 협상을 계속 살려야 할 압박이 사라진 것이다.

당시 우리의 제안은 기존에 존재하던 근본적인 의문을 더욱 구체화하는 촉매가 되었다. 고정환율제도를 언제든 와해하지 않으면서도 의미 있는 수준의 유연성 요소를 가미하는 게 과연 가능하냐는 것이다. 환율이 좀더 유연해지도록 하는 아주 근본적인 목적은 자본통제의 필요성을 최소화하는데 있다. 국내의 경제상황에 적절한 통화정책과 외환시장에서의 환율방어 필요성이 상충하는 것을 줄이기 위해서라도 환율의 유연성은 긴요했다. 그러나 동시에, 환율이 변경될 것이란 막연한 기대는 국제시장에서 투기적 이익을 추구하는 거대한 유동자본의 이동을 촉발했다. 그러한 과정에서 고정환율을 유지하는 것은 불가능해졌고, 환율을 안정화하기 위해 통화정책을 동원하는 것이 불가피해졌다.

협상 담당자들에게 이것은 단지 이론적인 문제만은 아니었다. 그들은 자신들의 눈앞에서, 자신들의 결정에 의해 그런 일이 벌어지는 것을 직접 목도하였다. 1973년 초 변동환율제에 의존하기로 한 것이, 그게 좋은 제도라는 확신이 있어서 내린 결정은 아니었다. 단지 마지막에 기댈 수밖에 없는 제도였다. 전 세계 외환시장에서의 투기적 자본흐름 앞에서 고정환율제 또는 기준환율을 지키는 노력이 너무나도 힘들다는 것에 대체로 동의해 내려진 결정이었다.

결국은 달러

그 다음 단계는 자유변동환율제의 법적 제도적 프레임워크를 강화하는 일이었다. 하지만 그러는 동안 유럽은 자신들 사이에 적용할 고정환율제를 개발하고 있었다. 브레튼우즈 시스템의 붕괴 이후로 그들은 유럽 통화들 간에 보다 안정적인 환율을 유지할 수 있는 협정을 시험해 왔다. 유럽 내부에서의 무역이 교란되는 것을 막고, 달러의 변동이 역내에 불안정 효과를 야기하는 것을 줄이기 위해서다.

그 과정에서 취해졌던 조치들을 죄다 기술하지는 않겠다. 이 정도로만 말해두는 것이 좋겠다. 통화시스템에 있어서 비록 수년 동안 수많은 후퇴가 있었고 일부 국가들은 잠정적인 탈퇴를 하기도 했지만, 개혁 노력이 결코 오래 사그라지지는 않았다. 수많은 회의론도 있었으나, 1979년에 수립된 유럽 통화시스템은 10년 이상 지속되었다. 그 시스템 안에서 한동안 다수의 평가 절상과 절하가 있었으나, 그 모든 사례는 비교적 작은 폭이었다. 투기세력이 얻은 이득이 있었다 하더라도 그 정도는 매우 제한적이었다. 스미소니언에서 환율 변동 폭을 넓게 도입한데 힘입어 시스템을 관리하는 부담은 아마도 줄었을 것이다. 유럽공동체 내부에서의 상품 및 서비스 거래 자유화가 진전되면서 자본통제는 철회되어 갔다.

추세는 분명했다. 유럽 내부 시스템은 고정환율제를 향해 힘차게 이동했다. 개념상으로는 약간의 환율 조정이 용인되었으나, 그 시스템이 10년을 넘어가면서 현실적으로는 드문 일이 되었다. 더욱 강고한 고정환율제로의 흐름은 1991년 12월 네덜란드 마스트리히트에서 열린 유럽 정상회의의 정치적 결정을 통해 두드러졌다. 당시 정상들의 결정은 단순히 고정환율제를 취하는 게 아니었다. 특정한 재정 안정 기준을 충족할 능력이 있는 유럽공동체 국가들이 2000년 이전에 공동 통화(common currency)를 창출한다는 목표에 동의한 것이다.

통화 통합을 향한 이러한 진전은 우리에게 고정환율제를 운영하는데 있어서 기본적으로 무엇이 전제되어야 하는지를 알려주고 있다. 이는 개방적 상품, 서비스 및 자본시장에 관한 자유 이념과도 부합하는 것이다.

한 가지는 분명했다. 그리고 이는 전 세계 차원에서 달성 가능한 일은 무엇이냐는 질문과도 관련이 있다. 유럽은 지배적인 통화를 보유하고 있다. 독일 마르크가 지배적 통화인 것은 일정부분 독일이 유럽에서 가장 크고 강한 경제를 갖고 있다는 데서 기인한다. 그러나 또한 최소한 중요한 것은 마르크화의 안정성이다. 여타 유럽 국가들도 높은 수준의 물가안정을 유지하는 게 자신들에게 이익이라는 결론을 내렸다. 마르크화에 고정한 환율을 유지하는 것이 그러한 목표를 증진시킨다는 점에 대해서도 동의했다. 이는 오로지 각국의 통화정책 주권을 대체로 포기하는 비용을 치러야만 성취할 수 있다. 자신들이 추구하는 안정성을 지배적 통화가 계속해서 달성해 내는 한, 그 정도의 비용은 충분히 지불할 만했다. 다른 대부분의 국가들은 분명히 그렇게 생각한 듯했다.

안타까운 점은, 1970년대 초가 되면서 달러는 그러한 안정성을 더 이상 수행하지 못했다는 사실이다. 두 차례의 평가절하 이후에도 미국 달러는 수개월 동안 계속해서 하락세를 이어갔다. 프랑스의 퐁피두 대통령은 1973년 파리 IMF 총회에 입장하면서 기자들에게 점잖지 못하게 비꼬았다. "이제 우리는 세 번째 달러 평가절하를 보게 될 모양입니다." 그럼에도 불구하고 그의 발언은 무언가 우려와 만족감이 뒤섞인 유럽인들의 생각을 보여주고 있었다. 많은 유럽인들이 보기에 달러는 브레튼우즈의 발판에서 굴러 떨어져버렸다.

하지만 쌤통이라며 고소해하기에는 시기상조였다. 여름과 가을을 거치면서 미국 무역수지가 개선되는 신호가 나타났다. 중동전쟁과 석유위기에 대한 금융시장 우려가 고조되는 가운데 트레이더들과 투자자들은 그래도 결국에는 미국이 여전히 힘과 안정의 수호자이며, 달러가 어려운 시기에

피난할 만한 곳이라는 사실을 떠올렸다. 단기 자본흐름이 뉴욕으로 향하자 달러화 가치가 올랐다. 떨어질 때만큼 급격하게 달러가 상승했다. 1974년 초, 나는 기쁜 마음으로 자본통제를 해제한다는 보도자료를 작성했다. 현행 환경에서는 외국인들의 뉴욕 자본시장 접근이 유용할 것임을 강조했다. 교텐 토요오가 설명하겠지만, 실제로 그것은 일본에게 특히 긴요했다.

난해한 질문

어떤 국가의 통화가 십 년 혹은 수십 년에 걸쳐서 고정환율제의 견조한 지주(支柱)로서 기능할 것이라고 기대하는 게 현실적으로 가능할까? 매우 흥미로운 질문이다. 1970년대 초 개혁 노력 과정에서 우리가 다루었던 그 난해한 질문은 수시로 극심하게 세세한 문제들에 봉착하게 되었다. 우리는 아직도 그 질문에 대해 완전히 만족할 만한 답을 얻지 못했다고 나는 생각한다. 근본적인 이슈는 기술적인 측면이 아니었다. 계속 반복해서 그 질문이 제기되었다. 그 자체로 유별나게 안정적인 지배적 국가 없이도 우리는 과연 안정적인 통화시스템을 가질 수 있을까? 과연 미국이 더 이상 그 역할을 해낼 수가 있을까?

어느 C20 회의 때 프랑스의 클로드 브로솔레트 옆에 앉았던 일이 기억난다. 연설 소리가 울리는 가운데 우리의 머릿속은 헤매고 있었다. 그 순간 나의 프랑스 동료가 조그마한 삼각형을 종이에 그렸다. 통화시스템을 설계하는 세 가지 방법이라 생각되는 것을 보여주기 위해서였다. 삼각형의 한 변에 그는 '지배적 국가' 또는 '헤게모니 파워'라고 적었다. 정확한 표현은 지금 생각나지 않는다. 그 밑에다 그는 '폭군'이라고 적었다. "그런 것은 우리가 원하지 않는다"고 그는 말했다. 삼각형의 다른 변에 그는 '분산된 권력'이라고 썼다. 그 밑에다 그는 '혼란'이라고 썼다. "그것 역시 우리는 원하지 않는다"고 말했다. 결국 삼각형의 한 변만 남게 되었다. 그 곳에 그는 '지배적 권력'이라고 썼다. 그 밑에 그는 '괜찮다'고 적었다.

미국이 비교적 괜찮다는 것을 의미하는 듯했다. 그리고 시스템은 작동했다. 물론 그것은 당시 프랑스 정부의 공식적인 입장과 같지는 않았다. 그러나 과연 그의 관점을 받아들여 세계가 그렇게 되돌아갈 수 있을까? 과연 미국은 여전히 상대적으로 충분히 강한 나라일까? 다른 모든 나라들 중에서 프랑스가 과연 그것에 동의할 만하다고 할까? 브로솔레트의 분석은 매우 단순한 것이었다. 그러나 그 뒤로도 나는 항상 그것을 기억했다. 우리가 안고 있는 문제를 압축한 것으로 여겨졌기 때문이다.

그 질문은 오늘날 더욱 의미 있어 보인다. 유럽공동체와 일본이 미국에 더욱 더 동등하게 근접했기 때문이다. 1950년대와 1960년대의 미국 같은 지배적 권력이 없는 상황에서 우리는 과연 개방적 시스템을 관리하고 그 안정성을 유지할 수 있을까?

그 질문에 우리는 아직 결론적인 답을 찾지 못했다. 하지만 우리는 일종의 집합적인 지도체제가 될 만한 것을 개발하는데 있어서 그동안 상당한 경험을 쌓아 왔다. 실제로 그 기반을 조지 슐츠가 마련했다. 겸손하게 그 제안을 내놓던 당시에만 해도 그게 제도를 설립하는데 있어서 그토록 큰 결실을 낼 거라고는 생각 못했겠지만 말이다. 1973년 봄, 통화시스템이 혼란에 빠졌을 때, 인플레이션이 가속도를 내고 개혁 논의는 기껏해야 더딘 속도로만 진행되던 당시, 제1차 석유위기가 다가오고 있다는 것을 그 누구도 인지하지 못하고 있던 때, 슐츠는 프랑스, 독일, 영국의 재무장관들을 백악관 지하에 있는 도서관으로 초청해 비공식 회의를 가졌다. 회의 장소가 갖는 의미는 분명했다. 조용히, 비밀리에, 중대한 토의를 하고 싶다는 그의 의지를 강조하는 것이었다.

그날 재무장관 회의에서 뭔가 실체가 있는 심오한 결론을 내린 기억은 없다. 대신 그런 비공식 접촉을 유지하는 게 좋겠다는 공감대를 형성했다. 지스카르는 그해 가을 자발적으로 프랑스에서 회의를 주최했다. 이후 기민한 외교전술을 발휘해 일본도 초청했다. 교텐 토요오가 그 일에 참여했다. 아서 번즈 역시 자신 또한 참여해야 한다고 요구했다. 슐츠는 오랜 멘토를 존중하는 차원에서 그를 투르(Tours) 부근 샤토 다르티니(Chateau d'Artigny) 회의 때부터 포함시켰다. 중앙은행 업무와 관련 있는 일이라는 점도 감안했다. 이것이 재무장관 회의에 중앙은행 총재가 참석하는 전례가 되었다. 그 프레임워크가 주요 5개국(G5) 회의에 적용되었다.

슐츠 장관의 도서관회의 그룹 원년 멤버인 독일의 슈미트와 프랑스의 지스카르는 금세 정부 수반으로 올라섰다. 유럽 국가들이 국제경제 문제를 얼마나 중요시하는 지를 그 자체로 보여준 사례다. 이후 변동환율제를 제도화하고 합리화하는 내용으로 IMF 규약을 수정하는 중요한 합의가 이뤄졌는데, 이는 자연히 슐츠의 도서관회의 멤버들이 국가 정상 레벨에서 타결하게 되었다. 이런 식으로 이후 이탈리아와 캐나다가 더해졌고 주요 7개국(G7) 회의가 탄생하게 되었다. 이제는 매년 열리는 경제 정상회의도 그렇게 시작되었던 것이다.

애초에 백악관 도서관회의는 조용한 친밀감을 추구했다. 그러나 정상회의는 그런 것과 거리가 멀었다. 언론들의 관심이나 대중에 대한 공개라는 측면에서 유별날 수밖에 없었다. 관심이 고조되는 일은 아마도 불가피했을 것이다. 하지만 그게 의사결정의 질적인 수준을 높이지는 못했다. 독일의 칼 오토 폴^{Karl Otto Pohl}이 재무차관으로서 참석했다. 우리는 이후 수 년 동안에는 각자 두 나라 중앙은행의 수뇌로서 일했다. 우리 두 사람은 G5와 G7 재무장관회의 참석에 관해서는 그 어떤 누구보다도 훨씬 많은 기록을 갖고 있다. 하지만 중앙은행 대표들은 경제 정상회의에 초대받지 않았다. 중앙은행에 대한 나의 관점에서는 아주 행복한 일이었다. 정상회의는 정치가 지배하는 곳이며 대중에 대한 노출이 큰 곳이기 때문이다.

세계경제와 통화정책 문제를 수행하는데 있어서 이처럼 과시적인 기구가 존재하긴 했지만 변동환율제에 대한 국제적 약속은 순수한 것이었다. 변동환율제는 그 자체로 안정화 경향을 띠며 경제조정을 비교적 덜 고통스럽게 해 준다. 그러나 현실의 국제금융시장과 교역 및 자본흐름에 있어서는 변동환율제란 것이 그렇게 행복한 것은 아니었다. 특히 초기에는 분명히 불행했다. 환율 움직임은 확실히 극단적으로 보였다. 인플레이션 확대와 경제위기의 압력 하에서는 다른 어떤 시스템도 제대로 작동하지 못했을 것이라 해도 말이다. 반면, 변동환율제 옹호론자들은 그 덕분에 세계경제가 위기에서 살아남을 수 있었다고 주장할 것이다. 그리고 어떠한 경우에도 우리는 그 경험을 통해 배운 것이 있었다고 할 것이다.

당시에만 해도 달러화 약세 및 세계 인플레이션 급등세가 그 자체로 유가가 갑자기 네 배나 오른 원인 중 하나라고 꼽는 사람은 많지 않았다. 그러한 경제적 지각변동이 브레튼우즈 붕괴에서 비롯되었다고 보는 시각도 드물었다. 국제통화시스템이 과연 스스로를 잘 관리해낼 수 있을지는, 그 이후에 펼쳐질 일들이 새로운 실마리를 보여줄 것이다. *Volcker*

우리는 헬무트 슈미트 독일 재무장관을 만나러 갔다. 그는 우리를 도와줄 마지막 희망이라고 생각했다. 적어도 우리와는 공감대를 형성할 거라고 봤다. 하지만 완전히 헛걸음이었다. 그는 굉장히 정중하게 우리에게 말했다. "여러분이 이걸 받아들이지 않으면 미국과 일본 사이에는 경제 전쟁이 일어날 겁니다." 그 순간은 헬무트 슈미트가 마치 헬무트 코널리처럼 들렸다.

written by
GYOHTEN

위기의
—
징조들

1971년 스미소니언 합의부터 1973년 변동환율제 도입 때까지의 시기는 시행과 착오의 연속이었다. 장님이 코끼리를 만지듯이 우리 모두는 적절한 환율 수준이 얼마인지를 찾으려 더듬어 갔다. 새롭고 굉장히 낯선 환경 속에서 우리는 안정을 유지해야만 했다. 스미소니언 합의 직후 한동안 세계는 '중앙환율'이라고 불렸던 새로운 기준환율을 유지하기 위해 애를 썼다. 하지만 이번에는 금에 의해 담보되는 달러라고 하는 주춧돌이 사라진 상태였다. 주요 국가들 사이에서 확대된 경제 펀더멘털 괴리가 사라질 조짐을 보이지 않았다. 중앙환율 또는 그 무엇이라 불렸든 간에, 고정환율제를 되살리려는 노력은 사실상 실패할 운명을 예정해 두고 있었다. C20이라는 새로운 포럼에서 지속가능한 환율제도를 재건하는 진정한 노력이 이루어졌다. 그러나 신속한 합의가 도출될 것이란 희망은 사라지고 말았다. 각국의 이해관계가 서로 충돌했던 탓이다. 1973년 가을, 제1차 석유위기가 국제 자본흐름에 변화를 야기했다. 세계는 변동환율제 말고는 대안이 없다는 것을 깨닫게 되었다. 가시적인 미래에 고정환율제로 돌아갈 희망은 없어 보였다.

실패할 운명

당시 일본은 스미소니언에서의 대규모 엔화 가치 절상으로 인해 경제가 침체에 빠져버릴 것이라고 두려워했다. 그러나 경제는 되살아났다. 경상수지 흑자가 확대됐다. 일본에게 미국은 자국 상품을 더 많이 수입해 가라는 압력의 수위를 높였다. 양자 협상이 여러 차례 진행되었다. 1972년 9월 하와이에서 열린 다나카 가쿠에이 총리와 닉슨 대통령의 회담이 그 중 잘 알려진 사례다. 당시 정상회담은 다나카에게 좀 불길한 것이었다. 당시 다나카는 대미 무역 불균형을 시정하기 위해 록히드의 항공기를 구매하기로 합의했는데, 그 딜을 마무리 짓는 과정에서 사례금을 받은 혐의를 받았다. 그 일로 다나카는 결국 기소되었고, 그 이후에도 계속된 스캔들이 그의 정치인생에 오명을 남겼다.

무역 압력이 커졌다. 엔화를 더 절상하라는 국제 압력도 고조되었다. 일본은 솔직히 그런 절상이 정말 필요하다는 주장을 받아들이지 않았다. 1972년의 흑자는 시간이 지나면서 사라질 것이라고 일본은 생각했다. 어쨌든 다나카 총리는 절상에 반대하면서 열정적으로 팽창정책을 추진했다. 그는 일본 열도 재건을 원했다. 전국 곳곳에 20~30개의 중간 규모 도시를 건설하는 계획을 수립했다. 이들 도시를 고속도로와 초고속열차로 연결한다는 구상이었다. 다나카는 서민 출신으로는 첫 총리였다. 그리고 아마도 그게 마지막이었을 것이다. 그는 니가타현의 가난한 농촌에서 태어났다. 그야말로 자수성가한 인물이었다. 고등교육을 받지 못했으나, 거의 동물적인 직감을 가진 사람이었다. 매우 명석했고 굉장히 기민하고 대담했다. 너무 대담했기에 나는 걱정스러웠다. 그는 새로운 아이디어로 충만해 있었고, 그걸 실현하려고 나설 에너지와 배짱이 있었다. 그의 생각은 오로지 일본을 리모델링하는 거대한 계획에 사로잡혀 있었다. 엔화를 추가 절상하는 문제는 끼어들지 못했다.

당시 일본 대장성은 불행히도 좀 약한 장관 휘하에 있었다. 우에키 고시로Ueki Koshiro 대장상은 리더십이나 주도권이 없었고, 5개월밖에 재직하지 않았기에 임기 중 환율 이슈에 있어서 어떠한 관점도 가질 수가 없었다. 나는 정말 그를 동정한다. 그는 당뇨병 약물 치료를 받고 있어서 육체적으로 약했다. 그래서 일본으로서는 달러당 308엔이라는 중앙환율을 지키기 위해 시장에 개입하는 것 말고는 달리 정책이 없었다. 하지만 엔화에 대한 상승압력은 그치지를 않았다. 1972년 내내 일본은 약 70억 달러를 사들였지만 효과가 없었다. 국제적인 불안정이 고조되었다. 1973년 2월이 되자 오직 세 통화만이 스미소니언 중앙환율을 겨우 지키고 있었다. 일본 엔, 독일 마르크, 그리고 네덜란드 길더 등이었다.

"미국과 일본 사이에는 경제전쟁이 일어날 겁니다."

2월 8일, '닌자 볼커'의 비밀 임무가 시작되었다. 도쿄 시간으로 그날 일본 총리실은 닉슨 대통령으로부터 전보를 받았다. 볼커 차관이 일본으로 가고 있으며, 바로 그날 저녁에 도쿄에 도착할 것이란 소식이었다. 볼커는 사실 눈에 잘 안 띄는 외모의 사람이 아니었다. 그래서 그의 비밀 임무를 언론들이 모르도록 하는 게 쉽지 않았다. 그래도 어쨌든 우리는 해냈다. 그가 탄 비행기가 도쿄 교외의 한 군용 비행장에 내렸다. 유리창을 검게 칠한 리무진에 태워 미국 대사관으로 향했다. 그는 '10 대 10'이라는 제안을 들고 왔다. 미국이 SDR 환율 대비 10%를 절하하고, 일본은 10%

를 절상하며, 유럽은 그대로 있는 계획이었다. 즉, 금 1온스당 42.22달러, 달러당 257엔을 의미하는 것이었다. 그렇게 하면 엔화는 스미소니언 중앙환율 대비 20%를 절상하는 효과를 낸다.

일본의 대장상은 취임한 지 두 달도 채 안 되는 아이치 키이치였다. 역대 대장상들 중에서 가장 똑똑한 인물 중 하나였다. 금융부 관료로 재직했던 그가 당시 대장상이었다는 것은 순전히 우연이었다. 그는 공식적인 평가절상을 거부했다. 현실적이고 또한 정치적인 이유가 있었다. 당시는 2월이었고, 우리 예산안이 의회에 제출되어 있었다. 의회에서 예산안이 논의되고 있는 와중에 우리가 중앙환율을 변경하면 기존 환율을 기준으로 산출했던 일부 예산 수치를 수정해야만 했다. 우리는 변동환율을 받아들이기로 합의했으나 엔화를 20%나 절상하는 것을 수용한 것은 아니었다. 우리는 볼커에게 15%까지는 올라갈 수도 있겠다고 말했다. 절반은 만족해하고 절반은 불만스러운 상태에서 그는 일본을 떠나 유럽으로 향했다. 얼마나 급했는지 볼커는 아이치 대장상 집에 자신의 모자를 두고 갔다. 나중에 그에게 보내주었던 걸로 기억한다. 독일 본에서 협상이 계속됐다. 호소미 다카시 차관과 내가 본으로 날아갔다. 거기서 독일 정부 관료를 만나고 다시 볼커와 만났다. 매우 실망스럽게도 우리는 다시 한 번 완전히 고립된 상태였다. 볼커는 유능하게도 유럽을 결집시켜 일본에 함께 맞서도록 해 놓았다. 우리는 헬무트 슈미트 독일 재무장관을 만나러 갔다. 그는 우리를 도와줄 마지막 희망이라고 생각했다. 적어도 우리와는 공감대를 형성할 거라고 봤다. 하지만 완전히 헛걸음이었다. 그는 굉장히 정중하게 우리에게 말했다. "여러분이 이걸 받아들이지 않으면 미국과 일본 사이에는 경제전쟁이 일어날 겁니다." 그 순간은 헬무트 슈미트가 마치 헬무트 코닐리처럼 들렸다.

결국 합의가 이뤄졌다. 일본은 달러당 257~264엔 사이에서 엔화가 변동하도록 허용하기로 했다. 미국 달러에 대해 17~20% 절상하는 것을 의미했다. 그 시점에도 일본은 예산안 통과 전에 엔화를 고정하기를 원했다. 의회에서 골치 아픈 논쟁이 생기는 걸 피하기 위해서다. 당시 우리는 변동환율이 일시적 현상이라고 생각했다. 고정환율제로 복귀하는 것에 대해 전 세계적으로 충분한 공감대가 있다고 믿었다. 미국에서는 재무부와 연준으로 의견이 분명히 양분되어 있는 듯했다. 그해 3월 초 아서 번즈는 우리에게 변동환율제가 인류에게 분명히 끔찍한 일이 될 것이라고 말했다. 그리고 변동환율제가 한 번 시행되면 쉽게 끝나지는 않을 것이며 수 년 내지는 한 세기는 갈 것이라고 말했다. 그러면서 번즈는 일본에게 가능하면 빨리 환율을 다시 고정하라고 권고했다. 하지만 유럽에서는 혼란과 요동이 심화하고 있었다. 유럽의 두 강세통화인 독일 마르크와 네덜란드 길더는 강력한 공격을 받고 있었다. 1973년 3월 1일, 단 하루에만 분데스방크는 27억 달러를 사들였다. 역사상 최대 규모의 중앙은행 개입이었다. 결국 그 다음날 분데스방크는 외환시장을 중단시켰다. 3월 19일에 시장 운영이 재개되었을 때에는 이미 세계 곳곳에서 사실상 변동환율제가 시행되고 있었다.

우리의 자유변동환율 도입 결정은 1971년 8월 때보다 신속하고 매끄럽게 이뤄졌다. 그 사례를 통해 우리는 교훈을 얻었다. 외환시장에 일방적인 압력이 압도적으로 가해지고 있는 상황에서는 고정환율을 지키기 위해 개입하는 것이 소용없는 일이라는 것을. 1973년, 경제가 반등했고 인플레이션의 위험한 신호가 나타났다. 그래서 평가절상에 대한 국내 저

항이 덜했다. 놀랄 만한 안정이 뒤따랐다. 그러나 10월이 되자 오일쇼크
가 발생했다. 달러-엔 환율은 264~266엔 사이에서만 변동했다. 마치 고
정환율제인 듯이 움직였다. 경제환경은 제법 극적으로 뒤집혔다. 과열 경
제로 인해 경상수지가 적자로 돌아섰다. 인플레이션이 높아졌다. 장기자
본이 대규모로 빠져나갔다. 엔화 가치는 하락 압력을 받았다. 우리 통화
를 50억 달러 이상 사들이며 엔 약세에 저항했다. 우리는 여전히 구조적
인 경상흑자를 기록 중이라 판단했기 때문이다. 엔화가 하락하면 인플레
이션이 심화할 것이란 우려도 있었다. 적어도 그것은 정중한 설명이었다.
사실 우리는 뜨거운 수프를 먹다가 입술을 데어 아이스크림으로 식히려
하는 아이나 마찬가지였다. 새로운 상황에 대한 우리의 반응은 우리의 과
거 경험에 의해 편향되어 있었다.

논쟁은 계속될 수밖에 없었다

오일쇼크 이후 일본의 인플레이션은 가속도를 냈고, 경제는 장기간의 침
체에 빠졌다. 엔화가 하락함에 따라 우리는 잇따라 개입 포인트를 후퇴시
켰다. 달러당 265엔, 275엔, 그리고 나서 285엔으로 물러났다. 결국 300엔
이 되자 우리는 약세를 반드시 저지해야만 한다고 판단했다. 환율 300엔
선을 방어하기 위해 대규모 개입에 나섰다. 10월 오일쇼크 때부터 시작
해 1974년 1월까지 우리는 약 70억 달러를 매도했다. 미국이 자본통제와
이자율평형세 중단을 발표하면서 달러가 약해지기 시작하자 개입을 멈
췄다. 유가가 4배로 뛰었고 일본의 원유 수입대금도 1972년 45억 달러이
던 것이 1974년에 212억 달러로 4배 늘었다. 우리의 경제와 대외수지 균

형을 되찾지 않고는 엄청난 에너지 수입 비용을 감당할 수 없을 것이라고 우려되었다. 미국 프랭클린내셔널뱅크(Franklin National Bank)와 독일 헤르슈타트방크(Herstatt Bank)의 도산과 유로마켓(역자 주: 역외 달러시장)의 요동으로 우리의 조바심은 더욱 커졌다. 그래서 1974년 8월, 우리는 사우디아라비아에게서 10억 달러를 5년 만기로 차입했다. 하지만 그건 비밀에 부쳤다. 바깥에 알려질 경우 일본이 재무적으로 어려운 것처럼 비쳐 시장 불안이 심화할 수 있었기 때문이었다. 오일쇼크는 일본 경제에 예기치 못한 혹독한 충격을 가했다. 일본은 원유를 전적으로 수입해야만 했기에 준비가 되어 있을 수가 없었다. 즉각 경제침체와 인플레이션이 동시에 발생했다. 일본은 자신의 취약성을 갑작스럽게 깨닫게 되었다. 다른 나라들도 마찬가지였다.

그러나 전반적으로는 OPEC의 대규모 무역흑자가 순조롭게 리사이클(recycle, 재순환)했다. 변동환율제가 통화시스템에 가해지는 긴장을 흡수하는데 도움을 준 덕분에 달러의 순환이 촉진되었다. 통화에 대한 수요와 공급에 따라 환율이 오르내렸다. 금은 더 이상 국제통화자산으로 기능하지 않았다, 비록 산유국들이 대규모 흑자를 유지했지만, 그들은 핵심 국제통화자산을 독점하지 못했다. 그들의 흑자는 대부분 뉴욕이나 유로마켓에서 예금 형태로 보관되었다. 그래서 그 달러는 단순히 장부의 주인 이름만 바뀌면서 리사이클 할 뿐이었다. 이 중립적인 시장의 운영 덕분에 오일쇼크로 인해 고개를 들었던 대부분의 금융적 두려움은 사라지게 되었다. 일본 같은 중요하고 신용 있는 차입자의 관점에서 볼 때 초기의 공포와 혼돈은 금세 종료되었다. 단기차입이 용이하게 이뤄진데 따른 것이다. 만일 자금 조달 길이 막혔더라면 일본은 경제적으로 심각한 박탈을 겪어야 했을 것이다. 우리가 얻은 교훈이 있었다. 공포감에 압도되었던 탓에 우리는 변동 환율제의 가격 메커니즘을 이해하고 신뢰하는데 실패했다는 것이다.

그럼에도 불구하고 1972년 7월부터 1974년 6월까지 C20에서의 통화 개혁 계획 점검은 고도로 정밀한 수준에서 진행되었다. 이처럼 국제적으로 매우 중요한 역할을 수행하는 것은 일본으로서는 처음 경험하는 일이었다. 일본이 주도 그룹에 포함되어 있었기에 가능했고, 일본 정부가 보낸 대표의 역량이 매우 뛰어났던 덕이기도 했다. C20 사무국은 영란은행의 제레미 모스가 의장을 맡았다. 부의장은 넷 있었는데, 미 연준의 로버트 솔로몬, 브라질의 알렉산드레 카프카Alexandre Kafka, 가나의 조너선 프림 퐁-안사Jonathan Frimpong-Ansah, 일본의 스즈키 히데오 등이었다. 스즈키는 당시 일본을 대표해 파견된 IMF 이사였다.

당시 개혁 실행은 두 가지 이슈에 직면하고 있었다. 통화가치를 적기에 조정하는 것과 국제수지 흑자와 적자를 결제하는 것이었다. 우리가 보기에 브레튼우즈 시스템의 붕괴는 환율의 조정이 지연된 데서 비롯되었다. 특히 미국이 다른 나라는 그대로 있는 상황에서 자신의 통화가치를 변경하는데 어려움을 겪었다. 원칙적으로 유럽과 일본은 고정환율제를 선호했다. 변동환율제는 예외적으로만 수용할 용의가 있었다. 우리는 자동적인 환율 조정 메커니즘에 대해서는 반대했다. 경제정책 주권을 상실할 수 있다는 우려 때문이었다. 브레튼우즈 시스템이 붕괴한 또 다른 원인은 외국인들의 손에 너무 많은 달러가 넘어가 더 이상 통제가 불가능해진 탓이었다. 유럽, 특히 프랑스의 경우는 미국이 달러를 발행해 대외적자를 스스로 충당해 메울 수 있는 특권을 누리는데 반대했다. 우리도 이에 가세해 미국 역시 다른 나라들처럼 대외계정을 금, SDR 또는 외국 통화 등 다른 자산들과 결제하는 의무를 받아들이라고 요구했다. 그러나 미국은 계속해서 준비자산 지표 시스템 사용을 고집했다. 논쟁은 계속될 수밖에 없었다.

실무 차원에서는 이런 이슈에 대한 토의가 고도로 기술적인 수준에서 이뤄졌다. 정치적 개입이나 압박을 받지도 않았다. 하지만 출발점에서부터 이 두 가지 이슈는 단순히 기술적 해법에만 달린 문제가 아니었다. 국제통화 업무에 관한 다른 대부분의 주요 사안들이 그렇듯이 이들 이슈 역시 심오한 정치적 문제들을 대표하고 있었다. 이로 인해서 해법은 불가능했다. 실무 차원에서는 확실히 그러했다. 통화의 가치는 국가주권에 관한 문제로 여겨졌다. 그 기준이 준비금이든 무엇이든 간에 어떤 지표의 자동적인 작동에 따라 그러한 주권 결정을 순순히 포기할 준비가 된 나라는 없었다. 준비자산 결제 문제와 관련해서는 논의가 상당한 수준까지 전개되었다. 전 세계가 정말로 미국의 기준통화국 지위를 박탈할 것인지를 논의할 정도였다. 정치적 이유, 그러니까 전 세계에서 미국이 차지하는 폭넓은 역할로 인해 이 이슈 역시 해결할 수가 없었다. 실용적인 이유도 있었다. 대부분의 국제거래는 달러로 이뤄지고 있었다. 독일 마르크나 일본 엔화를 관리하는 해당국 대표들은 달러의 자리를 꿰어차 그 부담을 나눌 준비가 당시에는 되어있지 않았다.

미 연준의장의 지위

변동환율이야 말로 정치적이지 않은 시장의 수요공급 법칙에 따라 이들 이슈를 해결해줄 제도였다. 어떤 나라도 환율을 결정하는 특권을 포기하지 않아도 된다. 각국들은 자국 통화가치를 지지해야 할 의무가 없기 때문에 준비자산 결제의 문제도 피할 수가 있었다. 시장이 경제조정을 강제할 것이니까. IMF 협정 하에서 변동환율체제를 법제화하는 일만 남게 되었다. 이제는 공식 금가격이란 제약에서도 벗어날 수 있게 되었다. 불공정한 무역 경쟁우위를 추구하지 못하도록 하는 국제 감시제도 메커니즘이 수립되어야 했다. 이는 1976년 IMF 협약 2차 수정을 통해 처리되었다.

다자간 환율 감시체제를 구축하려는 시도는 약 10년간 실현되지 않았다. 그러는 사이, 변동환율제가 도입됨에 따라 국제통화시스템은 더 이상 공식적인 규칙보다는 갈수록 강대국 장관회의와 곧 이어서는 정상회의에 의해 운영되었다. 그 과정은 각국 관료들에게 의존했다. 일본도 그 이너서클에 들었지만 처음부터 포함됐던 것은 아니었다. 1973년 봄 비공식적으로 열린 백악관 도서관회의 멤버들을 보면 알 수 있다. 조지 슐츠는 영국, 프랑스, 독일의 재무장관을 초청했다. 일본의 재무장관은 이 비밀회의에 관해 듣고는 시기심이 발동했다. 그래서 다음에는 제외되지 않도록 하겠다고 다짐했다.

볼커가 도쿄에서 두 번째 평가절하를 어떻게 협상했는지를 기술하면서 언급했듯이 아이치 키이치는 자신의 생각을 있는 그대로 말하고 자신의 주도로 일을 수행해 나가는 사람이었다. 그해 9월 케냐에서 열린 IMF 연차 총회에서 아이치 키이치는 기발한 아이디어를 들고 나왔다. 슐츠와 바버, 지스카르, 슈미트 등 네 명의 도서관회의 멤버들을 나이로비에 있는 일본 대사관저로 초청했다. 차관도 함께 와 달라고 했다. 모두 모여 저녁식사를 한 뒤 사케도 좀 마셨다. 그리고 나서 아이치는 장관들만 남고 나머지는 자리를 비켜줄 것을 요청했다. 다섯 명의 장관들은 마치 아주 중요한 사안들을 논의할 것처럼 보였다. 그러나 실제로는 그다지 대단한 얘기는 오가지 않았음을 나중에 알게 되었다. 아이치에게 가장 중요한 것은, 그 5개국이 앞으로도 계속해서 포럼을 하기로 합의했다는 점이었다. 도서관회의는 애초에 G4의 형식이었지만 이제 G5로 바뀌었다. 지스카르는 다음 회의를 파리에서 하자고 이 그룹을 초청했다.

　그러나 불행하게도 아이치는 두 달 뒤 11월에 열린 G5 첫 회의에 참석하지 못했다. 아이치는 그 회의 직전에 별세했다. 우리는 파리회의 참석을 위해 출국하기 직전에 아이치의 집무실에서 마지막 준비회의를 했다. 그는 몸 상태가 좋지 않다고 불평했고, 그래서 우리는 회의를 중단했다. 몇 시간 뒤 그가 고열로 인해 입원했다는 소식을 들었다. 우리는 다른 4개국 장관들에게 양해를 구하는 서한을 준비했다. 아이치는 그 서한에 떨리는 손으로 서명했다. 이나무라 고이치^{Inamura Koichi} 차관과 내가 서한을 갖고 출장길에 올랐다. 항공기를 갈아타기 위해 암스테르담에 내렸더니 현지 일본 대사관의 남자 직원 한 사람이 기다리고 있었다. 아이치가 별세했다는 소식을 알려주었다. 투르 부근의 샤토 다르티니에서 열린 회의에서 동료 장관들은 아이치를 위해 잠시 묵념했다.

　이나무라 차관은 그 회의에 아서 번즈가 참석한 것을 보고 놀랐다. 그 회의는 재무장관들로 참석자를 제한하는 것으로 이해하고 있었던 것이다. 그래서 그는 앤서니 바버 영국 재무장관에게 물었다. "우리 중앙은행 총재는 데려오지 않았는데 괜찮겠습니까? 영국은 어떻습니까?" 바버 장관이 답했다. "우리도 영란은행 총재와 함께 오라는 요청을 못 받았습니다." 이나무라는 그 소리를 듣고는 안심했다. 그리고는 슐츠 장관에게 번즈 의장이 참석한 이유를 물었다. 미국법에서는 연준 의장이 각료와 동등한 것으로 간주된다고 슐츠는 답했다. 볼커가 진짜 이유를 설명해 주었다. 번즈 의장이 참석하기를 원했고, 번즈의 제자라고 스스로 생각하며 그를 숭배하는 슐츠가 주변의 온갖 현실적인 반대의견에도 불구하고 거스를 생각이 없었다는 것이다. 어쨌든, 여러분들이 예상하듯이, 다른 중앙은행 총재들이 그 이야기를 듣고 난 다음에는, 그 다음 회의에서부터 그들을 배제하는 게 불가능했다. 중앙은행 총재들도 정규 참석자가 되었다. 그러나 폴 볼커가 보다 최근의 중앙은행 관점에서 상기해 준 것처럼, 연준 의장은 단지 미국의 장관들과 동등할 뿐 아니라 그들보다 더 높은 지위에 있다. 이와 관련해서는, 미국 정부의 복잡한 서열에 깊이 빠져들기 전에 이 정도로만 다루는 게 좋을 듯하다. _Gyohten

1973년

1월 1일 _____ 영국, 덴마크, 아일랜드가 유럽공동체 완전회원이 되었다.

1월 11일 _____ 닉슨 행정부가 법적인 물가-임금 통제를 끝냈다. 인플레이션에 맞서는데 있어서 보다 자율적인 접근을 시작했다.

2월 6일 _____ 독일의 슈미트 재무장관이 마르크화 절상 가능성을 배제했다. 위기는 달러의 약세 탓이라고 비난했다. 2월 5~9일 동안 분데스방크는 환율을 유지하기 위해 50억 달러 이상을 매입했다.

2월 7일 _____ 볼커 차관이 5일간 주요국 수도들을 순방하는 3만1000마일(약 5만 킬로미터)의 여정을 시작했다. 달러에 대한 두 번째 평가절하를 협상하기 위해서다.

2월 12일 _____ 미국이 달러화 10% 평가절하를 발표했다. 금값이 오르기 시작했다. 엔화 자유 변동이 허용되자 금세 가치가 올라갔다.

3월 1일 _____ 유럽의 중앙은행들이 36억 달러를 매입하고 2주간 외환시장을 중단했다.

3월 11일 _____ EEC 장관들이 공동으로 6개 통화들의 자유 변동을 허용했다. 영국, 이탈리아, 아일랜드는 독자적으로 자유 변동시켰다. 독일은 유럽 통화들에 대해 마르크를 3% 절상했다.

3월 16일 _____ 주요 10개국 재무장관들이 자유변동환율제에 합의했다. 중앙은행들 간의 스와프 장치가 확대되었다. 스웨덴과 노르웨이가 자신들의 통화를 EEC 스네이크에 합류시켰다.

3월 19일 _____ 시장이 다시 열렸고 달러는 안정됐다.

3월 25일 _____ 20개국 재무장관회의 종료 뒤 프랑스와 독일, 영국 재무장관은 미국 슐츠 재무장관의 초청으로 백악관 도서관에 모였다. 이른바 '도서관그룹'이다. 나중에는 일본이 포함되어 '주요 5개국'이 되었다.

10월 6일 _____ 욤 키푸르 전쟁에서 아랍이 이스라엘을 공격했다.

10월 16일 _____ 석유수출국기구(OPEC)가 원유 가격을 배럴당 3.01달러에서 5.12달러로 70% 인상했다.

10월 20일 _____ OPEC이 미국에 대한 원유 수출을 금지했다. 나중에는 네덜란드에도 금수 조치를 내렸다. 석유회사들이 안정적인 공급을 위해 석유수송을 분산했다.

11월 12일 _____ 중앙은행 총재들이 바젤에 모여 이중 금시장 합의를 끝내기로 했다.

12월 23일 _____ 유가가 다시 인상됐다. 11.65달러로 10월 초 가격 대비 4배가 되었다. 이로 인해 변동 환율제가 계속 유지될 수밖에 없었다.

달러의 위기

그 규모는 전례가 없을 정도로 컸다. 독일과 일본 및 스위스 중앙은행으로부터의 스와프 라인을 76억 달러에서 150억 달러로 확대했다. '카터 본드(Carter Bonds)'를 발행해 100억 달러의 외화를 차입하고, SDR 20억 달러를 사용하며, IMF로부터도 30억 달러를 인출하기로 했다. 그 프로그램 자체는 재무부와 중앙은행 관료들에게 익숙한 방식을 토대로 만들어졌다. 그러나 해외의 파트너들은 이 방안을 특별히 만족스러워했다. 미국이 오랜 거부감을 뿌리치고 해외 민간시장에서 외화를 차입하게 되었기 때문이다. 그리고 긴축적인 통화정책을 거부하던 연방준비제도는 이 패키지의 일환으로 재할인 금리를 1%포인트 인상하기로 했다.

written by
VOLCKER

공허한
—
희망

1973년 말, 인플레이션이 가속화하는 가운데 오일쇼크까지 겹쳤다. 이런 상황은 오히려 변동환율제를 국제통화시스템으로 수립하는 데 도움이 되었다. 1970년대 중반 IMF는 협정을 개정함으로써 변동환율제를 정당화했다. 1970년대 말까지 변동환율제는 그렇게 정부정책 및 은행들의 운영에 스며들었다. 광범위한 고정환율제를 옹호하던 사람들은 결국 논쟁의 가장자리로 밀려날 수밖에 없었다.

그러나 실제 성과는 제도의 진전만큼 만족스럽지 않았다. 오히려 그 반대였다. 1970년대 중반은 전후 최악의 경기침체와 톱니바퀴 모양으로 흉측하게 높아져가는 인플레이션으로 점철되었다. 그 속도는 불규칙했지만 모든 통화지표들은 불길한 신호를 발산하고 있었다. 환율 변동성이 높아져갔고, 전 세계 준비금과 각국 통화량이 가파르게 증가했다. 금리는 고공 행진했다. 세계가 변동환율제 경험을 쌓아 가면 경제와 환율도 안정될 것이란 기대감이 종종 표출되었지만, 결국 실체가 없는 공허한 희망으로 보이기 시작했다.

이 모든 것들이 새로운 국제정책 공조를 요구했다. 새로운 환경에 보다 적합한 공식기구를 7개국 경제정상회의와 주요 5개국 재무장관회의 및 IMF 잠정위원회 등에 설치해야 할 필요가 생겼다.

그러한 공조 노력 가운데 하나가 유가 급등세에 따른 실물경제와 금융시장 충격을 다루는 일이었다. 경제성장세를 강화하기 위한 보완적 정책을 적절히 확보해내는 것 역시 그러한 노력들 중 하나였는데, 훨씬 더 도전적인 과제였다. 이 노력은 1978년 여름 독일 본에서 열린 정상회의에서 절정을 이뤘다. 그해에 곧 이어서는 완전히 다른 공조 노력이 있었다. 몇 달도 아닌 며칠 안에 조율이 되어야 할 문제였다. 달러화 방어 이슈가 떠올랐던 것이다. 통화정책 긴축 및 공격적인 개입과 같은 전통적인 수단들이 동원되어야 했다. 브레튼우즈 시스템 당시 일부 국가들이 등 떠밀리듯이 어쩔 수 없이 해야만 했던 그런 종류의 일이었다. 변동환율제에서는 그런 위기가 없을 것이라는, 일부 인사들이 조성했던 인식은 완전히 엉터리였음이 드러났다.

달러화를 안정시키는 당장의 목표는 비상 프로그램을 통해 달성할 수 있었다. 그러나 사태 전개의 큰 방향은 바꿀 수가 없었다. 1970년대 말로 향하면서 달러는 반복해서 공격을 받았다. 미국의 인플레이션은 역사적인 수준으로 높아져갔다. 미국의 외채는 위험스럽게 쌓여갔다. 전 세계에 석유위기가 다시 엄습했다.

오일
—
쇼크

제1차 오일쇼크는 다양한 차원에서 심오한 충격을 주었다. 세계경제를 지배하게 된 소수의 부자 국가들은 원유 공급과 가격에 대한 통제력을 상실함으로써 자신들의 경제적 운명이 위협받게 되었다는 사실에 돌연 직면했다. 원유는 그들이 풍요로운 삶을 누리는데 있어서 가장 중요한 원자재였고, 당시 국제시장에서 가장 폭넓게 거래되는 상품이었다. 최근에 와서야 에너지 자급능력을 상실한 미국조차도 당시 직접적인 영향을 피할 수 없었고 간접적인 파장은 더더욱 불가피했다. 석유 수입국가들의 경제는 상반된 방향으로 찢어져버렸다. 구매력을 석유 생산 및 수출국들에 빼앗긴 그들은 디플레이션에 직면했다. 급등한 유가가 경제 전반에 번짐에 따라 그들은 동시에 인플레이션의 위협까지 받게 되었다. 국제 외환보유액에도 엄청난 지각변동이 발생했다. 수백억 달러가 소수의 중동 국가들로 흘러 들어갔다. 그 이전에만 해도 중동 국가들은 원유 생산이란 측면 말고는 세계경제에서 주변부에 불과했다.

쉽게 미룰 수 없는 일

경제 연구와 정책 수립에 평생을 보내온 사람들에게 오일쇼크는 전례가 없는 일이었다. 다만 한 가지는 분명했다. 통화개혁에 미치는 시사점(다른 대부분의 사안에 관해서도 그랬지만)은 기껏해야 불확실했으며, 사실은 굉장히 부정적이었다. 가장 어려운 이슈들은 C20 이전에 무기한 미루는 게 현명한 처사로 보였다.

슐츠 장관은 무기력함을 애써 감추려 했다. 1974년 1월 로마에서 열린 C20 회의에서 슐츠 장관은 자신이 방금 교황 바오로 6세의 말씀을 듣고 왔다고 말했다. 유럽이 따뜻한 겨울을 준비하는데 있어서 그곳에 모인 모든 재무장관들과 중앙은행 총재들보다 훨씬 건설적인 석유위기 대책을 하나님께서 마련해 주었다고 교황이 말씀하시더라 전했다. 사실 슐츠 장관은 그 복잡하고 어려운 개혁 이슈를 미루는 게 싫지 않은 입장이었다. 다른 참석자들 역시 각자의 다양한 이유들로 인해 슐츠 장관과 분명히 비슷한 생각을 갖고 있었을 것이다. 그러나 그런 식으로 쉽게 미룰 수 없는 일이 있었다. 석유위기에 대응하는 공동의 경제적 금융적 협력 계획을 세워야만 했다.

애초부터 석유위기의 시사점은 분명했다. 석유를 수입하는 선진국과 개도국에서 엄청난 달러가 빠져나와 대여섯 개에 불과한 석유 수출국의 손에 넘어가게 되었다. 산유국 대부분은 인구가 적었기 때문에 그 많은 달러를 똑같은 양의 상품을 수입하는데 다 쓸 수는 없었다. 그래서 그 돈은 국제금융시장에 재순환(recycle)되어야 했다. 그래야만 엄청난 경제활동 수축을 피할 수가 있었다. 하지만 설령 국제시장으로 자금이 재순환하더라도 그게 과연 가장 필요한 곳에 잘 공급될 수 있을 지 의문스러웠다.

특히 다수의 개도국들은 높은 수입 원유가로 인해 재정적으로 압박을 받고 있었다. 그들이 감내할 만한 조건으로 돈을 빌릴 수 있을 것 같지는 않아 보였다.

미국 재무부가 즉각 대응에 착수했다. 잭 해네시Jack Hennessey(그는 나중에 자신의 열정과 역량을 투자은행 업계에서 발휘해 '퍼스트 보스턴 코퍼레이션' 대표가 되었다) 차관이 곧장 잠정적인 아웃라인을 제시했다. 석유 소비국들과 석유수출국기구(OPEC)가 공동 운영하고 재무적으로 상호 보증하는 새로운 기구를 설립하는 내용이었다. 우리의 모든 상상력이 동원되어야 했다. 국가주권을 침해하는 문제, 누가 의사결정을 대표할 것인지, 어떻게 조직할 것인지 등 엄청난 난관들이 있었다. 게다가 금융적인 어려움이란, 그게 아무리 중요한 문제라 하더라도, 석유위기의 한 측면에 불과했다. 석유위기는 세계경제의 세력 균형과 정치적 영향력에 보다 광범위한 충격을 가할 사안이었다.

은행가의 이기심

이제 막 국무장관으로 취임한 헨리 키신저가 미국 관료사회의 의사결정 과정에 통제권을 잡기 위해 움직이기 시작했다. 키신저가 어떤 사안에 관해 장기간에 걸쳐 다른 사람들과 집중적으로 일을 처리하는 것을 본 것은 나로서는 처음이었다. 확실히 키신저의 회의는 가족적인 분위기의 재무부와는 달랐다. 모든 대화가 기록원에 의해 녹음되었는데, 우리에게는 굉장히 낯설었다. 그래도 다행히 아주 방어적인 태도들은 없었다. 국무부는 재무부와 중앙은행들에게 익숙한 기존의 국제협의기구 대신 미국 주도로 전 세계 주요 원유 수입국들을 대표하는 외무 및 재무 장관 특별회의를 대대적인 홍보 하에 소집하는데 초점을 맞췄다.

그러나 뜻대로 이뤄지지 않았다. 외무장관들 사이에서 열린 준비회의들은 대부분 절차상의 문제를 둘러싼 논쟁에 매몰되어 버렸다. 슐츠와 슈미트, 지스카르 장관은 마냥 기다릴 수 없었다. 금융적 이슈에 관해 각자 연구한 결과를 놓고 비공식적으로 협의를 해 나갔다. 프랑스의 공격적인 외무장관 미셸 조베르Michel Jobert는 특별회의의 정당성을 문제 삼는 듯했다. 미국이 의제를 설정하는 리더십을 행사하는 것에 대해 특히 그랬다. 그러한 새 이슈들에 내재된 난해함, 그리고 상호간 친밀감이 결여된 상황을 감안할 때, 어떤 경우든 실질적으로 이뤄낼 수 있는 진전은 의심의 여지 없이 제한적이었을 것이다. 그럼에도 불구하고 당시의 그 모든 일들로 인해 전 세계 재무장관들이 갖고 있던 편견은 더 강해졌다. 해결하기 어려운 금융 이슈에 관해 실질적인 합의를 이뤄내려면 재무장관과 중앙은행 총재들이 함께 모여 조용히 모색하는 게 최선의 방법이라는 것이다. 내가 나중에 이해하게 된 사실이 있는데, 중앙은행 총재들은 통화정책을 다루는데 있어서 재무장관들의 입장을 거리낌 없이 배제하곤 한다는 것이다!

많은 노력을 기울였음에도 불구하고 정치적이고 실질적인 이슈들은 내가 워싱턴을 떠난 한참 뒤까지도 '금융 안전망' 수립을 위한 협상과정을 계속 괴롭혔다. 결국 합의안에 서명이 이뤄지긴 했으나 미 의회가 끝내 비준해주지 않았다. 해당 사안의 심각성이 이미 대부분 해소된 뒤였기 때문이었다.

그 사이 국제은행시장은 스스로의 역할을 해내고 있었다. 나중에 페트로달러(Petrodollars)라고 불리게 된 산유국들의 잉여자금을 효율적으로 재순환시켰다. 그 메커니즘은 간략함 그 자체였다. 대규모 원유 수출국들은 자신들이 축적한 달러의 대부분을 크고 잘 알려진 국제 은행에 예치해 두는 것이 편하다는 것을 알게 되었다. 그들은 특히 단기 유로달러 형태로 보관하기를 원했다. 유로달러는 미국 바깥의 은행에 예치되어 있는 미국달러를 말한다. 이 돈을 유치해 유동성이 풍부해진 은행들은 남아메리카 및 여타 지역에서 이 거대한 자금의 차입 수요를 찾아냈다. 유가 상승으로 인해 대규모 무역적자에 빠진 나라들이 특히 이 자금을 필요로 했다. 궁극적인 대여자인 OPEC 국가들은 자신들의 돈을 보관할 안전지대를 찾은 것에 만족했다. 나중에 그 돈을 쓸 때가 되면 그들은 은행에서 거의 즉시 인출할 수가 있었다. 최종 차입자인 남미 국가들 및 여타 정부들은 보통 수 년을 만기로 돈을 빌렸고 이자는 비교적 낮았다.

당시 체이스뱅크의 데이비드 록펠러 David Rockefeller 같은 사람들은 이러한 프로세스에 대해 불안감을 드러냈다. 은행업의 관점에서 볼 때 그건 실제로 전통적이지 않았다. 그러나 체이스뱅크의 최대 라이벌인 시티코프 (Citicorp)의 월터 리스턴 Walter Wriston 회장 같은 공격적이고 직설적인 사람들은 그 명백하게 편안하고 효율적인 시장 프로세스에 대해 열정적이었다. 은행가들과 정부 관료들은 애덤 스미스 Adam Smith가 말했던 바로 그 '보이지 않는 손'이 작동하는 놀라운 사례를 보고는 서로 찬사해 마지않았다. 다른 방식으로는 다룰 수 없었을 문제들을 시장 안에서 부드럽게 타협해내고 있었던 것이다. 다만 리스턴이나 다른 사람들이 스미스의 『국부론』 중에서 명백히 잊었거나, 아마도 읽어보지 않았을 흥미로운 구절이 있었다. 은행의 경영은 (다른 산업들과는 달리) 은행가의 이기심에 전적으로 맡겨 두어서는 안 된다는 것 말이다.

그와 관련한 이야기는 제7장에서 다루려고 한다. 석유위기와 그에 적응해 경제를 조정하는 일은 당장 매우 중요한 일이었다. 미국에서나 다른 곳에서나 사정은 같았다. 정부 관료와 정책 감시자들 모두 비슷한 생각을 갖게 되었다. 국제적인 무역 불균형에 조화를 이루고 거대한 자본흐름을 조정하는데 있어서 시장이 결정하는 환율시스템이 장점을 발휘한다는 것이다.

새로운
―――
게임의 룰

1974년 미국 재무장관이 교체되자 시장의 역할을 바라보는 시각이 좀 더 힘을 얻게 되었다. 미 정부의 공식 입장도 그것을 명시적으로 지지하는 쪽으로 이동했다. 1974년 5월, 조지 슐츠의 후임으로 재무장관직을 맡은 윌리엄 사이먼William Simon은 채권 트레이딩 업계에서 온 인물이다. 그의 경험과 자유시장 이념이 한 몫을 했다. 그해 여름 나의 자리를 넘겨받은 잭 베네트, 그리고 1년 뒤 그 자리를 맡은 에드윈 여Edwin Yeo 모두 변동환율제를 확신하는 인사들이었다. 함께 일하면서, 그리고 보다 수용적인 협상 분위기 속에서 그들은 몇 가지 실용적인 과제들을 다루기 위해 밀어붙였다. 통화시스템에서 변동환율제를 저해하는 요소들을 해결할 필요가 있었던 것이다. 그 중 하나가 금의 공식적인 역할이었다. SDR의 정의, IMF 쿼터의 확대, 고유가로 인해 적자에 빠진 나라들을 위해 IMF 내부에 설치한 특별 '석유대출창구' 등도 그 대상이었다.

그러던 중 환율 논쟁 자체를 적어도 공식적이고 법적으로 종식시킬 수 있는 기회가 부상했다. 고정환율제와 변동환율제를 놓고 갈등을 주도하던 프랑스와 미국이 만일 IMF 협정 개정에 동의할 수 있다면 나머지 국가들은 수용하겠다는 양해가 주요 5개국(G5) 내부에서 형성되었다. 1975년 가을 몇 주 동안 협상 에너지가 넘쳐났다. 새로 부임한 에드 여 미 재무차관이 프랑스의 카운터파트인 자크 드 라로지에르 Jacques de Larosiere 와 합의문을 도출해냈다. 당시 드 라로지에르는 프랑스의 영예로운 재정국장직을 맡고 있었으며 프랑스 재무부 안에서 가장 높은 직위의 관료였다. 두 사람은 변동환율제에 법적인 근거를 제공하는 몇 가지 문단에 합의했다. 일반적인 고정환율제로의 복귀를 암시하는 모호한 대목들이 있긴 했다. 그러나 현실적으로는 불가능한 일이었다. IMF 회원국 중 그 누구라도 그러한 결정을 내릴 경우 미국이 거부권을 행사할 수 있도록 분명히 규정해 두었다. 개정안의 여타 부분은 별 구체성이 없었다. 다만 철학적인 기초는 다음과 같이 오해의 여지가 없었다 : 환율의 안정은, 비록 절실하게 추구되는 것이나, 오로지 '기저의 경제 및 금융 환경으로부터 질서 있게' 발현되어야 한다. 환율은 특정 정부가 적절한 수준이라고 결정해서 도출되는 것이 아니다. 국가들은 환율을 '조작'해서는 안 된다. 그리고 개입과 기타 행위 등을 통한 시장 교란 노력이 좌절되도록 IMF는 굳건한 감시노력을 수행한다.

랑부예 회의

1975년 11월 15일부터 17일까지 첫 경제 정상회의가 열렸다. 파리에서 멀찍이 떨어진 랑부예 성(Chateau de Rambouillet)에서 회의를 개최한 것은 IMF 협정 개정을 축복하는데 특별한 목적이 있었다. 사실 회의는 이탈리아가 추가되어 G6였다. 지스카르의 아파트에서 마지막 달러화 평가절하를 합의하던 당시 이탈리아가 함께했던 전례를 감안한 것이다. 균형을 맞추기 위해 나중에 캐나다도 초청되어 주요 7개국(G7)이 탄생하게 되었다. 최근에 나는 당시로 돌아가 첫 정상회의 코뮈니케(성명서)를 읽어 보았다. 환율 레짐에 대한 미국과 프랑스의 '화해'를 지지하는 것과는 거리가 멀었다. 인플레이션 없이 경제회복을 굳건히 하는 일, 당시 이슈였던 도쿄 라운드 GATT 협상에 가속도를 내는 일, 수입 원유에 대한 의존을 줄이는 일, 효율적인 에너지 프로그램을 개발하는 일 등에 대해 필요성을 역설하고 있었다. 이 주요 사안들은 그 이후로도 수년간의 코뮈니케에 수없이 반복해서 등장했다. 세계 각국 재무장관들의 꿈결에도 되풀이할 정도였다.

나는 그 회의나 그 이후의 회의에 참여하지 않았다. 중앙은행은 그 단위 회의에 초청된 바 없기 때문이다. 그래도 나는 회의 결과에 기뻤다. 첫째, 미국 대통령을 국제 경제정책 문제에 보다 직접적이고 정기적으로 노출하는 아이디어가 좋았다. 보통 해외의 정상들은 그런 사안에 대해 훨씬 높은 우선순위를 두어 왔다. 제럴드 포드Gerald Ford 대통령은 1년여 전 전임 닉슨 대통령에 비하면 거대한 전략적 비전에 덜 얽매여 있었다. 하지만 포드 대통령조차도 랑부예 성에 모인 다른 세 나라 정상들 만큼의 경험은 없었다. 독일의 슈미트, 프랑스의 지스카르, 영국의 제임스 캘러헌James Callaghan 모두 자국의 재무장관을 역임한 인물들이었다. 보다 중요하게는, 그곳에 모인 대통령과 총리들은 자국 내의 보호주의적 압력에 굴복하기가 어려웠다. 자신의 경제적 민족주의 정책을 관철하려면 전 세계가 지켜보는 가운데 상대국 면전에서 그것을 정당화해내야 한다는 사실을 잘 알고 있었기 때문이다. 코뮈니케의 성명이 판박이처럼 반복된 덕분에 정상들은 자신들이 서명한 목표를 달성하는 것이 중요하다는 사실을 상기할 수 있었다.

　나머지 전 세계 국가들과 그곳에서 온 언론들은 멀리 떨어진 채 랑부예 회의를 바라봐야만 했다. 그들의 헤드쿼터는 25마일(약 40킬로미터) 떨어진 파리에 차려져 있었다. 회의를 앞두고 수 주 동안 각국 수반을 대표한 인사들이 미리 와서 준비작업을 했다. 그들은 곧 '셰르파(sherpas)'로 불리게 되었다. 히말라야 정상을 등반하는 산악인들을 돕는 네팔의 가이드에서 따온 이름이다. 공직을 은퇴하고 민간으로 돌아갔던 조지 슐츠가 미국의 셰르파로 차출되었다. 슐츠는 재무장관 재직 시절 독일의 슈미트, 프랑스의 지스카르와 개인적으로 따뜻한 인간관계를 맺은 바 있다. 당시 벌어진 모든 일에는 '도서관그룹'과 연계된 친밀감과 비공식성이 남아 있었다. 비즈니스를 하는데 나쁠 게 없는 분위기였다. 그러나 지금은 당시와 굉장히 다르다. 오늘날처럼 언론의 엄청난 관심 속에서 뉴스를 제공해야 한다는 압박감을 느끼게 되면 때때로 회의가 상호 이해와 타협이라는 핵심 목표에서 이탈하기도 한다. 게다가 오늘날처럼 커뮤니케이션과 교통 사정이 용이한 시대에는 국가 정상들이 양자간이든 다자간이든 당시에 비해 훨씬 더 자주 만날 기회를 가질 수 있다. 하지만 모든 어려움에도 불구하고 연례 정상회의는 여전히 가치가 있다. 순전히 국내적인 정치 압력을 예방해 주는 역할을 해주기 때문이다.

공조의 함의

변동환율제에 관한 새로운 합의 결과를 놓고 광범위한 질문이 제기되었다. '금융 및 경제 안정을 위한 질서정연한 기저 환경'을 확보하기 위한 면밀한 협력을 촉구했는데, 그것을 위해 필수적인 협력을 어떻게 이뤄낼 것인지에 관한 실질적인 가이던스는 결여되었다는 것이다. IMF가 회원국들 정책에 대한 감시를 수행해야 한다는 단순해 보이는 지침은 완전한 해답이 될 수 없었다. 그래서 1980년대로 넘어가면서 우리는 새로운 이슈들에 직면해야 했다. 이는 지금도 남아 있다 : IMF의 감시란 무엇인가? 협력이란? 공조란? 이러한 용어들의 의미를 규정하는 것은 쉬운 일이 아니었다.

브레튼우즈 시스템은 현실적으로 이 질문들에 대한 답을 갖고 있었다. 일정부분은 게임의 룰을 분명하게 특정함으로써 답했다 : 브레튼우즈 시스템은 국가 준비금의 증감이나 환율 압력으로부터 확인되는 신호에 대응해 어떤 정책을 시행하는 게 적절한지 혹은 적절하지 않은지를 정립했다. 그러나 당시에도 실제 실행 방침은 IMF가 당사 회원국과 하나씩 상당한 협의 하에 도출되었으며, 만일 회원국이 IMF 기금을 차입하기를 원하는 경우에는 협의가 깊어졌다. 그 절차는 분명히 짜증스러웠고 제한도 있었다. 그래서 개혁 논의가 한창이던 때 어느 선진국의 저명한 재무장관 한 분은 나에게 시니컬하게, 그러나 틀리지 않은 말을 이렇게 한 적이 있다. "IMF가 가난하고 약한 나라와 협의할 때에는 그 나라가 줄을 선다. 하지만 크고 강한 나라와 협의할 때에는 IMF가 줄을 선다. 그 대국과 갈등이 빚어지면, IMF는 사선(射線)에서 빠져버린다."

G10과 G5, 그리고 WP3 같은 기구의 메커니즘은 협의를 용의하게 만드는 방법을 개발해냈다. 또한 주도적인 금융 파워들 사이의 직접적인 협력을 증진시켰다. 브레튼우즈 룰의 맥락 하에서 제법 분명하게 규정된 기능들이 일부 개발되었다. 첫째, 각자 자기 나라의 상황과 정책에 관한 정보를 완전히 교환한다는데 이견이 없었다. 거기에서 한참 더 나아가, 정

부 정책 이면에 존재하는 정책 의도에 관해서도 다른 나라들에게 분명한 정보를 제공하도록 했다. 이러한 정보는 다른 모든 나라들의 정책 수립에 중요한 고려 요소가 되었다. 정책 의도와 그에 대한 다른 나라들의 예상 반응을 이해함으로써 각국 정부들은 깜짝 놀라 불편해하거나 불필요하게 마찰을 빚는 일을 피할 수 있었다. 게다가 외환시장에 위급한 상황이 발생한 경우에는 상호 개입, 스와프 또는 여타 신용공여 등을 통해 해결할 수 있는 임시 협력 합의를 도출해낼 수도 있었다. C20과 그 이후의 IMF 잠정위원회에 의해 보완된 다양한 협의 포럼들은 장기적인 개혁 과제 토의를 원활하게 해주었다.

그러나 이들 기구들 중 어떠한 것도 일반적인 국제협력이란 범주에 해당하는 활동에서 벗어나 보다 야심 찬 협력의 영역까지 깊숙이 들어가지는 못했다. 내 생각에 협력이란 것은, 국제 합의 및 이해의 기반 하에서 자국 정책의 모양을 꾸미거나 변경하려는 의도를 함축하고 있다. 그리고 그 국제적 이해란 것은 이후 다른 나라들의 정책에도 적용된다.

지난 1960년대와 1970년대를 돌이켜보면, 나와 내 카운터파트들이 국제협력(cooperation)이란 이름으로 얼마나 많은 연설과 건배를 했는지 헤아릴 수가 없다. 그러나 공조(coordination)란 것은 또 다른 문제다. 아서 번즈의 소극적 태도가 대표적인 예이다. 그는 연방준비제도의 정책이 대외 영향을 고려할 수도 있다는 사실을 인정하지 않으려 했다. 국가주권을 양보하는 듯한 인상을 주는 것조차도 정치적으로 민감하게 여겼던 것이다. 대통령, 총리 심지어는 국회의원들도 대체로 자국의 자유로운 행동을 극대화하는데 관심이 있으며 국제적 양해라는 것에 손발이 묶이지 않으려고들 한다.

물론 브레튼우즈 시스템의 경우는 일종의 공조를 강화하기는 했다. 적어도 국제수지 적자 국가에 대해서는 그랬다. IMF가 적자국에 대한 금융지원에 결부시켜 구체적인 조건들을 설정하기로 한 뒤로는 심지어 대국에 대해서조차 정책 결정에 강력히 개입하는 일이 명명백백해졌다. 1960년대와 1976년의 파운드 붕괴 당시 영국은 위기 극복을 위한 IMF 금융지원 승인을 얻기 위해 국내 긴축정책이 필요했는데, 이는 놀랍고도 정치적으로 논쟁적인 사례가 되었다. 이 경우는 대개 통화가치 방어와 관련된 특정한 긴급성이라는 맥락 하에서 이뤄졌다. 당사국들은, 말하자면 통화를 긴축하거나 재정지출을 축소함으로써, 대응할 용의가 있었다. 왜냐하면 정부나 대중들은 모두 무언가 중요한 게 궁지에 몰렸다는 것을 인지할 수 있었기 때문이다. 약속을 이행하지 않으면 인플레이션과 자본의 왜곡된 분배, 외국의 비협조, 심지어는 보복을 감수해야 했다. 하지만 브레튼우즈가 무너진 뒤에는 시스템에서의 합의된 규칙이란 것이 덜 명백해졌다. 그 절차가 보다 정교해야 했고 평가는 더욱 어려워졌다. 1976년의 파운드 붕괴처럼 극단적인 경우 말고는, 변동환율제는 대응을 요구하는 경종을 울려주지도 않았다.

　　새로운 접근법의 기본 철학은, 위기에 대응하기보다는, 함께 힘을 모아 위기를 피하고 안정을 도모하자는 쪽이었다. 그러나 이는 나름의 의미도 있었다. 국내 재정정책이든 통화정책이든, 심지어 1970년대 오일쇼크 당시의 에너지정책이나 여타 규제정책들에 있어서도 모두 국제적인 협의와 양해가 정당해졌다. 드물게도 그렇게 거칠게 언급되는 경우에는 국내에서 감당하기 힘든 정치적 논란에 직면해야 했다. 게다가 그게 정치적으로 이뤄졌든 이성적으로 도출되었든, 국가들 사이에서 판단이 다를 여지가 컸다. 어떤 상황에서나 완전히 다른 결론에 도달할 가능성이 높았다.

단순하게 말해서, 한 국가로 하여금 그들이 하고자 하는 것과 다른 일들을 국제적 협의를 토대로 강제하는 것이 바로 '공조'다. 원하지 않음에도 불구하고 다른 나라들이 내린 결정들을 함께 행해야 하는 경우도 자주 있다. 그 결정의 타이밍과 강도 및 본질은 다른 나라들이 얼마나 이행할 준비가 되어 있는지에 따라 영향을 받을 것이다. 여기에는 명분이 있다. 각국이 상호보완적으로 행동하게 되면 결국에는 국내 및 국제적 목표 모두를 보다 잘 달성할 수 있다는 것이다. 예를 들어 달러화를 안정시키는 노력에 있어서 각국이 통화정책을 잘 공조하면, 미국 역시 다른 나라 중앙은행의 바람과 무관하게 금리를 올리거나 내리는 일이 없을 것이란 얘기다. 다른 나라의 정책이 국내적 요구와 충돌할 가능성도 줄어들 수 있다.

그러나 그건 매우 단순한 예시일 뿐이다. 성장 속도가 서로 다른 나라들의 경제를 어떻게 다룰 것인지, 조세정책이나 에너지정책에 어떻게 관여할 것인지 등 보다 폭넓은 문제로 들어가게 되면 공조라는 것은 훨씬 복잡하고 까다로워진다. 정치인에게는 이 모든 것들이 국가주권을 일정부분 상실하는 것을 의미한다. 학자들은 철학적으로 매우 올바르게 강조하며 쉽게 말할 수 있을 것이다. 개방된 세계경제에 참여하는 것은 필연적으로 자주권의 상실을 시사하는 것이라고. 또한 국제 무역과 투자 규모가 확대되어감에 따라 국내정책에 대한 외부 영향력은 커질 수밖에 없다고. 그러나 현실세계에서 정치적으로 의사결정 책임을 져야 하는 사람들에게 그 공조라는 아이디어는 굉장히 민감한 정치적 영역을 침범하는 이슈였다.

기관차와

달러

때마침 공조의 한계를 시험할 새로운 행정부가 미국에 등장했다. 닉슨-포드 시절을 지배하던 통화주의자들은 시장이 대부분의 문제를 해결해줄 뿐 아니라 필요한 협력을 달성하는데 있어서도 의존할 만한 대상이라고 굳게 믿었다. 그런데 지미 카터 Jimmy Carter가 재무부, 경제자문위원회, 국무부 등 주요 포스트에 임명한 사람들은 통화주의자들과 굉장히 다른 부류였다. 그들 역시 모두 경제학에 관해 전문적인 훈련을 받았고 1960년대에 상당한 정부 운영 경험을 쌓은 사람들이긴 했다. 그들 또한 변동환율제를 지지했다. 그러나 본능적으로나 경험적으로 그들은 능동적 정책 개입을 선호했다. 정부가 경제적 성과, 심지어 시장 기능을 극대화할 수 있는 능력을 가졌다는 케인즈적 신념을 갖고 있었다. 당시 나는 정부를 떠나 프린스턴대에서 1년을 보낸 뒤 1975년부터 뉴욕 연방준비은행 총재로 일하고 있었는데, 나의 관점에서 보았을 때 그들에게는 단 한 가지 결격사유가 될 만한 게 있었다. 금융시장에 적극적으로 참여해 온 사람들의 몸에 밴 그 특별한 감성이 그들에게는 상대적으로 없었다.

다만 새 행정부의 경제팀 역시 출발부터 현실을 분명히 잘 인식하고 있었다. 다른 나라들의 보완적 정책이 있어야 미국 경제정책이 성공할 수 있는 세상에 우리가 살고 있다는 사실을. 정권을 인수했을 때 그들은 그 상황에서 무엇이 필요한 지를 확실히 알고 있는 듯했다. 펜실베이니아대학의 로렌스 클라인Lawrence Klein이 그들의 정책 프로그램 중 일부를 펼쳐 보였다. 클라인은 미국과 세계 경제를 수학적 모델로 설명해 노벨 경제학상을 받은 사람이다. 그는 의회 상하원 합동 경제위원회 청문회에서 전반적인 구상을 밝혔으며, 그에 앞서 1976년 워싱턴 브루킹스연구소(the Brookings Institution) 콘퍼런스에서 이미 그 구상을 제시한 바 있다. 당시 브루킹스와 연계되어 있던 다수의 정책 전문가들은 카터 행정부에 차출되었다. 클라인은 지난번 경기침체 이후로 계속되고 있는 고실업에 대응하기 위해 재정부양이 필요하다고 주장했다. 그는 또한 달러 환율을 불안정하게 만드는 국제수지 불균형이 심화하고 있음을 지적했다. 그의 해법은 직설적이었다. 이미 불어나고 있는 미국의 무역적자로 인한 거대한 불균형을 피하고, 성공을 극대화하기 위해 무역흑자 국가들을 설득해 그들의 경제팽창을 유도해야 한다고 주장했다. 특히 강력한 '기관차' 역할을 할 국가들로 그는 일본과 독일을 꼽으며 이 전략에 참여시켜야 한다고 강조했다.

기관차 전략

시간이 지나면서 일본 엔화 및 독일 마르크화에 대한 카터 행정부의 평가절상 요구가 노골화했다. 미국의 무역경쟁력을 높여 그 전략 구상을 제대로 작동시키겠다는 의도였다. 이를 두고 금융시장은 달러의 운명에 태평스러운 태도라고 해석했다. 마이클 블루멘털^{Michael Blumenthal} 재무장관의 조심성 없는 발언으로 인해 시장의 그런 확신은 더욱 굳어졌다. 달러화 가치가 더 떨어졌다. 무역수지가 악화되는 가운데 인플레이션은 이미 높은 상태에서 가속도를 냈다. 카터 행정부로서는 경제정책의 일관성을 유지하기 어려운 환경이 되었다.

그러나 처음 출발할 때에는 열정과 신념이 높았다. 출범한 지 몇 주 만에 카터 행정부는 적합한 국제공조를 성취하기 위한 노력에 착수했다. 본 정상회담에서 있었던 일들은 정치학자들 사이에서 케이스 스터디 대상이 되었다. 나는 멀리 떨어진 뉴욕에서 그 모습들을 지켜보았다. 압박을 받고 있는 나의 해외 카운터파트들의 시각에서 관찰하기도 했다. 본질적으로 메시지는 단순했다. 석유 수출국들은 엄청난 흑자를 내고 있다. 그 반대편의 적자가 전부 개도국이나 미국에게만 돌아가서는 안 된다. 석유 위기로 인한 인플레이션에 대응하기 위해 독일과 일본은 경제를 긴축했는데, 그들의 국제수지는 강했다. 따라서 산유국들은 자신들을 위해서나 세계를 위해서나 경제를 팽창시켜야 했다. 결국 구체적인 목표가 설정되었다.

그 모든 것에는 어떠한 논리가 내재되어 있었다. 그 기본 윤곽은 IMF와 국제결제은행(BIS) 보고서를 통해 지지를 받았다. 1977년 런던 정상회담에서 일본의 저항이 수그러들었다. 가파른 성장 목표를 달성하겠다는 '맹세'를 했다. 독일을 설득하는 데에는 시간이 걸렸다. 헬무트 슈미트가 독일 좌파 사회민주당의 대표였는데도 그러했다. 그러나 슈미트 역시도 무엇보다 독일인이었다. 그로서는 다른 모든 것에 우선해 안정이 중요했다. 그는 분명히 경제정책을 스스로 결심해야 되겠다고 느꼈을 것이다.

게다가 미국의 오만한 태도에 갈수록 분개했다. 독일 경제가 이미 침체에서 벗어나 회복되고 있는데도 불구하고 미국은 경제부양을 요구했던 것이다. 또한 슈미트는 유럽의 일반적인 정서가 그랬듯이 미국의 에너지 낭비에 화가 나 있었다. 그건 잘 알려진 사실이다. 그러나 내가 지금 말하는 시대는 1978년이다. 당시 미국은 경제학적으로는 변명하기가 어려운 에너지정책을 운영하고 있었다.

거의 모든 산업국가들은 국제유가를 따라 자국 내 휘발유 및 여타 에너지 가격이 오르도록 허용했다. 때로는 휘발유세를 대폭 인상하기도 했다. 산업과 운송부문의 에너지 절감에 힘입어 이들 국가의 원유수입은 감소하고 있었다. 그와 달리 미국은 국내 생산자들에 대한 가격통제를 유지했다. 국제유가가 자국 내 시장에 완전히 반영되는 것을 거부했다. 해외에서 볼 때 이런 정치적 동기의 시장 작동 방해는 단지 이념적인 변칙일 뿐 아니라 국제 수요공급 균형에 영향을 미침으로써 다른 석유 소비국들을 불리하게 만드는 행위였다.

그래서 협상은 그런 쪽으로 흘러갔다. 독일이 일본을 따라 경제를 팽창시키는 조치를 취하고 미국은 유가에 대한 통제를 제거하는 것이다. 협상의 관점에서 볼 때, 국제적으로 균형 있는 흥정을 이루었다면 국내에서의 저항을 누그러뜨리는 데에도 도움이 될 수 있었다.

몇 달에 걸쳐 여러 차례의 회의를 통해 협상이 계속됐다. 결국 슈미트의 홈 베이스인 본 정상회의에서 주요국들은 전무후무한 '국내' 경제정책 관리에 관한 명시적인 합의에 도달하게 되었다. 독일은 감세와 지출확대를 통해 국민총생산(GNP)을 1% 늘리기로 했다. 기존의 목표를 미처 달성하지 못한 일본은 공공사업 프로그램을 강화하기로 했다. 여타 작은 나라들은 유사한 조치들을 취할 것을 요구받았다. 그리고 미국 측은, 카터 정치 보좌관들의 강력한 반대를 딛고, 석유 통제 해제에 가속도를 내고 원유 수입을 줄이기로 약속했다.

주고받음이 분명한 합의였다. 국내정책에 상당한 영향이 있을 것이라고 대부분의 학자들이 동의했다. 협상에 참여한 미국 측 인사들은 오로지 대통령이 국제적 약속을 했다는 사실 하나만으로 정치 보좌관들의 '정치적 자살행위' 주장을 극복할 수 있었다. 슈미트는 그 합의가 탐탁지 않았다. 본 합의가 이뤄진 지 불과 반년 뒤에 제2차 오일쇼크가 터졌다. 합의에 따라 추가부양에 나설 경우 독일 경제가 인플레이션에 취약하게 노출된다는 주장을 슈미트는 수 년 동안 강력히 펼쳤다.

달러의 끝없는 추락

돌이켜보면, 그 '기관차 전략'은 전반적으로 문제 소지가 다분했다. 개념상으로는 충분히 타당했다. 그러나 그걸 설득하고 발전시키고 협상하는 데에는 시간이 많이 필요했다. 그게 최종 실행될 때까지 시간이 흐르는 사이에, IMF 조항의 표현을 빌리자면, "기저의 경제 및 금융 환경"은 변해 있었다. 대부분의 정부들은 적극적인 경기팽창 프로그램에 몰입해 있었다. 유가가 두 배, 세 배로 뛰고 인플레이션 압력이 엄청난 위력을 형성하는 와중에 적자재정과 완화적 통화정책을 운영했다.

헬무트 슈미트를 필두로 한 일부 국가들은 기관차 전략이 실수라고 주장했다. 그 나라 경제는 그 나라 정부가 더 나은 정보와 감각을 활용해 잘 관리할 수 있는데도 불구하고 국제공조란 이름의 압력으로 이를 무시해

버린 전형적인 사례가 기관차 전략이라고 이들은 비판했다. 좋게 해석하더라도 해악은 불가피했다. 계획을 세우고 협상을 하고 실행에 이르기까지의 과정이 수개월, 심지어는 1년 또는 그 이상으로 늘어져야만 했다. 마침 1970년대에는 예기치 못한 이벤트들이 유별나게 두드러졌다. 오일쇼크, 잘못된 경제전망, 경직된 정치와 입법, 국지적 전쟁들과 혁명들 속에 금융시장의 심리에는 심오한 변화가 있었다. 그런 것들은 일상 경제에 늘 존재하는 위험들이었고, 따라서 새로운 환경에 쉽게 적응하지 못하도록 하는 공조 노력에 너무 강한 신념을 가져서는 안 될 일이었다. 1978년 이후로는 그러한 야심차고 정치색 뚜렷한 공조 노력이 없었던 걸 보면, 당시의 경험에서 교훈을 얻었던 것으로 보인다.

석유 통제를 푼 것 말고는, 미국의 시각에서 보더라도 본 정상회의의 성과는 빛을 잃을 수밖에 없었다. 정상회의 몇 달 뒤부터 외환시장 움직임이 심상치 않았다. 미국 정부는 본 정상회의 당시의 정교하고 잘 기획된 것과는 완전히 다른 공조 노력에 곧장 돌입해야만 했다. 사실상 그것은 즉흥적인 달러화 방어책이었다. 브레튼우즈 시스템 시절 영국 같은 나라들이 자신들의 통화를 지키기 위해 해야만 했던 바로 그것이었다.

1977년 말부터 1978년까지 달러는, 때때로 반등이 나타나기는 했지만, 반복해서 하락 압력을 받았다. 외국인들이 보기에 카터 행정부는 안정적인 달러보다 성장과 일자리를 훨씬 더 중시하는 듯했다. 1978년 초부터 달러를 지지하려는 제스처가 있었다. 다른 나라들과 협력한 시장개입이 이뤄졌다. 그러나 후속 조치는 거의 없었다. 경기팽창으로 인해 미국의 경상수지 적자가 확대됐다. 가장 중요한 것은, 확고한 통화정책 대응이 없는 가운데 인플레이션이 계속 상승하고 있다는 점이다. 미국의 무역 상

대국들에서 '선의의 무시'에 대한 비명 또는 그보다 더 심한 요구가 잇따
랐다. 그리고 과거에도 곧잘 그랬듯이, 9월 IMF 연차총회를 전후로 해서
심리적이고 물리적인 시장 압력이 누적되어갔다. 전 세계 수천 명의 재무
관료들과 은행가들이 지근거리에서 리셉션과 만찬, 사업미팅을 하기 위
해 몰려들었다. 결국 미 정부는 기존 정책을 재고해야만 했다. 달러에 무
관심하다는 이미지를 바꾸기 위해 재무부는 과감한 노력에 나섰다. 그러
나 이는 IMF 총회 이후 인플레이션과 달러화에 대한 대중들과 금융시장
의 불안감이 명백해지고 나서야 나온 조치였다.

10월 말, 그 정책 재검토의 첫 결과물이 거창하게 발표되었다. 약간의
제한적인 재정긴축 말고는 딱히 알맹이가 없었다. 정부는 연방준비제도
에게도 긴축적인 통화정책을 촉구했다. 어떤 정부에서도 거의 전례가 없
는 일이었다. 시장이 보기에 이는 전형적으로 너무 늦고도 너무 미진한
조치였다. 미국과 여타 국가들이 10월 마지막 주에만 총 60억 달러를 달
러 방어에 사용했다. 그러나 달러의 하락은 계속됐다. 10월 말이 되자 달
러화 가치는 연초 대비 약 4분의1이나 떨어져 있었다. 인플레이션은 거의
9%에 달했다.

지미 카터의 깨달음

가식적인 태평스러움은 모두 사라졌다. 내가 오래 맡았던 재무부 통화정
책 차관직의 앤서니 솔로몬Anthony Solomon이 구식 구제 프로그램을 조직하
기 위해 나섰다. 다른 누구보다도 교텐 토요오에게 먼저 전화를 걸어 워
싱턴 긴급협의에 초청했다. 솔로몬은 풍부한 경험을 갖춘 교텐을 개인적

으로 신뢰하고 있었으며, 달러화 방어에 필요한 자원을 끌어 모으는 방안에 대해 신속하게 동의를 얻어냈다. 그 규모는 전례가 없을 정도로 컸다. 독일과 일본 및 스위스 중앙은행으로부터의 스와프 라인을 76억 달러에서 150억 달러로 확대했다. '카터 본드(Carter Bonds)'를 발행해 100억 달러의 외화를 차입하고, SDR 20억 달러를 사용하며, IMF로부터도 30억 달러를 인출하기로 했다. 그 프로그램 자체는 재무부와 중앙은행 관료들에게 익숙한 방식을 토대로 만들어졌다. 그러나 해외의 파트너들은 이 방안을 특별히 만족스러워했다. 미국이 오랜 거부감을 뿌리치고 해외 민간시장에서 외화를 차입하게 되었기 때문이다. 그리고 긴축적인 통화정책을 거부하던 연방준비제도는 이 패키지의 일환으로 재할인 금리를 1%포인트 인상하기로 했다. 해외 파트너들은 당시 모르고 있었고, 나도 발표 하루 전에 알게 된 계획이었다. 연준 이사회가 이러한 결정을 내리기 위해서는 지역 연방준비은행의 공식 요청이 있어야만 했다. 나는 기쁜 마음으로 뉴욕 연준 이사들과 특별 전화회의를 열어 금리인상 요청을 결정했다. 달러에 무관심한 듯한 태도를 보였던 카터 행정부는 결국 원점으로 돌아왔다. 달러화 런(run)(역자 주: 달러를 앞 다퉈 팔아치우려는 시장의 움직임)을 막기 위해 IMF로부터 차입하는 한편으로 국내정책 수단을 통해서도 전통적인 대응에 나섰다. 그러나 이게 마지막일 리는 없었다.

널리 발표되었던 대로 달러화 구제 프로그램 패키지는 총 규모가 300억 달러에 달했다. 그 돈이 다 쓰였는지, 또는 만일 환경이 악화되어 정말 그 돈이 모두 필요하게 되었을 때 과연 파트너들로부터 그 돈을 다 구할 수 있었는지 여부를 따지는 건 의미가 없는 일이다. 자금 확보를 선언한다고 해서 크레디트 라인 전액을 실제로 인출하거나 준비금을 손쉽게 매각할 수 있는 것은 아니다. 결국에는 빚을 갚아야 하며, 만일 그게 외화로 표시된 것이라면, 그 외화는 시장에서 벌어야 했다.

그래서 앤서니 솔로몬은 불안했다. 달러가 엔화에 대해 다시 올랐으나, 유럽 통화들에 대해서는 달러의 균형을 유지하기 어려웠다. 불안정한 출발을 보인 이후에 미국은 다시 외화를 팔아야만 했다. 1978년 말 두 달 동안 67억 달러에 해당하는 외화를 매도했다. 솔로몬은 평화가 얼마나 오래 유지되어야 그 비용이 제값을 한 것인지 몹시 궁금해 하며 나에게 물었다. 다행스럽게도 1979년 1월 들어 달러는 저절로 강해졌다. 우울증이 사라졌다. 연초부터 달러가 개선됨에 따라 다른 중앙은행으로부터 받았던 스와프 지원이 되돌려졌고 부채도 갚을 수 있었다. 재무부는 기쁜 마음으로 약간이나마 외화를 축적했다.

5년 전 변동환율제가 승리를 쟁취하게 된 논리적 배경은 분명했다. 고정된 환율 수준을 지키기 위해 국내 경제정책의 우선순위를 희생하는 일은 앞으로 없을 것이란 주장이었다. 게다가 경제적으로 가장 적합한 환율 수준이란 것은 그 누구도 잘 알 수 없는 일종의 우상에 불과했다. 실제로, 급변하는 세상 속에서 환율을 특정한 수준에 고정한 채 장기간 유지하는 것은 매우 힘든 일이었다. 그러나 여기 우리 미국이 다시 환율을 '방어'하기 위해 나서게 되었다. (비록 굉장히 늦기는 했지만) 브레튼우즈 시스템 하에서 취해졌던 그 어느 조치보다 더 강력한 통화정책을 사용해서 말이다.

반복해서 제기되는 질문이 다시금 제기된다. 외환시장에서 통화가치 하락이 신호하는 경고에 우리가 훨씬 더 일찍 관심을 기울였어야 했을까? 그게 별로 지적으로 우아하지는 않았을 것이다. 협상이 길어져 결국에는 널리 공개된 정상회의까지 이어진 마당이었기 때문이다. 다만

한 가지 만은 분명하게 알게 되었다. 1971년 바로 그날 캠프 데이비드에서 닉슨 대통령은 통화시스템 개혁을 순조롭게 착수했고, 포드 대통령은 1975년 일련의 정상회의 첫 모임에서 변동환율제의 승리를 주도했다. 그리고 1978년 가을 카터 대통령은 그 중 어떠한 것도 위기를 막는 방패막이가 될 수는 없다는 사실을 발견하게 되었다. _Volcker

마이클 블루멘털 미 재무장관이 상업은행들의 국제통화 콘퍼런스 참석차 일본을 방문했다. 그는 원유 수입 대금 증가로 인한 미국의 무역적자를 일본이 나눠 부담할 것을 강력히 요구했다. 블루멘털 장관은 미국 국채에 투자해 얻은 이자소득을 축적하지 말아야 한다고 한동안 종용하기도 했다. 일본은 외환보유액의 상당부분을 미국 단기국채 형태로 유지하고 있었는데, 자연히 달러화로 이자를 받게 되었고 이를 통해 외환보유액은 불어났다. 블루멘털 장관은 이자로 얻은 그 추가적인 달러를 시장에 팔아야 한다고 주장했다. 그렇게 하지 않는다면 일본은 사실상 '반직 변동환율제'를 운영한 것에 해당한다고 했다.

written by
GYOHTEN

실패한
—
실험

오일쇼크가 없었다 해도 나는 스미소니언 시스템이 유지되지 못했을 것이라고 본다. 1973년에 이미 경제 펀더멘털의 편차가 엄청나게 벌어진 상태였기에 세계경제는 고정환율제를 유지할 수가 없었다. 돌이켜보면, 오일쇼크 경험은 변동환율제 주장에 훨씬 더 큰 힘을 불어넣어준 계기가 되었다. 오일쇼크가 필요했는지 불가피했는지 여부는 별개의 문제다. 설사 오일쇼크를 다소간 피했다고 해도 통화 상황의 기본 흐름은 변하지 않았을 것이다.

애초에 큰 두려움을 갖고 소극적으로 변동환율제를 받아들였던 세계가 1970년대 후반기를 맞아 그 레짐에 대한 진지한 재평가를 할 수 있었다. 오일쇼크로 야기된 심각한 충격을 변동환율제의 유연성 덕분에 흡수할 수 있었다는 사실을 우리는 깨달았다. 변동환율제는 상당한 지지를 끌어 모을 수 있었다. 그럼에도 불구하고 또 한편으로는 불균형을 해소하는 변동환율 메커니즘의 유효성에 대해 의구심도 고개를 들었다. 국제적 불균형으로 인해 환율 변동성이 증폭되었는데, 1970년대 말이 가까워지면서 그 문제가 오히려 심화되었기 때문이다.

'반칙'이란 비난

변동환율제를 지지하는 사람들은 환율의 변화가 결국 더 나은 국제수지 균형을 이뤄 줄 것이라고 굳게 믿었다. 그러나 실제로 그 메커니즘은 무역흐름을 바꾸고 균형을 되살릴 만큼 충분히 신속하게 작동하지는 않는다는 사실을 깨닫게 되었다. 그래서 새 환율제도에 대한 일종의 환멸 같은 것이 고개를 들게 되었다. 결국 국제사회의 관심은 관리정책, 특히 정상회의를 통한 다자간 공조를 요구하는 쪽으로 이동하거나 확장하게 되었다.

그 무렵 국제통화제도에 관한 논의도 새로운 국면에 접어들었다. 금본위제와 고정환율제로는 더 이상 돌아갈 수 없다는 데 세계는 확신을 갖게 되었던 것이다. 또한 우리는 미국 외채가 처치 곤란할 정도로 불어나고 있는 것에 우려하고 있었다. 석유수출국들이 대규모의 달러 예금을 축적한데 따른 것인데, 우리는 이를 '달러 과잉(dollar glut)'이라고 불렀다. 그래서 달러를 SDR 또는 어떤 다국적 통화준비금 시스템으로 대체할 수 있을지 다양한 노력을 기울여 탐구하였다. 변동환율제 하에서의 변동성에 대해 우려의 목소리가 커졌고, 그 결과 이를 완화할 다양한 형태의 관리변동환율제 아이디어가 제안되었다. 이러한 것들이 그 당시의 핵심 이슈였다.

일본의 시각에서 볼 때, 당시는 일본 경제에 대한 세계의 관심이 고도로 집중되었던 시기이기도 했다. 이번에는 일본의 경상수지 흑자나 엔화 환율 뿐 아니라 일본 경제의 구조적 강점이나 비상함에 대해서도 전세계의 눈길이 모아졌다. 1975년 2분기에 일본 경제가 세계에서 가장 먼저 오일쇼크의 상처를 극복하고 회복했기 때문이다. 다소 조기에 달성한 이 성공은 주로 인플레이션을 효과적으로 통제한 덕분이었다. 1973년과 1974년에 연속해서 23% 급등했던 일본의 도매물가지수는 1975년 들어 오름폭이 2%로 급격히 둔화되었다. 국내 민간 수요를 굉장히 침체시킨 아주 긴축적인 통화정책의 결과였다. 제조업 생산이 급격하게 감소했다. 실제로 일본의 산업생산은 오일쇼크로부터 4년 넘게 경과된 1978년 4월이 될 때까지도 위기 이전 수준을 회복하지 못할 정도였다. 당시 일본은 경제를 혹독한 디플레이션으로 몰아넣었다. 당시 일본의 많은 공장들의 가동률이 매우 낮은 수준으로 떨어지긴 했지만, 낮은 인플레이션은 일본 상품의 가격경쟁력을 크게 강화했다. 수입이 억제된 가운데 강력한 수출 드라이브가 몰아쳐 일본의 경상수지가 극적으로 반전됐다. 1975년 5억 달러 적자였던 것이 1978년에는 약 170억 달러의 흑자로 돌아섰다.

이러한 수출 주도 회복세는 전 세계로부터 강력한 비판을 받았다. 1977년 내내 엔화에 강세 압력이 축적되었다. 일본 당국은 엔화 강세를 억제하기 위해 외환시장에서 엔화를 팔고 달러를 사들이는 개입에 나섰으나 별 소용이 없었다. 엔화가 더 오르는 것을 막기 위해 1977년 한 해에만 거의 60억 달러를 매입했다. 이런 개입을 일본만 한 것은 아니었으나 다른 나라들은 이를 두고 '반칙 변동환율제(dirty float)'라고 불렀다. 하지만 엔화는 달러당 291엔에서 241엔으로 강해졌다. 달리 말하자면, 연초에 1달러를 사는데 291엔을 줘야했던 일본사람이 연말에는 241엔만 지불해도 되었다. 엔화의 가치가 약 20%나 오른 것이다. 1978년에도 그 패턴이 반복됐다. 일본의 대규모 무역흑자가 앞으로도 계속될 것이란 전망으로 외환시장에서는 수요를 크게 웃도는 달러화 공급이 이뤄졌다. 달러 과잉공급을 흡수하려는 일본의 노력에도 불구하고 달러가 약해지고 엔화는 강해졌다. 이런 현상으로 인해 어느 순간 커다란 논쟁이 부상했다. 엔화 강세 때문에 해외 수주에서 타격을 입은 수출업체들이 강력한 불만을 제기했다. 자신들에게 우호적인 정치인들과 진영을 이루어 엔화 절상을 막기 위한 시장개입을 강화하도록 재무부와 일본은행을 압박했다. 일본의 무역흑자를 강력하게 비난하는 '반칙 변동환율제' 여론이 해외에 형성된 가운데, 국내에서는 그와 극명하게 반대되는 시각이 대립하게 되었다.

일본에 대한 국제적 비난은 1977년 5월부터 9월 사이에 특히 격앙되었다. 우리처럼 국제회의장에 앉아 있어야 하는 사람들에게는 참으로 고역이었다. 일본 경제가 마치 세계경제의 암적인 존재인 것처럼 모든 사람들이 일본의 성과에 대해 불평했다. 일본 국내정책에 대한 국제적 압력은 그런 식으로 기관차 이론으로 비화되었다. 달러화에 대한 특정 통화의 선택적 절상 주장도 그렇게 함께 나왔다. 이는 1977년 2월 로렌스 클라인 펜실베이니아대 교수가 의회에서 처음으로 공개 제시한 것이었는데, 일본과 독일 두 흑자국이 성장률을 끌어 올리는 한편 엔화와 마르크화를 약 10% 재평가해야 한다고 그는 주장했다.

엔화의 멈추지 않는 고공행진

1977년 5월, 런던에서 국제경제 정상회의가 열렸다. 일본은 다음해 성장률을 6.7%로 높이는데 비공식적으로 동의했다. 하지만 실제 달성하는 데에는 실패했다. 일본의 무역흑자에 대한 비난이 더욱 커졌다. 흑자국들에 대한 내수 확대 요구도 강해졌다. 그렇게 하면 적자국으로부터의 수입이 늘어날 것이라고 본 것이다. 한편, 같은 달 마이클 블루멘털 미 재무장관이 상업은행들의 국제통화 콘퍼런스 참석차 일본을 방문했다. 그는 원유 수입 대금 증가로 인한 미국의 무역적자를 일본이 나눠 부담할 것을 강력히 요구했다.

블루멘털 장관은 미국 국채에 투자해 얻은 이자소득을 축적하지 말아야 한다고 한동안 종용하기도 했다. 일본은 외환보유액의 상당부분을 미국 단기국채 형태로 유지하고 있었는데, 자연히 달러화로 이자를 받게 되었고 이를 통해 외환보유액은 불어났다. 블루멘털 장관은 이자로 얻은 그 추가적인 달러를 시장에 팔아야 한다고 주장했다. 그렇게 하지 않는다면 일본은 사실상 '반칙 변동환율제'를 운영한 것에 해당한다고 했다. 미 재무부로부터 달러로 이자를 받는 것은 엔화 가치를 억누르기 위해 외환시장에서 달러를 사들이는 개입을 한 것이나 마찬가지라는 주장이었다. 이런 식의 난감한 주장이 미국 안팎에서 큰 관심을 끌며 아주 난무하게 되었다. 그럼에도 불구하고 일본의 흑자는 불어났다. 1977년 7월, 일본 정부는 월간 무역흑자가 사상 최대치인 15억 달러에 달했다고 발표했다. 이는 엔화에 대한 수요를 촉발했다. 달러에 대한 절상 압력이 특히 집중됐다. 그 해 8월 뉴욕 연준의 찰스 쿰브스가 그런 식의 글을 썼다. 미국 정부의 압력이 거세졌다. 그해 9월 미 국무부의 리처드 쿠퍼Richard Cooper와 재무부의 C. 프레드 버그스텐C. Fred Bergsten을 대표로 하는 사절단과의 고위급 회의가 열렸다. 미국산 수입을 늘려 일본의 무역흑자를 줄이라는 게 미 정부의 메시지였다. 사절단은 이 밖에도 양국 무역과 관련한 많은 이슈들을 제기했다. 그 직후 열린 IMF 연차총회에서 데니스 힐리Denis Healey 영국 재무장관은 일본을 특정해 전 세계 경제의 균형을 교란하고 있다고 비난했다.

합심한 듯한 이 모든 비난에도 불구하고 엔화는 달러에 대해 계속 절상됐다. 10월과 11월에는 10% 넘게 올랐다. 그 무렵 일본 안에서 체념이 고개를 들었다. 그토록 흑자가 많은데 엔화의 절상을 어찌 막을 수 있겠냐는 것이다. 재무부 내부에서 우리는 엔화 상승을 늦추기 위해 행해 온 시장개입을 중단해야 한다고 주장하기 시작했다. 하지만 엔화 절상을 저지하라는 국내 정치압력은 여전히 강력했다. 국제통화 문제에 상당히 해박했던 후쿠다 총리는 당국이 엔화 오름세를 억제해야 한다는 강력한 입장을 견지했다.

1977년 11월, 월스트리트 민간 섹터로 돌아간 로버트 루사가 상원 은행위원회 증인으로 출석해 '환율 목표범위제(currency target zone)'를 도입해야 한다는 오랜 지론을 주장했다. 선진국들이 환율 목표범위에 합의한 뒤 그 안에서 환율이 유지되도록 협력해야 한다는 것이다. 그는 장기적으로 추구할 제도로 말한 것이었으나, 이 증언이 언론에 보도되자 많은 일본인들은 루사가 엔화 안정에 호의적이라고 여겨 환영했다. 루사의 증언이 일본에 전해진 즉시 엔화는 하락했다. 나중에 듣기로는, 자신의 증언이 일본에서 잘못 이해된 것에 대해 루사는 당혹스러워했다고 한다.

1977년 12월, 국제적 비난을 달래기 위해 일본 내각은 1978년 성장률 목표를 7%로 높여 잡았다. 이 메시지는 1978년 1월에 방일한 로버트 스트로스Robert Strauss 미 무역대표부(USTR) 대표에게 전달됐다. 당시 방일을 계기로 미국과 일본 양국간 환율 및 무역 이슈들에 관한 치열하고 폭넓은 토론이 이뤄졌다. 일본 정부는 미국 정부 또한 국내정책적 조치를 취해야 한다고 반박했다. 특히 인플레이션을 통제하는 한편으로, 증가하고 있는 원유 수입을 줄여야 한다고 강조했다. 이미 카터 행정부는 원유 수입에 상당한 통제를 가하는 법안을 준비하고 있었다. 당시 밥 스트로스가 일본 무라야마 다쓰오Murayama Tatsuo 대장상에게 한 말이 생생하게 기억난다. 그는 미 의회가 90일 안에 에너지 법안을 통과시킬 것을 확신한다고 장담했다. 당시는 1월이었다. 그러나 실제로는 굉장히 약화된 에너지 법안이 10월에 가서야 미 의회를 통과했다. 이런 유형의 일로 인해 미일 상호간의 불신이 커졌다. 다만 이 과정에서 생긴 한 가지 아주 긍정적인 부산물로서 일본이 시장을 개방하게 되었다. 1978년 1월 후쿠다 총리는 우리에게 외국환관리법의 규제 전반에 걸쳐서 재검토하라고 지시했다. 그 작업이 1980년에 완료된 뒤로 일본 기업들의 해외투자를 촉진하는 대대적인 자본거래 자유화 조치가 취해졌다. 외국인의 일본 내 기업 설립이나 내외국인의 차입 및 대출도 쉬워졌다.

이 모든 치열한 토론에도 불구하고 1977년 11월이 되어서야 미 재무부와 연준은 달러의 추가적 절하 – 또는 마르크화 및 엔화의 추가 절상 – 가 미국의 무역적자를 줄이는데 도움이 되지 않는다는 사실을 깨달았다. 그제야 미국은 자국 내 경제정책 역시 똑같이 중요하다는 것을 알게 되었다. 1973년부터 1978년까지 미국 가계부문의 순저축은 급격한 감소세를 보였다. 1975년부터 미국 기업부문의 순투자는 대폭 증가했다. 비록 정부부문의 순적자가 제법 큰 폭으로 줄었지만, 정부와 기업에 대한 전통적 자금공여 주체인 가계부문의 저축 감소를 상쇄할 만큼 충분하지는 않았다. 그 결과 미국 국민총생산(GNP) 대비 대외적자 비율은 빠른 속도로 상승했다. 달리 말하자면, 미국인들은 자신들의 저축을 대신할 해외의 저축을 빌려와야만 했다. 일본의 상황은 정반대였다. 가계부문은 굉장히 높은 수준으로 저축을 했다. 반면 기업부문의 순투자는 급격히 감소했다. 정부

부문이 함께 순투자를 늘리긴 했지만 민간부문의 디플레이션적 충격을 상쇄하기에는 부족했다. 그 결과 일본의 대외흑자는 굉장히 빠른 속도로 증가했다.

일본 때리기

1978년 말이 되자 미일 양국에 무슨 정책이 필요한지 분명해졌다. 두 나라의 재정정책은 올바른 방향으로 이동했다. 일본이 완화하고 미국은 긴축했다. 그럼에도 불구하고 문제는 민간부문이 굉장히 판이한 방향으로 움직인다는 데 있었다. 미국의 민간은 너무 많이 소비하고 너무 적게 저축했다. 반면 일본의 상황은 정확하게 반대였다. 이런 환경에서 적절한 통화정책이 굉장히 중요했다. 1977년 말 미국은 정책을 바꾸었다. 달러 약세를 구두로 유도하기보다는 달러의 추가 하락을 방어하기 위해 노력했다. 그러나 자신들의 공식 천명에도 불구하고 미 재무부는 경제를 긴축하는 것도, 외환에 통제를 가하는 것도, 외화채권을 발행하는 것도, 원유에 수입 관세를 물리는 것도 모두 불가능하다고 주장했다.

어떠한 근본적인 정책 변화도 없는 상황에서 달러의 가치는 계속 떨어졌다. 결국 1978년 1월, 미 재무부와 연준은 공동성명을 발표했다. 달러를 방어하기 위해 시장에 개입할 준비가 되어 있으며, 재할인율은 6%에서 6.5%로 인상한다고 밝혔다. 시장에서 달러를 떠받치기 위해 미국과 독일은 처음으로 스와프 계약을 체결했다. 이를 통해 미국은 자신의 SDR 66억 달러를 독일 마르크로 교환했다. 이는 일본 내부에 혼란을 불러 일으켰다. 일본 대장성의 형편없는 외교력이 일본 스스로를 고립시킨 증거라고 언론들이 받아들였다. 닛케이 신문 같은 경우는, "독일 마르크와 일본 엔화가 한 방에 기거하지만 같은 침대에 있는 것은 아니다"라고 표현했다.

그러나 달러는 하락세를 멈추지 않았다. 그리고 달러에 대한 새롭고 혹독한 공격이 1978년 3월에 발생했다. 워낙 강력한 공격이어서, 한 달 사이에 55억 달러 이상을 사들인 우리는 개입이 소용없다고 판단해 멈췄다. 그리고 나서는 엔화가 오르는 것을 가만히 지켜만 봤다. 그래서 달러는 240엔에서 231엔으로 떨어졌다. 개입 중단은 무라야마 다쓰오 대장상이 지시했는데, 관료들의 조언에 따른 것이었다. 당초 우리는 대장상이 엔화 강세에 대한 정치적 압력 때문에 그 조언을 거부할 까봐 우려했다. 하지만 그는 놀랍고도 고무적이게도 우리의 건의를 받아들였다. 그는 세금 전문가로서 국제금융에 관한 경험은 거의 없었다. 대신 그에게는 강력한 시장 본능이 있었다. 당시처럼 시장 변동성이 매우 큰 때에는 무엇인가 터질 거라는 강한 두려움이 투기적 거래자들 사이에 존재한다는 걸 그는 알았다. 무라야마는 우리에게 이렇게 말했다. "투기 세력들도 지금 마찬가지로 큰 스트레스를 받고 있다. 신경이 예민해져 있다. 도박을 할 때에는 상대방이 예상하지 못한 상태에서 기존 전략을 완전히 뒤집어버리는 것도 좋은 전략이다. 투기 세력들의 바닥에 깔려 있는 멍석을 잡아당겨 버리는 거지."

우리는 외환시장 개입을 완전히 중단했다. 그리고 그의 전략은 성공했다. 엔화는 달러당 218엔에서 상승세를 멈췄다. 4월과 5월에는 하락세를 시작했다. 그것은 일본 환율정책에 있어서 일종의 전환점이었다. 강력한 시장흐름에서는 정부의 개입이란 게 아주 효과적이지는 않다는 것을 우리는 깨달았다. 언론과 산업계에서는 엔화 강세가 그렇게 전적으로 나쁘

기만 한 것은 아니라는 시각이 형성되었다. 엔화의 절상흐름에 저항해본 이후로 기업인들은 엔화 강세에 좋은 점도 일부 있다는 것을 발견했다. 수입 에너지와 원자재에 의존하는 기업인들은 엔화 강세가 원가 하락을 의미한다는 것을 알게 되었다. 높아지는 수출단가 때문에 사업 간소화로 비용절감에 나서야 했던 기업인들은 합리화의 이점을 발견했다. 하지만 이런 학습과정이 완전하지는 않았다. 뒤에서 보게 되겠지만, 엔화 초강세를 야기한 1985년 플라자합의 이후로 일본 정계와 일부 기업인들 사이에서는 강력한 반대여론이 다시 부상했다. 일본 내부에서 강한 통화의 이점이 보편적으로 받아들여진 것은 1988년이 되어서였다.

한편, 그 무렵 국제적 비난에 대해 일본 내부에서는 반감이 커져갔다. 우리는 이를 '일본 때리기'라고 생각했다. 당시 일본은 경제를 부양하기 위해 열심히 노력하고 있음을 역설했다. 반면 독일은 늑장을 부린 채 경제 진작보다 인플레이션 타파에 더 몰두하고 있음을 지적했다. 미국 역시도 석유 수입을 통제할 효과적인 조치를 취하지 않은 채 달러 약세만 유도하고 있다고 일본은 주장했다. 분개감이 국내에서 쌓여갔다. 어느 날 각료회의에서 한 장관은 명목 무역흑자를 줄이되 대규모 달러 보유고를 금 매입에 투입해 일본의 금융 영향력을 과시할 필요가 있다고 주장했다. 일부 장관들이 좋은 아이디어라고 동조했다. 하지만 말이 안 되는 얘기였다. 그렇게 하면 단지 시장에서 금가격만 부풀릴 뿐이며 국제적인 비난에 휩싸일 터였다. 그럼에도 불구하고 대장성은 갈수록 난감한 처지로 몰렸다. 어쨌든 해외에서 일본에 대한 국제적 비판이 계속되었고 국내에서는 국수주의가 커져갔다. 다만 정반대의 흐름도 있었다. 일본 정부가 2년 사이에 대외원조를 두 배 늘리는 계획을 발표하는데 있어서 외환보유액이 도움이 되었다. 아프리카와 아시아 개발은행들에 대한 재원 확충에도 참여했다.

드라마틱한 성공

1978년 11월, 드디어 달러 방어 종합대책이 탄생했다. 미국 안에서 높은 인플레이션에 대한 우려가 커진 결과였다. 토요일이었던 10월 28일 사가미 다케히로Sagami Takehiro 대장성 국제 담당 차관이 미국의 카운터파트인 앤서니 솔로몬 재무차관으로부터 걸려온 전화를 받기 전까지는 무슨 일이 진행 중인지 우리는 모르고 있었다. 그는 환율 상황에 관해 논의하자며 독일, 스위스 관료들과 더불어 우리를 워싱턴에 초청했다. 사가미 차관 외에 일본은행의 마에카와 하루오Mayekawa Haruo 부총재, 하야미 마사루Hayami Masaru, 그리고 내가 워싱턴에 가는 것으로 결정됐다. 그날은 마침 대장성 출납부서가 출근하지 않는 토요일이어서 항공권 구입을 위한 선불금을 받을 수 없었다. 일단은 내 신용카드로 발권을 해야 했는데, 혹시 협상이 성사되지 않을 경우 출납부서가 내 돈을 돌려주지 않을 지도 몰라 약간 걱정이 되었다.

우리 네 사람은 워싱턴으로 날아갔다. 도착했을 때에도 여전히 주말이었다. 우리는 워싱턴에 있는 솔로몬의 숙소로 가 소규모의 비공식 미팅을 가졌다. 솔로몬은 미국이 일련의 근본적 조치들을 취해 왔음을 설명했다. 재할인율 인상과 막 발표한 인플레이션 억제 프로그램 등이었다. 하지만 시장은 그 중요성을 인정하지 않았고 달러는 여전히 떨어지고 있었다. 솔로몬은 달러의 하락세가 기존 조치들의 효과를 없애 버릴 까봐 우려하고 있었다. 그래서 그는 시장이 정책을 반영할 때까지의 시차를 메워줄 가교 금융(bridging finance)이 미국에게 필요하다고 말했다. 우리는 신속히 동의했다. 달러 방어 종합대책 패키지는 총 300억 달러로 구성되었다. 시장개입을 위한 탄약고에는 미국, 일본, 독일, 스위스가 참여했다. 미국은 IMF에서 30억 달러를 빌리고 SDR 20억 달러를 파는 한편, 세 나라의 통화 스와프 협정 한도를 150억 달러로 늘리고, 약 100억 달러의 외화채권을 발행해 자기 몫의 크레디트 라인을 조성했다. 미국 내부적으로는 연준이 재할인율을 9.5%로 1%포인트 추가 인상하기로 했다. 연준은 이와 함께 은행 지급준비율을 올리고, 전달 75만 온스였던 재무부 금 매각 규모를 150만 온스로 늘려 달러 흡수를 돕기로 했다.

종합대책 발표 즉시 대부분의 글로벌 마켓에서 대성공을 거두었다. 대책이 나오기 전 엔화는 달러에 대해 176엔까지 올랐다. 그러나 11월 말이 되자 200엔으로 떨어졌다. 대책이 먹히게 된 가장 중요한 이유 중 하나는 달러가 과도하게 떨어져 있었다는 점이었다. 시장에 있는 모든 참가자들은 달러당 176엔은 너무 심하다고 느끼고 있었다. 당시 우리가 양국 구매력 기반 공식을 통해 계산한 최적 환율은 약 230엔으로 나왔다. 시장은 이미 굉장히 위태로운 상태였다. 달러가 과도하게 하락했으며 반등이 언제든지 올 수 있다는 걸 알고 있었기에 모두들 안절부절못하고 있었다. 하지만 그 누구도 감히 추세를 거스르지는 못했다. 외환시장 군집현상의 전형적 사례였다. 이런 상황에서 당국이 선수를 잡고 강력한 발표에 나서자 시장의 모든 분위기가 돌변했다. 왜냐하면 모든 사람들이 달러를 살 준비가 되어있었기 때문이다. 턴어라운드가 드디어 찾아오자 그 움직임은 드라마틱했다.

종합대책의 규모가 크고 광범위했으며, 각국이 합심해 시행했던 점도 성공의 원동력이 되었다. 1978년 중에 미 재무부는 달러 방어를 위해 많은 조치들을 취했다. 하지만 그 대책들은 그때 그때 단편적으로만 발표되었고 그다지 열심히 추진되지도 않았다. 시장 심리에 결코 영향을 미칠 수가 없었다. 실제로 미 재무부가 그 단편적 대책들을 발표했던 때를 점검해 보면 매번 달러가 다소간 더 떨어졌음을 확인할 수 있다. 규모 면에서 300억 달러의 종합대책 화력은 당시로서는 대단한 규모였다. 게다가 미국, 일본, 독일 스위스 등이 보증하는 자금이란 사실이 시장에 깊은 인상을 주었다. 시장 전반의 분위기가 그렇게 해서 바뀌게 되었다.

바로 그 다음 달인 1978년 12월 이란혁명이 발발했고 유가가 상승하기 시작했다. 제2차 석유위기로 인해 일본의 대외수지가 1979년 1분기에 곧장 적자로 반전했다. 엔화는 하락하기 시작했다. 그러나 이번에는 일본이 통화정책을 아주 큰 폭으로 긴축함으로써 신속하게 위기에 대처하는 데 성공했다. 당시 10개월 사이에 일본은행은 재할인금리를 네 차례에 걸쳐(1979년 4월과 7월, 11월에 이어 1980년 2월까지) 3.5%에서 7.25%로 두 배 이상 올렸다. 민간부문은 에너지 전반에 걸쳐, 특히 석유 절약을 위해 단호하게 움직였다. 정부가 수입량이나 가격을 통제하지 않은 채 유가 상승분이 국내 소비자들에게 신속히 전가되도록 허용했기 때문이다. 1980년 3분기가 되자 도매물가 인플레이션이 일찌감치 멈췄다. 그해 내내 대외 적자가 이어지긴 했으나 엄격한 조치 덕분에 엔화에 대한 국제적 신뢰는 신속하게 회복되었다. 국제자본이 다시 유입되고, 엔화 하락세는 1980년 4월에 끝났다.

"아마도 10분"

달러화 과잉을 다루는 논의가 시작되었다. 달러를 SDR로 대체하거나, 오늘날에는 표준이 된 다통화준비금 시스템을 달러 대신 도입하는 진지한 노력들이 이루어졌다. 미 재무부의 솔로몬 차관은 이 달러 대체 계정 아이디어를 아주 열정적으로 추구했다. 달러의 국제 핵심통화 지위를 낮추는 방안에 대해 미국이 처음으로 정부 차원의 검토를 한 것은 놀라운 일이었다. 솔로몬 차관은 심지어 G7 고위관료 실무회의(나도 그 멤버가 되었다)를 조직했으며, 우리는 구체적인 방안을 모색하기 위한 일련의 미팅을 가졌다. 하지만 달러의 역할을 포기하는 게 미 재무부의 공식 입장이 될 리는 없었다. 1981년 레이건 행정부가 출범하자 이 모든 연구들이 완전히 무시되었다.

일종의 관리 변동환율제 형식을 찾아내기 위한 다양한 노력들이 펼쳐졌다. 루사가 제안했던 '환율 목표범위제(currency target zone)' 외에도 영국 워윅대학(Warwick University)에서 내 동료 폴 볼커가 행한 인상적인 연설을 언급하지 않을 수 없겠다. 당시 그 연설은 경제학자 프레드 허시Fred Hirsch와 그의 사고를 기리는 것이었는데, 볼커는 외환시장 안정을 성취하기 위한 '조용히 상호간에 마련된 비상계획'을 찬양했다. 볼커가 암시한 것은 루사의 것보다 더 현실적이고 실용적이었다. 환율이 얼마 전 겪었던 것처럼 범위를 너무 많이 이탈한 것으로 여겨지는 영역에서 방황하는 일이 없도록 핵심 통화국들이 국제협약을 맺어 협력하자는 것이다. 볼커가 그런 표현을 사용하지는 않았지만, 달리 말하자면 이는 '네거티브 시스템'의 목표범위제(target zone)라고 할 수 있겠다.

당시에 특히 일본이 얻은 중요한 교훈 한 가지가 있었다. 변동환율제

하에서 통화당국은 시장 기저의 흐름을 거스르는 단순한 개입만으로는 환율을 조작할 수는 없다는 것이다. 우리는 그 교훈을 얻는데 수십억 달러를 지불했다. 환율 변동 그 자체는 대부분 국가들의 국제수지에 신속한 영향을 미치지 않는다는 사실도 우리는 배울 수 있었다. 일본과 미국 경제의 움직임을 보면 그 점은 명백했다.

시장 전문가들이 중시하는 요소들이 시간이 지나면서 확실히 바뀌었다. 전반적으로 몇 배나 불어나 우리의 계산 범위를 넘어서게 되었다. 변동환율제 초기에만 해도 구매력평가(購買力平價, purchasing power parity)나 국제수지 조정과 같은 중장기 요소들이 여전히 영향력을 발휘했다. 그러던 중 단기 자본흐름이나 이자율 차이가 굉장히 중요해졌다. 하지만 그런 것 외에, 시장에는 정보기술의 폭발이 있었다. 덕분에 시장 관심의 초점이 신속하게 옮겨 다닐 수 있게 되었다. 어떤 때에는 시장이 금리 차이에 주목하다가 그 다음에는 국제수지 지표에 초점을 맞추었다가 어느새 정치 이슈로 이동하게 되는 것이다. 그래서 단기적 환율 움직임에서 결정적인 요인을 꼬집어 내는 것은 어려운 일이었다. 최근에 나는 일본 최고의 외환딜러와 대화를 나눈 적이 있다. 매매를 할 때 고려하는 요소들이 무엇이냐고 그에게 물었다. 그는 "많은 요소들이 있는데, 때로는 아주 단기적으로, 일부는 중기적으로, 또 어떤 것들은 장기적으로 고려한다"고 말했다. 장기적으로 고려하는 요소들이 있다는 그의 말이 매우 흥미로웠다. 그렇다면 그 장기적이란 시계(時界)가 구체적으로 얼마나 되는 지 물었다. 그는 몇 초 머뭇거리더니 진심으로 심각하게 답했다. "아마도 10분 정도." 요즘 시장이 움직이는 식이 바로 그러했다.

세 가지 기관차에 관한 농담

'기관차론'과 관련해 런던 및 본 경제 정상회의에서 심도 깊은 국제 계획과 토의가 있었는데, 이를 통해서도 우리는 배운 바가 있었다. 특정 경제성장률이나 대외균형을 목표로 어떤 나라의 거시경제정책을 지배하려는 국제적 노력은 전혀 작동하지 않는다는 사실이다. 본 정상회의의 경우 참가국들이 스스로 진정 무엇을 목표로 하는지, 어떤 수단을 활용할 것인지에 관해 뚜렷하고 공통된 목표가 분명하지 않았다는 문제가 있었다. 공조를 논의하는 것은 쉬운 일이나, 바람직한 세계경제 질서에 관한 공통된 비전이 없다면 그 공조는 성취하기 매우 어려운 일이 될 것이다. 본 정상회의 및 그해 전반에 걸쳐 진행된 노력들 모두에서 저지른 본질적인 실수는 미세조정에 지나치게 집착했다는 점이었다. 미국은 어떠한 수치를 가진 목표들을 세워 거시경제실적을 겨냥하는 게 가능하다고 생각했다. 예를 들어 일본이 연간 6.7%의 성장률이란 구체적인 목표를 받아들인다면, 그것은 근본적인 실수다. 아무리 목표 지향적인 마인드를 갖는다 하더라도 어떻게 인구 1억2000만 명의 국가가 그토록 구체적인 성장률로 미세조정될 수 있다고 약속할 수 있겠는가? 그러한 식의 목표 숫자에 국가 경제활동을 맞추려고 노력하는 당시의 사고방식은 완전히 잘못된 것이었다. 그 이후로도 국가 경제정책의 성과를 점검하기 위해 경제지표를 사용하려는 동일한 시도들이 나타나고 있어 개인적으로 걱정스럽게 생각한다. 지금과 같은 시장 중심 자본주의 경제의 세계에서 국가경제가 그런 식으로 미세조정될 수 있다고 얘기하는 것은 정말 놀라운 일이다.

당시 그 비공식적인 고위급 정책당국자 토의에서 얻은 가장 중요한 성과는 일종의 상호계몽 효과였다. 각국 재무장관들은 자신의 카운터파트들이 현재 경제상황을 어떻게 바라보는지, 어떤 식의 정책방향으로 대응하려고 계획하는지를 알게 되었다. 그러한 상호계몽의 국면을 넘어서게 되면 아마도 공통된 목표가 부상하게 될 것이다. 그러나 우리는 그런 2단계 국면에는 도달하지 못했다. 내 생각에 우리는 아마 그 둘의 중간에 있었던 듯하다.

정책이 쉽게 농담거리가 되면 신뢰를 잃기 마련이다. 당시 금융계에서는 세 가지 기관차에 관한 농담이 있었다. 기관차 하나는 도무지 꼼짝하지를 않는다. 바로 독일이었다. 두 번째 기관차는 달리기는 하지만 방향이 잘못됐다. 일본이었다. 내수 대신 수출을 늘려 성장하고 있다는 것이다. 세 번째 기관차 역시 달리기는 하지만 공기를 오염시킨다. 그건 미국이란 기관차였다. 너무 많은 석유를 태우며 지나간 길에 달러를 흘려 놓는다는 것이다.

어쨌든 당시는 국제적인 정책공조의 필요성에 대한 인식이 싹트던 시기였다. 하지만 그들의 기관차론의 실패, 통제불능의 환율 변동성, 제2차 석유위기의 충격으로 인해 세계는 더 높은 국면의 공조로 나아가지 못했다. 대신 주요국들은 뿔뿔이 흩어져 자국 또는 자기 지역의 목표를 추구하고 나섰다. 1979년 유럽공동체는 회원국들을 달러 변동성으로부터 방어하기 위해 유럽 통화시스템(EMS: European Monetary System)을 형성했다. 단일 유럽 통화블록을 향한 이동을 시작한 것이다. 레이건 행정부가 새로 들어선 미국에서는 강한 미국과 강한 달러를 겨냥한 정책이 펼쳐졌다. 일본에서는 산업 및 시장 구조를 강화해 대외경쟁력을 좀 더 높이는 노력에 힘을 쏟았다. 고금리와 제3세계 부채로 인한 문제가 다가오고 있는 가운데 세계는 그렇게 정책공조 없는 시기로 나아갔다. _Gyohten_

1974년

1월 29일_____미국이 자본통제를 해제했다. 달러가 떨어지기 시작했다.

1월 30일_____독일이 자본유입에 대한 통제를 완화했다.

2월 11일_____미국 에너지 콘퍼런스에서 OPEC에 대항하는 서방 소비자들의 대표단체를 구성하려는 시도가 있었다. 프랑스는 이 국제에너지기구(IEA)에 참여하는 것을 거부했다. IEA는 서방 석유회사들에게서 원유시장 자료들을 수집한다.

3월_____연준이 통화정책을 긴축했다.

5월 14일_____연준과 스위스 중앙은행, 분데스방크의 대표들이 달러화 지지를 위한 시장개입에 합의했다.

6월 14일_____20개국 위원회가 '개혁의 골격 최종안'을 마련했다. 주된 내용은 1) 조정 가능한 균형 가치 환율에 기반한 대칭적 환율조정 절차에 관한 규칙, 2) 공적인 제약을 통한 자본흐름 통제 협력, 3) 지급 불균형을 해결하기 위한 제한적인 금 태환성, 4) 글로벌 유동성에 대한 국제적 차원의 관리(SDR의 중요성 강조), 5) 조정과 태환성, 글로벌 유동성 사이의 일관성, 6) 덜 개발된 국가들에 대한 자원의 순유입 장려 등이다. 이러한 복잡한 합의는 석유위기로 인해 흐지부지됐다. 세계경제는 불안정해졌고, 그 합의는 내내 실행되지 않았다.

10월 3일_____IMF에 새로운 잠정위원회가 설치되어 첫 회의를 열었다. 20개국 위원회에 기초해 멤버십이 부여되었다. 페트로달러의 리사이클링이 회의 주제였다. 프랑스와 벨기에는 환율 안정을 주창했으나 동조를 얻지 못했다.

1975년

11월 15일_____제1차 경제 정상회의가 개최됐다. 프랑스 파리 서남부 랑부 예 성에서 열렸다. 프랑스와 미국 사이에 먼저 마련된 타협을 승인했다. IMF 협정 4조를 수정해 변동환율제를 합법화하기로 한 것이다. 새로운 규정에 따르면 IMF 회원국은 경제정책을 통화 가치 안정에 기여할 수 있도록 추구해야 한다. 환율제도는 새로 부상하는 유럽 스테이크 시스템 같은 고정환율 모델에서부터 자유변동환율제에 이르기까지 가능한 대로 운영할 수 있게 했다. 주요 5개국과 이탈리아는 기저 경제요인 이외의 이유로 급격하게 환율이 변동할 경우 시장에 개입하기로 합의했다. 이런 목적 하에서 보다 세밀한 협의 시스템이 마련되었다. 중앙은행들은 날마다 협의하고, 재무부는 분기에 한 차례 만나기로 했다.

1976년

1월 8일_____IMF 잠정위원회는 자메이카 킹스톤 회의에서 통화개혁 프로그램 잠정안을 마련했다. 선진국 및 OPEC 국가들의 IMF 쿼터를 높이고, 변동환율제를 합법화하는 새로운 시스템에 합의했다. IMF가 보유한 금의 3분의1을 7년에 걸쳐 민간시장에 매각하기로 했다. 보유 금의 6분의1은 회원국들에게 금 납입 비율대로 돌려주기로 했다. 또 다른 6분의1은 신탁기금에 출연해 저개발 국가들(LDCs)에 대한 대출을 늘리는데 사용하도록 했다. 금가격이 종전 고정환율 대비 다섯 배로 올라간데 따른 조치였다. 일부 국가들은 그 과정에서 약간의 자본 차익을 얻었고, 그 중 일부를 LDCs를 돕는데 어려움 없이 활용할 수 있었다.

6월 27 ~28일 ─── 푸에르토리코 정상회의가 열렸다. 포드 대통령이 인플레이션이 부활하지 않도록 신중한 재정 및 통화 정책을 펼칠 것을 주장했다. 정상회의는 1년 전의 부양정책을 되돌려 미국과 독일에서 운영되고 있는 긴축적인 정책을 지지했다. 선거의 해를 맞은 포드 대통령은 자신의 경제정책이 지지를 얻은 것이라고 활용했다.

10월 4~8일 ─── 필리핀 마닐라에서 열린 IMF 연차총회에서 H. 요하네스 비테펜 총재는 고유가로 야기된 국제수지 문제에 대해 보다 큰 폭의 조정을 시도할 것을 주문했다. 조정 압력을 피하기 위해 차입에 의존하지 말 것을 촉구했다.

1977년

1월 25일 ─── 카터 미국 대통령이 먼데일 부통령을 동맹국들에 파견해 경제부양을 촉구했다. 성장을 촉진하고 국제수지 흑자를 줄이는 것이 그들의 국제적 책임이라고 보았다. 독일 슈미트 총리는 그러한 충고를 폄하하면서 거부했다. G7 국가들의 경제성장률은 1976년 상반기 5.9%에서 하반기 3.4%로 낮아졌다. 제1차 석유파동으로 인해 유입된 세계적인 인플레이션 효과와 싸우는 과정에서 나타난 전혀 예기치 못했던 결과였다. 리버럴 진영의 '3국 위원회', 브루킹스연구소 등이 독일과 일본에게 세계경제 부양을 위한 '기관차' 역할을 하라고 촉구했다.

2월 2일 ─── 카터 새 행정부가 300억 달러 규모의 국내 부양 프로그램을 발표하면서 독일과 일본에게 동참할 것을 호소했다.

5월 7~8일 ─── 런던 경제 정상회의가 열렸다. 독일과 일본은 무역흑자 축소에 도움이 된다는 게 입증될 경우 자국 통화를 절상해 자유 변동하도록 허용하겠다는 입장을 재차 확인했다. 독일은 코뮈니케에 "인플레이션은 실업을 줄여주지 않는다. 그 반대로 실업의 주요 원인 중 하나이다"라는 문구를 넣는데 성공했다. 정상들은 경제성장 목표 달성에 전념하겠다고 약속했다. 그러나 코뮈니케에 구체적인 내용은 없었다.

5월 25일 ─── 마이클 블루멘털 미 재무장관이 달러화 가치를 끌어내리려는 의도의 발언을 했다. 이후 계속된 일련의 유사한 발언이 그날 시작된 것이다. 독일과 일본이 자국 통화에 미치는 시장의 절상 압력에 저항하지 않기로 합의했다고 그는 주장했다.

11월 28일 ─── 후쿠다 일본 총리가 내각을 교체했다. 경기 부양을 지지하는 인사 다수를 발탁했다. 신설한 대외경제장관 직에 우시바 노부히코를 임용해 미국과의 관계 개선을 모색했다. 미국은 일본에 대해 보다 강력한 내수 부양을 요구하는 입장이었다.

1978년

1월 4일 ─── 미 재무부와 연준이 공동성명을 발표했다. 재무부의 환율안정기금 47억 달러와 중앙은행

스와프 라인 202억 달러를 이용해 달러를 지지하겠다고 밝혔다. 분데스방크도 미 환율안 정기금에 크레디트 라인을 제공하겠다고 발표했다.

1월 13일_____ 일본의 우시바 노부히코가 로버트 스트로스 미 무역대표부 대표와 공식 합의에 도달했다. 1978년 일본의 성장률을 7%로 높인다는 목표를 설정했다. 미국은 원칙적으로 원유 수입을 줄이고 인플레이션을 통제하겠다는 약속을 했다.

4월 7~8일_____ 유럽공동체 정상들이 정례 회의에서 유럽 경제 회복세를 가속화하기 위한 '공조 행동'에 나서는 것에 원칙적으로 동의했다. 이로 인해 독일에 성장촉진 압력이 더욱 고조됐다. 한편 당시 회의에서 프랑스와 독일은 자신들이 고안한 새로운 유럽통화시스템을 제안했다.

4월 11일_____ 카터 대통령이 인플레이션 억제 대책을 발표했다. 세계경제에 대한 미국 경제의 추동력이 줄어들 것임을 의미했다. 자연히 독일과 일본의 부양 확대 필요성이 커졌음을 시사했다.

6월 22일_____ 카터 대통령이 일단의 연방 의원들에게 만일 자신의 법안을 상원이 계속 보류할 경우 수입 원유에 대해 행정적으로 부가세금을 물릴 준비가 되어 있다고 말했다. 카터 대통령은 상원 원내대표 로버트 버드 의원을 본에 보내 미국 대통령이 여전히 자신의 에너지 프로그램을 실행할 수 있는 상황이라고 독일 정부에게 확인해 주었다.

**7월 16
~17일**_____ 본에서 정상회의가 열렸다. 독일은 "수요를 대폭 증대하고 성장률을 높이기 위해 GNP의 1%에 달하는 양적으로 상당한 추가적인 조치들을 입법부에 제안할 것"이라고 동의했다. 프랑스는 1978년 예산 적자를 당초 안보다 100억 프랑 늘리기로 했다. 미국은 1985년까지 원유수입을 일평균 약 250만 배럴 줄일 수 있는 조치들을 연내에 실행하겠다고 약속했다. 또한 미국 내 석유 가격을 1980년 말까지 국제 수준으로 인상하겠다고 밝혔다.

정상회의에서 맺은 약속에 일정부분 힘입어 1978년 G7 국가들의 정책은 팽창적으로 바뀌었다. 이는 다음해 제2차 석유파동과 맞물려버렸다. 1978년 이후 글로벌 인플레이션이 솟아올랐다. 1980년에는 15.7%에 달하면서 절정에 이르렀다. 전례 없이 혹독한 경기침체가 뒤따랐다. 제2차 석유파동이 발생한 1979년 당시 어떤 나라도 유별난 적자 부양에 나서지 않았음에도 독일과 일본은 본 정상회의의 거시경제 공조가 값비싼 실책이었다고 여기게 되었다.

9월 3일_____ 일본이 추가적인 공공사업 프로그램을 도입했다. 국내 수요가 강했음에도 불구하고 그해 말까지 일본의 성장률은 후쿠다가 약속했던 7%에 1%포인트 미달했다.

10월 15일_____ 미 의회가 카터 대통령의 에너지 패키지를 강도를 낮추어 통과시켰다. 석유가격에 대한 통제를 해제하는 내용은 제외했다. 따라서 카터 대통령은 행정명령에 의존해 조치를 취해야 했다. 실제로 통제가 해제된 시점은 1980년 대통령 선거 이후로 미뤄졌다. 1973년과 1978년 사이 유럽공동체는 OPEC이 인상한 석유가격을 소비자들에게 전가했다. 그 결과 석유 절약 노력이 촉발되었고 수입량이 거의 10% 감소했다. 같은 기간 동안 미국의 원유 수입량은 유가 상승에도 불구하고 거의 3분의1이나 늘었다.

11월 1일_____ 미국이 통화정책을 급격하게 긴축했다. 달러 가치를 지지하기 위한 대책도 함께 내놓았다. 무역가중치 적용 기준으로 6.5% 떨어졌던 달러는 며칠 사이에 독일 마르크에 대해 7%, 일본 엔화에 대해 6% 반등했다.

12월 17일_____ OPEC이 원유가격을 14.5% 인상하기 시작했다. 이란혁명으로 인해 원유 공급이 최대 일평균 500만 배럴 줄어든 탓이다.

인플레이션과
싸우다

그렇게 해서 나는 강행하기로 결정했다. 10월 6일 토요일에 열리는 비밀 공개시장위원회를 소집했다. 예상했던 대로 대여섯 명의 지역 연준 총재들이 실행에 열의를 보였다. 나는 '표결에 앞서 정책 결과를 먼저 완전히 이해해야 한다'는 점을 강조하는데 회의 시간의 상당부분을 할애했다. 금리가 단기간에 대폭 뛰어오를 것이란 점 등을 주지시켰다. 이론적으로, 그리고 현실적으로도 명백히, 은행준비금과 통화량을 직접 통제하는데 집중하게 되면 금리 변동성이 훨씬 크게 확대된다. 그리고 인플레이션이 통제되고 신뢰가 회복되기 이전에 단기적으로 각종 금리 수준이 전반적으로 상승한다.

written by
VOLCKER

일촉즉발

위기의 중심에서

이 책은 국제통화 문제들에 관한 사실들을 기록한 것으로 통화정책에 대한 개인적인 논문이나 회고는 아니다. 다만 그러한 것들은 모두 서로 얽히게 마련이며, 특히 내가 연방준비제도의 의장직을 맡게 된 이후의 기간에 관해서는 더욱 그러하다. 이 챕터는 이 책의 근간이 된 강연 내용에 기반한 것은 아니나, 당시 수업 토론 중에 나온 질문에 대한 답변을 보다 상세하게 재기술한 것이다.

미 연준의장이 되다

그건 전적으로 예상 밖의 일이었다. 유가와 인플레이션이 뛰어오르는 가운데 경제침체가 이어졌고, 정부 신뢰마저 떨어지고 있었다. 지미 카터 대통령은 정국을 구상하기 위해 자신의 캠프 데이비드 산으로 올라갔다. 그곳에서 카터 대통령은 재무장관 등 내각 일부를 경질했다. 그리고는 복귀해 그 유명한 '미국병 연설[1]'을 했다. 내가 보기에 그 연설은 당시 미국의 분위기를 상당히 잘 묘사하고 있었다. 하지만 새로운 방향을 제시하지는 않았기에 광범위하게 비판을 받았다. 그런 문제들에 주목하고 있던 사람들이 생각하기에 윌리엄 밀러G.William Miller 연준 의장을 재무장관으로 이동시킨 것은 능력이 있는 누군가가 인플레이션에 관해 무엇이라도 해야 할 기관의 수장 자리를 비운 조치였다.

내가 뉴욕에서 밀러 의장으로부터 전화를 받았는데, 대통령을 만나 보라고 하기에 좀 놀랐다. 이유는 말하지 않았다. 하지만 당연히 나는 추측할 수 있었다. 나는 카터 대통령이나 그의 백악관 측근들을 만나본 적이 없었다. 어떤 경우에도 나는 연준 의장이 되기 위해 애써야 하겠다고 생각한 적이 없었다. 그래서 나는 그다지 특별한 기대를 품지 않고 워싱턴에 갔다. 나는 독립적인 중앙은행의 중요성과 밀러 의장보다 더 긴축적인 통화정책의 필요성을 고심하고 있었는데, 대통령이 나의 우려를 오해하지나 않을까 걱정되었을 뿐이다. 돌이켜 보면 당시 백악관 대화에서 대부분의 말은 내가 했다. 그렇게 하고 나서 나는 뉴욕에서 친한 친구들과 저녁을 먹으면서 일종의 안도감을 갖고 말했던 기억이 난다. 짐을 싸서 워싱턴으로 돌아가 곤란한 시기에 가족들을 혼란스럽게 만드는 일은 없을 것 같다고.

이틀 뒤, 아침 일곱 시 반에 전화벨이 울려 잠을 깼다. 카터 대통령이 나에게 연준 의장을 맡아 달라고 말했다. (내가 그 시간에도 아직 잠을 자고 있었다는 사실을 카터 대통령이 알았더라도 과연 내가 적임자라고 생각 했을까

---

[1] **미국병 연설(malaise speech)** : 1979년 7월 15일 텔레비전으로 전국에 방송된 카터 대통령의 대국민 담화. 인플레이션과 경기침체, 에너지 및 달러화 위기가 겹친 총체적 난국 속에서 카터 대통령은 당시 상황을 국민들의 '자신감 위기(It is a crisis of confidence)'라고 규정했다. 그러나 대통령으로서 그는 구체적인 대안을 제시하지 못했다. 당시 연설에서 카터는 malaise(원인을 딱히 알 수는 없지만 세상에 만연해 있는 병리현상)라는 단어를 단 한 번도 언급하지 않았으나. 사람들은 이 연설을 모두 'malaise speech'라고 불렀다. 그 연설 다음해 대선에서 지미 카터는 로널드 레이건에게 패했다(편자 주).

하는 의문이 나중에 들었다.) 금융과 중앙은행 경력을 쌓은 사람에게 대통령의 요청은 거절할 만한 게 아니었다. 1979년 8월 6일, 밀러와 나는 백악관에서 함께 새 직책에 대한 선서를 했다. 얼마 전에 나는 백악관 이스트룸(East Room)에서 있었던 선서식 녹화장면을 볼 일이 있었는데, 당시 내 표정은 다소 시무룩해 있었다. 나는, "인플레이션이 전례 없이 국민의식 속에 침투해 있으며, 우리 국민들은 성장과 안정을 이루기 위한 모든 해답을 알고 있다는 15년 전에 느꼈던 희열을 상실했다"고 주장했다. 당시 그 발언은 '미국병 연설'까지는 아니었으나, 어쨌든 마치 가족처럼 닮아 있었다.

무능해 보이는 연준의 신중함

앞 챕터에서 언급했듯이 인플레이션은 베트남전쟁 이후부터 뛰어 올랐다. 대중들의 기대 속에 굳게 뿌리를 내린 게 명백했다. 당시에는 단지 미술품만이 아니라 소장할 수 있는 거의 모든 종류의 물건들이 중요한 투자대상이 되었다. 물론 인플레이션의 강도는 두 차례 석유위기의 강도와 관련되어 있었다. 그러나 그건 또한 상황이 통제되지 않고 있다는 느낌과 국제적인 달러 불안과도 분명히 연관되어 있었다. 내가 취임하기 전 달러는 외환시장에서 또 한 차례의 아주 익숙한 추락 발작을 일으키고 있었다. 나를 연준 의장으로 지명했다는 발표가 달러시장을 반등시켰다는 점에 자부심을 갖지 않을 수 없으나, 그 흐름은 오래 가지 못했다.

왜 그 많은 문제들이 한꺼번에 쌓이게 되었냐고 질문할 수 있겠는데, 당시 내가 보기에 한 가지는 분명했다. 인플레이션에서 비롯되는 모든 어려움들을 어떻게든 다뤄 내기 위해서는 통화정책을 동원해야만 한다는 것이었다. 다른 정책들은 일종의 정치적 기능 마비 상태에 빠진 듯했다. 뿐만 아니라, 통화긴축이 유지될 것이라는 확신을 주는 정책을 마치 시위하듯이 보여주지 않는다면 다른 어떠한 접근법도 성공적일 수가 없었다.

당면한 상황은 더욱 복잡했다. 경기침체가 임박했거나 이미 발생했을 수 있다는 우려가 연준 스태프들 사이에 팽배했다. 이코노미스트들은 경기 전환점을 예측하는데 그다지 뛰어나지 않다는 걸 나는 안다. 이번에 그들은 경기 하강을 전망했는데, 실제로는 발생하지 않았다. 적어도 상당한 기간 동안에는 일어나지 않았다. (경기 예측을 하는 전문가들 사이에서 너무 흔하게 무시되곤 하는 신중한 격언 하나가 있다. 숫자를 말하거나 날짜를 말하거나 둘 중 하나만 하지 둘 다 해서는 안 된다는 것이다.)

인플레이션 상황이 얼마나 심각해지건 간에, 경기침체 우려 때문에 통화를 대대적으로 긴축하는 것은 쉽지 않은 환경이었다. 재할인율 인상을 포함해 7월에 일부 긴축이 이뤄졌다. 내가 새로 취임한 뒤인 8월에 추가 긴축이 단행됐다. 훨씬 더 중요한 이벤트는 9월 중순 연방준비제도 이사회가 재할인율 0.5%포인트 인상을 승인한 결정이었다. 단 4주 사이에 두 번째 금리인상이었다. 금리변경 그 자체보다는 그 해석에 중요성이 있었다.

재할인율 인상은 워싱턴 7인 이사회 다수결로 이뤄졌다. 12개 지역 연방준비은행 중 한 곳의 제안에 동의하는 형식이었다. 늘 그랬듯이 투표 결과는 즉각 발표되었다. 다소간 심도 있는 토의 끝에 이뤄진 당시 표결은 4대3이었다. 평소 같으면 그렇게 이사회 의견이 갈라진 상황에서 내가 움직이는 것이 좀 조심스러웠을 것이다. 그러나 토론 과정에서 나는 나를

포함한 네 명의 생각이 굳건하다는 것을 깨달았다. 헨리 월리치^{Henry Wallich},
필립 콜드웰^{Phillip Caldwell} 두 사람은 확고한 반(反) 인플레이션 '매파'였다.
그리고 나와 밀접하게 일하던 신임 부의장 프레드 슐츠^{Fred Schultz}가 그러했
다. 내가 그들의 생각과 같은 상황에서, 또는 같다면, 추가 긴축조치를 취
하지 못할 이유가 없어 보였다. 그러나 언론과 시장은 그런 식으로 보지
않았다. 그들이 보기에 둘로 나눠진 이사회는 긴축을 주저한 모습으로 비
쳐져 이번이 마지막 금리인상이란 인상을 주었다. 그래서 조치는 전반적
으로 역효과를 내고 말았다. 인플레이션이 굉장히 강력하게 다뤄지지는
않을 것 같다는, 다뤄질 수 없을 것 같다는 메시지를 보낸 듯했다.

그 사례는 내게 깊은 인상을 주었다. 내가 오랫동안 가져온 인식을 재
확인해 준 것이었다. 인플레이션 타파 노력에 있어서 수년간 실패 또는
성급하게 물러선 이후로 시장은 '워싱턴' 전반 특히 연준의 대응 의지에
대해 매우 냉소적이었다. 시장 참가자들의 대화에서 연준은 늘 인플레이
션 변동에 '뒷북이나 치는(behind the curve)' 모습으로 비쳐졌다. 증거가
분명해진 뒤에 가서도 너무 더디게, 너무 온건하게, 그야말로 너무 늦게
반응한다는 것이다.

연준의 운영 기술에도 문제가 있다는 것을 알게 되었다. 몇 년 전 통과
된 법률의 요구에 따라 연준은 6개월마다 어떠한 통화지표의 증가율 목
표를 설정하도록 되어 있었다. 하지만 매일, 매주, 매번 연방공개시장위
원회(FOMC) 회의 때마다 실제로 사용되는 운영목표는 단기 이자율, 특히
은행들과 그들의 최대 고객들 사이에서 이뤄지는 하루짜리 대출의 도매
시장 가격, 즉 연방기금금리였다.

금리에 초점을 맞추는 운영으로 인해 연준은 심리적인 함정에 빠졌다.

인플레이션 모멘텀이 커져 감에 따라 그로 인한 문제는 더욱 악화되었다. 세계 최고의 스태프들과 그들에게 제공되는 온갖 계산 장비에도 불구하고 경제활동을 규제하고 통화공급량을 바람직한 경로로 유지하는데 필요한 적정한 연방기금금리 수준을 확실하게 도출하는 것은 불가능했다. 중앙은행의 기술(art)은 대체로 경험을 통해 얻은 감각과 성공적인 추정에 달려 있다. 하지만 피할 수 없는 심리적 현실 또한 간과할 수 없다. 대체로 금리를 내릴 때보다는 올릴 때 수반되는 위험이 항상 더 크다는 사실 말이다. 결국 그 누구도 경기침체 위험을 달가워하지 않는다. 특히 정치적 공격이 가해지는 경우에 더욱 그러하다. 그래서 중앙은행은 특히 긴축에 있어서 필연적으로 '반응을 살펴보려는' 단지 소폭의 인상만으로 움직이려는 경향을 보이게 된다. 물가와 기대심리가 비교적 안정적인 때에는 그게 좋고 신중한 태도일 수 있다. 그러나 인플레이션이 가속도를 내는 상황에서는 연준이 생각하는 신중한 탐색이란 것이 세상에는 무능력한 베이비 스텝(baby step, 역자 주: 통화정책 기조를 최소단위로만 매우 조금씩 조심스럽게 변경하는 정책 태도)으로 비쳐진다.

인플레이션에 배팅하라

1979년 9월의 시장은 단 한 가지에 확신하는 듯했다. 인플레이션에 베팅하라는 것이다. 비록 그렇게 하는데 따르는 차입비용이 오르고는 있지만, 인플레이션보다는 느린 속도였다. 무엇을 구입하든 돈은 얼마든지 구할 수 있었다. 그런 상황으로 인해 나는 보다 더 효과적인 방법을 고민할 수밖에 없었다. 어떤 통화지표라도 통화공급을 직접적으로 통제하는데 좀 더 무게를 두기를 원하는 견해가 연준 내부에 지난 수년 동안 있어왔다. 그게 M1(유통화폐와 요구불계정)이든, M2 또는 M3(M1에 저축계정과 여타 유동성 높은 펀드를 포함)이든 말이다. FOMC에 참석하는 일부 지역 연준 총재들은 특히 연준의 일간 및 주간 운영을 결정하는데 있어서 은행준비금에 초점을 맞춘 통화량 통제를 강력히 원했다. 사실상 연준의 방점이 돈의 가격에서 그 양으로 이동하게 된 것이다.

그것은 밀턴 프리드먼이 그토록 유행시킨 통화주의 학파의 견해와 철학적으로 맥락을 같이하는 것이다. 그러나 나는 실질 통화량 증가 개념에 대한 통화주의 학파의 극단적인 주장에 대해서는 좀 회의적이었다. 우리가 대외적 제약을 벗어나는데 있어서 변동환율제가 갖는 효험에 대해 내가 가졌던 생각처럼 말이다. 다만 그러한 극단적인 주장을 빼면 과거 연준 내부에서 토의되었던(절반은 잊힌) 접근법들은 다시 검토해볼 가치가 있었다. 사실 나는 그에 1년여 앞서 미국금융협회 연차총회에서 인플레이션 환경에서는 통화량 증가에 보다 무게를 두는 게 이롭다는 내용의 길고 지루한 연설을 한 바 있었다.

확실히 우리는 경기침체 경고에 유의해야만 했다. 그러나 적어도 나는 침체 가능성이 우리의 의사결정을 지배할 수는 없다고 확신했다. 케인즈주의와 연관된 이른바 필립스곡선 이론[2], 실업과 인플레이션 사이의 상충관계는 제대로 작동하지 않는 듯했다. 그 시기 전반에 걸쳐 일어나고 있는 현상은 통화주의자들이 강조했던 것처럼 실업률과 인플레이션의

---

[2] 필립스곡선 이론(Phillips curve) : 실업과 인플레이션은 서로 반대 방향으로 움직인다는 이론. 1970년대에 실업률과 인플레이션이 함께 오르는 스태그플레이션 현상이 발생함에 따라 이 이론에 근본적인 의문이 제기됐다(편자 주).

동반 상승이었다. 인플레이션 대응을 미룰 경우 궁극적으로 상황은 더 나빠질 뿐이었다. 그 경우 경기침체는 오히려 더 커질 위험이 있었다.

내 스스로는 거의 결심이 선 상태였다. 우리가 접근법 하나를 바꾸면 여러 가지를 얻을 수 있을 것이라고 봤다. 가장 중요한 것들 중 하나는 우리 연준 스스로의 규율을 세우는 일이었다. 연준이 통화량에 보다 큰 방점을 찍기 시작하면, 설사 우리의 결정이 고통스러울 정도로 높은 금리를 야기할 지라도 물러서기는 어렵게 될 것이었다. 대중들에게 이미 통화량 목표를 공표했기 때문만이 아니라 우리가 그 목표를 달성하기 위해 운영 테크닉을 실제로 변경해야 할 것이기 때문이다. 통화량에 초점을 맞춘다는 것은 대중들에게 우리가 진지하다는 것을 보여주는 길이기도 했다. 꼭 수준 높은 경제학을 공부하지 않았더라도 인플레이션은 돈이 너무 많이 풀린 탓이란 정도는 누구나 알 수 있는 것이었다. 따라서 우리가 통화량을 통제하겠다는 메시지를 말하고 나선다는 것은 곧 우리가 인플레이션을 잡겠다는 것을 의미했다. 그러면 우리는 보통 사람들의 행태에 영향을 미칠 기회를 얻게 될 터였다.

그해 9월 말 베오그라드 IMF 총회 출국에 앞서 나는 워싱턴에서 동료들과 함께 새로운 접근법을 점검하기 시작했다. 기술적인 부분들에 대한 스태프들의 연구가 진행 중인 가운데 나는 이사회 내부 컨센서스를 잘 도출해낼 수 있겠다는 감이 들었다. FOMC 멤버인 지역 연준 총재들에게는 미리 설명을 하지 않았으나 그들 중 일부는 아주 환영할 것임을 나는 알고 있었다.

유럽으로 가는 항공편 덕분에 나는 재무장관과 찰스 슐츠^{Charles Schultze} 국가경제자문위원회(CEA) 의장에게 나의 구상을 설명할 기회를 얻을 수 있었다. 그들이 크게 반기지는 않았다. 하지만 우리가 함부르크에 방문했을 때 나는 심리적으로 좀 더 힘을 얻게 되었다. 그곳은 독일의 총리가 된 헬무트 슈미트의 고향이기도 했는데, 하루 중 일부를 슈미트 및 오트마 에밍거와 함께 보냈다. 에밍거는 분데스방크 총재가 되어 있었다.

슈미트는 다혈질이다. 보는 사람에 따라서는 최악일 수도 있고 최고일 수도 있다. 그는 함부르크에서의 대화를 주도했다. 달러에 대한 미국의 태만과 우유부단함을 더 이상 참을 수 없다는 인상이 역력했다. 그는 다른 분야에서도 카터 대통령에게 분명히 화가 나 있었는데, 미국과 미국인들에 대해 지난 수년간 보여준 그의 선의는 어느 누구도 의심할 여지가 없었기에 그의 말에는 각별한 힘이 있었다. 국제통화 분야에서 쌓은 그와 에밍거의 경험에 대해서도 의심의 여지가 없었다.

그들의 주장은 이제 행동할 때가 되었다는 나의 믿음을 굳혀 주었을 뿐이다. 미국은 국제사회와 국내 유권자들로부터 신뢰를 잃을 위험에 처해 있었다. 독일의 우려는 밀러와 슐츠의 생각에도 똑같이 영향을 미쳐 내 계획에 대한 그들의 우려를 누그러뜨렸을 것이라 생각한다. 나는 베오그라드 회의 기간 틈틈이 두 명의 중앙은행 총재들과 비공식적으로 대화할 기회를 얻었다. 그들은 내가 가장 신뢰하는 판단력의 소유자들이었는데, 그 중 한 명은 에밍거 총재였다. 내가 머릿속에 구상하는 것에 관해 힌트를 주었더니 그들은 우호적인 반응을 보였다.

당시 언론보도와 그 얼마 뒤의 역사 기술은 내가 IMF 총회가 끝나기 전에 서둘러 귀국한 사실을 특히 많이 다루었다. 당시 회의장에서의 험악한 분위기를 접하고는 미국이 비상상황에 직면했음을 내가 확신하게 되었다는 추측들이었다. 하지만 팩트는 그만큼 흥미롭지가 않다. 내가 조기 귀국한 것은 베오그라드에서 더 이상 할 일이 없었기 때문이다. G5와 G10 사전미팅, 그리고 각종 잠정위원회와 개발위원회 등 엄청난 양의 회의들이 이미 끝난 상태였다. 공식 총회에서는 윌리엄 밀러 재무장관이 미국의 정책을 방어하는 연설을 할 예정이어서 내게 남겨진 역할은 없었다. 지겹고 따분한 상태로 머물러 있기보다는 하루 이틀 일찍 귀국해 정책 변경을 먼저 시작하기로 했다.

드디어 칼을 빼다

내가 복귀한 시점에 정확히 맞춰 기술적 작업과 이사회 차원의 연구가 순조롭게 전개되었다. 그래서 나는 관련 결정을 내릴 연방공개시장위원회(FOMC) 특별회의를 주말까지는 열 수 있도록 준비했다. 그러나 새 조치가 설득력을 얻기 위해서는 당연히 정부의 지원 혹은 최소한 묵인만이라도 절실했다. 밀러와 슐츠가 귀국해 자신들의 전문가들과 협의했다. 그 중에는 슐츠의 CEA 멤버 라일 그램리Lyle Gramley가 있었다. 그는 앞서 연준에서 대단히 존경받는 선임 이코노미스트로 활동했으며, 얼마 뒤에는 연준 이사로 임명돼 엄청나게 중요하고 충실한 내 동료가 되었다. 우려는 계속 남아 있었다. 일정부분은 합당한 근거가 있었다. 그토록 낯선 길을 선택했다가 굉장히 예기치 못했던 결과를 낳을지 모른다는 것이었다. 그래서 그들은 재할인율을 2% 인상하는 방안 등 강력하되 보다 전통적인 조치를 대안으로 요구했다. 의심의 여지없이 그들은 대통령에게도 그렇게 주장했다. 내게 그들은 대통령도 자신들과 같은 생각이라고 전했다. 그러나 내게 중요한 것은 대통령이 나를 직접 보자고 부르지 않았다는 사실이었다. 내가 파악한 당시의 상황은 이랬다. 대통령 역시 우리가 제안한 조치는 그에 수반된 온갖 불확실성을 감안해 실행하지 않는 쪽을 강력히 원했다. 그러나 대통령은 그러한 자신의 판단을 고집하지는 않았다. 자신이 잘 모르는 분야에서 새로 임명한 연준 의장이 제시한 의견이었기 때문이다. 재무부의 통화 담당 차관으로서 달러화를 안정시켜야 하는 부담을 져야 했던 앤서니 솔로몬은, 만일 당신의 생각이 확고하다면 계속 진행하라고 조용히 조언했다. 이 권고 역시 나에게는 도움이 되었다.

　그렇게 해서 나는 강행하기로 결정했다. 10월 6일 토요일에 열리는 비밀 공개시장위원회를 소집했다. 예상했던 대로 대여섯 명의 지역 연준 총재들이 실행에 열의를 보였다. 나는 '표결에 앞서 정책 결과를 먼저 완전히 이해해야 한다'는 점을 강조하는데 회의 시간의 상당부분을 할애했다. 금리가 단기간에 대폭 뛰어오를 것이란 점 등을 주지시켰다. 이론적으로, 그리고 현실적으로도 명백히, 은행준비금과 통화량을 직접 통제하는데 집중하게 되면 금리 변동성이 훨씬 크게 확대된다. 그리고 인플레이션이 통제되고 신뢰가 회복되기 이전에 단기적으로 각종 금리 수준이 전반적으로 상승한다. 그때나 그 이후에나 나는 다른 FOMC 위원들보다는 더 금리의 변동성에 유의했다. 과반수의 위원들은 실세 금리의 상한선을 두지 말자고 주장했다. 하지만 실제로는 다소 폭넓은 금리변동 허용 범위를 설정했다. 만약 상한선을 넘을 경우 정책을 재고하는 것으로 했다.

　토요일 저녁, 통화정책 운영 접근법을 변경한 사실을 발표했다. 여타 몇 가지 변경사항들도 이해하기 쉽게 공표했다. 재할인율 1% 추가 인상, 상업 은행 기간제 예금 증가분에 대한 특별 지급준비율 적용, 투기적 목적 자금 대출을 자제하라는 은행들에 대한 권고 등이었다. 나는 며칠 뒤에 열리는 미국은행협회 연차 총회 연설 일정을 잡았다. 연준 발표문보다 더 직관적인 언어로써 의미를 부여해 설명할 수 있는 기회였다. 다만 우리가 전달하고자 했던 기본 메시지는 그 자체로 여전히 간결했다. 우리가 인플레이션이란 괴물을 처단하겠다는 것이었다. 대통령도 관련 질문을 받았을 때 우리가 행한 정책을 대대적으로 지지해 주었다.

금리 트러블

우리 스스로의 확신에 기대어 대중들의 기대를 변경할 수 있다는 꿈은 그야말로 꿈일 뿐이란 사실을 우리는 금세 배우게 되었다. 우리의 고충을 숨김없이 드러내는 신호가 있었으니 바로 장기금리였다. 단기금리가 예상대로 오르자 장기금리도 함께 뛰었다. 만일 시장이 인플레이션 하락을 확신했다면 아마도 그런 현상은 적어도 오랫동안은 나타나지 않았을 것이다. 게다가 각종 금리들의 전반적인 수준이 나와 동료들이 예상했던 것보다 높아졌다. 그것은 새로 도입한 제도가 좀 비뚤어진 형태로 효과를 냈기 때문이었다. 통화량 증가를 억제하기 위해 그 정도로 높은 금리가 필요하다는 사실을 알았더라면 아마도 사람들은 내가 단기금리를 그토록 많이 끌어 올리는 것을 지지하지 않았을 것이다. 보다 중요한 것은, 비록 금리가 그렇게 높이 오르고 변동성이 커졌는데도 우리는 대출과 투기를 억제하는데 필요하다고 생각했던 아주 유용한 불확실성을 유도해내지 못했다는 사실이다. 그 중에서도 가장 당혹스러웠던 것은, 그해 남은 기간 동안 통화량이 대체로 우리 예상대로 움직였음에도 불구하고 실제

인플레이션의 모멘텀은 1980년 초까지 오히려 확대되었다는 사실이다. 몇 달간 소비자물가가 연 15% 가량 오르는 가운데 정치적 패닉과 경제적 스트레스가 커지고 있음을 체감할 수 있었다.

연방 예산안을 제출하는 시기가 다가왔다. 그래서 교과서적으로는 대통령이 강력한 재정정책으로 건설적인 리더십을 쥘 수 있는 기회를 맞았다. 당연히 카터 대통령은 자신이 할 수 있는 일이라 여겨진 것을 실행했다. 그러나 조세 측면에서나 지출 측면에서 운신의 폭은 크지 않아 보였다. 생산자물가와 소비자물가가 연이어 급등하는 가운데 예산안은 금융시장에서 철저히 무시되고 말았다. 내가 보기에 그 부정적 반응은 과도했다. 그러나 당시에 발생했던 일은 1년 전 뉴욕 연준 연차보고서에서 내가 제기했던 우려가 현실화한 것이었다. 말이 씨가 되듯이, 모든 달러 보유자들에 대한 '미국 경제정책의 신뢰와 일관성' 문제가 고개를 들었다.

금리가 계속해서 올랐다. 2월 초가 되자 상업 은행 대출의 기본 최저금리인 프라임 레이트(prime rate)는 전례가 없는 15.25%에 달했다. 그러나 인플레이션도 그만큼 높아 14.9%나 되었다. 게다가 한동안 잠잠하던 달러도 다시 불안정해 보였다. 연준에 있는 우리에게 추가 긴축 외에는 달리 대안이 없었다. 재할인 금리를 올리는 것뿐 아니라, 훨씬 더 구체적인 수치의 가이드라인을 제시함으로써 과도한 대출 증가가 이뤄지지 않도록 도덕적 설득에도 힘을 기울였다. 정부는 원칙적으로 반대하지 않았다. 다만 수정 예산안을 제출할 때까지 미뤄줄 것을 요구했다. 연준의 통화정책 수단들과 더불어 정부의 재정적 조치들을 포함하는 포괄적인 정책 패키지를 통해 새로 제시된 대책들의 강도를 높이자는 것이었다.

대통령은 미국의 평범한 국민들에게 자신의 메시지를 전달하는 것이 무엇보다 중요하다고 생각했다. 그러기 위해 그는 소비자신용의 사용에 직접적인 제약을 가하기를 원했다. 하지만 연준의 눈에 그것은 별로 의미가 없어 보였다. 극도로 높은 금리와 조기 침체 전망에도 불구하고 경제가 연말까지 내리 계속 팽창했다. 기껏해야 부채에 기반한 소비가 약간 둔화된 정도였다. 수백만 소비자들의 거래에 직접적인 통제를 가하는 행정 난맥에 참여한다는 것은 경제적으로나 실천적으로나 연준으로서는 내키지 않았다. 그러나 그것을 피하기도 만만치 않았다. 의회는 이미 기이한 법률을 만들어 놓은 상태였다. 닉슨 대통령이 소비자신용 통제에 반대하던 시절에 그에게 관련 권한을 부여함으로써 그를 난처하게 만들려고 의회가 도입한 것이었다. 대신 통제를 가할 권한은 연준에게 부여되었는데, 이론상으로는 집행을 거절할 수 있었다. 그러나 대통령이 재가한 일을 거절하는 것이 그리 매력적인 선택지가 될 수는 없었다.

나는 반복해서 연준의 우려를 대통령과 참모진에 전달했다. 그러나 더 이상은 저항할 수가 없었다. 대통령이 연준의 전례가 없고 위험한 통화정책을 공개적으로 지지한 마당에, 게다가 대통령이 연준의 강력한 재정 긴축 요구에까지 응답한 상황에서, 대중들에게 사안의 시급성을 올바르게 전달하는데 소비자신용 통제가 필요하다는 대통령의 정치적 판단을 연준이 존중해야 하는 것 아니냐는 주장을 받아들였다. 어쨌든 우리는 이데올로기적으로 결코 순결하지 못했다. 통화공급 속도가 우리의 의도대로 둔화하는데 맞추어 우리는 행정적인 (자율의 형식을 띠긴 했다) 은행 대출 제한에 나섰다. 그리고 결국 나는 주저하는 연준 이사진들을 설득했다. 소비자신용에 대한 통제는 우리가 합리적으로 고안할 것이므로 중립적으로 완만하게 시행될 것임을 이해시켰다.

    행정부가 예산 감축을 의회에 설명하는 과정에서 나는 대통령의 요청에 따라 밀러 장관 등 각료들과 많은 시간을 가졌다. 실용적인 예산편성 결정을 할 수 있도록 대통령 및 그의 보좌진과도 자주 접촉했다. 구체적인 결정에 대해서는 내가 영향을 미친 게 거의 없지만, 그 과정에서 나는 현실적인 문제들을 흥미롭게 들여다볼 수가 있었다. 대통령이 자신의 의지와는 정반대 방향으로 이끄는 강력한 정치적 압력 하에서 어떻게 최선을 다해 재정정책의 일관성을 지켜내려 노력하는지를 목격하게 된 것이다. 카터 대통령은 기본적으로는 보수적인 본능을 지닌 사람이었는데, 그가 잠정적으로 결심한 사안들이 참모들에 의해 날마다 도전에 직면하고 있었다. 그의 참모들은 특정 이해관계와 민주당의 보다 진보적인 전통에 민감했다. 결국 타협된 결정은 그 누구도 만족시킬 수 없었고, 대통령이 전하고자 했던 이미지는 흐려지고 말았다. 카터 대통령은 개인적으로 매우 강력한 캐릭터와 신념을 가진 인물이었다. 하지만 대통령이 국민들에게 정부의 강력하고 일관성 있는 이미지를 전달하는데 있어서 얼마나 큰 어려움이 있는지를 그러한 예산 투쟁을 지켜보면서 알 수 있게 되었다.

통화정책의
—
온도

1980년 3월 14일, 백악관에서 열린 큰 행사에서 그 모든 정책 패키지가 공개되었다. 새 예산안, 소비자신용 통제, 추가적인 연준 긴축정책 등이다. 경제는 즉각 고꾸라지기 시작했다. 앞서 6개월 동안에는 그 모든 금리 인상에도 불구하고 경제가 팽창을 계속했는데, 이제는 그야말로 단 며칠 만에 바닥까지 뚫고 내려가게 되었다.

세상일이란 게 지나고 나서 보면 늘 명확하기 마련이다. 전문가를 자처하는 전미경제연구소(NBER)는 경기침체가 그 해 2월부터 시작된 것으로 판단했다. 당시로 돌아가 지표들을 면밀히 살펴보면 그런 결론이 나올 법하다. 대통령이 발표를 하자마자 미국의 소비자들이 순식간에 지출을 중단해버리는 일이 발생했던 것이다. 그 누구도 그런 일을 본 적이 없다. 우리가 맡기로 한 소비자신용 통제는 그 정도까지 험하게 운영할 의도가 없었다. 설계도 그렇게 되어 있었다. 소비자신용의 본질적인 용도였던 자동차 및 주택에 관한 신용은 통제에서 제외되었다. 그래서 통제정책의 효과는 신용카드를 이용한 구입과 일반 용도의 설비대출로 제한되었을 뿐이었다. 게다가 연준이 새로 설정한 준비금 적립 의무는 대출 증가분에 대해서만 적용되며 신용구매 비용을 완만하게 높이는 쪽으로만 설계되었다. 그러나 대중들은 소비자신용 통제가 필요할 정도로 국가가 비상상황에 처한 것으로 대통령의 말을 해석했다. 그래서 수많은 소비자들이 지출을 중단했다. 국민들은 분명히 신용카드 사용을 멈췄다. 어떤 사람들은 카드를 잘게 썰어서 백악관에 보내기도 했다. 동봉된 편지에는 "대통령님, 우리가 협조하겠습니다"라고 쓰여 있었다.

이코노미스트들의 비판

통화량 증가를 멈추기 위한 숱한 노력 끝에 결국에는 급격한 감소세가 나타나고 말았다. 경제의 하락 그 자체처럼 우리 역시 몇 주 뒤에 집계되는 통화량 통계를 보고는 뒤따라갈 뿐이었다. 긴축의 양상이 명확해짐에 따라 통화는 즉각 완화되었다. 그러나 이코노미스트들의 비판이 빗발쳤다. 통화주의 진영이든 케인즈주의 진영이든 구분 없이 연준이 신속하게 대응하지 않았다고 지적했다. 인플레이션이 맹위를 떨치는데 대응해 고금리의 고통으로 나라를 이끈 연준이 붕괴를 막는 데에는 소홀했다는 것이다.

어쨌거나 우리는 큰 폭으로 정책을 완화했다. 20%까지 올라갔던 연방기금금리는 석 달 만에 8%로 떨어졌다. 적기가 되었다는 판단이 들자마자 7월 초에는 소비자신용 통제를 해제했다. 금리는 곧 안정되었다. 비록 연초에 설정했던 목표에는 여전히 한참 못 미치긴 했으나 통화량도 금세 다시 증가하기 시작했다. 그러고 나서야 경제가 떨어질 때와 거의 같은 속도로 반등하고 있다는 것을 모두가 깨달을 수 있었다.

그런 게 바로 경기침체라고 교과서에 쓰여 있다. 그런데 당시는 좀 달랐다. 우발적인 사고에 더 가까웠다. 생산이 급격하게 감소했는데 4개월밖에 지속되지 않았다. 마치 많은 소비자들이 빚을 갚기로 결심한 듯 보였다. 그래서 소비지출과 요구불예금 잔고(통화량이나 마찬가지이다)가 함께 갑작스럽게 줄어들었다. 경제 비상상황에 대한 놀라움이 잦아들고 소비자신용 통제가 해제됨에 따라 소비와 통화량이 신속하게 반등했다.

그 결과 대단한 경기침체 문제는 발생하지 않았다. 하지만 인플레이션 억제에 있어서도 큰 진전이 없었다. 물가가 두자릿수의 상승세를 지속했다. 통화량이 또 다시 급격히 증가함에 따라 우리는 선거를 불과 몇 주 앞둔 상황에서 통화를 조이고 금리를 인상하는 불편한 처지에 놓이고 말았다. 대선 후보로 나선 로널드 레이건Ronald Reagon이 연준의 통화정책을 두고 '너무 완화적'이라고 비난한 것은 우리에게 작은 위안이 되었다.

이 모든 세세한 일들은 국제금융 흐름과는 동떨어진 것처럼 보일 수 있다. 그러나 근본적으로는 연관되어 있는 일이었다. 1979년 가을 이후로 통화정책을 이용한 인플레이션 퇴치에 우선순위가 부여되었다. 소비자물가가 그 이후로도 당분간 계속해서 급격히 오르기는 했지만 외환시장 심리를 안정시키는 데에는 도움이 되었다. 게다가 미국의 경상수지는 균형에 가까워졌다. 달러화 약세가 미국의 수출품을 저렴하게 만들어 준 점이 부분적으로 긍정적 영향을 미쳤다. 국면은 다시 달러화 강세를 향하게 되었다. 결국 그 흐름은 예상했던 수준 이상으로 전개되었다.

1981년 1월 레이건 대통령 취임 때까지 통화정책은 다시금 최대한으로 긴축되었다. 통화량 목표가 좀 더 낮춰졌고 상업은행 금리는 정점에서 21% 위로까지 다시 뛰었다. 새 정부와의 관계는 조심스러웠다. 적절한 언어를 신중하게 선택하려고 애썼다. 내가 보기에 정부 경제팀의 구성은 강경한 통화주의자들과 '공급중시론'으로 유명해진 진영으로 독특하게 섞여 있었다. 여기에 머레이 바이덴바움^{Murray Weidenbaum} 경제자문위원회(CEA) 의장 같은 몇몇 실용주의자들도 포함되었다. 10년 전 머레이는 재무부의 경제정책 차관보로서 나에게 보고하는 위치에 있었기에 우리 둘은 솔직한 대화를 편하게 할 수 있었다. 신임 재무장관 도널드 리건^{Donald Regan} 역시 실용주의자로 보였다. 하지만 그의 성향은 금세 분명해졌다. 그는 부하직원에 곧잘 휘둘렸다. 행정부 전반에 팽배한 강력하고 전투적인 이념적 공약에 의해 그는 다른 방향으로 이끌리기 일쑤였다.

새 정부 내 모든 진영들이 공감하던 생각이 있었는데, 통화정책이 정부 성공에 절대적으로 긴요하다는 것이었다. 구체적으로 통화정책을 어떻게 운영하는 게 바람직한 지에 관해서는 서로 의견이 달랐지만 말이다. 아서 번즈를 통해 알게 된 사실인데, 정부 초기에 밀턴 프리드먼과 극단적 통화주의자들을 중심으로 한 경제 참모들은 연준이라는 기관 자체는 아니더라도 그 독립성만큼은 폐지하고 싶어 했다. 그들은 앞서 오랜 기간 동안 연준을 상대로 한 십자군전쟁을 펼쳐온 바가 있었다. 번즈는 이에 대해 극도로 분노했다. 비록 은퇴를 했음에도 불구하고 번즈가 자신의 지적이고 사회적인 지위 및 오랜 친교관계 등을 동원해 공화당 동지들의 거친 시각들을 잘 억제해냈다는 점은 우리에게 진정 다행스러운 일이었다.

단순한 확신

통화정책을 중시하는 새 정부의 인식을 반영해 백악관 참모들은 대통령이 조만간 친히 컨스티튜션 애비뉴(Constitution Avenue) 연준 본부로 나를 방문하는 아이디어를 냈다. 전례가 없는 일이었다. 아무리 좋은 의도라고 해도 연준 독립성에 관한 의문을 끊임없이 제기하는 계기가 될 것이란 느낌이 들었다. 그래서 나는 내가 대통령 집무실을 찾아 가는 게 정상적인 절차일 것이라고 지적했다.

우리는 재무부에서 오찬을 함께하는 선에서 절충했다. 대통령은 경제팀 인사들 다수를 대동한 채 백악관에서 대로를 가로질러 도보로 이동했다. 첫 대면이었는데, 기자들과 카메라들 사이에서 나는 그 모든 것들이 좀 어색했다. 하지만 기자들이 여전히 포진해 있는 상황에서 대통령이 꺼낸 첫마디에 나는 기뻤다. 그는 인플레이션이 통제되고 있다는 신호로서 금값이 시장에서 하락하는 게 중요하다고 밝혔다.

정부에 새로 들어온 일부 인사들은 통화정책에 관한 매우 구체적인 내용을 정부 발표에 담기를 원했다. 예를 들어, 통화량 증가 속도가 수년에 걸쳐 해마다 1%씩 '예측 가능하고 확고하게' 낮아져야 한다는 게 성명에 들어가야 한다는 것이었다. 하지만 그런 처방은 현실세계에서 실현 불가능했다. 그리고 그게 실현 가능하든 불가능하든 간에, 정부가 연준에 지시를 내리는 것으로 비쳐질 만했다. 결국 나는 그들을 설득하는데 어느 정도는 성공했다. 그런 것은 단지 갈등과 적대감만을 불러올 것이며, 그래서 법률은 연준이 사안을 결정하도록 아주 분명하게 규정해 놓았다고 설명했다. 분명히 당시 연준은 정부로부터 많은 조언들을 들었다. 나중에는 정부의 그 조언들이 언론을 통해 전달되었다. 때로는 익명의 백악관 관계자가 어렴풋이 불길한 협박을 가하는 형식을 띠기도 했다. 도널드 리건은 그보다 더 자주 공개 발언을 했는데, 연준 독립성에 관한 미스터리한 연구결과를 반복해서 인용했다.

그야말로 심각한 경기침체에 직면해 있었던 걸 감안하면, 통화정책에 대한 정부의 조언은 일부 자연스러운 면도 있었다. 1981년 중반부터 시작된 침체는 1년 넘게 지속됐는데, 1982년 말 실업률은 전후 최고치인 11% 위까지 솟아올랐다. 게다가 의회 선거도 그해 예정돼 있었다. 레이건 대통령은 아마도 연준을 직접 통제하라는 조언을 참모들로부터 많이 받았을 것이 분명하다. 하지만 그는 기자회견 등에서의 수많은 유혹에도 불구하고 일절 그렇게 하지 않았다. 카터 대통령 때와 마찬가지로 나는 레이건 대통령을 자주 보지는 않았다. 그와 인간적으로 친밀한 관계를 맺거나 그로부터 많은 영향을 받을 수도 있겠다는 느낌조차 들지 않았다. 그는 늘 예외 없이 정중한 태도를 보였다. 그는 통화정책에 관해 아주 깊이 의논하려는 의향이 없었다. 그 반대로 나로부터 어떤 조언을 구하고자 하지도 않았다. 다만 그는 전임 대통령들과 달리 인플레이션에 대한 강한 거부감을 본능적으로 갖고 있는 듯했다. 이러쿵저러쿵 해도 연준이 안정회복을 위해 노력하고 있는 만큼, 그들의 독립성을 건드리는 것은 좋은 아이디어가 아니라고 느끼는 것 같았다.

1981년 중 금리가 혹독하게 높아져 있었지만 정부는 대체로 연준의 통화량 억제 노력을 지지해 주었다. 그해 5월에는 통화량이 급증한 것에 대응해 할인율을 인상하기로 했는데, 경기가 하강을 목전에 두고 있었던 시기로 나중에 판명되었음에도 불구하고 리건 장관이 기꺼이 받아들였던 게 특히 기억에 남는다. 나의 편향된 선입견일 수도 있겠지만, 인플레이션에 강력히 맞서는 것에 대해서는 그 고통과 혼란 가능성에도 불구하고 당시 전국적으로 상당한 지지가 있었다. 내가 대중적 지지 콘테스트에서 이겼다는 말을 하려는 게 아니다. 다만 당시 사람들 사이에는 무언가 잘못되었다는 생각이 팽배했고, 연준이 그것을 다루기 위해 무언가 하고 있다는 데 대한 이해가 있었다. 앞서 카터 행정부 당시 가장 어려웠던 시기, 소련이 아프가니스탄을 침공했던 그 때에는 금가격이 온스당 800달러를 넘어서고 은시장에서도 투기적 거래가 횡행하면서, 신뢰의 상실을 상징한 바 있었다. 이제는 수시로 연준 본부 주변에서 시위가 벌어진다. 금리를 내리고 경기를 부양하라는 주택건설업자들의 요구와 함께 내 집무실 주변에는 각목 무더기가 쌓이기도 한다. 하지만 시위대들이 들고 있는 몇몇 문구들은 우리가 옳은 정책을 펴고 있음을 보여주고 있었다. 그들은 "금리를 낮출 수 있도록 통화 공급을 계속 줄이라"거나 "돈을 찍어 국가부채를 지원하는 행위를 중단하라"고 주장했다.

결국 그토록 고도로 긴축적인 통화정책을 밀어붙이는 데에는 단 한 가지의 명분만이 있었다. 시간이 지나면 경제는 합리적인 물가안정 환경 속에서 더 효율적으로 보다 공정하게 더 잘 작동해 더 나은 미래에 더 많은 저축을 하는 날이 올 것이란 단순한 확신이 있었다.

완벽주의 딜레마

1983년 12월 샌프란시스코 연설에서 나는 '합리적인 물가안정'이란 개념을 규정했다. 보통사람들이 투자계획을 세우거나 생활을 영위하는데 있어서 물가상승 전망을 고려하지 않아도 되는 환경을 말한다. 대공황 이후로 많은 경제학자들은 인플레이션으로 약간 기운 경제가 좋은 것이라 생각하게 되었다. 인플레이션은 경제에 약간의 활력을 제공하며 지출과 신규 투자를 촉진한다는 것이다. 문제는, 모든 사람들이 인플레이션을 예상하는 지경에 이르러 그 기대로 이자율이 상승하는데도 불구하고 정치적 유혹은 늘 그대로 남아 있다는 점이다. 결국 인플레이션은 더욱 높아지게 된다. 의도적인 것은 아니겠지만, 경기침체를 불러올지 모른다는 두려움 때문에 정부는 인플레이션 억제정책을 꺼리게 되는 것이다. 이로 인해 더 큰 침체가 발생할 가능성이 매우 커진다. 안정을 회복하는 데에는 훨씬 큰 고통이 따른다. 그게 1980년대 초의 상황이었다.

이를 현대 경제학의 수학적 논리와 통계적 기법으로 증명하는 것은 어려울 것이다. 하지만 그러한 기법들이 인간 행동을 추동(推動)하는 모든 복잡성들을 파악해낼 수 있는지에 대해서는 진정 의문이 제기되고 있다. 대체로 세계 각국의 정부들, 그러니까 대부분의 선진국과 일부 미개발국들은 물가안정이야 말로 최우선 과제라는 결론에 도달한 듯하다. 일시적으로 큰 고통이 따르더라도 물가안정을 얻을 수 있다면 감내할 만하다는 것이다.

우리는 모두 완벽주의자들이다. 과거를 돌아보며 사후적으로 비판하는 목소리가 분명히 존재한다. 연준이 직면했던 딜레마에 공감하는 전문가들 중에서도 다수가 1982년에 통화정책을 너무 늦게 완화한 게 아니냐고 지적한다. 경기침체를 몇 달 앞서서 끝낼 수 있었다는 것이다. 그게 사실일 수 있다. 하지만 그런 주장들이 내게 깊은 인상을 주지는 못한다. 우리의 정책이 완벽하지 않았다는 것은 큰 문제가 되지 않는다. 오히려 당시에 우리가 긴축정책을 충분히 끌고 가지 않아 대중들의 근본 행태를 바꾸지 못하고 인플레이션 기대심리를 주저앉히지 않았더라면 더 큰 실책이 되었을 것이다. 그런 정책들은 결코 미세조정[3] 할 수가 없는 것이다.

게다가 그 과정들을 다 거친 뒤에도 우리의 목표는 완전히 달성되지 못했다. 그 뒤로 1980년대 경제는 전후 평화기 중 최장기간의 확장기를 구가했는데, 우리는 단지 그 토대를 마련했을 뿐이었다고 생각한다. 그리고 오늘날 연준 이사회가 물가안정 완수를 최우선 과제로 삼는 것을 보면 굉장히 안심이 된다.

마법의 묘약에 취해

1980년대 당시 정밀한 정책 수행 타이밍보다 더 중요했던 것은 보다 폭넓은 정책 조합이었다. 공급 중시 경제정책의 핵심이었던 1981년 레이건 행정부의 감세법안은 그 누구도 의도하지 않았던 대규모의 세금감면과 재정적자로 이어졌다. 민주당과 공화당이 '세금 많이 깎아 주기' 정치 경쟁을 하는 동안 연준은 옆으로 빠져 그냥 지켜보는 수밖에 없었다. 그 모든 감세에 대해 나는 동일한 규모의 지출 축소와 병행해야 한다고 의회에서 주장했으나, 그런 말을 듣고자 하는 이는 아무도 없었다.

당시 레이건 측근들 중 이상주의자들은 감세가 경제에 마법의 묘약을 제공할 것이라며 재정적자는 사라지거나 최소한 문제가 되지는 않는다고 주장했다. 이는 내가 1963년 재무부 초임 관료 당시에 펼쳤던 주장의 극단적인 버전이었다. 그들의 주장 중 일부는 수긍할 수 없었다. 그럴 것 같으면 우리는 번거롭게 세금을 걷을 이유가 아예 없지 않겠는가 말이다. 상대적으로 좀 더 현실적인 인사들조차도 적자가 불어나는데 따르는 위

---

[3] **미세조정**(fine-tune) : 경제상황에 따라 수시로 정부가 시장에 개입해 보조적 금융정책이나 재정정책을 취함으로써 경기를 안정시키는 정부의 시장개입 정책(편자 주).

험은 자신들의 급진적인 정책을 실행하는데 치르는 수용할 만한 비용이라고 생각했다. 어떤 상처이든지 나중에 치유할 수 있다고 보았다.

그 나중에 치유하는 노력들이 바로 1981년의 극단적 감세를 되살려냈는데, 이번에는 대규모 적자가 고착하고 말았다. 그러면 금리가 더 높아질 수밖에 없다고 나는 기회가 있을 때마다 주장했다. 우리 대부분은 그 점에 대해 확신하고 있었으나 당시 재무부의 일부 열정적인 공급중시론자들은 동의하지 않았다. 내가 오래 몸담았던 그 보수적인 기관에 대해서는 그 정도로만 하겠다.

우리의 책무 특성상 나는 도널드 리건 및 그 후임 재무장관 제임스 베이커와 자주 만났다. 오래된 좋은 전통에 따라 우리는 매 주마다 조찬을 함께 하려고 노력했다. 그 밖에도 우리는 특정한 사안을 논의하기 위해 자주 회의를 했다. 그들은 내가 재정적자를 우려한다는 것을 잘 알고 있었다. 그들 또한 때로는 정부지출을 억제하는 게 어려워 한탄하곤 했다. 그렇다고 해서 재정정책에 달라진 것은 없었다. 재정정책은 사실상 정치와 이념의 힘에 의해 좌우되었다. 재무장관들은 자신들이 통화정책에 대해서도 과거에 비해 별 영향력이 없다는 것을 느꼈을 것이다. 직접적으로 언급되는 일은 드물었으나, 신문을 읽을 때마다 자주 나는 경제정책의 성과가 미미하다는 것을 느낄 수 있었다. 레이건 행정부 1기에서는 특히 그러했다.

대규모 재정적자라는 것이 경기침체기나 회복 초기에는 타당하다 해도 일단 모멘텀을 되찾은 뒤에는 국가경제에 하등의 도움을 주지 않는다. 우리 국내에만 적용해 보더라도 그건 명백했다. 미국의 민간저축이 가뜩이나 국제규범 및 과거 추세에 비해서도 극히 낮았는데, 재정적자는 이 얼마 안 되는 저축의 많은 부분을 잠식했다. 달리 말하자면, 재정적자로 인해 민간의 투자 환경이 나빠지는 것이다. 당시 우리는 전후 평화기로는 최장기간의 팽창을 구가했는데, 생산성 증가나 공장 및 설비의 신규 투자 측면에서는 그렇게 두드러진 게 없었다. 대규모 컴퓨터 투자가 예상됨에 따라 큰 폭의 감가상각을 허용하는 지원에 나섰는데도 불구하고 말이다. 그러한 저조한 투자와 낮은 생산성 증가세는 계속되고 있으며, 이는 오늘날의 경제정책이 안고 있는 난제와 연관되어 있기도 하다.

달러 강세에 대한 서로 다른 시각

시간이 지남에 따라 국내저축 부족분의 상당부분은 주로 차입해 들여온 해외자본을 통해 충당되었다. 어떤 시점에는 그 자본이 미국의 모든 개인 저축보다 빠른 속도로 유입되었고, 또 가능할 것이라 생각했던 것보다 훨씬 큰 규모가 되었다. 1983년 무렵 어느 날 좀 민망했던 기억이 떠오른다. 급증하는 미국의 경상수지를 메우기 위해 연간 750억 달러 또는 그 이상의 자본유입이 필요하다는 내용의 보고를 한 연준 집행부를 잘못 꾸짖었던 것이다. 불과 10여 년 전에는 200억~300억 달러의 자본 유출입도 극단적이었고 그 경우 통화들의 가치가 위태로워질 정도였다는 사실을 당시 나는 연준 집행부에게 상기시켜 주었다. 그러나 실제로는, 1985년 정점에서 미국으로의 순 자본유입 규모는 무려 1030억 달러에 달했다.

한동안, 그러니까 1980~1982년 사이에 고금리에 따른 달러화 강세가 나타났다. 1970년대 외환시장 위기를 겪었던 모든 사람들에게 반가운 안도감을 제공했다. 그러나 시간이 지나면서 고금리가 해외의 외국인 자본을 더욱 더 많이 끌어들여 미국 재정적자와 투자 자금을 충당하는데 쓰이게 되었다. 이러한 정책 조합이 국제금융시장에 미치는 부정적 반향이 두드러지기 시작했다. 정확히 말하자면 그것은 명백히 문제였다. 그게 미국 정책에 대한 신임투표라고 해석하는 행정부의 일부 골수 인사들 생각은 달랐겠지만.

다음 장에서 자세히 다루겠지만, 예를 들어 고금리와 달러화 강세는 해외의 부채위기 해결을 어렵게 만들었다. 1983년 당시 외국인들의 미국 증권 매수세로 인해 달러화 가치가 급격히 오르자 국제시장에서 미국 산업계의 경쟁력이 심각하게 악화되기 시작했다. 1984년의 달러 강세는 가히 폭발적이었다. 1985년 초까지 독일 마르크에 대한 달러화 가치는 1980년 대비 약 45% 높아졌다. 엄청난 무역적자에 직면해 결국 경기회복세가 시들고 말았다. 이런 상황에서 자연스럽게 질문이 제기된다. 과연 연준은 긴축적인 통화정책 목표에서 후퇴해 금리를 내리고 상황을 개선해야 하느냐는 것이다. 대답은 늘 분명하다. 그러한 접근은 더 큰 목표를 위태롭게 할 뿐이라는 것이다.

1982년 8월 멕시코위기가 가시화되기 이전에 우리는 그 가능성을 이미 감지했다. 하지만 1981년 말이나 1982년 초에 미국이 금리를 1~2%포인트 내렸다고 하더라도 상황이 달라졌을 것 같지는 않다. 그토록 작은 정책 변경조차도 적절하지 않은 상황이기도 했다. 당시 미국의 통화량이 연준 목표보다 빠르게 증가하고 있었기 때문이다. 다른 나라의 부채 부담을 완화해주기 위해 우리가 인플레이션을 감수하며 살 수는 없지 않은가? 그렇게 한다고 해서 그들의 사정이 크게 달라지기도 어려운데 말이다.

질문 그 자체에 해답이 있다. 부채위기는 급행열차를 타고 전개됐다. 1981년 말 내지는 1982년이 되자 그걸 피할 수 있는 사람은 많지 않았다. 실제로 1982년 여름 무렵에는 미국의 금융계가 뚜렷한 긴장 신호를 보냈다. 저축대부업계의 문제가 확산하고, 한계선상에 있던 일부 국채딜러들이 도산한 가운데, 오클라호마의 펜스퀘어 내셔널뱅크(Penn Square National Bank)가 부도를 내고 말았다. 잘 알려지지는 않았으나 잘 나가던 이 은행에서 나간 석유대출 수십억 달러가 사실상 무용지물이 되어버렸다. 중서부에서 가장 크고 자부심 넘쳤던 콘티넨털 일리노이뱅크(Continental Illinois Bank)도 기반이 흔들렸다. 이 모든 일들로 인해 1982년 7월 연준은 정책을 완화하게 되었다. 다만 그 결정은 경제지표들이 실망스럽게 나오는 가운데 통화량은 잘 통제되고 있던 상황에서 내려진 것이었다. 인플레이션과의 전쟁 본질에는 아무런 차질이 없었다.

달러가 아주 강력하게 오르는 가운데 금리는 그 뒤로 두드러지게 떨어졌다. 역사적 관점에서 본다면 여전히 높은 수준이었지만 말이다. 나로서는 이상하면서도 역설적인 상황이었다. 그때까지 달러의 강세는 인플레이션을 억제하는데 도움을 주었다. 수입품 가격이 낮아져 미국산 제품에 대한 경쟁력이 높아졌기 때문이다. 하지만 시간이 지나면서 달러 강세의 긍정적인 면은 잠재적인 재앙으로 변모해갔다. 미국 기업들의 경쟁력에 미친 타격이 영구적인 피해를 끼칠 지경이 되었다. 그렇다면 달러는 다시 취약해져 떨어질 게 분명했다, 1970년대에 자주 그랬듯이 달러에 대한 신뢰가 저하되고 말 상황이었다. 하지만 정부는 무관심했다. 때때로 유럽과 일본의 정부 관료들은 외환시장에서 달러를 매도함으로써 미국 정부도 달러 강세에 대한 우려를 직접적이고 명백하게 전달해야 한다고 주장했다. 하지만 미 재무부는 그들의 제안을 원칙의 문제란 이유로 거절했다. 심지어 일부 관료들은 레이건 정부의 훌륭한 경제정책에 대한 국제금융 시장의 신뢰 표현이라고 달러 강세에 관해 언급했다.

역사적 교훈은 정치적 타협을 부정한다

연준이 재무부의 의견을 무시하고 자신의 독립성을 활용해 외환시장에 개입하는 것은 당시 내 생각에는 현실적으로 가능하지 않은 다소 이론적인 대안으로만 여겨졌다. 그 상황에 대응하기 위해 연준 홀로 시장에 개입할 경우 그 효과에 대해 의문이 제기될 게 뻔했다. 특히 정부가 해당 사안에 대해 의견이 다른 경우에는 더욱 그러하다. 혼란을 야기할 뿐만 아니라 불필요한 정치적 논란까지 불러 일으켜 연준 고유의 정책에 대한 지지마저 위태로워질 수가 있다. 연방공개시장위원회(FOMC)의 다수 위원들은 항상 시장개입이란 행위 자체에 대해 부정적으로 생각해왔는데, 그들이 동의하지 않을 것이란 점도 분명했다. 의장인 내가 해당 이슈에 대해 심각하게 문제를 제기해왔는데도 불구하고 말이다.

통화정책을 필요한 수준 이상으로 완화하는 게 당시 연준으로서는 훨씬 더 중요하게 접근할 수 있는 조치였을지도 모른다. 하지만 이 역시 정부가 달러 강세를 부추기는 상황에서는 이상하게 여겨졌을 것이다. 1984년 말에서 1985년 초 사이 달러는 그 자체의 모멘텀으로 성층권까지 솟아올랐다. 달러는 무역경쟁을 불가능하게 만드는 수준이 되어 버렸고, 시장개입이나 통화정책으로 예측가능한 영향력을 미칠 수 있는 선을 넘어선 상태였다.

돌이켜 보면 당시 연준은 사실 통화정책의 대외적 측면을 무시한다는 공격을 받고 있지는 않았다. 앞서 말했듯이 정부는 달러에 대해 걱정하지 않는 듯이 보였다. 해외의 중앙은행들과 재무부들은 우리의 인플레이션 타파 노력을 기본적으로 지지했다. 그들 대부분은 공개적으로 그러한 뜻을 밝혔다. 그들은 당면한 다른 큰 이슈를 인지하고 있었다. 비록 연준 긴축정책에 따른 고통을 겪으면서도 그들은 우리가 다른 모든 중앙은행들을 대리해 투쟁 중이라고 생각하는 듯했다. 1979년 함부르크에서 우리의 새로운 통화정책을 강력히 지지했던 헬무트 슈미트조차도 혹독하게 불평하는 것을 보고 나는 깜짝 놀랐다. 그는 "실질금리가 그리스도 탄생 이후로 가장 높다"고 불만을 표출했다. 다만 그는 미국 행정부의 느슨한 재정정책이 문제의 본질적 원인임을 분명히 잘 알고 있었다.

나는 물론이고 대부분의 경제학자들이 보기에 재정적자를 줄이는 것이 논리적으로 가장 당연한 해법이었다. 당시 적자는 약 2000억 달러에 달했다. 많은 비난을 받았던 1980년 초 카터 행정부 당시의 예산안보다 적자 규모가 열 배 이상 컸다. 재정적자를 줄이면 인플레이션과의 투쟁에 대한 신뢰를 훼손하지 않고도 우리 통화정책 및 자본시장에 가해지는 압박과 해외자본에 대한 의존을 낮출 수 있었을 것이다. 재정수지를 개선하려는 노력은 오히려 우리가 달성하고자 노력했던 것들에 힘을 실어주었을 것이다.

당시 나는 그 점에 관해 의회에 내 뜻을 개진할 기회를 많이 가졌다. 하지만 그들은 압박을 받지 않았다. 때때로 은근한 타협의 제안이 있었다. 연준이 금리를 내리겠다고 약속을 하면 재정적자 감축을 위한 지출 삭감과 세금 인상에 정치적으로 유리한 환경이 조성되지 않겠느냐는 것이다. 하지만 역사적 교훈은 그런 타협에 부정적이다. 1960년대 말 베트남전쟁 비용 조달을 위한 소득세 인상 논란이 있던 때 연준은 재정기조의 긴축을 예상하고 통화정책을 완화한 적이 있었다. 당시 나로서는 연준의 완화 결정 가운데 어디까지가 정치적 제스처였고, 어느 만큼이 경제적으로 적절했는지 이해할 수가 없었다. 당시의 큰 실수는 이후 연준에게 큰 교훈이 되었다. 예상과 달리 당시 세금 인상은 전혀 긴축적인 효과를 야기하지 않았다. 정치적으로 엮인 연준은 결국 수개월에 걸쳐 부적절한 정책을 펴고 말았다. 그 결과 인플레이션의 모멘텀이 가속도를 내게 되었다.

1980년대의 상황에서 볼 때, 정부가 반대할 것임은 물론이었고 의회가 그 가상적인 타협안의 본질적인 목표를 실천할 것이라 믿기도 어려웠다. 나는 선거정치의 현실세계를 잘 알고 있다. 인기가 없는 법안에 찬성표를 던질 때에는 반드시 핑계거리가 있어야 한다. 지출 축소와 세금 인상으로 인해 비난을 받게 된 의원들은 본능적으로 가장 편리하게 손가락질할 수 있는 대상을 찾게 되어있다. 의회에 관한 보다 현명한 판단은 1913년 연준이 창설된 이후로 이미 내려져 있었다. 중앙은행은 선거정치의 압력으로부터 절연되어 있어야 한다는 것이다. 달리 말하자면, 아무리 옳고 책임 있는 재정정책이 마련된다고 하더라도 그것을 위해 나쁜 통화정책을 써서는 안 된다는 것이다.

아마도 정답은

단호한 재정정책이 과연 고공행진 중인 달러 가치를 낮출 수 있는지에 관해 당시 의견이 엇갈렸다. 두 부류의 시각이 있었다. 일반적인 케인지언 분석 결과는 명백했다. 다른 모든 조건들이 동일하다면 재정적자의 감소는 다른 용도에 쓰일 미국의 저축을 늘려준다. 이자율은 하락하고 해외 자본은 미국으로 덜 유인된다. 달러가 오름세를 멈추거나 하락할 것이고 수출 증가와 수입 감소로 이어질 것이다. 하버드대학의 저명한 경제학 교수 마틴 펠드스타인 Martin Feldstein (나중에 경제자문위원회 의장이 되었다)은 그러한 시각을 열정적으로 대중에 설명해 많은 정부 동료들의 실망과 분노를 유발했다.

정반대의 주장도 있었다. '보다 책임성 있는' 것으로 여겨지는 재정정책을 수행하게 되면 미국 경제정책과 미래 미국 경제에 대한 신뢰가 높아져 오히려 훨씬 더 많은 자본이 미국에 유입되고 달러화 가치가 더욱 상승한다는 것이다. 친정부 인사들의 눈에는 적어도 단기적으로는 틀린 주장이 아니었다. 이 문제에 관해 한번은 바젤에 모인 몇몇 권위 있는 경제학자들에게 의견을 물어볼 기회가 있었다. 중앙은행 총재들과의 대화를 위해 모인 당시 그 경제학자들 중 절반은 재정적자 감축이 달러화를 높인다고 했고, 절반은 낮춘다고 했다.

아마도 정답은 '당장은 심리적 요인으로 인해 달러가 약간 올라갔다가 이후로는 장기 지속되는 이유로 인해 내려간다'일 것이다. 불행히도 우리는 그 가설을 점검해볼 기회를 결코 얻지 못했다. 그 모든 세세한 논쟁들은 무의미한 것이기도 했다. 재정지출과 세제를 놓고 의회와 타협하는 과정이 필요한 재정 건전화에 대해 정부는 완고하게 반대하고 있었기 때문이다. 심지어는 공화당 의회 지도부 인사들이 수용적인 태도를 보인 상황에서도 정부의 반대는 군건했다. 나의 청원에 대한 정부 관료들의 반응은 나로서는 반박하기가 어려웠다. 여야 합의안이 아무리 일리 있는 것처럼 보인다 해도 정치적인 관점에서는 그렇지 않다는 것이다. 재선 캠페인에 나선 레이건 대통령은 국민들에게 세 부담을 늘리지 않겠다고 약속했다. 그게 다였다. 그는 실제로 그렇게 했다. 나는 궁금했다. 도대체 어떤 참모가 그 누워서 떡 먹기의 선거전에서 그렇게까지 공약을 하도록 조언을 했는지. 또는 최소한 누가 그 공약에 대해 반대를 하지 않았는지.

그 모든 것들은 미 행정부가 해외 카운터파트들에게 배타적인 것처럼 비치게 했다. 심리적으로는, 도널드 리건 재무장관 임기가 끝날 무렵에 열린 어느 임시 위원회에서 절정에 이르렀다. 미국 재정적자에 대한 참석자들의 장황한 비판이 이어진 끝에 리건 장관의 아일랜드 사람 기질이 끓어올랐다. 그는 해외 카운터파트들의 주장이 틀렸고 미국이 옳다며, 미국의 정책을 비난할 게 아니라 모방해야 한다고 공격적으로 연설했다. 미국이 빠르게 성장하고 유럽과 일본은 그렇지 못하다는 게 그 증거라고 주장했다. 당시 나는 어쩌다 회의 중간에 들어가게 되었는데, 리건 장관은 거의 고함을 치며 싸우고 있었다. 점잖은 국제외교의 고매한 문화와는 거리가 먼 풍경이었다. 외국 정부는 물론이고 내가 보기에도 재정정책을 방어하는 논리에 어떠한 설득력도 없었다.

다만 리건의 지적에 옳은 점도 있었다. 당시 유럽과 일본 모두 저성장에 빠져 있었다. '유럽 동맥경화증(Eurosclerosis)'이란 용어가 등장했던 시기였다. 당시 그들을 포함한 미국 바깥의 경제는 상당부분 미국에 의해서 떠받쳐지고 있었다. 미국이 해외상품 수입을 급격히 늘린 덕이다. 당시 미국 레이건 행정부는 해외에서 보기에 조세와 예산 및 환율정책에 있어서 완전히 이념적으로 혹은 이념을 결여하고 있는 것으로 보였을 것이다.

하지만 바로 그 이념은 보호주의에 대해 철저히 반대했으며, 공동의 이익을 위해 전 세계가 시장을 개방해야 한다고 주창하기도 했다. 사실 일본과 유럽의 모멘텀이 반등하기도 전에 미국 경제성장을 위태롭게 하는 것은 잘못된 처방이기도 했다.

레이건 행정부 2기에 들어서는 보다 나은 국제공조를 위해 미국이 신속하게 주도권을 잡기 시작했다. 인플레이션이 퇴조하고 성장이 강력하게 살아나는 진전이 있었음에도 불구하고 1980년대 중반이 되자 국제정책의 문제가 다시 핵심 이슈로 수면 위에 부상했다. 이에 관해서는 다음 장에서 주로 다루려고 한다. _Volcker

일본이든 독일이든 목소리를 낼 배짱이 없었다는 것
도 사실이다. 미국을 비난하는 것은 별 문제될 게 없었
다. 하지만 그에 대한 반응으로 미국이 성장 부양을 요
구할까봐 바깥 세계는 내심 늘 두려워하고 있었다. 게
다가 만일 미국이 재정적자를 줄이고 자신들의 경제를
둔화시킬 경우 과연 누가 그 성장엔진의 공백을 메워
줄 것인지 우려도 컸다. 그래서 당시 일본은 목소리를
계속 낼 수가 없었다. 말하자면, 어떤 이의 잘못에 대해
어느 정도의 상호 묵인이 있었다고 할 수 있겠다. 우리
모두 일정부분은 떳떳하지 않았기 때문이다.

written by
GYOHTEN

쇠귀에
—
경 읽기

당시 일들에 관한 나의 기억은 1980년부터 시작된다. 연방준비제도가 새로운 정책을 도입한 직후였다. 우리는 애초에는 정책 변화가 그토록 극적인 걸로 여기지 않았다. 한동안은 어떤 일도 일어나지 않았기 때문이다. 그리고 나서 이자율이 솟아오르기 시작했다. 그게 과연 지속 가능하게 살아남을 수 있는 정책인지 일본 입장에서는 분명하지 않아 보였다. 미국 경제가 하강을 시작한 터라 특히 그렇게 여겨졌다. 연준이 과연 언제까지 그렇게 세게 나갈 수 있을까? 그 때 폴 볼커가 일본을 방문했다. 오쿠라 호텔에서 가네코 잇페이^{Kaneko Ippei} 대장상이 볼커를 위해 만찬 자리를 마련했다. 식사 뒤 우리는 둘러 앉아 브랜디를 마시며 대화를 나눴다. 볼커가 물었다. "당신이 만약 연준 의장이라면 지금까지도 과연 긴축정책을 지속했겠습니까?" 볼커는 그 자리에 참석한 고위 관료 대여섯 명에게서 일일이 답변을 들었다. 우리 모두는 '예스'라고 말했다. 우리의 답변을 통해 그가 용기를 얻었는지는 알 수 없으나, 나는 당시 상황을 생생하게 기억한다.

레이건 행정부 초기 시절 미 재무부는 자유시장주의자들이 압도했다.

지속적으로 높은 금리와 달러화 강세는 행정부의 반발을 야기해 정책변경 압박을 촉발했을 법도 했다. 하지만 당시 주도권을 쥐고 있던 자유시장주의자들은 그렇게 하지 않았다. 그들은 자신들의 정책에 대해 추호도 의심하지 않았다. 달러가 오르는 것에 대해 굉장히 만족스러워했고 경상수지 적자가 확대되는 것에 대해서는 일절 걱정하지 않았다. 미국의 고금리를 얻으려고 자본이 밀려들고 있었기 때문이다. 그들은 그게 미국 경제의 강건함을 상징한다고 주장했다.

하지만 우리는 굉장히 예민해지기 시작했다. 1983년이 되자 달러화 강세가 모든 곳에서 화제가 되었다. 달러화 강세가 비록 일본 수출품의 미국시장 진출을 돕기는 했지만, 우리는 계속해서 미국정책의 적절성에 대해 의문을 제기했다. 우리는 미국의 통화정책을 비판하지는 않았다. 당시 우리는 미국 통화정책 역시 과도하게 팽창적인 재정정책의 희생자라고 여겼다. 우리는 미국의 재정적자를 비판했다. 금융자본을 빨아들이는 동시에 인플레이션을 자극하고 있었기 때문이다. 하지만 미 행정부는 들으려 하지 않았다. 우리는 미국의 고금리가 제3세계 부채문제를 심화한다고 지적했다. 만일 미국의 금리가 1%포인트 낮아진다면 남미의 연간 부채비용이 40억 달러 감소한다는 계산 결과를 제시하기도 했다. 그럼에도 불구하고 워싱턴은 반응하지 않았다. 그야말로 쇠귀에 경을 읽는다는 느낌을 받았다.

레이건 행정부 재정정책의 애초 의도는 그렇게 나쁘지 않았던 게 분명하다. 문제는, 그 정책이 의도한 대로 작동하지 않았다는데 있었다. 그들은 자신들의 정책이 국민저축을 높여줄 것이라고 생각했다. 하지만 그 결과는 정반대였다. 이는 다른 모든 사람들에게는 명백했다. 그러나 그 정책에 아무런 효과가 없음을 미 행정부 스스로가 깨닫는 데에는 오랜 시간이 걸렸다. 자연히 방향을 충분히 신속하게 돌릴 수가 없었다.

1980년대 초반은 정말 가장 주목할 만한 시기였다. 국제적 차원에서 개별 국가의 국내 경제정책을 논의할 준비와 의지가 심각하게 부족했다. 폴 볼커가 말했듯이, 모든 재정 및 통화 정책 당국은 제각각이었고 배타적이었다. 당시 일본은 미국이 재정정책을 개선해야 한다는데 집착하고 있었고, 미국의 정책이 아주 심각한 국제 불균형으로 이어지고 있다는 사실에만 몰두했다. 일본 역시도 자국의 정책이 국제적으로 잘 어울리는 기조인지를 연구할 의지가 없었다. 당시 국제적으로는 미국 재정정책에 대한 비난이 강력한 컨센서스로 형성되어 있었다. 그래서 다른 나라 누구든 자신들 역시 재정정책을 완화하려 시도할 경우 글로벌 물가안정 기조가 위험에 처할 것이란 인식이 강했다. 지금 가장 후회되는 것은, 당시 우리에게 그런 의지가 있었음에도 불구하고 그러한 문제들을 놓고 깊은 대화를 나누지 못했다는 점이다. 그 시절 대화는 전무했다.

일본이든 독일이든 목소리를 낼 배짱이 없었다는 것도 사실이다. 미국을 비난하는 것은 별 문제될 게 없었다. 하지만 그에 대한 반응으로 미국이 성장 부양을 요구할까봐 바깥 세계는 내심 늘 두려워하고 있었다. 게다가 만일 미국이 재정적자를 줄이고 자신들의 경제를 둔화시킬 경우 과연 누가 그 성장엔진의 공백을 메워줄 것인지 우려도 컸다. 그래서 당시 일본은 목소리를 계속 낼 수가 없었다. 말하자면, 어떤 이의 잘못에 대해 어느 정도의 상호 묵인이 있었다고 할 수 있겠다. 우리 모두 일정부분은 떳떳하지 않았기 때문이다. 그러한 상황이 크게 바뀌지는 않았다. 그게 미국 측이 가졌던 주요한 불만 중 하나이기도 했다. 이는 우리가 오늘날

수행하는 국제적 공조 노력에 있어서도 여전히 불만과 불화의 원천으로
계속 남아 있다. _Gyohten_

1979년

3월 13일_____ 유럽통화시스템(EMS: European Monetary System)과 유럽통화단위(ECU: European Currency Unit)가 공식 출범했다.

3월 27일_____ OPEC이 기본 원유가격을 배럴당 14.54달러로 9% 인상했다. 시장이 수용할 수 있는 정도에 따라 회원국들이 추가 비용을 붙일 수 있게 했다.

6월 28 ~29일_____ 도쿄에서 정상회의가 열렸다. 제2차 석유파동으로 인해 일본의 대규모 대외 흑자가 적자로 돌아섰기에 일본은 흑자 비난을 모면할 수 있었다. 중요한 통화 관련 합의는 이뤄지지 않았다. 1985년까지 국가별로 추진할 원유 수입량 목표가 설정되었다.

8월 6일_____ 폴 볼커가 연방준비제도 이사회 의장으로 취임했다.

10월 6일_____ 볼커 의장은 이례적으로 일요일에 발표한 성명서를 통해 연준 이사회가 앞으로는 미국에서의 신용 접근성을 통제하는데 있어서 금리 대신 통화 공급 총량을 목표로 삼겠다고 발표했다.

1980년

1월 21일_____ 소련이 아프가니스탄을 침공함에 따라 동서분쟁 공포가 부상했다. 금값이 뉴욕에서 875달러까지 올라간 뒤 830달러에 거래를 마쳤다. 런던에서는 852달러까지 올라갔다가 850달러에 마감했다.

3월 14일_____ 카터 대통령이 인플레이션을 막기 위한 강력한 프로그램을 발표했다. 예산을 줄이고 소비자신용을 통제하는 내용이 포함되었다. 대중들이 열성적으로 지출 삭감을 따랐다. 경기침체가 곧 발생했다.

6월 21 ~23일_____ 베니스에서 정상회의가 열렸다. 7개국이 성장 전략에서 이탈하면서 인플레이션 퇴치와 석유 절약에 우선순위를 두고 전념하겠다고 밝혔다. 헬무트 슈미트가 국제 은행들의 대출 행태에 대해 우려를 표명했다. 슈미트는 은행 예금에 대한 '안전망' 아이디어를 제안했으나 조치가 취해지지는 않았다.

7월 2일_____ 연준이 신용 통제 프로그램을 공식적으로 종료했다. 5월 말에 이미 해제된 상태였다. 다만 중앙은행은 통화량 공급을 제한하는 등 인플레이션 억제를 위한 경제 압박을 계속했다. 그해 말까지 기업대출 금리가 20%를 웃돌았다.

9월 28일_____ 제2차 오일쇼크에 대비할 재원을 지원하기 위해 IMF는 회원국들이 1년에 쿼터의 두 배씩 최장 3년간 인출하는 것을 허용했다. 쿼터의 6배에 달하는 자금을 누적적으로 인출할 수 있게 한 것이다.

1월 28일 _____ 미국의 석유가격 통제가 해제되었다.

1월 _____ 새로 출범한 레이건 행정부의 베릴 스프링켈 재무차관이 신문보도를 통해 미국이 앞으로 달러 환율에 대해 간여하지 않는 접근법을 취할 것임을 알렸다. 예외적인 환경이 아닌 경우에는 외환시장에 대해서도 개입하지 않겠다고 했다. 그러는 동안 달러는 6개월 사이에 20% 반등했다. 미국의 고금리가 자본을 끌어들인 것이다.

3월 30일 _____ 로널드 레이건 대통령이 피격되어 중상을 입었다. 미 재무부는 연준에게 외환시장에 개입할 것을 지시했다.

4월 17일 _____ 도널드 리건 미 재무장관은 대통령 암살 등 비상상황인 경우 외에는 미국이 외환시장에 개입하지 않을 것임을 공식적으로 발표했다. 그 다음 몇 달 동안 이러한 정책이 독일, 영국, 일본 및 BIS 등으로부터 비난을 받았다.

7월 20 ~22일 _____ 캐나다 오타와에서 정상회의가 열렸다. 피에르 트뤼도 캐나다 총리, 지오반니 스파돌리니 이탈리아 총리, 프랑수아 미테랑 프랑스 대통령, 헬무트 슈미트 독일 총리 등이 "그리스도 탄생 이후로 가장 높은 실질금리"라며 미국의 고금리를 강력하게 비난했다. 마가렛 대처 영국 총리만 레이건 정책을 옹호했다. 그럼에도 리건 미 재무장관은 정상회의가 미국에게 "방향을 바꾸지 말 것을 요구했다"고 선언했다.

중남미
부채위기

결국 시간을 어떻게 벌 것인지가 문제였다. 상황을 심리적으로도 안정시키기 위해 우리는 멕시코 중앙은행에 대한 하루짜리 스와프 지원을 한두 차례 연장해 월말 외환보유액 수치가 좋아 보이도록 노력했다. 외환보유액이 늘어나도록 송금을 한 뒤 그 다음날에는 되돌려받았다. 하지만 우리는 굉장히 불안했다. 돈을 떼일까봐 그랬던 게 아니었다. 우리의 그 '윈도우 드레싱'이 멕시코가 처한 상황을 완전히 숨기고 있었기 때문이었다.

written by
VOLCKER

가장 주목할 만한

교훈

남아메리카 부채위기는 5년 이상 계속되었다. 1982년 여름 몇 주 동안에는 신문의 머리기사를 장식했다. 선진국 금융안정을 교란하고 중남미만 아니라 전 세계 성장 전망까지 위협할 잠재성이 있었다. 이에 채권국의 재무부와 중앙은행들, IMF, 채권 상업은행들, 그리고 채무국들이 주목할 만한 협력에 나서 뇌관을 제거하고 충격을 분산했다. 하지만 10년이 지난 뒤에도 중남미가 입은 상처는 완전히 치유되지 않았다. 이 나라들 중 일부, 그리고 비슷하게 충격을 받았던 일부 아프리카 국가들에게 1980년대는 성장과 물가안정이란 측면에서 '잃어버린 10년'이었다.

　하지만 그 모든 고통에도 불구하고 그 시사점이 완전히 부정적인 것만은 아니었다. 1990년대 초가 되자 이들 중 중요한 여러 나라들이 다시 발전하기 시작했다. 멕시코, 칠레, 콜롬비아, 베네수엘라, 심지어 침체가 가장 두드러졌던 아르헨티나까지 그러했다. 수십 년 동안 변함없이 뿌리를 내렸던 그들의 통치철학과 경제정책, 그리고 정치 시스템들까지 근본적으로 개조되었다. 높은 장벽 뒤에 숨어 국가적 독점과 담합에 기대는 일도, 광범위한 산업에 대한 정부 소유와 통제 하에서 보호와 안전을 추구하는 일도, 외국인의 기업인수를 반대하는 일도 더 이상 일어나지 않았다.

그 모든 것들이 대대적으로 사라졌다. 관세나 여타 수입 제한조치들도 급격하게 줄어들었다. 일부는 완전히 철폐되었다. 항공서비스와 통신회사, 심지어는 은행들처럼 정부의 신성불가침한 사업영역으로 여겨졌던 분야에도 민영화를 위한 극적인 조치들이 취해졌다. (멕시코에서 가장 큰 은행들은 더 크고 더 나은 유명 미국 은행들보다 기업가치가 훨씬 더 커졌다.) 혜택을 누려온 몇몇 제조업에 대한 보조금도 삭감됐다. 보다 현대화된 자본시장으로 발전해 나갔다. 외국인 투자자와 기업들이 합자회사에 손쉽게 투자할 수 있게 되었다. 때로는 석유화학이나 원유시추 같은 각별히 민감한 영역도 외국인 투자 참여가 쉬워졌다.

그들의 행동과 접근법은 근본적으로 심오하게 바뀌었다. 몇 년 전에만 해도 상상도 할 수 없었던 중남미 국가들 사이의 자유무역협정, 그 중에서도 특히 미국과의 자유무역협정 가능성이 정계의 일상적인 토론 안건 가운데 하나가 되었다.

그러한 일들은 매우 가시적이다. 비록 입증할 수는 없지만, 경험이 풍부한 이들이라면 어렵지 않게 알아챌법한 변화도 눈에 띄었다. 부채위기의 고통은 중남미 지도자들로 하여금 자신들의 낡은 접근법을 돌이켜보기에 충분한 충격을 제공했다. 덕분에 신선하고 훨씬 더 나은 방향으로 새롭게 출발할 수 있게 됐다.

물론 성공이 보장된 것은 아니었다. 각국이 부채문제를 타개해 나가는 동안 헛된 기대들이 곳곳에서 고개를 들었다. 중남미에서 가장 큰 나라이자, (그들이 항상 말하듯이) 신의 은총을 가장 많이 받은 나라 브라질은

10년에 걸쳐 부채와 씨름한 끝에 길을 잃어버린 듯했다. 인플레이션이 높아지는 가운데 경제는 침체하고 이상한 비관론에 시달렸다.

물론 그들은 경제를 현대화해 나가는 과정에서 동유럽과 구소련 국가들이 겪었던 경험을 교훈으로 삼을 수 있었다. 그러나 둘이 그토록 비슷한 것은 아니었다. 공산주의에서 벗어난 국가들, 특히 구소련 국가들의 부채 부담은 비교적 가벼웠고 감당하기가 쉬웠다. 대신 그들은 준비가 덜 된 상태에서 부채조정 부담을 떠안게 되었다. 이에 반해 중남미 국가들은 오래 전부터 정부기관들과 법률시스템, 자본주의 시장경제 시스템에 부합하는 사고방식을 갖고 있었다. 칠레와 멕시코, 아르헨티나에서 개혁 노력이 수년간 계속되었다.

가장 주목할 만한 교훈이 바로 그것이었다. 경제구조를 근본적으로 바꾸는 데에는 시간이 걸렸다. 대중과 정치인 모두에게 인내를 요구했다. 하지만 그 과정이 어렵다고 해서 민주주의와 정치적 자유를 제약해야 하는 것은 아니라는 사실을 중남미의 경험이 보여주었다.

위기의
기원

사람의 기억은 오래 가지 않는다. 요즘 우리는 1980년대 중남미 부채위기를 제3세계의 문제로 생각하는 경향이 있다. 하지만 그 위기가 발생했을 당시 그것은 제1세계의 문제였다. 그들의 은행시스템은 급작스럽게 붕괴할 위험에 처했다. 1982년의 긴급조치, 그리고 10여 개국과 수백 개의 은행들 및 몇몇 국제기구들의 노력을 조화시키는 고통스러웠던 과정들은 모두 자기보호라고 하는 가장 중요한 본능에 의해 추동되었다.

만일 다른 측면에서도 우리가 더 긴 집단기억[1]을 갖고 있다면 더 나은 결과를 낳았을 것이다. 국제 부채위기, 특히 중남미의 부채위기는 새로울게 없는 일이었다. 1970년대와 1980년대에 이뤄진 국경 간 대출 규모는 어마어마했다. 요즘처럼 선진화된 금융시장에서 현대적인 정보통신 수단을 사용해 이룬 결과가 아니었다. 백 년 또는 그 이전에도 당시 은행의 사이즈 대비 대출 규모는 지금 만큼이나 컸다.

---

[1] 집단기억(collective memory) : 흔히 부모세대에서 자식세대로 전달되는 한 공동체의 기억을 가리킴 (편자 주).

그러고 보니, 굉장히 중요한 에피소드를 마지막으로 겪어 본 게 꽤 오래전 일이다. 1920년대 말 짧고 강력한 '국제대출'(역자 주: 자본이 풍부한 나라의 은행이 부족한 나라의 정부 및 기업 등에 국경을 넘어 행하는 대출) 증가세는 1930년대 초 빠른 속도로 붕괴했다. 우리가 전 세계적 공황의 트라우마를 겪어 나가는 동안 문제는 중남미보다는 유럽에 훨씬 더 많이 불거져 나왔다. 전 세계적 공황의 트라우마를 겪어 나가던 그 당시 유럽에는 최근의 중남미 사례보다 훨씬 심각하게 국제대출이 집중되어 있었다. 그게 대공황 당시의 금융 및 경제의 붕괴를 더 복잡하게 만들어버리는 요인이 되었다. 하지만 금융을 다루는 사람들에게 두 세대는 거의 영원이나 마찬가지로 긴 세월이다. 1970년대의 세상에서 그 모든 것들이 눈에서 멀어지고 마음에서 멀어졌다.

나는 제2차 세계대전이 끝난 뒤 경제학도 시절에 그 문제를 접할 기회가 있었다. 하지만 당시 우리는 그것을 진지하게 다루지는 않았다. 그 시절에는 과잉부채의 문제를 안고 있는 게 아니었다. 전쟁으로 인한 그 모든 혼란을 겪은 뒤였기에 대출을 잘 안 해주려는 게 당시의 문제였다. 런던정경대에서 열렸던 세미나가 기억난다. 나는 대학원생이었다. 민간에 의해서 단기 무역금융 이외의 부문에서도 국제대출이 이뤄지려면 은행이 움직여야 한다는 게 당시의 생각이었다. 1920년대와 1930년대의 경우는 달랐다. 국제신용은 주로 해외시장에서 채권을 발행하는 방식으로 이뤄졌다. 위기 상황에서 자산가치를 지키고 시장을 안정시키기 위해 광범위하게 흩어져 있는 채권 보유자들 사이에서 채무조정을 조율한다는 것은 굉장히 더디고 비효율적이었다. 그것은 모든 사람들 각자의 문제가 되었다. 다른 대출자와 차입자, 결국에는 자신의 살을 깎아서 재산을 지켜내야만 하는 일이었다.

그 교훈이 내 머릿속에 깊이 자리 잡았다. 대규모 국제대출은 은행들 사이의 신디케이트[2]를 통해 이뤄져야한다고 나는 생각했다. 그렇게 해야 위험에 대해 전문적이고 신중하게 접근할 수 있으며, 최악의 상황에서는 공동의 이해관계 속에서 부채 구조조정을 함께 해 나갈 수 있기 때문이다. 훗날 나는 학생이 아닌 중앙은행가로서 중요한 것을 새롭게 배우게 되었다. 그 첫 번째 장점이라고 보았던 것, 그러니까 은행들이 미래에 대한 신중한 전망 속에서 위험에 조심스럽게 접근한다는 가정이 사실은 믿을 만한 게 아니었다. 그래도 전후 세계에서 다시 살아난 국제대출 대부분이 은행들에 의해 이뤄진 점은 다행스러운 일이었다. 어쩌면 역설적이게도 1980년대의 채권 보유자들은 은행들에 비해 더 좋은 조건으로 사태를 마무리 지을 수 있었다. 부도채권 규모가 상대적으로 작았기 때문이다. 그래서 그 채무는 정상적인 이자 지급이 이뤄질 수 있었다.

제1차 석유파동 이전에만 해도 무역금융[3]을 제외하면 은행을 통한 국제대출은 비교적 규모가 작았다. 그나마 고도로 국제화된 은행들에 거의 집중되어 있었다. 1974년 말 현재 개발도상국들에 대한 모든 은행들의 국제대출은 총 440억 달러였다. 그 중 3분의1 가량이 미국 은행들의 몫이었다. 당시 미국 은행들은 모든 은행 영역에서 대대적인 국제화 노력을 기

---

[2] **신디케이트(syndicate)** : 특정한 기업 또는 정부에 여러 은행이 공동으로 대출을 해주는 것을 의미(편자 주).
[3] **무역금융(trade financing)** : 외국과의 무역에 필요한 자금을 융통해주는 것으로, 일반적으로 나라 간에 이뤄지는 수출입 거래와 이와 관련한 국내거래(내국신용장을 통한 거래) 및 해외 현지거래의 각종 단계에 필요한 자금을 시중은행 금리보다 저리로 융통해주는 것을 가리킴(편자 주).

울이고 있었다. 개발도상국과 유사하게 분류될 수 있는 동유럽에 대한 대출 잔액은 약 140억 달러였다. 이 대부분은 유럽 은행들에 의해 이뤄졌다. 그리고 그 대출의 상당부분은 각국 정부로부터 보증을 받았다.

비교적 억제된 대출활동은 돈을 차입한 개도국의 고속성장이라는 맥락 하에 이뤄졌다. 1960년대 초부터 연간 6~7%의 성장률은 중남미나 일부 아시아 국가에서 아주 흔한 일이었다. 과거 어떠한 기준에서 보더라도 두드러진 경제성과였다. 미국 정치인 아들라이 스티븐슨 Adlai Stevenson 은 이를 두고 '기대상승의 혁명(revolution of rising expectation)'이라고 불렀다. 지속 가능하거나 그렇지 않거나, 그 고속성장을 유지하려는 노력이 중남미 및 여타 지역 지도자들에게 절실한 정치적 과제가 되었다. 1970년대 후반부터는 일부 동유럽 국가들이 개방 분위기를 조성했다. 1990년대 이후와 같은 극적인 것과는 거리가 있었지만 공산주의 국가들에서도 성장이 시작된다는 낙관론을 자극하기에 충분했다. 그 모든 것들이 대출 수요와 공급 욕구를 불러 일으켰다.

1974년 이후 원유 대금이 크게 늘어나자 많은 나라에서 대출 수요가 급증했다. 동시에 산유국들은 은행에 큰돈을 예금했다. 은행들은 이 돈을 굴려야 했다. 제2차 석유파동이 발생한 1979년 말까지 개도국에 대한 대출액이 2330억 달러나 됐다. 5년 전에 비해 거의 다섯 배로 불어났다. 미국에서 나간 대출이 약 35%의 비중을 유지했는데, 대출 규모가 1974년 말의 다섯 배에 달했다. 미국은 거의 참여하지 않은 가운데 동유럽에 대한 대출은 더 빠른 속도로 증가했다 140억 달러에서 640억 달러로 늘어났다. 일부 서유럽 정부들이 동유럽 개방을 독려하려 애쓰는 가운데 나타난 현상이었다.

개도국에 대한 대출이 급증하자 기존 국제대출시장을 주도해온 금융 회사 이외의 은행들도 대거 뛰어들기 시작했다. 다수의 미국 지방 은행들이 발을 들여 놓았다. 일본 대형 은행 모두가 참여하게 되었고, 나중에 안 사실인데, 유럽과 중동 일대에 흩어져 있는 다소 무명의 기관들도 포함되어 있었다. 그러나 대출의 속도를 정하고 다른 기관들의 활동을 이끄는 역할은 국제 업무 경험이 풍부한 미국과 유럽, 일본의 25~50개 은행들이 맡았다. 막 부자가 된 산유국들도 주로 이 은행들과 함께 일하고 싶어 했다. 서방 대기업들에게도 그랬듯이 중동의 통치자들에게 이 은행들은 안정성과 일관성을 지닌 친숙한 요새로 여겨졌다. 그런데 아주 우연하게도 이 대형 은행들이 자신들의 전통적인 기업고객들에 대한 대출경쟁력을 잃어버리는 일이 발생했다. 미국 주요 기업들이 단기자금시장에서 자신들의 이름으로 변동금리 증권(이른바 기업어음)을 통해 자금을 조달할 수 있다는 사실을 알게 된 것이다. 은행을 우회하는 길이 열린 셈이다. 일부 은행들은 부동산 대출시장에 진출했다가 호된 시련을 겪기도 했다. 예금이 계속해서 쌓여가는 가운데 은행들은 대규모 자금을 신속히 대출하는 새로운 방법을 찾아 나서야만 했다.

리스크의 온도

물론 변동성 높은 산유국들의 단기예금을 개도국들에게 수년간의 만기로 대출해준다는 것은 은행들에게 위험한 일이었다. 시장금리가 상승할 경우 은행들은 단기예금에 더 많은 이자를 지급해야만 했다. 그래서 그 리스크는 거의 항상 차입자들에게 변동금리 대출 형태로 전가되었다. '런던 은행 간 금리(리보, Libor)'라 불리는 유로달러 예금 금리에 일정한 마진을 붙인 이자율로 대출이 이뤄졌다. 은행들에게는 또한 예금원을 상실할 수 있는 유동성 리스크가 존재했다. 하지만 크고 강력한 유명 은행들에게 그러한 위험은 그다지 대수롭게 여겨지지 않았다. 예금시장은 엄청나게 컸고, 이자를 지불할 의사만 있으면 언제든지 자금을 구할 수 있다고 은행들은 생각했다. 자금을 차입한 국가가 원리금을 갚지 못하게 되는 신용리스크도 있었다. 이는 무시하기가 쉽지 않은 위험이었다. 정부 차입자에 대한 신용평가는 기업 대차대조표나 손익계산서를 분석하는 것과는 전혀 다른 차원의 기술과 경험을 요구했다. 다만 초창기에는 차입 국가의 자원에 비해 대출 규모가 그다지 크지 않았다. 그들의 경제는 빠른 속도로 성장했고 상환실적도 훌륭했다.

산유국들은 그들대로 이러한 리스크에 아주 무신경하지는 않았다. 유일하게 중요한 예외가 있었다면, 아프리카 등지의 이슬람 국가들에게 종교적 또는 정치적 배경에서 직접 대출을 해 주거나, 베네수엘라가 중미 이웃국가들에게 돈을 빌려줄 때 정도였다. 직접 대출을 가급적 꺼리는 산유국들의 이러한 나름 타당한 태도는 제1차 석유파동을 맞아 새로운 우려를 불러 일으켰다. 흑자를 내는 산유국들의 여유자금이 무역적자국으로 제대로 재순환(recycle)하지 못하는 병목현상이 심화될 것이란 걱정이었다. 1974년 초 미국 워싱턴에서 열린 에너지 콘퍼런스에서도 그 해법을 찾지 못했다. 오히려 공식적인 대책이 전혀 필요하지 않은 것으로 결론이 났다.

당시 미국의 신임 재무장관 빌 사이먼Bill Simon과 그의 동료들은 정부의 개입에 굉장히 부정적이었다. 이념적인 측면만큼이나 중요한 이유가 있었다. 선진국들은 그 리스크를 부담하고 싶지 않았고, 어떠한 경우에도 공공부문이 스스로 기민하게 움직이는 경우가 거의 없기도 했다. 특히 그토록 새롭고 복잡한 영역에서 여러 나라들의 협력이 요구되는 사안에 있어서는 더욱 그러했다. 게다가 마침 민간 은행부문이 스스로 나서서 높은 효율성으로 그 작업(역자 주: 산유국의 여유자금을 무역적자국에 리사이클링하는 일)을 수행하고 있었다.

은행들에게는 자금이 있었고 차입을 원하는 고객도 있었다. 은행들은 IMF나 세계은행과 달랐다. 요란스럽게 부수 정책사항을 요구조건으로 내걸지 않았다. 차입자들은 그런 은행들에게서 돈을 빌리기를 더 원했다. 요즘과 같은 시대에 은행들이 국가에게 그런 식의 요구를 한다는 건 어떤 경우에도 부당한 일이었다. 전통적인 은행 업무행태와는 달리 대출은 갈수록 다용도로 취급되어 경상수지 및 재정수지 적자국들이 파도를 헤쳐나갈 수 있도록 활용되었다. 대출은 주로 달러화로 이뤄졌다. 절하된 현지통화로 상환 받는 리스크를 은행들이 회피할 수 있었다.

잘 알려지지 않은 부분이 있었는데, 개도국 정부들이 자국 내에서 자금을 조달할 수 있는 수단들을 보유하고는 있었지만, 달러화로 대출금을 상환할 수 있을 만큼 자국 내에서 경화(역자 주: 硬貨, hard currency, 달러나 파운드, 마르크처럼 금에 준하여 국제거래 어느 곳에서나 받아들여지는 통화)를 충분히 확보할 수 있는지는 자신할 수가 없었다. 그것은 어디까지나 무역흑자와 자국화폐에 대한 신뢰를 이끌어 내는 능력에 달려 있었는데, 누구든 쉽게 가질 수 있는 것은 아니었다.

록펠러 vs. 시티그룹

전통적으로 은행원들은 무역을 진작하는데 필요한 자금을 1년 이내의 제한된 기간 동안 대출해주는 업무에 익숙했다. 만일 국제대출을 장기간 제공한다면, 그 수익성을 따로 분석해야 하는 특수 사업 또는 개발 프로젝트에 해당했다. 그 분석은 대출 과정에서 확고하고도 유용한 원칙을 요구했다. 하지만 건전한 프로젝트는 많지 않았다. 대신 국제수지 적자 충당에 쓰려는 대출 수요가 급증했다. 기존의 오래된 기준을 완화하려는 유혹을 뿌리칠 수가 없었다.

당시 미국 상업은행 업계에서 상반된 시각이 부상했는데, 두 명의 업계 라이벌에 의해 그 대립하는 시각이 두드러지게 나타났다. 내가 보기에 데이비드 록펠러의 경우 강력한 국제주의자였다. 그는 체이스 맨해튼 은행을 전 세계로 확장하려고 밀어붙였다. 하지만 그 은행은 동시에 비교적 조심스러운 대출 태도를 견지하는 전통을 갖고 있었다. 록펠러는 은행이 오일머니 수십억 달러를 재순환하는 과정에서 너무 많은 위험을 감수하도록 요구받지 않을까, 또는 스스로 앞장서서 그렇게 할까봐 걱정했다. 시티그룹을 이끄는 월터 리스턴은 공격적인 국제대출을 통해 은행 이익을 빠른 속도로 늘리려고 했다. 그래서 미국 은행들 중 국제대출 규모 면에서 큰 격차로 선두를 달렸다. 오일머니를 재순환하는 게 쉬운 작업이 아니었지만 그는 전혀 위축되지 않았다. 시장이 알아서 잘 할 것이니 정부는 개입하지 말라는 입장을 강력히 견지했다.

누가 옳았는지는 2년 안에 결판이 났다. 오일머니 재순환이 민간 은행 시장에서 놀라울 정도로 원활하게 이루어졌다. 상당부분은 미국 정부의 장려에 힘입었다. 시간이 갈수록 그 흐름은 모멘텀을 얻어갔다. 이름 있는 은행들은 국제시장에서 대출 자금을 손쉽게 구할 수 있었다. 대출 손실은 무시할 만했다. 은행들이 자기자본에 비해 더 높은 비율로 대출을 늘려갔지만, 은행 스스로는 물론이고 규제당국도 레버리지 확대에 관대해졌다. 공격적인 컨설팅회사들이 고지식한 은행산업에 최신 경영기법을 주입한 것도 이 트렌드에 중요한 역할을 했다. 국제수지 적자 보전용 대출을 해주면 은행들은 비싼 수수료를 선불로 받을 수 있었다. 해당 대출을 담당한 임직원은 매출을 늘린 보상으로 큰 성과급을 챙기고 승진할 수 있었다. 그 모든 것들이 아주 쉽고 신나는 일이었다. 전통적인 무역대출처럼 면화가 제대로 선적되었는지 걱정하는 일 따위는 하지 않아도 되었다. 국내 제조업체의 대차대조표를 분석하는 등의 번거로움도 없었다.

게다가 1970년대 후반에는 모든 게 굉장히 잘 돌아가는 중이라고 생각할 만한 합리적인 근거도 있었다. 1977~1978년에 이르자 브라질 같은 다수의 원유수입 국가들이 국제수지 적자 문제를 해결해가기 시작했다. 그들의 고속 성장세가 재개되었다. 산유국들의 경우는 석유 수출로 번 돈의 대부분을 광대한 현대화 프로젝트에 직접 투자했다. 조정 프로세스가 제대로 작동하는 모습이었다. 상호간의 축복이었다. 나중에는 결국 부채위기의 중심이 되긴 하지만, 멕시코에서는 대규모의 원유가 발견되는 특별한 일도 발생했다. 국가 잠재력에 대한 솟아오르는 열정을 주체할 수가 없었다. 빚에 시달리던 멕시코에게 새로 발견한 원유는 확실한 돌파구였다.

당시의 통계들은 전반적으로 고무적이었다. 은행의 손실 흡수능력을 의미하는 자본비율을 통해서 볼 때, 1970년대 말을 향해가면서 개도국에 대한 대출은 정점을 이루며 안정화했다. 당시 흐름을 주도하던 150

개 미국 은행들의 1977년 말 현재 개도국 대출은 자본의 150%에 달했다. 역대 어느 때보다 높은 수준이었다. 1979년이 되자 그 비율은 165%로 높아졌다. 잠재적인 문제는 주로 '머니 센터(money center)'라고 불리던 소수의 초대형 은행들에 집중되어 있었다. 통계상의 이유로 9개 은행들이 그 범주로 분류되었는데, 1970년대 말 이들의 개도국 대출은 자본의 250%나 되었다. 하지만 그러한 경우에서도 대출 비중은 정점을 이루며 안정화했다.

당시에는 제대로 인식되지 않았던 부분도 있었다. 빚을 진 사람에게 전통적으로 완충을 제공해주는 인플레이션이 잠재적인 고통 가능성을 가리고 있었다. 대출의 상당 비중은 달러화로 이뤄졌다. 그리고 미국의 인플레이션은 유로달러의 기준금리인 리보보다 높아졌다. 차입자는 실질(real) 측면에서 즉, 인플레이션 효과를 제거한 기준에서는 이자 부담을 거의 지지 않거나 아예 면할 수가 있었다.

차입국가들의 채무 부담은 연간 이자액을 그 나라의 원자재 또는 농산물 따위 수출액과 비교하는 방식으로 종종 판단한다. 1977년 중남미 국가들의 그 비율은 10.5%였다. 5년 전에 비해서는 높아졌지만 불길한 정도는 아니었다. 하지만 만일 인플레이션이 낮아지고 실질금리가 상승하는 경우에는 상황이 불안해질 수 있다.

솔로몬의 지혜

이 모든 일들이 벌어지는 동안 감독당국은 무엇을 하고 있었는지 당연히 궁금할 것이다. 경고음은 과연 울렸던가? 그렇지 않았다면 왜 그랬을까?

정부 일각에서는 당시 전개되고 있던 흐름에 대해 별 걱정 없이 태평했다. 그러나 연준의 생각은 달랐다. 내가 기억하기에 당시의 분위기는 그랬다. 내가 그 자리에 없었기에 확증할 수는 없지만, 아서 번즈 의장이 당시의 일화를 회고한 적이 있었다. 1976년 어느 날 번즈 의장은 한 무리의 리딩뱅크를 워싱턴에 소집했다. 과거 부동산 대출에서 저질렀던 과잉을 해외에서 되풀이할 위험이 있음을 경고했다. 그러나 반응은 신통치 않았다. 은행업에 관해서는 자신들이 의장보다 더 잘 안다는 입장이었다. 의심할 나위 없이 그건 사실이었다. 하지만 그 은행업 지식이란 것이 현명한 번즈 박사의 장기적 혜안을 대체할 수는 없었다. 그는 대공황을 경험했으며 평생을 경기 사이클 연구에 바친 인물이었다.

은행들 자신처럼 규제당국 역시 대출 익스포저[4]나 자본 대비 리스크의 흐름이 시간이 지나면서 안정화할 것이라고 자신하게 되었다. 게다가 우리 모두는 방정식의 또 다른 한 쪽 편을 바라보고 있었다. 중남미의 성장은 바람직한 일이며, 신규 대출을 갑작스럽게 끊으면 위험할 수 있다는 것이다. 그런데 마침 미국의 오랜 규제정책으로 인해 그러한 위험이 특히 멕시코, 브라질 등의 큰 나라에서 고개를 들기 시작했다. 대부분의 미국 대형 은행들은 연방정부로부터 면허를 받았다. 연방 은행업법은 대규모 차입자들에 대한 여신 비중이 은행 자본의 10%를 넘지 못하도록 규정하고 있었다. 1970년대 말이 되자 그 한도에 도달하게 되었다. 대형 은행들은 이들 큰 나라에 대한 신규 대출을 끊어야 할 상황을 맞게 되었다.

채무국들이 외교적 해법을 시도했다. 미 국무부가 경고음을 울렸다.

---

[4] 익스포저(exposure): 기업이나 개인이 외환의 거래, 대출, 투자와 관련하여 부담하게 되는 위험(편자 주).

중남미의 질서와 성장을 유지하는 게 무엇보다도 중요한 일이며, 누구도 그것을 무시해서는 안 된다고 주장했다. 하지만 법규는 명확했다. 위반시에는 형사처벌까지 하도록 되어있었다. 이에 직면한 당시 통화감독관 존 하이먼 John Heimann은 모든 창의력을 동원해야만 했다. 나를 포함한 여러 사람들과 상의한 끝에 그는 솔로몬과 같은 판정을 내렸다. 만일 정부기관, 예를 들어 멕시코 국영 석유공사 페멕스(Pemex) 같은 곳이 자국 내에 독립적인 재원을 보유하고 있다면, 미국 은행들은 그 기관을 별개의 차입자로 간주할 수 있으며, 비록 정부로부터 대출보증을 받는다 하더라도, 멕시코에 대한 10% 한도에 산입되지 않는다고 결론지었다. 결국 압박이 풀리게 되었다. 한도를 피하기 위해 멕시코와 브라질이 자신들의 대출을 여러 기관들로 급히 쪼개는 작업에 나섰다.

   그것은 과연 현명한 결정이었을까? 당시 나는 합리적이었다고 생각했다. 게다가 흥미롭게도 몇 년 뒤에는 완전히 다른 이유로 인해 단일 차입자 여신 한도 규제가 (레이건 행정부의 재촉에 의해) 완화되었다. 하지만 1980년대 당시의 저축대부산업의 문제를 누구든 잘 살펴본다면 그들의 위험감수 행위에 대해 어느 정도의 핵심적인 제한을 설정해 강제할 필요가 있다는 생각을 가질 것이다. 그들은 때때로 주먹구구식의 임의적인 위험 감수에 나서려는 경향들을 보일 수 있기 때문이다.

성장의 본능, 그리고 대출

그보다 좀 앞서서 나는 훨씬 더 정교한 장치를 고안해 은행들과 검사관들에게 해외대출 영역에 관한 가이드라인을 제공했다. 은행들의 익스포저가 늘어날수록 제약이 강해지도록 하되 대출이 급작스럽게 중단되지는 않게 하자는 아이디어였다. 번즈 의장도 이에 동의했다. 극단적인 경우가 아니라면 당국이 여신불가 대상국가를 특정하는 일도 없어야 했다. 개념상으로는 기발한 시스템이었다. 차입국가의 경제적 강건성과 은행의 익스포저를 함께 고려하는 교차분류 체계였다. 대상국의 경제적 위치, 은행의 건전성 및 대출 익스포저 규모 등을 조합하여 녹색, 황색, 심한 경우 적색 신호가 켜지도록 했다. 경보시스템을 뒷받침하기 위해 우리는 다수 국가들에 대한 분석을 시작했다. 일부 은행들도 자신들의 대출 판단을 지원하기 위해 같은 작업을 했다.

나는 개인적으로 그 틀을 짜는데 오랜 시간을 투입했다. 하지만 시스템이 설치된 지 몇 년이 지난 뒤에도 대출은 둔화하지 않았다. 전반적인 프로세스에서 굉장히 미묘한 차이가 있었다. 검사관들이 현장에서 관리를 하거나 은행들이 효과적으로 대응하기에는 너무 미묘했다. 10여 년이 지난 뒤에 나는 은행검사관들이 너무 강경한지 아니면 허술한 지에 관한 논쟁을 다룬 글을 읽게 되었는데, 과거에 만들었던 여러 색깔의 경고 차트가 떠올랐다. 관료제는 분명한 녹색 또는 적색 신호에서 가장 잘 대응한다. 하지만 그 중간에서 세밀한 신호를 내려고 노력하는 것은 동그라미로 네모를 만드는 것만큼 불가능한 일이다.

그런 측면에서 상업은행 관료체제를 이끄는 것은 공공행정 관료제보다 결코 쉬운 일이 아니었다. 1970년대 말과 1980년대 초에만 해도 모든 시스템이 좋아 보였다. 다수의 국가 분석 애널리스트가 고용됐으나, 어떤 공식 검토 과정에서도 대출 담당자들은 해외대출에서 큰 손실을 입은 적이 없다는 것을 알고 있었다. 특히 중남미에서는 더욱 그랬다. 월터 리스턴이 늘 강조했듯이 그들은 은행 대출 중에서 가장 안전한 카테고리의 기록을 보고 있었던 것이다. 대출 만기가 되면 당연히 그들은 관례대로 '롤오버(roll over, 역자 주: 만기 연장)' 해주거나 새로운 대출로 바꿔주었다. 그런데, 미국 정부에 대한 대출 역시도 사실 그런 것 아닌가?

대출 담당자 문제와 관련해서 또 주목할 점은 당시 그 대출의 수수료 수입이 굉장히 컸다는 사실이다. 은행들이 너도 나도 뛰어 들면서 대출 경쟁이 치열했다. 보통 은행들의 스프레드(spread: 리보 도매조달 단기금리와 제3세계에 대한 대출금리 사이의 차이)는 0.5%도 채 안 되는 수준까지 떨어졌다. 은행 자본에 합리적인 수익을 내주기 어려운 지경이었다. 하지만 단기자금시장에서 활동하는 대형 은행들과 그 업무를 담당하는 은행원들은 여러 대출을 한 곳에 묶어 신디케이트를 주선함으로써 추가 수수료 수입을 거뜬히 올릴 수 있었다. 중남미로 향하는 항공기에는 항상 대출약정서를 지참한 젊은이들로 넘쳤다.

차입자의 입장에서 볼 때 그것은 지극히 당연한 일이었다. 성장하기를 원하고 요구하는 것은 인간의 본능이다. 돈 빌리는 게 굉장히 자유롭다면, 그래서 오로지 당신의 의사에만 달려 있는 일이라면, 아마도 당신은 돈을 빌려 쓰고자 할 것이다. 때로는 사려 깊은 수준을 넘어서는 정도까지 그 돈을 사용하려고 할 것이다. 제3세계의 대통령이나 재무장관에게 1970년대의 국제 은행은 마치 한도에 동그라미가 서너 개 더 붙은 신용카드를 우편함을 통해 받는 것과 다름없었다. 게다가 불행하게도, 군사적 필요나 심지어는 지역 사업을 밀어붙이려는 부패한 동기 역시도 해외 차입을 촉진했다.

멕시코 외환위기의 전말

나와도 관련이 있는 멕시코 관료들의 일화가 있다. 1980년과 1981년 사이 멕시코의 고위 재무관료들은 급증하는 국가 외채를 심각하게 우려했다. 그들은 용기를 내어 로페스 포르티요_{Lopez Portillo} 당시 대통령을 찾아가 외채를 줄이고 그 과정에서 폭발적인 경제성장세를 늦출 것을 건의했다. 대통령은 생각해 보겠다고 했다. 그리고는 몇몇 지인들에게 의견을 구했다. 특히 일부 은행들에게 멕시코의 부채문제를 그들도 우려하는지 물었다. 은행들은 그렇지 않다고 했다. 대통령은 재무관료들의 건의를 거절했다.

1981년 한 해에만 멕시코는 외채를 150억 달러 더 늘렸다. 총 잔액이 약 35% 증가했다. 은행들의 낙관론을 반영해 대출 가산금리는 오히려 줄었다. 위기를 향해 달려가는 과정에서 외채 우려를 건의했던 관료들은 해고됐다. 경고음을 너무 일찍 울린 대가였다.

제1차 석유파동 때와는 달리 대부분의 중남미 국가들에게 있어서 제2차 석유파동은 외채 팽창을 재차 촉발하는 계기가 되었다. 그 결과 경제는 더욱 취약해졌다. 그리고 나서 오래 지나지 않아 미국 연준이 새로운 통화정책을 도입했다. 마이너스(-) 실질금리의 시대는 종식되었다. 역설적이게도 위기는 석유 수출국으로 변모한 나라의 눈앞에 닥쳤다. 제1차 석유파동 이후 원유자원을 자체 개발했던 멕시코는 도가 지나쳤다. 1982년 2월에만 해도 대출 제공에 혈안이 되었던 은행들이 6월이 되자 등을 돌려버렸다. 멕시코의 외채가 통제불능 상태로 팽창하고 있었고, 인플레이션은 가속도를 냈으며, 유가가 정점을 찍고 내려오자 수입액이 원유 수출액을 추월해 계속 증가했다.

실제 지표로는 6개월 또는 그 이상 지체되어 확인되었지만, 위기가 오고 있다는 사실을 알아채는 것은 어렵지 않았다. 최근 3년 사이에만 개도국에 대한 은행 대출이 50% 이상 증가해 1982년 말 잔액이 3620억 달러에 달했다. 그 중 3분의1이 미국 은행들에 의한 것이었다. 멕시코가 해외은행에 진 빚은 약 600억 달러였다. 연간 국민총생산의 약 40%에 해당하는 규모였다. 미국 9개 대형 은행들이 멕시코에 내 준 대출금만 해도 자기자본의 45%에 달했다. 중남미 모든 국가들에 대한 대출은 거의 자기자본의 두 배에 이르렀다.

멕시코 위기 여부는 더 이상 의문의 여지가 없었다. 위기에 어떻게 대응할 것인지가 1982년 상반기 내내 이슈가 되었다. 멕시코의 포퓰리스트 정부는 성장 속도를 늦추라는 권고를 몇 차례나 반복해서 거절했다. 은행 대출을 쉽게 받을 수 있었기 때문에 그렇게 해야 할 이유를 느끼지 못했다. 정책은 물론이고 개인적인 과잉에 대해서도 비난을 받고 있던 임기 6년 말기의 로페스 포르티요 대통령은 자신의 잘못을 인정하고 싶지 않았다. 1982년 2월 금융시장은 페소화 런(run, 역자 주: 투매)의 형태로 명백한 위기 경고음을 울렸다. 이는 평가절하를 촉발하고 제한적인 긴축정책으로 이어졌다. 하지만 어떠한 정책 대응도 신뢰를 주지 못했다. 미니 위기가 행운을 가져다주기도 했다. 헤수스 실바 에르소그Jesus Silva Herzog 재무장관과 미겔 만세라Miguel Mancera 멕시코 중앙은행 총재의 경제팀이 새롭게 구성되었다. 그들은 정말 최상급이었다. 둘은 수년 전 중앙은행에서 커리어를 시작한 사람들이었다. 집권 제도혁명당으로부터 차기 대통령에 지명된 미겔 델라 마드리드Miguel de la Madrid 역시 중앙은행 출신이었으며 경제팀의 두 사람과 면밀히 협력했다.

실바 에르소그와 만세라가 IMF와 세계은행, 미 재무부, 그리고 나에게 악화하는 상황을 알리기 위해 한 달에 한 번 꼴로 워싱턴을 방문하기 시작했다. (그들의 연준 방문 기억은 실바 에르소그에게도 레몬 머랭 파이와 함께 뚜렷이 남아 있다. 그 파이는 당시 연준 카페테리아에서 금요일마다 나오는 고정 메뉴였고 내가 좋아하는 것이기도 했다.) 우리의 권고는 당연히 IMF에 지원 신청을 하라는 것이었다. 국내경제를 개혁하는 효과적인 프로그램을 도입함으로써 미국 등 해외 안전지역으로 이탈하고 있는 멕시코 자본의 출혈을 막으라고 권고했다. 그들의 답변은 심플했다. 내가 나중에 미국 재정적자 축소를 권고했을 때 미국 재무장관으로부터 들은 것과 똑같았다. 그들의 대통령이 그걸 수용하지 않을 것이라고 했다. 로페스 포르티요 대통령이 6년쯤 전 취임했을 때에도 멕시코는 혹독하고 인기 없는 IMF 프로그램의 감독 아래에 있었다. 그는 자신의 임기 말년에 그 경험을 되풀이하고 싶지 않았다. 새 대통령을 기다리는 수밖에 없었다. 7월이나 되어야 선거가 치러질 것이고, 새 정부가 공식적으로 들어서는 것은 그로부터 5개월이 지나야 했다.

결국 시간을 어떻게 벌 것인지가 문제였다. 상황을 심리적으로도 안정시키기 위해 우리는 멕시코 중앙은행에 대한 하루짜리 스와프 지원을 한두 차례 연장해 월말 외환보유액 수치가 좋아 보이도록 노력했다. 외환보유액이 늘어나도록 송금을 한 뒤 그 다음날에는 되돌려 받았다. 하지만 우리는 굉장히 불안했다. 돈을 떼일까 봐 그랬던 게 아니었다. 우리의 그 '윈도우 드레싱'이 멕시코가 처한 상황을 완전히 숨기고 있었기 때문이었다. 멕시코는 해외 은행들에게서, 그리고 멕시코인들 자신으로부터 극도로 압박을 받고 있었다. 멕시코의 새 대통령이 여건이 되는대로 최대한 서둘러서 IMF 프로그램을 추진할 것임을 실바 에르소그가 개인적으로 보증할 용의가 있다는 점을 들어, 나는 우리 재무부의 묵인 하에 당시 조치를 연방공개시장위원회(FOMC)에 설명했다. 하지만 IMF 프로그램 신청은 로페스 포르티요 현직 대통령이 관례대로 고별연설을 하는 9월 1일 이전에는 일어날 수 없는 일이었다. 멕시코의 통치 공백 기간은 길었다. 너무나도 길었다.

　마침내 은행 신규 대출이 자취를 감춤에 따라 연준은 7월 멕시코 선거 이후 스와프 협정을 가동하기로 합의했다. 미국과 멕시코 사이의 통화스와프는 오래 전부터 존재했던 것으로 7억 달러 규모였다. 그것은 하루짜리 윈도우 드레싱이 아닌 진정한 대출이었다. 멕시코 관료들이 은밀하게 IMF와 협의를 진행하는 가운데 그 자금으로 여름의 파도를 헤쳐 나가 보자는 계산이었다. 적어도 9월 또는 그 얼마 뒤까지는 강력한 경제개혁 프로그램을 수반한 IMF 자금 대출을 발표하는 게 불가능하다는 것을 우리는 알고 있었다. 그런데 현실적으로 최선책이었던 우리의 계획에는 한 가지 작은 난관이 있었다. 신뢰가 이미 바닥나 있었던 것이다. 한두 달은 버틸 걸로 봤던 멕시코의 외환보유액도 대대적인 해외도피 행렬로 인해 바닥을 드러내고 말았다.

위기와의
—
조우

그해 8월 9일 주간이 시작되자 위기가 현관 앞에 도달하고 말았다. 나의 경우에는 와이오밍의 한 낚시터로 위기가 찾아왔다. 그날 아침 나는 아무 것도 잡지 못해서 애를 먹고 있었다. 그리고 그날 오후 컨티넨털 일리노이은행의 회장이 나를 찾아왔다. 은행이 엄청난 어려움에 처해 연준의 지원을 받아야 할 것 같다는 것을 알리려 날아온 것이다. 다음날 연준에서 연락이 왔다. 멕시코의 자금이 곧 바닥나게 생겼다고 했다. 물고기는 거의 하나도 잡지 못한 채 나는 워싱턴으로 돌아갔다. 금요일이 되자 헤수스 실바 에르소그와 그의 지칠 줄 모르는 외채관리 담당 책임자 앙헬 구리아 Angel Gurria가 내 사무실에서 상황을 분석하고 대책을 강구했다. ('추초(Chucho)'라는 별명으로 널리 알려진 실바 에르소그는 그 뒤 수심에 찬 은행가들을 한 방에 모아 놓고는 멕시코 외채를 걱정하지 않아도 된다고 안심시켰다. 헤수스와 앙헬은 결국 그 말을 책임지게 되었다.)

어떠한 조건에서도 신규 은행대출이 완전히 막힌 상황이었기에 멕시코가 만기 채무를 일절 갚을 수 없게 됐다는 것은 명약관화한 사실이었다. 가능한 한 조속히 은행들에 알려야 할 상황이었다. 그러는 사이 미국과 일부 국가 중앙은행들에게서 긴급 단기자금을 지원받을 가능성이 있었다. 멕시코에서 다소 일관성 있는 정책 프로그램이 추진되고 있었고, IMF에 곧 자금 지원을 신청할 의지도 보였기 때문이다. 그런 공적인 자금으로 민간 상업은행 돈을 갚는데 사용하는 것은, 즉 상업은행들을 구제해 주는데 사용하는 것은 안 될 일이었다. 그 공적인 지원금은 단기적인 다리 역할을 하는 브리지 금융으로, IMF의 중기 대출금이 들어오거나 신규 은행대출이 다시 이뤄지는 대로 상환하는게 옳았다.

미국 재무부 관료들은 나중에 멕시코 위기의 수준이나 그 함의를 미리 제대로 파악하지 못했다는 이유로 비난을 받았다. 하지만 당시로서는 그들이 할 수 있는 게 거의 없었다. 그리고 위기가 더 이상 가능성이 아닌 현실이 되고 난 뒤 그들은 의심의 여지없이 혼신의 힘을 다 기울였다. 도널드 리건 재무장관의 지휘에 따라 팀 맥나마Tim McNamar 차관이 8월 14일 그 엄중한 주말에 미국 정부 자원을 조정하고 확보해내기 위해 매달렸다.

standstill

농업수출을 지원하기 위해 마련된 PL-480 프로그램에 근거해서 농업여신 규모를 산출해 내는 작업은 손쉽게 이뤄졌다. 이미 활용한 전례도 다수 있었다. 중요한 돌파구를 마련하기 위해서는 멕시코에게서 전략비축유를 수입하는 조건으로 10억 달러의 대금을 선지급하는 계약을 승인 받아야 했다. 이 작업에는 많은 기술적 문제들이 있었다. 해당 사안의 정치적 후폭풍 가능성이나 이슈의 심각성을 잘 알지 못하는 예산국과 에너지부의 장사꾼 본능을 만족시키기 위해서는 터무니없이 높은 이자를 적용해야 할 상황이었다. 이자를 물어야 할 멕시코 석유 담당 관료들은 당연히 발끈했다. 미국 측 협상진이 이자율을 절반으로 삭감하기 전까지 지원 패키지 전체가 하루 종일 흔들릴 수밖에 없었다.

재무부는 멕시코에 대한 연준의 스와프 제공에 참여할 의사가 있었다. 나는 여러 나라 중앙은행들이 함께 참여하는 신용제공 패키지를 구축하기 위해 해외의 몇몇 카운터파트에게 연락했다. 결국 규모는 18억 5000만 달러가 되었다. 우리가 목표로 했던 15억 달러보다 약간 많았다. 그 중 절반을 미국이 맡았다. 영국의 중앙은행인 영란은행의 고든 리처드슨^{Gordon Richardson}, 스위스 중앙은행의 프리츠 로이트빌러(나중에 국제결제은행 총재도 역임했다.) 등은 다급한 상황임을 본능적으로 이해했다. 그들은 풍부한 경험을 바탕으로 우리를 도와 유럽 주요국 중앙은행들이 브리지 여신에 참여하도록 호의를 베풀었다. 일본은행의 하루오 "마이크" 마예카와^{Haruo "Make" Mayekawa} 총재는 BIS 및 여타 중앙은행 회의에 열심히 참석했던 신뢰할 만한 인물이었는데, 미국 다음으로 큰 규모를 지원하는 데 대한 정부의 승인을 금세 얻어냈다. 그 모든 것들이 주말까지 이뤄졌다. 물론 가닥을 잡아야 할 어려운 문제들이 많이 있었지만 그나마 원칙적인 내용을 발표할 정도가 되었다. IMF 지원이 불발되더라도 일부 상환 받을 수 있도록 브리지 금융에 만족할 만한 안전장치를 두는 작업이 무엇보다 시급했다.

전반적으로 그것은 국제금융협력에 있어서 주목할 만한 사례가 되었다. 후속 강제장치들이 있긴 했지만, 합의는 그야말로 금융 관료들 특히 중앙은행가들의 상호신뢰에 기반해 이뤄졌다. 그동안의 경험과 업력(業

力), 훈련 덕분에 그들은 긴밀한 이해와 진솔함으로써 뛰어나게 함께 문제를 다룰 수 있었다. 당시 우리는 긴급사안의 특성을 서로에게 설명하는 데 긴 시간을 소비하지 않아도 되었다. 각국 은행시스템에 가해진 위협의 정도는 아마도 상이했을 것이다. 하지만 각국 은행들 사이의 밀접한 관계로 인해 주요국 중 그 누구도 분리되어 안전하다고 자신할 수 없었다. 오히려 그 이상의 문제가 있었다. 금융위기로부터 떨어져 있는 나라들조차도 멕시코가 처한 곤경, 그로 인해 난관에 봉착한 국가개발, 중남미 전반에 처해진 현실 등을 이해할 수가 있었다. 다행히도 새로 온 멕시코 금융 관료들 역시 우리들에게 잘 알려진 사람들이어서 우리의 우려 사항을 공유할 수가 있었다.

단기 브리지론과 여타 여신이 원칙적으로 합의됨에 따라 우리는 8월 20일 뉴욕 연준에서 전 세계 수백 개 리딩뱅크의 수장들을 초청해 회의를 갖기로 했다. 회의 형식과 시기, 용어 모두가 중요했다. 그날 저녁을 나는 뉴욕 연준에서 멕시코 관료들과 앤서니 솔로몬(그가 재무부에서 나온 뒤 나는 그에게 뉴욕 연준 총재직을 권했다), 팀 맥나마 그리고 두 명의 핵심 연준 관료인 테드 트루먼^{Ted Truman}과 샘 크로스(이 두 사람은 이후 수년간 중남미 부채문제 해결에 참여했다) 등과 함께했다. 만찬 중에도 우리는 멕시코의 휘청거리는 대외 부채문제, 동일한 원유를 다중으로 담보로 잡았다 발각된 놀라운 사례 등 악성 뉴스들과 씨름을 해야 했다. 연준 규제에 부합하지 않는 은행인수어음 형태의 크레디트 라인도 다수 발견되었다.

실바 에르소그는 솔로몬이 소개를 하기로 했다. 그렇게 함으로써 우리의 공식적인 이해와 우려를 드러내자는 것이다. 은행들에게는 '현 상태

유지(standstill)'를 요구하기로 했다. 은행차압이 법적으로 불가피해질 수 있는 '모라토리엄'이나 '디폴트'라는 용어에 비해서는 덜 놀랍고 덜 공격적이었다.

최종대부자

그 모든 것들이 신속하게, 그리고 전반적으로 부드럽게 이뤄졌다. 나는 뉴욕 회의에 참석하지는 않았으나, 실바 에르소그와 구리아는 자신들이 처한 난관을 분명하게 설명하면서 은행들에게 자신들이 이해하고 있는 바를 뚜렷하게 각인시켰다. 그들은 자금원을 확보하려는 멕시코 정부의 의도를 최대한 설명했다. 일부 은행들이 다소 놀란 듯이 몇 가지 질문을 했으나 현상유지 요청에 특별히 반대하는 사람은 없었다. 노련한 실바 에르소그는 즉각 언론에게 '암묵적 동의'라고 해석해 주었다. 그 해석에 반기를 든 은행은 없었다. 곧이어 양자 간 합의 가능한 접근법을 도출하기 위한 미팅이 준비되었다. 당연히 은행들에게는 다른 실행가능한 선택지가 없었다. 바로 그 때부터 합의는 은행들 위원회와의 자발적 협상을 통해 도출된다는 관례가 수립되었다. 그 뒤로 위기가 확산하는 가운데 여러 나라들이 이 관례를 따랐다.

그 모든 것들이 합리적으로 부드럽게 이뤄졌다고 내가 말하기는 했지만, 그 뒤로 며칠간 그리고 몇 주 동안 난제들을 해결하는데 있어서 법률이나 은행 비즈니스 또는 인간적인 문제들로 인한 복잡하고 불만족스러웠던 일들이 적지 않게 발생했다. 나는 개인적으로 운이 좋았다. 뉴욕에서 솔로몬과 크로스에 의존할 수 있었고, 워싱턴에서는 연준 참모로 얼은 인재인 마이클 브래드필드의 도움을 받았다. 국제조사부문 헤드로서 그 누구보다도 훌륭하게 팩트들을 수집 정리해 낸 테드 트루먼도 있었다. 나중에는 제럴드 코리건^{Gerald Corrigan}이 뉴욕 연준에서의 솔로몬의 업무를 넘겨받아 그 과정에 투입된 뒤 오늘날까지 이르고 있다. 그는 워싱턴에서 나의 보좌관으로 일했고 미니애폴리스 연준 총재를 보좌하기도 했다. 민간 뱅커들 중에서는 시티은행의 윌리엄 로즈^{William Rhodes}가 있었다. 스페인어를 능숙하게 구사하는 그는 중남미에 근무한 경험이 있는데, 당시 민간 상업은행들을 조직하고 조율하는데 있어서 엄청난 역할을 했다. 수시로 좌절감을 줬던 그 수년의 긴 세월 동안, 로즈는 디폴트로 내몰기보다는 은행들과 차입자들을 달래고 회유해가며 협상을 통해 금융조건을 합의에 이르게 하는 게 서로의 이익에 더 잘 부합한다는 사실을 깨닫게 했다.

앞서 나는 이 문제를 해결하는데 있어서 미국 재무부와 해외 중앙은행들의 역할을 간략하게 소개했다. 이는 주로 고든 리처드슨과 국제결제은행(BIS)의 조율 하에 이뤄졌다. 당시에나 그 이후에나 당국의 개입은 긴요했다. 기초적인 경제교과서가 설명하는 중앙은행의 기본적 기능 즉, 국가 은행시스템에 대한 '최종대부자(lender of last resort)' 역할에 충실했다. 은행들이 대출을 꺼려함으로 인해 금융패닉이 우려되는 순간에 중앙은행은 필요한 경우 통화를 창출함으로써 그 공백을 메울 수 있다는 개념이다. 당시 우리는 국제적인 스케일에서 집단적으로 그 역할을 수행했으며, 이로 인해 사안이 아주 복잡했다. 하지만 그게 국내적이었든 국제적 차원에서 이뤄진 것이든, 최종대부자라는 것에 대해 제기되는 핵심 문제는 동일했고 그에 대한 답변은 항상 평가가 필요했다.

그 교과서적인 금언은 19세기 영국의 금융저술가 월터 배젓^{Walter Bagehot}이 제시한 것이었다. 유동성을 보완하기 위해 중앙은행은 은행들에게 최대한 빌려주되(높은 금리를 적용하라고 그는 주장했다), 상환능력에 문제가 있다면 전혀 빌려줘서는 안 된다고 배젓은 말했다. 쉽게 설명하자면, 만일 은행이 겪는 문제가 단지 현금 부족이라면, 중앙은행은 그들이 필요로 하는 전액을 빌려주어야 한다는 얘기다. 그러나 만일 은행의 자산이 부채보다 적어 근본적으로 부실한 상태라면, 한 푼도 빌려주지 말아야 한다는 것이다.

이후로 수년간 부채위기를 감정하는 과정에서 중남미 국가들이 유동성의 어려움을 겪고 있는지, 아니면 상환 문제에 직면했는지에 관해 많은 논의가 있었다. 개별 사례에 따라 상당히 다른 대응이 이뤄질 것임을 의미하는 것이다. 국가의 상환능력을 가린다는 것은 당연히 여간 어려운 일이 아니다. 시티그룹의 월터 리스턴은 한참 잘 나가던 시기에 늘 '국가는 부도를 낼 수 없다'고 말하곤 했다. 하지만 실제 사례는 그렇지 않다. 수년에 걸쳐서 보면 국가의 부도가 다수 있었다. 다만 국가에는 기업과 같은 유형의 대차대조표가 없는 게 사실이다. 그리고 극단적인 환경 외에는, 중요한 것은 그 국가의 능력이 아니라 상환의지이다. 그러나 정치적인 이슈를 배제하고 보더라도 상환능력 상실과 유동성 부족을 구분해 내는 것은 현실세계에서는 교과서만큼 쉽지가 않다. 중앙은행에서 어느 정도 일해 본 나로서는 순수한 의미의 유동성 문제라는 사례는 없다고 확신한다. 대개 상환능력에 대한 일부 의문이 존재하기 때문에 상당한 유동성 문제에 봉착하게 된다. 그렇지 않다면 돈을 빌려주려는 사람이 그렇게 부족해지지는 않을 것이다. 만약 신용이 대단히 높다면 거의 항상 돈을 빌릴 수 있으며, 침몰하지 않을 것이다.

위기대처 능력자들

우리는 멕시코의 미래와 상환의지에 신념을 갖고 있었다. 다만 그 신념이 9월 초 토론토에서 열리는 IMF 회의 전날 다소 손상된 것이 사실이다. 망가진 평판을 회복하기 위해 로페스 포르티요는 IMF 합의 필요성을 점 잖게 받아들이는 대신 자신의 포퓰리스트 본능을 연설에서 분출했다. 멕시코 은행들을 국유화하겠다고 했다. 그들이 자본이탈을 촉발하고 조장했다고 여겨졌기 때문이다. 자본통제도 들먹였다. 그 모든 것들을 감당할 수 없었던 미겔 만세라 멕시코 중앙은행 총재는 사임했다. 그런 연설이 있을 것이란 언질을 받지 못한 채 토론토 IMF 회의에 참석한 실바 에르소그는 자신 역시 사임해야 할 지 고민했다. 자연히 멕시코 은행들의 해외 지점에서 달러예금의 이탈이 가속화했다. 어떤 날에는 영업 종료 직전 달러예금 인출 요구에 응할 수가 없게 된 멕시코 은행들로 인해 복잡하고 자동화된 국제청산결제시스템이 장애를 일으킬 뻔한 일도 있었다. 전체 시스템에 대한 신뢰까지 위협을 받은 것이다.

모두가 동의한 것은 아니지만, 각국 중앙은행 대표들은 멕시코 은행들의 달러 유동성 유지를 돕는데 있어서 얼마나 많은 브리지 금융을 지원할 것인지에 관해서는 내가 판단하도록 위임했다. 토론토의 한 호텔방에 모두 모인 자리에서 나는 멕시코에게 청산결제시스템을 모두 상환하는데 충분한 자금을 방출하는데 동의했다. 멕시코 은행들의 달러 예금주 대부분은 다른 은행들이었다. 개인은 없었다. 그 예금주들이 기본적인 예금거래 관계를 대체로 유지하고 예금인출을 통해 시스템을 교란하지 않는다는 전제조건 하에 숟가락으로 떠먹이듯이 멕시코 은행들에게 자금이 지원되었다. 멕시코 은행들과 그 예금주들을 설득하는데 굉장한 노력을 기울였다. 결국 압박이 잦아들었다. 몇 주 뒤 미겔 델라 마드리드 차기 대통령 보좌진들이 IMF와 협상을 시작할 수 있게 되었다. 카를로스 살리나스 데 고르타리 Carlos Salinas de Gortari 가 멕시코 협상팀을 이끌었다. 당시 35세의 전문 관료였던 살리나스가 6년 뒤 델라 마드리드의 뒤를 잇는 대통령 후보가 될 것이라고 당시에는 전혀 예상하지 못했다.

1979년, 자크 드 라로지에르가 IMF 총재에 선임되었다. 프랑스 재무장관으로 일하면서 좋은 인상을 보여준 덕이었다. 특히 1975년에 에드여 미국 재무차관과의 IMF 협정 개정 협상 때 두각을 나타냈다. 당시만 해도 나는 그를 잘 알지 못했다. 그는 나보다 좀 어렸고 내가 재무차관을 할 때 관료 직급상으로 한 단계 아래에 있었다. 중남미 부채위기를 다룰 때 우리는 함께 일하게 되었는데, 용기와 선의를 가진 그의 역량을 나는 금세 알아챌 수 있었다. 특히 그러한 역량이 당대의 국제금융 문제에 적용될 때 얼마나 큰 영향력을 발휘할 수 있는지 깨달았다. 당시 중남미에서는 물론이고 그 이후 다른 위기들을 다루는데 있어서도 IMF는 가장 중심에 서 있었다. 채무국과 채권 은행들 사이에서 드 라로지에르의 역할은 국제적인 차원에서의 파산법원 판사와 유사했다. 그러나 그 분야에는 제대로 수립된 관련 법이나 경험이 없었다. 드 라로지에르는 일을 해 나가면서 새롭게 룰을 만들어 나가야만 했다. 그는 대단한 능력과 일관성을 발휘하며 그 일들을 해냈다.

드 라로지에르의 아이디어

멕시코와 함께 개발한 경제조정 프로그램의 많은 요소들은, 그 구체적인 내용에서는 실행에 상당한 어려움이 있을 법했는데, 기본적으로 IMF의 표준적인 해법을 담고 있었다. 재정적자를 대폭 줄이고, 세금을 인상하고 보조금을 삭감한다. 아울러 임금을 억제하고, 통화공급 역시 대폭 줄이는 것이다. 달라진 점은, 멕시코가 다시 자립할 때까지는 불가피할 수밖에 없는 경상수지 적자를 보전하기 위해 충분한 자금을 공급한다는 것이다. 그에 소요되는 자금은 IMF 자신이나 여타 공적 대출기관이 무리 없이 공급할 수 있는 수준을 넘었다. 은행들이 자신의 이익을 위해 나머지 자금을 공급해 주어야만 했다. 그러지 않을 경우 기존 대출을 돌려받을 가능성은 훨씬 낮아져 은행들의 이익은 위태로워질 것이었다.

개념적으로는 충분히 명쾌한 일이었다. 그러나 문제는 개별 은행들에게 공동의 이익을 깨닫도록 해 새로운 대출 패키지에 참여하도록 설득하는 일이었다. 다수의 소형 은행들은 무임승차할 기회만 있다면 대출 패키지에서 빠지고 싶었을 것이다. 여타 대형 은행들과 IMF가 멕시코에 지원한 자금을 통해 자신들의 대출금 일부를 상환 받고 이자도 정상적으로 받고 싶었을 것이다. 멕시코에 빌려준 돈이 적은 은행들은, 그다지 공격적으로 그러지는 않더라고, 신규 자금을 지원하는 대신 기존 대출의 손해를 감수하더라도 아예 미지의 국제금융의 세계에서 빠져나오고 싶었을 것이다. 멕시코에 큰돈을 빌려줬던 대형 은행들의 경우에는 멕시코가 부도를 낼 경우 잃을 것이 많았기에 신규 대출 참여 쪽으로 기울어 있었다. 물론 자신의 경쟁 은행을 구제해주기 위해 참여한 것은 아니었다.

일이 꼬일 가능성을 차단하기 위해 드 라로지에르 총재는 전에 없던 장치를 고안해 냈다. 이는 향후 부채위기를 다루는데 있어서 기본적인 금융 프레임워크를 짜는 기준이 되었다. 드 라로지에르 총재는 은행 자금 지원 소요액 중 '긴요한 분량'을 상업은행들이 먼저 약정하지 않는 한 멕시코에 대한 지원을 승인하지 않겠다고 고집했다. 상업은행들이 제공할 것으로 기대되는 대출 지원의 90%(멕시코 1차 프로그램 때에는 약 50억 달러였다)를 먼저 약정하라는 것이다. 이는 대출은행들 사이에 강력한 연대를 이끌어 냈다. 은행들은 각자 얼마만큼의 부담을 나누어질 것인지를 두고 장기간의 협상에 착수했다. 은행 내부의 협상은 멕시코와의 협상만큼이나 수시로 어려움을 겪었다. 때때로 드 라로지에르 또는 내가(가끔은 우리 둘 모두) 채권은행들과 만났다. 이슈를 환기시키고, 커뮤니케이션이 분명해지도록 하고, 합의를 이루는 게 중요하다는 것을 설득했다. 수개월이 걸렸다. 결국 1983년 초, 델라 마드리드가 취임한 뒤 모든 일들이 진전을 이루었다.

그 이후의 많은 위기들은 멕시코 1차 프로그램과 비슷한 패턴을 보였다. 중남미 채무국이 돌아가며 대출시장에서 차단당했다. 일부 아프리카 및 아시아 국가들도 그랬다. IMF에 몇 번이고 반복해서 다시 찾아왔다. IMF의 공식 지원 없이 살아간 중남미 국가들은 거의 없었다(우루과이와 콜롬비아는 분명한 예외 사례다). 당시에는 은행들이 보인 패턴도 유사했다.

이 모든 일들은 통상적인 중앙은행의 책무와 권한을 훨씬 넘어서는 함의를 갖는다. 멕시코 위기가 처음 발생했을 때 나는 미 정부가 그 사안을 이해하고 해결책을 지원하는데 실패할까 봐 걱정스러웠다. 나는 팀 맥나마와 함께 보고서를 작성했다. 멕시코 위기는 필연코 다른 나라들의 위기로 이어질 것임을 강조했다. 당시 제임스 베이커는 백악관 비서실장이었는데, 정부 내 모든 관계기관들을 소집했다. 별다른 토론이 없었다. 외교정책에서나 경제적 판단에서나 구제 노력을 지원하고 공조하는 것은 금융정책에서의 관점과 마찬가지로 당연한 일로 받아들여졌다.

위기
이후

그 뒤로 수년 동안 크고 작은 채무국들에 대한 구조 프로그램이 각각 발동되었다. 그 모든 경우들 중에서도 1984년 아르헨티나의 사례가 나에게는 가장 흥미로웠다. 다른 나라들에 대한 시사점이 있었다. 아르헨티나의 경제정책은 군부독재와 선동정치 사이를 오가는 과정에서 수십년째 표류하고 있었다. 아르헨티나는 축복받은 나라였다. 자원이 풍부하고 농업이 번창했으며 교육받고 재능 많은 국민들이 있었다. 제2차 세계대전 직전에만 해도 아르헨티나는 세계에서 가장 부유한 나라들 가운데 하나였다. 1인당 국민소득과 부존자원이 캐나다와 비슷했다. 그런데 그 많은 자원을 페론주의 치하에서 낭비해버렸다. 일관된 경제정책도 없이 아르헨티나는 개발도상국 수준으로 떨어지고 말았다. 굉장히 낮은 생산성과 높은 인플레이션이 반복해서 나타났다. 1980년대 초 군사정부를 둘러싸고 분열과 정치적 불안이 심화하는 가운데 포클랜드 전쟁[5] 패배까지 겹쳐

---

[5] 포클랜드 전쟁(Falkland Islands War) : 남아메리카 대륙의 동남단. 아르헨티나의 대륙부에서 약 500km 떨어진 남대서양의 소도인 포클랜드의 영유권을 둘러싸고 1982년 영국과 아르헨티나 사이에 벌어진 전쟁으로, 아르헨티나의 항복으로 종전. 당시 아르헨티나는 이 전쟁에 국력을 총동원하는 바람에 심각한 경제위기에 몰림(편자 주).

상황이 더욱 어려워졌다.

메이드 인 아르헨티나

도시를 기반으로 한 기성 좌파정당 급진당의 라울 알폰신^{Raul Alfonsin}이 아르헨티나의 새 대통령이 되었다. 한동안 알폰신 정부는 경제정책에서 허둥대는 모습을 보였다. 경제부처 장관은 IMF와 상업은행 같은 외세의 '반동적' 영향력에 대해 공격적인 자세를 취했다.

그러다 1984년, 역량 있고 창의적인 새로운 경제관료들이 임명되었다. 그들은 외부의 금융 지원 속에서 긴축적인 경제정책을 펼쳐야 할 필요성을 이해했다. IMF에 구제를 요청해야 한다는 의미였다. 그들은 놀랄 만한 내용의 구조개선 프로그램을 짰다. 그 골자는 상징성과 실체를 모두 갖추고 있었다. 초인플레이션을 일으켜 온 페소화를 대체해 '아우스트랄 (austral)'이란 이름의 완전히 새로운 화폐를 도입하는 내용을 담았다. 그 화폐 변경에는 일부 복잡한 기술적 문제가 있긴 했지만, 프로그램의 나머지 부분은, 그 범위와 의도가 다소 급진적이긴 해도, 전례가 있는 것들이었다.

비록 그 요소들이 정통적인 접근법을 담고는 있었지만, 전반적인 프로그램은 오롯이 아르헨티나 스스로 수립한 것, '메이드 인 아르헨티나'였다. 나를 비롯한 사람들이 IMF에 촉구했다. 개혁 효과와 영향을 극대화할 수 있는 기회가 열렸을 때 신속하게 행동에 나서야 한다고 권고했다. 드 라로지에르 총재가 기민하게 밀어붙였다. 초기 반응은 굉장히 긍정적이었다. 나는 아르헨티나의 초청을 받아 11월에 그곳을 방문했다. 호기심도 있었지만, 그들에게 정신적인 지원을 하고 싶은 마음이 컸다. 40년간 극도의 불안을 겪은 터라 아르헨티나의 그 누구도 자신감을 가질 수가 없었다. 그러나 짧은 방문이었지만, 기업인들과 은행, 노동조합(공원에서는 나를 의심 없이 대하는 시민들과 대화도 했다) 등은 진정한 의미의 희망을 보여주었다. 그들의 프라이드가 되살아 날 수 있을 듯했다.

미완의 개혁

바스크 혈통의 경제학 교수 후안 수루이예 Juan Sourrouille 는 경제장관으로서 당시 아르헨티나의 경제개혁 프로그램을 기안한 핵심 설계자였다. 태도와 스타일에 있어서 그는 카리스마적 정치인과는 정반대의 인물이었다. 내성적이었고 생활 역시 그의 정책과 마찬가지로 검소했다. 대신 매우 지적이었으며 프로그램을 추진하는데 있어서 집요했다. 내 생각에 알폰신 대통령은 개혁 프로그램의 본질에 대해 확신하는 듯했다. 하지만 그 역시 정치인이었다. 끊임없는 군부의 간섭 속에서 아르헨티나의 민주적 제도와 관행을 키워 나가야 하는 어려운 과제를 안고 있었다. 새 화폐 아우스트랄의 안정성을 강화하기 위한 그 다음 필요조치를 취하는데 대해 그가 너무 오랫동안 머뭇거리는 모습을 보이면서 경제개혁 프로그램이 모멘텀을 잃고 말았다. 의회 중간선거에서 자신의 급진당이 기대했던 압도적 다수당을 차지하지 못했던 탓으로 보였다. 그는 결국 필요한 예산통제를 해내지 못했다. 그는 엄청나게 비효율적인 세금징수 체계에 직면해 있었고, 오랜 기간 이어져 온 대규모 보조금에 정치적 볼모로 잡혀 있던 터였다. 보호주의에 익숙한 산업부문의 리더들은 경제를 개방하고 경쟁을 촉진하는 것에 열의가 없었다. 비대해진 국유산업을 민영화하고 최소한 그 효율성을 개선하는 작업이 관료적 기득권으로 인해 좌초하고 말았다. 국영 독점 석유기업 YPF의 사례에서 특히 두드러졌다.

그토록 희망적으로 출발했던 개혁 프로그램이 1~2년 뒤 완전히 후퇴하고 말았다. 극적인 진전을 이룰 수 있었던 대단한 기회를 상실해버렸다. 중남미에서 너무나도 익숙한 패턴으로 전락하고 말았다. 수루이예의 해법을 따르려 했던 다른 나라들도 더 이상 성공하지 못했다. 그들은 재정과 신용에 관한 핵심부분보다는 겉치레에만 관심이 있었을 뿐이었다.

몇 년 뒤 중남미의 다양한 부문에서 보다 뚜렷한 진전이 나타났다. 1980년대 중반에만 해도 불가능한 일로 여겨졌던 게 정치적으로 받아들여질 수 있게 되었다. 그 방향성에 대해 의문이 제기되지 않았다. 1990년대 초 아르헨티나와 멕시코에서는 민영화가 순조롭게 진행되고 있었다. 수입장벽이 낮아졌다. 아르헨티나는 통화를 다시 달러에 고정했다. 멕시코도 페소화를 거의 안정시켰다. 칠레는 민영화에서 두드러지게 진전을 이뤘다. 베네수엘라도 크게 뒤쳐지지 않았다. 관련 업무를 맡은 사람들은 국내외 산업계로부터 거의 한 목소리로 정당하게 칭송을 받았다. 비록 출발 당시에는 실패했지만, 정치적 교양을 제공하고 필요한 기구를 설립하는 등의 앞선 노력들이 그 성공의 기초를 닦았다.

이 모든 것들 중에서 흥미로운 요소가 하나 있다. 보다 민주적인 방향, 정치적 경제적으로 보다 개방적인 방향으로의 흐름이 지속되었다. 선진국들 특히 미국과의 관계도 더욱 더 개선되어 나갔다. 1980년대 위기 상황에서 실질임금과 삶의 질이 붕괴됨에 따라 정치개혁과 인권에 관한 일에 종사하던 사람들의 걱정은 자연히 더욱 커지게 되었다. 이러한 걱정들은 부채경감을 위한 숱한 다자간 협상 계획들을 이끌어내는데 일조했다. 세부안에 대해서는 이견이 있었지만, 학계와 의회 및 이후 월스트리트에서 제안한 계획에는 공통적인 요소들이 존재했다. 프린스턴대학의 피터 케넌Peter Kenen이 처음으로 그 아이디어를 잘 정리해 표현했다. 중남미에 적용할 계획은 주고받는 거래관계를 개념상으로 단순하게 제시하고 있지만, 실행하기는 어려운 일이었다. 은행들은 자신들의 대출 원금이나 이자(혹은 둘 다)를 포함해 상당한 양보를 해야 했다. 그 부채에 대해 선진국 정부들은 일종의 공식적인 보증을 서주어야 했다. 부채 경감을 받기 위해 채무국은 안정화 및 경제조정 프로그램에 동의해야 했고, 또 그것을 실행해야 했다.

어떤 채무국이 구제되고 어떤 나라는 제외될 지 여부를 가리는 작업은 그래서 이 모든 것들로 인해 거의 해결 불가능한 난제처럼 보였다. 예를 들어 부채 부담을 효과적으로 관리하고 있는 한국이나 인도네시아도 부채 원금을 탕감 받는 대상이 될 수 있을까? 선진국 정부가 개도국 대출을 보증하는 것은 민간은행을 부분적으로 구제하는 것과 마찬가지였다. 이에 대해 의회가 동의할 것이라고 보는 것은 너무 과장된 가정이었다. 협상의 복잡성 그 자체만으로도 험악한 일이어서 결국에는 실패해 크게 실망할 위험이 있었다. 정치적 후폭풍을 맞을 가능성도 높았다.

그때나 지금이나 나에게는 그런 식으로 비치는 일이었다. 우리는 시계를 되돌릴 수 없었다. 그러나 대부분의 중남미 국가 정치 지도자들은 경제적 역경 속에서도 민주주의를 키워 나가는 도전적인 과제를 수행해 냈다. 우리는 각 국가에 특화된 상황을 고려하면서 개별 국가들과 접촉해 나갔다. 우리 부채 해결 전략의 특징이라고 할 이러한 사례별 접근법이 정치적 현실주의 및 자립성을 북돋우는데 도움을 주었을 것이라고 나는 믿는다.

원금 탕감을 해주지 않으면 집단적인 부도를 냄으로써 금융시스템을 망치겠다고 채무국들끼리 카르텔을 형성해 위협할 법도 했다. 그러나 그들은 그러지 않았다. 다른 나라의 양보를 받아내고자 하는 엄청난 유인이 사실 존재하긴 했지만 중남미 국가들은 강경한 협상연대를 구축하는 아이디어를 항상 배척했다. 미래를 내다보면서 채권단과 최대한 협력하는 것이 아마 자신들의 이익에 더 부합한다고 생각했던 것 같다. 중남미 국가들 사이의 만성적인 불신과 경쟁의식 역시 그들 사이의 연대를 형성하는데 분명히 부정적인 영향을 미쳤을 것이다. 게다가 운이 좋았던 것인지, 다른 채무국과 손을 잡고 채권단에 강력히 저항하는 것은 큰 손해를 낳을 것임을 깨닫고 문제를 잘 풀어나가는 중요한 역할을 해내는 나라가 항상 존재했다.

예외 없는 법칙이 없듯이, 두 가지 예외 사례가 있었다. 1985년 페루는 새로 취임한 좌파 알란 가르시아 Alan Garcia 대통령 하에서 대결 전략을 취했다. 그는 페루 수출액의 10%(실제로는 그만큼이라도 지급한 적이 거의 없었다)를 넘는 대출 이자는 지급하지 않겠다고 즉각 일방적으로 선언했다. 잠시나마 페루와 가르시아에게는 도움이 되는 듯했다. 가르시아 대통령은 자신의 해법이 다른 채무국들에게도 모델이 되기를 희망했다. 그러나 가르시아의 정치와 고압적으로 알려진 그의 성격으로 인해 다른 중남미 국가들에 어필하는 데에는 한계가 있었다. 채권 은행들이나 채권국 정부들은 이슈를 극적으로 몰고 갈 생각이 없었다. 페루의 부도에 법적인 대응에 나설 경우 모든 당사자들이 풀어야 할 문제가 끝도 없이 펼쳐질 것이었다. 가르시아의 임기가 끝나기 한참 전에 페루의 경제는 피폐해졌다. 다른 나라 누구도 따르고 싶지 않은 반면교사가 되었다. 1990년 7월, 알베르토 후지모리Alberto Fujimori가 다음 대통령으로 취임했다. 이념적 정치적 설득력이 완전히 다른 인물이었다. 후지모리는 보다 정통적인 대내외 정책을 도입했다.

브라질에도 한 때 지우손 푸나루Dilson Funaro라는 유난히 혈기왕성한 재무장관이 있었다. 이자를 주지 않겠다고 협박하는 것이 그의 협상 스타일이었다. 1987년 한동안 그는 실제로 이자 지급을 중단했다. 하지만 그 효과는 금세 드러났다. 이자를 주지 않아 아끼는 돈보다 뒷문으로 빠져나가는 자본이 훨씬 더 컸다. 해외 채권국들의 권리를 무시하는 그의 접근법은 브라질에 특히나 많은 부자들의 등골을 오싹하게 했다. 다음번에는 자신들의 국내 금융자산이 압류될 지도 모른다고 의심하기 시작했다. 그 특별한 실험은 그래서 금세 끝나고 말았다. 하지만 그 이후에도 브라질은 중남미 3대 주요 채무국(영국 경제잡지 「이코노미스트」에 따르면, 그들에게 마구잡이로 돈을 빌려주었던 젊은 은행원들은 멕시코, 브라질, 아르헨티나를 MBA라고 불렀다) 중에서 계속 뒤쳐졌다.

까다로운 원칙주의자

크든 작든 중남미 국가들은 전통적으로 IMF에 대해 반감을 갖고 있었다. 국제통화 협력을 위해 설립된 기구인 IMF는 도덕적 권위를 가졌고 안정화 프로그램을 수립 운영한 경험도 갖췄다. 하지만 불가피하게 IMF는 희생과 절제를 강요하는 까다로운 원칙주의자의 이미지를 갖게 되었다. 애초부터 세계은행과 지역 개발은행을 프로그램에 적극적으로 함께 투입하지 않았던 점은 우리 모두의 잘못이라 할 수 있다. 그렇게 했더라면 대상국의 성장과 개발이 프로그램의 궁극적인 목표임을 상징할 수 있었을 텐데 말이다.

내 생각에 현실적으로는 기관 간 경쟁의식도 작용한 듯하다. 경제조정은 IMF의 전문영역이다. 그래서 그곳 관료들은 세계은행 관료들을 미션에 참여시키거나 그들의 독립적인 분석을 허용하고 싶지 않았을 것이다. 그렇게 하면 IMF의 거시경제 조정과 긴축 메시지가 흐려질 위험이 있다고 보았을 것이다. 우리와 같은 외부인들은 IMF의 스태프들이 지나치게 좁은 참조 범위 안에서만 일하고 있는 것이 아닌지 의심했다. IMF의 조정 모델은 명확했다. 수출의 경쟁력을 회복하기 위해 통화가치를 절하한다. 인플레이션을 막기 위해 통화 공급을 통제한다. 민간투자 여지를 만들기 위해 국가 재정을 적자에서 탈피한다. 경제안정을 조속히 이룰 수 있도록 하기 위해 임금을 억제한다. 대략 정리하면 그런 내용이다. 이러한 요구들은 굉장히 구체화된 '이행 항목'으로 연결된다. 약속한 개혁 목표를 대상국이 이행했는지를 매분기마다 따진 뒤 분할 지원금 지급 여부를 결정한다. 채무국이 보기에 그러한 절차들은 주권을 침해하는 것처럼 거슬릴 수 있었다. 자신들이 처한 정치적 경제적 특성이 제대로 인식되지 못하고 있다는 불만을 갖고 있는 채무국들에게는 심지어 좀 제멋대로라고 비칠 만도 했다. 스스로 정한 통화 및 재정 목표를 달성하기 위해 애를 먹어본 경험이 있는 우리 같은 사람들은 채무국들의 그러한 걱정에 공감할 수가 있었다. 다만, 그게 거슬리든 그렇지 않든, 우리처럼 어렴풋한 이상주의자들에게 IMF 사람들은 자신들이 어렵사리 획득한 경험을 말해주려 할 것이다. 1~2개 분기의 실수가 1년 또는 그 이상 누적되어 비효율적인 정책이 되지 않도록 하려면 정기적으로 엄격한 감시를 하는 것이 긴요하다고 말이다. 그들이 옳다고 인정할 수밖에 없다. 자신들에게 필요한 금융재원을 달리 스스로 확보할 수가 없었던 채무국들 대부분 역시 결국에는 IMF의 주장을 인정했다. IMF는 단지 도덕적인 보장을 해준 게 아니라 현금으로써 뒷받침을 해 주었다. 은행에 대한 영향력을 발휘했을 뿐만 아니라 자신들의 대출제도를 통해 직접 지원을 한 것이다.

상대적으로 큰 은행들은 금세 알아차렸다. 대출 원금을 지켜내려면 함께 뭉치는 게 더 낫다는 것을 그들은 알았다. IMF가 취했던 아주 노골적인 접근법이 은행들의 그런 인식을 이끌어냈다. 이해관계가 엄청나게 얽혀 있는 채권은행들이 충분한 신규 자금을 지원해 채무국의 난관 극복을 도와주지 않는다면 안정화 프로그램은 승인되지 않을 것이며 IMF의 구제금융도 없을 것이라고 IMF가 선을 그었던 것이다.

그렇다면 과연 은행들은 '실패한 곳에는 다시 돈을 허비하지 말라'는 오래된 격언을 위반해야만 하는 것일까? 사실 거의 모든 사례에서 은행들은 다른 신규 대출에 돈을 투입하는 것보다 더 많은 이자를 얻을 수 있었다. 만일 은행들이 진정으로 보수적인 경영을 하고 있다면 채무국에게 추가 대출을 해주고 이자를 받은 뒤 그 일부를 대손충당금으로 쌓았을 것이다. 이자를 한 푼도 못 받게 되는 것에 비해 모든 면에서 은행으로서는 추가 대출을 해 주는 게 나았다. 일부 외국 은행들은 그런 식으로 했고 그 이상으로 나서는 은행도 있었다. 아마 우리도 미국 은행들에게 그렇게 주장해야 했을 것이다.

연준을 대표해서 나는 은행들에게 이렇게 말했다. 은행의 추가 대출이 IMF가 승인한 조정 프로그램의 한 부분으로 포함되어 있다면, 그래서 그게 채무국의 신용도를 강화할 것이란 합리적 예상이 선다면, 추가 대출을 제공하는 것은 무분별한 일이라 비난 받을 수 없을 것이라고. 이는 은행들이 자주 겪게 되는 까다로운 결정과도 유사하다. 어려움에 처한 기업이나 개인이 곤란한 국면을 벗어날 수 있도록 여신을 더 제공해 줄 지 여부를 따지는 일 말이다. 다만 국가에 대한 국제대출에서는 중요한 차이점이 하나 있었다. 서로 다른 채권자들의 상환요구를 분류해 해결하는데 있어서 국제 파산법원에 궁극적으로 기댈 수가 없다는 것이다. 드 라로지에르 총재도 이 문제까지 다룰 수는 없었다.

수많은 프로그램들과 추가 대출들이 그러한 합의 하에 이뤄졌다. 그러나 1980년대 중반까지 채무국들의 근본적인 문제들은 해결되지 않았다. 채권단 쪽에서는 일종의 피로감이 쌓이고 있었다. 정치적 관점에서 볼 때는, 채권자에 비해 채무자들이 짊어져야 할 부담이 더 컸다. 채권은행들이 애초에 무분별하게 위험한 대출을 일으켜서 생긴 문제였기 때문이다. 은행들이야 협상 테이블에서는 싫다고 발버둥을 쳤겠지만, 결국 그들이 받아가는 돈은 빌려준 것보다 더 많게 되어 있었다. 대부분의 미국 은행들은 위험에 대비해 충당금을 쌓는데 주저했다. 그렇게 하면 당장 수익성이 나빠지기 때문이다. 그들은 무분별한 대출을 행한 뒤에 당연히 감당해야 할 일들을 회피하고 있었다. 일부 미국 은행들은 추가 대출 프로그램에 협조하는 한편으로 자신들의 익스포저를 제한하는 방법들을 찾고 있었다. 개별 은행들 사이에서 또는 국가별 은행 그룹들 사이에서 마찰이 커졌다. 일부 공격적인 은행들은 일종의 조심스러운 (또는 그다지 조심스럽지도 않은) 협박을 시도하기도 했다. 채무국에 관해 어떤 특정한 불만 또는 목표가 해소되지 않을 경우 추가 대출 패키지를 철회하겠다고 위협했다.

베이커 플랜

그 모든 것들은 아주 난감했다. 당시는 은행들이 자발적으로 이자의 상당 부분을 양보하면서 충당금을 쌓는 것을 요구하는 상황이었다. 하지만 감독당국으로서는 강제할 수가 없었다. 그들의 추가 대출 의지를 손상하지 않는 동시에 시장 이자율보다 낮은 금리를 적용하고 대규모 충당금을 쌓아 손실을 내라고 요구하기는 어려운 일이었다. 시간이 지나자 은행들은 결국 이자 마진을 줄였다. 그러나 그때나 지금이나 생각은 똑같다. 만일 은행들이 자발적으로 초기부터 보다 큰 폭으로 양보를 했다면 더 성공적인 결과를 낳았을 것이다. 하지만 부채 구조조정 협상은 늘 강경노선으로 치달았다. 은행들은 이자를 마지막 한 푼이라도 더 짜내고 만기를 1~2년이라도 더 줄이려고 애를 썼다. 채무자와의 협력정신이 위태로워지는 것을 감수하고서 말이다. 결국 자크 드 라로지에르 또는 나 또는 우리 둘 다 은행들과 만나 동의를 독려해야만 했다.

1985년 초, 제임스 베이커 백악관 비서실장과 도널드 리건 재무장관이 자리를 맞바꾸었다. 레이건 행정부 2기 재무장관이 된 제임스 베이커는 나에게 늘 그 문제를 제기했다. 집안 전통에 따라 텍사스 대형 은행의 이사를 지냈던 베이커 장관은 "이건 옳지 않아. 은행들이 이 시점에서는 손실을 받아들여야 해"라고 말했다. 은행가로서의 본능에서 비롯되었다기보다는 정치적인 판단에서 나온 말이었다. 하지만 그로서도 내가 할 수 있는 것 이상을 고안해낼 수가 없었다. 채무국들이 건강을 되찾을 수 있도록 추가 대출을 지원하는 한편으로 은행들이 제한적인 손실을 감수하도록 압박할 방법은 달리 존재하지 않았다. 과거 의회 내 일각에서 주장했던 보다 거창한 접근법에 희망이 있는 것도 아니었다. 그러나 피로감과 당혹감이 있는 것은 분명 부인할 수 없었다. 무엇보다도, 채권국들의 성장과 발전이 희미해지고 있었다. 더 거창한 계획은 아니더라도, 뭔가 새로운 것 없이는 진전을 이룰 수가 없었다. 그래서 우리는 다시금 머리를 맞댔다.

중남미 국가들의 성장 회복을 지원하기 위해서는 은행과 공적기구에 부담을 가하지 않는 한에서 민간 및 공공 금융이 충분히 제공되어야 한다고 나는 주장했다. 세계경제가 성장하고, 시장이 개방되어 있으며, 인플레이션과 금리가 억제되어 있다는 가정 하에서 합리적으로 추정해 볼 때 우리의 모든 분석 결과가 시사하는 출발점은 그러했다. 그러한 결론은 IMF와 세계은행 및 민간은행 애널리스트 등 연준 바깥에서도 폭넓게 공감대를 이뤘다. 하지만 우리의 목표가 달성될 것이란 신념은 약해지고 있었다. 만기를 연장하고 이자를 덜 부담스럽게 조정하는 그 끝이 없는 협상에 은행들은 넌더리를 내고 있었다. 채무국들의 성장세는 좌절감을 줄 뿐이었다. 경제성장을 뒷받침할 만한 충분한 신규 금융지원 전망은 흐려져 갔다.

1985년 대한민국 서울에서 열린 IMF 총회에서 미국 재무부의 신임 장관이 그 문제를 갖고 연설을 했다. '베이커 플랜(Baker Plan)'이라고도 불리는 '지속 성장을 위한 프로그램' 구상을 새롭게 제안했다. 표현 용어들은 서울행 비행기 안에서 작성되었지만, 그 접근법의 전환은 아주 획기적이었다. 중남미 국가들의 회복과 성장을 지원하는데 필요한 자금을 확고하게 지원하는 것을 최우선 목표로 삼았다.

필요액수를 산출해내기 위해 우리는 워싱턴에서 세계은행 및 미주개발은행과 공동 작업을 했다. 그들은 장기 개발금융을 확대하는데 있어서 보다 적극적인 태도를 보였다. 채무국 개혁 프로그램에 대한 그들 자체의 평가에 따른 것이었다. IMF가 적절한 프로그램을 승인할 경우 보다 장기간의 자금을 지원하도록 민간 상업은행들에게 요청했다. IMF 자신은 채무국 프로그램을 개발하는데 있어서 세계은행과 보다 면밀히 협력하기로 했다.

베이커 플랜은 상업은행들을 포함한 각계에서 좋은 반응을 얻었다. 하지만 그 계획이 도덕적인 지원을 넘어 실제 약정으로 넘어갈 무렵이 되자 상업은행들은 더 이상 열의를 보이지 않았다. 재무부와 연준은 그들이 적절한 약속을 하도록 설득하기 위해 다양한 노력을 기울였으나, 그들은 의향이 있음을 표명하는 일반적인 성명 정도만 발표했을 뿐 구체적인 약속은 하지 않았다.

조롱거리 철칙

1986년 멕시코와 채권은행단 사이의 중요한 회의에서 그 난관이 노출되었다. 1982년 위기 이후 제공된 대출금의 조건을 재협상하는 한편 신규자금을 지원하는 안건을 다루는 자리였다. 그해 봄부터 멕시코 프로그램 전반이 극도로 어려운 협상을 필요로 했다. 협상이 완전히 붕괴될 처지에 몰리자 멕시코의 델라 마드리드 대통령이 황급히 나를 개인적으로 불러 도움을 요청했다. 실바 에르소그가 급작스럽게 사임함에 따라 멕시코 정부 내부의 불협화음과 불확실성까지 드러나게 되었다. 지금은 미국 주재 대사로 있는 구스타보 페트리시올리$_{Gustavo\ Petricioli}$가 그 자리를 이어받았다. IMF-세계은행 총회가 열릴 때까지도 은행 대출 규모가 정해지지 않았다. 결국 나는 바버 코너블 신임 세계은행 총재, 드 라로지에르 IMF 총재와 함께 세계 최대 은행 회장들로부터 은행의 입장은 무엇인지를 들어 보기로 했다.

　은행들 내부에 분쟁이 있다는 사실이 금세 드러났다. 한두 은행이 특이한 제안을 하면서 멕시코가 수용할 만한 패키지를 마지막 날에 거부해 버렸다. 마감시한의 압박 하에서 대출 패키지의 규모와 형식을 타결 지었고, 남은 일은 오로지 은행들의 신규 대출에 적용할 금리를 결정하는 것뿐인 상황이었다. 우리는 IMF 회의가 진행 중이던 호텔 방으로 복귀해 이 문제가 해결 가능한지를 검토했다. 수개월에 걸쳐 그 많은 난관들을 거쳐 온 터라 내게는 대수롭지 않은 일로 여겨졌다. 멕시코의 페트리시올리 재무장관은 자신의 방에서 대기 중이었다. 그는 리보에 4분의3%포인트를 가산한 금리를 희망했다. 은행들은 8분의7%포인트의 가산금리를 원했다. 8분의1%포인트의 괴리가 있었다. 60억 달러의 대출에 있어서 그 차이는 연간 1000만 달러 정도였다. 그리고 그 1000만 달러는 수백 개 은행에 분산되는 것이었다.

　은행 회장들이 그곳에서 장기간 회의를 가졌으나 합의를 도출할 수가 없었다. 은행단과 멕시코가 그 차액을 서로 나눠 부담하는 게 명백한 타협안이 될 수 있었으나 한 은행이 끝내 합의를 거부했다. 결렬을 피하기 위해 대출 패키지를 쪼개는 방안이 제시되었다. 대출 조건에 따라 가산금리를 어떤 것은 4분의3%포인트로, 나머지는 8분의7%포인트로 적용하자는 것이다. 멕시코와 은행단 전문가들이 세부 방안 도출 작업에 나섰다. 그러나 이미 협상 분위기가 망가진 상황이었다. 대출 패키지를 어떻게 분리할 것인지 실무진 사이에서 합의를 이룰 수가 없었다. 결국 모든 대출에 대해 일괄적으로 16분의13%포인트의 가산금리를 적용하는데 대해 모두가 마지못해 동의하게 되었다. 내가 알기로는, 과거에 이토록 정밀한 수준으로 대출 이자율이 합의된 사례는 없었다. 이는 마땅히 조롱거리가 되었다. 그래도 어쨌거나 이는 향후 부채 구조조정 합의를 하는데 있어서 거의 철칙과 같은 전례로 자리매김했다. 각각의 합의는 전례가 되어 협상장의 고집불통을 다루는 데 도움을 주었다.

브래디 플랜

1987년 봄이 되자 베이커 플랜에 이미 문제가 생겼음이 드러났다. 열정은 식어 사라져버렸다. 젊고 자신만만한 존 리드John Reed가 시티그룹의 신임 회장으로 취임한 때에 맞춰 상징적인 결정타가 가해졌다. 존 리드 회장이 기존 체제에서 홀로 빠져나오기로 결심한 것이다. 그는 시티은행 제3세계 대출금의 20%에 해당하는 30억 달러를 대손충당금으로 일거에 적립해버렸다. 은행 손익에 엄청난 충격이 가해졌다. 그해 시티은행은 미국 은행 역사상 전례가 없는 규모의 당기순손실을 기록했다. 은행이 잠재 손실을 흡수할 수 있다는 사실을 보여주기 위한 조치였다고 리드 회장이 나와 다른 은행 회장들에게 설명했다. 시장에 만연한 우려를 불식하는 한편 다음해 기록적 이익을 시현하는 토대를 조성하기 위한 결정이었다는 것이다. 리드 회장이 미국 은행산업에 자신의 족적을 남기려 행한 일이라는 인상을 지울 수가 없었다.

은행을 분석하는 애널리스트들과 투자자들 사이에서는 그 조치가 광범위하게 칭송을 받았다. 사실을 직시하는 현실적인 결정이었다는 것이다. 의심의 여지없이, 규제당국의 대부분 동료들도 같은 생각이었다. 주식시장이 열정적으로 반응했다. 시티그룹 주가가 뛰어올랐다. 다른 은행들은 리드 회장의 조치를 뒤따를 수밖에 없는 압박을 느꼈다. 리드 회장도 그렇게 생각했겠지만, 나로서는 은행의 그러한 건전성 제고 조치를 비판할 수 없었다. 하지만 내 입장에서는 보다 중요한 사실이 따로 있었다. 액면가 다소 아래에서 거래되던 중남미 국가들에 대한 대출자산의 가격이 유통시장에서 더 떨어진 것이다. 그 이유는 다분히 논리적이었다. 선도은행을 비롯한 은행들이 그 대출의 가치를 액면의 75% 밖에 안 되는 것으로만 생각한다면 과연 어떻게 그들이 향후 추가 대출에 나설 것이라고 기대할 수 있겠냐는 것이다. 만일 은행들이 신규 대출을 중단한다면 채무국들은 이자를 계속 지급하지 못할 것이며, 신용이 이미 망가져버린 상황에서 이자를 낼 유인도 없을 것이다. 대출자산의 유통가격은 더욱 더 떨어지게 되었다. 사상 최대의 이익을 내기는커녕, 얼마 가지도 않아 은행들은 대손충당금을 더 적립하거나 상각에 나서야만 했다.

그리고 나서 몇 달 뒤 나는 연준을 떠났다. 1~2년 뒤 중남미에 대한 은행들의 신규 대출이 거의 중단되다시피 했는데, 놀라운 일이 아니었다. 출자전환과 엑시트 본드(exit bond, 역자 주: 만기를 길게 늘리고 이자율을 낮춤으로써 채무상환 부담이 경감된 조건으로 발행한 채권) 따위의 상당한 실험의 기간이 있었다. 채권의 일정부분을 자발적으로 탕감해 주는 사례도 있었다. 1989년 초 미국 새 행정부의 기치 아래 니콜라스 브래디^{Nicholas Brady} 재무장관은 1982년에 시작된 멕시코 위기 타개책과 베이커 플랜에 대해 축도(祝禱)의 발언을 했다. 물론 브래디 장관이 꼭 그런 식으로 말한 것은 아니었다. 그의 요지는, 이제 부채 상환 부담을 줄여주는데 초점을 맞출 상황이 되었다는 것이었다. 상업은행들은 신규 대출을 지원하는 대신에 원금을 탕감하거나 이자를 감면해주기 시작해야 한다는 의미였다. 합의는 케이스 바이 케이스로 이뤄질 일이었다. 대출 원금의 탕감을 적법화하기 위해서는 IMF의 경제조정 프로그램 승인이 여전히 핵심 절차였다. 하지만 그러한 공적 합의는 더 이상 은행들의 금융지원 프로그램 합의에 의존하지 않게 되었다. 게다가 브래디 플랜은 일본 대장상 미야자와 등에 의해 이미 제기되어 있던 구상을 보강하여 구축하는 계기가 되었다.

그것은 그야말로 현실에 대한 자각이었다. 나 개인적으로는, 정부 관료들이 그러한 부채 탕감을 적극적으로 지지할 지에 관해서는 좀 의구심이 있었다. 공적기관 관료들은 그렇지 않을 것이나, 민간은행들이 지지할 지는 역시 의심스러웠다. 여전히 원리금을 갚을 능력이 있는 국가들도 동일한 대우를 요구할 것이라고 생각했기 때문이다. 그럼에도 불구하고 당시 브래디 장관의 생각은 분명했다. 금융협상을 하는데 있어서 공공부문이 더 이상 민간은행들의 보호자 역할을 해서는 안 된다는 것이었다. 실제 사례가 그러한 생각을 뒷받침해 주었다.

1992년 초까지 중남미 큰 나라 두 곳과 필리핀이 브래디 플랜 프로그램 협상을 마쳤다. 브래디의 아이디어가 제안되었을 당시 멕시코는 종전 베이커 플랜을 놓고 협상 중이었다. 새로운 아이디어에 맞춰 조건이 신속하게 수정되었다. 확실히 원금 및 이자 감면 규모는 확대되었다. 흥미롭게도 시티은행을 포함한 소수의 은행만이 과거 부채 탕감 대신 신규 대출을 대체로 선호했다. 멕시코의 총 부채 규모는 더 이상 증가하지 않고 줄어들었다. 당시로서는 정치적으로 중요한 일이었다. 하지만 그러한 변화가 멕시코 개혁 프로그램의 경제적 성공에 긴요한 요소였는지는 의문이다. 베네수엘라의 경우 유가가 특별히 떨어진 상황이 아닌 한 부채 경감이 늘 약하게 적용되었다.

멕시코와 베네수엘라 두 나라는 경제 운영과 안정성 및 미래 비전에 관한 신뢰를 회복하기 위해 아주 오랜 여정을 거쳐 왔다. 두 나라에게는 그게 중요했다. 그들은 어떤 나라에서나 가장 중요한 자본의 원천이라고 할 자국민의 저축을 드디어 다시 사용할 수 있게 되었다. 뉴욕과 마이애미, 취리히 및 보다 특이한 곳에서도 자본이 다시 들어오기 시작했다. 멕시코는 심지어 국제 채권시장에서 돈을 빌릴 수 있는 다소 작지만 중요한 발걸음을 내딛기 시작했다. 부채위기 최악의 시기 수년 동안에도 멕시코가 단 한 번도 원리금 상환을 거르지 않은 덕이었다.

1990년대 초가 되자 대부분의 은행들은 단기 무역금융을 제외한 중남미 대출금 모두에 대해 50~100%의 충당금을 쌓았다. 1987년 시티그룹의 사례보다 훨씬 진전된 상태였다. 1980년대 헤아릴 수 없이 진행된 그 값비싼 협상의 시간들은 결국 국제 은행위기 위험을 제거하는데 성공했다. 그 과정에서 시티뱅크의 빌 로즈가 없어서는 안 될 필수적인 역할을 해냈다. 1990년대 초 미국의 은행들이 경영상 압박을 받았던 것은 중남미 부채문제보다는 미국 내 대출과잉 때문이었다.

그 수많은 협상의 시간에 참여했던 IMF의 자크 드 라로지에르 총재 및 그 직원들, 세계은행의 톰 클라우센Tom Clausen 및 바버 코너블과 어니 스턴Ernie Stern, 공공부문으로 돌아와 연준 자문역으로서 중남미와의 교량 역할을 한 에드윈 여 등이 중남미의 새로운 진전과 희망에 기여했다. 일부 재능 있고 자유로운 사고를 가진 중남미의 새 지도자들도 진전의 견인차 역할을 했다. 멕시코에는 카를로스 살리나스 대통령과 그의 재무장관 페드로 아스페Pedro Aspe라는 주목할 만한 청년 듀오가 있었다. 두 사람은 중앙은행에 복귀한 안정의 주춧돌 미겔 만세라 및 재무부의 원기 넘치는 앙헬 구리아와 팀을 이루었다. 구리아의 경우 현재까지 외채관리를 가장 오랫동안 담당한 관료로 기록되어 있다. 하나의 경제팀으로서 그들은 전 세계의 그 누구 못지않게 높은 이해도와 지속성 및 용기를 보여주었다. 아르헨티나의 도밍고 카바요Domingo Caballo, 베네수엘라의 페드로 티노코Pedro Tinoco, 칠레의 안드레스 비안치Andres Bianchi 등은 뒤늦게 무대에 합류해 자신들의 족적을 뚜렷하게 남겼다. 거명하자면 리스트가 훨씬 길어질 것이다.

갚을 것인가 말 것인가

경제 및 부채 위기는 반복해서 발생했다. 스포트라이트는 이후 동유럽과 러시아 및 새 영연방으로 이동했다. 낯익은 깃발들이 올려졌다. 갚을 것인지 말 것인지가 다시 한 번 치열한 토론의 주제가 되었다. 조정 프로그램 초기 국면에서 폴란드는 부채 경감에 굉장히 우선순위를 두어 채권 상당부분을 보유하고 있는 공적 채권자로부터 동의를 받아냈다. 하지만 당시 국제 채권시장은 폴란드에 대해 계속해서 문을 닫았다. 상대적으로 부채 규모가 컸던 헝가리는 지속성에 무게를 두었다. 원리금을 계속 갚음으로써 채권시장 접근을 유지하는 쪽을 택했다. 실제로 해외로부터 계속해서 신규 자금을 빌릴 수가 있었다.

어떤 접근법이 더 나았을까? 중요한 디테일에 있어서는 개별 상황이 각각 달랐다. 하지만 내 생각은 분명하다. 원리금 상환이 불가능하게 된 점은 이해될 수 있다. 필요한 경우 부채 상환을 연기하거나 부채구조를 조정하는 것은 정당한 경제개혁 노력이 진행되는 조건에서라면 역시 이해될 수 있다. 하지만 우선 선호하는 형식으로 부채 탕감을 요구하거나 상환을 거부하는 것은 내 생각에는 역효과를 낳을 가능성이 매우 높다.

구소련 지역 안에서는 원리금 상환 중단이 일상이 되어 있다. 특히 경제적으로 불안정한 신생국가의 경우는 더욱 그러하다. 하지만 1992년 기준으로 대략 600억~800억 달러 되는 그 부채는 그들의 잠재성을 보건대 관리 가능한 수준이다. 1인당 외채로 따지면 중남미의 5분의1도 채 되지 않는 부담이다. 게다가 그 신생국가들은 거대한 인적 물리적 자원을 보유하고 있다.

그들이 성공하기 위한 열쇠는 그 자원들을 활용해내고, 안정감을 회복하며, 효율성과 생산성을 개선하는데 있을 것이다. 그 과정에 추진력이 붙기 위해서는 공적 및 사적 신규 자금 지원이 이뤄지고, 해외로부터의 신규 투자가 유입되고, 원조가 지원될 필요가 있을 것이다. 이런 영역에 있어서는 그 나라 지도자들은 선진국만이 아니라 중남미 국가들의 경험을 통해서도 아주 많은 교훈을 얻을 수 있을 것이라 믿는다. _Volcker

채무국들의 개발 전략은 애초부터 잘 못 기획되었거나 잘 못 실행되었던 게 분명하다. 빌려온 돈의 대부분은 자신들의 수출경쟁력을 높이는데 쓰이지 않았다. 솔직히 그 돈이 쓰인 프로젝트들은 외화를 제대로 벌어들이지 못했다. 그 돈의 대부분은 그냥 잃어버렸다. 대출은행들의 경우, 명분이 무엇이었든 간에, 자신들의 단기 경영성과에 지나치게 매몰되었다. 그러다 보니 채무국들이 과연 그 돈을 갖고 중장기적으로 잘 사용할 능력이 있는지에 대해 별로 관심을 기울이지 않았다.

빚더미가
—
남긴 것들

부채위기는 그 뒤로 우리 앞에 수년간 펼쳐질 글로벌 이슈의 첫 번째 국면이었다. 그것은 복잡했다. 다른 많은 중요 이슈들과 밀접하게 얽혀 있었기 때문이다. 부채위기는 개발 전략이나 국제금융시장의 기능, 국제 금융기구의 역할, 은행의 행태 및 그에 대한 규제 등과 연관되어 있었다. 그 과정에서 핵심적으로 얻은 교훈이 있다. 우리는 이제 세계화되어 상호의존적인 경제의 세상에 살고 있다는 점이다. 선진국과 개발도상국, 채권자와 채무자, 세계 전반을 관통하는 금융시장이 모두 함께 연계되어 있다는 사실을 부채위기는 우리에게 상기해 주었다. 실행 가능한 해법을 모색하는 과정에서 우리는 일부 성공하기도 했고, 또 궁극적으로 성공의 결실을 맺지 못하기도 했다.

베이커 플랜의 중대한 결함

내가 일부 참여하기도 한 그 해법의 모색과정은 대부분 1980년대 후반에 집중되었다. 1980년대 초반은 폴 볼커가 기술했듯이 위급한 비상 상황이었다. 국제 은행 및 금융 시스템을 유지하는데 있어서 금융당국이 하루하루 심각하게 시험을 치르던 시기였다. 1985년이 되자 상황이 다시 악화되었다. 단순한 불끄기 노력만으로는 부족하다는 게 분명해졌다. 대부분의 채무국들이 삶을 의존하는 기초 원자재 가격이 하락하기 시작했다. 제3세계의 시장이었던 미국, 일본, 독일 같은 핵심 선진국들의 경제성장도 둔화했다. 채권은행들은 중남미 국가에 대한 대출 확대를 주저했다. 제3세계 국가들의 고충은 더욱 커졌다. 미주의 대형 지역은행들은 이미 고전 중이었다. 현지 석유 및 농업 분야 고객들이 무너지거나 심지어 파산하고 있었기에 그들을 최대한 살려 내기 위해 애를 먹고 있었다. 유럽의 은행들, 특히 독일과 스위스 은행들 역시 중남미에 대해 조심스러운 태도로 돌아섰다. 15개 주요 채무국들에 대한 민간은행들의 순대출액이 1985년 40억 달러 위축된데 이어 다음해에 18억 달러 더 줄었다.

이로 인해 채무국들에게 더 강한 압박이 가해졌다. 1984년에서 1986년 사이 과다채무 개도국의 경상수지 적자는 310억 달러에서 490억 달러로 확대됐다. 이 3년 사이 이자비용 부담 비율은 24%에서 27%로 높아졌다. 그들이 수출로 매년 벌어들이는 것 중에서 1개 분기에 해당하는 몫을 채권자들, 주로 선진국에게 이자로 지급해야 한다는 것을 의미한다. 그들의 수출액 대비 총 부채잔액 비율은 165%에서 204%로 커져 위험한 수준에 이르렀다. 채권자에 대한 의무를 이행하기 위해 채무국들은 절실한 개발에 쓰려고 받았던 자본보다 더 많은 돈을 지불해야 했다. 1984년 채무국들의 순자본 유출은 100억 달러였는데, 1986년이 되자 그 규모가 240억 달러로 두 배 이상이 되었다.

1985년 10월 미국 재무장관이 발표한 베이커 플랜은 이런 배경에서 나왔다. 그 계획은 채무국의 성장을 지향하고 개혁을 중시하는 접근법을 취했다. 하지만 이 역시 상업은행들에게 3년간 200억 달러의 신규 대출을 제공하도록 요구했다. 세계은행과 같은 국제금융기구에게는 같은 기간 대출을 50% 늘리도록 했다. 불행하게도 우리 대부분이 원했던 결과는 얻지 못했다. 민간은행들은 이들 나라에 대한 대출 확대를 단호하게 거절했다. 채권국 정부의 역할이 없었는데, 이는 베이커 플랜의 중대한 결함이었다. 그 결과 채권국과 채무국 모두의 심리가 제법 심각하게 악화해버렸다.

죽은 사람은 빚을 갚을 수가 없다

1987년 7월, 매우 공격적인 페루의 새 대통령 알란 가르시아가 페루의 이자지급을 수출액의 10%로 제한하겠다고 발표하면서 다른 채무국들도 동참하라고 촉구했다. 하지만 그를 따른 국가는 전혀 없었다. 멕시코의 상황은 다시 악화했다. 1986년 연방 재정적자가 국민총생산(GNP)의 약 13%에 달했다. 고전하는 국영기업들에 대한 정부의 보조금이 급증한 결과다. 재정긴축은 아예 배제됐다. 그해 여름에 13개 주에서 지사 선거가 있었기 때문이다. 헤수스 실바 에르소그 재무장관은 경질됐다. 그의 후임자 구스타보 페트리시올리는 국내 상황에 우선순위를 두었다. 그는 죽은 사람은 빚을 갚을 수 없다고 채권단에 상기함으로써 우리를 다소 긴장시켰다. 결국 다시 대대적인 노력을 기울였다. 1986년 7월, 멕시코가 경제개혁 프로그램에 동의했다. IMF는 15억 달러의 여신을 제공하기로 했다. 그해 10월, 미국과 일본, 유럽 등의 채권은행들은 60억 달러의 신규 자금을 멕시코에 지원하는데 합의했다. 덕분에 위기의 재발을 막을 수 있었다.

하지만 그것으로 이야기가 끝나는 게 아니다. 1987년 2월, 브라질이 급작스럽게 외채 900억 달러에 대한 이자지급을 연기하겠다고 선언했다. 무역수지 흑자와 외환보유액이 줄어들고 있다는 이유였다. 하지만 더 놀라운 일은 따로 있었다. 시티은행의 존 리드 회장이 중남미 여신에 대한 대손충당금으로 30억 달러를 적립했다고 발표한 것이다. 채권은행단과 채무국들 사이에 새로운 관계가 형성돼야만 했다. 처음으로 은행들은 채무국들의 미래에 대해 더 이상 확신하지 못하게 되었다. 그들이 계속 살아갈 수 있도록 대출을 늘려주는 대신, 은행들은 자신의 재무적 안정성을 보호하는 쪽으로 방향을 돌렸다. 새로운 접근법이 절실해졌다.

빌 브래들리Bill Bradley 미국 상원의원은 이미 새로운 계획을 제안해 놓은 상태였다. 채무국들에 대한 이자율을 3%포인트 감면하고, 원금을 매년 3%씩 탕감해 주자는 내용이었다. 하버드대의 제프리 삭스Jeffrey Sachs 교수나 하원 은행위원회의 찰스 슈머Charles Schumer 의원 등 다른 전문가들 역시 원금 탕감을 포함하는 아이디어를 제안했다. 당시 미 재무부는 원금 탕감에 대해 완강히 반대하는 입장이었다. 은행들이 그에 따른 손실을 비용으로 처리하게 되면 정부의 세금수입이 줄어들 것이라고 우려했던 것이다. 원금 탕감은 또한 심각한 도덕적 해이를 야기해 빚을 갚지 않으려는 풍조를 부추길 것이라는 매우 타당한 두려움도 있었다. 곤경에 빠진 농부들이나 모기지 차입자들까지 탕감을 요청하면 정부가 어떻게 무시할 수 있겠는가? 도덕적 전염이 실제로 일어나지는 않았다. 미국 내 차입자들은 해외 차입자들과 자신의 처지를 동일시하지 않았다. 은행 주주들은 경영진의 정책을 묵인해 주었다.

위험한 경로로 빠지는 것을 피하기 위해 베이커 장관은 1987년 베니스 정상회의에서 새로운 접근법을 들고 나왔다. 은행단과 채무국이 사례별로 협력해 다양한 해법 메뉴들 중에서 하나를 선택하는 방안을 제시했다. 부채의 출자전환, 투자채권, 엑시트 본드, 신규 대출, 이자의 원금 전환 등 이외에도 기발한 아이디어를 활용한 메뉴들이 많이 있었다. 이 아이디어들 중에서 일부는 성과를 냈다. 특히 1988년의 유명한 멕시코 합의가 대표적 사례다. 당시 멕시코 정부는 과거에 발행한 채권을 새 채권으로 전환하는 입찰을 했다. 과거 채권에는 할인된 가격이 적용됐으며, 새 채권은 미 재무부가 발행한 제로쿠폰(표면금리가 0%인 채권) 채권에 의해 전액 보증되었다. 다만 전반적으로 볼 때 이 메뉴 접근법은 새로운 리소스를 조금 제공한 것에 불과했다. 채무국들에게 대단히 많은 규모의 새 자금을 제공하는데 성공한 것은 아니었다. 다수의 은행들은 일부 부채를 탕감해 줄 경우 자신들의 장부에 대규모 손실을 초래하게 될까봐 주저하고 있었다. 그래서 그들은 이자를 받을 수 있는 동안에는 최대한 오래 그 대출자산을 유지하고자 했다.

미야자와 플랜

1986년 가을부터 일본 은행들이 아주 뚜렷한 역할을 하기 시작했다. 중남미에 대한 전체 은행 익스포저 중에서 미국 은행들이 37%로 가장 많은 비중을 차지했고, 일본 은행들이 15%로 뒤를 이었다. 다음으로는 영국 14%, 프랑스 10%, 독일 9%, 캐나다 8%, 스위스 3% 등의 순이었다. 하나의 집단으로서 일본 은행들은 아주 중요한 주체였다. 중남미 국가들에 대한 대출금 총액은 1984년 290억 달러에서 1986년 370억 달러로 불어났다. 일본의 대규모 무역흑자 덕분에 기업 고객들이 예금을 늘린 결과 일본 은행들이 그만한 유동성을 갖고 국제무대에서 공격적인 경쟁자로 부상할 수 있었다. 달러에 대한 엔화의 강세 역시 달러로 표시한 일본 은행들의 여신 규모를 부풀려 주었다.

1987년 5월, 미국 주요 은행의 대표들이 일본 도쿄에 모였다. 시티은행의 존 리드, 체이스은행의 윌러드 버처Willard Butcher, 모건의 루이스 프레스턴Lewis Preston, 뱅크오브아메리카의 톰 클라우센 등이 왔다. 그들은 일본 대장상과 일본은행 총재를 만나 일본 은행들의 보다 전향적인 협력을 촉구했다. 미국 대형 은행들은 중남미 대출과 관련해 딜레마에 빠져 있었다. 한편으로는 자신들의 과잉대출에서 기인한 손실을 겪어야만 할 처지였다. 중남미에 더 이상의 신규 대출은 불가능하다는 의미였다. 다른 한편으로 그들은 중남미를 포기할 수가 없었다. 매우 중요한 시장이었기 때문이다. 그래서 자신들과 협력하도록 일본 은행들을 설득해 채무국들로 인한 부담을 나눠지는 것이 그들에게는 굉장히 중요했다.

이에 대해 일본 대장성은 중남미로 생산적인 자본이 계속 유입되도록하는 게 가장 중요한 일이라고 주장했다. 그러기 위해서는 채권 은행들이채무국들과 국제금융기구 및 자신들의 정부와 협력하도록 독려하는 게긴요하다고 판단했다. 일본 정부는 대장성을 통해 부채문제에 대한 새로운 접근법을 모색하기 시작했다. 그 결과가 이른바 '미야자와 플랜'이었다. 당시 일본 대장상의 이름을 땄다. 미야자와 플랜의 골자는 채무국들에게 진정한 경제조정 프로그램을 수행하도록 요구하는 한편으로 국제 금융기구와 채권은행 정부의 참여를 유도 또는 확대하는 것이었다. 국제 및국가 기관들은, 자금 조달에 나선 채무국들의 상환능력에 강력한 보증을 제공하기 위해 여신을 지원한다. 그리고 은행들에 대해서는 신규 대출을 제공하거나 기존 대출의 이자를 경감해 주도록 요청한다. 일본은 이 계획을 1988년 7월 토론토 정상회의 및 그해 9월 베를린 IMF 회의에서 제안했다. 하지만 일본으로서는 매우 실망스럽게도 G7 국가들의 아주 강력한 반대에 봉착해야만 했다. 특히 미국과 영국 및 독일의 반대가 심했다. 국가기관이든 다국적 기관이든 공공부문의 참여를 확대할 경우 민간의 위험이 공공부문으로 심각하게 이전될 수 있다는 이유였다. 캐나다는 개방적인 자세를 유지했다. 프랑스의 경우는 독자적인 아이디어를 들고 나왔는데, 새로운 SDR을 창설해 채무국들에게 우선적으로 지원하자는 내용이었다. 비공식 토의를 거친 결과 제3세계를 돕기 위한 이 아이디어들 중 어떤 한 것도 실행될 수 없음이 분명해졌다. 당시 나는 G7 국가 대표들과 이 문제를 논의하는 과정에 깊숙이 참여했다. 그 과정에서 나는 정치인들이 민간은행들에 대해 엄청나게 강한, 거의 악다구니에 가까운 반감을 갖고 있다는 사실을 알게 돼 굉장히 놀랐다. 당시 관련 회의를 이어가던 중에 어느 재무장관이 한 말을 생생하게 기억하고 있다. 그 장관은 "은행들이 이 모든 문제들을 야기했다. 정부는 그들이 스스로 책임을 지도록 해야 하지 않겠는가?"라고 말했다. 그 발언은 당시 정치인들의 일반적인 정서를 대변하고 있었다.

새로운 부채 전략

1988년 겨울이 되도록 상황은 전혀 호전되지 않았다. 그때 미국 재무부 역시 뭔가 새롭고 과감한 조치가 필요하다는 것을 깨닫게 되었다. 전통적인 사고에서 벗어난 중요한 아이디어가 새롭게 부상했다. 그 아이디어는 부채를 감축하는데 거의 전적으로 초점을 맞추고 있었는데, 아주 직설적이었다. 미 재무부의 계획에 따르면, 은행들은 자신들의 채권 일부를 포기하되 신규 대출은 더 이상 지원해 주지 않아도 되었다. 국제자본시장에 복귀할 것인지 또는, 가장 중요하게는, 자신의 국내 프로그램과 법률 및 규제 등을 조정함으로써 대대적으로 이탈했던 자국민의 자본을 다시 불러들일 것인지는 채무국이 선택하도록 했다. 매우 정당한 아이디어였지만, 현실성은 대단히 낮았다.

그래서 일본 정부는 미국과 일본 등에서 나온 다양한 아이디어들을 연구하기 시작했다. 그 계획을 완성하고 국제금융기구 및 민간은행들과 치열하게 협상하는데 약 1개월이 걸렸다. 1989년 4월 G7 회의에서 결국 새 계획에 대한 합의가 공식적으로 이뤄졌다. '새로운 부채 전략'이란 이름이 붙여졌다. 일본이 제시했던 아이디어가 주요 요소로 포함되었다. 채무국, 채권은행, 채권은행의 정부 및 국제기구 등 주요 당사자 넷이 상호 협력하는 구조였다. 첫째, 채무국은 인플레이션 억제, 재정적자 감축, 공기업 민영화, 이탈자본 재유치 등을 위한 중기 조정 프로그램을 IMF와 협상해야 한다. IMF는 그 프로그램의 이행 상황을 점검하며, 그에 상응한 대가로 IMF와 세계은행을 포함한 국제금융기구는 채무국들이 담보로 사용할 수 있는 기금을 만들 수 있도록 신규 자금을 대출해 준다. 폴 볼커가 설명했듯이, 실제로 IMF는 일종의 파산법원 판사와 신용평가회사를 결합한 역할을 했다. 특히 신규 대출에 대해 보증을 서 준다는 사실은 새롭게 여신을 지원해 주는 은행들에게 신뢰를 제공해 줄 것으로 기대됐다. 은행들에게는 세 종류의 선택지가 주어졌다. 채권을 포기하는 것, 이자를 경감해 주는 것, 신규 대출을 지원하는 것 등이다. 채권은행의 정부들 역시 채무국들에게 여신을 제공하는 역할을 맡았다. 주로 수출입은행과 같은 공적기관들을 통해서다. 채권국 정부들은 또한 은행들이 개도국에 대한 채권을 활발하게 상각할 수 있도록 회계 및 조세 관련 규제 장애물을 제거하기로 했다.

이 글을 쓰는 현재 멕시코와 필리핀, 코스타리카, 베네수엘라, 모로코, 우루과이 등은 이미 IMF와 경제조정을 위한 중기 프로그램에 합의를 했다. 가장 중요한 성과는 1990년 2월 멕시코와 타결한 합의였다. 당사자 넷이 오랫동안 공들여 진행해 온 협상의 결과였다. 가장 흥미로운 포인트는 은행에 관한 대목이었다. 은행들의 약 50%가 이자 경감을 선택했다. 40%는 원금 일부 탕감을 수용했다. 오직 10%의 은행만이 신규 대출을 결정했다.

당시의 부채 재협상 과정을 돌이켜 보면, 채무자이든 채권자이든, 양쪽 모두가 상당부분의 책임을 나눠져야 한다는 사실을 명백히 알 수가 있다. 채무국들의 개발 전략은 애초부터 잘 못 기획되었거나 잘 못 실행되었던 게 분명하다. 빌려온 돈의 대부분은 자신들의 수출경쟁력을 높이는데 쓰이지 않았다. 솔직히 그 돈이 쓰인 프로젝트들은 외화를 제대로 벌어들이지 못했다. 그 돈의 대부분은 그냥 잃어버렸다. 대출은행들의 경우, 명분이 무엇이었든 간에, 자신들의 단기 경영성과에 지나치게 매몰되었다. 그러다 보니 채무국들이 과연 그 돈을 갖고 중장기적으로 잘 사용할 능력이 있는지에 대해 별로 관심을 기울이지 않았다. 그들의 대출은 분명히 그들 정부에 의해 장려된 것이었다. 석유위기 이후에는 특히 그러했다. 하지만 그들의 대출정책은 오로지 이익을 늘리는 쪽에만 맞춰져 있었다. 대출은 대부분 달러로 이뤄졌다. 이로 인해 채무국 경제는 대출국의 통화정책에 전적으로 노출되었다. 달러 금리가 사상 최고 수준으로 뛰어오른 때에 부채위기가 폭발한 것은 우연이 아니었다. 볼커가 설명했듯이, 미국 내 역대 최악의 인플레이션에 맞서는 과정에서 외국의 부채문제는 연준의 우선순위가 아니었다. 감독당국은 유로달러시장이 무제한 팽창하는 것을 허용할 정도로 지나치게 관대했는데, 이 역시 문제였다고 꼽을 수 있다. 1980년까지만 해도 유로달러시장이 확장해 나가는 것에 대해 상당한 주의가 있었다. 하지만 제2차 석유파동이 터지자 당국의 우리 모두는 너무 관대해졌다. 유로달러시장이 거의 자유방임적으로 운영되도록 내버려 두었다. 바로 그 시장에서 모든 신디케이티드 론(loan)이 제공되었다. 신디케이티드 론은 은행대출이 급격하게 증가하는데 사용된 기법이다.

빚을 줄이는 몇 가지 방법

그 뒤 부채 문제를 되돌리는 과정에서 우리는 도덕적 해이 문제의 위험성을 다시 한 번 깨달았다. 채권자와 채무자 모두를 괴롭혔던 '부채 피로감'이 바로 그것이다. 채무자들은 자신들이 왜 경제성장을 희생하면서까지 탐욕스러운 은행들의 배를 불려줘야 하는지 스스로에게 물었다. 은행들은 날이 갈수록 신용도가 악화하는 채무국들에게 끊임없이 돈을 빌려줘야 한다는 사실에 분노했다. 불가피했고, 바람직했으며, 필요하기까지 했던 일이긴 하지만, 당사자들 모두가 일종의 채무경감안에 대해 동의하게 된 데에는 이러한 부채 피로감 역시 하나의 원인으로 작용했다.

하지만 빚을 줄이는 방법은 오로지 세 가지 뿐이라고 나는 생각한다. 첫째는 당연히 빚을 갚는 것이다. 그게 가장 전통적이고 일반적인 방식이다. 하지만 당시의 경우에는 실현불가능한 일이었다. 둘째는 빚을 상환 의무가 없는 일종의 투자로 전환하는 것이다. 이에 관해서는 다양한 아이 디어들이 존재한다. 민영화된 기업에 대한 출자전환이 그 중 하나다. 이 것은 굉장히 중요한 기법이다. 해당 국가로 신규 자금이 들어오는 것을 위협하지 않으면서도 빚을 줄일 수 있기 때문이다. 하지만 이를 위해서는 건전한 통화정책이 병행되어야 한다.

셋째는 원금 탕감이다. 빚을 줄이는 단순하면서도 중요한 개념이다. 하 지만 딜레마를 수반한다. 재도약의 기회를 얻은 채무국은 새로운 자금을 필요로 하지만 조달이 불가능하다. 부채를 탕감 받으면 필연적으로 신규 차입 자격을 상실하기 때문이다. 부채 탕감이란, 과거에 빌려주었던 돈을 돌려받을 수 없게 되어 포기했다는 것을 의미한다. 그런 일이 발생했다면 어떻게 은행들이 신규 대출은 괜찮을 것이라고 생각할 수 있겠는가? 신규 대출 및 잔여 대출이 탕감된 과거 대출에 비해 질적으로 훨씬 양호하다는 점을 은행들이 확신할 수 있는 경우에나 타협이 가능하다. 차입자가 자신 의 신용을 높일 수 있는 가장 전통적인 방식은 경제성과를 개선하고 자국 내 경제조정 노력을 굳건히 수행하겠다고 약속하는 것이다. 그런 모습을 보여준다면 신용시장은 인정해 줄 것이라고 나는 생각한다. 그런 차입자 에게 빌려준 돈은 돌려받을 가능성이 높다고 느낄 것이다.

동시에, 채무국들이 구조개선과 경제개발을 해 나가기 위해서는 지속 적인 자본 투입이 분명 필요하다. 그렇다면 그들은 어떻게 그 자본을 구 할 수 있을까? 첫째 방법은 수입하는 것보다 더 많이 수출함으로써 무역 흑자를 쌓는 것이다. 해외로부터 직접투자를 유치할 수도 있다. 또한 은 행으로부터 돈을 빌리는 수도 있다. 마지막으로는, 과거의 무책임한 정책들을 피해 달아났던 자국민의 자본을 다시 불러들이는 방법이 있다. 사실 채무국들은 이 네 가지 모든 방법들을 동원해야 한다.

복잡한 금융기법 하나만으로는 결코 문제를 해결할 수가 없다. 볼커가 강조했듯이, 최종 해법은 채무자들 스스로에게서 나와야 한다. 하지만 채무자, 채권자 정부, 채권은행, 국제금융기구 등 당사자 넷 모두가 그 비용과 위험 들을 나눠 짊어져야 한다는 주장을 나는 덧붙이고 싶다. 과거에도 그랬고 지금도 정부는 민간 위험을 공공 금융기구로 이전하는 것에 대해 상당한 거부감을 갖고 있다. 나는 이러한 우려를 분명히 이해한다. 하지만 우리는 현실을 직시해야 한다. 1984년 공공 금융기구는 제3세계 부채의 38%를 떠안고 있었다. 민간 금융회사는 62%를 보유했다. 1990년에는 그 비중이 50대50으로 바뀌었다. 그게 좋든 싫든, 민간에서 공공부문으로의 위험 이전이 이미 지속적으로 이뤄져 왔다. 이러한 추세를 단순히 반대하는 것만으로는 문제를 풀 수가 없다.

채무국이 파산하거나 국제금융시스템이 무너지지 않도록 부채문제를 일관되게 해결해 나가는 게 공동의 목표다. 이를 향한 협력의 전반적인 과정은 지속될 것이다. 멕시코와 칠레, 베네수엘라 등 일부 국가들은 정말로 영웅적인 노력을 해 실질적인 진전을 이뤘다. 하지만 여타 국가들은 아직 잘 해내지 못하고 있다. 엇갈린 구도는 당분간 계속될 것이다. 이러한 문제는 중남미에만 국한해서 발생하는 게 아니다. 우리가 얻은 이 모든 교훈은 다른 지역, 특히 동유럽에서 유사한 문제가 발생할 때에도 그대로 적용 가능하며 똑같이 중요할 것이다. _Gyohten_

1982~1984년 _ 글로벌 주요 금융 · 통화 타임라인

1982년

1월　　　　미국 재정적자가 사상 최대치를 경신할 것으로 예상됐다. 금리와 달러가 가파르게 상승했다. 제프리 하우 영국 재무장관은, 앞으로 예상되는 미국 재정적자 규모 및 그것이 전 세계 금리에 미치는 시사점에 대해 우려를 표명했다.

4월 24 ~25일　　　베르사유 정상회의를 위한 사전 준비회의가 열렸다. 스프링켈 미 재무차관은 주요국들의 정책기조가 비슷하게 수렴(policy convergence)되어야 한다고 주장했다. 환율 불안정을 피하기 위해서는 그 길 밖에 없다고 말했다. 외환시장 개입은 통화긴축으로써 인플레이션을 통제하도록 하는 압박을 제거해 버린다고 그는 주장했다. 스프링켈과 프랑스의 캉드쉬는 과거 시장개입이 환율 안정에 얼마나 효과적이었는지를 공동으로 연구하기로 의견을 모았다. 미국이 교역 대상국들에게 경제정책 수렴을 촉구한 가운데 주요 5개국 재무장관들은 경제정책에 대한 '다자간 감시'를 위해 IMF 사무총장과 더불어 정기적으로 회동하기로 합의했다.

6월4~6일　　베르사유 정상회의가 열렸다. 미국은 소련 및 동유럽과의 상거래를 통제할 것을 유럽에게 요구했다. 유럽은, 특히 프랑스가, 미국에게 외환시장에서의 달러가치를 안정시키는데 협력할 것을 요구했다. 이 두 요구를 절충하기 위해 정상들이 애를 썼다. 정상들은 외환개입의 유효성에 관한 보고서를 작성하도록 위임했다. 필리페 유르겐센 프랑스 재무부 국제담당 부국장 주도로 일단의 관료들이 보고서 작성에 참여하도록 했다. 정상들은 사전 회의에서 합의된 '다자간 감시'를 승인했다. 유럽은 공산주의 국가들에 대한 신용 제공을 제한하는데 동의했다.

코뮈니케 해석을 둘러싸고 즉각 논란이 발생했다. 프랑수아 미테랑 프랑스 대통령은 이번 합의를 '국제통화시스템의 개혁'을 시작하기로 한 것으로 묘사했다. 이에 리건 미 재무장관은 미테랑 대통령이 "작은 글씨로 인쇄된 것을 읽지 않았다"는 듯이 시사했다. 그러면서 미국의 입장은 "전혀 변함이 없다"는 식으로 말했다. 독일의 만프레드 란슈타인은 본국으로 돌아가면서 "동유럽 국가들 및 소련과 늘 그랬던 것처럼 계속해서 협력할 것이다"라고 말했다.

6월 18일　　동유럽과의 교역 제한 약속을 지키지 않았다며 레이건 행정부가 유럽을 비난했다. 소련 천연가스를 서유럽으로 운송하는 대규모 동-서 파이프라인 건설에 납품하고 있는 미국 기업들의 해외 자회사들을 제재하겠다고 미 정부가 위협했다. 그러자 유럽인들, 심지어 영국 대처 총리까지 나서 분노했다.

6월 19일　　연준이 긴축정책을 다소 풀기로 했다. 재할인금리는 12%에서 11.5%로 낮춰졌다. 거의 연말까지 계속될 금리하락 흐름을 조성했다.

8월 12일　　멕시코의 헤수스 실바 에르소그가 미국 리건 재무장관과 볼커 연준 의장 및 자크 드 라로지에르 IMF 총재에게 8월 15일 만기 도래하는 부채를 상환할 수 없을 것 같다고 통보했다.

8월 15일_____ 미국 정부가 멕시코에게 총 20억 달러에 달하는 식료품 여신 및 원유수입 대금 선금을 제공했다. IMF와 BIS 및 상업은행들이 추가 구제금융을 위한 계획에 착수했다.

8월 23일_____ 상업은행들의 자문위원회가 멕시코에 대한 90일간의 원금상환 유예에 동의했다.

9월 7일_____ 뉴욕 소재 멕시코 은행들 지점에서 대규모의 자금 인출이 발생했다. 연준이 멕시코에 대한 BIS 자금 7000만 달러를 제공했다.

11월 10일_____ 멕시코 정부가 IMF 자금 13억 달러를 받는데 따르는 경제조정을 약속했다. 1981년 GDP의 16.5%에 달한 재정적자를 1983년 8.5%로 낮추기로 했다. 인플레이션은 1983년까지 절반 수준인 55%로 끌어내리기로 했다. 1981년 200억 달러에 달한 외채를 1983년 50억 달러로 줄이기로 했다. 임금 인상과 보조금 지급도 줄이기로 했다.

11월 16일_____ 주요 채권은행과의 회의에서 드 라로지에르 IMF 총재는 멕시코에 대한 IMF 공적자금 지원의 전제조건으로 50억 달러의 은행 대출을 제시했다. 시한은 12월 15일이다. 같은 날 저녁 볼커 의장은 신규 대출에 대한 규제가 완화될 것임을 시사했다.

12월 1일_____ 일본이 기관투자자들의 해외투자를 허용했다. 미겔 델라 마드리드 멕시코 대통령이 취임했다. 새 정부는 IMF의 지원 조건을 준수하겠다고 약속했다. 채권은행들과 신규 대출 및 기존 200억 달러 부채에 대한 상환일정 조정 조건을 협상하기 시작했다. 12월 8일에 협상이 타결됐다.

12월 23일_____ 드 라로지에르 총재는 멕시코에 필요한 신규 자금 가운데 "결정적인 규모"가 확보되었으며, 주요 5개국 수출지원 기관으로부터 별도로 20억 달러의 추가 신용이 조달되었다고 발표했다.

1983년

4월 18일_____ 레이건 대통령에 대한 보고서에서 데이비드 스톡맨 백악관 예산국장은 현행 정책기조를 지속할 경우 "조만간" 미국이 연간 2000억 달러의 재정적자에 직면할 것이라고 경고했다.

4월 27일_____ 볼커 의장은 "환율이 명백히 잘못되었을 경우" 외환시장에 개입할 수 있다고 지지의사를 밝혔다.

4월 29일_____ 외환시장 개입에 관한 실무그룹 보고서, 일명 '유르겐센 리포트'가 발간됐다. 개입이 환율에 제한적인 영향을 준다는 내용이 담겼다. 불태화 개입은 단기적인 효과를 낼 수 있으며, 장기적인 효과를 위해서는 국내 정책의 변화를 요구한다고 밝혔다.

5월 23 ~30일_____ 윌리엄스버그 정상회의가 열렸다. 미국의 재정적자 및 고금리에 대해 여러 나라들이 강력히 비난했다. 레이건 대통령은 고금리와 고평가된 달러가 재정적자 때문이라는 증거는 없다고 주장했다. 최종선언은 경제회복 신호를 언급했다. 다만 정상들은 어떠한 행동도 취하지 않은 채 분열만 드러냈을 뿐이다. 이는 베르사유 정상회의의 파국으로 이어졌다. 유르겐센 리포트를 검토한 7개국은 "필요한 경우 외환시장에 개입하기로" 합의했다.

8월 23일_____ 외채 200억 달러에 대한 구조조정 합의서 서명을 사흘 앞두고 멕시코가 BIS 자금 18억 5000만 달러를 상환했다.

12월_____ 상업은행들에 대한 모든 연체금 문제가 해결됐다. 38억 달러의 신규 대출 합의가 이뤄졌다. 1982년과 1983년 사이 30개의 합의가 타결되었다. 24개국과 IMF가 여기에 참여했다. 같은 기간 중 18개국 정부가 공적 채무 상환일정 조정을 위한 22개 합의를 도출했다. 주로 이른바 '파리클럽'을 통해서다. 파리클럽은 연체된 공적 대출 상환기한 연장을 위한 방법을 모색하기 위해 마련된 정부 관료들의 비공식적 협의체이다.

1984년

5월 30일_____ 볼리비아가 채무상환을 유예했다. 에콰도르가 6월 4일 뒤따랐다.

6월 7~9일_____ 런던 2차 정상회의가 열렸다. "지금까지 시행해 온 신중한 통화 및 재정 정책"에 변함이 없음을 주창한 최종선언이 재확인했다. 재선을 위한 선거전에 돌입한 레이건 대통령은 이 최종선언에서 미국 재정정책을 언급하는 것을 거부했다. 최종선언은 채무국들에 대한 IMF의 확고한 '사례별' 접근법을 지지했다. 보편적인 채무면제는 하지 않을 것임을 의미하는 결정이었다. 또한 IMF가 승인하는 긴축정책이 금융지원의 반대 급부임을 분명히 했다. 채무국들에 대한 보다 온건한 정책을 원하는 프랑스의 희망과는 반대였다.

6월 21일_____ 중남미의 11개 주요 채무국이 콜롬비아에 모였다. 하지만 채권국에 대한 공동의 대응은 취하지 않았다.

슈퍼 달러를 끌어내려라!

- 플라자합의 -

CHAPTER 08

이번 코뮈니케 발표는 1월과 달랐다. 플라자호텔에 기자들이 특별히 초대됐고 텔레비전 카메라들도 대기하고 있었다. 환율 재조정을 촉구하는 메시지는 명확했다. 그 다음날 시장은 "도움이 될 것이라고 생각될 경우……"라는 문구를 정확하게 읽어 냈다. 즉각적인 시장개입이 없었는데도 달러가 급격하게 하락했다. 당국의 의도가 충분히 명확하게 전달되었던 것이다. 그 추세를 굳히기 위한 대대적인 개입이 그 다음 몇 주 동안 이뤄졌다. 10월 말까지 미국의 개입 규모만으로도 30억 달러를 넘었다. 달러는 엔화에 대해 12% 떨어졌고, 유럽 통화들에 대해서는 약 9% 하락했다. 추가 개입 없이도 달러는 계속해서 약해졌다. 1986년 1월이 되자 달러는 약 1년 전의 고점에 비해 평균적으로 25% 떨어졌다.

근본적인

———

질문

1984년부터 1985년 초까지 경제에 대한 레이건 행정부의 자신감은 두드러졌다. 경기침체가 끝난 지는 한참이 지났다. 경제가 질주해 나갔다. 게다가 선거에서 대승을 거뒀다. 성층권으로 솟아오른 달러화 가치는 수출 기업들의 불만을 야기했다. 미국의 무역 상대국 일부는 불안해했다. 그러나 열혈 지지층들에게는 그게 단지 사소한 트집잡기에 불과한 것으로 여겨졌다. 달러화 초강세는 오히려 미국 경제의 강건함을 시장이 승인한 상징인 것처럼 비쳤다. 정통 보수 레이건 정책을 이끌어 온 보좌진들에게는 시장으로부터의 승인이야 말로 선거에서의 승리만큼 중요했다.

아이러니는, 미국이 갈수록 해외자본에 더 많이 의존하고 있다는 점이었다. 미국의 저축이 부족해 빈 곳을 채워야만 했던 것이다. 역사상 가장 부유하고 강력한 국가 미국이 세계 최대의 채무국이 되기 시작한 것이다. 미국의 재정적자가 워낙 컸고 국내 저축은 워낙 적었던 상황이었기에 우리는 해외자본을 소중하게 잘 사용할 수가 있었다. 하지만 우리는 동전의 다른 면에 대해 불만스럽게 생각했다. 무역수지와 경상수지 적자가 과거에는 상상도 하지 못했던 연간 1000억 달러에 도달하거나 넘어서고 있었다.

레이건 행정부가 그걸 인지하고 싶든 말든, 달러화의 가치는 그야말로 너무나도 높아서 심각한 문제를 야기할 지경이 되었다. 경제적으로나 정치적으로나 달러 강세는 지속 불가능한 수준으로 보였다. 1984년 말이 되자 일본 엔화와 독일 마르크화는 달러에 대해 1973년 수준 또는 그 이하로 떨어졌다. 그들의 자동차, 기계류, 전자제품들이 울창한 미국시장에서 손쉽게 과실을 딸 수 있었다. 의회에서 강력한 보호주의 압력이 형성되기 시작했다.

미 재무부의 새로운 팀 제임스 베이커와 리처드 다먼은 보호주의 압력과 문제에 대해 확실히 민감해했다. 새로 임무를 받은 그들은 국제무대에 자신들의 족적을 남길 과제를 만났다는 점에서 아마 흥미를 느낀 듯도 했다. 이미 여타 G5 국가들의 이니셔티브로 달러화 절상 억제 노력이 개시된 상태였는데, 그들은 부임하자마자 거기에 참여하게 되었다. 달러 환율이 큰 폭으로 떨어지는 롤러코스터가 시작됐다. 늦여름 무렵에 달러가 잠시 반등하자 새로 부임한 미 재무부의 팀은 달러를 찍어 누르기 위한 공동의 공격적 공개 노력을 가동했다. '플라자합의'라고 불리는 바로 그것이다. 1985년 9월 뉴욕 플라자호텔에서 타결된 합의라 해서 그런 이름이 붙여졌다. 다른 무엇보다도, 엔화 가치를 급격하게 끌어 올리는 일본의 협조가 놀랄 만했다. 평가절상을 강력하게 거부하던 과거와는 다른 모습이었다.

변동환율제가 도입된 지 10여 년 만에, 환율의 흐름을 다른 쪽으로 이끌려는 가장 강력하고 지속적인 노력이 미국과 유럽 사이 및 미국과 아시아 사이 모두에서 펼쳐졌다. 1978년 11월의 '달러화 긴급 방어 패키지'와는 정반대의 방식이었다. 외환시장에 대한 공조 개입은 미국의 제안으로 이뤄졌는데, 이는 달러와 외환시장 관리에 관한 기존의 태도를 순식간에 뒤집는 것이었다. 달러 방어 패키지와 플라자합의는 모두 해외 주요국들의 적극적 협력을 필요로 했고, 이를 뒷받침하는 보완적인 국내정책도 면밀히 신경을 써서 연계시켰다. 이미 커다란 정치적 요소까지 내포하게 된 그 긴박하고 거대한 경제문제를 해결하기 위해 시장 주도권과 통제력을 되찾으려는 조치들이 취해졌다. 1978년의 경우는 정책 전반의 신뢰를 상실한 것이 문제였다. 그리고 1985년은 의회 및 국가 내 보호주의적 세력에게 무역정책 통제권을 잃을 수 있다는 것이 주된 위협 요소였다.

1978년은 달러를 떠받치려는 것이었고, 1985년은 달러를 억누르는 것이었는데, 그것 말고도 두 사례는 중요한 측면에서 차이가 있었다. 플라자합의는 미국의 태도가 정말 근본적으로 바뀐 것이냐는 커다란 의문을 불러 일으켰다. 플라자합의가 정부에 의해 좀 더 관리되는 환율시스템으로 가는 첫걸음인지, 달러화 억제 노력을 뒷받침하기 위해 각국 정부가 과연 각자의 경제정책을 지속 가능하게 체계적으로 조율할 용의가 있는지 말이다. 그것은 우리가 이 책의 나머지 부분에서 다루게 될 근본적인 질문이다. 그리고 내 생각에 그에 대한 대답은, 꼭 그런 것은 아니라는 것, 또는 적어도 아직은 아니라는 것이다.

시장개입

논쟁

변동환율제의 출현 이후로 외환시장은 정부 경제정책에 대한 반응을 전달해주는 주요하고 때로는 즉각적인 벨트 역할을 했다. 외환시장은 1970년대 초부터 모든 국제시장이 급격하게 확장하던 시기에 기하급수적으로 성장했다. 정책의 윤곽을 잡는데 있어서 외환시장의 판단을 고려하지 않을 수가 없었다. 하지만 그 판단은 굉장히 변덕스러울 수도 있었다.

이미 1970년대 초에 외환시장의 불안으로부터 이득을 얻는 민간의 기득권이 미약하게 존재하기 시작했다. 그때만 해도 모든 대형 국제 상업은행들은 각자의 외환부서를 고객 서비스 차원에서 운영하고 있었다. 1%도 안 되는 브레튼우즈 환율 변동범위 안에서 운영해서는 큰돈을 벌 수 없었다. 환율 조정은 오랜만에 한 번씩 이뤄질 뿐이었다. 하지만 환율이 자유화되자 은행의 트레이더들은 환율 변동을 통해 돈을 아주 잘 벌 수 있다는 것을 알게 되었다. 그들은 다른 누구보다도 신속하게 추세를 파악해 반응할 수 있었기 때문에 아주 짧은 트렌드까지도 활용할 수 있었다.

그들이 변동환율제를 지지한 이유

1980년대 초가 되자 고객에 대한 외환 서비스 차원에서 운영되던 그 후선 지원부서가 은행의 중요한 수익창출원으로 탈바꿈해 있었다. 은행의 규모에 따라 연간 5000만 달러에서 1억 달러, 심지어는 2억 달러씩 벌어들였다. 때때로 손실을 입기도 했지만, 흥미롭게도 적극적으로 트레이딩을 하는 많은 은행들은 대규모로 꾸준히 이익을 내고 있었다. 누군가 돈을 잃는 게 분명했지만, 그게 외환딜러들은 아니었다. 금융회사들이 왜 그토록 변동환율제를 대대적으로 지지했는지 그 이유가 분명해졌다.

이 외환시장의 규모는 거대했다. 매일 수천 억 달러를 사고팔았다. 이 시장은 기본적으로 전화선으로 연결된 수백 명 정도의 트레이더들로 구성된다. 그들의 앞에는 환율 호가가 표시되는 스크린이 놓여 있다. 그 옆에는 컴퓨터로 계산한 환율 관계들의 분석과 최신 뉴스를 띄워주는 한 두 개의 스크린이 있다. 트레이더들은 자신들이 파악해낸 추세의 앞부분에 먼저 자리를 잡고 기다리는 식으로 대부분의 돈을 벌었다. 그들이 추세라고 부르는 것은 1년도, 한 달도 아닌, 아마도 하루 이틀 또는 심지어 몇 분을 의미했다.

그들의 보스는 매일 업무 종료 때에는 외환 포지션을 중립으로 돌려놓을 것을 요구했다. 은행의 리스크가 일정 수준을 넘어서지 않도록 하기 위해 장중에도 트레이딩 포지션을 너무 늘리지 말도록 주문했다. 그래서 트레이더들은 큰돈을 벌기 위해서는 빠르게 움직여야만 했다. 기본적인 경제 추세에는 자연히 관심을 덜 기울이게 되었다. 그들은 사려 깊은 이코노미스트를 표방하지 않았다. 오히려 트레이더들은 그런 사람들과 협업하는 것을 별로 원하지 않았다.

그들이 관심을 기울이는 것은 당장 시장에서 나타나고 있는 유행이었다. 혹은, 자신의 고객들이나 다른 은행의 거래 상대방에게 외환 매매 동기를 제공한다고 여겨지는 그 무엇인가에 트레이더들은 주목했다. 그들이 금리가 중요하다고 생각하게 되었다고 가정해 보자(실제로 자주 그래야 했다). 그날 아침에 정부가 발표할 고용지표에서 일자리 수가 10만 명 줄었을 것으로 예상된다는 대형 은행 또는 증권사 이코노미스트들의 전망이 트레이더들의 스크린에 떴다. 그런데 실제 발표된 일자리 수는 15만 명 감소였다. 그렇다면 시장은 연준이 금리를 인하할 가능성이 더 높아졌다고 예상하게 된다. 일부 고객들이나 여타 트레이더들은 달러를 매도한다. 일부는 그 거래에서 맨 앞에 서려고 달려들 것이고, 이에 달러는 하락하기 시작한다. 이런 흐름이 하나의 추세라고 판단된다면, 다른 거래자들이 뒤를 따르게 된다. 결국 환율의 변화는 어떠한 경제뉴스가 가리키는 중요도를 훨씬 능가하게 된다.

연준과 재무부의 이인삼각 동행

환율의 변동은 수출입 가격에 영향을 미친다. 가격의 변화는 결국 물량에 영향을 미친다. 일반적으로 통화가치의 하락은 수입품이 더욱 비싸지도록 함으로써 무역적자를 줄여준다. 통화가치의 상승은 반대의 효과를 낸다. 그러나 오늘날 시장의 실제 돈 흐름은 무역거래에 의해 좌우되지 않는다. 높은 투자소득을 좇는 자본의 거대한 흐름에 의해 시장이 움직인다. 따라서 환율은 그러한 자본흐름에 보다 민감하게 반응한다. 그리고 자본흐름은 금리의 상승과 같은 간단한 재료 또는 해당국의 정치와 같은 예측 불가능한 요소로부터 영향을 받는다.

무역이나 여타 국제수지 흐름의 균형을 달성하는데 관심이 있는 정책 당국자의 눈으로 볼 때, 트레이더들이 추세에 올라타려고 애를 씀에 따라 나타나는 시장의 기대심리 또는 '밴드 왜건'(band wagon, 역자 주: 다중의 집단적인 흐름에 편승하는 것) 효과는 무역의 합리적 균형을 유지하는 범위를 완전히 넘어설 만큼의 커다란 환율 변동을 야기한다. 변동환율제가 이어져온 동안 외환시장은 정말로 어떤 환율이 적절하고 장기적으로 지속 가능한지를 저울질하는 감각을 아예 상실해버렸다. 이코노미스트들이 설명하는 것처럼, 트레이더들의 기대심리를 묶어줄 만한 닻줄은 존재하지 않는다. 반대방향 거래를 유인할 만한 중심축도 외환시장에는 없기 때문에 추세란 것은 과도할 정도로까지 전개되기 십상이다. 이 모든 것들이 문제다. 왜냐하면 한 국가의 환율은 그 경제에 있어서 가장 중요한 가격이기 때문이다. 환율은 모든 범위의 개별 가격과 수출입, 심지어는 경제활동의 수준에까지 영향을 미치게 된다. 따라서 어떠한 정부도 자국 환율의 커다란 변동을 무시하기 어렵다. 비록 레이건 행정부의 경우는 수년 동안 무시해왔다 하더라도 말이다.

플라자합의는 환율 변동에 대한 당국의 통제력을 최소한 일정부분이라도 되찾으려는 시도였다. 주된 동력은 연준이 아닌 재무부였다. 그러한 사안에 있어서 정부의 두 기관은 독립적인 법적 권한을 보유하며 대개는 서로 다른 시각을 갖기도 한다. 하지만 만일 환율에 관리가 필요한 상황이라면 이견은 타협되어야 한다. 두 사람이 다리 하나씩을 묶어 달리는 이인삼각처럼, 그것은 불편하기는 해도 할 만한 일이다.

행정부의 일원인 재무부는 스스로를 이른바 '국제 통화정책'에 대해 주된 책임이 있는 기관이라고 생각한다. 나 역시 재무부에서 통화 담당 차관으로 오래 일했다. 국내 경제분석이나 정부 및 관련기관들의 재원을 조달하는 업무와 별개로, 재무부는 국제 통화정책의 주무부서이기도 하다. 이러한 재무부의 위치는 다른 국가들과 양자 간에 또는 IMF와 같은 국제금융기구를 통해 다자간에 금융관계를 맺는데 있어서 핵심적인 역할을 한다. 그러한 관점에서 나는 환율문제와 국제 통화개혁에 대해 진심으로 우려하고 있었다.

행정부로부터 독립적으로 운영되도록 면밀하게 설계가 된 연준은 의회에 직접 보고를 한다. 의회는 헌법에 의해 "화폐를 주조하고 그 화폐 및 외국 화폐의 가치를 규제"하는 권한을 부여받았다. 연준은 단순 명쾌하게 통화정책을 수행할 책임이 있다. 일부는 그것을 '국내 통화정책'이라고 부르고자 할 것이다. 하지만 연준이 미국 화폐와 신용을 통제하는 것은 불가피하게 환율, 심지어 국제 통화공급에까지 영향을 미친다. 국내와 국제라는 것은 이음새가 뚜렷하게 없는 거미줄이다. 따라서 정부기관 간에도 겹치는 부분이 생긴다.

그 운영상에 있어서 플라자합의는 거의 외환시장에 대한 정부의 공식 개입에 관한 것이었다. 이는 재무부와 연준의 겹침이 특히나 두드러진 영역 중 하나였다. 때로는 그 겹침이 악화하기도 했다. 개입이라는 것은 달러화 환율을 안정시키거나 영향을 미치기 위해 정부가 외환시장에서 외화를 달러에 대해 사고파는 것을 의미한다. 일관된 외환시장 개입정책이 되려면 다른 정책들, 특히 주로 금리로 작동하는 국내 통화정책과 합리적으로 결합되어야 한다. 국내 통화정책은 연준이 홀로 수행하는 영역이다. 결국 최종적으로는 통화정책이 외환시장 개입보다 더 강력한 영향력을 행사하게 된다. 이에 대해서는 아마 모든 기관들이 동의할 것이다. 정책 권한의 최종 균형이 어디에서 이뤄지는 지를 보여주는 대목이다.

관료적 한계

이해를 돕기 위해 잠시 옆길로 좀 빠져보자. 외환시장 개입정책이 어떻게 결정되는 지 내 경험을 토대로 설명하려 한다. 미국이 다시 외환시장에 개입하는 아이디어는 한 세대가 지나고 난 1960년대 초 내가 재무부에서 일할 때 시작되었다. 그 뒤 차관으로서 나는 재무부에서 환율정책을 가장 직접적으로 담당하는 사람이 되었다. 그리고 나서 나는 뉴욕 연준의 총재직을 맡았는데, 그곳은 시장에서 외환을 직접 사고파는 개입업무를 실제로 담당하는 기관이다. 그리고 나는 결국 연방준비제도에서 외환시장에 영향을 미치는 통화정책을 수행하게 되었다. 연준에서 나의 핵심 업무 중 하나는 연방공개시장위원회(FOMC)를 주재하는 일이었다. FOMC는 재무부의 권한에 병행해 뉴욕 연준에게 외환시장 개입활동을 지시한다.

　법률상으로는 연준 역시 재무부로부터 독립적으로 외환시장에 개입할 수 있는 권한이 있다. 이는 법적으로 워낙 분명하게 기술되어 있어 달리 에둘러 표현하기가 어렵다. 구체적으로 연준은 '1913년 연방준비제도법(Federal Reserve Act of 1913)'에 근거해 개입을 실행했으며, 전반적인 스와프 네트워크를 구축해 놓았다. 법률은 연준이 국내외 공개시장에서 은행 인수어음, 환어음, 전신환 등을 사고팔 수 있다고 규정해 놓았다. 당시 통화는 전신을 통해 국제적으로 거래되었으며, 전신환은 통상 외환거래를 의미했다.

재무부가 보유한 명백한 권한은 그 뒤로, 이 역시 목적이 좀 불분명하긴 한데, 1933년에 긴급입법을 통해 부여되었다. 미국이 금본위제에서 잠시 탈피해 있던 시기이다. 하지만 1960년대 초 재무부의 개입이 시작되었을 때에는 재무부 자체의 개입 실탄은 환율안정기금(Exchange Stabilization Fund)의 자본으로 제한되는 것으로 해석되었다(이 기금은 정부 보유 금의 가치 상승이익분으로 1934년에 조성되었다). 적절한 개입여력을 확보하기 위해 더글러스 딜런과 밥 루사는 연준이 동참하기를 원했다. 그래서 이들은 의회 내 소관 위원회에 충분히 설명해 이해를 얻어냈다. 시장개입을 위한 정책수단과 시장 내 거래 대상을 갖고 있는 뉴욕 연준이 재무부와 연방준비제도 둘 모두의 에이전트로 기능하게 되었다. 그게 지난 30년간의 기본적인 법률 및 제도상 틀이었다.

　재무부는 당연히 1930년대의 비상입법을 근거로 강조한다. 당시 의회는 금을 거래할 권한을 대통령에게 위임했고, 이를 통해 그 임무는 재무장관에게 맡겨졌다. 이는 재무장관이 국제 통화정책 수행 책임을 갖는 근거가 된다. 그 조항과 이후의 전통은 정치적 책임성과 더불어 재무부에게 환율과 개입정책에 관한 어떠한 자부심을 제공하였다. 재무부는 분명히 뉴욕 연준에게 에이전트의 임무를 부여해 재무부 기금을 가지고 달러, 마르크, 엔화 등을 매매함으로써 미국 및 외국 통화들 사이의 관계에 영향을 미칠 수가 있다. 다만 재무부는 연준이 자체 자금으로 개입해 그에 수반되는 위험을 짊어지도록 지시할 권한은 갖고 있지 않다.

　정부 내 두 기관이 서로 엇갈리는 정책 목표를 가지고 시장에서 작동한다는 것은 확실히 이상하게 보일 것이다. 이는 특히 어떠한 일관된 정책 목표를 달성하는 것을 완전히 저해할 수가 있다. 따라서 뉴욕 연준 트레이딩 데스크에 지시를 내릴 때에는 언제나 기관 간 조율이 필요하다. 연준은 분명 재무부가 공표한 목표에 반하여 자체 시장개입에 나서는 것을 극도로 꺼릴 것이다. 그런 정책행위는 공공연한 논란을 야기할 뿐 아니라 기관의 정치적 권위를 갉아먹을 수도 있기 때문이다. 개입정책은 통화를 보유한 사람들의 기대심리에 영향을 미치는 것에 성패가 달려있다. 따라서 양측 사이에 이견이 존재한다는 사실 그 자체는 무엇보다도 그 개입정책의 유효성을 손상시킬 것이다. FOMC 입장에서 외환시장 개입정책은 일상적인 국내 통화정책 책무에서 벗어난 것으로 그 실행은 의문과 리스크를 수반하게 된다. 그래서 FOMC 위원들은 보통 그러한 시장조작을 승인하는 경우에는 행정부의 지지가 있는 지를 먼저 확인하고 싶어 한다.

내 경험으로는, 재무부의 경우는 정반대로 연준의 강력한 반대를 거슬러가면서까지 외환시장에 개입하는 것을 꺼린다. 연준은 시장 경험과 현금을 갖고 있으며, 으뜸패라고 할 수 있는 금리정책의 최종 권한을 보유하기 때문이다. 그래서 결국 두 기관은 상호 비토권을 갖게 되었다. 개입에 대해 가장 적극적으로 반대하는 기관에게 결정권을 부여하는 것이다. 역사적으로 보면 그 기관은 통상 재무부였다.

역대 미 행정부는 개입정책에 대해 찬반 의견이 뚜렷했다. 레이건 행정부 1기의 경우는 그 스펙트럼 중에서 가장 극단적인 반대 진영이었다. 에이전트 역할을 하는 뉴욕 연준의 사람들은 전통적으로 적극적인 개입을 선호했다. 그들은 때때로 외국 중앙은행들과도 협력해야 하는 것 아니냐는 직접적인 압박까지 느꼈다. 뉴욕 연준은 또한 지극히 바람직하게도 자신들이 시장전투가 벌어지는 참호에 있다고 여겼다. 그래서 자신들의 전문성과 개입수단들을 항상 즉각 가동 가능한 준비상태로 유지하기를 원했다. 국제적인 문제를 보다 면밀히 점검하는 연준 의장 역시 대부분의 FOMC 위원들에 비해서는 그 문제에 더 큰 관심을 보인다. 그럼에도 어쨌든 연준 의장은 외환시장 개입정책을 결정하는데 있어서 FOMC 위원들을 설득해야 하며, 통상 재무장관의 동의 역시 받아내야 한다.

고백하건대, 이 모든 절차들은 다소 비효율적인 결과를 낳게 된다. 개입이 가다 서다 하면서 일관성 없이 이뤄지는 것이다. 양쪽의 실무진들은 각기 자신의 보스의 입장이 적절하게 반영되지 않고 있는 것은 아닌지 의심하게 된다. 그래서 개입이 진행되는 와중에 양측의 이견을 조정하기 위한 논의에 과도한 시간이 사용된다. 이러한 관료적 문제는 미국 정부에만 존재하는 게 아니다. 권한을 공유하는 기관이 있다면 어느 나라 정부에서나 발생하기 쉬운 일이다. 우리의 견제와 균형 시스템이 때때로 효율성에 반해 작동하는 영역 중 하나일 것이다. 개입을 실행하는 사람들은 폭넓은 가이드라인 안에서 충분한 권한과 유연성을 갖고 시장 환경에 대응할 수 있어야 한다. 워싱턴의 회의 결과를 기다릴 게 아니라 시장 움직임에 맞춰 반응할 필요가 있는 것이다.

태화 혹은 불태화

플라자합의는 환율정책을 설정했으며, 이를 개입을 통해 뒷받침했다. 재무부의 지지와 리더십이 없었더라면 성사되지 못했을 일이었다. 그리고 합의가 이뤄진 뒤에는, 통화정책에 거슬러서는 성공적으로 집행되지 못할 일이었다. 개입을 수행하는 기술적인 권한을 넘어 장기적으로 보다 중요한 것이 있다. 사람들이 국내외 통화를 사고팔고자 하는데 있어서 국내

금리의 변동은 강력한 영향을 미친다. 재정정책 역시 굉장히 중요한 요소이다. 단기자금 시장금리와 신뢰에 영향을 주기 때문이다. 1980년대의 미국에서 특히 그러했다. 하지만 재정정책은 주간, 월간, 분기별 운영에 있어서 유연하지 않은 것으로 악명이 높다. 정부가 사용할 수 있는 수단들 중에서 중요한 것은 통화정책일 것이다.

그에 관한 모든 것들이 1982년부터 1983년 초 사이에 그대로 펼쳐졌다. 도널드 리건 재무장관 하에서 추구된 달러에 대한 방임과 불개입 정책은 국제적으로 상당한 논란 대상이 되었다. 놀라울 것도 없이 프랑스가 특히나 불만스러워했다. 프랑화가 투기적 공격을 받고 있던 시기에 외환시장이 불안정해진 것에 분개했다. 프랑수아 미테랑^{Francois Mitterand} 대통령은 1982년 6월 베르사유 궁에서 열린 G7 경제 정상회의를 주재하면서 시장개입정책을 펼치는 게 어떨지, 그게 과거에 실제 효과가 있었는지 연구해 보자고 나머지 6개국을 설득했다. 연구를 해 보자는 제안까지 반대하기는 미 재무부로서는 어려웠다. 그래서 프랑스 재무부의 존경받는 고위 공무원 필리페 유르겐센^{Philippe Jurgensen}에게 연구 지휘를 맡긴다는데 동의했다. 당시 일본을 대표한 사람은 교텐 토요오였다. 에드윈 트루먼^{Edwin Truman} 지휘 아래 연준의 국제 담당 스태프들이 자료를 종합하고 정교한 경제분석 틀을 개발하는 등의 세부 작업을 맡았다. 그들이 국제 부채상황을 파악해냈던 때 그랬던 것처럼 매우 큰 도움이 되었다. 에드윈 트루먼은 수년 동안 그 진가를 인정받지 못했던 공무원이다. 끊임없이 헌신적으로 노력하는 그는 자신의 경험과 수준 높은 전문성을 바탕으로 당국자들에게 정보를 제공하고 자문함으로써 정책에 결정적인 기여를 한 사람이다.

유르겐센 보고서는 이코노미스트들이 구분하는 '태화(胎化, unsterilized)'

및 '불태화(不胎化, sterilized)' 개입의 차이를 설명하는데 많은 부분을 할애했다. 태화 개입이란 중앙은행이 외환을 사거나 팔 때 그 결과로 나타나게 되는 자산의 변화가 통화공급 및 이자율에 미치는 영향을 용인하는 것을 의미한다. 교과서에 기술된 대로 설명하자면, 만일 연준이 달러를 발행해 마르크화를 사면, 다른 공개시장조작 때와 마찬가지로 그 달러는 은행 지급준비금(지준) 증가를 유발한다. 궁극적으로는 그 지준 증가분의 몇 배만큼 시중 통화량이 늘어나게 된다. 다른 조건이 동일하다면 이때 금리는 떨어질 것이다. 금본위제 시절에는 중앙은행이 금을 매입할 때 이런 일이 일어났다. 외환매입은 결국 통화정책의 변화를 강제하게 된다. 그와 반대로, 외환매입의 효과가 중앙은행의 다른 자산, 예를 들어 국채 등의 매도에 의해 상쇄된다면 이는 '불태화' 개입이다. 지급준비금과 통화정책 기조에는 변화가 없다.

　외환시장 개입이 얼마나 불태화되는 지 측정하는 방법에 관한 이코노미스트들의 기술적인 토론 동향을 점검하고자 꺼낸 얘기는 아니다. 다만 내가 밝히고자 하는 중요한 사실은, 중앙은행들은 외환시장에 개입을 할 때 대개 그런 식으로 사고하지는 않는다는 점이다. 거의 모든 중앙은행들은 각자의 통화정책 목표를 갖고 있다. 그들의 정책 프레임이 외환시장 개입의 규모를 기준으로 짜인 것은 아니다. 만일 그 개입정책이 본원통화를 확대하거나 수축할 경우 중앙은행은 자연히 본능적으로 국내 통화조치를 통해 그 효과를 상쇄할 것이다. 달리 말하자면, 중앙은행은 가능한 자동적으로 외환시장 개입효과를 불태화 한다. 연준도 그렇게 행해왔고 다른 나라의 모든 중앙은행들 역시 마찬가지이다. 잘 발달된 단기자금시장을 통해 대규모 불태화 공개시장조작을 수행하는 것이다.

그렇다고 해서 외환시장 상황이 통화정책 결정에 영향을 미치지 않는다고 하거나 영향을 주어서는 안 된다고 주장하는 것은 아니다. 실제로는 영향을 미친다. 1978년 11월의 연준 긴축이 대표적인 사례이다. 당시 연준은 달러가치를 떠받치기 위해 보유 외화를 동시에 매도했다. 하지만 중앙은행가들은 마음속으로는 완화 또는 긴축은 별개의 결정이라고 생각한다. 국내 통화정책 기조의 결정은 보다 광범위한 경제적 고려에 의해 이뤄진다. 개입정책의 기계적 효과에 의해 정해지는 게 아니다.

연준 이코노미스트들을 포함해 유르겐센 보고서를 쓴 전문가들은 불태화 개입의 유효성을 입증할 만한 통계적 근거들을 충분히 찾아내지를 못했다. 그래서 이들은 1983년 4월 29일에 제출한 보고서에서 외환시장 개입에 관해 별로 열정을 드러내지 않았다. 유럽 대부분 국가의 중앙은행 관료들은 보고서의 결론이 개입에 대해 전적으로 부정적인 것은 아니라고 받아들였다. 연준도 이를 지지했다. 이들은 그 대신 타당하게도 통화정책과의 일관성이 필요하다는데 방점을 찍었다. 태화 개입과 개념상 유사했다. 이들은 아울러 정책의지를 강력하게 신호하기 위해서는 국제적으로 공조된 행동이 중요하다는 점을 강조했다. 이 보고서는 G7 정상회의가 작성을 지시한 것이었다. 그래서 G7 재무장관들이 실무진을 배석시켜 보고서 점검에 나섰다. 실무진 없이 비공식적으로 이뤄지는 G5 회의와는 달랐다. 공식적인 코뮈니케가 발표되었다. 관련 이슈에 관한 다양한 지혜들을 한데 모은 것이었기에 그 코뮈니케는 다시 상기할 만한 가치가 있다. 코뮈니케는 "현재와 같은 상황 하에서는 외환시장 개입의 역할은 제한될 수밖에 없다. 무질서한 시장 환경에 대응하고 단기적인 변동성을 줄이는데 있어서 개입은 유용한 수단일 수 있다. 때때로 당국은 개입을 통해 외환시장에 대한 자신의 입장을 표명할 수도 있다. 개입은 다른 정책들을 보완하고 지지할 때에만 대개 유용할 수 있다"고 밝혔다. 다른 정책들이란 주로 통화정책을 의미한다. 미 재무부가 불만을 표시하긴 했지만 코뮈니케는, "주요 7개국은 각국이 독립적으로 정책을 운영할 자유를 고수하되, 그게 도움이 된다고 판단되어 합의하는 경우에는 공조 개입을 단행할 용의가 있다"고 결론을 내렸다.

뭔가 다가오고 있음을 알리기에 충분한 천명이었다. 그러나 그 직후 기자회견에서 리건 미 재무장관은 개입이 실제로 도움이 될 만한 상황이 있을지 상상하기 어렵다는 식으로 말했다. 내가 보기에 그 발언은 코뮈니케의 정신과 완전히 배치되는 것이었다. 하지만 미국의 방임정책에 변화가 없을 것임을 분명히 했다는 점에서는 그 나름의 긍정적 측면도 있었다. 1981년에 시작된 달러화의 오름세는 외환시장에서 계속되었다.

보내지 못한 편지

경제회복세에 달러화 강세까지 겹치자 미국의 수입이 급증했다. 1984년 미국의 무역적자는 사상 처음으로 1000억 달러를 넘어섰다. 그럼에도 불구하고 달러는 계속 올랐다. 유럽 통화들에 대해 특히 강했다. 유럽의 통화들은 경제부진과 '유럽 동맥경화증' 논란으로 인해 심리적으로 압박을 받고 있었다. '유럽 동맥경화증'이란 지나치게 많은 규제와 정부의 역할, 그리고 너무 부족한 진취성과 기업가 정신 등 당시 사회심리를 겨냥해 유럽인들 스스로가 만들어낸 용어다. 미국과 유럽 사이에 진정한 경계감이 형성되었다. 유럽은 자신감이 떨어지는 문제를 겪고 있었고, 미국은 무역수지가 급격하게 악화하는 가운데 경기 확장세도 활기를 잃는 모습이었다. 1984년 한여름이 되자 달러에 대한 마르크화 가치가 1978년 고점 대비 거의 절반을 잃어버렸다. 같은 기간 엔화는 3분의1 가량 떨어졌다. 미국의 무역수지 및 경상수지 적자는 1~2년 안에 1500억 달러로 불어날 추세였다. 그러나 여전히 미 행정부는 움직이지 않았다. 정부는 단지 9월 초이름뿐인 환율개입에만 동의했고, 그 효과는 없었다.

우리를 비롯해 그 누구에게도 알리지 않고 독일이 느닷없이 일방적으로 개입에 나섰다. 독일 중앙은행 분데스방크가 시장에 들어가 아주 공격적인 방식으로 마르크화를 대거 사들였다(당시 추정으로는 13억 달러에 달했다). 분데스방크 총재가 IMF 연차총회에 참석하기 위해 외유 중인 상황에서 단행된 조치였다. 그 결과로 시장 추세가 잠시 동안 멈춰 섰다. 마르크화를 팔아 치우던 일부 투기적 거래자들이 상처를 추슬러야만 했다. 그러나 이내 달러의 거침없는 상승세가 다시 시작되었다.

당시 연준 내부 다수의 의견은 이미 1984년 초 샘 크로스의 보고서에 담겨 있었다. 샘 크로스는 뉴욕 연준 외환 운영을 담당하던 인물로 외환 트레이딩 데스크를 총괄하고 있었다. 당시 보고서는 에드윈 트루먼의 도움을 받아 작성되었다. 나와 마찬가지로 샘 역시 양쪽의 문제를 잘 알고 있었다. 재무부에서 가장 유능한 공무원으로 전후 대부분의 시기를 보낸 샘은 연준으로 이동한 뒤 1991년에 은퇴한 사람이다. 연준 스태프들은 나에게 리건 재무장관에게 서한을 보내라고 재촉했다. 그 내용은 아래와 같이 인용할 만한 가치가 있다.

"지속적으로 상승하는 달러화 가치 및 국내외 경제에 대한 달러 강세의 함의에 대해 나의 우려가 갈수록 커지고 있습니다. 당신도 아시겠지만, 나는 대대적인 외환시장 개입을 대체로 선호하지 않습니다. 다른 보다 근본적인 정책의 변화가 뒷받침되지 않는 한 대부분의 경우에 개입은 효과적이지 않습니다. 그럼에도 불구하고 작금의 경제환경에서는, 특히 최근과 같이 변동성이 커지고 시장이 악화하는 상황에서는 우리가 새로운 접근법을 고려해야 한다고 나는 생각합니다. 특히 우리는 시장에 개입해야만 할 것입니다……"

그리고 나서 미국 교역 파트너들의 우려를 서한에 기술한 다음, 나는 당시 수년 동안 걱정했던 핵심적인 내용을 계속 적어 내려갔다.

"우리는 현재 대규모 재정수지 및 경상수지 적자에 놓인 다소 불확실한 균형상태에 처해 있습니다. 이 두 적자는 대부분 해외에서 차입해서 충당하고 있습니다. 세 가지 요소들 중 둘, 그러니까 대규모 재정적자와 경상적자는 쉽게 바뀌지 않습니다. 하지만 나머지 세 번째 요소, 자본의 유입은 달러에 대한 신뢰가 약해질 경우 금세 전환되어버릴 수 있습니다. 달러의 신뢰 상실은 예를 들면 미국에서 인플레이션이 다시 일어날 것이라는 공포 또는 변덕스러운 투자자들의 선호 변화에 의해 촉발될 수가 있습니다……"

내가 그 때의 자료를 인용하는 것은 당시 그 서한을 재무부에 보냈기 때문이 아니다. 그 서한은 사실 발송하지 않았다. 서한의 내용은 당시 내가 걱정했던 것을 정확하게 반영하고 있었다. 그리고 그 우려는 그 뒤로도 1~2년 더 반복되었다. 하지만 활자로 정리한 것을 보낸다고 해서 큰 성과가 있을 것으로는 생각되지 않았다. 이미 내가 재무부에 구두로 개인적으로 촉구하고 있던 내용들이었기 때문이다.

해외자본에 대한 미국의 의존을 우려한 서한의 그 대목은 당시 나의 대외 공개연설에도 강력하게 반영되었다. 미국은 국민총생산의 5%를 넘는 재정수지 적자를 기록하고 있었다. 그 적자를 메우기 위해 미국은 누군가에게 채권을 팔아야만 했다. 미국 국민들은 주택을 사고 국내 다른 곳에 투자를 하면서 동시에 미국 국채를 모두 살 수 있을 만큼 많은 저축을 하고 있지는 않았다. 그래서 우리는 해외 대출자에 의존하는 나라가 될 수밖에 없었다. 그렇게 의존하기 위해 우리는 외국인들의 신뢰를 유지해야만 했다. 미국이 그들의 돈을 계속 저축해둘 만한 나라라는 믿음을 말이다.

일본인들은 미국에 적극적으로 돈을 빌려줄 의향이 있어 보였다. 달러에 대해 일본 엔화 가치가 독일 마르크화만큼 오르지는 않았는데, 그 이유 중 하나는 미국 재무부가 일본, 특히 일본의 보험사 및 연금으로부터 장기국채를 통해 수백 억 달러를 끌어 쓴데 있었다. 그들은 도쿄에 그만큼 똑같이 매력적인 대안이 존재하지 않는다고 생각했다. 우리는 해외자본에 의존해야만 했다. 그런데 여기에는 또 한 가지 아이러니가 있었다. 미국시장에 수출하는 그 모든 상품을 만드는 일본의 노동자들은 미국 30년 만기 국채의 이자를 통해서 노후를 보장받는다는 사실이다.

하락세로 돌아선 달러

1984년 가을, 미국 경제의 열기는 좀 식었다. 미국의 금리는 하락했다. 그해 11월과 12월 연준은 재할인금리를 인하했다. 그런다고 해서 상황이 달라진 것 같지는 않았다. 달러는 계속해서 올라갔다. 1985년 초 달러는 마지막 상승세를 분출했다. 영국 파운드화에 대한 공격과 겹쳤다. 파운드화 가치는 사상 최저치 부근까지 떨어졌다. 대부분의 영국인들에게 모욕적인 수준인 1파운드당 1달러로 하락했다(당시 파운드에 대한 공격은 일정 부분 대처 총리실 대변인이 운수 나쁘게 행한 발언으로 인해 촉발되었다. 영국 정부가 파운드 가치에 대해 대단히 걱정하는 것은 아니라고 시사한 것이다. 과거 미국 재무장관의 유사 사례를 떠올리게 한 발언이었다). 시장이 패닉에 빠져들자 대처Margaret Thatcher 총리가 워싱턴 G5 재무장관 회의를 앞두고 레이건 대통령에게 전화를 걸어 파운드화를 떠받치는 시장개입을 요청했다. 보다 일반적인 개입도 마찬가지로 촉구했다. 미 행정부가 아무리 이념적으로는 여전히 개입을 꺼린다고 해도 그 요청은 거절할 수가 없었다. 미국 정부가 글로벌 차원에서 수행하려는 많은 일들에 있어서 마가렛 대처는 강력한 동맹이었다. 대처는 개인적으로도 레이건 대통령과 친밀했으며, 우리 쪽 다수와 좋은 관계를 맺고 있었다. G5 재무장관회의 코뮈니케가 미 재무부의 동의를 얻어냈다. "도움이 될 것으로 판단되는 때에는" 개입을 하기로 합의했던 종전 회의 때의 미적지근한 문구를 거의 그대로 사용했다. 유럽 국가 재무장관들은 본국으로 돌아가 '도움이 될 것'이라고 결정하고는 대규모의 외환시장 개입을 시작했다. 그해 3월 초, 분데스방크 혼자서만 48억 달러를 매도한 상태였다. 미국은 한 차례만 동참했다. 규모가 6억 6000만 달러로 유럽에 비해 훨씬 작았으나, 그럼에도 불구하고 상징적인 것 이상의 의미가 있었다. 그해 첫 2개월 동안 총 100억 달러에 달하는 대대적인 개입이 행해졌는데, 이는 결국 2월 말 무렵부터 시작된 달러의 하락과 무관하지 않을 것이다. 막 시작된 하락세에 가속도가 붙었다.

새로운 수단,

새로운 사람들

이러한 변화는 미 재무부 최상위 주요 인사들의 교체와 동시에 발생했다. 레이건 행정부가 1985년 제2기를 시작하던 때였다. 제임스 베이커는 레이건 대통령의 유능하고 존경받는 비서실장이었다. 그러나 그 개인적으로는 재무장관 자리에서 운신의 폭을 넓히고 대중 노출을 늘리는 것이 장래를 위해 더 매력적이라 보았던 듯하다. 그래서 그는 도널드 리건과 자리를 맞바꿨다. 리건은 아마도 백악관의 파워에 매력을 느꼈던 것 같다. 또한 리건에게 레이건 대통령은 아일랜드 혈통을 공유하는 소울메이트였다. 백악관에서 베이커를 보좌했던 리처드 다면이 재무차관을 맡아 특히 국제업무를 관장하게 되었다. 다면에 앞서 통화 담당 차관으로 일했던 베릴 스프링켈Beryl Sprinkel은 외환시장 개입에 철저하게 반대했던 인물이었다. 그는 적극적인 국제공조 노력에 대해서도 어떤 형식이든 간에 냉담한 태도였는데, 백악관 경제자문위원회(CEA) 의장으로 자리를 옮겼다. 직접적인 정책 결정 라인에서는 빠지게 된 것이다.

그래서 이제 재무부에는 정치적으로 실용적인 팀이 구성되었다. 애초부터 베이커와 다면은 분명히 전임자들에 비해 달러에 대해 더 우려하고 있었다. 비록 국내외 금융 분야에 관한 전문성을 갖고 있지는 않았지만, 그들은 굉장히 똑똑했고 핵심 이슈에 대한 훌륭한 감각도 갖고 있었다. 무엇보다도 그들은 워싱턴 베테랑이었다. 정교한 정치적 안테나와 본능을 보유한 사람들이었다. 그들 역시 의회 및 미국 전반으로부터 가해지고 있는 보호주의적 압박에 대해 우려하고 있었다. 경제학 박사학위가 있어야만 그런 압박을 달러화 강세로 연관지을 수 있는 것은 아니다. 새로 맡게 된 위치에서 그들은 달러화 강세 문제에 대해 실제로 무언가 역할을 할 수가 있었다.

환율 목표범위제

어떤 시점이 되자 그들은 또한 장기적인 관점에서의 국제 통화개혁에 대해서도 관심을 갖게 된 듯했다. 이 역시 재무장관이 상당한 영향력을 행사할 수 있는 분야이다. 1985년 1월 말 레이건 대통령은 연두교서에서 국제통화회의에 관해 어렴풋이 암시하는 말을 했는데, 이는 베이커 장관의 작품일 가능성이 매우 높았다. 새로 임무를 맡은 재무부의 팀은 자신들이 잘 알지 못하는 중앙은행 대표에게 자신들의 생각을 거리낌 없이 털어놓을 준비가 되어 있지 않았다. 다만, 노골적이지는 않게 그들은 나와 다른 사람들과 가진 사적인 대화에서 자신들이 '환율 목표범위제(target zones for exchange rates)'를 조심스럽게 검토하고 있다는 사실을 넌지시 알렸다.

그러한 아이디어는 가깝게는 지난 1970년대 말로 연원을 거슬러 올라갈 수 있다. 변형되어 파생되는 종류도 다양하다. 환율이 변동할 수 있는 범위를 정부가 제한해야 한다는 게 그 아이디어의 기본 골자다. 아마도 그 범위는 꽤 넓을 것이다. 그러한 변동범위는 정부의 개입에 의해 강제되고 방어된다. 필요한 경우 통화정책이나 다른 수단들도 사용할 수 있다. 그 방어가 얼마나 강할 것인지 여부는 정부가 정하기 나름인데, 그 점이 당시 재무부에서 검토되고 있었던 것이다. 용어를 뭐라고 정하고 어떻게 특화하든, 그 정책의 목표는 자유롭게 변동하는 환율제도와 엄격하게 고정된 환율제도 사이에서 좀 실용적인 접점을 찾자는 데 있었다. 교텐 토요오가 지적했듯이 그 8년 전에 나는 한 강연에서 그 제도의 온건한 버전을 제시한 바 있었다. 1980년대 중간에는 밥 루사와 워싱턴에 새로 생긴 국제경제연구소(IIE: Institute for International Economics)의 프레드 버그스텐 등 액티브한 이코노미스트 그룹, 여타 인사 등이 그러한 아이디어를 강력하게 주창하고 있었다. 다먼 차관이 그 아이디어를 적극적으로 경청했던 사람들 중 하나였다.

플라자합의로 모아진 힘

'역전의 거물'(old tiger, 역자 주: 1970년대 초 슐츠는 재무장관으로 재직하면서 달러화의 추가 평가절하와 주요국 변동환율제 도입을 이끌어 냈다.) 조지 슐츠의 4월 11일 프린스턴 연설은 행정부의 생각이 바뀌고 있음을 암시하였다. 그것은 여러 면에서 주목할 만했다. 그 때까지만 해도 레이건 행정부의 국무장관으로서 슐츠는 자신이 십여 년 전 재무장관으로 일할 때 몰두했던 분야에 대해서는 공개적인 자리에서 언급하지 않으려고 굉장히 애를 써왔다. 그가 변동환율제를 강력히 지지한다는 사실은 전혀 비밀이 아니었다. 통화주의의 신봉자로서 그는 경제문제에 대한 해법이 시장에 있다고 생각하는 경향이 있었다. 그러나 이 연설에서는 그의 톤이 달랐다. 우연인지는 모르겠으나, 그 연설에서 슐츠의 톤은 내가 그동안 말하고자 했던 것과 굉장히 많은 공통점이 있었다. 국제적 균형을 회복하기 위해서는 미국의 재정적자를 줄이는 것 또한 중요하다는 점을 그는 강조했다. 그는 강한 달러에 대해 커다란 우려를 표명했다. 그의 과거 스탠스를 감안할 때 무엇보다도 주목할 만했던 것은, 그 문제에 대해 뭔가 조치를 취해야 한다는 강력한 인식을 그가 전달했다는 사실이었다. 비록 외환시장 개입을 직접적으로 주장하지는 않았지만, 그의 연설은 행정부의 태도와 인식에 건설적 변화가 일어나고 있음을 보여주기에 충분했다.

산업계에서도 움직임이 활발했다. 각종 경제인 단체를 통해 무역과 환율 문제에 관한 이론적이고 정치적인 관심을 끌어 모으기 위해 애를 썼다.

이 모든 힘들이 9월 플라자합의에 모아졌다. 내가 전면에 나섰던 것은 아니다. 그해 여름 재무부 관료들이 경제정책 공조를 강조하는 회의 개최 및 성명서 발표 가능성을 놓고 G5 카운터파트들과 실험적으로 논의를 하고 있었다. 나는 그해 8월에 그 토의 과정의 한 국면에 초대받아 참여하게 되었을 뿐이었다. 그 아이디어를 실제 행동으로 옮기는 쪽으로 논의의 무게가 이동하던 때였다. 그 기폭제가 된 것은 달러화의 반등이었다. 큰 폭으로 떨어졌던 달러가 봄과 초여름 사이에 20% 가까이 뛰어올랐던 것이다. 당시 나는 달러화의 방향이 시장의 판단에 의해 아래쪽으로 기울 것이라고 확신하고 있었다. 확실히 미국 경제성장세가 모멘텀을 잃고 있었고, 만일 통화정책에 변화가 있다면 그것은 완화기조의 확대 및 금리인하였을 상황이었다. 그러나 반등하는 달러가 다시 하락할 것이란 전망은 다른 사람들에게는 그다지 강하지 않았다.

베이커 장관이 나에게 자신의 아이디어를 설명했다. 달러화 가치를 낮추기 위해 공조개입을 행하는 G5 회의를 개최하자는 것이었다. 그는 또한, 만일 통화정책이 긴축되면 모든 개입효과가 상쇄될 것임을 자신도 안다고 말했다. 그러한 가능성을 거스르는 조치를 취하고 싶지는 않다고도 말했다. 내가 대답했다. 다른 모든 연준 의장들도 그래야 하겠지만, 나 역시 어떤 특정한 시기에 어떤 통화정책을 운영할 것인지에 관해서는 어느 누구에게도 말할 수 있는 입장이 아니라고 말했다. 그럼에도 불구하고 나는 개인적으로는, 그가 달러에 대해 어떠한 정책을 도입하는 지와 무관하게, 앞으로 수주 또는 수개월 사이에 통화정책을 긴축해야 할 필요성이 생길 위험은 그다지 높지 않게 본다고 말했다. 경제가 둔화하고 있고 인플레이션 역시 수년 만에 최저 수준으로 낮아지고 있다는 점을 나는 지적했다. 그는 만족스러운 듯했다. 우리는 외환시장에 함께 개입하는 그의 아이디어에 대해 논의를 했고, 그는 자신의 아이디어들을 추진해 나갈 것이라고 밝혔다.

그의 아이디어를 백악관의 리건 비서실장과 스프링켈 경제자문위원회 의장에게 어떻게 관철해 낼 지, 궁극적으로 레이건 대통령을 어떻게 설득할 것인지를 당시 나는 베이커 장관에게 물었다. 자신이 해결해야 할 문제이고, 나와는 상관없는 일이라고 그는 아주 적절하게 대답했다. 나중에 들은 얘기인데, 베이커 장관은 플라자합의 하루이틀 전까지도 자신의 계획을 백악관에 알리지 않았다고 한다. 게다가 그는 레이건 대통령과 친밀한 관계를 활용해 직접 보고를 했으며, 최대한 일반론적인 내용으로 설명했다. 내 생각에 당시 리건의 정신은 다른 곳에 팔려 있었던 듯한데, 그가 과연 베릴 스프링켈 만큼 강력하게 개입에 반대했을 것인지는 불분명하다.

개입의 온도차

플라자합의의 세부 내용에 관한 기획이 시작되었을 때 나는 내가 걱정하는 것에 대해 아주 진솔하게 말했다. 이는 크로스/트루먼 보고서에도 담긴 내용이었다. 나는 앞서 지난 20년간의 달러화 하락기를 헤쳐 온 사람이었다. 달러화 하락이 통제를 벗어날 경우 미국의 경제와 대외 영향력에 어떤 뒤탈이 발생하게 되는 지를 똑똑히 목격해 왔다. 과거에도 수차례 미 재무부는 달러 약세를 조장하는 것이 만병통치약인 듯 여기는 덫에 빠진 적이 있었다. 1985년의 그 극단적인 수준에서 달러를 낮추는 것은 타당한 일이었지만, 그것이 인플레이션을 다시 일으켜 금리인상을 촉발할 만큼 급격하고 교란적으로 이뤄지는 것은 원치 않는다고 나는 말했다. 전형적인 중앙은행의 시각이었지만, 때마침 그해 초 마가렛 대처의 영국에서는 우리에게 반면교사가 될 만한 일이 발생하기도 했다(역자 주: 1985년에 발생한 파운드화 위기. 그 해 2월 26일 영국 파운드화 가치가 1.052달러까지 추락했다. 대처 총리가 레이건 미 대통령에게 전화를 걸어 시장개입을 요청했다).

구체적인 논의에서 우리는 개입을 담당할 뉴욕 연준에 어떤 가이드라인을 부여할 것인지에 집중했다. 우리의 달러화 매도가 다른 참여국들에게 어떤 식으로 확산되도록 할 것인지도 점검 대상이었다. 나는 달러가 스스로 지속적인 하락세를 탈 때가 되었다고 봤기에 너무 강하게 달러를 떠밀어 추락시키는 일은 없어야 한다고 생각했다. 대신 개입은 달러화가 반등하려는 경향을 막는 쪽으로 초점을 맞춰야 한다고 나는 주장했다. 뛰어 오르려는 것을 억제해 환율 흐름이 완만해지도록 하자는 것이다. 상당한 토의를 거친 끝에 우리는 달러가 앞으로 10~12% 하락하도록 하는 것을 목표로 삼는데 합의했다. 전반적인 사항은 그 뒤에 재검토 해보기로 했다. 또한 장시간 토의대상이 된 것은 이 개입에 투입할 자금의 규모였다. 나로서는 상대적으로 관심이 덜한 사안이었다. 그 소요 규모를 미리 예상하는 것은 어려운 일이었다. 특히 어느 시장에 구체적으로 얼마를 투입해야 할 것인지를 결정하는 것은 더욱 힘들었다. 외환시장은 예측불가이기 때문이다. 그 모든 것들이 한 장의 종이에 요약되었다. G5 나머지 국가들과 대화에서도 쓰일 문건이었다. 통화정책에 관해서는 내가 처음 베이커 장관과 나눴던 대화 수준을 넘어서지 않았다.

회의는 일요일 뉴욕 플라자호텔에서 열기로 했다. 회의 개최는 사실상 불과 며칠 전에 결정되었다. 그 장소를 선택한 것은 그 자체로 흥미로웠다. 회의 장소와 관련해 나는 뉴욕에서 논리적으로 적절한 곳은 연방준비은행의 월스트리트 요새(역자 주: 월스트리트에 소재한 뉴욕 연준)라고 제안했다. 적절한 시설과 보안을 갖추고 있는 곳이었다. 그러나 점잖게 조용히 회의를 마친 뒤 조심스러운 성명서를 그것도 연준 잔디마당에서 발표하는 것은 베이커 장관이 구상하던 것과는 달랐다. 기본적인 경제정책을 엇비슷한 수준으로 수렴하는 것을 제안하는 장문의 코뮈니케에 어떤 내용을 담을 지를 놓고 이미 재무부와 G5 국가들은 상당한 정도로 기초 논의를 거친 상태였다. 실체에 있어서는 새로울 게 없었지만, 강조하고자 하는 포인트는 이 개입이 경제 펀더멘털과 부합해서 이뤄질 것이라는 점이었다.

막상 플라자호텔 회의에서 나를 가장 놀라게 한 것은 다케시타 노보루Takeshita Noboru 당시 일본 대장상이었다. 나중에 총리에까지 오른 그는 회의에서 엔화가 10% 이상 오르도록 용인하겠다고 자발적으로 나섰다. 우리가 예상했던 것을 훨씬 능가해서 입장을 표명한 것이다. 교텐 토요오의 설명에 따르면, 당시 일본은 미국의 보호주의적 압력이 커지는데 대해 경각심을 갖고 있었으며 엔화의 대규모 절상을 수용할 용의가 있었다. 다케시타의 태도에 대해 다른 회의 참석자들도 놀랐을 것이 분명한데, 이는 회의가 성공적으로 마무리되는데 아주 중요한 기여를 했다. 유럽 국가들의 주된 우려 사항은 달러에 대한 자국 통화의 환율이 아니었다. 그들도 달러는 굉장히 고평가되었다고 인지하고 있었다. 그들은 엔화에 대한 유럽 통화들의 가치를 우려하고 있었다. 엔화가 많이 절상되면 될수록 유럽은 자신들의 무역 경쟁력에 대해 좀 더 안심할 수가 있었다.

플라자합의의 한계

플라자회의에서 통화정책에 관해서는 논의가 없었다. 아무리 국제회의라고 해도 재무장관들 앞에서 통화정책을 토의하는 것은 중앙은행들이 꺼리는 일이었다. 중앙은행들이 보기에는, 그런 자리에서 통화정책을 토론했다가는, 의도했든 의도하지 않았든, 정치적 약속에 사실상 손발이 묶일 위험이 있었다. 장문의 코뮈니케에서 각국이 어떤 정책을 펼 생각인지를 언급한 것 말고는, 보다 일반적인 경제정책에 관한 논의도 별로 없었다. 당시 재무장관들은 낯익은 상자 안에 갇혀 있었다. 개인적으로 그들은 핵심적인 정책수단에 대한 통제권을 거의 갖지 못하고 있었다. 또한 정치적으로 각국은, 긴급성이 보편적으로 인식되지 않는 상황에서는, 조세와 재정지출을 바로잡는 어려운 일에 발을 들여놓으려 하지 않았다. 세계 주요 통화들의 가치가 명백하게 잘못 배열되어 있는데도 불구하고 이를 시정하는데 도움이 될 만한 다른 정책들 역시 수행할 의지가 없었다. 내가 아는 한, 플라자합의 결과로 재정과 무역 및 구조 정책에 관해서는 달라진 것이 전무했다.

다만, 당시에 존재하고 있던 정책들이 달러화의 하락과 부합한다는 점을 코뮈니케에서 강조하는 것은 유용했다. 보호무역주의에 대한 미국 및 여타 국가들의 긴박하고 걱정 어린 목소리는 낯익은 것이었으나, 당시로서는 특히 적절했다.

코뮈니케 중 운영에 관한 대목은 이렇게 되어 있었다. "장관들 및 (중앙은행) 총재들은 환율이 대외 불균형을 시정하는 역할을 해야 한다는데 합의했다. 이를 위해 환율은 경제환경의 펀더멘털을 과거보다 더 잘 반영해야 한다. 또한 펀더멘털을 개선하기 위해 우리는 이번에 합의한 정책 행동이 그대로 이행되고 강화되어야 한다고 믿는다." 그리고 나서 코뮈니케는 이 전반적인 정책실행의 목표를 제시했다. "달러에 대한 비(非)달러 통화들의 좀 더 추가적인 질서정연한 절상이 요망된다. 이를 조장하기 위해 우리는 도움이 될 것이라고 생각될 경우 보다 긴밀하게 협력할 준비가 되어 있다."

그 마지막 문장은 1월 G5 회의에서 유르겐센 보고서를 승인할 때 사용했던 코뮈니케 용어와 비슷했다. 하지만 이번 코뮈니케 발표는 1월과 달랐다. 플라자호텔에 기자들이 특별히 초대됐고 텔레비전 카메라들도 대기하고 있었다. 환율 재조정을 촉구하는 메시지는 명확했다. 그 다음날 시장은 "도움이 될 것이라고 생각될 경우……"라는 문구를 정확하게 읽어 냈다.

즉각적인 시장개입이 없었는데도 달러가 급격하게 하락했다. 당국의 의도가 충분히 명확하게 전달되었던 것이다. 그 추세를 굳히기 위한 대대적인 개입이 그 다음 몇 주 동안 이뤄졌다. 10월 말까지 미국의 개입 규모만으로도 30억 달러를 넘었다. 달러는 엔화에 대해 12% 떨어졌고, 유럽 통화들에 대해서는 약 9% 하락했다. 추가 개입 없이도 달러는 계속해서 약해졌다. 1986년 1월이 되자 달러는 약 1년 전의 고점에 비해 평균적으로 25% 떨어졌다.

달러는 50% 오른 뒤에 25% 하락했다. 다른 통화라 하더라도 비교적 짧은 기간에 그렇게 많은 변동을 보였다면 환율시스템에 대한 근본적인 의문이 제기되었을 것이다. 불과 12개월 사이에 30% 또는 그 이상 움직였다가 그 반대로 되돌리는 환율은 도대체 무엇을 의미하는 것일까? 합리적 의사결정에 관해 교과서가 가르치는 그 모든 용어들로도 설명할 수 없는 현상이었다. 그러한 환율 변동은 기업인들에게 장기적 이윤을 위해 어떤 이성적 투자를 해야 한다고 신호하는 것일까? 애덤 스미스가 최초로 기술한 경제적 생활의 큰 틀에 따르면, 국가는 개인과 마찬가지로 가장 잘하는 일에 집중해야 한다. 그렇다면 가격이 그렇게 빠른 속도로 바뀌는 상황에서 어떤 나라가 어떤 것을 가장 효율적으로 생산할 수 있는지 과연 누가 판단할 수가 있겠는가? 내가 보기에 환율이 그렇게 큰 폭으로 출렁이는 것은 시스템이 혼란에 빠져 있음을 알리는 증상이었다. 그리고 보다 더 강고한 안정을 확립하기 위한 좀 더 지속적이고 어려운 노력이 이뤄지지 않는 한, 플라자합의는 외환시장에 임기응변하는 대하소설의 한 사례일 뿐인 운명이었다.

그게 바로 다음 장에서 다룰 이슈, 루브르합의이다. 다만 우선적으로는 통화정책에 관한 느슨한 것들이 바로잡힐 필요가 있었다. 엔화가 강세흐름을 멈추고 좀 하락하자 일본은행이 10월 들어 사전에 상의도 없이 긴축에 나섰다. 그 조치는 분명히 엔화를 강하게 만들려는 것이었다. 아마도 일본 당국은 자신들이 미 재무부의 압력에 순응한다고 생각했을 것이다. 그러나 내가 보기에 그것은 실수였다. 기저에 깔린 문제는 과열이 아니었다. 내 생각에는 오히려 일본 경제가 너무 느리게 성장하는 게 문제였다. 환율에 미치는 극도로 단기적인 효과를 추구하기 위해 통화정책을 긴축하는 것은 방향을 잘못 잡은 것이라고 생각했다. 그래서 나는 그러한 생각을 굳이 감추지 않았다. 다행히도 일본은행의 긴축은 금세 되돌려졌다. 경제에 별다른 상처를 주지는 않았다.

일본의 성장률 제고와 금리인하가 장기적인 펀더멘털에 부합하는 것이라면, 금융시장의 전통적인 지혜에 따를 경우 플라자합의는 미국 연준의 긴축 가능성을 낮추었음을 쉽게 알 수 있다. 나아가 플라자합의는 연준의 재할인율 및 여타 금리인하를 가리키는 것이었다. 플라자합의를 둘러싸고 일각에서는 재무부의 마키아벨리적 음모론을 제시하기도 했다. 달러화 약세를 위해 연준이 금리를 내릴 수밖에 없도록 재무부가 간접적으로 통화정책을 컨트롤했다는 주장이다. 물론 그런 얘기를 아무도 나에게 직접 하지는 않았다. 재무장관이 완화적인 통화정책을 원한다는 게 그리 낯선 일도 아니었다. 그런 관점에서 볼 때 플라자합의에 그다지 새로운 것은 없었다. 그래도 진정한 효과가 어느 정도는 있었는데, 통화정책 완화의 가능성과 그 규모를 플라자합의가 줄여주었다는 점이다.

그해 가을 동안에 연준 내부에는 순전히 국내적 관점에서 통화정책을 완화하고자 하는 기류가 있었다. 워싱턴의 연준 이사회는 각 지역 연준들로부터 재할인율을 인하해 달라는 요청을 반복해서 받고 있었다. 이사회의 일부 인사들도 같은 생각이었다. 하지만 달러가 이미 그토록 급격하게 하락한 마당이라 나를 비롯한 동료 이사들의 의견은 다른 쪽으로 기울어져 있었다. 경기확장이 소멸되었다는 분명한 증거가 없이 달러화 급락세 앞에서 통화정책을 완화하는 것은, 이미 통제가 필요해진 불길에 연준이 오히려 기름을 붓는 것이나 마찬가지였다. 다른 나라들의 태도로 인해 그러한 우려는 더 커졌다. 그들은 자국 경제의 성장세 둔화에도 불구하고 금리인하를 공조해줄 의사가 없었다.

1986년 1월 런던 G5회의 주변부에서 경제활동 진작을 위한 금리인하 공조 논의가 일부 이뤄졌다. 최근 금리를 인상했던 일본이 당시 관심을 보이더니 곧 스스로 그렇게 움직였다. 독일 분데스방크나 연준에게는 아직 때가 무르익지 않았다. 외환시장의 관점에서 본다면 특히 그렇게 해야 할 특별한 긴박성은 없었다. 달러가 계속해서 떨어지고 있었던 것이다. 그런 환경에서 내가 보기에 우선순위는 독일과 일본에 있었다. 두 나라 경제에는 가동되지 않고 있는 유휴 생산자원이 두드러지게 존재했다. 미국은 그렇지 않았다.

그게 플라자합의 에피소드의 실질적인 종료였다. 하지만 통화 및 환율 두 정책에 관해서는 해결하지 못한 일들이 분명히 남아 있었다. *Volcker*

1985년 9월에는 레이건 대통령이 사상 처음으로 무역
법 301조를 발동했다. 일본이 담배 수입을 제한하고 있
다고 판단해 행정부에 보복을 지시한 것이다. 일본 쪽
에서도 우려가 커지고 있었다. 정부는 가능한 모든 수
단들을 동원해 수입을 늘리고 흑자를 줄이려 애를 썼
다. 나카소네 당시 총리는 모든 국민들이 수입품 100달
러어치씩을 사도록 하는 흥미로운 제안을 하기도 했
다. 방송기자들을 대동하고는 백화점을 방문해 두 세
개의 아주 멋진 넥타이를 구매하기도 했다. 그런데 불
행하게도 그 넥타이는 프랑스제였다.

written by
GYOHTEN

달러는 이대로

—

추락할 것인가?

1985년부터 1988년 사이의 일은 세 가지 서로 다른 앵글로 들여다볼 수 있다. 주로 로널드 레이건 대통령 집권 2기에 해당하는 시기인데, 이 장과 다음 장에 걸쳐서 살펴볼 예정이다. 첫째로, 막다른 골목에 봉착한 레이거노믹스(Reaganomics), 당시 미국 경제정책의 관점에서 볼 수 있다. 둘째는, 국제수지 조정에 있어서 환율정책, 특히 주요국의 외환시장 공조개입의 중요성이 높아졌다는 인식 하에서 당시의 상황을 분석할 수 있다. 셋째로, 각국 경제정책들을 체계적으로 공조하려는 국제적 노력의 관점에서 바라볼 수도 있을 것이다. 이를 순서대로 다뤄보고자 한다.

레이거노믹스

레이거노믹스는 1981년에 시작되었다. 네 가지 중요한 요소들을 지닌 정책이었다. 재정지출의 축소, 개인소득세 인하와 기업 투자에 대한 세제혜택, 기업활동 규제 완화, 인플레이션 억제 통화정책 등이다. 소득과 저축에는 세후 수익이 중요하다는 점을 강조하는 공급 중시 경제학이 이러한 경제정책에 이론적 토대를 제공했다. 이 이론을 옹호하는 진영에서는 개인 및 기업에 대한 세금인하를 주창했다. 그렇게 하면 저축과 투자가 활발해져 경제성장이 촉진되고 고용이 증가한다고 보았다. 그러한 정책의 결과로 재정적자가 발생하더라도 경제가 성장함으로 인해 적자에서 다시 벗어나게 될 것이라고 그들은 주장했다. 돌이켜 보면, 두 가지 오산이 있었다. 개인소득세 인하에도 불구하고 저축은 늘지 않았다. 대신 소비가 늘었을 뿐이다. 연방 재정지출을 축소한다는 것도 불가능하다는 게 드러났다. 국방지출이 증가했고, 사회보장과 메디케어 및 중산층과 노인복지를 위해 의회가 만들어 놓은 각종 프로그램들로 인해 사회복지 지출 역시 늘어났기 때문이다. 1980년까지 민간부문의 저축 및 투자 밸런스와 정부 부문의 적자는 어느 정도 평행 상태를 보였다. 서로 상쇄되면서 국제수지가 대체로 균형을 유지했다. 달리 말하면, 미국의 저축은 정부의 적자를 메울 수 있을 만큼 충분했다. 그러나 1980년 이후 민간부문의 저축과 투자 밸런스가 악화되었다. 게다가 재정적자는 더욱 확대되었다. 이 두 가지의 조합은 금리상승, 달러화 강세, 국제수지 적자 확대를 낳았다. 1981년에만 해도 미국은 대외 순자산 1410억 달러를 보유한 순채권국이었다. 그러나 1985년 미국은 1110억 달러의 대외 순채무를 진 나라가 되었다. 불과 4년 사이에 2500억 달러에 달하는 변화가 생긴 것이다.

학계에서 바로 경고음을 울리기 시작했다. 외국인들, 특히 일본이 미국 경제의 미래를 우려해 더 이상 국채를 사는 방식으로 미국에 돈을 빌려주지 않을 것이라고 우려했다. 해외자본을 계속해서 유인하기 위해서 미국은 어쩔 수 없이 금리를 높여야 할 것이라고 주장했다. 국제경제연구소(IIE)의 스티븐 매리스Stephen Marris의 경우는, 달러가 '경착륙'하면서 붕괴할 것이라고 예상하기도 했다. 미국 경제 역시 달러를 따라 추락할 것이며, 외국인들의 대출은 중단될 것이라고 주장했다. 이 시나리오는 실현되지 않았다. 대다수의 일본 투자자들이 미국 경제에 대한 장기적인 신뢰를 유지했기 때문이다. 또한 미국 국채는 수익률과 유동성이란 측면에서 가장 투자할 만한 자산이란 지위를 잘 유지했다. 하지만 대규모의 무역수지 적자는 분명한 현실이었고, 의회 내 보호주의적 기류의 부상을 촉발했다. 한 보고서에 따르면, 1985년 한 해에만 모두 400개의 법안이 미국 상품 보호를 위해 제출되었다. 수입관세 부과를 내용으로 하는 민주당 지도부의 그 유명한 법안도 이때 발의된 것이다. 당시 일본은 비난을 한 몸에 받고 있었다. 미국에 대한 무역흑자가 워낙 컸기 때문이다. 1985년 9월에는 레이건 대통령이 사상 처음으로 무역법 301조를 발동했다. 일본이 담배 수입을 제한하고 있다고 판단해 행정부에 보복을 지시한 것이다. 일본 쪽에서도 우려가 커지고 있었다. 정부는 가능한 모든 수단들을 동원해 수입을 늘리고 흑자를 줄이려 애를 썼다. 나카소네 Nakasone Yasuhiro 당시 총리는 모든 국민들이 수입품 100달러어치씩을 사도록 하는 흥미로운 제안을 하기도 했다. 방송기자들을 대동하고는 백화점을 방문해 두 세 개의 아주 멋진 넥타이를 구매하기도 했다. 그런데 불행하게도 그 넥타이는 프랑스제였다.

결국은 환율!

환율정책이란 관점에서 볼 때, 내 생각에 당시 많은 미국인들은 달러화 강세를 반겼다. 1970년대의 불안정한 시기를 겪은 뒤였고, 특히 카터 행정부 당시의 달러 약세에 좌절감을 맛보았던 터였기 때문이다. 이러한 인식은 당시 재무부를 장악한 통화주의적 접근에 의해 훨씬 더 강력해졌다. 환율이란 것은 시장이 불완전하고 적절하게 작동되지 않을 때에나 잘못 설정될 수 있다는 게 통화주의적 시각이었다. 그래서 그들은 이론에 충실해 시장에 손을 대지 않았으며, 극도로 무질서한 환경에서만 개입했다. 일본의 경우 대규모 무역흑자에도 불구하고 엔화가 약세였는데, 미 재무부는 일본 금융시장에 존재하는 많은 장애물들과 왜곡으로 인한 것이라고 판단했다.

일본을 방문한 도널드 리건 미 재무장관은 다케시타 노보루 대장상에게 그 문제를 살펴보기 위한 '엔-달러 위원회'를 제안했다. 1984년 봄에 그 보고서가 제출되었다. 일본 금융시장을 개방하기 위한 다양한 조치들을 제안했다. 유로엔시장(Euroyen Market, 역자 주: 일본 금융당국의 규제를 받지 않는 역외 엔화시장)을 시급히 개발하는 내용이 중요하게 담겨 있었다. 확고한 통화주의자였던 베릴 스프링켈 미 재무차관이 당시 미국 팀을 이끌었는데, 일본 금융시장의 규제들을 최대한 서둘러 완화하라고 촉구했다. 우리는 '스텝 바이 스텝'으로 움직이고 싶었는데, 스프링켈의 요구는 '점프 바이 점프'에 비유할 만했다. 그는, 자신의 고향 미주리에서는 양치기 개의 꼬리를 자르는데, 보통 "단칼에 자른다"며 작은 토막으로 자르면 개가 다치기 때문이라고 설명했다. 그는 일본의 금융규제 완화도 "바로 그런 식으로" 행해야 한다고 주장했다. 그래서 금융규제 완화 지시가 정부에 시달되었고 유로엔 시장도 아주 신속하게 개발되었다. 하지만 통화주의자들에게 실망스럽게도 엔화는 강해지지 않았다.

당시는 국제 자본흐름이 엄청나게 증가하던 때였고, 외환시장은 아마도 경제기초 여건보다는 금리에 더 민감하던 시기였다. 예를 들어 미국 재정수지 적자 확대 가능성을 시사하는 뉴스는, 경제에 부정적인 소식임에도 불구하고, 달러화 가치를 끌어 올리는 역할을 했다. 왜? 그 많은 재정적자를 조달하기 위해서는 금리가 계속 높게 유지되어야 할 것이라고 외환시장은 받아들였기 때문이다. 내가 보기에는 그게 바로 진정한 시장 왜곡이었다. 경제 펀더멘털보다는 금리에 과도하게 초점을 맞추고 있었던 것이다. 이처럼 지속적인 미국의 고금리와 다른 요소들로 인해 달러는 상승했고 결국 미국 산업의 대외경쟁력은 훼손되었다. 이로 인해 무역적자는 더욱 확대되었고, 보호무역주의를 조장하는 결과를 낳았다. 국가 대외균형을 조정하는데 있어서 환율이 중요하다는 인식은 그렇게 해서 커지게 되었다. 레이건 행정부 집권 2기를 맞아 제임스 베이커 재무장관 하에서 환율을 바로잡으려는 정책이 도입되기에 이르렀다. 당연히 이는 통화주의적 접근법과는 완전히 다른 것이다.

누구를 위한 공조인가?

세 번째 요소인 정책공조는 새로운 개념이다. 1970년대 말의 공조 노력은 위기에 맞서는 대책으로서 좀 즉흥적으로 이뤄졌다. 1979년의 기관차 전략이 실패한 이후로, 특히 1980년대 초에는, 주요 선진국들 사이에 다소 심각한 정책 불협화음이 있었다. 한쪽에서는 미국이, 다른 쪽에서는 일본과 독일이 거의 조화되지 않는 거시경제정책을 추구했다. 미국은 대규모의 적자에도 불구하고 계속해서 느슨한 재정정책을 펼쳤다. 일본과 독일은 대규모의 흑자에도 불구하고 긴축적인 재정정책을 지속했다. 이게 미국만 아니라 세계경제 전체에까지 문제를 일으킬 수 있다는 게 분명해지자, 정책공조를 체계적으로 재개해야 되겠다는 생각이 고개를 들었다. 베이커 장관과 그의 리처드 다면 차관이 공조체제를 구축하고 조장하는데 중요한 역할을 했다. 이들은 G7을 공조협력 논의의 장으로 활용하고, 경제지표들을 통해 그 공조정책의 효과를 평가해 나가자고 제안했다.

그 기간 동안 국제공조를 조장하기 위한 지속적이고 일관된 노력이 있었다. 주로 미 재무부가 주도했다. 하지만 공조 노력의 대상은 시간이 지나면서 바뀌었다. 플라자호텔에서는 초점이 거의 완전히 환율정책에 맞춰졌다. 하지만 기대했던 국제수지 개선을 달러화 약세 및 새로운 환율 조합이 신속하게 이뤄내지 못한다는 사실이 드러났다. 결국 1986년 5월 도쿄 정상회의와 1987년 2월 루브르회의의 초점은 거시경제정책으로 옮겨졌다. 하지만 거시경제정책 변경으로도 국제수지는 충분하고도 신속하게 조정되지 않았다. 그래서 1988년 이후로는 미시경제정책과 구조개혁으로 초점이 이동했다. 일본의 시장 및 분배 시스템, 미국의 수출경쟁력 저하, 단기 성과에 치우친 미국 기업들의 운영 행태 등이 여기에 포함되었다. 대부분의 일본인들은 미국의 재정수지 적자가 대외 불균형의 가장 중요한 단일 요인이라고 보았다. 이는, 일본의 입장에서는 스스로 확장적 재정정책의 이니셔티브를 가질 강한 의향이 없다는 의미였다. 특히 일본 자체의 재정개혁을 훼손하면서까지 그렇게 할 이유는 없었다. 일본의 정치인이나 대장성 및 다수 보수적 기업인들은 일본 자신도 재정적자가 너무 커서 확장적 기조를 취할 수 없다고 생각하고 있었다.

1985년 9월 22일 뜨거웠던 일요일 오후

플라자합의는 이런 배경에서 도출된 것이다. 1985년 6월 미 재무부가 베이커 장관의 도쿄 G10 회의 참석 때 처음으로 운을 뗐다. 다케시타 대장상과의 대화에서 베이커 장관은 환율에 대한 조치와 거시경제정책 실행을 패키지로 하는 아이디어를 제시했다. 두 사람 모두 타고난 정치인이었고 대단한 협상가들이었다. 둘은 재능이 서로 닮았다는 것을 금세 알아차렸다. 양자 대화는 7월 파리회의, 8월 하와이회의 및 최종적으로 9월 중순 런던 G5 차관급 회의에서 계속됐다. 런던에서 미일 양측은 그 패키지의 틀에 폭넓게 합의했다. 그 패키지는 환율에 초점을 맞추었고 거시경제 쪽에는 거의 무게를 두지 않았다. 어느 누구도 자신의 거시경제정책을 과감하게 바꾸고 싶어 하지 않았기 때문이다. 차관급들이 코뮈니케를 합의하는데 진통이 있었다. 특히 환율 항목에서 그랬다. 그래서 초안의 많은 문단에 괄호가 남겨졌고, 다양한 대안적 표현들도 제시되었다. 장관들이 협의해 결정하도록 한 것이다.

일요일인 9월 22일 뉴욕 플라자호텔에서 회의를 하기로 했다. G5 회의가 항상 그랬듯이 애초에는 비밀리에 모이기로 했다. 하지만 이게 일본에게는 문제가 되었다. 의회 회기 중에 각료가 국외로 나가기 위해서는 각료회의와 의회 승인까지 얻어야 하기 때문이다. 다케시타 대장상이 나카소네 총리를 만났다. 다케시타 부재 중에는 총리가 대장상을 대행하기로 특별한 합의를 두 사람이 도출해냈다. 그리고 나서 다케시타 대장상은 나리타 공항 부근 코스에서 골프 일정을 잡았다. 골프 클럽과 신발을 갖고 집을 나선 다케시타는 자신의 승용차 트렁크에 옷가방도 함께 실었다. 다케시타는 골프장으로 향해 아홉 홀을 돌고는 나머지 아홉 홀을 남겨둔 채

공항으로 달려가 뉴욕행 팬 아메리카 항공기에 올랐다. 보통 때에는 일본 항공을 이용하지만, 이번만큼은 일본 기업가들의 시선을 피해야만 했다. 국제 담당 차관 오바 토모미츠Oba Tomomitsu가 대동했다. 나는 이미 뉴욕에 가 있는 상태였다. 회의 직전이던 9월 20일 금요일에 내가 일본문화원에서 미국 기업인들 및 은행가들을 대상으로 오찬연설을 했던 게 기억난다. 그 연설 질의응답 세션에서 환율에 관한 질문이 많았다. 아메리칸익스프레스의 조안 스페로Joan Spero가 "환율에 관해 뭔가 조치를 취하기 위해 G5 회의가 필요하다고 생각하지 않느냐"고 물었다. 나로서는 거의 겁이 날 지경이었다. 아메리칸익스프레스가 그날 엔화를 샀기에 그런 질문을 하는 것인지는 모르겠으나, 적어도 내 입장에서는 아주 불편한 상황이었다.

그리고 나서 회의 개최 사실을 발표하기로 하는 결정이 전격적으로 내려졌다. 다음날 중요한 회의가 있다고 언론에게 토요일 오전 11시에 통보되었다. G5는 일요일 오전 11시에 플라자호텔에서 만났다. 시카고에서 날아오는 베이커 장관은 안개로 인한 운항 지연 때문에 좀 늦었다. G5의 재무장관과 중앙은행 총재들이 각자 자신의 참모들을 대동해서 앉았다. 일본에서는 다케시타 대장상, 스미타 사토시Sumita Satoshi 일본은행 총재, 오바 차관 등이 회의실에 들어갔다. 나는 인근에 있는 방에서 미 재무부의 데이비드 멀포드David Mulford 등과 함께 대기했다. 회의는 다섯 시간 정도로 그리 오래 걸리지 않았다. 오후 4시 30분쯤 회의가 끝나고 나서 기자회견과 포토세션이 있었다. 아주 작고 붐비는 룸에서 진행됐다. 방송 카메라용 조명 때문에 끔찍할 정도로 더웠다. 모든 사람들이 땀을 흘렸다. 단상은 다섯 명의 재무장관과 다섯 명의 중앙은행 총재 들로 붐볐다. 누가 앞줄에 서야 할 지 혼동이 있었다. 베이커 장관은 볼커 의장을 앞으로 밀어

내보내려고 애썼다. 볼커는 저항을 하면서 뒤로 숨으려 했다. 하지만 볼커는 결국 단상 앞으로 밀려 나왔다. 모두가 재미있어 했다.

단어논쟁

코뮈니케가 발표되었다. 지금은 아주 유명해진 바로 그것이다. 각국 정부들이 추구해야 할 국내정책 처방을 다룬 장문의 자료가 별도로 있었는데, 고백하자면, 별로 실체가 있는 것은 아니었다. 재정정책이나 통화정책에 관해 새로운 조치는 사실상 없었고 그에 관해 코멘트한 사람도 없었다. 가장 중요한 단 한 문단은 환율에 관한 것이었다. 몇 가지 중요한 포인트들을 내포하고 있었다. 이 점들을 배경 설명 자료의 다른 요소들과 함께 살펴보는 게 중요한데, 당시 회의들이 언어의 굉장히 미세한 부분에 얼마나 많이 신경을 썼는지를 잘 보여주기 때문이다. 그 언어들은 당시 정책들의 가장 중요한 차이점들을 강조하고 있었다.

첫째로 코뮈니케는 "달러에 대한 비(非)달러 통화들의 좀 더 추가적인 질서정연한 절상이 요망된다. 이를 조장하기 위해 우리는 도움이 될 것이라고 생각될 경우 보다 긴밀하게 협력할 준비가 되어 있다(some further orderly appreciation of the main non-dollar currencies against the dollar is desired. Ministers and governors stand ready to cooperate more closely to encourage this when to do so would be helpful)"고 밝혔다. 이 문구를 놓고 회의 중 여러 차례의 수정이 있었다. 그 중 하나가 "좀 더 추가적인 질서정연한" 대목이었다. 다케시타는 "좀(some)"이란 단어를 삭제하자고 제안했다. 메시지가 더욱 분명해지기를 원한다는 입장이었다. 하지만 받아들여지지 않았다. 그렇게 하면 성명서가 너무 직설적일 것 같다고 보았다.

초안에는 "질서정연한"이란 단어가 없었는데, 볼커 의장의 강력한 주장으로 인해 삽입되었다. 또한 "요망된다(desired)"는 표현과 관련해 초안에서는 "원한다(wanted)" 또는 "정당하다(justified)"란 단어 둘이 대안으로 제안되었다. 다케시타는 "정당하다"란 단어를 쓰자고 주장했다. 이번에도 역시 가능한 강한 어조의 단어를 사용하기를 원했다. 하지만 다수는 "바람직하다(desirable)"는 단어를 선호했다. "도움이 될 것이라고 생각될 경우"라는 문구는 차관들이 실무 합의를 해내지 못해 괄호로 표시되어 장관들에게 넘겨진 대목이다. 이번에도 일본 대장상이 삭제를 주장했으나, 강도를 약하게 하는 이 문구는 그대로 유지되었다.

회의 현장에서 G5 차관들이 비공식 문건을 나눠주었다. 제목은 "개입에 관한 중점 토론 대상 목록"이었다. 문건은 "단기적으로 현 수준에서 10~12%의 달러화 하향 조정은 관리 가능할 것이다. 그러한 환율 움직임 뒤에는 개입 의무로부터 벗어날 수 있을 것이다"라고 설명했다. 그러한 표현들은 코뮈니케에 실리지 않았는데, 이는 어쨌든 회의 참석자들이 달러가 어느 정도 하락해야 할 것인지에 관해 일반적인 아이디어를 갖고 있었음을 보여준다. 문건은 또한 회의가 달러의 "급격한 하방 움직임을 추구하지 않는다"고 기술했다. 문건은 "엔과 유럽 통화들 사이 통화관계가 크게 왜곡되지 않도록 하는 게 바람직하다"고도 명기했다. 이번 정책 운영은 전반적인 환율의 재조정이 아닌, 달러의 절하를 달성하는데 모든 목적이 있음을 밝힌 것이다. 하지만 문건은 또한 "기본 전략은 달러의 상승을 막는데 있다"고도 규정했다. 대규모 개입을 통해 달러를 강력하게 밀어 내리려는 의도가 없다는 의미였다. 당시의 구상은 달러가 점진적으로 아래쪽 방향으로만 움직이도록 개입 효과를 내자는 것이었다. 개입의 규모에 관해서는 6주 동안 약 180억 달러가 필요할 것이라고 추산했다. 마지막으로 흥미로운 포인트는 마지막 문장에 있었다. "금리에 미치는 함의"라는 소제목이 달렸다. 그 아래에는 짤막하게 "추후 논의"라고 쓰여 있었다. 하지만 회의에서 금리에 관해서는 많은 논의가 없었다.

그 문건에 기술된 포인트들을 명시적으로 승인하거나 합의하려는 시도는 없었다. 예를 들어 독일 측은 달러를 10~12% 만큼 완전히 끌어내리는 것을 의무로 받아들이지는 않겠다고 주장했다. 이에 대해 대체로 묵인이 있었다. 달러 이외 통화의 절상에 관한한 일본은 할 말이 가장 많았다. 다케시타 대장상은 엔화가 10~20% 절상되는 것을 수용할 수 있다고 분명히 밝혔다. 미 재무부는 환율정책이 변경되었다는 인상을 대중들에게 내비치는 것을 국내 정치적 이유로 인해 굉장히 경계했다. 미 재무부는 미리 준비한 언론 홍보 가이던스에 "플라자합의는 외환시장 개입에 관한 정부의 기존 정책에 근본적으로 변화가 있음을 뜻하는가"라는 가상 질문을 실었다. 가이던스는 이에 대해 "개입에 관한 미국의 정책 스탠스에는 근본적 변화가 없다. 1983년 윌리엄스버그 정상회의에서 개입에 관해 합의한 것의 연장선상일 뿐이다"라는 모범답변을 제시했다. 윌리엄스버그 합의는 물론 훨씬 더 제한적이었으며, 주로 무질서한 시장 움직임에 대응하는 차원에서만 외환시장 공조행동의 중요성을 강조한 것이었다. 플라자합의 코뮈니케에는 '개입'이란 단어는 들어가지 않았다. 또한 달러를 약하게 만들거나 끌어내릴 태세를 마쳤음을 G5가 공식적으로 밝힌 것도 아니었다. 대신 코뮈니케는 그 오퍼레이션을 "비달러 통화의 절상"이란 용어로 기술했다. 달러의 절하는 분명히 아니었다.

매우 성공적인 정치적 쇼

돌이켜 보면, 흥미롭게도 플라자회의에 참석했던 대부분의 사람들은 달러가 여전히 잠재적으로 강하며 다시 올라갈 가능성이 있다고 오인하고 있었다. 그래서 당시 시장개입이 성공할 것이라는 데 대해 그다지 확신이 없었다. 그래서 나는 미 재무부가 심지어는 실패 가능성에 대비하려고 한다는 인상까지 받았다. 당시 회의 참석자들이 시장기저의 심리를 아주 정확하게 읽어내지 못했다는 사실은 결국 그 뒤의 상황 전개를 통해 드러났다. 폴 볼커는 예외였다. 이미 그는 앞으로 수개월 사이에 달러가 급격하게 통제불능으로 떨어질 가능성을 우려하고 있었다. 하지만 그것은 당시 다수의 시각이 아니었다.

플라자합의 이후 첫 7일, 그러니까 9월 23일부터 10월 1일까지 G5 국가들은 총 27억 달러를 팔았다. 일본이 가장 적극적으로 개입해 12억 5000만 달러를 매도했다. 놀랍게도 프랑스가 6억3500만 달러나 팔았다. 미국의 매도 규모는 4억800만 달러였다. 독일이 2억4700만 달러, 영국은 1억7400만 달러였다. 첫 번째 주말에 일본 엔화가 벌써 11.8%나 절상되었다. 독일 마르크가 7.8%, 프랑스 프랑은 7.6% 올랐다. 영국 파운드는 달러에 2.9% 상승했다. 각국 정부가 개입을 약정한 10월 말까지 6주 동안 주요 10개국의 매도 규모는 총 102억 달러였다. 당초 예상했던 180억 달러에 크게 못 미쳤다. 미국 32억 달러, 일본 30억 달러, 독일과 프랑스 및 영국 합쳐서 20억 달러, 나머지 G10 국가 20억 달러였다.

플라자합의의 성공 배경이 무엇인지에 관해 다양한 설명들이 있는데, 가장 설득력 있는 것은 달러가 이미 과대평가된 상태였다는 지적이다. 사실 달러는 이미 반년동안 하락 추세를 타고 있었다. 엔화에 대해서는 그해 2월에 263엔으로 정점을 찍었고, 플라자합의 하루 전에는 238엔이었다. 그래서 달러는 이미 10% 이상 떨어져 있었고, 투기적 거품이 꺼진 상태였다. 또 다른 설명은, 1980년대 초반에 거대하게 벌어져 있던 금리차가 이미 굉장히 빠른 속도로 좁혀지고 있었다는 지적이다. 달러화의 실질 장기금리는 1984년 중간에 약 10%로 정점을 이룬 뒤로 꾸준히 하락했다. 1986년 말에는 3.5%까지 떨어졌다. 그에 반해 엔화의 실질 장기금리는 1985년 중 5% 안팎을 유지하다가 1986년에는 다소나마 올랐다. 독일 마르크도 비슷한 추세를 보였다. 즉, 1984년 하반기부터 달러와 비달러의 금리차는 굉장히 빠른 속도로 좁혀져 1986년 중간에는 거의 마이너스, 역전이 되었다. 따라서 당국이 개입에 나서게 된다면 달러의 하락세는 매우 빨라질 것임이 명백했다. 플라자합의는 매우 강력한 발표를 통해 시장의 인식 변화를 분명하게 강제했다. 시장은 미국 환율정책의 뚜렷한 변화를 읽을 수 있었고, 주요 5개국이 공조 노력을 시위한 데 대해 매우 깊은 인상을 받았다.

이런 분석에 대해 모든 사람들이 동의한 것은 아니다. 외환시장에 대한 비개입을 늘 주장해 온 사람들은 달러화 급락세를 야기했다는 점에서 플라자합의가 불필요할 뿐 아니라 심지어 해로웠다고 지적한다. 하지만 다수의 의견은, 달러가 여전히 매우 강하고 언제든지 반등할 수 있다는 쪽이었다. 플라자합의는 1978년 10월 달러 방어 패키지와 비슷하게 시장에 최후의 일격을 가했다. 플라자합의는 또한 매우 성공적인 정치적 쇼였으며, G5의 진정한 영향력에 관해 시장에 아주 강력한 인상을 심어 주었다. 그 이전에만 해도 G5는 비밀스러운 조직이었다. 아주 제한된 관료 서클 바깥의 사람들은 5개국 장관들이 언제 어디에서 만나는지조차 알지 못했다. 플라자합의는 G5 회의가 사전에 공표되고 회의 뒤 코뮈니케가 발표된 첫 번째 사례였다. 그 결과 이탈리아와 캐나다가 자신들의 참여를 요구했고, 다른 나라들도 마찬가지였다. 결국 G5는, 대체된 것은 아니더라도, G7 장관회의 및 정상회의와 오버랩 되었다. 비공개적이고 비공식적인 의견 교환의 전통은 대폭 약화되었다.

플라자합의에 대한 서로 다른 시각

달러가 계속해서 떨어지는 가운데 우리는 그에 대한 반발을 느끼기 시작했다. 대외 불균형이 개선되기보다는 악화되고 있었던 것이다. 이에 일본에서는 난감한 정치적 상황이 펼쳐졌다. 합의 6개월쯤 뒤인 1986년 3월 무렵 일본에서는 플라자합의가 실수였다고 하거나 심지어는 실패라고 주장하는 목소리가 커졌다. 그 합의로 인해 달러가 쉼 없이 통제 불가능하게 떨어지기 시작했다는, 달리 말하면 엔화가 너무 오르고 있지 않으냐는 것이다. 수출업계, 특히 중소기업들이 사업하기가 갈수록 어려워지고 있다며 엔화의 급격한 절상에 불만을 표출하기 시작했다. 이는 집권 자민당 내부에서의 아주 복잡한 갈등으로 이어졌다. 플라자합의의 주요 설계자로 여겨졌던 나카소네 총리와 다케시타 대장상은 당내 동료들로부터 매우 심각한 공격을 받게 되었다. 그해 7월에 대장상이 된 미야자와 키이치는 정부가 엔화 절상을 제대로 관리하지 못하고 있다고 비판해 온 인물

중 하나였다. 나카소네와 다케시타, 키이치는 레이건 대통령과 베이커 장관에 서한을 보내 엔화의 추가 절상을 막을 수 있도록 도와 달라고 요청했다. 하지만 그들은 점잖게 거절했다. 의회의 보호무역주의가 워낙 강력해서 국제수지의 가시적 개선 없이는 환율정책을 다시 바꾸기가 어렵다고 설명했다.

1986년 5월 도쿄 정상회의에서 미국과 환율을 논의했으나 소용이 없었다. 달러는 계속해서 떨어졌다. 5월 말에 171엔, 6월에는 165엔, 7월이 되자 154엔까지 하락했다. 7월 초 선거가 다가오고 있는 가운데 국내에서 정치적 비판이 고조되었다. 5월 정상회의 직후 내가 나카소네 총리에게 건의했다. "시장이 아직 달러화가 충분히 하락했다고 확신하고 있지 못하는 듯하니 더 하락하도록 내버려 두고 기다리다가 대대적이고 갑작스러운 개입을 통해 시장을 타격하는 게 좋겠다"고 말했다. 나카소네 총리는 잘 이해한 듯이 "환율에 관해서는 당신들 전문가들이 나보다 훨씬 더 잘 안다"고 말했다. 하지만 그는 덧붙였다. "선거 전에는 170엔으로 다시 올려놓아야 한다"고 지시했다. 그래서 우리는 결국 개입을 했다. 하지만 그다지 성공적이지는 않았다. 그리고 나서 미국이 다시 달러화를 끌어내리는 구두개입을 했다. 한 때나마 베이커 장관이 의회에게 "달러가 엔화에 대한 기존 상승분을 모두 상쇄했다"고 말하며 도움을 주긴 했지만, 일시적인 효과에 그쳤다. 그러는 사이, 비록 정치권과 관료 및 대중 매체들은 엔화 강세에 갈수록 집착하고 있었다. 그러나 신속하게 적응을 한 기업부문은 엔화 가치의 수준을 떠나 어느 정도의 환율안정성과 예측가능성에 초점을 맞추었다.

기업과 대중들이 엔화에 대해 별로 걱정을 하지 않는데도 여론조성을 주도하는 계층은 1971년처럼 엔화 가치 논란을 이어갔다. 나로서는 굉장히 실망스런 상황이었다. 나는 매우 우울했다. 1971년과 1986년 사이에 엔화 강세에 대한 일본의 알레르기는 변하지 않았음을 보여주었기 때문이다. 엔화 강세에 대한 혹독한 비판에도 불구하고 7월 6일 선거에서 자민당은 대승을 거뒀다. 엔화 가치가 오르는데 대한 대중들의 우려는 그다지 크지 않다는 내 판단이 맞았다. 그럼에도 불구하고 논란은 계속되었다. 아마도 1986년 하반기가 되어서야 히스테리가 사라져 가기 시작했던 듯하다. 엔화 강세가 손해이기보다는 일본 경제에 오히려 이점이 더 크다는 것을 갈수록 많은 사람들이 깨닫기 시작한 것이다. 수입물가가 낮아지고, 소비자들의 만족이 높아지며, 해외 투자기회가 늘어나고, 기업 합리화 유인이 커지기 때문이다. 그러한 인식의 변화는 그해 가을부터 다소 극적으로 찾아왔다. 다만, 정치권과 언론을 포함한 모든 부문에서 강한 통화의 혜택을 깨닫는 그 변화의 과정은 더디었다. *Gyohten*

1985년

1월 17일 _____ 영국 파운드화에 대한 공격이 발생함에 따라 워싱턴에서 G5 긴급회의가 열렸다. 이들은 "달러가 지독하게 고평가되었다"는데 의견을 모으고 "공동의 대응"을 필요로 한다고 합의했다.

2월 5일 _____ 볼커 의장은 의회에서 "세계에서 가장 크고 잘 사는 나라들이 곧 세계에서 가장 많은 빚을 진 나라가 될 수 있다"고 우려를 표명했다(실제로 1986년에 그렇게 되었다).

2월 26일 _____ 분데스방크가 주도한 주요 10개국들의 공조개입에 힘입어 달러는 263.65엔, 3.469마르크에서 정점을 찍은 뒤 떨어지기 시작했다. 공조개입 규모는 100억 달러로 추산됐다.

3월 5일 _____ 데이비드 멀포드 미국 국제 담당 차관은 하원 국제경제정책 소위에서 2월 개입이 "전적으로 효과가 없었다"고 선언했다.

3월 7일 _____ 하원 예산위원회에서 볼커 의장은 달러화 절하를 주장했다. 다만 미국 경제의 '경착륙' 가능성에 대해서도 경고했다. 달러가 너무 많이 떨어지지 않도록 금리를 인상해야 하는 상황을 맞을 수도 있다는 것이다.

3월 19일 _____ 유럽공동체가 새로운 무역 협상에 참여하기로 결정했다. 서비스와 농산물에 대해서도 '관세와 무역에 관한 일반 협정(GATT)'을 적용할 수 있도록 규정을 마련하기 위한 협상이었다. 다만 일정은 정하지 않았다. 본 정상회의 준비를 위한 프랑스 대표 자크 아탈리는 동료들에게 "프랑스 정부가 추진하는 국제 통화 콘퍼런스 방식에 미국이 동의하지 않을 경우 프랑스는 GATT 협상 일정에 동의하지 않을 것"이라고 밝혔다.

4월 11일 _____ 조지 슐츠 미 국무장관은 프린스턴대 연설에서 세계경제 재균형을 위한 계획을 옹호했다. 미국은 재정적자를 줄이고, 유럽은 혁신과 투자를 장려하는 조치를 취하며, 일본은 수입확대와 자본시장 개방을 위한 조치를 취해야 한다는 내용이다.

4월 12일 _____ 베이커 미 재무장관은 파리에서 OECD 장관들에게 국제 통화개혁을 위한 주요 선진국 고위급 회의 주최를 고려할 것이라고 밝혔다. 미국의 정책이 유연해지기 시작했다는 신호였다.

5월 2~4일 _____ 제2차 본 정상회의가 열렸다. GATT 개정 협상 개시 일정과 통화개혁 추진 방안 등 두 가지 핵심 의제가 해결되지 않은 상황이었다. 프랑스의 미테랑 대통령은 자신들의 기존 통화 콘퍼런스 주장을 고집하지 않았다. 무역 협상과 통화 협상을 연계하지도 않았다. 통화개혁에 관한 합의가 이뤄지지 않았으며, GATT 협상을 위한 날짜도 정해지지 않았다.
최종선언에서 레이건 대통령은 "재정적자의 상당한 감축"이 미국의 목표라고 밝혔다. 런던 제2차 정상회의 때에는 그러한 언급을 거부한 바 있다. 일본의 나카소네 야스히로 총리는 금융규제 완화와 수입 확대 촉진을 약속했다.

9월 22일 _____ 주요 5개국 재무장관들이 베이커 장관 초대로 미국 뉴욕 플라자호텔에 모였다. G5는 처음으로 성명서를 발표했다. 앞서 3개월간 비밀리에 협상해 온 결과물이었다. 달러는 너무 강하고 더 이상 "기초 경제여건을" 반영하지 않고 있다고 평가했다. 달러에 대한 여타 통화들의 "질서정연한 절상"을 촉구했다. 미국은 외환시장 공조개입에 참여하는 것에 동의했다.

9월 23일_____ 단 하루 동안에만 달러는 4% 이상 떨어졌다. 자유변동환율을 도입한 이후 최대 일일 낙폭이었다.

10월 9 ~11일_____ IMF와 세계은행 연차총회가 서울에서 열렸다. 베이커 장관은 주요 채무국에 적용할 새로운 전략을 제시했다. 3년간 상업은행 대출 200억 달러 및 세계은행 추가 지원을 "성장지향적인 경제조정"과 결합하는 내용이었다. IMF의 개혁 프로그램은 계속해서 대출의 조건으로 유지하게 된다. 나중에 알려진 대로, 유럽과 일본은 '베이커 플랜'을 지지하면서도 그 계획 실행에 필요한 자금에 대해서는 유보적인 입장을 보였다. 상업은행들도 마찬가지였다.

또 한 번의 실험,
또 한 번의 실패

- 루브르합의, 그리고 블랙먼데이 -

CHAPTER

당시의 기록적인 주가 하락을 정책에 대한 우려와 결부한다면, 보다 관련이 있어 보이는 요소는 다른 데 있다. 경제와 환율 정책 공조를 위해 노력하겠다는 약속이 무너지고 있다는 느낌 바로 그것이다. 그 블랙먼데이 하루 전, 언론에는 베이커 장관 스스로가 슬쩍 드러낸 위협이 보도되었다. 독일 정부가 자국 및 세계 경제를 부양하는데 동의하지 않는다면 미국은 달러 하락에 저항하지 않겠다고 했다. 아마도 그것이 경제정책에 관한 전반적인 우려를 촉발했을 것이다.

불확실성의

—

시대

1986년 초가 되었다. 그 전 해 가을 플라자합의로 시작된 통화가치 재조정을 위한 조직적 노력이 수명을 다했다. 달러는 1년 전 정점에 비해 평균 25% 하락했다. 외환시장에서의 개입이든 혹은 다른 방식을 통한 것이든, 달러를 끌어내리기 위한 국제적인 공조 노력은 이제 종료되었다.

더 나은 정책공조를 이끌어 내기 위한 주요 선진국들의 시도는 아직 끝나지 않았다. 플라자합의가 종료되었다고는 하지만, 변화가 그리 급격한 것이 아니었고, 달러가 외환시장에서 안정화되었다는 걸 의미하는 것도 아니었다.

1986년, 관심의 초점은 세계경제의 상승 모멘텀을 지속시키는 쪽으로 모아졌다. 미국 경제의 두드러진 진전이 당시 수년간 확장기의 주된 동력이었으나, 1985년 들어서서 퇴조하고 있었다. 일본과 독일의 성장세는 여전히 지지부진했다. 유럽 거의 전역에서 실업이 많았다. 달러화 하락에도 불구하고 미국의 거대한 무역 및 경상 수지 적자 폭은 1986년 들어서도 계속 증가했다.

미국 정책당국자들에게 당시 상황의 논리는 분명해 보였다. 교역 대상국들이 보다 부양적인 정책을 펼칠 필요가 있었다. 자국 스스로를 위해서나, 국제무역 및 외환시장의 균형을 개선하기 위해서나 부양이 필요했다. 일련의 회의와 다양한 포럼들에서 미국은 이 점을 집중적으로 강조했다. G5, IMF 잠정위원회, 5월 도쿄 정상회의, 바젤 중앙은행 총재회의, 특히 G2라고 즉흥적으로 이름이 붙여진 연말 미-일 양자회의 등에서 말이다. 이와 동시에 국제 통화개혁에 관한 관심도 되살아났다. 미 재무부 베이커-다먼 팀 일각에서 특히 그러했다.

그 모든 노력들의 와중에 미국의 재정정책은 동결되었다. 그나마 남아 있던 공조를 얻어낸 것은 대체로 중앙은행들이었다. 민감한 시점에서 그 공조는 달러화 가치의 급격한 하락을 막아내는데 일조했다. 그도 그럴 것이, 당시 미 재무장관은 수시로 추가적인 달러화 하락을 조장하는 듯이 비쳤다. 교역 대상국들이 우려를 하고 연준은 불편해했다. 독일과 일본이 보다 공격적인 팽창정책에 나서려는 의지를 보이지 않아 불만스러웠던 탓인지, 또는 그러한 정책반응을 강제해내기 위한 시도였는지, 미 재무부가 그런 태도를 보인 이유를 나로서는 아직도 분명히 알 수가 없다. 어쨌든 1986년 중반 내지는 1987년 초가 되자 이러한 접근법의 한계는 갈수록 뚜렷해졌다.

1987년 2월 프랑스 파리 루브르궁에서 열린 G5 재무장관회의에서 외환시장 안정성을 높이기 위한 공동의 이해가 극적으로 형성됐다. 그러한 이해를 바탕으로 재무장관들은 루브르에서 달러와 여타 G5 통화 환율의 다소 구체적인 변동범위를 설정했다. 정부들이 합의한 것이지만 공개적으로는 절대로 그 존재를 인정하지 않는 환율 레벨이었다. 이 환율 범위는 개입 및 여타 수단들을 통해 '방어'하기로 했다. 일부 국가들이 오랫동안 제안해왔고 비공식적으로 꾸준히 논의되어 왔던 '목표 범위제(target zones)' 또는 '참조 범위제(reference ranges)' 아이디어와 굉장히 유사한 것이었다. 베이커 장관 취임 전만 해도 이는 레이건 행정부는 물론이고 1970년대 미 행정부 대부분에서 지극히 배척하던 아이디어였다.

합의된 환율 변동범위는 이후 조정될 필요가 있었다. 우선은 엔화와 관련한 조정이 있어야 했고, 1987년 10월 주식시장 붕괴 뒤에는 보다 광범위한 조정이 이뤄져야 했다. 1980년대 말, 미국에 새 행정부와 재무부가 들어서자 통화개혁과 환율관리 공조에 대한 관심이 다시 한 번 퇴조하게 되었다. 중동지역 전쟁과 경기침체 우려가 관심의 우선 대상이 되었기 때문이다.

1980년대 막판에 두드러지게 부각되었던 한 가지 사실은 사라지지 않았다. 신흥 선진국으로서 OECD와 G10 회원국에 초대된 지 20년 만에 일본은 국제 통화문제에 있어서 지배적인 플레이어가 되었음이 명백해졌다. 경쟁력 있는 산업, 그리고 그 산업의 대규모 투자 프로그램을 충족하고도 남을 정도로 높은 저축 성향이 일본의 국제적 금융지위를 뒷받침했다. 그 산업경쟁력과 높은 저축률이, 엔화의 강력한 절상에도 불구하고, 미국과 유럽에 대한 일본의 대규모 무역흑자로 반영되었다. 또한 일본 경상수지 흑자의 반영으로 세계 자본시장에서는 일본 자금이 홍수를 이뤘다. 자본에 대한 수요는 미국에서 특히 두드러졌다. 수년간의 경기팽창기 이후에도 미국은 여전히 연간 2000억 달러 이상에 달하는 재정적자를 기록하고 있었다.

1980년대 말을 향하면서 일본의 은행과 보험사, 제조업체들이 미국 재정적자를 메워주고 상업용 부동산시장 붐을 일으키며 심지어는 미국 제조업 투자를 뒷받침하는 자금줄이 되어갔다. 1987~1989년 어느 시점에 미국은 자국 스스로가 창출한 개인저축 총 규모보다 더 많은 해외저축을 끌어 썼다. 경제력의 상실을 의미하는 그 해외자본에 대한 의존이 미국인들의 심리를 파고들었다. 뉴욕 록펠러센터에서부터 로스앤젤레스 모션픽처스 스튜디오에 이르기까지 일본 자본이 미국의 문화적 아이콘들을 사들이자 그 심리는 더욱 자극받았다. 이 책을 쓰고 있는 동안에도 가장 미국적인 것이라 할 수 있는 메이저리그 야구 프랜차이즈에 대한 일본의 인수 의향 소식이 전해지고 있다. 마치 수많은 미국 기업들이 금융적 압박을 받고 있는 것처럼 말이다.

1980년대 중반 무렵 극단적으로 변동하던 환율이 20세기 마지막 10년이 시작됨에 따라, 여전히 변동적이기는 했지만, 가라앉게 되었다. 일본의 거대한 흑자 외에는 무역의 흐름도 몇 년 동안에는 좀 더 균형 잡혀 보였다. 부채 압박으로 인해 잃어버린 10년을 보냈던 중남미 국가들이 다시 부상하는 고무적인 모습도 있었다. 하지만 향후 경제관리 과정에서 직면해야 할 엄청난 도전과 불확실성 역시 똑같이 뚜렷하게 눈앞에 놓여 있었다. 새로운 국제질서 약속이 현실화하기에 앞서서 다뤄져야만 할 문제였다.

루브르합의의

명과 암

플라자합의는 달러를 대폭 절하하는데 성공적이었다. 금리에 부정적인 영향을 미치지 않았고, 달러가 자유낙하할 것이라는 심리적인 충격을 야기하지도 않았다. 1986년에 재개된 공조 노력에 박차가 가해진 것은 이러한 성공에 고무된 바가 컸다. 미국의 관점에서 볼 때 해야 할 일은 아직 엄청나게 많이 남아 있었다. 2년간의 강력한 팽창을 거친 뒤 미국의 회복세는 꾸준히 둔화했다. 동시에 일본의 경제는 그다지 활기가 없었다. 유럽은 더 심했다. 몇 년 간의 미적지근한 경기확장이 이뤄진 뒤에도 실업률이 여전히 평균 10%에 달했다. 만일 미국의 무역적자가 대폭 감소하고 달러가 안정화한다면, 유럽과 일본의 경제는, 자국 상품에 대한 미국인들의 강력한 수요에 의존하기보다는, 자국 내부 수요를 기반으로 확장해야만 했다.

그 과정의 일환으로 나는 바젤 등지에서 열리는 회의에서 일본과 독일의 중앙은행 지도자들에게 최대한 강한 어조로 통화정책 완화에 나설 것을 촉구했다. 유럽이 대체로 그러했지만 독일은 특히나 소극적이었다. 그런 환경에서 미국이 혼자 나서는 것은 전적으로 부적절하다고 나는 생각했다. 1986년 1월 말에 짤막하게 열렸던 런던 G5 회의 분위기가 그러했다.

1980년대 미국이 어려웠던 근본 원인

돌이켜보면 그 짧았던 회의는 주목할 만했다. 통화정책에 관해 토의할 게 많았기 때문이 아니라, 논할 것이 거의 없었기에 그러했다. 당시에만 해도 나는 그 중요성을 과소평가했는데, 미 재무부는 코뮈니케에 통화정책을 완화해야 한다는, 또는 완화할 것이라는 문구를 넣자고 제안했다. 적어도 나의 예민한 귀에는 그렇게 들렸다. 그러한 문구는 분데스방크의 칼 오토 폴 총재에 의해 거절당했다. 나 또한 마찬가지로 반대했다. 불필요한 투기적 거래만 조장할 뿐이라고 우리는 생각했다. 결국 우리는 다시 한 번 겉만 번지르하고 구체성은 없는, 경기확장과 안정을 지향하는 성명서를 내놓았다.

G5 절차에 오래 몸담아 온 나와 폴 총재는 딱히 중요한 발표사항이 없을 때에는 코뮈니케를 내놓지 않는 쪽으로 다시 돌아가기를 강력히 희망했다. 하지만 중앙은행 총재들의 거리낌에도 불구하고, 플라자합의를 공개했던 것이 큰 성과를 낸 뒤로는 G5 회의 뒤 코뮈니케를 발표하는 관행이 계속되었다. 이는 회의 일정을 잡는데 있어서 유연성을 발휘하기 어렵게 만드는 요소라고 나는 생각했다. 때로는 과도한 기대를 야기하기도 했다. 독립적으로 운영되는 중앙은행의 입장에서 보자면 또 하나의 문제가 있었다. 재무장관들과 갖는 그 모임이 중앙은행에 압력을 가하는 기회로 활용될 유인이 있었던 것이다. 중앙은행으로 하여금, 특히 정부로서는 딱히 내놓을 게 없는 상황에서, 정치적인 필요성에 의해 뭔가 고무적인 것을 내놓도록 중앙은행을 압박할 지도 모른다는 우려였다. 다만, 적어도 나의 경험으로는, 재무장관들이 부적절해 보이는 결정이나 약속을 중앙은행들에게 압박한 일은 결코 없었다.

중앙은행은 장관들이 참석한 회의에서, 그것도 다른 사람들에 의해 장소와 시간이 정해지고 또한 정치적 동기가 가미될 수 있는 자리에서 통화정책에 관해 결정을 내리는 것을 거부하려는 경향이 있다. 이러한 저항은 때때로 국제적인 경제정책 결정공조 구상의 전반을 반대하는 것처럼 해석되기도 한다. 내 경험으로는 그러한 의심은 근거가 없는 것이다. 이상적으로 바람직한 공조 및 보완적 조치를 중앙은행만이 홀로 지속적으로 달성해낼 수 있다고 주장하려는 것이 아니다. 중앙은행이 그렇게 할 수 없다는 것은 심지어는 유럽통화시스템 하에서도 드러나고 있다. 유럽통화시스템은 미국과 일본, 유럽 사이의 협력보다 훨씬 더 강한 상호의존성을 갖는데도 말이다. 유럽에서나 유럽 바깥에서나 한 가지 명백한 어려움은, 재정정책의 총체적인 오류를 통화정책으로 바로잡을 수는 없다는 사실이다. 1992년 중반의 사례가 대표적이다. 당시 통화정책 및 재정정책 기조의 격차가 심화됨에 따라 거의 5년간 계속되었던 유럽통화시스템 내부의 고정환율을 재배열할 수밖에 없었다. 정책들의 오배열(misalignments)이야말로 미국이 지속적으로 부적절하게 큰 적자를 냈던 1980년대 어려움의 근본 원인이었다. 하지만 그럼에도 불구하고 당시 통화정책이 이따금씩 제법 유용한 수준의 공조를 달성하는데 성공한 경우가 있었는데, 1986년 초가 대표적인 사례였다.

마이크 리포트

달러가 급격하게 떨어지던 1985년 가을 내내 나는 통화정책을 완화하는 것을 거부했다. 1986년 초가 되자 경제가 좀 더 강해진 듯 보였고, 연준 내부에서는 정책 완화 여부에 대한 논의가 사라져갔다. 하지만 레이건 행정부가 임명한 두 명의 이사들이 들어오면서 연방준비제도이사회 구성이 상당히 바뀌게 되었다. 지역 연준 총재들 중에서는 재할인금리를 내리자는 주장이 기껏해야 한두 명에 불과했는데, 1986년 2월 24일 이사회 투표에서 재할인금리를 인하하는 안이 4대3으로 느닷없이 가결되고 말았다. 나로서는 놀라운 일이었고, 그 동기가 무엇이었는지 지금도 이해할 수가 없다. 당시로서는 그 일방적인 금리인하를 나는 받아들일 수가 없었다. 연준이 금리를 내려야만 할 것이라면, 독일과 일본이 금리를 먼저 인하해 달러 하락을 차단해 준 뒤에 따라가는 것이 바람직하다고 나는 생각하고 있었다. 결국 금리인하 결정은 바로 당일 재검토되었다(역자 주: 철회되었다는 의미). 제한된 시간 안에 재할인금리를 공조해서 인하하는 게 가능하다면 그렇게 하는 게 바람직하다고 인식하게 된 것이다. 그래서 나는 분데스방크와 일본은행의 내 동료들과 심층 논의에 나섰다. 3월 초에 예정된 정례회의에서 분데스방크가 먼저 금리를 내리기로 합의했다. 이미 1월에 금리를 내렸던 일본은행이 즉각 뒤를 따르고, 곧이어 연준이 인하하기로 했다.

희망했던 대로 외환시장은 금리인하를 차분하게 받아들였다. 미 재무부가 자신의 공이라고 주장해서 약간 흠이 가긴 했지만 정책공조는 성공적이었다. 경제확장세가 계속해서 지지부진하고 특히 인플레이션이 유가 급락세 속에 큰 폭으로 떨어져 연준은 그해 여름까지 재할인율을 두 차례 더 내렸다. 처음에는 일본과 공조했고, 그 다음에는 홀로 금리를 인하했다.

하지만 이러한 통화정책의 부분적인 공조가 우리 미국을 사로잡고 있는 문제를 적절하게 해결해줄 수는 없었다. 미국의 강력한 경기 팽창이 전 세계경제를 이끌고 가던 시절은 명백히 끝난 듯이 보였다. 미국이 수입 수요를 늘려 번영을 해외로 이전해 주기를 더 이상은 누구도 바랄 수가 없게 되었다. 이제 일본과 유럽은 스스로 자국 내에서 만든 팽창력에 의존해야만 했다. 그게 강력하게 이뤄진다면, 미국의 수출이 늘어나는 결과를 낳을 것이다. 우리의 거대한 적자가 줄어들고 달러에 미치는 하락 압력은 낮아질 것이다.

이러한 점들을 잘 보여주는 관련 통계들을 갖고 월간 바젤회의에 참석했던 경우가 여러 차례 있었다. 나는 동료 중앙은행 총재들에게 더 공격적으로 행동에 나서 달라고 촉구했다. 나에게 있어서 당시는 기회인 동시에 큰 우려의 시간이었다. 1986년 미국의 인플레이션은 유가가 붕괴한 덕분에 1% 약간 넘는 수준으로 떨어졌다. 20여 년 동안 본 적이 없던 수치였다. 달러의 절하는 수입과 국내 물가에 당초 예상했던 것만큼 커다란 충격을 주지는 않았다. 그 모든 것들이 여름 내내 통화정책을 완화하는 것을 가능하게 해 주었다. 하지만 보다 팽창적인 정책이 해외에서 이뤄지지 않았던 탓에 미국의 무역수지와 경상수지는 계속해서 큰 폭의 적자를 기록하고 있었다. 달러는 불필요하게 더 하락하는 결과를 낳았다.

미국의 무역 대상국들은 그러한 분석의 기저에 깔린 개념 상당부분을 받아들였다. 널리 존경받던 마예카와 하루오 전 일본은행 총재가 내수에 의해 추동되는 경제로 방향을 근본 전환해야 한다는 보고서를 내놓은 게 바로 그 무렵이었다. 서구에서 마이크Mike라는 별칭으로 알려져 있던 그는 광범위하게 읽힌 그 보고서에서 일본이 사회간접자본 수요를 충족시킬 수 있는 절호의 기회를 맞았음을 특히 강조했다. 그는 대규모의 무역흑자가 일본 내수의 대대적 확장 및 공식적 또는 비공식적 수입장벽의 제거를 정당화한다고 주장했다. 그의 폭넓은 결론은 5년 전에 그랬던 것처럼 지금도 여전히 타당하다. 하지만 이 개념들을 실행하는 과정 역시 그때나 지금이나 여전히 더디고 절망적이다.

공조의 한계

1980년대 중반 독일과 일본은 재정규율을 높이고 고도의 물가안정을 달성하기 위해 애썼다. 모호할 수밖에 없는 국제적 이익을 위해 이 두 방면에서 달성한 정책성과를 위험에 빠뜨릴 생각이 없었다. 두 나라는 우리가 생각하는 것보다 더 자국 경제 전망에 대해 낙관하고 있었다. 미국의 요구에 대해 그들은 경제조정의 부담을 자신들에게 떠넘기려 한다고 확신했다. 미국이 자신의 눈에 든 대들보는 생각하지 않은 채 이웃의 눈에 있는 티끌만 지적한다고 그들은 생각했다.

교텐 토요오의 설명이 이러한 시각에 정당성을 부여해 준다. 나는 한 가지 사안에 관해서만 그들의 좌절감에 공감한다. 미국이 도무지 재정적자를 해결해내지 못하고 있다는 점 말이다. 그러나 보다 일반적으로는, 1986년 당시의 인식 차이는, 국제적으로 정책을 공조하는데 따르는 근본문제에서 비롯된 증상들이었다. 서로 다른 나라들은 불가피하게 세상을 서로 다른 렌즈로 보게 된다. 서로 다른 문화와 경험, 국가운영 방법과 우선순위 등에 의해 각색된다. 판단과 분석 과정에서 드러나는 그러한 차이들을 해결할 절대적이고 객관적인 방법은 존재하지 않는다. 심지어 우방국에서 온 선의의 사람들도 자신의 시각을 타협하는데 어려움을 겪는다.

게다가 자국 내 정치적으로 긴요한 사안에 반하는 결정이 필요한 때에는 공조의 장애물을 뛰어 넘는 것이 거의 불가능해진다.

나는 미 재무부의 베이커-다먼 팀이 G5와 정상회담에 관여했을 때 가졌던 좌절감을 느낄 수 있었다. 1980년대 중반까지 재무장관은 경제정책에서 중요한 많은 수단들을 마음대로 휘두를 수가 없었다. 베이커처럼 정치적으로 노련하고 대통령과 가까운 경우에도 그러했다. 재정정책은 의회정치에 의해 도처에서 발목이 잡혀 있었고 중앙은행은 독립적으로 운영되었다. 재무부의 고유 영역인 부채관리 문제 역시도 장관에게 거의 기회를 주지 않았다. 이미 적자가 커진 가운데 국채시장은 어디로 튈 지 알 수 없었기 때문이다. 다만 전통적으로 재무장관은 국제 금융 및 경제 정책에 관해서는 미국을 대표하는 인물이었다. 그래서 이 점이 재무장관에게 행정부와 의회, 일부가 보기에는 중앙은행에 대해서까지 영향을 행사할 수 있는 레버리지를 부여했다. 그것은 사실이었다. 예를 들어 1968년 헨리 '조' 파울러는 달러화 안정을 위해 베트남 전쟁비용 조달용 세금 인상이 필요하다고 주장했다. 1971년에는 아주 드라마틱한 방식으로 그런 힘이 발휘되었다. 존 코널리는 달러위기를 내세워 경제정책 전반에 관한 대대적인 변화를 이끌어 냈다. 1978년 마이크 블루멘털과 앤서니 솔로몬 차관은 위태로운 달러화 하락에 맞서는 데 있어서 연준을 끌어들여 통화를 긴축할 수 있었다.

그러나 국내적으로 위기의식이 없거나 꼭 그렇게 해야 할 국제적 컨센서스에 의존하지 않고는 재무장관이 레버리지를 갖기가 어려웠다. 1985년 달러가 그토록 강하고 미국 산업계가 무역경쟁력에 우려를 갖게 되었을 때에는 위기감이 충분히 조성되었고 그 결과 외환시장 개입에 대한 정부의 굳건하던 반대 입장이 180도 바뀔 수 있었다. 그러나 그때조차도 정치적으로 까다로운 영역인 재정정책에 있어서는 거의 진전이 없었다.

경험이 풍부하고 숙련된 인사들이 참석하는 회의임에도 G5의 절차는 그다지 규율이 잘 잡혀 있지 않았다. 국가를 대표해서 참석하는 인사들이었기에 자국의 정책과 특유의 환경을 선명하게 주장하려고 애썼다. 이견이 표출되거나 일관성이 없는 분석이 이뤄지는 것은 전혀 이례적이지 않았다. 그런 이견을 타협하지 않고 넘어가는 것은 항상 비교적 쉬운 일이었다. 토론을 이끌어 갈 만한 전반적으로 합의된 개념적 틀이 없었다. 서로 다른 예상과 전망을 효과적으로 다뤄낼 만한 방도가 없었다. 위기가 문 앞에 닥치지 않는 한 결정이나 결론을 강제할 수도 없었다. 해결이 필요한 국제시스템을 관리하는데 있어서 거의 항상 운영상의 문제가 제기되었다. 부채위기를 다루는 문제나, IMF 쿼터, 세계은행의 정책 등등이 대표적인 사례다. 정치적으로 민감하지도 않거나 경제적으로 우선순위가 높지 않은 사안에서도 이따금 그러했다.

그러한 어려움들을 해결하려는 노력의 일환으로 IMF 총재를 G5(이제는 G7) 회의에 초대했다. 세계 경제상황에 대한 그의 독립적인 분석을 듣고 회의에 참석한 각국의 정책에 어떤 시사점이 있는지에 초점을 맞춰보자는 시도였다. 덕분에 토의 프레임워크를 짜는데 있어서 공감대를 형성할 수가 있었다. 그렇다고 해서 G5 회의 과정 전반에 대해 어떠한 정치적 정당성을 부여해준 것은 아니었다. G5에서 많은 국제적 합의가 공식적으로 이뤄지기는 했지만 그 회의에 어떠한 근거가 있는 것은 아니었다. 자크 드 라로지에르 같은 강력하고 존경받는 IMF 총재와 함께하고서도 문제는 해결되지 않은 채로 남았다. 비록 그가 회의에서 IMF 스태프들의 분석과 전망을 제시하기는 하지만, 이견을 조율할 권한은 없이 개인적인 자격으로 그 자리에 앉아있을 뿐이었다. 게다가 IMF 총재는 자기 조직의 운명을 좌우할 수 있는 주요국들의 특정 멤버에 대해 너무 두드러지게 찬성 또는 반대 의견을 드러내는 것은 피할 필요가 있었다. 사실 IMF 총재는 프레젠테이션과 일부 잠정적인 논의가 이뤄진 뒤에는 중요한 정치적 결정이 내려지기 한참 이전에 회의장에서 나와야 했다.

통일된 경제지표라는 허상

1986년에 어떤 일이 있었는지 간략하게 도식적으로 설명을 들어 보면 그 회의 절차를 좀 더 구체적으로 이해할 수 있을 것이다. 가용한 지표들과 합리적인 전망을 토대로 미국 대표단은 세계경제가 둔화하고 있다는 사실을 지속적으로 강조했다. 이미 수년째 부진한 상태에 있던 유럽과 일본 경제에 대해 보다 부양적인 조치가 이뤄지지 않는다면, 세계는 침체에 빠져들 것이라고 경고했다. 미국은 이미 재정적자와 무역적자를 겪고 있었기 때문에 더 이상의 재정부양은 불가능한 상태였다. 그리고 연준은 이미 통화정책을 완화하고 있었다. 우리 입장에서는 더 이상 합당할 수 없는 주장이었음에도 유럽은 이런 식으로 반응했다. "당신들은 잘 못 판단하고 있다. 지표가 과거에는 나빴을 수 있으나, 우리 경제에 대한 최근의 보고는 좀 더 낙관적이다. 우리는 인플레이션 위험을 감수하고 싶지 않다. 당신들은 재정정책을 고수하라. 우리는 한 배에 타고 싶지 않다." 대화는 그렇게 끝나고 말았다. 정반대의 시각을 타협할 만한 방도가 전혀 없었기 때문이다.

베이커 장관이나 다먼 차관 같은 똑똑하고 활동적인 정치인들에게 이는 여간 실망스러운 일이 아닐 수 없었다. 그들의 반응은 두 갈래였다. 지적인 측면에서는, 미래의 개혁을 염두에 두고 각국 정책에 규율을 세울 수 있는 다양한 경제지표들의 활용 방안을 강구했다. 성장률, 물가상승률, 경상수지, 재정지출 및 적자, 통화량, 환율 등 경제 움직임을 보여주는 다수의 객관적 지표들을 주요국들이 IMF와 함께 개발하자는 아이디어였다. 성장률을 반드시 포함해 국가별로 이러한 지표들의 목표치를 설정하고 점검하면 정책을 일관되게 수행하도록 규율을 세울 수가 있을 것이다. 그 목표를 향한 진전 여부는 함께 모니터해 나가게 된다. 모든 국가들이 그 목표를 달성하도록 하기 위해 정책 조정이 필요하다면 회의에서 조율이 이뤄지게 된다. 어떤 나라가 자신의 성장률 또는 국제수지 목표를 달성하지 못했다면 이를 시정하는 정책 대응을 회의에서 요구받는다.

물론 당연히 실행이 그렇게 단순한 것은 아니다. 경제지표는 항상 나오는 데 시차가 있고, 수정되기 쉬우며, 각국의 해석 여하에 달려 있다. 일부 국제수지 자료는 주요국들 사이에서도 호환이 되지 않아 통계적으로 비교가 어렵다. 유용한 심층 토론 자료로 쓰기 곤란하다. 설사 탄탄하고 신속하다 해도 지표의 편차가 워낙 커 때때로 상충된 정책 시사점을 제시하기도 한다.

오로지 기술적인 어려움만 있는 게 아니다. 객관적이라 할 수 있는 통계 정보를 통해 정책 판단을 수행할 수 있다고 하거나, 어떤 경우에도 정치적 저항을 극복할 수 있다는 이 아이디어에 대해 반대가 강했다. IMF를 그 과정에 집어넣는 게 도움이 될 수는 있겠으나 문제를 풀 수 있는 것은 아니었다. IMF 총재에게 판정까지 내리도록 요구할 수는 없었다. 만일

IMF가 어떤 나라의 확고한 주장에 반대되는 의견을 개진할 경우 가장 먼저 나서서 반발할 나라는 분명히 미국일 것이다. 각별히 긴박한 상황이 아니라면, IMF의 지원만으로는 '국내 정치적 제약 때문에 못한다'는 결정적 주장을 극복하기가 어려울 것이다. 지난 1970년대 20인 위원회에서 보다 조직화되고 포괄적인 개혁 토의를 진행하는 일환으로 나는 훨씬 간결한 경제지표를 개발하는 작업에 참여한 경험이 있다. 그 결과 나는 미 재무부가 무엇을 성취하려고 애를 쓰는지 감을 얻게 되었고 그들의 좌절감에 대해 공감했다. 하지만 나는 그 제안이 실현 가능하다고 확신하지는 못했다. 다행히 그들은 나에게 그 제안을 함께 방어해 달라고 요구하지는 않았다.

이 지표 시스템을 만드는 잠정적인 작업은 재무차관들 및 그 참모들로 구성된 소규모 집단에 의해 이뤄졌다. 연준은 물론이고 다른 나라 중앙은행들도 내가 알기로는 그 논의에 크게 개입되지는 않았다. 미국의 요구에 의해 1986년 5월 도쿄 정상회의가 그 개념을 지지하게 되었다. 그 아이디어를 개발하는 임무가 장관회의에 부여되었다. 배타적인 G5에 초대된 이탈리아와 캐나다는 G7 멤버로 계속 남았다. 그러나 지금까지 내가 알기로는, 그 경제지표를 이용한 접근법을 보다 완전하게 개발하려는 노력은 아주 폐기되고 말았다.

'역사적 바닥'까지 곤두박질 친 달러의 가치

당시 나는 미 재무부의 두 번째 협상전술로 부상하고 있던 것에 대해 훨씬 더 우려하고 있었다. 달러화 가치를 끌어내리는 발언이다. 달러의 과도

한 하락에 대한 나의 우려는 이 챕터에서 폭넓게 언급한 바 있다. 1985년의 급격한 하락을 겪은 뒤 1986년의 최우선 정책과제는, 내 생각에는, 일본과 유럽의 경기부양을 이끌어 내는 것이었다. 그렇게 하면 달러화 추가 하락이 신뢰와 인플레이션과 경제성장 그 자체에 부정적 영향을 미치지 않고도 무역적자를 줄이는 작업에 속도를 낼 수 있었다. 1985년 달러화 절하에 잠재되었던 인플레이션 효과는 억제된 게 사실이다. 국제유가가 급격하게 하락해 그 영향을 상쇄해 주었다. 또 다른 중요한 요인도 있었다. 일본 및 여타 수출국들이 미국 시장에서 자신들의 점유율을 유지하기 위해 이윤 감소를 무릅쓰면서 달러표시 가격을 인상하지 않았다.

그 모든 것들이 다소 완화적인 미국 통화정책을 정당화해 주었다. 하지만 달러가 계속해서 하락하는 동안에는 전혀 마음 편한 일이 아니었다. 1985년에 비해서는 달러가 훨씬 덜 일관되게 하락했다고 해도 말이다. 교텐 토요오가 언급했듯이, 미 재무장관이 달러화 추가 하락에 대해 전혀 우려하지 않는다는 듯한 신호를 보냈을 때 나는 더욱 더 마음이 불편했다. 보다 공격적인 태도로 베이커 장관은 심지어 달러의 하락을 공개적으로 전망할 용의까지 내비쳤다. 일본과 유럽의 수출업체에 대한 암묵적인 위협 차원에서, 그리고 우리 교역 대상국들의 보다 공격적인 부양정책을 촉발해 내는 수단으로 말이다. 1986년 여름에 달러는 엔화에 대한 역사적 바닥을 형성했다. 독일 마르크 및 여타 미국의 주요 교역대상국 통화들 대부분에 대해서도 그러한 추세였다. 미국의 무역수지가 개선될 것이라는 합리적인 기대가 고개를 들었다. 나는 의회에서나 다른 곳에서 달러가 이제 충분히 내릴 만큼 내렸다고 목소리 높여 주장했다. 내가 보기에 달러화가 대폭 더 떨어질지 모른다는 불확실성은 그 누구에게도 이롭지 않았다.

　재무장관 발언에 대한 나의 상반된 시각이 때로는 의회의 동일한 위원회에서까지 개진되어 주목받기는 했지만, 그게 당시 우리 사이에서 대단히 갈등을 빚은 사안은 아니었다. 베이커 장관의 주장은 타당한 면이 있었다. 만일 다른 주요국들의 부양책이 미국의 수출품을 충분히 받아줄 수 없을 정도로 제한적이라면, 그게 설사 바람직하지 않다고 해도, 달러는 계속 하락할 수 있다는 것이었다. 그리고 반갑게도, 재무장관 스스로가 과도한 달러 하락에 대해 진심으로 걱정을 하게 되었다. 적어도 이제 그는 달러 약세 유도 발언의 톤을 낮추고자 했다. 그러한 맥락에서 달러 추가 하락에 대한 나의 분명한 반대 입장은 시장이 달러에 지나치게 비관하지 않도록 하는 일종의 방어를 제공하였다.

　당시 베이커 장관은 나도 모르게 일본의 미야자와 키이치 대장상(그는 1991년 총리에 오른 인물이다)과 일련의 양자대화를 가졌다. 영어에 능통한 미야자와 대장상과 내가 앞서 가졌던 대화는 편안했던 기억이 있다. 보다 중요하게, 그는 미국 입장이 가진 논리와 힘을 개인적으로 잘 이해하고 있었다. 그 입장이란, 결국 당시 유명한 마에카와 보고서와도 완전히 부합하는 것이었다. 하지만 미야자와의 개인적인 공감에도 불구하고 일본의 재정부양책은 의회에서 강력한 정치적 반대에 부딪쳤다. 그 반대는 아이러니하게도 미야자와의 부서인 대장성 내부의 강력하고 국내 지향적인 관료들에 뿌리를 두고 있었다. 대장성 관료들은 장기간에 걸쳐 일본의 재정수지 균형을 위해 노력해 왔기에, 그 어렵게 달성한 성과를 되돌리고 싶지 않았다. 그럼에도 불구하고 미야자와와 베이커는 10월 말 일종의 상호 합의안을 발표할 수 있었다. 일본이 상당한 재정부양책과 추가 통화완화를 제공하고, 미국은 달러-엔 환율이 "대체로 현재의 기저 펀더멘털과 부합한다"는 점을 받아들였다.

일본과의 합의에서 미국은 어떤 구체적인 경제정책을 수행하겠다고 특정하지는 않았다. 외환시장에 개입하겠다는 약속도 하지 않았다. 일본 역시 당초 계획에 비해 훨씬 더 많은 재정부양을 보태겠다는 의사는 아니었다. 그럼에도 불구하고 이 'G2' 이니셔티브의 중요성에 대해 유럽의 일부 중앙은행 총재들은 놀랍게도 상당히 우려했다. 아마도 그곳 재무장관들도 그랬던 듯하다. 유럽 통화들은 놔둔 채 달러-엔 환율의 안정화에 미국이 분명한 이해에 도달했다는 것은 유럽의 산업에 위협이 될 수 있었다. 유럽의 통화들이 달러와 엔 모두에 대해 절상될 경우 강력한 경쟁에 취약해질 수 있기 때문이다. 다소 모호하긴 하지만, 그럼에도 불구하고 분명한, 보다 광범위한 우려가 또 있었다. 미-일 양자 합의는 미국의 관심이 유럽에서 태평양으로 이동하는 보다 보편적인 경향을 시사할 수 있다는 것이다.

비현실적인 목표

의도했든 의도하지 않았든, 그 모든 것들로 인해 베이커 장관은 유럽 특히 독일의 팽창정책을 촉구하는데 더 큰 관심을 갖게 되었다. 나중에 듣기로는, 그해 12월 독일 당국자들과 대화가 재개됐다. 독일이 당초 제시했던 세제 개혁을 재정 부양효과가 나도록 손질해 서두르는 방안이 논의되었다. 독일이 그렇게 할 경우 미국은 환율 안정이 바람직하고 현실적으로 이롭다는 입장을 확약해 줄 수 있었다. 일본에 대해서 그랬던 것처럼.

내가 보기에 그것은 모두에게 좋은 일이었다. 원하는 정책을 이끌어 내기 위해 달러화 절하를 위협하는 대신, 정책 실행에 대한 보상으로 굳건한 환율 안정을 제공하는 게 적절한 일이었다.

정책이 실용적이라 해도 그것을 협상하는 일은 쉽지 않을 수 있다. 그래서 어쩌면 훨씬 더 오랫동안 중요성을 가질 만한 어떤 실험이 모색되었다. 미 재무부에서 적어도 최고위급 인사들은 조용히 계속해서 환율 '목표 범위제(target zones)'를 생각하고 있었다. 프랑스 재무부 내부에서 마련된 보고서에서는 '참조 범위제(reference ranges)'라는 이름으로 바뀌기도 했다. 프랑스 정부는 독일의 팽창정책을 촉진하는 것과 환율 참조 범위제를 장려하는 것 모두에 강한 관심을 갖고 있었다. 그래서 프랑스는 플라자합의 경험을 계승 발전시킬 회의를 개최하는데 있어서 미국의 강력한 동맹이 되었다. 1987년 초 달러가 한동안 하락세를 이어가자 회의 소집 노력에 속도가 붙었다. G5 회의가 잠정적으로 잡히긴 했지만, 과연 독일이 상당한 재정 팽창 조치를 취할 용의가 있는지는 여전히 의심스러웠다. 베이커 장관으로서는 회의를 그대로 진행해야 하는지 고민이 되었다. 하지만 나와 그의 참모들의 지원 속에서 베이커 장관은 예정대로 회의를 갖기로 결심했다. 이번 기회를 활용하지 못한다면 외환시장과 정책 전망에 미치는 위험이 모두 커질 것이란 판단에 따른 것이다.

2월 21~22일 주말, 루브르의 프랑스 재무부에 모두가 모였다. 민감한 정치적 이슈 때문에 심도 깊은 토론은 몇 시간 지연되었다. 이탈리아 재무장관이 자국 정부를 대표해 회의 시작부터 참여하겠다고 주장했다. 당초 이탈리아와 캐나다 재무장관은 그 다음날 G5 회의에 합류하기로 이미 조율이 되어 있던 상태였다. 그리고 그러한 조율은 그 전 해 정상회담 이후에 이뤄진 어정쩡한 타협에 따른 것이었다. 정상회담에는 7개국이 참석했지만, G5 재무장관회의는 따로 존재한다는 사실을 인정하는 절충이었다. 중요한 결정은 G5 회의에서 사전에 이뤄진다는 사실을 이탈리아 정부가 정확하게 깨달은 게 문제였다. 그래서 이탈리아는 이를 정치적으로 받아들일 수 없다고 주장했다. 끝내 거절당한 지오반니 고리아^{Giovanni Goria} 이탈리아 재무장관은 결국 본국으로 돌아가 버렸다. 그래서 다음날 캐나다가 합류했을 때에는 코뮈니케가 처음이자 유일하게 G6 명의로 발표되었다. 그러한 우여곡절 끝에 G7이 오늘날 중요한 국제정책 토의를 수행하는 기본 포럼으로 진화할 수 있게 되었다.

루브르에서의 합의는 누가 참석할 것인지를 둘러싼 논란에 비해 훨씬 쉽게 이루어졌다. 회의는 이제 환율 참조 범위 수립을 위한 메커니즘을 논의하는데 이르렀다. 대외적으로 발표하지는 않았지만, 그 참조 범위 환율은 공조개입을 통해 '방어'하는 것으로 결정했다. 그 개입의 특성과 기본적인 양해사항은 교텐 토요오가 기술한 대로다. 교텐의 말은 전적으로 사실이다. 일부 회의 참석자들, 특히 독일이, 합의된 개입 가이드라인을 기계적으로 해석하는데 대해 강력하게 저항했다. 게다가 환율이 움직일 수 있는 고정적인 한도는 설정되지 않았다. 환율 범위제에 관심이 있는 경제학자들의 표현에 따르면, 변동 한도는 '느슨'했다. 만일 성심껏 방어에 나서 본 결과, 합의된 환율 중심선 아래 위 5%의 한도가 적절하지 않다고 판단되는 경우에는 참조 범위는 재검토되고 변경될 수 있었다. 합의된 변동범위에 강력한 압박이 가해진다는 것은 아마도 통화정책이 재검토되어야 함을 시사한다. 그러나 암묵적으로나 다른 식으로나, 통화정책이 변경되어야 할 필요가 있다는 약속은 없었다. (미국과 독일의 경우 그러한 결정은 별도의 독립된 위원회의 소관이지 루브르 회의장에 앉은 사람들의 몫은 아니었다.) 그 토론 과정에서 분명한 것은, 환율 중심선이든 그 변동 범위이든, 어떤 것도 굳건한 것은 아니라는 점이었다. 그에 관한 이해는 그 다음 회의에서 논의하기로 했다. 결국 그것은 가능한 가장 약한 형태의 환율 타깃팅 형태로 귀결되었다. 제한적이고, 일시적이며, 공인되지 않은 목표 환율제였다. 그것에 관해 코뮈니케가 언급한 것은 "현재 수준 부근에서의 환율 안정을 강화하기 위해 면밀히 협력할 것을" 6개국이 합의했다는 게 전부였다. 물론 그것은 시장에 개입할 준비가 되어 있음을 시사하는 것으로 받아들여졌다.

기본적인 경제정책에 관해서는 새롭게 발표할 만한 게 없었다. 환율이 "대체로 경제 기저의 펀더멘털에 부합하는 범위 안에서 움직이고 있다"고 한 언급은 내가 수개월 동안 강연하던 바로 그대로였다. 하지만 그것은 단지 그렇게 믿는다는 것을 밝힌 것일 뿐이지 구체적으로 입증할 수 있다는 얘기까지는 아니었다. 당시 회의에서 독일 정부는 "이미 1988년부터 시행하기로 결정되어 있는 감세의 규모를 늘리도록 제안하겠다"고 밝히기는 했다. 그러나 실제로 의회에서 그렇게 처리되도록 추진하겠다는 확고한 약속에는 이르지 못했다. 일본 역시 기존에 자신들이 표명했던 의사를 넘어서지 못했다.

그러나 진정한 정책의 변화를 얻어낸다는 측면에서 내가 가장 낙담했던 것은 그 합의에 '기여'한 미국의 약속이었다. 미국은 당시 회의에서 1988년 재정적자를 GDP의 2.3%로 줄이겠다고 밝혔다. 목표가 워낙 비현실적이었기에 당시 나는 베이커 장관에게 그 약속이 적절한 지, 순수성이 있는 지를 물었던 기억이 난다. 그는, 현실적이든 아니든, 불과 몇 주 전에 마련된 대통령의 예산안을 자신은 재확인해야만 하는 입장이라고 답했다. 충분히 사실이었다. 하지만 그러한 기반 위에서는 미국이 다른 나라에 고도로 비판적인 입장을 취하기가 어려웠다. 다른 나라들 역시 정치적인 문제로 인해 정책이 마비가 된 상태였기 때문이다. 결과적으로 미국의 1988년 재정적자는 GNP의 3.2%에 달했다. 독일은 가까스로 약간의 재정 부양을 실행했고, 그들의 GNP는 1.6% 성장하는데 그쳤다. 오직 일본만이 그 다음해 상당한, 설사 여전히 제한적이었다고는 해도, 재정정책의 전환을 수행해냈다.

분명한 오해

루브르합의에 관해 교텐 토요오가 비판한 당시의 그 현실을 나는 인정할 수밖에 없다. 경제성장 전망을 높이고 안정을 강화하려면 어떤 경제정책이 바람직한 지를 개념적으로 분석해 보자는 아이디어는 본질적으로 미국식이었다. 오로지 미국의 주된 우려만을 반영하고 있었다. 그 때도 지금도 나는 당시의 분석이 대체로 옳았다고 본다. 그러나 우리는 동시에, 우리 스스로의 분석 결과에 부합하는 정책을 실행하지 못했다. 그게 처음 있는 일도 아니다. 그럼에도 불구하고 경제정책 공조를 분석적으로 접근했던 사례를 다시금 분명하게 기술하는 일은 의미가 있다고 본다. 그렇다면 혹자는 그런 컨센서스가 결국 장기적으로는 진정한 국제합의를 도출해 그에 필요한 정치적 지원을 끌어 모을 가능성을 높이지 않겠느냐고 희망할 수도 있겠다. 그러나 아마도 그것은 희망사항에 불과할 것이다. 그렇게 드라마틱한 사안이 아니었다. 1987년 국제적인 정책공조가 처해 있던 현실이 그랬다. 그 이후로 공조가 더 진전되었다는 증거가 없다. 실제로는, 내가 느끼기에는 좀 퇴보해버렸다.

루브르에서 합의된 환율 범위를 방어하기 위해 그 뒤로 수 주 동안 많은 시장개입이 요구되었다. 그럼에도 불구하고 엔화 가치는 지속적으로 상승했다. 4월 초 다음 번 G7 회의가 열릴 무렵에는 루브르합의 범위 상단을 돌파해버렸다. 상서롭지 않은 출발이었다. 그러나 대응은 수동적이었다. 단지 엔화의 변동범위를 변경했을 뿐이었다. 그렇게 하고는 루브르에서 했던 발표 내용을 대략 되풀이하는 것으로 끝냈다.

4월 말과 5월, 미국 경제가 좀 더 안정적인 성장세를 보이는 가운데 달러는 더 하락했다. 이는 미국의 통화정책을 약간 긴축한 배경이 되었다. 그 결정의 강도보다 방향이 훨씬 더 중요했다. 그 뒤에 나는 후회를 했다. 당시 나는 재할인금리를 인상하는 아이디어에 반대했다. 달러 약세가 계속되는 경우에 대비해 강한 신호는 유보해 두는 게 더 좋겠다는 입장이었다. 달러에 미치는 약세 압력은 한동안 물러났다. 하지만 8월 초 내가 두 번째 의장 임기를 마치고 이사회를 떠난 직후 재할인금리는 인상되었다. 돌이켜보면, 국내 상황만 놓고 본다면 당시 결정은 이상적인 것에 비해 확실히 뒤늦은 조치였다. 경기 확장은 계속되는 상황이었다. 그러다 보니 연준이 인플레이션 재부상과 재정적자에 맞서 저항할 것이라는 금융시장의 신뢰는 약간 퇴조했을 수 있다.

그 두 달 뒤 주식시장이 붕괴했다(역자 주: 1987년 10월 19일에 발생한 '블랙먼데이'를 의미. 당시 다우지수가 22% 떨어져 역사상 최악의 증시 폭락 사태 중 하나로 기록되었다.). 재할인율 인상이 증시 붕괴를 촉진했다는 분석가들의 주장이 제법 많았다. 그것은 분명히 오해다. 비교적 급격한 금리상승, 특히 여름 동안의 장기금리 오름세는 분명히 불안을 야기할 만한 요소였다. 그런데 이는 재할인율 인상보다 앞서 발생한 일이었고, 예산에 대한 실망 및 인플레이션 재상승 우려를 반영한 현상이었다. 통화를 약간 긴축하는 쪽으로 움직이는 과정에서 연준은 물가인상 경향이 강력한 저항에 직면할 것임을 분명히 밝히고자 했다.

당시의 기록적인 주가 하락을 정책에 대한 우려와 결부한다면, 보다 관련이 있어 보이는 요소는 다른 데 있다. 경제와 환율 정책공조를 위해 노력하겠다는 약속이 무너지고 있다는 느낌 바로 그것이다. 그 블랙먼데이 하루 전, 언론에는 베이커 장관 스스로가 슬쩍 드러낸 위협이 보도되었다. 독일 정부가 자국 및 세계 경제를 부양하는데 동의하지 않는다면 미국은 달러 하락에 저항하지 않겠다고 했다. 아마도 그것이 경제정책에 관한 전반적인 우려를 촉발했을 것이다. 하지만 주식시장은 이미 펀더멘털적인 측면에서 취약해진 상태였다는 게 나의 지론이다.

새로운 도전

다수의 이코노미스트들에 의해 폭넓은 의문이 제기되었다. 당시 가장 두드러진 것은 아마도 마틴 펠드스타인의 주장일 것이다. 그는 레이건 행정부 1기 후반기에 대통령 경제자문위원회 의장을 지내면서 대외적으로 특히 목소리를 많이 냈던 경제학자다. 하버드대 경제학교수회 의장이자 영예로운 국립경제조사국(NBER) 대표로서 펠드스타인은 환율 안정을 위한 노력 전반을 지속적으로 비판했다. 가장 가까이로는 1987년과 1988년에 그는 국제무역의 합리적 균형을 위해 달러화가 대폭 더 떨어질 필요가 있다는 우려를 반복해서 표명했다. 하지만 보다 전반적으로는, 그는 국제 정책공조를 모색하는 그 지적 기반 모두에 대해 공격을 가했다.

더 높은 성장과 안정을 얻을 수 있는 공조라는 것이 이론적으로는 얼마나 많은 이득을 제시할지는 모르지만, 이토록 불확실한 세상에서 실제로 과연 그 이득을 얻을 수 있을 지는 의문스럽다는 것이 펠드스타인 등의 주장이었다. 특정 국가별 경제활동 전망이라는 것은 불가피하게도 굉장히 신뢰할 수 없는 속성을 갖는다. 정책공조 결정을 확고하게 지지하기에는 세계경제가 실제로 작동하는 방식에 대한 공감대가 너무 부족했다. (이와 관련한 적절한 사례가 앞장에서 소개했던 이코노미스트들을 대상으로 한 나의 비공식 설문이라 하겠다. 미국의 재정적자 감축을 가정한 당시 설문에서 이코노미스트들은 향후 달러화의 방향에 대해 50대50으로 의견이 갈렸다.) 그리고 또한 불가피하게도, 우리가 이미 보았듯이, 적기에 효과적인 정책조치를 취하는 데에는 엄청난 정치적 장애물이 존재한다. 그런 관점에서 본다면, 각국은 자신에게 가장 시급한 것이 무엇인지, 무엇을 가장 필요로 하는지에 초점을 맞추는 것이 더 나을 것이다. 환율은 그냥 불균형을 반영해 자유롭게 변동하도록 내버려 두고 말이다. 그래서 현실적으로 그러한 국제 정책공조 노력이란 것은 국내에서 행해야 할 것은 내버려둔 채 정치적 노력을 다른 곳으로 쉽게 돌려버리는 문제를 낳을 수 있다는 게 그들의 주장이었다.

내가 정부를 떠난 뒤로 수년 동안 받은 인상은, 지난 1955년부터 1987년을 특징지었던 미국의 야심 찬 정책공조 개선 시도는 사그라들었다. 지적인 확신에 기인한 것이든, 성취할 수 있는 게 없다는 좌절감 때문이든, 혹은 주요 관련 인사들의 성격 변화 탓이든, 이유가 무엇이든 말이다. 주식시장 붕괴로 인한 부정적 효과에 대응해 통화당국들이 즉각적으로 대처해 나설 수 있었던 것은 일정부분 국제적 논의와 공조에 힘입은 게 분명한 사실이다. 그러나 그것은 제한적이었으며 일회성 노력일 뿐이었다.

대서양 건너 유럽공동체 12개 회원국들이 우리 눈앞에서 강력한 종류의 정책공조 노력을 펼치고 있다. 이 공동체는 앞으로 수년 동안 훨씬 더 많은 국가들을 망라할 예정이다. 이들의 노력은 고정환율제에 대한 강력한 약속에 초점을 맞추고 있다. 결국에는 공동통화로 나아갈 예정이다.

내가 어느 쪽을 더 선호하는 지에 관해서는 의심의 여지가 없다. 더 높은 안정과 더 효과적인 공조를 위해 노력해야 한다는 게 내 생각이다. 이는 분명히 미국 및 여타 국가들의 번영과 안정을 증진하는데 기여할 것이다. 그러나 솔직히, 그 목표를 말 하는 것은 쉬워도 성취하기는 어렵다.

우리는 브레튼우즈 당시와는 굉장히 다른 세계에 살고 있다. 교텐 토요오가 패전한 일본의 젊은 국민이던 시절 가졌던 자신의 각별한 관점을 회상한 바 있다. 지배적이면서도 제법 친절한 미국이 전 세계에 안정적 통화와 개방된 시장의 이득을 갖다 주었다는 이미지다. 그리고 나서 20년간의 더딘 생산성 증가세를 겪은 뒤 달러의 가치가 떨어지고, 환율에 엄청난 변동성이 생기고, 보호주의적 압력이 거세게 되살아났다. 교텐이 회상했던 이미지는 오늘날 미국의 역할과 정확히 일치하지 않는다. 다른 나라들, 특히 일본은 미국의 1인당 국민소득에 근접했다. 통합된 유럽은 전체 경제규모가 미국보다 더 커질 것이다.

오늘날 세계에서 힘과 영향력은 돌이킬 수 없을 정도로 분산되어 있다. 동시에, 지금 세상은 반세기 전에는 꿈도 꾸지 못했던 부를 누리고 있다. 인권과 민주주의, 자유와 개방시장이 지금처럼 널리 존중된 때가 없었다. 큰 틀에서 보자면, 이러한 것들은 계몽된 미국이 수년 전 펼쳤던 경제, 군사 정책 및 정치가 이뤄낸 성과다. 이 모든 긍정적인 점에도 불구하고 오늘날 우리는 또한 효과적인 경제관리가 훨씬 더 어려워진 세상에 살고 있다. 전후 세계를 경험하지 못한 새로운 세대가 이제 그 도전에 주목해야 할 때다. _Volcker

루브르합의 이후의 기간은 불만스러웠다. 시장 불안이 커졌다. 언론매체들이 보기에 정책공조라는 것은 작동하지 않고 있었다. 통화정책에 관한 미국과 독일의 갈등이 심화되었다. 베이커 장관은 반복해서 독일 당국에게 돈을 풀라고 들들 볶아 댔다. 독일은 반복해서 거절했다. 결국 시장이 들고 일어났다. 10월 19일 블랙먼데이에 월스트리트와 전 세계의 주식가격이 붕괴했다. 당시 증시의 붕괴는 수많은 설명들을 낳았다. 그러나 나는 단 한 가지의 근본적인 원인이 있었다고 확신한다. 일곱 개 경제대국들이 거시경제정책을 공조하는데 있어서 실질적인 결과를 얻어내는데 실패했다는 것이다.

written by
GYOHTEN

성공의 ─── 조건

1986년 5월 도쿄에서 경제 정상회의가 열렸다. 경제정책을 조율하려는 노력에서 상당한 진전을 이뤘음을 보여주는 일이었다. 주요 7개국(G7) 재무장관회의가 공식적으로 창설되었다. 공조의 초점이 환율과 국제수지를 넘어섰다. 전통적으로 오로지 국내정책의 타깃으로 여겨져 왔던 성장과 고용 같은 목표를 달성하는 일에 관해 국제적 차원의 논의가 이뤄졌다. 특정 경제지표들의 목표치를 정해 놓은 뒤 실제 경제성과가 이를 현저하게 벗어나는 경우 자동적으로 정책노력이 이뤄지도록 하는 식의 정책공조 방안을 도입하려고 미국 측이 특히나 노력했다. 그 목표가 성장이든, 인플레이션이든, 무엇이든.

그렇게 시험국면이 시작되었다. 우리를 둘러싼 문제들을 해결하기 위해 정책조율에 상당한 노력을 기울였다. 달러화 하락을 막고 환율을 안정화하기 위해 애썼다. 고질적인 국제수지 불균형을 줄이고 보호무역주의 부상을 예방하기 위해 흑자국을 중심으로 재정 및 통화정책 가동을 시도했다. 또한 우리는 G7 국가들 사이의 정책공조가 제도에 기반한 체계적인 방식으로 이뤄지도록 노력했다. 그 과정에서 양자 간 치열한 협상이 전개되었고 미국과 일본, 미국과 독일 사이에 정치적 적대감까지 형성되었다. 때때로 경제적이기보다는 정치적 성격을 더 많이 띠었다. 우리의 공조 노력이 안고 있었던 문제 중 하나는 정책이 실행된 때부터 그 결과가 나타나기까지의 시차였다. 정치적 시계는 경제 시계보다 더 급하게 돌아갔기에 이 시차는 풀기 어려운 정치적 문제를 야기했다. 또한 그러는 사이에 발생하는 경제적 이벤트들이 정치적으로 강력한 반향을 일으키기도 했다. 제안을 하고, 그에 대한 역제안을 하고, 국가들 사이에서 타협이 이뤄지고 하는 이 시기에 예외는 없었다. 예를 들어 누가 어떤 정책을 도입할 것인지를 협상하는데 있어서 미국은 주로 일본과 독일에게 세금을 줄이고 금리를 내려 내수를 부양하라고 요구했다. 이에 대해 일본과 독일은 미국에게 무역적자를 줄이는 방안으로 재정적자 축소를 요구했다. 대부분의 경우, 타협이 쉽게 이뤄지지 않았다. 관료들이 가까스로 타협을 하려는 상황에서는 정치적인 복잡성으로 인해 그 실행이 지연되거나 희석되곤 했다. 그럼에도 불구하고 그 협력의 가치는 사라지지 않았다. 협력 실행 이후에 나타난 결과를 통해 우리는 그동안 학습해온 것 위에 무언가 더해질 필요가 있음을 알 수가 있었다. 1988~1990년 사이에 두드러지게 나타난 국제 불균형의 개선은 우리의 정책공조 노력의 산물 중 하나였다.

미야자와의 분투

달러를 어떻게 할 것인지가 당장 시급하게 해결할 과제였다. 플라자합의 이후로 2년간 달러의 실효환율이 의도한 대로 하락한 것은 사실이지만,

달러의 절하가 세계의 불균형을 시정한 것 같아 보이지는 않았다. 미국의 적자와 일본의 흑자는 모두 한동안 계속해서 확대되어갔다. 설상가상으로, 일본의 경제가 둔화하기 시작했다. 일반적인 경기순환의 일환이긴 했지만, 엔화 가치가 급격히 상승해 일본의 수출산업을 위축시킨 탓이기도 했다. 1986년 말까지 9개월 연속해서 일본의 산업생산은 전년에 비해 감소세를 나타냈다. 1987년 초 실업률이 3%를 넘어섰는데, 일본 기준으로는 매우 높은 수준이었다.

1986년 미야자와 키이치가 대장상에 임명되었다. 그는 전임 다케시타 노보루 대장상과 나카소네 야스히로 총리 재임 당시 엔화 가치의 가파른 절상을 비판해 정치적 지위가 높아진 인물이었다. 당시 미 재무부는 지속적인 무역적자와 보호무역주의 압박에 시달리면서 달러화 가치 하락을 유도하기 위한 구두개입을 시도하고 있었다. 하지만 이는 연준의 우려를 고조시켰다. 달러화 약세가 인플레이션을 야기할까봐서다. 독일과 일본은 자국 경제를 부양하라는 미국 측의 요구를 거부하고 있었다. 결국 미 재무부는 직접적인 국제협상을 구성하게 되었다.

미야자와 대장상은 톱다운(top-down) 방식으로 의사결정을 하는 것을 좋아했다. 부하 관료들의 지지를 얻어내기 위해 바닥에서부터 위로 여론을 형성했던 전임자들과는 정반대의 접근법이다. 베이커 장관이 나카소네 총리 및 미야자와 대장상과 비밀회의를 하기 위해 일본을 방문했을 때, 그들은 자신들이 무엇을 꾸미고 있는지 관료들이 알지 못하도록 한 채 협상을 타결할 수 있을 것이라고 생각했다. 하지만 이는 비현실적인 것으로 드러났다. 베이커는 8월 말 회의일정을 잡기 위해 주일 미국대사 마이크 맨스필드Mike Mansfield에게 전화를 걸었다. 그러나 관료들이 며칠 뒤 그 사실을 알게 되자마자 이야기는 새나가 버렸고 비밀회의는 무산되고 말았다.

그래서 우리는 양국 재무장관이 9월 6일 샌프란시스코에서 만나는 일정을 조율하면서 비밀을 유지하기 위해 각별히 노력했다. 양국이 합의를 할 수 있을 것인지는 확신할 수 없었다. 앞선 회의가 드러난 이후로 시장에서 추측만 난무하는 상황이 우리는 걱정스러웠다. 나는 비밀리에 출국해 파리에서 데이비드 멀포드 미 재무부 국제 담당 차관을 만났다. 우리는 파리에서 함께 콩코드기를 타고 뉴욕으로 이동한 뒤 항공편을 바꾸어 미 서부로 향했다. 우리 둘 모두 지친 상태였는데, 다행히 여객기는 비어 있었다. 좌석을 펼쳐서 여정 내내 잠을 잤다. 미야자와 대장상에게는 그다지 행운이 없었다. 눈에 띄지 않게 출국하려 했지만, 그가 샌프란시스코로 빠져나간 사실을 언론이 금세 알아차렸다. 물론 그가 어디에서 묵는지는 알지 못했다. 한 절박한 일본 기자는 미야자와에 보내는 카드를 담은 꽃다발을 주문해 샌프란시스코 시내 모든 주요 호텔들에 배달시켰다. 하지만 그의 공세는 성공하지 못했다. 우리의 영리한 샌프란시스코 총영사가 기지를 발휘한 덕분이다. 혹시 무슨 일이 있을지 모른다는 생각에, 작지만 아주 훌륭하면서도 잘 알려지지 않은 '머제스틱(the Majestic)'이란 이름의 호텔을 대장상 숙소로 잡았던 것이다.

회의는 페어몬트호텔 펜트하우스에서 열렸다. 별도의 엘리베이터가 있어서 좋았다. 테이블에 패키지가 올려졌다. 일본이 조세감면을 포함해 3조 엔 규모의 재정부양을 시행하는 안이 담겼다. 미국은 대신 달러화를 끌어내리는 구두개입을 멈추는 한편, 이를 뒷받침하기 위해 미 재무부가 엔화채권을 발행하는 방안이 포함되었다. 미야자와 대장상은 베이커 재무장관과 긴밀한 관계를 수립하기 위해 애를 썼다. 내 생각에는, 베이커 장관도 양자 간, 특히 미야자와 대장상과 밀접한 관계를 맺기를 원했다. 영어에 능통하고 경제학에 조예가 깊은 미야자와는 일본 대장상으로는 처음으로 통역의 도움 없이 미 재무장관에게 무엇이든 말할 수가 있는 사람이었다. 미야자와 장관이 그 악명 높은 "미신 경제학(voodoo economics, 역자 주: 과학적 근거 없이 마치 주술과 종교적 구호처럼 국민들을 기만하는 경제 정책과 공약을 의미. 조지 H.W. 부시가 레이건 행정부에 참여하기 전 그의 공급중시 경제학, 일명 레이거노믹스를 비판하며 사용해 유명해진 표현)"이란 말을 썼을 때 베이커 장관은 꽤 놀란 듯했다.

그들은 11월 미 의회 선거 이전까지 정책 패키지를 마무리 짓자고 마감시한을 정하려 했지만, 샌프란시스코 회의에서 당장 합의에 이르지는 못했다. 어쨌든 자신들이 환율과 거시경제 정책에 관해 합의하게 된다면, 이는 독일에 강력한 압박이 될 것이며 결국에는 G7 전체의 경제정책 공조합의로 이어질 수 있을 것이라고 그들은 기대했다. 그 이후 두 달 동안 우리는 공식합의 조건을 담은 코뮈니케를 준비하는데 열중했다. 짜증스러운 기간이었다. 일본 대장성은 상당한 수준의 재정정책을 수행하는 것에 대해 강력하게 반대했다. 일본은행은 금리를 인하하는데 일단 주저했다. 두 기관은 코뮈니케 초안의 상당부분을 보류했다. 미야자와는 중앙은행과 자신의 부하들 때문에 기운이 빠졌다. 미야자와는 차츰 그들에 대한 영향력을 확보하게 되었지만, 당시는 그에게 정치적으로나 외교적으로 굉장히 힘든 기간이었다. 그래도 결국 미야자와는 그해 겨울 루브르회의에서 부양 패키지를 관철시킴으로써 베이커 장관과 일본 국민들에게 자신의 역량을 보여줄 수 있었다.

인기 없는 정책임에도 불구하고

샌프란시스코에서 제안되었던 첫 번째 패키지에 관해 합의를 이루는 데에는 꼬박 두 달의 시간이 완전히 소요되었다. 10월 31일, 결국 코뮈니케가 발표되었다. 일본은행은 할인율을 3.5%에서 3%로 인하했다. 그 전 주에 일본 정부는 3조6000억 엔의 지출을 늘리는 추가경정예산안을 의회에 제출했다. 주로 공공사업을 내용으로 한 것이었는데, 외부에 드러내 보여주기 위한 장식이나 마찬가지였다. 관련 예산 중 상당부분은 이미 어떤 형태로든 지출되고 있었기 때문이다. 당시 일본 정부는 세금 인하 계획도 있다고 밝혔는데, 굳게 약속을 한 것은 아니었다. 코뮈니케는 또한 달러에 대한 엔화 환율의 움직임이 경제 펀더멘털에 부합한다는 언급도 담았다. 과거에는 그런 식의 천명을 한 적이 없었다는 점에서 이는 중요했다. 반응은 뒤섞였다. 일부는, 실체가 있는 유일한 결정은 일본은행의 재할인율 인하 밖에 없다고 지적하기도 했다. 두 나라가 환율을 지지하겠다는 굳은 약속을 한 것은 아니지만, 시장의 반응은 우호적이었다. 그해 말까지 환율은 안정세를 보였다.

그해 내내 일본은 재정팽창에 강력히 저항했다. 1978년 본 정상회담 때의 공조 부양 합의를 받아들인 이후로 재정상태가 지속적으로 악화되었다고 판단한 탓이다. 1985년 정부 적자가 전체 예산의 22%에 달했다. 국가부채는 국민총생산(GNP)의 42%로 늘어났다. G7 국가들 중에서 가장 높은 수준이었다. 1984년까지 정부는 재정적자를 줄이려고 시도했지만, 1990년까지는 그 목표를 달성할 수 없었다.

또한 일본 경제기획청은 재정팽창 정책에 대해 이론적으로 강력한 반대 입장을 전개했다. 자신들의 모델을 활용해 미국이 지출을 GNP의 1%

만큼 줄일 때마다 무역적자를 GNP의 4분의1~3분의1%포인트 축소할 수 있다고 주장했다. 그에 반해 일본이 같은 기간 GNP를 1%포인트 늘린다 해도 미국의 무역적자는 100분의2~100분의3%포인트밖에 줄이지 못한다고 분석했다. 거의 아무 효과도 없는 일본의 팽창재정을 추진할 게 아니라 미국이 재정적자를 줄이는 방향으로 팽창적 지출을 억제하는 게 적절한 경로라고 강조했다. 재정을 긴축하는 것은 어느 나라에서나 인기가 없는 정책이다. 그러나 당시 경제기획청의 주장은 일본 정치인과 기업인들 사이에 존재하던 재정 개선 열망에 힘을 실어 주었다. 그 과제를 뒤로 미루면 결국 세금 인상과 인플레이션 상승으로 귀결될 수밖에 없을 것이라고 그들은 우려하고 있었다. 나카소네 총리는 재정개혁을 적극 지지했다. 개혁작업은 당연히 대장성이 주도했다. 그래서 일본은 고집스럽게 재정팽창에 저항했다. 물론 워싱턴에서는 경제기획청의 주장이 무시되었지만 말이다.

그럼에도 불구하고 그해 10월 베이커와 미야자와의 합의는 여타 G7 국가들에 얼마간 영향을 미쳤다고 본다. 결국 다음해 2월 루브르궁에서 만나기로 한 것이다. 회의가 열린 루브르궁 부속건물은 유명한 박물관 맞은편에 있는 것으로 당시 프랑스 재무부가 소재한 곳이었다. 각국 재무차관들이 회의를 폭넓게 준비했다. 국제 불균형을 줄일 수 있는 새로운 거시경제정책을 개발하는 것이 핵심 이슈였다. 정책공조 메커니즘을 공식화하자는 미국의 바람을 어디까지 수용할 것인지, 환율에 관해 어떠한 공동의 입장을 수립할 것인지 등도 회의의 주된 주제였다.

공허한 합의

루브르회의 뒤 발표된 코뮈니케는 처음으로 미국의 대외 불균형이 지속될 수 없음을 시인했다. 그러한 인식에 따라 G7은 흑자국과 적자국의 저축과 투자 사이의 균형이 변경되어야 한다는 필요성을 인정했다. 일본은 정부지출을 늘리고, 미국은 재정적자를 줄여야 한다는 뜻으로 해석되었다. 새로운 이행감시 메커니즘에 대해서도 합의를 했다. 각국이 중기(medium-term) 전망을 수립하고, 그 전망이 순조롭게 이행되는지를 경제지표들을 통해 점검하는 것이다. 성장률, 인플레이션, 금리, 경상수지 등이 해당 지표에 포함되었다. 이러한 지표들을 통해 특정 국가가 궤도에서 이탈하는 것이 확인되면, 그 나라의 상황을 G7 나머지 국가들과 상의하기로 모두들 합의했다.

독일은 스스로 감세규모를 확대하기로 했다. 앞서 독일은 1988년에 감세를 시행하겠다고는 했으나 그 규모는 밝히지 않고 있었다. 일본은행은 다시금 재할인금리를 인하했다. 이번에는 3%에서 2.5%로 내렸다. 하지만 당시 코뮈니케는 명백하게 모순된 내용을 담고 있었다. 한편으로는, 당시 지배적이던 환율 수준이 경제 펀더멘털에 대체로 부합하는 것이라며 옹호했다. 그러나 동시에 그들은, 국제수지가 심각하게 균형을 잃었다면서 이는 지속 불가능하다는 사실을 받아들였다. 그런데 만일 국제수지 불균형이 지속 불가능한 상황이라면, 환율이 경제 펀더멘털에 부합하는 것일수가 없다. 이러한 상호 모순적인 발표를 타협하는 유일한 방법은 각국이 약속한 조치들을 취하는 것이었다. 그렇게 하면 그 경제 펀더멘털이 비로소 현존하는 환율 레짐에 부합할 수 있게 된다. 이는 그야말로 굉장히 희망 섞인 해석이었다.

코뮈니케에 명시적으로 언급되지는 않았지만, 환율 그 자체와 관련해 당시 루브르에서 G7은 무엇인가를 고안해 보려고 노력했다. 오늘날 '목표 범위제'라고 불리는 그 아이디어가 차관급 회의에서 마련한 코뮈니케 초안에 들어 있었다. "오는 4월 초 열리는 다음 회의 때까지 환율이 합의된 변동범위 안에서 유지되도록 한다"는 방안이었다. 하지만 막상 루브르회의에서는 "환율이 당분간 현행 수준 부근에서 유지되도록 한다"는 정도에서만 합의가 가능해 보였다. 환율에 관해 너무 구체적으로 공개 약속을 하면 투기적 세력들의 공격을 지나치게 유발할 수 있다는 점에 대해 모두들 동의한 것이다. 애초의 초안을 희석하기는 했지만, 어쨌든 당시 G7이 현행 수준 부근의 특정한 변동범위 안에서 환율을 묶는 방안을 논의한 것은 분명한 사실이다. 그날 달러는 153.50엔이었다. 독일 마르크는 1.825달러였다. 당시 회의 참석자들은 환율이 아래 위 2.5%씩, 5% 변동 범위 안에서 유지되도록 노력하는데 대해 대체로 합의했다. 만일 환율이 그 범위를 이탈할 경우 G7이 공조개입에 나서며, 어느 방향으로나 환율이 5% 이상 벗어난다면 변동 허용범위 수정을 논의한다는 구상이었다. 우선 그 변동범위를 지키기 위해 G7은 다음 봄 회의까지 총 120억 달러의 기금을 마련하기로 약속했다.

하지만 루브르에서 가진 이 모든 논의에도 불구하고 분명하고 굳은 합의는 이뤄지지 않았다. 구체적인 퍼센트를 가리키는 문서도 남겨지지 않았다. 당시 환율에 관한 논의는 만찬 과정에서 이뤄졌다. 다들 고기를 썰고 와인을 마시느라 바쁜 와중이었다. 합의를 도출해 공식화하거나 구체적 내용에 대해 굳건하게 약속하려는 노력은 장관들 사이에 없었다. 합의가 모호하고 희미할 수밖에 없었다. 독일은 자신들이 환율정책에 관해 확약을 한 게 아니라고 받아들였다. 일본의 경우는, 엔화 상승을 막을 의지가 굉장히 강했으나, 떨어지는 엔화를 지지하는 데에는 지극히 소극적이었다. 그럼에도 광범위한 컨센서스는 있었다. 환율을 안정시키고 넓은 목표 범위에서 유지되도록 하기 위해 개입할 수 있다는 공감대 말이다.

G7이 환율 타깃을 왜 공표하지 않았는지, 나중에 시장이 그것을 매우 정확하게 추측해냈는데도 불구하고 정부들이 왜 공식적으로 확인해 주지도 않았는지, 그 이유는 이 모든 것들을 통해 어느 정도 설명이 될 듯하다. 어쨌든 당시의 그 합의는 금세 시장에 의해 압도되고 말았다. 달러는 계속해서 떨어졌다. 3월 말이 되자 달러는 145엔까지 하락했다. 1987년 4월 말에는 138엔이 되었다. 달러 하락을 막는데 있어서 루브르합의가 기대했던 대로 작동하지 않았다는 실망감이 컸다. 그 합의 구도를 주도적으로 설계했던 인사 중 하나인 리처드 다먼이 4월 미 행정부를 떠났다. 폴 볼커는 그 해 8월에 퇴임했다.

설득력 있는 가설

루브르합의 이후의 기간은 불만스러웠다. 시장 불안이 커졌다. 언론매체들이 보기에 정책공조라는 것은 작동하지 않고 있었다. 통화정책에 관한 미국과 독일의 갈등이 심화되었다. 베이커 장관은 반복해서 독일 당국에게 돈을 풀라고 들들 볶아 댔다. 독일은 반복해서 거절했다. 결국 시장이 들고 일어났다. 10월 19일 블랙먼데이에 월스트리트와 전 세계의 주식가격이 붕괴했다. 당시 증시의 붕괴는 수많은 설명들을 낳았다. 그러나 나는 단 한 가지의 근본적인 원인이 있었다고 확신한다. 일곱 개 경제대국들이 거시경제정책을 공조하는데 있어서 실질적인 결과를 얻어내는데 실패했다는 것이다. 그해 8월 미국 의회는 그래엄-루드먼-홀링스법 (Graham-Rudman-Hollings Act 역자 주: 1985년에 마련된 '예산균형 및 긴급 적자관리를 위한 법률')을 개정했다. 재정균형을 달성하는 목표 시점을 1991년에서 1993년으로 미룬 것이다. 미국의 재정적자는 실제로 감소하고 있었다. 하지만 시장이 기대했던 것보다는 훨씬 더딘 속도로 개선되고 있었을 뿐이었다. 미국과 일본, 독일의 국제수지는 전혀 개선되지 않았다. 미국의 대외적자는 1987년 들어 오히려 확대되고 있었다.

블랙먼데이 이후 G7은 문제를 풀어 보기 위해 다시 한 번 시도했다. 그러나 회의 소집조차 감히 할 수가 없었다. 뭔가 구체적인 대책을 만들어내는데 실패할 경우 시장이 다시 붕괴할까 봐 두려웠다. 그래서 우리는 회의 없이 코뮈니케를 발표하기로 결정했다. 12월 23일에 발표된 것이어서 '크리스마스 코뮈니케'라고 불렸다. 달러화의 추가 하락은 '비생산적(counterproductive)일 것'이란 문구 외에는 딱히 실질적인 내용이 없었다. 새로 제시된 이 문구는 시장을 안정시키는 효과가 있었다. 달러화 절하를 애당초 목표로 했던 플라자합의와, 환율이 대체로 펀더멘털에 부합한다고 했던 루브르의 선언에 견주어 강조점이 달라진 것이었다.

이는 3년간 이어져왔던 혼란스러웠던 과정에 종지부를 찍었다. 그 과정의 결과는 결코 만족스럽지 않았다. 적어도 당시로서는 그랬다. 환율을 조율하고 거시경제정책을 공조하려고 했던 우리의 모든 노력이 구체적이고 분명한 성과를 내는데 실패했다. 주요국들 사이의 대외 불균형, 특히 정치적으로 민감한 반응을 야기하며 그 모든 과정들을 촉발했던 일본의 무역흑자와 미국의 적자는, 대대적인 환율 조정에도 불구하고 개선되지 않았다. 한 가지 중요한 원인은 'J커브 효과'에 있었다. 통화가치 절하 초기에는 무역수지가 오히려 곤란하게도 알파벳 'J' 모양으로 악화하는 것을 일컫는 말이다. 통화가치 절하에 따라 수출입 가격이 즉각 변화하는 반면, 수출입 물량은 새로운 가격 구조에 반응하는데 시간이 걸리기 때문에 나타나는 현상이다. 즉, 달러화의 하락은, 초기에는, 무역적자 액수를 줄이기보다는 오히려 늘렸던 것이다. 무역수지가 어떠한 개선을 보여주기 위해서는 달러화 하락세가 충분히 오랜 기간 멈춰주어야 하는데, 실제로는 그렇지 않았다. 1986년과 1987년에 달러가 계속해서 하락하자 이 'J커브 효과'는 단지 누적되어 가기만 했다. 게다가 실질실효환율을 기준으로 한 달러의 실제 하락폭은 사람들이 생각했던 것만큼 그다지 크지도 않았다. 플라자합의 이후 2년간 달러는 엔화에 대해 명목상 약 41% 하락했다. 그러나 달러의 실질환율은 각 대상국과의 무역규모를 가중치로 적용할 경우 32% 낮아졌을 뿐이다. 명목가치 하락폭의 4분의3 수준이다. 당시 대부분의 개발도상국들이 자국 통화의 가치를 달러에 고정하고 있었기 때문이다. 국내정책에 있어서도 미국의 재정적자는 예상했던 것보다 훨씬 더디게 줄어들었다. 가계저축률은 오히려 하락했다. 수입품에 대한 소비 수요에 제동이 걸리지 않았음을 의미한다.

경제학자들이 말하는 또 하나의 이유는 '이력현상(hysteresis)'이다. 1980년대 초의 달러화 강세가 미국의 수입 패턴에 근본적인 변화를 야기해 미국 기업들에 영향을 미쳤다는 것이다. 설사 달러화가 다시 약해졌다고 해도 이러한 변화는 신속하게 되돌릴 수가 없다. 동일한 논리를 일본에도 적용할 수 있다. 1980년대 초 엔화의 초약세는 일본 산업의 방향을 수출 확대 쪽으로 돌려놓는 근본적인 변화를 야기했다. 엔화 가치가 다시 올라간다고 해서 금세 바꿀 수 있는 게 아니었다. 이러한 현상을 '이력'이라고 부른다. 분석들을 뒷받침하기에 충분한 경험적 증거가 확보된 것은 아니지만, 환율 변화와 그에 대한 산업의 반응 사이에 상당한 시차가 존재한다는 가설은 설득력이 있다.

핑계와 악용

정책공조는 몇 가지의 국면을 겪었다. 1986년 5월 도쿄 정상회의에서는 공조가 어떻게 실행되어야 하는지에 관한 기본적인 합의가 이뤄졌다. 1987년 2월 루브르회의에서는 보다 제도화된 프레임워크에 대한 합의가 있었다. 1987년 5월의 베니스 정상회담에서 G7 정치지도자들이 그 프레임워크를 승인했다. 하지만 이런 메커니즘을 수립하는데 분명한 진전이 있었음에도 불구하고 그것을 어떻게 운영할 것인지에 대해서는 끊임없는 갈등이 있었다. 항상 두 가지 이슈에 초점이 맞춰졌다. 첫째는, 어떤 기준 하에서 자동적으로 정책 이행감시를 받아들일 것이냐는 점이다. 이는 국내 경제정책 결정에 대한 주권을 유보하는 것을 의미했다. 또 한 가지는, 흑자국과 적자국 사이의 심각한 비대칭 문제였다. 상호간에는 깊은 불신이 있었다. 다만, 비록 그 정책 이행감시 메커니즘이 그 자체로 완전하게 작동하지는 않았다 해도 한 가지 중요한 성취는 이루어 냈다. G7 관료들 사이에서 굉장히 깊고 진솔한 대화가 비공식적으로 이뤄졌다는 사실이다. 그러한 회의에서 동료들이 가하는 압박은 실제로 자국 내 정책에 분명히 영향을 미쳤다.

성공적인 정책공조를 위해서는 네 가지 필요조건이 있다. 참여국들 사이의 긴밀하고 상호 의존적인 관계가 첫 번째다. 둘째, 어떠한 거시경제 정책에 관한 공조가 합의한 성과를 이뤄낼 것이라는 공동의 이해다. 다음으로는, 공조의 절차가 확립되어야 하며 유지되어야 한다는 점을 들 수 있다. 그리고 마지막으로, 아무것도 하지 않는 것보다는 정책을 공조하는 것이 자신들 모두에게 더 큰 이득을 가져다줄 것임을 참석자들이 강력하게 인정해야 한다. 달리 말하자면, 정책공조라는 것이 타인의 희생으로 누군가가 이득을 보는 제로섬 게임이 아님을 모든 사람들이 동의해야만 한다. 1980년대 말의 시기에는 이 네 가지 조건 중에서 단지 첫 번째 항목만이 존재했음을 나는 시인할 수밖에 없다. 나머지 셋은 여전히 성취해야만 할 대상들로 남아 있었다.

루브르합의 이후로 일본은 팽창적 재정정책에 덜 소극적으로 바뀌었다. 거시정책의 전환이 중요하다는 사실도 깨닫게 되었다. 재할인율을 사상 최저치인 2.5%로 내린데 더해 정부는 60억 엔 규모의 재정부양 패키지를 발표했다. 실제 부양기조가 그렇게 대단한 것은 아니었다. 경제가 함께 팽창하면서 세금수입이 늘어났기 때문이다. 하지만 일본 경제에 미친 심리적 영향은 강력했다. 1986년 2.6%이던 성장률이 1987년에는 4.9%로 높아졌다. 무엇보다 중요하게, 당시 성장률의 6%포인트를 내수가 기여했다. 무역은 성장률을 1%포인트 갉아먹는 역할을 했다. 일본의 성장 패턴이 분명히 수출 주도형에서 내수 중심으로 바뀌었다.

일본의 정책 의사결정이 국제공조 실행에 따라 누적된 외부 압력에 매우 큰 영향을 받았음은 분명하다. 실제로 그 압력은 흔히 일본 스스로가 어떤 조치를 취할 때 핑계로 활용하기도 했다. 그래서 '가이아츠(gaiatsu, 역자 주: 외압, 外壓'라는 말까지 생겼다.) 다만, 외압 하에서 일본의 정치시스템이 보다 신속하게 움직일 수 있었기 때문에 그랬던 것이지, 미국이 그 상황에서 자신들의 이익을 취하기 위해 일본에 대한 압박을 당연히 극대화해야만 했다는 의미는 아니었다.

외압 하에서 일본이 취했던 대부분의 조치들은 일본에 이로운 것들이었음이 판명되었다. 팽창정책에서나 혹은 경제 여러 부문에 있어서의 규제완화에서나 그랬다. 그런 면에서 일본은 그 결과에 대해 불만을 가질 수는 없는 일이다. 다만, 이 점만큼은 주장해야 하겠다. 당시의 의사결정 패턴이 일본과 미국 사이의 정기적이고 근본적인 관계에 해를 끼쳤다는 점 말이다. 일본 쪽에서 보면, 정치인이나 관료 같은 정책 당국자들에게는 외압을 핑계 삼는 습관이 생겼다. 어렵지만 불가피한 개혁을 행할 때 그들은 해외의 압력을 활용했다. 경제개혁은 때때로 입에 쓰기 마련인데, 이를 감수하겠다는 국민들의 긍정적 의지를 이끌어 내는 어렵고 본질적인 노력은 하지 않았다. 미국에 관해서 보자면, 정책 당국자들은 일본과 합의를 이루는데 유일하고 최선의 방법은 압력을 넣는 것이라 생각하게 되었다. 그들은 달러가치 절하와 보호무역을 가지고 위협을 했다. 문제의 일정부분은 자신의 재정과잉을 바로잡는데 실패한 미국 자신의 탓에 있음을 무시했다. 이렇게 수시로 외압에 의지하는 것은 불행하게도 두 나라 국민들의 심리에 부정적인 영향을 미쳤다. 협력을 위한 상호 신뢰와 의지를 형성하는 대신에 양국은 좌절과 불신의 추한 분위기만 조성하고 말았다.

당시 정책공조에 관해 완전히 암울한 모습만을 그리려는 것은 아니다. 공조에 참여했던 나라들의 협상가들은 가시적인, 그리고 세계경제에 이로운 성과를 얻어내기 위해 진정 어린 노력을 기울였다고 나는 증언할 수 있다. 그리고 사실 그들은 많은 성공을 이뤄내기도 했다. 다만 각자의 국내정책이 세계경제에 중요하다는 사실을 미국과 일본이 상호 인식해 국내에서의 노력을 시작할 때에만 정책공조는 오랫동안 지속적으로 성공할 수가 있었다. _Gyohten_

1986년

2월 24일_____ 연방준비제도이사회가 볼커 의장의 반대표를 무릅쓰고 금리인하를 결정했다. 볼커 의장은 독일, 일본과 공조한 금리인하를 협의하고 있었던 상황이다. 결정을 재검토한 끝에 연준이사회는 투표 결과를 바꿨다. 금리인하를 공조해서 추진하기로 했다.

3월 18일_____ 플라자합의 이후 처음으로 일본은행이 달러를 사들였다. 미 재무부는 개입에 참여하지 않을 것이라고 밝혔다. 독일은 달러 하락을 막기 위한 일본과의 비밀협약 존재를 부인했다.

4월 17일_____ OECD 재무장관 연례회의에서 베이커 장관은 미국의 1000억 달러 무역적자가 정치적으로 지속 불가능하다고 선언했다. 미국의 교역 파트너들이 경제성장을 촉진하지 않을 경우 달러가 더 떨어질 것이라고 위협했다.

5월 4~6일_____ 도쿄 2차 정상회의가 열렸다. 독일과 일본이 경제지표를 활용한 국제 경제정책 공조에 합의했다. 그 효과에 대해서 그들은 여전히 회의적이었다. 베이커 장관이 제안한 절차에 따르면, 각국은 "객관적인" 지표들을 토대로 정상회의 참여국들의 경제 전망과 목표를 함께 검토한다. GNP성장률, 인플레이션, 금리, 실업, 재정적자, 무역 및 경상수지, 통화증가율, 외환보유액, 환율 등이 그 지표들에 포함되었다. 지표들의 변동을 통해 측정한 결과 경제가 당초 제시한 경로를 현저하게 이탈하는 경우 장관들은 해당 경제에 대한 치유책을 찾아 나서야 한다. 단순히 환율을 조정하기 위해 외환시장에 개입하는 것 이상의 조치를 취한다는 것이다.

정상회의는 농산물에 관한 최초의 성명을 발표했다. 7개국 정상들은 농산물과 관련해 자신들의 관련 정책 방향을 바꾸고, 예산비용을 줄이며, 시장질서를 다시 수립하고, 국제적 긴장을 줄일 것을 약속했다.

"국제통화시스템 및 관련 경제정책 수단들의 관리 또는 개선"에 관해 논의하는 때에는 G5를 항상 G7으로 확대하기로 했다. 이탈리아와 캐나다의 압박에 따른 것이다.

5월 13일_____ 베이커 장관은 상원 금융위원회 보고에서 달러가 엔화에 대한 기존의 절상을 완전히 상쇄했다고 밝혔다. 추가적인 절하가 필요하지 않음을 시사했다.

9월 30일_____ 베이커 장관은 은행들에게 개도국 채무와 관련해 "시장에 기반한 선택지"를 제시해 달라고 요청했다. 현행 채권을 낮은 액면가치 및 낮은 신용위험의 자산으로 바꾸자는 아이디어였다. 여기에는 채권으로의 전환(debt-to-bonds swaps), 주식으로의 전환 (debt-equity swaps), 환매수(buybacks), 출구채권(exit bonds) 등이 포함된다. 이 제안은 주로 고도의 채무 부담을 안고 있는 15개국들에 초점을 맞추고 있다. (이른바 '베이커 15개국'이다.)

1987년과 1988년 사이, 칠레가 주식으로의 전환 프로그램에 들어갔다. 볼리비아는 3억3500만 달러의 상업적 부채를 달러당 평균 11센트의 가격으로 환매수했다. 1988년 3월 멕시코는 36억7000만 달러의 장기부채를 평균 30% 할인, 미국 국채로 보증하는 상환 계획으로 바꾸었다. 이 프로그램을 고안한 은행의 이름을 따 '모건합의'라고 불렀다. 전환된 개도국 채무는 1987년에 87억 달러, 1988년에는 224억 달러에 달했다.

12월 30일_____일본이 1987회계연도 예산을 발표했다. 긴축정책으로 되돌아갔다. 중앙정부 재정적자를 축소하라는 대기업과 보수 진영의 정치적 압력에 따른 것이다. 이에 대해 미국은 앞서 맺어진 양국 재무장관(베이커-미야자와)의 합의 정신을 위반한 것이라고 간주했다. 달러가 다시 하락 압력을 받았는데, 미국은 그 흐름에 저항하지 않았다.

1987년

2월 21_____파리 루브르에서 G7 재무장관회의가 열렸다. 그들은 달러가 충분히 떨어졌으며 달
~22일 러의 안정을 위해 협력하기로 합의했다고 선언했다. 이를 위해 각국 재무장관들은 자국에서 구체적인 정책을 펼치기로 했다. 미국은 공공지출을 줄여 재정적자를 1987년 GDP의 3.9%에서 1988년에는 2.3%로 축소하겠다고 약속했다. 독일은 추가 감세를 제시하면서 금리를 낮게 유지하겠다고 밝혔다. 일본은 내수를 진작하는 조치를 취하고 세제를 개혁하겠다고 약속했다. 프랑스는 정부 적자를 줄이고, 세금을 인하하며, 산업을 민영화하고, 금융시장을 자유화하기로 했다. 캐나다는 세금과 규제의 개혁 및 민영화를 약속했다. 이탈리아는 루브르합의 참여를 거부했다. G5 논의 과정에서 자신들이 배제된 것은 도쿄 정상회의에서의 양해사항을 위반한 것이라고 주장했다.

"객관적 지표" 목록이 성장률, 인플레이션, 환율, 통화량, 무역수지, 경상수지, 재정수지 등으로 축소됐다.

4월 30일_____미국과 일본이 금리정책 공조에 합의했다. 독일이 뒤를 이었다.

9월 4일_____앨런 그린스펀 신임 의장 주재 하에 연준이 재할인율을 5.5%에서 6%로 인상했다. 이에 대해 금융시장은 그린스펀이 전임 볼커 의장만큼 인플레이션에 대해 강경할 것이란 신호로 받아들였다.

10월 19일_____블랙먼데이가 발생했다. 다우존스산업지수가 509포인트 떨어졌다. 전 세계 증시가 뒤를 따랐다. 연준은 금융시장의 유동성을 보장하겠다고 발표했다. 다른 중앙은행들도 유사한 신호를 보냈다.

11월 5일_____프랑스, 독일, 일본이 시장금리를 인하했다.

12월 22일_____G7은 추가적인 달러화 가치 변화가 비생산적일 것이라고 선언했다.

1988년

6월 21일_____토론토 정상회의에서 두 종류의 원자재 가격지표가 만들어졌다. 하나는 원유에 기반한 것이고, 다른 하나는 원유 이외 상품에 토대를 뒀다. 일본의 요구에 따라 이 지수는 SDR 환산가격을 기준으로 삼았다.

11월 16일 ___ 런던정경대(LSE)에서 교텐 토요오 당시 일본 대장성 국제 담당 차관은 불안정을 줄이기 위해 엔과 유럽 통화들이 국제시스템에서 더 큰 역할을 해야 한다고 주장했다. 그는 일본이 금융시장을 추가 개방할 의사가 있다고 선언했다.

1989년

3월 10일 ___ 니콜라스 브래디 미국 재무장관이 신규 대출 제공보다는 기존 채무 경감에 초점을 둔 새로운 개도국 부채 전략을 제안했다. 그는 '브래디 플랜'이라 불리게 된 이 세 번째 공적 부채 전략의 채무 경감을 추진하기 위해 IMF 기금을 활용하자고 주장했다.

5월 24 ___ 멕시코, 필리핀, 코스타리카가 IMF와 브래디 플랜 첫 번째 합의에 서명했다. 이어 상
~26일 업은행 채권자들이 채무 경감에 합의했다.

새로운 국제질서
혹은
새로운 민족주의

CHAPTER 10

국제 무역과 투자가 비교우위 패턴을 따를 경우 세계는 더 잘 살 수 있다는 이념이 개방적 경제질서를 지지하는 경제적 근거이다. 각 국가나 지역이 스스로 가진 상이한 자원, 노동량과 기술, 자본 접근성을 감안해 상대적으로 더 효율적으로 생산할 수 있는 것에 집중하자는 것이다. 하지만 국가 간 상대가격과 비용이 25~50% 이상 변동하는 환율에 좌우되는 상황에서 자국의 비교우위가 어디에 있는지를 민간기업이 효과적으로 계산해 내는 것은 어려운 일이다. 그 모든 불확실성을 확고하게 또는 무비용으로 헤지hedge할 수 있는 방법은 존재하지 않는다. 오직 혜택을 받는 것은 외환 트레이딩 데스크에 인력을 투입하고 금융 위험을 줄이거나 투기 거래를 조장하기 위해 온갖 새로운 장치들을 발명하는 사람들이다.

written by
VOLCKER

포스트
—
팍스 아메리카나

나와 교텐 토요오가 프린스턴 세미나를 끝낸 지 이제 거의 1년이 지났다. 그 동안 많은 일들이 있었다. 그 모든 것들이 우리 시대를 상징하는 '흥망성쇠'를 보여주었다. 이에 대한 우리의 생각과 미래에 대한 전망을 논해 보려 한다.

이 책에서 우리는 제2차 세계대전 이후로 전개되어온 일들을 기록했다. 출발 때부터 좀 잘못되었던 것들, 오해, 국제 통화정책, 더 나아가 우리의 경제적 삶 전반에서 반복해 등장했던 정치적 경제적 긴장들을 짚어보았다. 브레튼우즈의 동학(動學)은 붕괴되었다. 석유위기는 우리의 경제적 안정감을 뒤흔들어 놓았다. 미국은 역사상 가장 심각한 인플레이션 위협에 직면했다. 미국을 포함한 다수의 국가에서 대규모 부채가 성장에 짐이 되기 시작했다. 환율은 큰 폭으로 변동했다. 수십 년 동안 퇴조해 있었던 보호주의 압력이 이제 커져가고 있는 듯하다.

하지만 그 모든 것에도 불구하고 오늘날 가장 두드러지게 우뚝 서 있는 것은 그동안 우리가 이뤄온 수많은 성취들이다. 전후 세계를 건설해온 사람들의 비전은 이제 대체로 실현되었다. 냉전이 급작스럽게 끝난 것은 우리 생애에 있어서 놀라운 일이다. 이 책의 범위를 넘어서는 사안이긴 하지만, 냉전의 종식은 미국과 그 동맹들이 흔들림 없이 군사방어를 지속한데 대한 헌사이다. 하지만 전후 경제질서의 성공이 없었더라면 그 노력은 지속될 수 없었고 승리를 성취할 수도 없었을 것이다. 지난 55년 동안 북미와 유럽, 동아시아처럼 수많은 국가와 국민들이 번영과 개인 자유의 증진을 만끽했던 적은 과거에 없었다.

정치적 민주주의, 인권 존중, 개인의 번영을 수반하는 시장시스템에 대한 의존 등 그동안의 성취를 뒷받침해준 세 가지 근본적 이념이 거의 모든 곳에서 지배적이다. 이제는 중남미와 동유럽, 그리고 무엇보다도 구소련에서 고도로 발전된 세계의 성과를 재연할 수 있는 새로운 기회가 넘쳐나고 있다. 심지어는 중국과 아프리카에서도 건설적인 변화와 진전이 두드러지게 일어나고 있다.

미국인으로서 나에게는 사실에 입각한 신념이 있다. 제2차 세계대전 및 그 이후 세계의 지배적인 파워로서 미국이 자유무역질서와 국제투자 자유화를 주도해왔다는 것이다. 중요한 시기마다 미국은 공적인 지원을 제공했고, 그 토대 위에서 우리가 함께 성공할 수 있었다. 대공황과 전쟁을 겪어본 우리 세대에게는 이 모든 것들이 비교적 단순하면서도 분명한 사실로 여겨질 것이다. 미국은 어쨌든 가장 많은 철강과 자동차를 생산했으며, 텔레비전과 컴퓨터를 발명했다. 경영대학원 역시 아마도 미국이 발명했을 듯한데, 그 경영과학의 최첨병이 미국에서 번창한 것은 분명한 사실이다.

내가 사회생활을 처음 시작할 무렵에는 생산성 향상을 위해 전 세계에서 찾아온 팀들이 미국 도처에 존재했다. 1950년대에 일본인들을 처음으로 만났던 때가 기억난다. 당시 그들은 영어를 거의 할 줄 모르면서도 미국의 은행 및 금융 시스템을 배우기 위해 엄청나게 몰려들었다. 당시 일본인들에게 그들 공업 제품의 품질을 어떻게 개발하고 유지할 것인지를 가르친 것도 미국인 교수들이었다.

우리의 경영 안목은 지금도 유효한가?

이제는 그림이 크게 변하고 있다. 순전히 통계적 관점에서 볼 때, 독일인과 일본인 및 몇몇 다른 국가들이 현재 환율 기준으로 미국인보다 더 높은 평균소득을 얻고 있다. 물론 이런 통계는 사실을 왜곡하는 바가 있다. 상대적으로 낮은 이곳의 식품 및 주택 가격을 감안하면 평균적인 미국인들은 여전히 최상위 삶의 질을 누리고 있다. 게다가 미국보다 가난했던 나라들의 회복과 성장은 제2차 세계대전 이후 미국 정부가 의식적으로 추구한 정책 목표이기도 했다. 그러니 이는 미국의 패배가 아닌 정책 성공을 보여주는 사례라고 해야 할 것이다.

그럼에도 불구하고 미국은 강력한 자국 경제를 유지하기 위해 할 수 있고 해야만 하는 모든 것들을 행하지는 않았다. 미국보다 한참 밑에서 시작한 다른 나라들이 미국보다 더 빠른 생산성 증가세를 보여온 것은 불가피하면서도 바람직한 일이었다. 지난 20년 동안 미국의 생산성이 전후 초기의 절반도 안 되는 연간 1%를 약간 웃도는 속도로만 성장한데 대해 만족해서는 안 될 것이다. 미국의 경영대학원은 여전히 번성하는 듯해 보인다. 그들은 금융을 조작하는 희귀한 기술들을 가르치는데 더욱 더 열중하고 있다. 하지만 우리의 제조업은 그러하지 않다. 한때 우리는 미국 제품에 대한 수요가 끝이 없다고 생각하곤 했다. 그래서 미국 제품은 오로지 그것을 살 수 있는 능력이 있는 사람들만의 몫이라고 보았다. 하지만 지금은 미국이 과연 세계시장에서 경쟁할 수 있는 지 의심스럽다. 어떤 측면에서는 판이 완전히 바뀌어 버렸다고 할 수 있다. 이제는 우리가 일본을 바라보고 있다. 그들의 경영기술, 그들의 품질과 장기적인 경영 안목, 정부의 의사결정 등을 궁금해 하면서 말이다. 그래야만 할 수도 있겠지만, 이제 우리는 우리의 금융시스템을 안정과 효율성을 담보하는 하나의 모델로 제시하는데 있어서 조심스러워졌다.

미국 무역적자의 지속성이나 그 규모, 그리고 만성적으로 낮은 미국의 저축률은 뭔가 옳지 않다는 것을 분명히 시사하고 있다. 최근 몇 년 사이에 미국은 국내 투자와 재정적자 재원을 조달하기 위해 자국 내에서 축적된 모든 개인저축에 육박하는 규모로 해외에서 차입하거나 자산을 매각해야만 했다. 그렇게 차입하고도 미국은 인구가 절반밖에 되지 않는 일본만큼만 공장과 장비에 투자했을 뿐이다. 그래도 미국은 기술에서 여전히 앞서가고 있다고 주장할 수도 있을 것이다. 기초연구부문에서 우리는 확실히 우위에 있다. 그러나 총생산 대비 연구개발비 비중이 독일과 일본에 한참(약 3분의1 차이로) 뒤쳐져 있다는 점 또한 사실이다. 최근의 생산성 및 경제성장 추세대로라면, 앞으로 20~30년 뒤에는 일본 경제가 미국보다 실제로 커질 것이다.

그 점을 내가 강조하고자 하는 것은 아니다. 그러한 추세가 영원히 계속되지는 않는다. 우리가 갖고 있는 대규모 서비스산업의 생산성을 제대로 측정하고 있는지에 대한 의심의 여지도 있다. 또한 일부 제조업부문에서는 경쟁력이 개선되는 밝은 신호도 존재한다. 나 역시 미국 경제가 다른 나라들에 비해서 혹은 절대적으로 계속 가라앉는다고는 믿지 않는다.

불안과 좌절의 시대

세상이 새로운 기회로 넘쳐나는 이 시점에 미국의 정서가 내향적인 불평 덩어리로 바뀌어 버렸다는 지적 또한 의심할 여지가 없다. 그 안에는 어떤 암호가 들어 있기도 하다. 장기간의 침체를 겪은 뒤에도 강력한 회복이 뚜렷하게 나타나지 않는 점, 수년간 과도하게 빚을 쌓아 올린 뒤에 겪은 혹독한 금융상의 긴장으로 인해 우리는 심리적으로 궁지에 몰리게 되었다. 또한 우리는 좌절감과 보호주의로 쏠리려는 경향을 한동안 보여 왔는데 이는 우리 경제가 보다 장기간에 걸쳐 보여 온 성과와 관련이 있어 보인다.

통계의 정확성을 두고 온갖 말들이 많긴 하지만, 우리에게 많은 것을 역설하고 있는 한 가지 지표가 있다. 문자 그대로, 오늘날 미국 생산직 노동자의 시간당 및 주당 평균 실질소득이 20년 전보다 낮다. 수준 높은 경제학자들은 반박할 것이다. 개선된 의료와 컴퓨터의 효율성, 그리고 오늘날 삶을 더 윤택하게 해 주는 여타 요소들을 통계가 정확하게 측정하지 못하고 있다고 말이다. 그러나 제대로 측정하지 못하는 요소들 중에는 범죄의 증가, 도시혼잡의 심화, 교육기준의 쇠퇴 등도 있을 것이다. 이런 점들을 종합해 볼 때, 지난 한 세대동안 평균적인 미국인이 성취한 진보는 기껏해야 극도로 제한적이라는 주장을 반박하기가 어렵다.

결국 그 역설을 설명하지 않을 수가 없게 된다. 한 국가로서 미국은 왜 국제적 책임에 대해 더욱 더 부담을 느낄까? 그 책임이 가벼워지고 있는

데도 말이다. 전후 수년 동안에 비해 미국의 국방비는 불어나는 GNP에 비해 대폭 작아져 왔다. 국방지출을 줄이라는 압력이 소련이 붕괴하기 이전부터 매우 컸기 때문이다. 한동안 미국은 경제규모 대비 개도국 지원이 세계적으로 바닥 수준을 기록하기도 했다. 마셜 플랜 절정기 때 GNP의 약 2%에 달하던 미국의 대외 원조가 오늘날에는 0.2%밖에 되지 않는다. 그나마도 이스라엘과 이집트에 굉장히 집중되어 있다.

국방지출을 과거보다 훨씬 낮은 수준으로 얼마든지 줄일 수 있다는 전망에도 불구하고 우리는 지금도 신생 민주주의 국가들의 자립을 지원하는 부담을 다른 나라들이 대신하도록 모색 중이다.

자랑스럽게도, 객관적인 분석가들은 여전히 미국이 주요국들 중에서 가장 개방된 나라라는 점에 동의한다. 하지만 변화의 방향은 그다지 고무적이지 않다. 10년 또는 20년 전과 비교해 우리에게 늘어 온 것은 장벽들이다. 다양한 추정에 따르면, 미국 수입품의 약 30%는 양적 규제의 대상이 되어 있다. 일본을 포함한 다른 나라들 대부분은 보다 개방된 나라를 향해 움직여 왔다. 물론 미국이나 아시아, 유럽의 기업들이 일본 내 제조업 상품 시장을 뚫고 들어가는 것은 여전히 엄청나게 어려운 일이다. 관세와 쿼터가 거의 사라졌는데도 말이다. 그러나 비록 일본의 사회와 문화가 여전히 수출을 지향하고 수입품에 거부감이 있다고는 해도, 불공정한 무역행위가 늘어났다는 증거는 나로서는 아는 바가 없다. 실제로는, 일본의 제조업 제품 수입은 그동안 큰 폭으로 증가해 왔다.

비록 미국에서 두드러지기는 하지만, 경제성장이 둔화하고 보호주의 압력이 커지는 패턴은 미국에만 국한된 현상이 아니다. 거의 20년 동안 선진국들의 경제팽창은 덜 강렬해졌다. 실업과 인플레이션 둘 모두

1950년대와 1960년대에 비해 문제가 심화되었다. 무역장벽을 낮추자는 야심 찬 우루과이 라운드 협상이 지난 5년간의 노력에도 불구하고 여전히 의문시되는 것은 아마도 보다 광범위한 정신적 불안감의 증세라고 할 수 있을 것이다.

이에 대해 정당한 질문이 제기된다. 이 모든 일들이 브레튼우즈 통화 시스템으로 상징되던 규율의 붕괴 및 1970년대 초부터 시작된 환율 변동성과 관련이 있고, 또 그로 인해 심화된 것은 아니냐는 것이다. 그 질문에 접근하는데 있어서 이 말부터 하고자 한다. 미국이 '국내' 정책을 수립하는데 있어서 환율 안정에 보다 많은 주의를 기울였다면 미국 자신에게도 좋은 결과를 낳았을 것이라고 나는 오랫동안 믿어왔다. 확실히, 심각한 인플레이션 압력이 시작되던 1960년대 중반 베트남전 초기 국면에 재정과 통화정책을 억제함으로써 달러의 가치를 방어하는데 좀 더 주의를 기울였다면 경제를 안정시키는데 도움이 되었을 것이다. 돌이켜 보면, 1970년대 초 두 차례에 걸친 달러 평가절하를 전후로 해서 우리가 달러를 방어하는데 좀 더 노력했다면 인플레이션이 그토록 확고하게 뿌리내리지는 못했을 것이다. 1970년대 말 외환시장 위기를 겪고 나서야 결국 인플레이션에 대한 대대적인 공격을 서두를 수 있었다.

하지만 당시는 이미 늦은 때였다. 인플레이션이 최소한 어느 정도라도 통제되고 있다는 인식을 회복하기까지는 길고 힘든 수년을 겪어야만 했다. 다행히도 물가안정을 보다 확고하게 신뢰할 수 있게 됨에 따라 오늘날 미국 통화당국이 기업활동 부진에 대응하는 정책의 유연성을 높은 수준으로 발휘할 수 있게 되었다. 이를 통해 얻은 큰 교훈이 있다. 신뢰는 가치 있는 것이고, 한 번 잃으면 되찾기가 어렵다는 사실이다.

변동환율제의 한계

1980년대 초반에 강력하게 절상되는 달러는 아주 다른 종류의 신호를 보냈다. 어떻게 대응하는 것이 적절할 지 분명하지가 않았다. 8장에서 자세히 다루었던 것처럼, 통화정책을 더욱 완화함으로써 극단적인 달러화 강세를 누그러뜨리려는 시도는 다른 정책목표, 특히 인플레이션을 계속 안정적으로 유지하는 것을 어렵게 할 잠재성이 있었다. 효과가 있었을 만한 것은, 내 생각에는, 재정정책이었다. 재정긴축이 이자율을 낮춤으로써 달러화를 약하게 할 지, 아니면 미국 경제정책 관리능력에 대한 신뢰를 높여 달러를 더 강하게 만들지, 잠깐이긴 했지만, 우리는 정말 불확실하다고 생각했다. 그러나 시간이 지나면서 결국 금리가 하락함으로써 달러는 보다 현실적인 가치로 떨어질 것이라고 나는 생각했다. 재정적자가 줄어들면 해외자본에 대한 미국의 의존도는 낮아진다. 국내투자를 위한 환경도 개선된다. 통화정책을 완화하는데 따르는 위험 역시 감소하게 된다. 불행히도, 오늘날까지도 그 재정규율은 성취하지 못했다.

그게 아무리 경제적으로 이점이 있다고 하더라도, 재정정책을 유연하게 사용하는 것은 정치적으로 매우 어렵다. 미국의 경험이 시사하는 바가 크다. 여타 많은 나라들의 경험에서도 알 수 있는 사실이다. 재정정책에 미치는 이러한 정치적 어려움은 국제 경제정책 공조의 잠재력을 고도로 제약하는 요소이기도 하다. 비록 통화정책이 보완적 기능을 해줄 수 있고 해줘야만 하는 상황에서도 말이다.

강력한 통화 및 재정 정책의 공조가 없다면, 논리적으로 환율의 유연성이 필요하게 된다. 하지만 현실적으로 변동환율제는 그 열렬한 지지자들이 예상했던 외환시장의 안정성이나 질서 있는 환경을 전혀 만들어주지 못했다. 가장 최근 수년까지도 외환시장의 추세는 변동성이 줄어들기보다는 확대되는 쪽이었다. 달러와 여타 주요 통화들 사이의 환율이 하루에 1% 이상 움직이는 것은 전혀 이례적이지 않다. 몇 주 또는 몇 달 동안 누적적인 환율 변동이 때로는 10% 혹은 그 이상에 달하기도 한다. 한 번 사이클이 돌면, 엔화와 마르크화에 대한 달러의 변동률은 50% 또는 그 이상이 된다. 주요국들 사이의 경제 추세가 동조화하고, 이들이 인플레이션을 떨어뜨리는데 함께 성공했음에도 불구하고 그런 환율 변동성이 나타난다는 것은 특히나 실망스러운 일이다.

그러한 환율 등락이 우리가 진정으로 보살피려는 것들, 무역과 경제활동의 신장, 물가의 수준, 생산성 등에 어떤 영향을 미쳤는지는 분명하지 않다. 모든 통계나 가장 정교한 경제학자들의 계산법들이 여전히 결정적인 판단을 제공해주지 못한다. 그게 대단히 놀랄 일은 아니라고 본다. 수많은 일들이 동시에 발생하는 세상에서 어떤 특정 요소의 영향을 밝혀내는 것은 어려운 작업이다. 하지만 상황논리에 따르면, 경제 효율성에 미치는 그 비용이 장기간에 걸쳐 상당할 것임을 추정할 수 있다.

국제 무역과 투자가 비교우위 패턴을 따를 경우 세계는 더 잘 살 수 있다는 이념이 개방적 경제질서를 지지하는 경제적 근거이다. 각 국가나 지역이 스스로 가진 상이한 자원, 노동량과 기술, 자본 접근성을 감안해 상대적으로 더 효율적으로 생산할 수 있는 것에 집중하자는 것이다. 하지만 국가 간 상대가격과 비용이 25~50% 이상 변동하는 환율에 좌우되는 상황에서 자국의 비교우위가 어디에 있는지를 민간기업이 효과적으로 계산해 내는 것은 어려운 일이다. 그 모든 불확실성을 확고하게 또는 무비용으로 헤지(hedge)할 수 있는 방법은 존재하지 않는다. 오직 혜택을 받는 것은 외환 트레이딩 데스크에 인력을 투입하고 금융 위험을 줄이거나 투기 거래를 조장하기 위해 온갖 새로운 장치들을 발명하는 사람들이다.

그러나 이러한 위험과 비용들로 인해 갈수록 많은 제조기업들의 사업 운영 투자는 시장 현지에서 직접 생산하는 쪽으로 이동하고 있다. 달리 말하면, 현실세계에서의 의사결정은 때때로 방어적이다. 효율성을 극대화하기 위해 노력하기보다는 보호주의 압력과 환율 불확실성을 모면하려는 쪽으로 설계된다는 것이다. 이는 불가피하게 개방시장의 중요한 혜택이라 할 수 있는 세계 지배적 생산자들 사이의 치열한 경쟁을 희석하게 된다.

수정보완한 고정환율제

경제성과의 차이와 무관하게 움직이는 환율, 혹은 오히려 경제성과의 차이를 증폭시켜버리는 환율의 거대한 변동성 때문에 경제를 운영하는 게 엄청나게 복잡해졌다는 사실에 의문의 여지가 없다. 아마도 작은 나라들이 가장 취약할 것이다. 그러나 큰 나라들도 거대한 환율 변동으로부터 전혀 보호받지 못한다. 그 대표적인 사례가 1980년대 중반 달러의 극단적인 강세로 인해 미국 기업들이 겪어야 했던 혼란이다. 게다가 대대적으로 변동하는 환율로 인해 기업인들은 부조리함과 무기력감을 느끼게 되는데, 이는 곧잘 대외 경쟁으로부터 보호해 달라는 정치적 압력으로 바뀌게 된다.

세계가 지난 20년 동안 거의 관리되지 않은 변동환율제를 시행해 왔고, 그 사이 저성장과 높은 인플레이션 및 강력한 보호주의 압력을 경험했는데, 나로서는 이게 완전히 우연이라는 생각이 들지 않는다. 물론 다른 요소들도 중요한 역할을 했을 것이다. 석유위기가 있었고, 저축을 줄이고 재정규율을 느슨하게 하는 쪽으로 가는 세계적 흐름도 나타났다. 그러나 국제적으로 통화를 조율할 수 있는 최적의 장치를 우리가 발견했다고는 믿기가 어렵다.

전후 미국의 경험이 이를 방증한다. 비록 통화가치의 절하(또는 절상)가 과거의 인플레이션 혹은 심각한 대외 불균형에 따르는 뒤탈을 다루는 데 도움을 주기는 하지만, 그것이 경쟁력을 제고하고 생산성과 저축을 증진하며 안정을 유지하는데 필요한 보다 근본적인 정책을 대신해주지는 못한다는 것이다. 이 점은 이제 보편적으로 수용되고 있다. 반복해서 시도하는 평가절하는 필요한 정책결정을 사실상 포기하는 것이나 마찬가지이다. 결국에는 성장과 안정을 유지하는 일마저 복잡하게 만들고 만다.

이 책이 다루는 이야기에서 가장 아이러니한 것 중 하나가 있다. 1971년 이후로 달러가 반복해서 절하를 한 끝에 엔화에 대해 60%, 독일 마르크에 대해 53%나 떨어졌는데도 미국의 무역 및 경상수지 적자는 1960년대에 상상했던 그 무엇보다도 훨씬 더 높다는 사실이다. 거꾸로, 주요 선진국들 중에서 가장 강력하게 통화가 절상된 나라들은 여전히 높은 저축률과 강력한 생산성, 보다 경쟁력 있는 산업, 결국에는 가장 강력한 무역수지를 성취했다는 점이다.

이 모든 것들을 고려해 앞날을 바라볼 때 한 가지 논리적 대안이 떠오를 수 있다. 국제기구의 확고한 통제 하에서 특정한 기준 환율과 게임의 룰을 정해 운영하는 고정환율제를 복원하는 것이다. 현대화한 브레튼우즈라고 할 수 있겠다. 실제로 이는 1970년대 초 20인 위원회가 수년간 논의했던 것이기도 하다. 고백하건대 나는 그토록 고도로 조직화된 시스템에 결부된 지적 결속력이나 논리에 대해 일종의 희구(希求)를 갖고 있다. 그러나 그러한 성향을 가진 나조차도 그 아이디어가 오늘날 더욱 복잡해진 세상에서 실행 가능할 지 확신할 수가 없다.

결국 브레튼우즈는 오래 지속되지 못했다. 강력하고 자신감 있고 안정적인 나라, 준비통화를 제공하면서 그 시스템의 작동을 위해 수년을 헌신한 외향적인 나라가 있었음에도 불구하고 말이다. 의심의 여지없이 미국은 시스템의 중심으로서 1960년대 말과 1970년대 초 달러의 안정을 위해 더 많은 노력을 기울일 수가 있었다. 내 생각에는, 미국의 이익을 위해서라도 그렇게 했어야 했다. 그러나 보다 긴 역사의 틀에서 보면, 그리고 미국과 일본, 유럽의 경제력이 보다 균등해진 점을 감안하면, 고도로 구조화된 시스템의 안정성을 단 한 나라의 정책과 통화에 그토록 크게 의존하는 것은 비현실적이다.

강력한 세계중앙은행의 창설은 불가능한가?

또 하나의 이론적 대안으로는 강력한 세계중앙은행을 창설해 그 자체의 통화를 발행하고 합의된 규칙을 강제하는 것이 있겠다. 각국의 훌륭하고 지배적인 파워가 안정적인 자국 통화를 관리한다는 이상을 대체하는 아이디어다. 이미 IMF가 아주 기초적인 방식으로 그 기능을 수행하고는 있다. 하지만 진정한 중앙은행이라고 하기보다는 훨씬 더 제한된 틀 안에서만 작동할 뿐이다. 복잡한 절차를 거치면서 컨센서스를 형성해 내는 주요 회원국들의 능력에 크게 의존하고 있다. 특별인출권(SDR)을 창설하기 위해 그토록 많은 협상 노력을 기울였음에도 불구하고 그것을 잘 사용하지 않는 것이 그 어려움을 뚜렷이 보여주고 있다. 주권국가가 초국적 세계 중앙은행에게 그토록 큰 권한을 위임한다는 아이디어, 혹은 시장이 세계 중앙은행의 통화를 진정한 국제화폐로 받아들여 손쉽게 사용할 수 있을 것이라는 생각은, 오늘날은 물론이고 앞으로, 일을 추진할 만한 현실적인 근거가 되어주지 못한다. 그게 아무리 지적으로는 매력적으로 보이는 구상이라고 해도 말이다.

정치적으로나 경제적으로 깊은 결속을 맺고 있는 국가들 사이에서는 다른 해답이 분명히 존재할 수 있다. 유럽공동체가 회의적 전문가들의 그 커다란 반론을 극복하고 10년 넘게 역내에서 고정환율시스템을 운영하는데 성공했다. 자본이동 통제장치를 거의 완전히 제거하고도, 전 세계적으로 금리와 환율이 폭력적으로 급변하는 와중에도, 그들은 해냈다. 3년 이상의 기간 동안에는 유럽환율제도(ERM)[1] 회원국들 사이의 공식 환율에 아무런 조정도 없었다.

그 성공이 가능했던 것은 역내에 독일이라는 지배적인 경제 파워와 마르크라는 두드러진 통화가 있었기 때문이다. 공동체 국가들은 기꺼이 자신의 통화를 독일 마르크라는 강력한 돛대에 고정시켰다. 아주 제한적인 예외가 있었을 뿐이다. 그들에게는 확신이 있었다. 회원들 사이의 대규모 무역흐름에 의존하는 경제적으로 통합된 공동시장을 보완하는데 있어서

---

[1] 유럽환율제도(European Exchange Rate Mechanism, ERM) : 유럽 국가들이 택하고 있는 환율 조정장치로, 환율을 여러 나라가 연대하여 관리하는 협조변동환율제도의 대표적인 예로 꼽힘. 1979년 유럽 국가들은 변동환율제 하에서 환율 안정과 공동통화를 위해 유럽통화제도(EMS)를 도입하면서 환율조정장치로 ERM을 채택함(편자 주).

고정된 역내통화 가치가 긴요하다고 보았던 것이다.

　브레튼우즈 시스템 실행 과정에서도 그랬듯이, 유럽의 메커니즘을 운영하는데 있어서 기본적인 어려움은 한 나라와 한 중앙은행 즉, 독일과 분데스방크의 정책과 환경 및 판단에 고도로 의존해야 한다는 점이다. 구 동독 재건 과정에서 고조된 독일 물가와 임금, 예산, 금리에 미친 내부 압력이 그 어려움을 잘 보여준다. 물론 그것은 역사적으로 특이한 환경이었다. 그리고 적어도 당분간은 여타 유럽공동체 회원국들은 이례적으로 높은 독일 금리가 자국 통화정책에 미치는 영향을 감내할 준비가 충분히 되어 있는 듯했다. 그러나 공동체의 다수 국가들은, 장기적인 구도에서는, 금리와 통화정책, 더 나아가서는 경제의 방향과 공동체 경제 전반의 건강에 영향을 미치는 정책결정은 집단적으로 책임지는 쪽으로 가는 것이 필요하고 바람직하다고 생각했다. 유럽공동체가 왜 그러한 생각을 하게 되었는지를 통독 이후의 상황이 잘 보여준다고 하겠다.

헤쳐 모이는 세계

고정환율제에 대한 희구, 그에 따른 공조된 통화정책 및 적절한 정치적 권위의 필요성으로 인해 유럽공동체는 20세기 말이 되기 전에 결국 단일한 지역 중앙은행 및 공동화폐를 받아들이게 되었다. 강력한 조건이 제시되었다. 개별국가는 엄격한 항목들을 충족하지 않고는 공동화폐를 도입할 수 없도록 했다. 각 회원국의 인플레이션 수준과 예산적자 및 금리가 엇비슷하게 수렴되도록 하기 위한 것이었다. 유럽중앙은행(ECB)에 부여될 기본 책무(물가안정 증진)도 조심스럽게 공개되었다. 더 나아가, ECB는 통화정책위원회를 구성하고 그 결정사항을 집행하는데 있어서 각 회원국 중앙은행들에 의존하게 되어 있었으나, 전반적인 중앙은행 시스템은 개별국가나 당파적인 정치 영향으로부터 놀랄 만큼 독립적으로 설계되었다. 실제로 ECB가 계획한 대로 운영되어 간다면 유럽 차원에서 비슷하게 강력한 다른 어떠한 정치적 권위보다도 앞서게 될 듯하다. 그것은 그 자체로 흥미로운 질문을 던져준다. 지역 단일의 통화정책이 대체로 개별국가 차원에서 이뤄지는 재정정책과 과연 공조를 이룰 수 있느냐는 것이다. 궁극적으로는, 대중적 정치적 책임성을 담보하는 바람직한 형태는 무엇이냐는 질문도 제기될 것이다.

이 질문에 대한 완전한 답변은 미래의 몫이다. 의문의 여지가 없는 것은, 경제적으로 말해, 세계가 지역구도로 흘러간다는 점이다. 유럽공동체는 현재 가장 선진화된 지역이라 할 수 있다. 이 지역은 이미 공동의 대외관세라는 단순한 개념을 넘어, 경쟁촉진과 금융규제 및 환경 등 다양한 문제들을 다루는 보다 폭넓은 공동체로 향하고 있다. 공동화폐 목표가 분명하게 설정되자 이제 일부 회원국들은 보다 강력한 정치적 연방 또한 분명하게 요구하고 있다.

미국의 경우는 캐나다와 자유무역지대를 협상해 왔다. 현재는 멕시코와 그런 협상을 진행 중에 있다. 거기에 힌트가 있다. 지역은 중남미로 확대될 수 있다는 것이다. 그곳에는 아직 지역적 협정이란 것이 굉장히 제한적으로만 존재하고 있다. 그러한 움직임들이 일부 아시아 국가들을 일깨웠다. 자신들 역시, 방어적인 이유만으로도, 일본에 대한 역사적인 불신에도 불구하고, 동아시아 무역지대를 고려해야 하는 것 아니냐는 것이다.

이러한 경제 및 무역 지대가 고개를 드는 것에 대해 전후체제를 계획했던 미국인이라면 굉장히 못마땅하게 생각했을 것이다. 과거에는 제1차 세계대전과 제2차 세계대전 사이에 영국이 만들었던 '대영제국 내 특혜 관세'라는 사례가 있었다. 독일 및 여타 국가들이 운영했던 양국 간 무역 협정 네트워크도 존재했다. 그 모든 것들은, 타당하게도, 차별적이고 보호 주의적인 것으로 간주되었다. 정치적 대립의 불씨가 되고 경제적으로는 비효율성을 불러일으킨다는 것이다. 물론 브레튼우즈와 GATT 협상이 완 료된 지 얼마 지나지 않아 미국은 유럽 공동시장 설립을 지지했다. 그러 나 그것은 다자주의 규범으로부터 용인할 수 있는 범위에서의 이탈로 여 겨졌을 뿐이다. 유럽의 화해와 강력한 서구의 탄생이라는, 보다 큰 정치 적 목표에 의해 정당화되었던 것이다.

자유무역지대와 공동시장의 두 얼굴

오늘날 자유무역지대에 대해서는 보다 일반적인 경제적 명분이 제시되 었다. 학계와 실용적인 정치인들로부터 높은 지지를 얻었다. 보호주의적 인 압력 하에서(현재는 우루과이 라운드 협상이 파국 위험에 처해 있다) 자유 무역을 향한 유일하게 가능한 경로는 자유무역지대라는 명분이다. 지역 내 자유무역은 특히 밀접한 교역 대상국들을 망라할 가능성이 높고, 자연 스럽게 역내 환율안정 노력을 기울이게 될 것이며, 국제무역의 상당부분 을 변동환율의 우여곡절로부터 차단해줄 것이라고 이들은 주장했다. 캐 나다와 멕시코는 물론이고 미국 또한 북아메리카 역내 공동화폐를 구상 할 것 같지는 않다. 그러나 미국에 인접해 교역의 상당부분을 미국과 행 하는 두 나라 모두 미국달러에 대한 자국 통화의 가치를 안정적으로 운영하고자 하는 동기를 갖고 있다. 만일 북미 자유무역지대가 계속될 수 있는 체제임이 입증된다면, 두 나라가 결국에는 고정환율제를 도입하더라도 놀라운 일이 아닐 것이다. 멕시코 페소화의 경우 제2차 세계대전 이후 대부분의 기간 동안 달러에 고정되어 있었다.

하지만 자유무역지대가 제시하는 모든 이점에도 불구하고, 이러한 조류는 좀 불편하게 여겨진다. 자유무역지대와 공동시장은 본질적으로 야누스적 특성을 갖기 때문이다. 겉으로는 자유로운 인상을 가졌지만, 그 얼굴은 내면으로 향하고 있다. 역내에서는 장벽이 제거될 것이다. 일방적인 보호주의 장치들을 제거하는 게 실용적인 목표라면 분명한 성과가 있을 것이다. 그러나 그 이면에는 지역 바깥에 대한 차별이라는 어두움이 있다. 만일 바깥에 대한 무역, 금융, 통화 장벽이 낮다면 그런 위협은 심각하지 않을 수 있다. 그러나 그러한 경우가 있는지는 진정 의심스럽다. 유럽과 미국 내에는 이 자유무역지대에 대해 대외장벽을 유지하고 심지어는 높이는 수단으로 보는 시각들이 존재한다. 예를 들어 만일 미국이 값싼 노동력을 가진 멕시코에게 시장을 개방할 경우 아시아 국가의 미국시장 접근은 제한하거나, 최소한 다른 다자간 무역 자유화는 배제해야 한다는 주장이 나온다. 일부 아시아 국가들의 반응이 시사하듯이, 그 암묵적인 위협은 현실성이 있다. 어떤 자유무역지대가 등장하게 되면, 자기방어 차원에서라도, 새로운 지대를 창설하는 것이 자연스러운 반응이다.

현실적인 측면에서 볼 때, 현재 자유무역지대 바깥에 남겨진 나라는 과거에 잠재적으로 가장 위협적으로 여겨졌던 일본 및 여타 작은 국가들이다. 그러나 더 큰 위험은 다른 곳에 있을 수 있다. 만일 지역 내 자유무역에 대한 집착과 그에 따라 불가피하게 발생할 수 있는 역내 긴장은 결국 새로 등장하는 동유럽 민주주의 국가들 및 구소련 공화국들의 선진시장 진입을 불행하게도 어렵게 만들 것이다. 그들에게 금융과 기술을 지원하겠다는 온갖 말들이 있긴 하지만, 그들의 재건과 번영은 유럽과 북미, 일본 시장에 대한 접근에 의해 이뤄져야만 한다. 그래야만 그들의 신규 투자와 신기술 개발을 장려할 수 있을 것이기 때문이다.

현행 GATT 협상의 성패는 개방적이고 번영하는 세계경제를 지속하고 증진하는데 있어서 결정적인 중요성을 갖는다. 그건 명백하다. 모든 국제 세미나와 정상회의, G7회의에서, 미국 내외 기성 언론매체 사설 모두에서 그 점이 강조되어 왔다. 하지만 웅변과 사설만으로는 현재 이슈로 남아 있는 문제들을 풀어내지 못하고 있다. 커다란 정치적 노력을 필요로 하는 문제다. 그 문제에 직접적으로 관련되어 있지 않은 사람들이 보기에는 그다지 시급하지 않은 사소한 일로 여겨질 지라도 말이다. 그러나 GATT 협상 실패가 야기할 위험은 각별하게 크다. 왜냐하면, 정체된 경제성장세가 지속되고, 자유무역지대가 확산하며, 기존 국제교역 규칙을 회피하려는 의도가 커지는 맥락 하에서 그 협상이 실패할 것이기 때문이다. 그러한 환경에서 협상이 실패한다는 것은 단순히 현상유지가 계속된다는 것을 뜻하는 게 아니다. 보호주의 세력들이 더 큰 힘을 가지게 될 가능성이 분명히 높아질 것이다.

최소한의 의제

우리가 이 책에서 다룬 상황 전개 양상과 그 딜레마들은 다른 건설적인 대응을 요구한다. 이는 최소한 아래와 같은 의제로 정리할 수 있겠다.

• GATT의 경우 : 현행 관세와 무역에 관한 일반협정의 제24조는 다른 나라들을 차별하는 등 공동시장과 자유무역지대를 공격적으로 활용하는 행위를 막을 수 있도록 근거를 일부 제공하고 있다. 역외에 대해서는 평균 관세 수준을 인상하지 못하도록 금지하는 조항이 그 일례이다. 하지만 이러한 맥락에서 가해지는 비관세 장벽에 대한 제한은 크게 효과적이지 못했다. GATT의 설립정신과 미국 및 유럽 지도자들이 밝혔던 의도에 부합하기 위해서는 비관세 장벽을 막는 규정이 보다 명확하고 엄격해져야하며, 집행도 강화되어야 한다. 이상적으로는, 현행 지역 쿼터제 및 여타 비관세 장벽들은 관세로 전환되거나 장기적으로 줄어들어야 한다.

• 태평양공동체의 경우 : 미국과 동아시아 사이의 무역지대는 태평양의 양안을 포괄하는 거대한 개념이 될 것이다. 잠재적인 경쟁자들보다 미래가 더 촉망된다. 이 지대는 일본, 동남아 및 '네 마리 용'이라고 불리는 홍콩, 한국, 싱가포르, 타이완을 망라할 것이다. 여기에 호주와 뉴질랜드 및 북미가 포함된다. 이 대규모 지역은 이미 전 세계 교역의 40%를 차지하고 있다. 또한 세계에서 가장 빠르게 성장하는 지역이기도 하다. 1980년대 10년간 이 지역은 실질기준 연간 약 8.5%의 속도로 성장했다. 세계에서 가장 개방적인 시장 가운데 일부가 여기에 있으며, 또한 가장 폐쇄적인 곳도 일부 들어 있다. 뿐 만 아니라 이 지역은 반복되다 못해 이제는 거의 끊임없이 계속되는 양자 간 무역갈등, 상호 불신과 노골적인 몰이해에 의해 시달려 왔다. 미국과 일본 사이의 언쟁과 비난이 가장 명백한 사례에 해당한다. 그러나 그게

유일한 것은 아니다.

이 지역은 너무 크고 다양해서 완전한 스케일의 자유무역합의를 구상하기가 어려울 수 있다. 하지만 역내 협력을 강화하기 위한 정치적 프레임워크가 이미 존재한다. 우리는 서로 무역에 의존하고 있으며 역내 직접투자도 증가하고 있다. 이는 모든 이들에게 명백한 사실이다. 그러한 지역적 관심사를 바탕으로 분쟁을 함께 해결하고, 보호주의 압력에 저항하며, 외국인 직접투자를 대하는데 있어서 공동의 이해를 증진하는 기회를 분명히 찾을 수 있을 것이다. 개별국가의 정책을 초월해 환경과 경제개발을 개선할 수 있는 기회에 집중한다면, 때때로 감정적으로 치닫게 되는 무역분쟁도 보다 넓은 시야에서 자리를 찾을 수 있을 듯하다. 그리고 때맞춰 중국도 파트너가 될 수가 있다.

• 환율과 국제 통화관계 : 반드시 같은 방식은 아니더라도 유럽인들처럼 우리는 역내에서 더욱 진전된 환율 안정성을 꾀해야 할 것이다. 각 지역들은 상이한 문제점과 전통을 갖고 있다. 그러나 유럽과 미국, 동아시아는 지배적인 통화, 강력한 역내 무역패턴과 같은 환율 안정을 진작할 수 있는 중요한 특성들을 갖고 있기도 하다. 역내 협약이라는 것은(유럽 바깥에서는 아마 비공식적일 것이다) 완전히 명문화된 국제시스템에는 한참 못 미치는 장치이다. 하지만 이는 역내 환율 변동성을 보다 효과적으로 줄이는 기반을 제공할 수 있다. 때마침 새로 등장한 독립국가연합(CIS)이 통화지대 개념에 대한 관심을 불러일으킬 수도 있겠다.

내가 전망하는 공조라는 것은 치밀한 제도적 구조를 요구하지 않는다. 실제로 G5나 G7의 경우 그 힘은 오히려 비공식성과 유연성에서 나왔다. 앞선 경험에서 분명히 드러난 것처럼, 나는 경제지표 통계를 이용한 치밀한 공조 방식이 실용적이라고 생각하지 않는다. 특별 사무국을 설치하는 것 역시 딱히 쓸 만한 아이디어가 아니다. 나는 중앙은행의 독립성과 자율성을 수정하고 싶지도 않으며, 가장 유연한 일반 경제정책 수단의 유용성을 훼손하고자 하는 생각도 없다. 중앙은행은 당파적인 정치압력으로부터 벗어나 물가안정에 전념할 수 있어야 한다. 그런 장치가 없이 환율을 안정시키려는 노력을 해봐야 실패하기 십상이다.

그러한 구도 하에서 가능한 것이 있다고 본다. 역내환율의 변동이 어느 정도까지 합리적이고 감내할 수 있는 것인지, 어떤 변동은 그렇지 않다고 보는지, 논리적이면서도 폭넓은 판단을 개발해 볼 수 있을 것이다. 루브르합의에서는 환율이 상하 5%를 넘어 변동하는 경우 협의를 갖도록 설정했는데, 내가 생각하는 변동 허용 범위는 그보다 훨씬 크다. 역시 루브르합의와는 달리, 각 정부들은 합의된 넓은 변동 범위를 지지하기 위해 단순히 외환시장에 개입하는 것을 넘어서는 조치를 취할 준비가 되어 있어야 한다. 단기적으로는 통화정책을 변경할 의지도 있어야 한다. 또한 중장기적으로는 자국 재정정책의 기본 방향 역시 바꿀 용의가 있어야 한다. 어느 나라가 움직여야 하는지, 어느 정도로 언제 그래야 하는지는 현재의 경제상황에 따라 결정된다. 경우에 따라서는 국제기구의 지혜를 빌릴 필요가 있다.

환율에 미치는 강력한 압력은 정책 대응이 필요하다는 신호라는 사실을 정부가 받아들여야 한다. 합의된 환율 변동 허용 범위는 대중들에게 공표되어야 한다. 환율 목표 범위를 공식적으로 발표하면 시장의 기대에 영향을 미칠 수 있다. 트레이딩 활동을 안정시키는데 도움이 될 것이다. 이는 특히 좁은 범위에 환율을 고정한 유럽 내부에서 분명히 경험한 사실이다. 하지만 그러한 결과를 얻기 위해서는 반드시 필요한 게 있다. 각국 또는 각 지역이 통화정책을 수행하거나 일반 경제정책을 개발하는데 있어서 환율 목표 범위를 심각하게 고려해야만 한다는 것이다.

• 마지막으로, 완결성을 위해 지적할 것이 있다. 국제경제 어젠다에 있어서 이 책에서 주된 논점으로 다뤄지지 않은 다른 중요한 요소들이 존재한다. 보다 일관된 자본흐름을 유도하고 금융기관의 보고기준을 확보하기 위해 기존에 행해 놓았던 작업들이 있을 텐데, 금융지대 안에서는 이를 강화하고 확대할 필요가 있다. 신흥 민주주의 국가에게 기술적 금융적 지원을 제공하기 위해 행했던 과도기적 작업들도 마찬가지다.

이 모든 것들은, 그 세부 계획에서나 기구를 설립하는데 있어서도, 새로운 브레튼우즈를 쌓아 올리려는 허세가 결코 아니다. 오히려 이것들은 직설적이고 관리 가능하다. GATT 협상을 성공적으로 마무리 짓는 것과 더불어 결국에는 마련될 것이라고 나는 개인적으로 굳게 확신한다. 그렇게 함으로써 우리는 미래의 엄청난 기회를 잡을 수 있을 것이다.

우리가 그 기회를 잡지 못할 위험도 다소 있다. 소비에트 공산주의가 무너지고, 완전히는 아니어도 핵무기 재앙의 위협들이 줄어들고, 우리의 군사력이 확고해진 상황이기 때문이다. 미국은 이제 자신의 문제에만 몰두해 있는 듯해 보인다. 범죄와 마약, 의료비 부담, 낡아가는 사회간접자본, 교육의 부족과 당면한 경기침체 등 우리 내부의 압력과 긴장에만 집착하고 있다. 유럽과 일본의 우리 파트너들 또한 그들 나름의 문제에 몰두해 있다.

그러한 문제들을 무시하자는 게 아니다. 그 문제들은 당연히 중요하며 정부도 깊은 관심을 갖고 있을 것이다. 하지만 그러한 국내 문제들이 우리의 국제적 책임과 서로 충돌하기 때문에 그 책임을 회피해도 된다고 생각하는 것은 완전히 잘못이다. 오히려 국제적으로 협력하는 것이 독자노선을 가는 것보다 더 유리하다. 진실은 매우 단순하다. 냉전이 종식됨에 따라 국방비용이 급격하게 감소했다. 민주주의 국가로 탄생한 동유럽과 독립국가연합(CIS)의 건설적이고 평화적인 전환을 지원하는 잠재적 비용보다 몇 배나 큰 규모로 국방비가 줄어들 것이다. 국제협력의 프레임워크 하에서 다른 나라들도 과거보다 더 큰 비중으로 원조임무를 나눠 가질 것이라고 확신한다. 특히 일본의 경우는 자신의 책임을 느낄 것이며, 그에 맞게 행동할 것이다.

그러나 그 책임의 분담이 단순히 금융적이고 재정적인 것만은 아니다. 개방적인 무역, 고도의 금융 및 환율 안정성, 신생 및 기성 경제에서 보다 국제화한 투자 등이 우리 모두에게 훨씬 더 중요하다. 각국 스스로의 복지와 삶의 질이란 측면에서 그것은 중요하다. 우리가 살고 싶은 세상을 만들기 위해 중요한 일이다. 물론 우리는 우리 자신을 위해 각자 국내에서 시급한 과제에 우선 대응할 필요가 있다. 대외정책을 대중들의 지지 기반 위에서 펼치기 위해서라도 그게 필요하다. 우리의 성공이 결국에는 다른 나라의 성공에 달려 있다는 인식 하에서 대외정책을 수행하려면, 우선 국내에서 중요한 과제를 잘 대응해 대중들의 지지를 확보하는 게 필요하다.

우리는 힘이 분산된 세계에 살고 있다. 일본과 유럽의 발언권이 더 강해졌으며, 그 힘을 뒷받침하는 자원을 그들은 보유하고 있다. 미국이 자신의 아이디어를 끌어 내와 고집할 수 있던 시절은 이미 지났다. 하지만 미국의 리더십과 모범은 앞으로도 결정적일 것이다. 특별한 책임이 여전히 미국에게 있다고 제안하는 게 단순히 과거에 대한 그리움에서 비롯되는 것은 아니다. 의제를 설정하고, 회의를 소집하고, 행동에 나설 동기를 제공하고, 정말 필요한 경우에는 때때로 남들보다 더 많은 비용을 부담하는 책임이 미국에게 자주 부여될 것이다. 완전히 다른 영역이긴 하지만, 사담 후세인Saddam Hussein이 중동을 위협했을 때 발생했던 극적인 일들을 통해서, 그 뒤 전 세계가 미국에게 평화 촉진자의 역할을 기대하는 것을 보면서, 나는 그 교훈을 얻었다.

단순한 팍스 아메리카나(Pax Americana) 시대는 지나갔다. 하지만 그렇다고 해서 미국이 국제적인 책임, 다른 나라들의 불공정한 무역, 또는 국내 문제로 인해 진이 빠지거나 지쳐버렸다고 생각할 근거는 없다. 오히려 그 반대로 미국은 여전히 세계에서 가장 강하고 부유한 나라이다. 지금 우리가 할 일은 그 힘과 안정성에 대한 자신감을 재구축하는 것이다. 그러면 다른 나라들, 전통적인 우방과 신생 민주국가들, 부유해졌거나 여전히 고전 중인 나라들이 미국의 건설적인 리더십을 환영할 것이다. 그러한 책임감을 수행하는데 실패한다면 우리 앞의 모든 밝은 미래들이 위험에 처하게 된다. 이 전례 없는 기회의 시기에 우리가 직면한 도전들은 전적으로 우리의 해결능력 범위 안에 있다. _Volcker

과연 세 나라는 합의된 환율을 방어하기 위해 필요한 경우 무한정 외환시장 개입에 나서고 자국 통화정책의 자율성까지 양보할 수 있을까? 예를 들어 미국이 대외 적자를 내고 달러가 하락하는 경우 세 나라 고정환율을 지키기 위해 일본과 독일은 달러를 사들여야만 할 것이다.

의무적인 외환시장 개입이 가능해지기 위해서는 보유자산을 주고받으며 계정을 정산하는 장치가 필요한데 과연 여기에 동의할 수 있을까? 만일 미국이 자국의 국제수지 적자를 외화 또는 SDR 등 비달러 자산으로 지불하는 것에 동의하지 않는다면, 일본과 독일은 하락하는 달러를 무한정 매수하는 개입을 약속하지 않을 것이다.

written by
GYOHTEN

이상적이되

혁명적이지 않은

브레튼우즈 붕괴 이후로 국제통화시스템은 매우 인기 있는 주제가 되었다. 하지만 우리는 어떤 시스템이든지 상호 연관되어 있는 두 가지 요소를 잘 구분해 살펴봐야 한다. 하나는 통화, 특히 준비통화의 역할이다. 또 하나는 서로 다른 나라들 사이의 환율 합의다.

고전적인 금본위제 하에서는 금이 유일한 준비통화였다. 또한 금은 모든 통화들에 대해 고정환율을 갖고 있었다. 브레튼우즈 시스템에서는 금과 달러 두 가지가 준비통화였다. 둘 사이의 환율은 온스당 35달러로 고정되었다. 미국 정부는 금과 달러 사이의 교환을 보증했다. 달리 말하면, 미국 정부는 달러를 금처럼 좋은 것으로 만들었다. 달러와 다른 통화들은 일종의 조정 가능한 환율로 고정되었다. 각국은 대외수지가 근본적으로 불균형에 처하게 되어 IMF가 승인하는 경우에만 달러에 대한 자국 통화의 환율을 조정할 수 있었다. 변동환율제가 된 뒤로는 달러, 엔, 마르크(유럽 단일통화가 창설되면 마르크는 유럽통화로 대체될 것이다) 등 복수의 준비통화를 갖게 되었다. 우리가 지금 또다시 다른 통화시스템을 고려하는 것은 현 체제에 불만을 가지고 금본위제와 브레튼우즈 전성기 시절을 그리위하기 때문이다. 한 시스템을 관리하고 운영하는데 있어서 한 국가가 모든 책임을 지도록 요구하는 것은 지나치다고 폴 볼커는 주장한다. 그런데 바로 그것이 지난 19세기 말 영국이 금본위제를 운영할 때와 1945~1965년 사이 미국이 브레튼우즈 시스템을 맡았던 때 일어난 일이다. 그 두 시기에 두 나라는 헤게모니 행사에 필요한 지배적인 경제, 군사 및 정치력을 보유하고 있었다. 그리고 두 나라는 일상적인 경기 및 무역 사이클 등락 과정에서 시스템에 화폐를 제공할 수 있는 강력한 대외 경상수지를 갖고 있었다. 그러한 역할을 하는데 있어서 상품무역 수지가 반드시 흑자를 내야만 하는 것은 아니다. 때때로 두 나라는 상품무역에서 적자를 내기도 했으나, 여타 대외 소득을 통해서 충분히 상쇄하고도 남았다. 또한 두 나라는 적절한 국내정책을 유지해 인플레이션이나 디플레이션으로 지나치게 오락가락하는 일이 없었다. 이러한 조건들이 사라졌을 때 시스템은 붕괴했다.

달리 대안이 없다

현행 시스템, 또는 정확히 말해서는 시스템의 부재는 누군가가 선택한 결과가 아니다. 우리의 경험이 그것을 전적으로 증명해 준다. 브레튼우즈 시스템이 지속 불가능해진 것은 피할 수 없는 일이었다. 지금과 같은 시스템의 부재 상태는 환율안정성과 예측가능성이 부족하다는 점에서 바람직하지 않다. 무역과 투자의 안정적인 성장을 해치게 된다. 양자가 실제로 이론적으로 가치 있는 상관관계를 갖는지 기술적으로 분석해 보면 흥미로울 것이다. 현실세계에서 이뤄진 과거의 경험을 보면 환율과 무역 및 투자의 안정적 성장은 서로 밀접한 관계가 있음을 알 수 있다. 단순히 1960년부터 1973년까지의 브레튼우즈 기간을 고려해 보자. 그리고 1973년과 1987년 사이의 시스템 부재 기간과 비교해 보자. 브레튼우즈 기간 동안 OECD 국가들의 GNP 성장률은 연평균 4.8%에 달했다. 반면, 시스템 부재 기간에는 성장률이 연평균 2.6%에 그쳤다. 인플레이션은 연평균 4.3%이던 것이 6.8%로 높아졌다. OECD 국가들의 수출 물량 증가율은 브레튼우즈 하에서 8.8%였다. 하지만 이후에는 4.2% 성장하는데 불과했다. 수입 물량 증가율은 9.3%에서 3.7%로 낮아졌다. 현재와 같은 시스템 부재 하에서 세계경제 성적표는 확실히 빈약해져 있다. 각국 대외계정의 변동성은 증폭되었다. 보호무역 위협도 분명히 늘어났다.

그렇다면 우리에게 새로운 시스템이 필요한가? 시스템이란 그 자체로 궁극적인 목표는 아니다. 시스템의 지속가능성은 각국이 그 시스템을 통해 자국 복지를 극대화하고, 성장과 물가안정과 고용 등을 개선할 수 있는지에 달려 있다. 각자가 자신의 경제적 정치적 비용과 효익을 분석한 뒤 그 시스템에 남아 있는 것이 더 이득이라는 점을 스스로 확신할 필요가 있다.

사실 우리는 이미 다중 준비통화시스템 하에 있다. 달러, 마르크, 엔이 오늘날 세계에서 경제적으로 가장 큰 세 나라를 대표한다. 미국과 독일, 일본은 다른 나라들과 차별성을 갖고 있다. 독자적으로 재정 및 통화정책을 수립하면서 자국 통화의 환율이 변동하도록 내버려둘 수 있을 만큼 충분히 강한 경제력을 보유하고 있다. 이들에 비해 덜 강한 나라들은 안정적인 환율을 유지하기 위해 자국정책에 대한 통제권을 일부 포기한다. 유럽통화시스템 하에서 독일 이외 국가들 모두가 분명히 이런 사례에 해당한다.

미국과 독일, 일본에 기반한 새로운 시스템을 건설하는데 있어서 한 가지 문제점은, 이들 중 그 누구도 과거 영국이나 미국이 가졌던 것과 같은 광범위하고 지배적인 파워를 보유하고 있지 못하다는 사실이다. 또 하나의 문제는, 이 세 가지 통화들의 국제적 역할이 각국의 경제 펀더멘털과 비례하지 않는다는 점이다. 예를 들어 달러의 역할은 아마도 지나친 편이다. 안보에서 갖는 미국의 역할 같은 경제 외적인 요소들이 반영된 탓이다. 거대하고 개방된 시장을 갖고 있는 점, 국제은행시스템에서 전통적으로 달러를 많이 사용해 온 점 등 미국이 맡고 있는 경제적 역할도 영향을 미쳤다. 세 통화가 국제준비금(역자 주: 외환보유액)에서 차지하는 비중과 세 나라의 경제규모를 비교해 보면 그 불일치가 더욱 두드러진다. 1989년 현재 달러는 전 세계 준비금의 60%를 차지한다. 마르크는 19%, 엔화는 9%이다. 하지만 1988년 미국의 국민총생산은 4조9000억 달러이고 수출액은 3220억 달러였다. 일본의 경우 GNP가 2조9000억 달러였고 수출액은 2650억 달러였다. 독일은 1조2000억 달러 및 3230억 달러였다. 각 통화들의 준비금 역할과 경제 펀더멘털 사이의 불일치는 통화들의 안정적 관계를 토대로 새로운 통화시스템을 확립하는데 있어서 하나의 결점으로 작용한다.

　　그렇다 해도 우리는 현재의 다중 준비통화시스템을 받아들이는 것 외에는 달리 대안이 없다. 현행 시스템을 금이나 SDR 발행 또는 다른 새롭게 창조한 자산으로 대체하는 것은 전적으로 비현실적이다. 다시 인플레이션의 물결을 일으켜 세계경제를 덮치는 폐해를 불러올 수 있다. 달러와 마르크 및 엔화를 충분히 대체하려면 금의 가격은 아주 대폭 인상되어야 할 것이다. 그 대안으로 우리는 SDR을 대규모로 발행해야 할 것인데, 이는 경제적으로 실용적이지 않은 것만큼 정치적으로도 수용하기가 어렵다.

따라서 우선은 세 나라가 먼저 자국의 대외수지 균형을 최대한 달성하는 게 필요하다. 미국처럼 적자이든, 일본처럼 흑자이든 말이다. 그렇다고 해서 세 나라의 국제수지가 모두 제로(0)가 되기를 기대하는 것은 비현실적이다. 불균형을 줄이려는 그들의 지속적인 노력이 시스템을 안정시킬 것이다. 금융 및 자본 시장을 개방적이고 효율적이며 신뢰할 수 있게 유지하도록 노력하는 것도 중요하다. 그러기 위해서는 미국보다는 일본과 독일이 더 많이 애를 써야 한다. 이 모든 노력을 통해 이들 통화의 국제적 역할과 그 통화발행국의 경제 펀더멘털 사이의 균형이 개선될 것이다. 내가 세 가지 통화지대 또는 통화블럭을 제안하는 것은 아니라는 점은 분명하게 해 두고 싶다. 오히려 그 반대로 나는 분리된 통화블럭을 제도화하는 것은 세계적으로 실익이 없다고 생각한다. 유럽과 북미를 중심으로 세계가 지역화로 나아가는 추세이긴 하지만 말이다. 바깥 세계에 대한 개방성을 유지하고 외부를 차별하지 않는 한에서라면 나는 보다 긴밀한 지역 내 협력을 추구하는 것에 대해 반대하지 않는다. 하지만 만일 두 지역이 통화 또는 경제 블록으로 더 결속한다면, 아시아 태평양지역이 더 큰 압박과 심지어는 위협을 느끼게 될 것이다. 이는 결국 아태지역의 결속을 강화하는 추세로 이어질 듯하다. 이런 일이 일어나지 않기를 원한다. 아태지역에서 가장 중요한 동력원은 다양성과 바깥 세계에 대한 개방성이기 때문이다.

삼두체제의 제안

3대 주요 통화들 사이의 견조한 환율관계를 유지하기 위해 협정을 추진하는 일은 훨씬 더 힘들며, 아마도 오늘날 정치환경 하에서는 거의 불가능할 듯하다. 환율 목표 범위제, 기준환율 범위, 여타 다양한 기술적 아이디어들이 끊임없이 논의될 텐데, 이는 모두 본질적으로 동일한 제도라고 보아야 한다. 환율이 한계선에 도달할 경우 그 선을 방어하는 것을 전제로 하는 메커니즘이기 때문이다. 따라서 세상에는 오로지 두 가지 환율협정, 고정환율제 또는 변동환율제만이 존재하게 된다. 3대 주요 통화들 간의 고정환율제를 시행하려면 많은 의문들이 먼저 해결되어야 한다. 그 어떠한 것도 쉬운 일이 아니다.

합의는 고사하고, 세 통화들 사이의 균형환율을 찾아내는 일조차도 가능하기나 할까? 그 균형환율이 지속되기 위해서는 그것이 세 나라의 개별적 국가이익을 만족시킬 뿐만 아니라, 국제적으로도 부합할 수 있어야 한다.

독일의 동독 흡수가 마르크화에 영향을 미친 것처럼, 외부 충격과 경제 펀더멘털 변화가 세 나라 중 특정국 한 곳에만 발생할 수도 있는데, 이에 잘 적응할 수 있을 만큼 환율이 충분히 유연할 수 있을까? 그런 일이 일어날 경우 환율은 때때로 조정되어야 한다. 새로운 시스템은 그러한 조정을 부드럽고 신속하게 해내는 메커니즘을 갖춰야 한다는 게 브레튼우즈를 통해 얻은 교훈 중 하나이다.

과연 세 나라는 합의된 환율을 방어하기 위해 필요한 경우 무한정 외환시장 개입에 나서고 자국 통화정책의 자율성까지 양보할 수 있을까? 예를 들어 미국이 대외 적자를 내고 달러가 하락하는 경우 세 나라 고정환율을 지키기 위해 일본과 독일은 달러를 사들여야만 할 것이다.

　의무적인 외환시장 개입이 가능해지기 위해서는 보유자산을 주고받으며 계정을 정산하는 장치가 필요한데 과연 여기에 동의할 수 있을까? 만일 미국이 자국의 국제수지 적자를 외화 또는 SDR 등 비달러 자산으로 지불하는 것에 동의하지 않는다면, 일본과 독일은 하락하는 달러를 무한정 매수하는 개입을 약속하지 않을 것이다.

　거대한 자본흐름은 환율에 영향을 미친다. 특히 요즘처럼 규제가 완화되고 세계화된 시장에서는 더욱 그렇다. 그렇다면 이를 통제하는 게 과연 가능할까? 여기에서 다시 또 하나의 특별한 문제가 파생되어 나온다. 비록 환율은 커피원두나 양모의 가격보다 경제적으로 훨씬 더 중요한 지표인 게 분명하지만, 오늘날의 시장에서는 상품의 하나에 불과한 것처럼 거래된다. 그 결과 환율에는 거의 항상 오버슈팅의 위험이 존재한다. 시장 그 자체에서 트레이더들은 변동성을 굉장히 좋아한다. 안정된 시장에서 거래하는 것보다 돈을 더 벌 수 있기 때문이다. 하지만 반대로 기업인들은 안정을 선호한다. 미래를 계획할 수 있기 때문이다.

　3대 주요 통화들의 고정환율을 진지하게 고민하기에 앞서 이런 중요하면서도 기술적인 문제들을 해결해야만 한다. 그래서 나의 결론은 이렇다. 현행 3대 주요 통화시스템 하에서 우리는 변동환율제를 유지해야 한다. 다만 이는 일정한 방식으로 관리되어야 한다. 환율이 자유롭게 움직이는 한 안정되기는 어렵다는 중요한 문제에 우리가 직면하기 때문이다. 그런 점에서 나는 미국과 일본, 유럽의 삼두(三頭) 운영체제를 만드는 것이 유용하다고 생각한다. 만일 유럽이 원한다면 독일이 유럽을 대표할 수 있다. 이러한 삼두체제에서는 당연히 중앙은행의 뜻도 반영되어야 한다.

통화를 다루는 일이기 때문이다. 하지만 재무장관들 역시 선출된 정부를 대표한다는 점에서 거기에 참여해야 한다. 재무장관들은 정치적 역학에 관해 잘 말할 수 있으나 여타 부문에 관해서는 그렇지 않다. 중앙은행의 경우는 시장에 관해서 잘 말할 수 있으나, 다른 부문에 있어서는 역시 그렇지 않다. 3인 집정관 체제에서 제3의 인물이 필요하다. 상황을 보다 객관적으로, 심지어는 이론적인 관점에서 바라볼 수 있는 인사로, 아마 학계 출신이면 좋을 것이다. 중립적인 심판으로 그들이 참여하면 굉장히 유용할 듯하다. 이 그룹은 정기적으로 회의를 가지며 긴급 상황이 발생했을 때에도 소집된다.

이 삼두체제는 일반적인 상황에서 바람직하고 지속가능한 환율 수준에 합의하도록 노력해야 한다. 내가 과거 G7회의에서 환율에 관해 논의를 할 때마다 항상 드는 느낌이 있었다. 오로지 국익에 엄격히 충실해야 하는 정치적 제약을 대표단이 배제할 수만 있다면, 모두가 승복할 수 있는 방향으로 논의를 해 나갈 수 있을 것이란 생각 말이다. (예를 들어 시장의 지배적인 환율이 달러당 125엔 및 1.50마르크에서 확고하게 형성되어 있다면 그 환율에서 용이하게 합의를 할 수 있을 것이다.) 만일 지배적으로 거래되는 환율이 경제 펀더멘털과 부합하지 않는다고 판단한다면, 상황을 바로잡을 수 있는 수단들에 대해 합의를 도출할 수 있을 것이다. 환율을 감독하는 것에 더해, 이 삼두체제는 동료 국가의 거시 및 미시 정책에 관해 정기적으로 상호 압력을 가함으로써 더 나은 국제 균형과 인플레이션 없이 지속가능한 경제성장을 도모할 수 있을 것이다.

회의를 운영하는 방식에 있어서 나는 현재의 관행에서 크게 벗어날 수 있는 공격적인 제안을 하고자 한다. 만일 회의 내용이 완전하게 대중들에게 공개된다면 삼두체제의 결정은 보다 큰 정당성과 실행력을 가질 수 있을 것이라 생각한다. 비공식성과 비밀성이 솔직한 논의를 보장해 준다는 폴 볼커의 생각에 동의하지만, 내가 G5 및 G7에서 열렸던 그 모든 회의에서 가장 좌절했던 게 있다. 그 작고 폐쇄된 포럼에서 우리가 도달했던 기본합의들이 그토록 많은 토론들을 거쳤음에도 불구하고, 막상 실행 단계에 가서는 각자 본국에서 광범위한 지지를 받지 못했다는 사실이다. 대중의 지지를 자극하고 추동해 내는 방법 중 하나는 대중이 알도록 하는 것이다. 자국의 대표들이 자국의 경제에 영향을 미치는 결정에 관해 어떻게 논의했는지를 알려야 한다. 비록 완전히 개방된 곳에서 텔레비전으로 방송되는 회의가 아니더라도, 대표들은 자신이 하는 말이 기록되고 있다는 사실을 알 것이다. 처음에는 실수가 있을 것이고 학습과정에서 오해도 발생하겠지만, 대중과 정치인들이 자국 대표의 발언과 타국 대표들의 주장을 알게 된다면, 결정사항에 대한 보다 폭넓은 지지기반이 형성될 것이라고 나는 믿고 희망한다.

이러한 종류의 개방된 포럼에 있어서 대표들은 분명히 다른 종류의 압력을 받을 것이다. 당연히 그들은 보다 더 국가이기주의를 발휘할 것이고, 자국 국민들에게 애국심을 보여주기 위해 애를 쓸 것이다. 하지만 과거의 회의와는 중요한 차이가 있다. 단순히 자국 국민들만 아니라 세계 전체가 지켜보고 있음을 깨닫게 되면서 각국 대표들은 자신이 펼치는 주장의 힘과 정당성이 글로벌 배심원에 의해 평가될 것임을 알게 될 것이다. 단순히 이기적이거나 지역주의적인 주장은 국제적인 비웃음을 살 뿐만 아니라 자국의 국익에 반하는 앙갚음을 당하기 십상일 것이다.

매번 회의 때마다 핵심 쟁점은 달라질 수 있다. 어떤 때에는 글로벌 인플레이션이 주된 우려 사항이고, 또 어떤 때에는 국제 불균형의 악화 또는 글로벌 자본 부족이 주제가 될 수 있다. 모든 회의에서 각국 대표들은 문제 해결을 위해 자국이 무엇을 할 수 있을 지에 초점을 맞출 것이다. 환율을 조정하거나 자국 내 정책을 변경하는 등의 방식으로 말이다. 무슨 주장이든 펼치는데 있어서 아주 긴요한 전제조건이 하나 있다. 자국의 입장을 다른 대표들에게 발표할 때에는 그 개별국가의 정책이 글로벌 관점에서도 왜 좋은 것인지를 설명할 수 있어야 한다. 모든 국가들의 대표가 그렇게 한다면 누가 옳고 누가 그른 지를 따지기가 쉬워질 것이고, 관련된 국가들 모두에게 이로운 압력을 가하기도 용이할 것이다.

마지막으로 중요한 것은, 각 정부들은 이 삼두체제에서 무슨 결정이 내려지더라도 이를 최대한 존중해야 한다는 점이다. 이 역시도 힘든 문제일 것이다. 나라마다 헌법이 다르기 때문이다. 일본과 같은 의회민주주의 하에서 정부는 의회 다수당을 대표한다. 그래서 정부가 결정한 것은 의회에서 승인을 받기가 용이하다. 즉, 정부가 국제회의에서 행한 약속에 무게가 실린다. 미국과 같은 대통령제 하에서는 의회의 독립적인 힘이 더 크다. 대통령이 주도한 행정부의 약속은 입법과정에서 거부될 위험이 있다. 삼두체제의 논의라는 것이 정부들 간에 이뤄지는 것이기 때문에 상이한 헌법구조는 중대한 문제를 낳을 수 있다. 예를 들어 내 경험으로는, G7에서나 양자회의에서나, 미국 관료들에게서 지겹도록 반복해서 들은 말이 있다. 비록 재정적자를 줄이는 수단에 대해 정부는 호감을 갖고 있지만, 실제 적자를 통제하는 것은 완전히 의회의 소관이며 정부는 의회를 통제할 수 없다는 주장이다. 자신의 약속을 지킬 수 있을지 알 수가 없다고 협의 상대방이 말하는 것을 들으면 여러분들도 아마 절망적인 기분이들 것이다. 하지만 우리는 현실세계에서 살아야만 한다. 회의에서 내려진 결정을 이행하기 위해 진정으로 최선의 노력을 기울이겠다는 약속을 각 정부들이 대중들에게 분명히 할 필요가 있다.

경제주체가 아닌 인류로서의 희망

나의 제안은 분명히 이상주의를 많이 담고 있다. 하지만 그 중 어떤 것도 그다지 혁명적이지는 않다. 왜냐하면 나는 현재 존재하는 시스템의 기본 구조와 기능을 수용하기 때문이다. 그게 대중들의 공감대에 기반하도록 함으로써 좀 더 원활하고 효과적으로 운영되기를 희망할 뿐이다. 감정에 전혀 치우치지 않는 대표단을 구성하는 것은 쉬운 일이 아니다. 하지만 우리가 그 방향으로 움직이고, 국익과 국제 정합성의 균형을 맞추기 위해 노력함으로써 토론을 수행하는 방법을 터득해 낸다면, 우리는 진전을 이룰 것이다.

다만 종국에는, 이상적인 세상에서 완벽하게 작동할 수 있는 무엇인가를 나는 꿈꾸고 싶다. 세 나라가 각국 통화를 사용하는데 가해지는 모든 제약들을 철폐하고, 환율과 자본흐름을 일절 통제하지 않겠다고 약속하고, 그리고 나서 이 세 통화 모두를 각국에서 공동의 법화로 사용하는데 동의하자는 것이다. 각국은 통화정책의 주권을 포기하지 않아도 된다. 자국 통화를 떠받치기 위해 개입하지 않아도 된다. 어떠한 고정환율도 약속할 필요가 없다. 물론 세 나라는 외환시장 또는 거시경제정책 수립 과정에서 필요한 경우 조화로운 행동을 할 것을 약속해야만 한다. 하지만 기본적으로 세 나라는 그 모든 것들을 시장에 맡겨 두게 될 것이다. 그러면

시장은 금세 세 통화의 순위와 역할 및 가치를 결정하게 된다. 그러한 협약 하에서 환율은 더욱 안정된 경향을 보일 것이다. 각국의 경제 펀더멘털 변화에 시장이 보다 신속하고 부드럽게 반응할 것이기 때문이다. 지금 당장에는 이런 생각이 단순한 환상일 뿐이라는 것을 인정한다. 심각하게 제안하는 것은 아니다. 다만 협력 정신과 국제적 선의를 토대로 우리가 언젠가는 우리를 더욱 긴밀하게 결속하는 시스템을 만들어 낼 수 있다고 희망하는 것은 즐거운 일이다. 단순히 경제주체로서가 아니라 인류로서 말이다. _Gyohten

달러가 늘
—
우리의 문제여야 한다면

"달러는 우리의 통화이나, 문제는 당신들의 것이다(The dollar may be our currency but it's your problem)." [이 책 제3장]

　존 코널리 미국 재무장관이 지난 1971년 유럽의 재무장관들에게 한 말이다. 리처드 닉슨 대통령이 금태환 정지와 수입관세 부과를 골자로 하는 '신경제 프로그램'을 전격 발표('닉슨 쇼크')한 직후였다.

　전 세계에 큰 충격파를 일으킨 미국 정부가 도대체 어떤 맥락에서 이토록 놀라울 정도로 당당하게 말할 수 있었을까? 그 해답을 찾는 과정에서 이 책을 처음 만나게 되었다. 7년쯤 전의 일이니, 이 책이 나온 지 20년도 넘어서다. 애초에 코널리에게서 느꼈던 것과는 다른 제법 복잡한 감정을 이 책을 읽고 난 뒤에 갖게 되었다.

　당시 코널리 장관의 발언은 달러가 갖고 있던 두 가지 중요한 속성을 동시에 내포하고 있었다. 달러는 지배적인 국제통화이면서 동시에 그 가치가 만성적으로 불안정했다. 지배적 달러는 미국 바깥에서도 누구나 보유해야만 하는 통화였고, 불안정한 달러의 가치는 그래서 거의 항상 미국 바깥이 짊어져야 할 문제처럼 여겨졌다.

"달러 시스템이 미국에게 터무니없는 특권(exorbitant privilege)을 부여하고 있다." [이 책 제2장]

1965년 2월 프랑스의 드골 대통령이 한 말이다. 미국은 전 세계로부터 거의 공짜로 돈을 빌릴 수 있으며, 국제수지 적자를 내고서도 금을 잃는 대신 달러를 무한정 발행해 메운다는 비난이었다. 부당하게 낮은 금리로 돈을 빌린 미국의 기업들이 유럽에 대거 투자하면서 경제적 지배를 늘리고 있다는 분노이기도 했다.

당시 드골 대통령은 "의심의 여지가 없는, 특히 어떤 특정 국가가 지배하는 것이 아닌 기반 위에다 국제시스템을 새로 수립해야 한다"고 주장했다. 금본위제로 복귀하자는 제안이었다. 드골 대통령은 그러면서 미국으로부터 금을 대거 매입하겠다는(달러를 대거 매도하겠다는) 메시지를 보냈다. 달러 지배력에 대한 도전이 시작되는 순간이었다.

요즘도 국제사회에서 자주 두드러지는 프랑스의 독특한 스타일과 역할이 국가간 중요한 공조와 협력 과정에서 어떤 기능을 하는지 이 책은 생생하게 잘 보여주고 있다.

"미국의 통화정책은 파리에서 결정되는 게 아닙니다. 워싱턴에서 이뤄지는 것입니다." [이 책 제4장]

1973년 2월, 아서 번즈 당시 미국 연방준비제도 의장이 기자들에게 항변하듯이 쏘아붙인 말이다. 무대는 프랑스 파리. 미국이 유럽 및 일본과 제2차 달러화 평가절하 협상을 마친 뒤 가진 기자회견 자리였다. 당시 기자는 달러의 추가적인 불안을 막기 위해서는 통화를 긴축할 필요가 있지 않느냐는 취지로 번즈 의장에게 물었다. 하지만 번즈 의장은 이를 중앙은행 독립성에 대한 침해로 받아들였다.

당시 번즈 의장은 고정환율시스템으로 돌아가기를 원했다. 그러면서도 동시에 완화적인 통화정책을 펼치고 싶었다. 이 딜레마 속에서 번즈 의장은 '환율의 안정'을 포기하는데 동의할 수밖에 없었다. 그 결과로 얻게 된 미국의 통화정책 자율성은 결국 달러의 위기를 잉태하게 되었다.

"완화적인 통화정책을 마음껏 사용하면서도 통화가치를 안정적으로 유지하는 것은 자본이동이 자유로운 환경에서는 불가능한 일이다."

이 책은 시종일관 '불가능한 삼위일체(impossible trinity)'라는 트릴레마(trilemma)를 골격으로 삼고 있다. 좁혀서 보면 이는 통화정책과 환율정책 사이의 딜레마라고 할 수 있다. 이 갈등과 번뇌 속에서 1970년대 초 미국은 통화정책의 자유를 위해 금(金)의 족쇄 또는 고정환율의 닻줄을 끊었다. 그 결과 달러의 불안정은 더욱 심화했다.

이 책의 저자 폴 볼커는 달러의 불안이 본격화하기 시작한 1960년대부터 약 20년 동안 미국 재무부와 연방준비제도를 오가며 미국의 환율 및 통화정책의 핵심적인 업무를 주도적으로 수행했다.

그는 한 동안 달러의 가치를 '안정적으로' 끌어내리는 역할을 맡았다. 금태환 정지와 그에 이은 두 차례의 평가절하 및 변동환율제 도입을 기획하고 협상하고 추진하면서 달러의 새로운 역사를 열었다. 그 결과 미국의 통화 및 재정정책은 더욱 자유로워졌고, 이는 1970년대 말 달러화 위기로 이어지게 되었다.

결자해지! 추락하는 달러의 가치를 되살리는 역할도 볼커가 도맡았다. 그는 미국 연방준비제도 역사상 가장 공격적인 통화긴축정책을 몰아붙임으로써 달러를 대대적으로 끌어올렸을 뿐만 아니라, 달러의 안정성 및 국제 지배력 또한 극적으로 되살려 놓았다.

"브레튼우즈 시스템에서 성장 지원에 필요한 국제 유동성의 원천은 달러가 될 수밖에 없다. 이 달러를 미국 바깥 경제에 공급할 유일한 통로는 미국 국제수지의 적자밖에 없다는 게 트리핀의 주장이었다." [이 책 제2장]

미국은 미국대로 사정이 있었고 애로도 컸다. 브레튼우즈는 변형된 금본위제였다. 미국의 달러만 금에 고정시키고 여타 통화들의 가치는 달러에 고정했다. 그리고 각국은 달러를 준비금으로 보유했다. 금은 미국 국채와 달리 이자를 주지 않기 때문이다.

국제거래도 주로 기축통화인 달러로 이뤄졌다. 달러는 20세기 후반의 금이 되었다. 만일 달러가 미국 바깥으로도 충분히 공급되지 않는다면, 세계경제는 화폐부족으로 인한 성장 저하, 심지어는 디플레이션에 빠질 위험이 있었다. 따라서 브레튼우즈 협정은 구조적으로 미국의 국제수지 적자를 필요로 했다. 하지만 그 적자는 금에 대한 달러의 가치를 위협하는 결정적 요소였다. 달러의 안정과 세계경제의 원활한 성장은 불가능한 일이었다. 이 트리핀의 딜레마를 극복하지 못하고 브레튼 우즈는 막을 내리고 말았다.

2008년 금융위기 이후, 미국 달러의 지배적 지위가 한층 더 높아진 배경에는 연방준비제도의 유연하고 완화적인 화폐발행정책이 작용했다는 분석이 있다. 달러가 금의 족쇄에서 벗어남으로써 트리핀의 딜레마로부터 자유로워졌기에 가능한 일이다.

"우리는 강한 달러를 갖고 있다. 지금은 강한 달러를 가져가기에 아주 좋은 시기이다."

2020년 5월 14일, 도널드 트럼프 미국 대통령이 어느 방송 인터뷰에서 한 말이다. 이 두 문장의 짤막한 말 안에 '강한 달러(strong dollar)'의 두 가지 측면이 동시에 들어 있다. 하나는 지배적 통화로서 갖는 달러의 강한 지위이고, 또 하나는 다른 통화들에 비해 가치가 강한 달러 환율이다.

트럼프 대통령의 이 발언은 취임 이전부터 자신이 고수해 온 환율에 대한 입장("강한 달러 때문에 무역경쟁이 어렵다")을 완전히 뒤집는 것이었다.

그럴 만한 이유가 있었다. 신종 코로나바이러스로 전대미문의 충격을 입은 미국 경제는 국가부채와 화폐발행을 천문학적으로 늘리는, 고도로 팽창적인 재정·통화 정책을 요구하고 있기 때문이다. 만일 이 시기에 달러화의 가치가 계속 떨어지고 있다면 미국 정부로서는 매우 난감할 것이다. 환율이 불안한 상황에서 국가부채와 화폐발행을 적극적으로 확대했다가는 달러 하락세에 가속도가 붙을 위험이 있기 때문이다.

이제 와서 새삼 다행스러운 달러 환율의 강세는 지배적 통화(dominant

currency)로서의 '강한 달러' 지위에서 비롯되는 것이기도 하다. 트럼프 대통령은 "우리가 제로금리를 제공하는데도 불구하고, 우리가 그토록 낮은 금리를 지불하는데도 모두들 달러를 원하고 있다. 이는 우리가 달러를 강하게 유지하고 있기 때문"이라고 말했다. 드골 대통령이 말했던 '특권'이다.

미국 정부가 강조하는 '강한 달러'는 항상 지배적 통화를 뜻하는 것이었으나, 환율의 강세를 함께 의미한 사례는 그동안 지금처럼 매우 예외적인 경우(1980년대 초와 1990년대 중반) 밖에 없었다.

"강한 달러란 '사람들이 달러라는 통화에 대해 신뢰를 갖는 것'이라고 이해하고 있다. 달러가 훌륭한 교환수단이고 가치의 저장수단이며 보유하기를 원하고 위조하기 어려운 것이라는 뜻이다. 다만 환율은 수요와 공급의 펀더멘털을 반영하는 것이다."

기업인 출신으로서 조지 W. 부시 행정부의 재무장관직에 오른 존 스노우가 지난 2003년 5월에 한 말이다.

스노우 장관은 임기 내내 "우리는 강한 달러를 추구한다"고 반복해서 공언했다. 하지만 2002년 초부터 시작된 달러 가치의 하락세는 2008년 봄까지 계속됐다. 달러의 역사에서 손에 꼽히는 장기간의 하락세였다. 달러에 대한 수요보다 공급이 많은 상황 즉, 미국 경제의 펀더멘털은 재정수지와 경상수지에서 대규모의 '쌍둥이 적자'를 기록하고 있었기 때문이다.

스노우 장관이 원했던 것은 강한 달러의 약세, '지배적인 달러'의 환율 하락이었다. 통화가치가 떨어지는데도 불구하고 미국 바깥의 사람들이 모두 달러를 신뢰하며 보유하기를 스노우 장관은 희망했다.

당시 스노우 장관은 아마도 달러의 약세가 경상수지 불균형을 개선해 줄 것이라고도 기대했을 것이다. 그러나 교과서와 달리, 적어도 미국에서는, 그런 교과서적인 메커니즘이 작동하지 않았다. 그것을 입증한 사례가 바로 이 책이 자세히 다루고 있는 1985년의 플라자합의이다.[이 책 제8장]

그 결과로 새로운 각성이 고개를 들었다. 국제수지 불균형은, 적어도 미국에 있어서는, 환율의 조정보다는, 당사국들의 거시정책 변경을 통해서나 달성할 수 있다는 판단이 1987년의 루브르합의로 이어졌다[이 책 제9장]. 하지만 이 책이 자세히 다루듯이 그 역시 실패로 돌아갔다. 국제수지 불균형의 중요한 원인 중 한 축은 언제나 미국의 과도한 재정적자였는데, 미국은 이를 전혀 시정할 생각이 없었기 때문이다. 그 실패의 조짐 속에서 돌발한 사건이 바로 '블랙먼데이'였다.

볼커의 증언은 그것으로 막을 내리지만, 달러는 이후에도 한 차례의 거대한 반등과 대대적인 하락, 그리고 재반등의 큰 변동을 겪었다. 그 과정에서도 달러의 지배적 지위는 계속해서 강화되어 갔다. 마치 1970년대 달러의 위기와 그에 영향을 받은 오일쇼크가 개발도상국들의 대대적인 달러 차입으로 이어져 결과적으로는 달러의 지배력이 더욱 커졌던 것처럼.[이 책 제7장]

국제결제은행(BIS)에 따르면, 2019년 말 현재 미국 바깥의 비금융섹터(일반기업과 정부)는 총 1조2200억 달러의 달러화 빚을 지고 있다. 같은 시기 유로존 바깥의 비금융섹터가 빌린 유로화 부채보다 3.2배나 많다. 이머징마켓으로 범위를 좁혀보면, 달러와 유로의 격차는 4.5배로 커진다. 미국 바깥의 달러화 부채는 2000년 말에 비해 4.9배나 증가했다. 같은 기간 유로존 바깥의 유로화 부채는 3.5배 늘어난데 그쳤다.

미국 바깥 비금융부문의 달러화 부채는 해당 국가들 전체 GDP의 약 20%를 차지했다. 미국이 아닌 나라들이 자신의 경제규모 대비 5분의1에 달하는 달러 부채를 빌려 쓰고 있는 셈이다. 지난 2000년에만 해도 그 비중은 10% 수준에 불과했다.

이에 따라 지배적 달러의 가치 변동은 전 세계의 금융환경에 더욱더 결정적인 영향을 미치게 되었다. 달러가 너무 강해지면 미국 바깥의 외채상환 부담이 커진다. 이러한 달러화 강세의 압박, 자국 통화 약세의 위협을 벗어나기 위해서는 자국 통화를 긴축해야 한다. 반대로 달러가 너무 약해지면, 미국 바깥은 자국 통화를 방만할 정도로 마음껏 찍어낼 수가 있다. 1970년대 말의 중남미처럼.

국제통화기금(IMF)에 따르면, 2019년 말 현재 전 세계 외환보유액의 60.9%는 달러화였다. 유로화 비중은 그 3분의1인 20.5%에 불과했다. 미국 정부 자료에 따르면, 지난 2018년 세상에 풀려 있는 달러화 현찰 화폐가 총 1조6710억 달러였는데, 그 중 절반이 미국 바깥에서 유통되고 있는 것으로 파악되었다. BIS에 따르면, 전 세계 외환거래의 약 90%는 달러화와 관련된 것이었다.

이 책은 20세기 후반 달러의 성공과 쇠락, 그 이후의 부활을 기록한 서사극이다. 드라마의 막전막후에는 주요국 정책라인을 구성했던 많은 인물들이 등장한다. 주인공 볼커를 비롯해 그 사람들 저마다의 스타일, 그들이 각기 직면한 딜레마와 고충, 그들 사이의 긴장과 협력, 인간적 관계가 만들어 내는 역사적 사건들이 이 책에서 생동감 있게 묘사된다. 중요한 역사가 현실세계에서 어떤 정치적 조건과 관계 속에서 어떻게 결정되는 지를 우리는 이 책에 등장하는 '사람들'을 통해 목격할 수 있다. 편협한 이론들은 그 과정에서 왜소해진다. 달러와 현대 통화체제의 역사를 다룬 탁월한 수많은 저서들 사이에서 이 책은 그래서 유별난 가치를 빛낸다. 발간된 지 30년 가까이 된 책임에도 우리 글로 꼭 남기고 싶다는 욕심이 들었던 이유이다. 볼커와 함께 이 책에서 증언한 교텐 토요오 역시 현대 일본 국제금융정책의 근간을 수립하는데 주도적으로 참여한 인물이다.

이 책을 번역하는데 있어서 두 가지 중요한 원칙을 지키려고 노력했다. 저자들이 사용한 모든 단어를 정확하고 완전하게 우리말로 옮기자는 게 그 중 하나였다. 그렇게 해야 주인공들이 전달하는 현장의 생생한 느낌과 기운을 우리 독자들에게도 그대로 전달할 수 있을 것이라고 믿었다. 의역은 번역자의 주관이 개입되거나 원저자의 의도가 왜곡되기 쉽다고 생각해 최대한 피했다.

그러면서도 동시에 우리말에 잘 부합하는 문장으로 옮기는 데에도 많은 노력을 기울였다. 영어식 문장구조를 해체해 우리 식으로 재구성함으로써 독자들이 자연스럽게 읽어 내려갈 수 있도록 하고 싶었다. 그럼에도 불구하고 난해하거나 거친 표현이 있다면, 그것은 전적으로 역자의 잘못이다.

　역사는 운율을 달리해 반복된다고들 한다. 역사는 미래를 예측하는 강력한 도구라고도 한다. 미국과 중국이 '무역'과 '바이러스'를 매개로 대립의 수위를 높이고 있는데, 이 책이 다양한 각도에서 중요하게 다루고 있는 '미-일 갈등' 이슈와 오버랩하고 있다. 앞으로 미-중 관계가 어떻게 전개될 것인지를 가늠하는데 있어서 이 책은 좋은 조언을 제시할 것이라 생각된다. 앞으로의 그 과정에서도 달러는 계속해서 중요한 역할을 할 것이라 생각된다.

　볼커가 부활시킨 강한 달러의 미래는 어떠할까? 너무 강하면 부러지기 쉽다는 생각을 먼저 떠올릴 수 있다. 미국의 달러가 늘 우리의 문제여야만 한다면, 사람들은 대안을 찾으려 할 것이다.

　이 책 번역이 막바지이던 즈음에 볼커 전 의장의 타계 소식을 듣게 되었다. 그의 생전에 작업을 완료하지 못한 점이 아쉬움으로 남는다. 책 번역 출판 제안을 흔쾌히 수락해 주신 어바웃어북 이원범 대표께 깊이 감사드린다.

안근모

인명 찾아보기

달러의 부활

| 원제: CHANGING FORTUNES |

초판 1쇄 발행 | 2020년 7월 10일
초판 4쇄 발행 | 2023년 8월 31일

지은이 | 폴 볼커, 교텐 토요오
옮긴이 | 안근모
펴낸이 | 이원범
편 집 | 어바웃어북 기획편집팀
마케팅 | 안오영
표지 및 본문 디자인 | 강선욱

펴낸곳 | 어바웃어북about a book
출판등록 | 2010년 12월 24일 제313-2010-377호
주 소 | 서울시 강서구 마곡중앙로 161-8 C동 1002호(마곡동, 두산더랜드파크)
전 화 | (편집팀) 070-4232-6071 (영업팀) 070-4233-6070
팩 스 | 02-335-6078

ISBN | 979-11-87150-72-5 03320